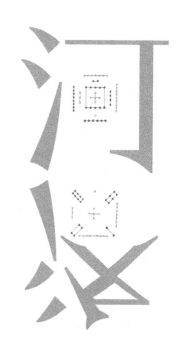

河洛文化研究丛书

河洛文化与华夏历史文明的传承及创新

杨崇汇　主编

河南人民出版社

图书在版编目（CIP）数据

河洛文化与华夏历史文明的传承及创新／杨崇汇主编.
— 郑州：河南人民出版社，2018.2
（河洛文化研究丛书）
ISBN 978 - 7 - 215 - 11323 - 7

Ⅰ．①河… Ⅱ．①杨… Ⅲ．①文化史—研究—
河南 Ⅳ．①K296.1

中国版本图书馆 CIP 数据核字（2018）第 027188 号

河南人民出版社出版发行

（地址：郑州市经五路 66 号　邮政编码：450002　电话：65788063）
新华书店经销　　　北京虎彩文化传播有限公司印刷
开本　710 毫米×1000 毫米　　　1/16　　　印张　44.25
字数　560 千字
2018 年 2 月第 1 版　　　2018 年 2 月第 1 次印刷
定价：308.00 元

目　　录

河洛文化与洛阳

携手同心,努力推动河洛文化研究深入开展

杨崇汇

在台湾最好的金秋时节,我们迎来了第十三届河洛文化学术研讨会的隆重召开。在此,我谨代表中国河洛文化研究会,对研讨会的召开表示热烈的祝贺!对与会专家、学者和各位来宾,表示热烈的欢迎!对为承办本次大会付出辛勤努力的台湾中华侨联总会和中国河洛文化研究会秘书处,表示衷心的感谢!

为推动河洛文化研究,在全国政协原副主席罗豪才先生倡导和关心下,2006年2月在北京成立了中国河洛文化研究会。10年来,河洛文化研究从一般性的地域研究,迈上了有组织指导、有部门协调、被列入大陆社会科学规划,继而又走出中原、跨越海峡等一个个台阶,研究领域更加广泛,学术成果更加丰硕。

为继续做好河洛文化的研究工作,我想借此机会,谈几点个人看法与各位来宾分享。

一、推进河洛文化研究意义十分重大而深远

1. 中华优秀传统文化是中华民族安身立命之本

每个民族都有自己的历史与文化传统。中华文化源远流长,孕育了中华民族宝贵的精神品格,培育了中国人民的崇高价值追求,是中华民族的"根"与"魂"。五千年来,中华民族之所以能够紧紧地凝聚在一起,就是因为我们深植民族根,凝聚民族魂。强大的民族精神,共同的价值追求,支撑着中华民族生生不息、欣欣向荣。

近年来,如何继承中华优秀传统文化的问题越来越受到人们的重视。这是因为,博大精深的中华优秀传统文化积淀代表着中华民族独特的精神标识,为中

华民族生生不息、发展壮大提供了丰厚滋养,是我们在世界文化激荡中站稳脚跟的根基。讲仁爱、重民本、守诚信、崇正义、尚和合、求大同等中华文化的精髓,蕴含着丰富的思想道德财富,至今还保留着其光辉的时代价值,反映着中国人民独特的精神世界。不忘本才能开辟未来,善于继承才能更好创新。对历史文化特别是先人传承下来的价值理念和道德规范,我们要坚持古为今用,推陈出新原则,努力做到继承和弘扬中华优秀传统文化,以文"化"人,以文"育"人。

2. 河洛文化是中华传统文化之根

中华民族最早跨进人类文明门槛之地是以洛阳为中心的河洛地区。这里被我们的先人誉为"天下之中"与"天地之中"。因此,河洛文化不仅是地域文化,更是特殊的地域文化。回溯历史,我们可以看到,中华文明最辉煌的时期,中华文化最早影响世界的时期,中华民族融合壮大的时期,都与河洛地区密不可分。所以,河洛文化是中华传统文化的代表,是中华传统文化的象征,是中华民族文化的核心与主干。

闽台文化与河洛文化也可说是关系密切、一脉相承。历史上由于北方汉人多次大规模南迁,在赣闽粤交界地域形成了客家民系,唐代陈元光、王审知率光州固始83姓入闽,明清时期大量闽人及客家横渡海峡开发台湾,从而使得中原、福建、台湾关系密不可分,这不仅见诸史籍所载,也见诸无数的族谱家乘、祠庙碑记。历史在发展,岁月在流逝,但身为"河洛郎"的闽南人和"根在河洛"的客家人血浓于水的亲情却代代相承,薪火相传! 因此,"河洛"永远是闽台人心灵的故乡和精神的家园;"河洛文化"也永远是联结海峡两岸重要的文化纽带。

二、充分认识文化交流在两岸关系和平发展中的重要性

文化交流说到底是心与心的沟通。在这次研讨会筹备过程中,关于大会主席台背景墙图案设计,中国河洛文化研究会曾就背景板的文字提出使用"携手传承河洛文化,共同光大华夏文明"十六个字。但不久收到了简汉生理事长的建议,他建议使用"两岸携手同心,再创河洛风华"。我们看到后,感到非常高兴。高兴的是二者如此契合,如此高度一致,这正应了中国一句古诗:"心有灵犀一点通"。二者相比,简理事长的提法更概括,更简洁,因而研讨会就采用了"两岸携手同心,再创河洛风华"这十二个字。这也从一个侧面说明,只要两岸能切实做到求大同存小异，两岸关系和平发展的天地一定会更加广阔，两岸齐心推动中华文明伟大复兴一定指日可待。

2011 年 4 月，中国河洛文化研究会与台湾中华侨联总会合作，在台北成功举办了第 10 届河洛文化学术研讨会，在两岸产生了广泛的影响。之后，台湾中华侨联总会两次接待河南信阳豫剧团《开漳圣王陈元光》到台湾演出。这两次演出与往常有很大的不同，主要场次不是在台北，而是在乡下，在村头、庙前，从而使很多普通的老百姓观看了演出，知道了在民间崇拜了几百年的开漳圣王的祖籍原来在河南固始。之后，他们又将在台湾的陈元光神像分灵，派人护送到固始进行安放。这期间，中国河洛文化研究会曾两次组织河洛文化专题参访团到台湾访问，探讨在一些领域的合作，受到了台湾中华侨联总会的热情接待，取得了很好的成果。河洛文化这一联结海峡两岸的纽带，不论在官方，也不论在民间，起到了实实在在的联结作用。时隔四年半，第 13 届河洛文化学术研讨会又在宝岛人口最多的新北市召开，充分说明了我们对中华文化之根，中华民族之魂的认同。

河洛文化作为中华优秀传统文化与闽台文化和客家文化有着直接的渊源关系。在世界经济全球化深入发展、全球产业链合作不断深入、文化多元化日新月异的今天，两岸合作深入研究河洛文化的内涵、传承与发展，不仅有利于更好地弘扬和光大民族精神，而且对认识两岸携手振兴中华，建设命运共同体等有着积极的促进作用。在这里，我也郑重地向大家表示，中国河洛文化研究会将一如既往，立足学术，放眼未来，努力为增进两岸的文化交流、合作与人员往来提供服务，并诚挚地希望更多的台湾专家、学者和各界朋友，到北京，到中原腹地，到河洛地区，作学术考察、观光旅游或寻根问祖。

2015 年对中华民族来说亦是别具意义的一年。70 年前，中华各族儿女万众一心，浴血奋战，取得了抗日战争伟大胜利，台湾回到祖国的怀抱。不久前，海峡两岸以不同的形式举行了纪念活动，再一次向全世界人民昭示了炎黄子孙牢记历史、缅怀先烈，团结一心，维护胜利成果，携手推动两岸关系和平发展，为实现中华民族伟大复兴而奋斗的坚定信念。

三、要进一步推动河洛文化研讨走向深入

10 多年来，随着河洛文化研究的不断深入，两岸四地及海外的学者对河洛

文化的内涵、特点与基本理念，取得了很多的共识。不少专家学者已经注意到，由中国河洛文化研究会主持的研究，不仅已经发表了近千篇论文，出版了 20 多本论文集和学术专著，而且注意到了这套论著的每本书的封底上有着如下的一段话：

"河洛文化是以洛阳为中心的古代黄河与洛水交汇地区的物质与精神文化的总和，是中原文化的核心，也是中华传统文化的精华和主流。河洛文化以'河图'、'洛书'为标志，体现了中华传统文化的根源性；以夏、商、周三代文化为主干，体现了中华传统文化的传承性；以洛阳古都所凝聚的文化精华为核心，体现了中华传统文化的厚重性；以'河洛郎'南迁为途径，把这一优秀文化传播到海内外，体现了中华传统文化的辐射性。河洛文化最突出的特点，是其内容的元典性。"

我认为，上面的这一表述之所以能够得到学术界的认可，说明大家对河洛文化的研究，在总体上已经有了比较全面与较为科学的共同认知。当然，离形成河洛文化的学术体系，我们还有较大差距，还需要统筹规划，不断总结、归纳已取得的成果，以形成更为丰富的系统化研究成果。从深化学术研究角度，我们需要进一步做好以下四方面工作：

一是稳定河洛文化研究队伍。十年来，河洛文化研究吸引了两岸及海内外的许多学者积极参与，在大陆已经形成了一支以河南、江西、福建、广东、湖北研究力量为主的研究队伍。今后，我们要利用河洛文化研究会的优势，吸纳更多的专业研究者成为会员、理事和常务理事，使研究队伍相对稳定下来；要鼓励高校与科研单位，建立河洛文化的专门研究机构，同时欢迎台湾的一些高等院校及部门，设置类似的研究机构，搭建更多的学术平台。

二是丰富河洛文化研讨形式。河洛文化研讨，以大型学术研讨会为主，这样的形式已成为河洛文化研讨的鲜明特色。在坚持这一特色的前提下，可以组织更多的专题学术研讨会，组织小型的专业性更强的研讨论坛。2014 年年底，中国河洛文化研究会与河南省社会科学院联合举办了"河洛文化研究高层论坛（2014）"，由于精心准备，取得了显著的成效。我们希望有更多的学术单位，挑起河洛文化研究的重任，举办相关的活动，推动河洛文化研讨向纵深发展，我们秘书处都将给予必要的支持。

三是细化河洛文化研究专题。河洛文化的宏观研究是必要的,但研究要走向深入,必须细化。我们应加强对专题问题的研讨,就研究的领域而言,可从客家、姓氏、民俗、语言、文学、艺术等多个领域切入,细化河洛文化研究。要加强对河洛文化中最有代表性的历史人物的研究,同时,更要注重对河洛文化当代价值等问题的研究,使历史河洛真正走进当代社会,为弘扬中华优秀传统文化服务。

四是努力推出标志性研究成果。30 年来的河洛文化研究,可以说是成果多多,但从严格的学术意义而论,仍缺少标志性成果。所谓标志性成果,一方面是指面向社会,受到大众的欢迎与认可;一方面是在学术上基本形成体系,有公认的学术建树与造诣。因此,我们应组织力量,通过若干年的努力,就河洛文化的内涵、特点、传承与影响等,编撰出有较高学术质量与水准的研究专著,为后人留下一批又一批具有一定里程碑意义的标志性重大成果。

四、结语

中华优秀传统文化因兼收并蓄而博大精深,因求同存异而源远流长。我认为,我们的研讨会既是一次学术大研讨,也是一次文化交流与心灵的沟通。希望通过研讨与交流,推动河洛文化研究向纵深发展,多出成果,多出精品。与此同时,以文会友,形成共识,加深友谊,使河洛文化得到发扬与光大;希望通过研讨与交流,聚同存异,深化我们对两岸同根同源、同文同宗的认识,增强我们对两岸一家亲理念的体认;通过研讨与交流,启迪融通两岸同胞民心,汇集两岸同胞智慧和力量,在坚持"九二"共识的基础上,促进两岸同胞携手同心,巩固推动两岸关系和平发展,共圆中华民族伟大复兴的中国梦!

(此文是中国河洛文化研究会会长杨崇汇同志 2015 年月日在台湾新北市召开的第十三届河洛文化学术研讨会开幕式上的致辞)

河洛文化的"核"与"魂"

根在中原:"先民"与"后民"、"先客"与"后客"

——赖际熙论客家源流试评

张佑周　胡祝英

Abstract:The Family Tree of Chongzheng Clan compiled by Lai Jixi is innovatively significant for the researches on the Hakka origins, dialects, customs, origins of family names and celebrity deeds. Such terms as "early settlers" and "later settlers", "early Hakka" and "later Hakka", "Shuiyuan clan" and "Fujian clan" are used to denote the Hakka origins in different Guangdong areas in the Volume of "Origins". A conclusion can be made on this that the Hakka are rooted in the Central Plains, who are the descendants of the Yellow Emperor.

Key words:rooted in Central Plains; "early settlers" and "later settlers"; "early Hakka" and "later Hakka"; "Shuiyuan clan" and "Fujian clan"

何谓客家人? 如何界定客家人?

这两个问题看似简单,提出来似有故弄玄虚之嫌。笔者早在孩提时代就知道自己是客家人,也从来未对自己的客家人身份有过任何疑问。然而,自从上世纪80年代末涉足客家学研究之后,笔者却惊奇地发现,要搞清楚这两个问题也绝非易事,具体判别某一人物尤其是名人是否客家人时则更是见仁见智,有时竟也能在学术界掀起轩然大波。如对一代伟人孙中山先生是否客家人的论争,就从罗香林在 1942 年发表《国父家世源流考》开始,至今仍波澜迭起,未有竟时。

日本学者山口县造在《客家与中国革命》一书中说,"客家是中国最优秀的民族,他们原有一种自信与自傲的气质,使其能自北方胡骑之下,迁到南方,因此,他们的爱国心比任何一族为强,是永远不会被人征服的。其后又受到海洋交通环境之影响,养成一种岛国人民之热血和精神。"这种意见也许有绝对化之嫌而失之偏颇,而且说客家是"民族"也不确。但是,在中国近现代革命史上,写下光辉灿烂的篇章者,又确确实实有许多客家人或客家后裔,如洪秀全及其他太平天国主要将领;孙中山及其主要助手宋庆龄、廖仲恺等;无产阶级革命家、政治家、军事家朱德、叶剑英等。此外,自 1840 年鸦片战争大清国南方门户被外国列强打开之后,居住在南方闽粤之地的客家人首先被外国传教士和人类学者发现有自己的独特语言和民情习俗,尤其是妇女不裹足,天足宽胸,与客家男子一起上山下田同干农活、挑担赴墟等,更是引起外国人对客家人研究之兴趣。于是,早在 19 世纪末 20 世纪初,一些外国人便从历史学、人种学和文化人类学等多种角度对客家人进行考察和研究,写出一些颇有影响的著作,如爱德尔(E. J. Eitel)的《客家人种志略》(Ethnological Sketches Hakkas Chinese)和《客家历史纲要》(An Outline history of Hakkas)、肯贝尔(C. Compoell)的《客家源流及迁徙》(Origin and migration of Hakkas)、韩廷敦(Hangtington)的《自然淘汰与中华民族性》、罗伯特·史密斯(Robeit Smith)的《中国客家》(The Hakkas of China)等等。20 世纪二三十年代以后,一大批中国学者掀起了又一波客家研究热潮,他们试图从田野调查入手,通过对各地客家人的家谱、族谱和方言的研究,理清客家源流、迁徙及分布等问题,取得举世瞩目的成果。如赖际熙的《崇正同人系谱》,罗香林的《客家研究导论》、《客家源流考》、《客家的语言》,古直的《客人对》,邹鲁、张煊的《汉族客福考》,饶芙裳的《客语源流》,廖奋前的《客家民系之演化》,韩素音的《客家人的起源及其迁徙经过》等论著,都对客家问题进行了深入细致具体而微的探讨,为客家学研究奠定了坚实的基础。

上述开中国学界客家研究之先河的一代学者中,香港崇正总会创会会长、香港大学首任中文系主任赖际熙先生无疑是佼佼者。其所主编的《崇正同人系谱》,对于其后的客家研究,尤其是对于客家源流、方言、习俗及客家姓氏渊源、名人事迹等方面的研究,都具有开创性意义。香港崇正总会第三十三届理事会理事长黄石华先生在 1995 年 9 月 29 日所作《崇正同人系谱重印序言》中说："赖会长,广东增城人;在七十多年前,以其学养,对客家文化首作整理,可说是客家文化发扬的奠基者,其所主编之《崇正同人系谱》,更为客家文化发扬的篙矢,该书不但是本会唯一重要文献,亦可说是客家文化经典著作,迄今仍为全球研究客家文化唯一重要参考书。""比年以来,海内外经已掀起'客家热',并正在推动'客家学'的建立,此亦可说是以本会赖会长为启蒙。"黄石华先生的高度评价,是非常中肯的,实事求是的。笔者亦不揣浅陋,对赖际熙先生有关客家源流的论述进行探讨,并提出自己的粗浅看法,以就教于学者方家。

赖际熙先生主编的《崇正同人系谱》这部鸿篇巨制,虽以"系谱"冠名,却并非纯粹谱谍式的著作。其中的"源流"、"语言"、"礼俗"、"丛谈"等卷,更是学术性很强的论著,确实如黄石华先生所云"可说是客家文化经典著作,迄今仍为全球研究客家文化唯一重要参考书。"

赖先生在《崇正同人系谱序》中不无谦虚地自我评说："兹谱之作无省郡州县之区分,而会传志谱谍之通例,匪云创格,实守成规。相期读此编者,祛其自贬之见,化其相轻之习,振迈远之精神,跻大同之盛轨,则区区楮墨为不虚矣。"然细读其"源流"、"语言"、"礼俗"诸卷,笔者以为,赖先生不愧为其自谦之谓"旧史官",尤其是其"源流"卷,更不失为"旧史官"以史学家的睿智和渊博写下的客家研究史上最早且最详尽地论述客家源流的扛鼎之作。

首先,赖先生开门见山,对闽粤赣客家大本营百越族渊源进行了梳理,指出"中原南暨,岭海丛阻,人民蕃殖渐被之序,赣为先闽次之而粤为后。粤字古通'越',《史记·南越闽越列传》、《汉书》皆作'粤'。"并说明"越"之族称的由来："特未有吴楚先有越,越之封自夏少康。史言禹葬会稽,太康以后,岁弗及祀,少康乃封其庶子于越,号曰无余,以奉禹祀,即以于越之名名其所封国都会稽。厥后,其裔蕃殖,遂以国为姓。"赖先生还认为,少康封弟于越之前,中国九州之江南扬荆梁三州"胥为蛮荒","断发文身,披草莱而邑之。""少康封弟于越,既以奉禹祀,即以统苗民。"于是,"新种入则旧种衰……自越封后,历夏殷及周,岁纪千五百余,其中繁衍之概,殆可想见。至勾践沼吴为志,生聚教训之效,越族日蒸蒸矣。此越族之自始也。"长江以南于是成为百越之地,闽粤赣客家大本营地区自然也不例外。

其次,赖先生对早期中原炎黄之裔南移越地过程进行梳理,提出了"先民"与"后民"的概念。赖先生认为,自勾践灭吴至秦统一中国,扬越置郡,谪徙民五十万人戍五岭与越杂处时,"五岭之墟,若但有越族而无他族","越族发育之气势,必有非常伟大而迅速者。"赖先生更以《汉书·地理志》所云"今之苍梧、郁林、合浦、南海、交趾、九真、日南皆越分也,其君禹后"证明,越族不仅仅繁衍于长江流域,而且已经远达南海之滨及中南半岛。赖先生还以《史记·南越王尉佗列传》中南海尉任嚣病重时对赵佗所说"秦为无道,豪杰畔之,南海东西数千里,颇有中国人相辅,可以立国"证明,秦时已有大量中原人入越地,"越族正不必尽禹裔也,然其同为中原世族之遗传则一也而非二也。"赖先生进一步分析认为,"赵佗为中国真定人,越族为中国神禹裔,皆客也,非其原民也,客而后衍为越族也,可知吾先民皆本越族拓殖而来,后民则胥由中邦南徙而至。"这段文字中的"中国"、"中邦"都指中原。赖先生认为,相比较而言,夏禹之裔来自中原,较早作客百越之地,是为客家先祖之"先民";赵佗后率谪徙民戍五岭作客南越,是为客家先祖之"后民"。其后,历代由中原迁粤者,也皆为"后民"。赖先生举例说,"唐开元名相张文献公九龄之族,则以范阳世胄来居曲江,此又中邦明德之裔,而为吾系后民之达人也。而东江后民,则以南齐时程旼之居程乡为最著。"因为"程乡置县亦实以旼得名,志称历宋及齐,乃分揭阳县地置县,即思旼德,名为程乡。"赖际熙先生将客家民系形成之前的粤地客家先民分为"先民"和"后民",且明确指出,无论"先民"和"后民"都源自中原,为客家民系根在中原提供了充分的证据。

再次,赖先生对唐宋以后直接导致客家民系形成的南迁闽粤赣客家大本营尤其是进入粤地的中原汉人进行梳理,提出了"先客"与"后客"的概念。赖先生认为,粤东梅州包括大埔、程乡、镇平(今蕉岭)、平远等地所谓"义化乡"、"义招县"、"丁晋社"、"程乡"等与晋人南迁有关而得名的地方,因为"均壤邻今汀赣部分,即其来之所经非其来之所自",中原汉人南迁经过汀赣客家地区,而且,从"以程名乡"至"以乡名县","其潜德幽光炳千古矣",所以自然而然成为客家地区,以程旼为代表此前被赖先生称为"后民"的直接由中原千里迢迢到达粤东地区的南迁汉人,在此"先客"与"后客"概念中是为"先客"。而"梅州即松江一带地域,北与汀江壤接,稍西亦与贡江毗连,大抵此间客族所祖,皆由宋南渡,再从赣汀转徙而陆续来者",是为"后客"。这是因为,"宋末文丞相天祥率师勤王曾由虔(即今赣州贡江在焉)复梅,招集义兵客户从之,遭元屠戮,仅余杨古卜三姓是为梅州先客之孑遗者(州人相传未有梅州先有杨古卜即本此)。又土户畲人,则当元至正间曾啸聚海坊为寇,招讨使陈梅尽歼之,是所谓主户当无留余。明初潮州尚设畲官,而程乡已无,可为明证。据此则梅州民族,当宋末元初之间曾经一度更嬗,而能为今兹之繁盛者,殆由元明以来,始再由汀赣二州源源而至,是则此为后客。"粤地惠州、河源、韶州等地情况则有所不同,"先客"与"后客"较难以区分,赖先生指出:"循州隋置,秦汉时属南海,其县博罗,宜有越族为其先民;龙川亦秦古县,乃至唐长庆中,始有韦昌明以文学名进士及第。是或山僻之区,开化不无稍后,而其为先客后客亦较难分。"但赖先生认为分为"水源"、"福建"两派,也能理清其源流。赖先生说,"考循州沿革,陈以前隶于广州。隋开皇间始置循州,治归善。唐因之。五代地归南汉,改祯州。宋仁宗天禧四年乃改名惠州,至今仍之。而其民族实分为水源、福建二派。水源者,东江之水发源于赣南长宁、定南二县之间,即其地也。赣省之水多北流,惟此一水南流,厥为东江,南转西行至东莞、增城、番禺间,汇于珠江而入海。此派民族殆为沿江而下者,中有福建一派,则殆由兴泉漳汀各州经过潮州而转入。其缘因当是地理之关系,而其语言亦有统系可寻,上游和平、连平、龙川、河源、长宁、永安等县水源系也,其民殆纯为客语;偏东海丰、陆丰二县福建系也,其民则福老语而解客语;首县归善则客语七八而间有福老语,府城则为土客相间之语,至博罗则客语居多而亦有土客相间之语,此循州民族之大略也。"

综上所述,笔者以为,赖际熙先生对于粤地客家源流的分析梳理,无论其以"先民"与"后民"、"先客"与"后客",还是以"水源派"与"福建派"指称广东各地客家的源流,都可以得出同一个结论,即客家人根在中原,客家人是炎黄子孙。以赖先生自己的话说,"凡兹所述皆吾系前后经过之概略,综而观之,足征其先固出自中原,同为禹甸之人民,同为黄帝之子孙,谱系可稽源流可溯也。"笔者想要进一步说明的是,赖际熙先生有关广东客家源流的探讨,足以证明两个最基本的史实,其一是客家民系在宋末元初就已形成,因为文天祥率师勤王在梅州召集义兵客户从之而遭元屠戮仅乘杨古卜三姓"先客之孑遗"后,从汀赣二州源源而至的"后客"很快繁盛于梅州,使梅州全境都是客家人。这就说明,元初来自汀赣者,应该是已形成客家民系之客家人。其二是客家民系形成的核心地域应是闽粤赣边区尤其是汀江流域地区。因为赖先生所列举的"先民"、"后民","先客"与"后客"、"水源派"与"福建派",都与闽粤赣交界地区有关。尤其是赖先生所举大埔县的例子,更足以说明汀江流域是客家民系形成的核心区。赖先生说:"潮州之大埔一县,其纯然客语等于梅州五属,而语系殆出于福建汀州。盖其地本汀江下游流域,东北紧连汀州所属之永定,其渊源所自有如斯矣。""是大埔新族与邻县丰顺及潮州他县各客族(潮州自大埔、丰顺外,他县亦间有客人,如揭阳河婆、饶平接连大埔一带地方是)皆出于宋元以后,同是汀赣移来之民,曾经第二次转徙者也。"而且,同样是属于"福建派"之海丰陆丰两县,因其移民来源是兴泉漳汀各州,其语言是"福老语而解客语",也足以说明,"福建派"移民因为只有汀州移民和漳州部分移民才是客家人,其他各州则是福佬人,故海丰、陆丰等地客语不像大埔和梅州五属那样纯粹。

赖际熙先生作为中国学人中客家研究之开先河者,在《崇正同人系谱》之"源流"卷及其他各卷中,还对"客家"称谓的由来、客家语言、客家礼俗和客属重要人物等等方面都作了深入的探讨,限于篇幅,笔者将另文研究。

(张佑周,龙岩学院闽台客家研究院执行院长,教授;胡祝英,龙岩学院客家学研究中心干事)

先秦两汉时期河洛文化的仁恕理念

薛瑞泽

Abstract：Pre-Qin and Han Dynasties is an important period for the formation and development of the benevolence and forgiveness concept of Heluo culture. Heluo area once played an important role in the formation of the two early related concepts "Benevolence "and "forgiveness" to the final composition of the word with practical meaning. In the benevolence and forgiveness concept formation process，Confucius into Zhou asked rites helped to expand and spread the connotation of the benevolence and forgiveness concept of Lao Tzu. The benevolence and forgiveness concept of Han Dynasty's manifestation in political life take the benevolence policy as the sign. It is not only reflected in the emperor's political strategy，but also many officials personally implemented the benevolence and forgiveness concept in dealing with administrative affairs.

河洛文化是独具特色的地域文化,关于其特点、内涵及其发展阶段,学术界发表了相当数量的学术成果,显示了河洛文化研究的喜人局面。然而近几年的河洛文化研究似乎没有大的起色,究竟如何在已有的学术基础上,开辟河洛文化研究的新局面,除了梳理已往的成果,总结已有的经验,还必须继续拓展河洛文化的研究领域,对河洛文化研究中一些理论问题加以深入的思考,兹对先秦两汉时期河洛文化的仁恕理念作一纵深研究。

一、先秦仁恕理念的生成

作为在中国历史上影响深远的儒家仁恕理念,其形成和发展与河洛地区有着密切的关系。纵观仁恕理念从先秦产生以后,在相当长的时期成为贤良统治者的治世准则和社会交往、为人处世的基本准则。关于"仁恕"一词,最早出现在汉代。汉成帝阳朔元年(前 24 年),薛宣任左冯翊太守,"为吏赏罚明,用法平而必行,所居皆有条教可纪,多仁恕爱利"①。何谓"仁恕爱利"?师古曰:"爱人而安利也。"这其实是薛宣用仁恕的理念作为为政的准则。元延元年(前 12 年),谷永为北地太守,在答应对灾异策中提到:

> 王者躬行道德,承顺天地,博爱仁恕,恩及行苇,籍税取民不过常法,官室车服不逾制度,事节财足,黎庶和睦,则卦气理效,五徵时序,百姓寿考,庶草蕃滋,符瑞并降,以昭保右。②

所谓"博爱仁恕"即是提醒统治者要以博爱和仁恕的态度对待百姓。班彪《王命论》总结汉高祖夺取天下的五条原因,其中第四条为"宽明而仁恕"③。正因为刘邦以此态度驾驭部下,从而赢得了反秦战争并最终建立汉政权。上述三条材料所记述的仁恕一词虽然背景不同,但都是指统治者采取仁恕的政治策略,赢得了百姓的爱戴。

仁恕一词虽在汉代出现,但并不能说明"仁恕"理念在汉代才出现,究其实作为传统的施政理念,其出现与中华文明的起源同步,并延续不断。在仁恕理念形成过程中,从早期的"仁""恕"两个相关的概念,到最终组成一个具有实际意义的词语,河洛地区曾经发挥了重要的作用。从某种意义上来看,仁恕概念的形成、发展与河洛地区有着密不可分的关系,其中相关内涵就是在河洛地区生成的。

传说中的五帝行"仁"政而天下服膺的记载,正反映了朴素而原始的"仁"的理念。帝喾"仁而威,惠而信,修身而天下服"。帝尧"其仁如天,其知如神"④。《索隐》云:"如天之函养也。"大禹也是"其德不违,其仁可亲,其言可信"⑤。从

---

① 《汉书》卷八十三《薛宣传》,中华书局,1962 年,第 3390 页。
② 《汉书》卷八十五《谷永传》,第 3467 页。
③ 《汉书》卷一百《叙传》,第 4211 页。
④ 《史记》卷一《五帝本纪》,中华书局,1982 年,第 13—15 页。
⑤ 《史记》卷二《夏本纪》,第 51 页。

中国传说中的文明时代先祖以"仁"昭示世人,显现出"仁"所具有的深远文化渊源。先秦时期,河洛地区"仁"的理念被实施贯彻体现在仁人志士的日常言行中。《尚书·商书·太甲下》记载,出身于空桑涧的伊尹反复告诫商王曰:"民罔常怀,怀于有仁。"孔《传》:"民所归无常,以仁政为常。"可见行仁政是百姓归附君主的重要原因。

　　早在西周时期,仁恕理念已经产生。《逸周书·大武解》阐释了十一种作战时激励将士的方法,其中"五卫"之一为"明仁怀恕"。《酆保解》"六卫"之一也为"明仁怀恕"。可见仁恕的理念与商周之际社紧会环境的变化密相连。周武王十三年(前 1046 年),大会诸侯于孟津,发布的《泰誓》中说到殷纣王"虽有周亲",却不像周武王那样有"仁人"辅佐。① 《尚书·周书·武成》记载,伐殷胜利返回镐京后,周武王在总结取胜的原因时说:"予小子既获仁人,敢祗承上帝,以遏乱略。华夏蛮貊,罔不率俾。"汉·孔安国《传》云:"仁人,谓大公、周、召之徒。"周武王认为正是自己获得了姜太公、周公和召公诸位仁人的襄助,才最终夺取了殷人的天下,这应当是周人取得天下的重要原因。《诗经·郑风·叔于田》描述郑庄公的弟弟太叔段的拥护者赞誉他"洵美且仁",即他是一个极为英俊又仁厚的人,可见即使恶行昭著的人也希冀周围的亲近称颂他宅心仁厚。在老子的著作中,虽然"仁"具有多重含义,如"天地不仁,以万物为刍狗;圣人不仁,以百姓为刍狗"。这里的仁具有偏爱喜好之意,但更多的还是"仁爱"之意。如《老子》三十八章云:"故失道而后德,失德而后仁,失仁而后义,失义而后礼。夫礼者,忠信之薄,而乱之首。""仁"不过是道、德、仁、义、礼的中间环节,诸环节失去任何一环,都将导致下一环节的失去,并最终失去"礼"。孔子入周问礼后,临别之前,老子送之曰:"吾闻富贵者送人以财,仁人者送人以言。吾不能富贵,窃仁人之号,送子以言,曰:'聪明深察而近于死者,好议人者也。博辩广大危其身者,发人之恶者也。为人子者毋以有己,为人臣者毋以有己。'"作为"仁人",老子送给孔子的赠言正是其仁恕理念的表达,正因为从洛邑学到了老子相关仁恕的理念,所以"孔子自周反于鲁,弟子稍益进焉"②。这也可以看做河洛地区仁

---

① 《尚书·周书·泰誓中》,孔安国《传》云:"周,至也。言纣至亲虽多,不如周家之少仁人。"孔安国传　孔颖达疏《尚书正义》,北京大学出版社,1999 年,第 277 页。

② 《史记》卷四十七《孔子世家》,第 1909 页。

恕理念的传播。孔子的思想严格意义上来讲是对此前仁恕理念的提升,他到洛邑拜谒老子,对老子思想的继承与传播起了很大的作用,其中仁恕理念显然受到了老子的影响。所以孔子仁恕理念的表述都是建立在对老子关于仁恕理念的基础之上。孔子在答子贡所问时说:"其恕乎!己所不欲,勿施于人。"①在答子路所问时再次强调:"忠恕违道不远,施诸己而不愿,亦勿施于人。"②这就是说处理事情时应当站在对方的立场上思考问题。孔子还谈到为官的准则:"善哉!为吏,其用法一也,思仁恕则树德,加严暴则树怨。"③用仁恕的理念行政就会树德,否则就会引起百姓的怨恨,所以曾子曰:"夫子之道,忠恕而已矣!"④这其实是对具有高尚道德君主的希冀,汉代韩嬰也曾说:"故君子之道,忠恕而已矣。"⑤这是对先秦仁恕理念的继承。有的仁恕理念几乎是先秦仁恕理念的翻版,对于孔子己所不欲勿施于人的理论概念,刘安表述为:"内恕反情心之所欲,其不加诸人,由近知远,由己知人,此仁智之所合而行也。"⑥对于传统的同类相庇护的观念,孔子曰:"人之过也,各于其党。观过,斯知仁矣。"孔颖达曰:"党,党类。小人不能为君子之行,非小人之过,当恕而勿责之。观过,使贤愚各当其所,则为仁矣。"宋·邢昺疏:"正义曰:此章言仁恕也。"⑦孔子曰:"君子有三恕。有君不能事,有臣而求其使,非恕也;有亲不能报,有子而求其孝,非恕也;有兄不能敬,有弟而求其听令,非恕也。士明于此三恕,则可以端身矣。"⑧孔子所谈论的君子三恕从为臣、为子、为弟三个角度谈到了士人的修身,明确了仁恕理念在士人成长过程中的重要性。

在仁恕理念指导下实行仁政,已经成为春秋战国有见识的统治者的治国策略。郑国子产"为人仁爱人,事君忠厚",故有"子产仁人,郑所以存者子产也"⑨。孔子说:"人谓子产不仁,吾不信也。"⑩司马迁也曾评价曰:"子产之仁,

---

① 刘宝楠撰　高流水点校《论语正义》卷十八《卫灵公》,中华书局,1990年,第631页。
② 郑玄注　孔颖达疏《礼记正义》卷五十二《中庸》,北京大学出版社,1999年,第1431页。
③ 三国魏·王肃撰,廖明春、邹新明校点《孔子家语·观思》,辽宁教育出版社,1997年,第18页。
④ 刘宝楠撰、高流水点校《论语正义》卷五《里仁》,第153页。
⑤ 韩嬰撰　屈守元笺疏《韩诗外传笺疏》卷三,巴蜀书社,1996年,第346页。
⑥ 何宁撰《淮南子集释》卷九《主术训》,中华书局,1998年,第699页。
⑦ 刘宝楠撰　高流水点校《论语正义》卷五《里仁》,第145页。
⑧ 王先谦撰　沈啸寰　王星贤点校《荀子集解·法行》,中华书局,1988年,第537页。
⑨ 《史记》卷四十二《郑世家》,第1772页。
⑩ 《左传·襄公三十一年》,杨伯峻《春秋左传注》,中华书局,2009年,第1192页。

绍世称贤。"①正因为子产有"仁人"的美称,才使郑国在诸侯国中赢得了美誉。魏文侯推行仁政,重用贤人使魏国在诸侯争霸中赢得尊重。魏文侯二十五年(前422年),秦人曾经准备讨伐魏国,有人劝谏说:"魏君贤人是礼,国人称仁,上下和合,未可图也。"②可见在战国时期推行仁政是国家强盛的标志。即使诸侯国之间的交往也要以行仁政为要务。隐公五年(前718年),郑庄公向陈桓公请求讲和,陈桓公断然拒绝,五父(陈文公子佗)谏曰:"亲仁、善邻,国之宝也。君其许郑!"③五父请求陈桓公对邻国郑国亲善仁爱,但陈桓公拒绝了五父的谏言,所以次年五月,郑国大败陈国。《韩非子》一书中多次论述关于"仁"的概念,在论述概念之前,韩非多次提到不"仁"的现象。《有度》云:"行惠施利,收下为名,臣不谓仁。"韩非在这里谈到通过小恩小惠收买人心不能称作仁。他还对所谓国君"仁义惠爱"发表了不同的看法,认为"夫施与贫困者,此世之所谓仁义",不足以实现社会的安定,"吾以是明仁义爱惠之不足用,而严刑重罚之可以治国也",所以他认为"故善为主者,明赏设利以权之,使民以功赏而不以仁义赐"(《奸劫弑臣》)。这实际上是对儒家"仁"的否定。如果国君"务以仁义自饰者",韩非指出这是国家行将灭亡的征兆(《亡征》)。关于"仁",韩非曰:"仁者,谓其中心欣然爱人也。"关于道、德、仁、义、礼之间的关系,韩非曰:"德者,道之功。功有实而实有光;仁者,德之光。光有泽而泽有事;义者,仁之事也。事有礼而礼有文;礼者,义之文也。"(《解老》)对老子论述的诸环节之间的关系是赞同的。韩非还提到了明君的标准是:"明主厉廉耻,招仁义。"(《用人》)然而作为"仁者,慈惠而轻财者也",显然无法在诸侯争夺中获得成功。

　　"恕"的理念在春秋战国时期流行颇广。周平王末年,郑武公、郑庄公为周平王卿士执掌周朝的国政,周平王不甘受制于人,"王贰于虢",郑国责怪周平王,周平王矢口否认。为了相互约束,"故周、郑交质","王子狐为质于郑,郑公子忽为质于周"。周平王死后,周人准备将国政交于西虢公。鲁隐公三年(公元前720年)四月,"郑祭足帅师取温之麦。秋,又取成周之禾",出现了"周、郑交恶"的局面。对于周、郑由"交质"到"交恶"的现象,君子曰:"信不由中,质无益

---

① 《史记》卷一百三十《太史公自序》,第3130页。
② 《史记》卷四十四《魏世家》,第1839页。
③ 《左传·隐公六年》,杨伯峻《春秋左传注》,第50页。

也。明恕而行,要之以礼,虽无有质,谁能间之?"①所谓"明恕而行,要之以礼",说明了"仁恕"理念在诸侯交往中的重要性。鲁僖公十五年(前645年)九月十三日,秦晋在韩原交战,晋国大败,晋惠公被秦国俘虏,阴饴甥代表晋国与秦穆公谈判,迫使秦穆公释放晋侯回国。在谈判过程中,当秦穆公谈到晋国内部对晋国命运的看法时,阴饴甥答对曰:"小人慼,谓之不免。君子恕,以为必归。"②意思即是说如果秦穆公宽容,晋君一定会回来。

河洛地区仁恕理念在社会政治生活中不断成为行仁政的一种具体体现,与先秦秦汉以来理论的总结不无关系。与"仁"相连的"恕"作为行仁政的重要内容,在先秦时期河洛地区生成之后,遂广泛传播并被接受。"恕",《说文》云:"恕,仁也。"段玉裁注:"孔子曰'能近取譬,可谓仁之方也矣',《孟子》曰'强恕而行,求仁莫近焉'。是则为仁不外于恕,析言之则有别,浑言之则不别也。仁者,亲也。"由此可见"恕"的意义即"仁",虽然两字之间有细微的差别,但其实属于同一个意思。可见"仁""恕"同义,两词相连实为同义复合词。

先秦时期河洛地区"仁"的理念从生成到为社会广泛接受,实际上经历了一个由弱到强的过程。夏商时期,虽然河洛地区作为开发较早的地区,文化中心地位的确定使其具备了"仁"理念的传播条件,但"仁"的理念发展并不完善。到了商周之际,随着周武王灭商的实现,行仁政成为周朝总结商亡的教训之一,故而"仁"的理念开始在社会上引起人们的关注。到了春秋战国时期,礼坏乐崩,为了重构社会价值观,诸子百家都提出了自己的见解。而以老子、韩非为代表的思想家对"仁"的理念的不同认识,对于重构"仁"的理论体系发挥了重要作用,再加上以郑国子产、魏文侯和陈国五父公子佗的实力推动,"仁"的理念因而成为社会的重要价值取向。

二、汉代仁恕理念的完善与实践

仁恕理念作为从先秦时期流传下来的政治理念,长期以来影响着社会各阶层的行为准则。行仁政的具体表现就是以仁恕理念处理与民生有关的事务,即

---

① 《左传·隐公三年》,杨伯峻《春秋左传注》,第26—27页。
② 《左传·僖公十五年》,杨伯峻《春秋左传注》,第366页。

在日常事务的处理方面,关注民生,体恤民情,深入了解百姓的疾苦。班彪总结刘邦夺取天下的原因中有"宽明而仁恕",可见统治者具有仁恕理念的重要性。班彪在《王命论》中还说:"高祖宽明而仁恕,知人善任使,当食吐哺,纳子房之策;拔足挥洗,揖郦生之说;举韩信于行陈,收陈平于亡命;英雄陈力,群策毕举,此高祖之大略所以成帝业也。"①说汉高祖具有"仁恕"的理念虽不能排除汉代人对他的溢美之词,但在汉初实行的与民休息政策无疑是其仁恕理念的具体体现。普通的人也应遵守仁恕的理念,贾谊《新书·道术》云:"以己量人谓之恕,反恕为荒。"②也就是说凡事要站在对方的立场上来思考。汉代继承了先秦时期的仁恕理念,将仁恕理念的内涵进一步扩大,如对孝子不加刑罚。《白虎通义》卷四《诛伐》云:"诸侯有三年之丧,有罪且不诛何?君子恕己,哀孝子之思慕,不忍加刑罚。"这应当是汉代倡导以孝治天下在仁恕理念中的反映。

　　延续下来的先秦仁恕理念在汉代政治生活和社会生活中进一步得到完善,并且在河洛地区得到多层次的体现。汉文帝前元十五年(前165年)九月,颍川人晁错被举荐为贤良文学士,在答对汉文帝的对策中,晁错谈到古代的三王,"其为法令也,合于人情而后行之;其动众使民也,本于人事然后为之。取人以己,内恕及人。情之所恶,不以强人;情之所欲,不以禁民。是以天下乐其政,归其德,望之若父母,从之若流水;百姓和亲,国家安宁,名位不失,施及后世。此明于人情终始之功也"③。由此可见仁恕之政对朝政的影响。汉宣帝即位后,选拔"明察宽恕"的黄霸等为廷平,以平反冤狱。④ 神爵三年(公元前59年),黄霸任颍川太守,"以宽恕为治,郡中亦平,屡蒙丰年,凤凰下,上贤焉,下诏称扬其行,加金爵之赏"⑤,以宽恕行政,深得百姓的赞赏。建始元年(公元前32年)二月,汉成帝下诏:"崇宽大,长和睦,凡事恕己,毋行苛刻。其大赦天下,使得自新。"师古曰:"恕者,仁也。恕己之心以度于物。"⑥可见汉成帝以"恕己"之心治理天

① 《资治通鉴》卷四十一《汉纪三十三·世祖光武皇帝上之下》"建武五年"条。中华书局,1956年,第1355页。
② 王洲明　徐超校注《贾谊集校注》,人民文学出版社,1996年,第304页。
③ 《汉书》卷四十九《晁错传》,第2294页。
④ 《汉书》卷二十三《刑法志》,第1102页。
⑤ 《汉书》卷九十《酷吏·严延年传》,第3760页。
⑥ 《汉书》卷十《成帝纪》,第303页。

下的良苦用心。

东汉时期行仁恕之政的帝王不在少数。东汉初年,经过光武帝在位期间的与民休息,社会经济逐步恢复。《续汉书·祭祀志上》记载,建武三十二年(56年)二月,光武帝封禅泰山,在泰山刻石中有"聪允明恕"之句赞扬光武帝的仁恕之政。唐显庆元年(656年)八月,侍御史王义方在奏章中说"光武聪明宽恕"①。汉明帝在位期间,行"察察"(苛察,烦细之意)之政,民众都厌烦汉明帝为政的"苛切",但仍有傅毅《明帝诔》说他"薄刑厚赏,惠慈仁恕"②。汉章帝即位后,深知百姓的疾苦,所以为政"事从宽厚",行仁恕之政。史家评价云:"深元元之爱,著胎养之令。奉承明德太后,尽心孝道。割裂名都,以崇建周亲。平徭简赋,而人赖其庆。又体之以忠恕,文之以礼乐。故乃蕃辅克谐,群后德让。谓之长者,不亦宜乎!"③汉章帝能够得到如此高的评价是与汉明帝相比较而得出的。《东观汉记》记载汉和帝"孝顺聪明,宽和仁孝",在游历东观之后,"德教在宽,仁恕并洽,是以黎元宁康,万国协和"④。东汉前期仁恕之政的实施与其执行的治国之策有着密切的关系。元初四年(117年)七月,汉安帝针对包括京师在内的十郡国雨水成灾,再加上有关官员不体恤民众,特别是地方官在案验户口之时,违反《月令》中的"仲秋养衰老,授几杖,行糜粥"之礼,出现了"虽有糜粥,糠秕相半,长吏怠事,莫有躬亲,甚违诏书养老之意"的现象,因此下诏要求地方官"其务崇仁恕,赈护寡独,称朕意焉"⑤。汉安帝要求地方官用"仁恕"善待百姓,赈恤爱护寡独之民。

两汉之际,作为家族文化的仁恕传统赢得了东汉皇帝的敬重,成为当时政治生活中的独特现象,官员的仁恕之举对社会风尚产生了一定的影响。王莽篡位后,颍川人陈咸隐居不出,陈咸"性仁恕",常常告诫子孙:"为人议法,当依于轻,虽有百金之利,慎无与人重比。"所以世人说:"陈氏持法宽平也。"汉章帝元和三年(86年),"廷尉郭躬家世掌法,务在宽平,决狱断刑多依矜恕,乃条诸重文从轻

① 杜佑撰 王文楚等点校《通典》卷二十四《职官六·侍御史》,中华书局,1988年,第671页。
② 欧阳询撰 汪绍楹校《艺文类聚》卷十二《帝王部二·汉明帝》,上海古籍出版社,1965年,第239页。
③ 《后汉书》卷三《肃宗孝章帝纪》,中华书局,1965年,第159页。
④ 欧阳询撰 汪绍楹校《艺文类聚》卷十二《帝王部二·汉和帝》,第239—240页。
⑤ 《后汉书》卷五《孝安帝纪》,第227页。

者四十余事奏之,事皆施行,著于律令"。永元六年(94年),陈咸之子陈宠代郭
躬为廷尉,及为理官,"数议疑狱,每附经典,务从宽恕,帝辄从之,活者甚众",陈
宠"复钩校律令条法,溢于《甫刑》者除之"①。用仁恕的理念处理法律问题,深
得百姓的尊仰。汉元帝时,卓茂在长安学《诗》、《礼》及历算,初为丞相府史,侍
奉孔光,后来为侍郎,给事黄门,迁任密县令,"劳心谆谆,视人如子,举善而教,
口无恶言,吏人亲爱而不忍欺之"。在处理县中"人尝有言部享长受其米肉遗
者"事件中,既考虑了人情,又顾及法律规定,赢得了民众的信赖。经过数年的
努力,"教化大行,道不拾遗",甚而出现了蝗虫不入密县的异象。王莽摄政时,
卓茂迁任京部丞,"密人老少皆涕泣随送"。刘秀即位后,卓茂在河阳拜谒了光
武帝,光武帝下诏褒扬:"前密令卓茂,束身自修,执节淳固,诚能为人所不能为。
夫名冠天下,当受天下重赏……今以茂为太傅,封褒德侯,食邑二千户,赐几杖、
车马,衣一袭,絮五百斤"。史家评论曰:"夫厚性宽中近于仁,犯而不校邻于恕,
率斯道也,怨悔曷其至乎!"②卓茂以自己的仁恕赢得了社会的认可。汉明帝初
年,邓禹的儿子邓训为郎中,"乐施下士,士大夫多归之"。邓训的"乐施下士"其
实也是仁恕的一种表现,李贤注引《东观记》曰:"训谦恕下士,无贵贱见之如旧,
朋友子往来门内,视之如子,有过加鞭扑之教。太医皮巡从猎上林还,暮宿殿门
下,寒疝病发。时训直事,闻巡声,起往问之,巡曰:'冀得火以熨背。'训身至太
官门为求火,不得,乃以口嘘其背,复呼同庐郎共更嘘,至朝遂愈也。"③邓训的仁
恕在对待士人、友人之子以及同僚之间得以表现,正显现出仁恕理念在河洛地区
普通人心目中的位置。马援虽然能够看淡功名,但仍然被谗言攻击,史家评论
曰:"诚能回观物之智而为反身之察,若施之于人则能恕,自鉴其情亦明矣。"④汉
和帝时,魏霸任巨鹿太守,"以简朴宽恕为政"。永元十六年(104年)任将作大
匠,在汉和帝死后,魏霸以将作大匠的身份修建顺陵,"时盛冬地冻,中使督促,
数罚县吏以厉霸。霸抚循而已,初不切责,而反劳之曰:'令诸卿被辱,大匠过
也。'吏皆怀恩,力作倍功。"⑤魏霸因为体恤劳役的吏人,使其感恩而"力作倍

① 杜佑撰　王文楚等点校《通典》卷一百七十《刑法八·宽恕》,第4410页。
② 《后汉书》卷二十五《卓茂传》,第872页。
③ 《后汉书》卷十六《邓禹传附子训传》,第608页。
④ 《后汉书》卷二十四《马援传》,第852页。
⑤ 《后汉书》卷二十五《魏霸传》,第886页。

功"。东汉官员群体中以仁恕理念处理事务的还有很多。相传弘农华阴人刘宽仁恕，在日常生活中，"未尝与人争执利之事"，有一次，刘宽外出时，有人丢失了牛，"乃就宽车中认之"，刘宽没有辩解，徒步归家。不久，"认者得牛而送还"，口头谢罪说："惭负长者，随所刑罪。"刘宽原谅了对方的无礼，使"州里服其不校"。这种宽宏大量在日后出任地方官时表现了出来，任南阳太守期间，"温仁多恕，虽在仓卒，未尝疾言遽色"，在处理事务过程中，"吏人有过，但用蒲鞭罚之，示辱而已，终不加苦。事有功善，推之自下。灾异或见，引躬克责。每行县止息亭传，辄引学官祭酒及处士诸生执经对讲。见父老慰以农里之言，少年勉以孝悌之训。人感德兴行，日有所化"。在家庭生活中，"虽仓卒未尝疾言剧色"。他的妻子想试探他，"夫人欲试宽令恚"，就在刘宽即将上朝时，"伺当朝会，装严已讫，使侍婢奉肉羹，翻污朝衣"。婢女心中害怕，"婢遽收之"，而刘宽"神色不异"，并且对婢女说："羹烂汝手？"正因为"其性度如此。海内称为长者"①。刘宽在处理公私事务中以"仁恕"之心作为自己的行为准则，因而能将宽仁之心昭示于人。

汉代还有仁恕掾官员的设置，鲁恭在任中牟县令期间，"专以德化为理，不任刑罚"。在处理与百姓密切相关的事情时，以仁恕之心善待百姓。此举以下几件事为例，其一，"讼人许伯等争田，累守令不能决，恭为平理曲直，皆退而自责，辍耕相让"。鲁恭因为理政谦恭，解决了久讼不决的案件，使双方当事人"退而自责，辍耕相让"。这种"相让"正是"仁恕"理念在现实中的体现。其二，当时有一个亭长从百姓手中借了一头牛却霸占不肯归还，虽然鲁恭再三敕令亭长归还，亭长"犹不从"。鲁恭认为是自己"教化不行也"，打算辞去官职，其属官"掾史涕泣共留之"，鲁恭的正直，使亭长深感"惭悔"，于是不仅归还了百姓的牛，而且愿意受罚，鲁恭对他宽贷不问，结果"吏人信服"。建初七年（82年），黄河流域的郡国发生螟灾伤稼，然而却出现了螟"犬牙缘界，不入中牟"的现象。河南尹袁安听说后不太相信，就"使仁恕掾肥亲往廉之"。为了弄清事实真相，肥亲亲往实地考察，鲁恭与他"随行阡陌"，适逢一只野鸡飞来停在二人身旁，旁边正好有个孩童，肥亲感到很奇怪，就说："儿何不捕之？"孩童说"雉方将雏"。肥亲

---

① 《后汉书》卷二十五《刘宽传》，第888页。元·吴亮《忍经·羹污朝衣》云："刘宽仁恕，虽仓卒未尝疾言剧色。夫人欲试之，趁朝装毕，使婢捧内羹翻污朝衣。宽神色不变，徐曰婢曰：'羹烂汝手耶？'"

颇为感动,"瞿然而起",与鲁恭告别曰:"所以来者,欲察君之政迹耳。今虫不犯境,此一异也。化及鸟兽,此二异也。竖子有仁心,此三异也。久留,徒扰贤者耳。"所谓仁恕掾,李贤注云:"仁恕掾,主狱,属河南尹,见《汉官仪》。"①河南尹袁安对于鲁恭的仁恕行为大加赞美,在《劳中牟令鲁恭檄》中说:"君以名德,久屈中牟,物产之化流行,天降休瑞,应行而生,尹甚嘉之。"②鲁恭行政中的仁恕理念引起了河南尹袁安的重视。后人对鲁恭的仁恕行为也有赞美,范晔评价卓茂和鲁恭云:"卓、鲁款款,情悫德满。仁感昆虫,爱及胎卵。"③南齐沈休文评曰:"雊雉必怀,豚鱼不爽。"④这里专门列出鲁恭的事例是为了说明河洛地区具有浓厚的仁恕环境。

潘勖《尚书令荀彧碑》曰:"夫其为德也,则主忠履信,孝友温惠,高亮以固其中,柔嘉以宣其外,廉慎以为己任,仁恕以察人物,践行则无辙迹,出言则无辞费,纳规无敬辱之心,机情有密静之性。"⑤以之总结两汉时期"仁恕"理念在社会生活与政治中的实践,可谓恰切准确。

（作者为河南科技大学人文学院教授）

---

① 《后汉书》卷二十五《鲁恭传》,第 874 页。
② 《后汉书》卷二十五《鲁恭传》李贤注引《续汉书》,第 875 页。
③ 《后汉书》卷二十五《鲁恭传》,第 888 页。
④ 萧统编　李善注《文选》卷五十九《碑文下·齐故安陆昭王碑文一首》,上海古籍出版社,1986年,第 2556 页。
⑤ 欧阳询撰　汪绍楹校《艺文类聚》卷四十八《职官部四·尚书令》,第 852 页。

简论河洛文化之"核"与"魂"

施由明

Abstract：The core and the soul of the Heluo Culture is formed in the Spring and Autumn period，the main contents are：self-improvement，social commitment，advocate polite and music，encourage moderation and peace，integration nature and human y filial piety and respect the ancestors. After the Spring and Autumn，Heluo Culture has gone through Classic Confucian of The Qin and Han Dynasties，Metaphysics of The Wei and Jin Dynasties，Neo－Confucianism of the Northern Song Dynasty and several stages of development，but the core and soul of the culture has not changed，either Zhongshu Dong"three cardinal guides and the five permanent members"theory，or Yuan Laozhuang the annotation of"Book of Changes"metaphysics of the Wei and Jin Dynasties，or Song Zhang Zai "Li Qi" theory of the Northern Song Dynasty，its soul and heart are not changed，but in constructing theory presents a new shape.

河洛文化,顾名思义,就是产生于河洛地区的文化。河洛地区即黄河与洛水交汇处的广大地域,其具体范围,学术界作过一些讨论,提出过一些观点,如朱绍侯先生在《河洛文化与河洛人、客家人》提出的观点得到较多学者的认同,认为河洛地区"即指以洛阳为中心,西至潼关、华阴,东至荥阳、郑州,南至汝颍,北跨黄河而至晋南、济源一带地区。"同时,朱绍侯先生还指出:"作为河洛文化圈,实际要超过河洛区域范围,即应该涵盖目前河南省全部地区。"①本人认同朱绍侯

---

① 载《文史知识》1994 年第 3 期。

先生的观点,认为河洛是中原的核心地带,河洛文化圈以洛阳为中心涵盖河南全省。

关于河洛文化的内涵、历史演变及发展过程的划分等,许多学者作过研究,有许多观点①,在此不多述。本文认为,尽管有许多的研究,但对于河洛文化在各阶段的形态、河洛文化的核与魂及其形成与传承等的研究还是不够的,作出更深入的研究、分析与判断是必要的。

本文认为河洛文化的发展经历了史前的孕育②、夏商西周的发展,到春秋战国时期河洛文化核与魂的形成(实际上也是中华民族精神核与魂的形成)。虽然从秦汉到魏晋、隋唐、北宋,河洛文化不断有新的形态和新的内容,但是春秋战国时期形成的核与魂没有变,并传播扩展成为中华文化和中华民族精神的核与魂,在两千多年的中华民族史中,塑造与激励着一代代炎黄子孙,创造了辉煌的中华文明。

春秋战国时期形成的河洛文化的核与魂,主要有:

一是自强不息

此语原出自《周易·乾卦·象传》:"天行健,君子以自强不息"③。这句话在《易传》④中的出现,并非作者偶然之得,乃是从上古以来至春秋战国时期中原地域⑤的文化和民性所表现出来的突出个性。如战国和汉初著作中所记载的中原地域的那些神话故事就表明了这一文化特性。从盘古开天地到女娲补天、从

---

① 如张新斌在《河洛文化若干问题的讨论与思考》一文认为:"河洛地区的史前文化及《河图》《洛书》是河洛文化的初始期,夏商周三代为形成期,秦汉魏晋为发展期,隋唐北宋为鼎盛期,明清为中衰期,现当代为复兴期。"载《中州学刊》2004 年第 5 期。

② 河洛文化史前的孕育即经历了裴李岗文化(距今约 8000—7000 年)、仰韶文化(距今约 7000—5000 年)、龙山文化(庙底沟二期,距今 5000—4900 年)这几个发展阶段。

③ 本文《周易》的引文均见(魏)王弼《周易注》,《影印文渊阁四库全书》第 7 册,上海古籍出版社 1987 年(下同)。

④ 关于《易传》是何人所作,自古以来就有争论,汉代班固的《汉书》认为此书为孔子所作;今人李泽厚在《中国古代思想史》中的《荀易庸记要》一文认为,《易传》最大特点是沿袭了荀学中刚健奋斗的基本精神,即认为《易传》当在荀子之后产生;不管各自观点如何,《易传》产生于春秋战国时期是没有疑问的。

⑤ "中原"是一个比"河洛"更广大的地域,狭义的中原指黄河中下游地区,广义的中原指整个黄河流域。

精卫填海到后羿射日、从大禹治水到愚公移山,还有有巢氏"构木为巢,以避群害"①,燧人氏"钻木取火,以化腥臊"②;伏羲氏"作结绳而为网罟,以佃以渔";(《周易·系辞下》)神农氏"制作耒耜,教民五谷"(《周易·系辞下》)等,突出地表现了中华民族的先民和作为中华民族文化核心的河洛文化精神,从上古以来就是自强不息、艰苦奋斗的精神品格,并成为中华民族传续不断的民族精神,正如鲁迅先生在《中国人失掉了自信力吗?》一文中所说:"我们从古以来,就有埋头苦干的人,有拼命硬干的人,有为民请命的人,有舍身求法的人,……这就是中国的脊梁。"支撑中国脊梁的正是自强不息、艰苦奋斗的民族精神。

二是厚德载物

此语出于《周易·坤卦·象传》:"地势坤,君子以厚德载物。"如同"自强不息"是上古以来河洛文化的精神特质,"厚德载物"同样是上古以来中原地域的突出民性,同样表现在春秋战国和汉初所记载的那些神话人物的形象中,他们的所作所为都是有着高尚的道德情操,是有"厚德"者的典范。春秋战国时期孔子对"德"作了深刻论述,他一而再,再而三地提倡人要修德,行动要据于德。孔子说"德之不修,学之不讲,闻义不能徙,不善不能改,是吾忧也"(《论语·述而》)③。对于德的概念,孔子没有作明确的解释,综合起来看主要指道德和品行,至于德之标准孔子也没有明确规定,仅在《论语·雍也》中说:"中庸之为德也,其至矣乎! 民鲜久矣"。在《论语·泰伯》中说:"泰伯,其可谓至德也已矣。三以天下让,民无德而称焉"。孔子继承了《周易》"尚德"的思想,树立了中国国民的基本人格追求,这就是尚德,孔子之后的历代儒家都从不同的方面倡导孔子尚德的思想。自汉代以后的历代统治者都以儒家思想来培养民众"有德"的品性。"厚德载物"不仅是河洛文化的核与魂,同样是中华文化的核与魂。

三是崇礼尚乐

礼是礼节和行为规范,乐是音乐和舞蹈。礼乐起源于上古人类的祭祀,与人

---

① 何犿注《韩非子》卷十九《五蠹》,《影印文渊阁四库全书》第729册,第778页。
② 何犿注《韩非子》卷十九《五蠹》,《影印文渊阁四库全书》第729册,第778页。
③ 本文《论语》中的引文均见《四书今译》,江西人民出版社1986年版。

类的文明进步同演进。到西周时的周公旦制礼作乐,礼乐不仅成了河洛文化的核与魂,礼乐文化演化与发展成为了中华文化的核心文化。从孔子反复阐述礼乐的重要性,到历代统治者以礼乐治国,中国自古就有"礼仪之邦"、"礼乐之邦"的美誉。

四是天人合一

何为天?在中国古人的观念中没有明确的定位,有时指与地相对的上天(即物质的天),有时指有意志力的上天(智力的天),有时指大自然。天人合一,即人与大自然、与宇宙和谐共生,及人的行为符合自然法则。天人合一的思想源自《易传》,《周易·乾卦·文言》说:"'大人'者与天地合其德,与日月合其明,与四时合其序,与鬼神合吉凶,先天而天弗违,后天而奉天时。"《周易》的思想对后来老子影响很大,老子说:"人法地,地法天,天法道,道法自然。"①即由此而来,到庄子,明确提出了"天人合一",汉代董仲舒构建了"天人合一"的思想体系。天人合一,遵循自然规律,成为河洛文化的核与魂,同时也是中华文化的核心文化之一。

五是尚中贵和

"尚中"的思想也是出于《周易》第四十三卦"夬"卦九五爻辞:"苋陆夬夬,中行无咎。""象曰:中行无咎,中未光也。"《易传》对《周易》古经的解释,常有"中正"二字,如"刚健中正"、"中正而应"、"位乎天位,以正中也!"中正即是无过,无偏无邪,恰恰好的状态;这是《周易》最高追求,也是后来儒家的至上追求,儒家构建了"中庸之道"的理论体系。"尚中"不仅成了儒家的追求,道家同样追求"中",追求一种中和的心境状态,老子说;"致虚极,守静笃","致虚,恒也;守中,笃也。"又说"多言数穷,不如守中"。庄子顺着老子所提出要保持的心灵状态,提出"养中"的心态追求,所谓"且夫乘物以游心,托不得已以养中,至矣!"(《庄子·人间世》②)道家追求的"中"是一种和谐的心灵状态,儒家追求的"中"

---

① 本文《老子》中的引文均见陈鼓应《老子注译及评价》,中华书局 1984 年。
② 本文所引《庄子》引文,见曹础基《庄子浅注》,中华书局 1982 年。

则是一种不偏不倚、不走极端的处世方式和道德原则,这两者不仅是河洛文化的核与魂,同样成为了中华民族文化的特质,是两千多年中国国民的心灵追求和处世原则。

与"尚中"相联是"贵和"。从上古以来,河洛地域和中原地域的先民们就讲求"和",这应当是农耕民族的生产与生活环境形成的。《周易·乾卦·象传》中说:"乾道变化,各正性命,保合大和,乃利贞。"即是说天道的变化,要保持身和心的正,保持"大和",乃可大吉大利!春秋战国的儒道两家的核心追求就是"和"。孔子的弟子有子曰:"礼之用,和为贵。先王之道斯为美,小大由之。由所不行,知和不和,不以礼节之,亦不可行也。"(《论语·学而》)《中庸》:"喜怒哀乐之未发,谓之中;发而皆中节,谓之和。中也者,天下之大本也;和也者天下之达道也。"①和乃中国古人对社会与人生的理想,所谓政通人和,和又是一种心境和道德成就;孔子说:"君子和而不同,小人同而不和。"(《论语·子路》)老子说:"道法自然"。儒道两家所追求的不仅是身体和心灵的和,还包括人与自然的和谐及人与人际的和谐。后来的佛家所说"净心修性",也是为了身体和心灵的和谐。"贵和"是河洛文化的核与魂,同时是中华文化的核心。

尚中贵和,从河洛文化的核与魂,演化与扩展为了中华民族的优良品质。

六是尊祖孝悌

尊祖,是自上古以来就已形成的一种习俗、一种信念,通过祭祀祖先,让祖先的灵魂来福佑后人,所以,祭祀祖先是一件非常重要的事,春秋战国时期有"国之大事,在祀与戎"之说。②《诗经》中的《大雅》《周颂》《鲁颂》《商颂》中的许多诗篇叙述了西周历代先王的丰功伟绩或描写了祭祀祖先的场景,其中,《大雅》中祭祖的乐歌有 16 篇,三"颂"中祭祖的乐歌有 35 篇,共占现存《诗经》305 篇的六分之一左右。这些乐歌有描写型、有抒情型、有叙事型,祭祖礼仪隆重而繁琐,说明了西周时期尊祖观念在中原地域的国民中已根深蒂固。记载与总结西周与春秋战国时期礼仪习俗的《礼记·大传》说:"尊祖故敬宗,敬宗故收族,收族故

---

① 本文所引《中庸》引文,见《四书今译》,江西人民出版社 1986 年。
② 杜预注　孔颖达疏《春秋左传注疏》卷二十七,"成公十三年";《影印文渊阁四库全书》第 143 册,第 588 页。

宗庙严,宗庙严故重社稷。"①尊祖敬宗这种习俗和信念,不仅是河洛文化的核与魂,同样是中华文化的核与魂,两千多年来,对维持社会秩序起了重要作用。

与"尊祖"相联的是"孝悌"。"孝"在西周已成为中原地域家庭伦常的主干,尊祖敬宗即为孝。到孔子时提出了"孝悌"的家庭伦理原则:侍奉好和善养好父母,兄弟姐妹友爱。孔子认为这是做人之根本:"其为人也孝悌,而好犯上者鲜矣;不好犯上而好作乱者,未之有也。君子务本,本立而道生。孝悌也者,其为人之本欤。"(《论语·学而》)孔子还认为孝悌便是"仁":"弟子入则孝,出则悌,谨而信,泛爱众,而亲仁。行有余力,则以学文。"(《论语·学而》)孔子还指出,侍奉父母要和颜悦色才是孝:"色难。有事,弟子服其劳,有酒食,先生馔,曾是以为孝乎?"孔子提出的孝悌思想,成为了两千多年来中国家庭、家族的伦理原则,是河洛文化的核与魂的重要组成部分,同样是中国文化的重要核心之一。

春秋战国之后,河洛文化的发展经历了秦汉经学、魏晋玄学和北宋理学等几个发展阶段,但文化的核与魂没有变,无论是董仲舒的"三纲五常"理论,还是魏晋文人援老庄释《周易》的玄学,及北宋张载等人的理气论,其灵魂与核心都没有变,不过是在理论的构建上呈现了新的形态而已。河洛文化随着秦汉国家的一统、随着国家政权建设的伸展而播向了全国,成为国家文化,所以河洛文化的核与魂也就成为了中华文化的核与魂,两千多来,塑造了中国的国民性,对中国社会的稳定发展起了重要作用。

（作者为江西省社会科学院《农业考古》编辑部主编、研究员）

---

① 郑玄注 孔颖达疏《礼记注疏》,《影印文渊阁四库全书》第115册,第64页。

吸纳河洛文化精髓的"静道"思想
在台湾的承袭与嬗变

萧　成

Abstract："Static" as one of the important thought of Chinese traditional culture, its contained natural philosophy, life philosophy and social philosophy connotation is extremely rich, are constantly changing in different historical period. Absorbed the essence of "Heluo culture" the idea of "static", has become the contemporary ethos connoted as the keynote in Taiwan one of the core concepts of traditional culture to carry forward movement；And the increasing of exchanges across the Taiwan straits,"static thinking" also subsequently spread to the wider world, to promote unity and the country's "soft power" apply an effective tool.

众所周知,中国传统思想博大精深。发源于黄河流域的"河洛文化"乃中华民族的核心文化,由于历史和战乱等诸多原因,"河洛文化"随着中原移民开始传播到华夏大地的各个角落。其中台湾地区对于"河洛文化"的保存与弘扬贡献颇大,在台湾当代以经世致用为主旨的的传统文化弘扬运动中,都或多或少地融合吸纳进了"河洛文化"的核心因子,形成了"和而不同"文化特色。传统文化不仅相当完好地保存于当代台湾文化典籍中,而且还鲜活呈现于当地民众的日常生活中。

中华传统思想文化最重要的元素均源自河洛文化。魏晋南北朝时,由于"五胡乱华",导致中原生民涂炭,世家大族被迫南迁,河洛文化与中原文明由此迅速进入南方蛮荒地区,并得以进一步发展与流播,而儒释道思想的有机统一在魏晋时期亦得到了完美的融合与发展。"静道"这一哲学概念,始见于魏晋士子的玄言诗;此后,随着历朝历代文人雅士的践行,以及"禅宗"在南方的兴盛,"静道"这一思想的影响益愈深远,已经成为中国哲学统合"儒释道"的一个重要概念。台湾地区,除了高山族原住民,其余均为移民,其中占70%以上的是"福佬人"("福佬"是闽南方言"河洛"的音译)与客家人,据查族谱,祖籍多为河南光州、固始等地南迁福建、广东、江西,再由福建移民台湾,在虽融合了许多当地文化特色,但根底与核心仍是河洛文化,亦奉中原文化为正朔。"静道"这一哲学思想之所以在台湾社会与学界广泛流行,正是对台湾社会目前纷乱的选举政治的一种文化上的拨乱反正。

吸纳了"河洛文化"精髓的"静道"思想,业已成为在台湾当代以经世致用为主旨的传统文化弘扬运动的核心概念之一。当代台湾社会以及学术界都十分重视对"静道"这一中国传统思想的精粹进行与时俱进的应用与研究,不断对"静道"所蕴涵的自然哲学、人生哲学及社会哲学在现代进行重新整理和解读,全面系统地展示了它与人类心性的本质联系,分析了它与西方文化思想的接触点和沟通程度,以及它在中西文明冲突中调适与融合的活跃性。同时,台湾学界与社会还本着统合儒道、经世致用的劝世目的,思考如何化解现代世界中出现的世风日下、人心不古、见利忘义等一系列重大社会问题,探讨了"静道"这一中国传统思想在现代社会生活进程中的价值和作用——"静以参天地之玄"和"静以修身心之妙"。今将台湾学界与社会对于"静道"的理解与社会"疗治"的特色与功用略述于此:

一、台湾当代社会与学术界详尽整理、论述了"静道"思想的丰富、深邃内涵,并厘清了它在不同历史时期的发展演化轨迹。众所周知,一种思想的素质和性格,往往内在地影响着它的历史命运。作为吸纳了"河洛文化"精髓的"静道"这一传统思想之所以能够存在、承袭、发展和传播,是因为它不是以其权势或逻辑来征服人的,而是以自己远离权势的独立品格和超越逻辑的审美情调的魅力而动人的。自五四新文化运动以来,像其他传统思想文化一样,它在20世纪也经历了种种阐释和误读,受到种种领悟和指责,这虽然是由诸多主、客观原因所造成的,但它在许多批评与指责面前似乎并没有多少火气,而是在某种柔弱胜刚强的姿态中,渗入了那些繁忙中求裕如、躁进中寻超逸、动荡中觅消闲的人们心灵之中。它以自身内涵的博大精深,以及文化性格引人瞩目的柔韧性与弹性,成为各种文化思潮冲突中的润滑剂,成为暑热世界里的一片荫凉。即使是那些崇尚西方思想文明的人,也往往只是在理性上排斥它,却在感情上对它难以忘怀。这不禁令人想起《老子》22章中的名言:"夫惟不争,故天下莫能与之争。"显然,"所谓静为道德之基础",只有进而统合儒、道两家关于"静道"的认识,才能对其内涵作一个概括性阐释:

> 主静不是静而不动,因为动静之理皆本于太极,太极之理本静,静而性以定,所以定静安虑是人的行为实践基础。人要从他自己的行为和实践上有所把握,就必须先要在他自己心理生活上,有其确实之道德基础。因为人和万物不同的地方,就在于他能从他自己心理生活上有确实之道德基础。主静,就是使人在心理上建立起确实的道德基础的一个方法。①

显然,在台湾社会与学术界关于"静道"的认知的根基是建立在传统道德理念之上的。然后,再以"静之学说"、"静之艺文"、"静之理论"系统而翔实地介绍、阐述了"静道"思想发展演化的基本情况。尤其是"静之学说"乃是在茂其根本、探其渊源的价值追求下,对发源于中原的"河洛文化"的内核做了充分的兼收并蓄,包括"庄子的齐物说""管子的内业说""荀子的知虑说""韩非的解老说""濂溪的太极说""横渠的性理说""明道的定性说""伊川的主敬说""晦庵的心理说""阳明的良知说",以及"至游子的坐忘说"中有关"静道"之思想,都进行了抽丝剥茧式的钩沉探微与深入科学的考察,并全面考察了"静道"思想在台湾民众日常思想认知中产生的巨大影响。与此同时,台湾学界同仁还对统合儒道、经世致用的中国传统思想的精粹"静道"这一不断丰富、发展、更新、完善的演化历史做了一次概括性的梳理,使人们可以较为清晰、全面地把握"静道"这一传统思想丰富、深邃的文化意蕴,对其历史演变脉络了然于胸,并与时俱进地应用于喧哗骚动的全球化进程中,为焦虑、烦躁的世道人心开辟出了一片"世外桃源",真正体验到"静以参天地之玄"和"静以修身心之妙"的静界。

二、台湾当代社会与学术界更多地是从普通民众心理需要和感情补偿的角

---

① 黄清源《中国传统思想——静道》,《静之总论·释静》,台湾文而出版社1996年12月,第1页。

度来把握"静道"思想在中国哲学史、文化史、政治史,以及社会生活中的价值和作用的。有鉴于"今日世界纷纷,鸟乱于上,鱼乱于下。环观当世社会风俗之败坏,士去职而愤懑,农去养而偷懒,青少年去学而嬉遨,宴饮音乐歌舞日夜,则未闻有虑及之者。又危机莫列于猜忌,互不信任,故误会丛生。讲经济不择手段,转相欺谩不以为耻;至如有些公仆积习益尚虚文,奸弊所在蹈之而不怪,知之而不言,彼此涂饰,聊作自保,泄泄成风,阿同骇异。社会教育失败,怪力乱神,蛊惑人心,迷信者陷溺不能自拔"①的丑恶社会现实,深感痛苦。而传统思想"静道"恰恰能从心理需要和感情补偿的角度给人们以慰藉和启迪。人类天性本是刚柔并济、情理交融的。"静道"思想不仅包含着玄想智慧,而且依附着人的天然感情,所谓"有静必有动,有动必有静,动静不息,是乃情也"。就其思理本质而言,提供了一种超越于人与社会两极对立的新思维,而这种新思维的意义,正是儒道相济而兼得其旨趣的。归结起来讲,"静道"思想主张的乃是一种"全命避害,不受世患"的隐微,但这种隐微却绝非与进取相对的退却。准确地说,它是介于进退之间而以变通之理相调和的特别的自由状态,也就是使人在自然与社会这两极之间而随机应变、无适不可的特殊智慧。而此智慧的核心内容,说到底,又在于将"全命保身,不受世患"的避祸心理提升到使"忧道悯世之心"相依于"保身怡神之理"的思想高度。诚如宋代苏轼诗"静故了群动,空故纳万境。阅世走人间,观身卧云岭"《东坡题跋》卷二《评韩柳诗》)所说的境界,其核心意旨无非在"阅世"与"观身"互相兼综的内外兼修。其中,"阅世走人间"显然属于外向修养,主动;而"观身卧云岭"则是主静的内向修养。"阅世走人间"的自我建构,难免有"不识庐山真面目,只缘身在此山中"的迷失。"处静而观动,则万物之情皆陈于前","幽居默处,而观万物之变,尽其自然之理",必然同时有另一个超然静观的自我对"阅世走人间之自我"作"旁观者清"的审视,而后才可能有能入能出的人生态度。也正因有"动静皆离",就有"甘苦皆离",就有"淡泊、豪猛皆离"与"进取、退却皆离",非此非彼,亦此亦彼,两极化合,融为一体,这才是问题的要害。只有尊崇与秉持"静道"思想之要旨,才能够从人生哲学到艺术哲学上统合儒道,经世致用,从而最终实现"志在兼济,而行独善"的有机统一。此外,若

---

① 黄清源《中国传统思想——静道》,台湾文而出版社 1996 年 12 月,第 203 页。

从心理需要与感情补偿的视角反观之,"静道"思想由于将儒家"温柔敦厚"的传统寓于道家"大音希声"的境界之中,这就意味着有形的指陈讽谕、褒贬美刺之义,化为了无形的灵魂拷问,在了无迹象的状态下,使人悚然自戒、自警。这分明是"于极宽处见极严"的意思,于无声处闻惊雷,处春风和气中觉凛然,一言以蔽之,无为而无不为。其实,从某种意义上来说,这也正是东西方思想文化的本质区别。西方社会注重人为,中国社会注重自然;前者向外求竞争,后者向内求安分;前者视胜利高于道德,后者视道德高于胜利。打个譬喻说,即中国传统思想淡泊如水、粗粝如蔬,西方思想浓郁如酒、腴美如肉,而中酒与肉之毒者,则当以水及蔬疗之也。今日社会,西方思想观念泛滥,人们趋之若骛,全盘接受,其负面影响日渐昭彰,而"静道"这一中国传统思想正足以疗救西方文明之弊、济西方文明之穷者。

三、台湾当代社会与学术界还多维度、多层面地展示了"静道"思想对促进健全理想人格的形成所可能起的社会文化效应。做个什么样的人?以及如何做好一个人?即所谓"理想人格"养成的问题,长期以来就是中国传统思想文化关注的一个中心议题,人们尊奉、信守的始终是河洛文化倡导的"修身、齐家、治国、平天下"之信条。不论是《易经》中的"天行健,君子以自强不息;地势坤,君子以厚德载物"的主张,还是《庄子》中"吾闻中国之君子,明乎礼义而陋于知人心;中国之民,明乎礼义而陋乎知人心"的反复叹息,都意味着中国人的某种思维模式,即重视人心道德之程度超乎其他之上。事实上,欲使中国人的思想维度变得更丰富些、更开阔些,需要关注的恰恰是这一点——即"人心"、"礼义"和"道德"。由此可见,作为传统思想精粹之一的"静道",也正是针对现代社会中出现的人格异化进行鞭辟入里的解剖的一把手术刀:

感于今日民情社会风俗之陵替,以《爱拼才会赢!》、《只要我喜欢,有什么不可以?》两首流行歌曲影响社会人心至大且深。从生命价值观,歌词虽是尽人性尽物性,鼓励奋斗,强调自由,但常人者难得其全,因气质而拘束,因习染而弊害,好不当则风气败坏,本性日微。所谓"爱拼"者,格物诚意而已,应是正面合于义理,"知为善以去恶",古语说:"一时行止,千秋荣辱,如之何其可忽也。"君子计行虑义,行动之前何不静虑一分钟,须知行不正如赴深溪,一失足成千古恨,虽悔无及。至于"只要我喜欢,有什么不可以?"
言虽悦耳,固表现年轻人之自信力,强调自由之可爱。然而,凡事都分作两
边;是者天理,非者人欲;有是必有非,能利亦能害,是非利害要存于心中,须
以天理来支配内心的感情,是者即守而勿失,非者即去而不为。讲自由心态
切不可骄纵,因玩性总是悲剧之由来,若不分黑白,不辨是非,人各是其所
是,而非其所非,党同伐异,自我戮害,岂不悲哉!①

　　而以"静以参天地之玄"和"静以修身心之妙"为内核的"静道"思想正可助
拔此种人格放纵的流俗,令自我尊重生命与人权之价值。故而台湾学术界对于
"静道"这种以其特殊情致和魅力触及人们心灵深处的传统思想在促进人们形
成健全、理想人格过程中所起的作用,更是作了多维度、多层面的分析论述,引入
了心理学,特别是年龄心理学的分析。在人们少壮气盛的时候,对这种统合儒
道、淡泊无为、安性命之情的"静道"思想的趣味与内涵或许难于领略,但阅历渐
多,世情窥透,而少壮的锐气转换为老成的浑融之后,"静道"情趣有可能渗入骨
髓。而"静道"这种一再重申"温柔敦厚"之义而企希于从容与闲易之态,令褒贬
美刺之义寓于"大音希声"境界的追求,分明呈现出由自我激发转化为自我约束
的"理想人格"养成的演化轨迹。若用一种形象生动的喻说来概括的话:即"千
军万马,风恬雨霁,寂无人声"。它正是对现代社会中人们喜欢的"爱拼才会
赢"、"只要我喜欢,有什么不可以"这种取自西方现代哲学中"超人"思想,以及
推倒偶像、重新估定一切、及时享乐的价值观念的一种反正和"扬弃";由此我们
或许可以很容易地就体会到"静道"这一极富魅力的传统思想在促进人们形成
健全、理想人格的养成过程中所显示出的多维度、多层面的社会文化效应。概括
起来说,它至少表现出了以下三重社会文化效应:1. 发而外露之气势,远不及蕴
而未发者更有潜在之震慑力量。2. 这种震慑人心的境界,必然是由整体强烈的
意志自律造成的。3. 其于人心的作用,自然也在唤醒其人凛然自警以自律之意
志。因此,在健全、理想人格的养成、建构方面,若接受了"静道"思想的指引,那
么便意味着只有在淡泊宁静、忘欲静坐、颓然无为的精神体验中实现性情之自

---

① 黄清源《中国传统思想——静道》,台湾文而出版社1996年12月,第496页。

觉、道德之修养,才能真正地融豪猛壮健之气于闲适恬淡之中而不见勉强之态,去艰难劳苦之态而使有容与闲易之风。"静道"思想将现代社会中有关道德风化的国家、政府的职能重新还给了社会与个人,这才是改变不良社会道德风尚的治本之法,它与我们今天所倡导的"社会主义核心价值观"的目标与内容是一致的。此正所谓是:若天下皆知美之为美、善之为善,则世俗又同乎公德。人人防伪,形成气候,伪者自然悚惕,社会返璞归真,是以正面的批评反倒可以表现出极大的宽容,而把褒贬时事、疗救时弊的意义化作一种无形的期待——期待着其所暗示或隐喻的批判对象能在进行个人道德内省之时,或良知发现之中"中心愧死"。其旨归不仅在"惩恶劝善"、"裨补时缺",而且进一步指出"疗救世病"之"疗救"远不及预防更能从根本上解决问题,惟其如此,"静道"思想执著于"未发"之际的涵养功夫才有更为深远的意义。这或许也可以在当代海峡两岸社会与民众发扬与复兴中华传统文化的过程中,起到某些统合古今文化思想传统与经世致用的效用吧。

　　当然,现代社会中的人们不可能完全采用古人的人生模式和思想文化模式来生活、处世及工作,然而,于中国博大精深的传统思想文化中取些枝节,取其精神的某些积极因素,并与现代其他精神方式、审美方式重新组合以经世致用,未尝不是一条尊重自我之生命与实现人权价值的新途径。换言之,"静道"这种文化观念在海峡对岸的承袭、发展、嬗变与应用,不仅已经深深积淀在当地民众的集体无意识之中,并且产生着深远而广泛的影响。显然,我们不应该忽视或轻视这个文化范畴的存在;而吸纳了"河洛文化"精髓的"静道"思想也将随着当今海峡两岸交流的不断增多与扩大,传播到更广阔的天地中去,成为促进统一的文化桥梁和国家的"软实力"巧妙运用的一种有效工具。

（作者为福建省社会科学院研究员）

河洛文化的源头之一是伏羲文化

杨建敏

Abstract：Heluo culture, which is the origin and core of traditional Chinese culture, originates from Fuxi culture. Researches can be conducted from the aspects of documentary records, memorial temples, archaeological findings and folklore, to demonstrate the primitiveness and richness of Fuxi culture in Heluo area, and to illustrate the profoundness of Heluo culture.

河洛文化虽然是一种地域文化,但她却是中国传统文化的源头和核心,是中华民族的根文化。伏羲被尊为人文始祖,位列"三皇"之首、百王之先,他画八卦、创文字、正姓氏、制嫁娶、结网罟、造琴瑟,是中华民族迈步进入文明时期的开创者。伏羲文化,应该是河洛文化的源头文化。

一、从文献记载看河洛地区的伏羲文化

河洛地区是伏羲、女娲活动的中心区域,是伏羲文化的重要发祥地。

1. 伏羲画卦于河洛

据文献记载,伏羲在河洛一带活动,受"河图"启发发明了八卦。《周易·系辞》云:"河出图,洛出书,圣人则之。"又说:"古者伏羲氏之王天下也,仰则观象于天,俯则观法于地,观鸟兽之文与地之宜,近取诸身,远取诸物,于是始作八卦,以通神明之德,以类万物之情。"《尚书·顾命》曰:"河图在东序"。孔安国传云:"伏羲王天下,龙马出河,遂则其文以画八卦,谓之河图。"《礼记·记运》疏引《中候·注》:"伏羲氏有天下,龙马负图出于河,遂法之,画八卦。"《汉书·五行志》云:"刘歆以为伏羲氏继天而王,受河图,则而画之,八卦是也。"《水经·河水

注》说:"粤在伏羲,受龙马图于河,八卦是也。"《古今图书集成·职方典》谓:"上古伏羲时,龙马负图出于河,其图之数,一六居下,二七居上,三八居左,四九居右,五十居中。伏羲则之,以画八卦。"

史载伏羲画卦在孟津县图河故道,后人为缅怀伏羲降龙马、画八卦的伟大业绩,于晋穆帝永和四年(348),在此建寺立庙纪念。清嘉庆二十一年(1816)《孟津县志·卷二·古迹》:"负图里,在县西五里,相传龙马负图出于河即此地。今有伏羲庙。""卷三·建置"又曰:"负图寺,在城西北五里,相传龙马负图之地,亦名浮图。晋天竺僧佛图澄西来住锡于此。怀帝永嘉时曰河图寺,梁武帝改曰龙马寺。唐高宗麟德中改曰兴国寺,寻易今名。"明嘉靖四十四年(1565)《新建伏羲庙记》曰:"县治西北五里许,地名曰'浮图',寺名曰'龙马'。父老相传为伏羲时龙马负图之处。又按《洛阳县志》'河图在县东北四十五里邙山之阴',观此尤足徵也。"①

又载伏羲画卦在巩义市河洛汇流处,称图文麓。清乾隆十年(1745)《巩县志》记载:"伏羲(癸酉)元年河出图,(纪)画八卦,造书契(纲:河出图,洛阳、孟津志皆载之,龙马出没上下,不必止于一处也)。今按县东洛口东麓曰'图文麓',麓下'羲皇池'。隋文帝开皇二年敕建羲圣祠。"同书"卷二·山川志·古迹志"记载:"羲皇池:在洛口。隋文帝开皇二年敕建羲圣祠,今祠废而池存。"又曰:"图文麓:在洛口东麓。伏羲受图于此处。"

河洛交汇处以东有伏羲台,位于巩义市河洛镇洛口村,相传为伏羲当年画八卦之处。洛水清,黄河浊,洛水注入黄河时,清浊异流,形成漩涡现象。伏羲在台上察日月交替,思寒暑循环,观河洛汇流所形成的漩涡,有感而绘制"太极图",画出八卦。伏羲台是一处高出黄河河床约80多米的黄土岗,平面呈圆形,高15米,东西长50米,南北宽48米,四周陡崖峭壁,是一处以仰韶文化为主要内涵的新石器时代遗址,1987年3月公布为郑州市文物保护单位。② 伏羲台东有一个15平方米的洼地,称"羲皇池",据说为伏羲画卦着墨处。

伏羲在河洛地区创立八卦,完成了"易"的最初构思,成为中国元典《易经》

---

① 孙顺通《龙马负图寺》,中州古籍出版社,1997年,第52页。
② 郑州市历史文化丛书编委会《郑州市文物志》河南人民出版社,1999年,第51页。

的源头。

2. 浮戏山是伏羲文化的起源地

浮戏山,位于嵩山东麓新密、荥阳、登封、巩义四县市交界处,因三皇时代伏羲部族长期在此定居活动而得名。据《绎史》卷二"皇王异说"之注称:"故益之为翳,亦犹昊之为皞、伏羲为宓戏、喾之为俈、纣之为受……古文之通用类然。"伏羲时代尚没有文字,在后世人们记录的文献中,因音著字,或为通假,伏羲便有多种写法,如伏牺、庖牺、宓羲、包羲、浮戏、虙戲等,"浮戏"即其中一种,其得名最早可以追溯至春秋战国时期,《山海经·中次七经》记载:"又东三十里,曰浮戏之山。……汜水出焉,而北流注于河。其东有谷,因名曰蛇谷,上多少辛。"这是《山海经》中对伏羲唯一的一处记载。以人名或氏族名冠山名,在《山海经》中是经常遇到的,如《中次六经》的"夸父之山",《北次三经》的"轩辕之山"等,浮戏山亦即以伏羲冠山名。可见此地是伏羲或其后继氏族的活动地带。①

清代大儒吕调阳在所著《五藏山经传·卷第五上·中山经》中说:"浮戏之山……汜水出焉。汜水象游戏也,古太灏氏居此,号浮戏氏,风姓。"太灏氏即太昊氏,也即伏羲氏,为风姓。

伏羲、女娲以龙蛇为图腾。《文选·鲁灵光殿赋》说:"伏羲鳞身,女娲蛇躯。"《帝王世纪》亦云伏羲氏"蛇身人面"。在浮戏山的东谷,因蛇类众多,故名"蛇谷"。发源于浮戏山的汜水,"汜"字源于"巳",即为蛇,民间称之为小龙。这不仅是伏羲氏以蛇为图腾的直接原因,也是伏羲氏曾居住在这里的重要佐证。②

浮戏山一带建立有羲国,或称戏国,为夏商风姓国,伏羲氏后裔建立的国家。③《古今姓氏书辨证·卷二》云:"羲,出自三皇太皋伏羲之后为氏。"羲亦作戏,二字音同义通。《尚书序》孔传曰:"伏牺氏,伏,古作虙。牺,本又作羲,亦作戏。"张辑《字诂》曰:"羲古字,戏今字。"因而,羲国之君羲伯,铜器铭文中又作"戏伯"。

浮戏山区留下了丰富的人祖伏羲、女娲活动遗迹,织机洞、华胥氏履大足处、

① 杨作龙《河洛上古历史文化考论》,《洛阳师范学院学报》2006 年第 1 期。
② 蔡运章《论伏羲、女娲氏与少典、有蟜部族》,《黄河科技大学学报》2007 年第 6 期。
③ 马世之《中原古国历史与文化》,大象出版社,1998 年,第 30 页。

抱子洞、蛇谷、汜水、羲国、田种湾、始祖庙、伏羲庙、女娲宫等星星点点散布其间。山中的荥阳市织机洞遗址是旧石器时代洞穴遗址,为全国重点文物保护单位。洞内文化层堆积达 24 米以上。在洞穴内发现用火遗迹 17 处,出土石制品 2 万余件,古脊椎动物化石 2000 多件。其上部出土有裴李岗文化和仰韶文化遗物,最下堆积层应早于 10 万年。① 织机洞洞穴遗址的发现,为伏羲、女娲先祖华胥氏部落在此活动找到了考古学依据。中国民俗学家、河南大学教授张振犁通过对浮戏山伏羲文化遗迹、神话传说考察后著文称《"浮戏"本是"伏羲山",华夏文明此有源——新密市浮戏山考察记》。②

3. 伏羲女儿宓妃化为洛神

史载伏羲有一个女儿叫宓妃,生得美丽聪慧,不小心溺死于洛水,化为洛神,又称雒嫔,后成为黄河水神河伯之妻。

屈原《楚辞·离骚》:"吾令丰隆乘云兮,求宓妃之所在。"《楚辞·天问》:"胡羿射夫河伯,而妻彼雒嫔。"王逸注:"雒嫔,水神,谓宓妃也。"《文选》卷十九《洛神赋》注引《汉书音义》:"如淳曰:宓妃,伏羲氏之女,溺死洛水,为神。"

宓妃生前以美丽闻名于世,后世蒙得文人高度赞誉。汉张衡《东京赋》曰:"宓妃攸馆,神用挺纪。龙图授羲,龟书畀姒。召伯相宅,卜惟洛食。"又《思玄赋》曰:"载太华之玉女兮,招洛浦之宓妃。"司马相如《上林赋》:"若夫青琴、宓妃之徒,绝殊离俗,姣冶娴都,靓妆刻饰,便嬛绰约,柔桡嬛嬛,妩媚姌袅。"蔡邕《述行赋》:"想宓妃之灵光兮,神幽隐以潜翳。实熊耳之泉液兮,总伊瀍与涧瀍。"最著名的是三国曹植《洛神赋》,这一千古名篇赞曰:"其形也,翩若惊鸿,婉若游龙。荣曜秋菊,华茂春松。仿佛兮若轻云之蔽月,飘飘兮若流风之回雪。远而望之,皎若太阳升朝霞;迫而察之,灼若芙蕖出渌波……"曹植在文中穷尽一切词汇,对宓妃的美貌身姿予以赞美。东晋顾恺之读《洛神赋》后大为感动,创作出巨幅《洛神赋图》成为千古名画。《洛神赋图》原作已佚,今存有宋代摹本 4 卷,皆绢本设色,分别藏于中国故宫博物院、辽宁省博物馆及美国佛里尔美术馆

---

① 郑州市历史文化丛书编委会《郑州市文物志》,河南人民出版社,1999 年,第 35 页。
② 张振犁《"浮戏"本是"伏羲山",华夏文明此有源——新密市浮戏山考察记》,《南阳师范学院学报》2003 年第 5 期。

等处。故宫博物院所藏纵 27.1 厘米、横 572.8 厘米。①

二、从纪念庙宇看河洛地区的伏羲文化

伏羲、女娲部落长期在河洛地区繁衍生息,创造出了不朽的功业,被后世人们长久记忆,建立了众多祠堂、庙宇予以供奉、祭祀。如洛阳市有宓妃庙,孟津县有伏羲庙,登封市有嵩山三皇庙,新密市有浮戏山始祖庙、浮山伏羲女娲祠,荥阳市有浮戏山伏羲庙,巩义市有羲圣祠、宓妃庙,偃师市有宓妃庙等。

1. 孟津伏羲庙

孟津伏羲庙,位于县城东北 20 公里的老城乡雷河村。晋穆帝永和四年(348年),寺僧释澄于龙马负图寺前建伏羲庙,后废。明嘉靖四十二年(1563),知县冯嘉乾改建今处。明嘉靖四十四年(1565)《新建伏羲庙记》曰:"晋永和四年,僧名澄者于寺前建伏羲庙三楹,梁武帝因以龙马寺名之,俱遗碑可考。"②清嘉庆二十一年(1816)《孟津县志·卷三·建置》记载:"伏羲庙,在城西五里负图寺。有司官春秋致祭,旧在寺前。晋穆帝永和四年释澄建,后废。明嘉靖癸亥,知县冯嘉乾改建今处。"今寺庙合一,称为龙马负图寺,为河南省文物保护单位,寺内建有雄伟的伏羲殿,供奉着伏羲和龙马的塑像。

2. 嵩山三皇庙

登封市嵩山三皇寨上建有三皇庙,祀伏羲、神农、黄帝。清景日昣《说嵩·卷十三·古迹二》曰:"三皇庙:在少室山三皇砦上。郑康成以伏羲、女娲、神农为三皇。宋均以燧人、伏羲、女娲为三皇。《白虎通》以伏羲、神农、祝融为三皇。孔安国以伏羲、神农、黄帝为三皇。……今天下祀三皇者,皆祖安国说似矣。"③

3. 浮戏山伏羲庙

在浮戏山区荥阳市(原汜水县)紫金山下鲁寨村,今已不存。民国十七年《重修汜水县志·卷一·地理·古迹》记载:"伏羲庙:在东南五(十)里紫金山下鲁寨村。"汜水伏羲庙建于金代以前,清乾隆九年(1744)《汜水县志·艺文》载有

① 郎绍君《中国书画鉴赏辞典》,中国青年出版社,1994 年,第 47 页。
② 孙顺通《龙马负图寺》,中州古籍出版社,1997 年,第 52 页。
③ 景日昣《说嵩》,郑州市图书馆文献编辑委员会《嵩岳文献丛刊》第三册,中州古籍出版社,2003年,第 269 页。

金泰和五年(1205)石抹翰所撰《伏羲庙碑》:"汜水之东南方五十里,有山曰紫金,下有村曰鲁寨,其间有庙存焉,乃伏羲氏之庙也。乡民祭祀岁时不辍,恒以月二及十五日,香火祈祷焉。"①该碑《中州金石考》有存目,这也是目前所知国内最早的一通伏羲庙碑刻了。

4. 浮戏山始祖庙

在浮戏山中心区新密市钟沟村天皇山之巅,建有始祖庙。根据庙基出土的唐宋时期瓷片、香炉推断,始祖庙当建于宋代以前,历代屡毁屡建,数次重修。山下所临之沟称为钟沟,相传因庙里的大钟被人推入沟中而得名,村子亦名钟沟村。钟沟今称伏羲大峡谷,相传是女娲补天时炼五彩石的地方,大火把峡谷里的石崖都烧红了,遗存有众多五彩石。2004年以来,重修伏羲殿、女娲殿。

5. 浮戏山伏羲女娲祠

伏羲女娲祠位于新密中部来集镇浮山之巅,坐北朝南,建筑有山门、仪门、大殿和东西配殿。伏羲女娲以夫妻身份,并排同坐大殿正中,享受人间祭祀,这一现象在全国其他地方极为罕见。伏羲女娲祠创建无考,目前保存有明、清重修碑刻10余通。明万历二十四年(1596)《重修伏羲女娲祠记》曰:"夫伏羲,古之继天而帝者也,当洪荒之世,文明末开,而始画八卦,造六书,作甲历,正大婚之礼,制歌咏之乐,非特万古文明之祖,实开极成务之学也。女娲与之同母而相佐之泪焉,功业不减矣。"每年春节期间、农历二月十八和六月六,都举办规模宏大的古庙会,来自豫东等地群众从四面八方赶来朝祖进香。

6. 巩义羲圣祠

巩义羲圣祠位于河洛交汇处以东伏羲台处,隋文帝开皇二年(582)敕建,是祭祀伏羲的庙宇。清乾隆十年(1745)《巩县志·卷二·山川志·古迹志》记载:"羲皇池:在洛口。隋文帝开皇二年敕建羲圣祠,今祠废而池存。"羲圣祠早在清乾隆之前已经倾废了。

7. 洛阳洛神庙

在洛阳市老城东关,原有一座元代至正六年(1346)建立的宓妃庙,供奉着伏羲氏的女儿宓妃。对此,清乾隆五十四年(1789)《巩县志·卷六·古迹·坛

---

① 王新英《全金石刻文辑校》,吉林出版集团·吉林文史出版社,2012年,第458页。

庙》有载:"元宓妃庙:《李通志》:在府城东关。元至正六年建,偃师、巩县亦有之。"民间视宓妃为洛河主宰神灵,为免遭洛河水患,人们便建庙祭祀,俗称洛川奶奶庙或洛神庙。① 该庙惜在抗战期间被毁。

8. 巩义宓妃庙

巩义市宓妃庙位于回郭镇刘村洛河南岸,建于宋代,庙里供奉着洛神宓妃,俗名洛河娘娘庙。《巩县志》"卷二·大事记"记载:(北宋)"嘉祐六年(1061),县西南苏村保建宓妃庙(洛神庙)。"②该庙新中国成立后被拆除。

9. 偃师宓妃庙

偃师市宓妃庙位于顾县镇曲家寨村伊河与洛河合流处。伊洛合流是偃师古八景之一,相传此处水流湍急,漩涡很多,伏羲的女儿宓妃由此经过,不慎落水溺亡。清乾隆五十四年(1778)《偃师县志·卷三·山川志·川属》记载:"伊水,自洛阳县来,东北流,合水北注之,又东入于洛。《水经注》:……含始又受玉鸡之瑞于此水,亦洛神宓妃之所在也。"③宓妃死后魂居洛水,成为洛神,当地就建了洛神庙,用以祭祀宓妃。后来河床南移,大水把庙也冲毁了。

三、从考古发现看河洛地区的伏羲文化

伏羲,是中国进入新石器时代之后,划时代文明的开创者。我们可以通过确定伏羲所处的时代,来探寻伏羲文化的考古学风貌。伏羲时代应该起源于中国社会由旧石器时代进入新石器时代时期,考古学上相当于新石器时代早期文化,应当与裴李岗文化时期相当。

1. 旧、新石器时代过渡阶段:迈入伏羲时代

2009年8月,新密市李家沟遗址的考古发掘取得重大突破,从而解开了人类如何从旧石器时代向新石器时代过渡之谜。该遗址发现了距今约10500年至8600年连续的史前文化堆积,下层出土有细石核与细石叶等旧石器时代末期典型的细石器遗存,中层发现有以压印纹粗加砂陶与石磨盘等为代表的早期新石

① 韩彦刚 孙素玲 尚仁杰《洛阳民俗志》,香港科教文出版有限公司,1999年,第217页。
② 巩县志编纂委员会《巩县志》,中州古籍出版社1991年版,第12页。
③ 偃师市志编纂委员会《清乾隆五十四年·偃师县志》(点校本),中州古籍出版社,2002年,第52页。

器文化,上层是典型的裴李岗文化遗存。经加速器 14C 测定,旧石器时代晚期遗址距今 10500 年,新石器时代遗址距今 9000—8600 年。从而填补了中原地区旧石器时代晚期文化和已发现的新石器时代裴李岗文化之间的缺环和空白。①

李家沟遗址发掘表明:该地区早期居民为专业化的狩猎人群,拥有十分精湛的石器加工技术;到了新时器时代早期,开始进入定居、半定居状态,以采集植物类食物为主,兼具狩猎;晚期居民开始定居、从事农业生产,用石磨盘加工粮食等农作物。

《周易·系辞下》曰:"古者包犠氏之王天下也……作结绳而为网罟,以佃以渔,盖取诸《离》。"《说文解字注》释"佃"曰:"中也。《广韵》曰:'营田'。《玉篇》曰:'作田。'……从人,田声。"②"佃"的意思即耕种田地。"渔"指以网捕鱼。就是说,伏犠时代除了狩猎、打鱼和采集,已经开始了农业生产。这与李家沟遗址所展示的由狩猎过渡到以植物性食物与狩猎并重的新石器时代的文化面貌是一致的。李家沟新石器时代早期遗存发现的石器有石锛、砍砸器、刮削器、尖状器、石磨盘等,从工具组合看,是适用于原始农业生产活动的;发现的动物骨骼中有牛、马、羊、猪等,有可能已被作为家畜来饲养,在一定程度上反映了农业的发展;大量陶器的出现,反映了当时人们已经有了相对稳定的定居生活。因此可以说,在距今 1 万年前后的李家沟新石器时代早期,原始农业已经产生。③

2. 裴李岗文化:灿烂的伏犠时代

距今 9000 年至 7000 年,是中国考古学上的裴李岗文化时期,被视为是伏犠时代的文化遗存。裴李岗文化是黄河中游地区发现的新石器时代文化,因最早在河南新郑市的裴李岗村发掘而得名。迄今已发现裴李岗文化遗址 150 多处,其分布地域大致以嵩山周围为中心,西起豫西山区的卢氏薛家岭,东达豫东平原的项城后高老家,北自洹河流域的安阳洪岩,南到大别山北麓的潢川双岗。④

① 北京大学考古文博学院、郑州市文物考古研究院《中原地区旧、新石器时代过渡的重要发现》,《中国文物报》2010 年 1 月 22 日。
② 段玉裁《说文解字注》,凤凰出版社,2007 年,第 663 页。
③ 王星光《李家沟遗址与中原农业的起源》,《中华之源与嵩山文明研究》第二辑,科学出版社,2015 年,第 37 页。
④ 曹桂岑《裴李岗文化是中原地区新石器时代早期文化》,《论裴李岗文化——纪念裴李岗文化发现 30 周年暨学术研讨会》,科学出版社,2010 年,第 93 页。

　　古文献中有关伏羲的事迹记载,大多可以从裴李岗文化中得到求证。如《周易·系辞下》载:"古者包牺氏之王天下也……以结绳而为网罟,以佃以渔,盖取诸离。"伏羲时期从事原始农业和渔业,在裴李岗文化遗址中出土了大量的石镰、石铲、石刀、石斧等农业生产工具,以及石磨盘、石磨棒等粮食加工工具[①],新郑沙窝李遗址、许昌丁庄遗址发现有炭化粟粒,舞阳贾湖遗址发现有炭化水稻,表明当时人们已经开始从事农业生产。贾湖遗址还发现有鱼、龟、鳖、蚌等水生动物遗骨,表明当时人们结网捕鱼为食。

　　《尚书·序》载:"古者伏羲氏王天下也,始画八卦,造书契,以代结绳之政,由是文籍生焉。"裴李岗文化中,发现一些刻画在陶器、骨器和龟甲上的符号或者文字,贾湖遗址发现了距今八九千年的龟占工具,可证"画八卦,造书契"之不虚。

　　《礼记·月令》载:"伏羲制以俪皮嫁娶之礼。"在贾湖遗址中发现的 M106 是一座成年男女合葬墓,男性为一次葬,女性为二次葬,男性年龄约 40~45 岁,女性年龄约 35~40 岁,可能是一座夫妻合葬墓。[②] 在新密莪沟北岗遗址中,亦发现了一座男女合葬墓。这表明当时开始由原始的血缘婚过渡到一夫一妻制,有了男娶女嫁的婚姻礼仪。

　　《礼记·曲礼》载:"伏羲作琴瑟以为乐。"贾湖遗址先后出土了 30 多支骨笛,有的可以发出七声音阶。郏县水泉遗址出土一支 10 孔骨笛,研究者认为应是一支定音器。[③] 这表明当时的人们已经能够通过音乐自娱或者敬神。

　　《事物纪原·卷九》引《皇图要览》曰:"伏羲化蚕为丝。"《通鉴外史》曰:"太昊伏羲氏化蚕桑为繐帛。"新密莪沟北岗遗址不但发现了众多的陶纺轮、骨针,而且发现了陶塑蚕蛹。[④] 这表明伏羲时代已经开始养蚕、纺织、制衣,人们摆脱了树叶、兽皮,开始有了衣服穿。

　　通过河洛地区八九千年的裴李岗文化,我们可以复原伏羲时代人们的物质生活和精神生活。

---

① 杨海中《图说河洛文化》,河南人民出版社,2008 年,第 83 页。
② 李友谋《裴李岗文化》,文物出版社,2003 年,第 155—157 页。
③ 赵世纲《论裴李岗文化在中华文明形成中的地位》,《论裴李岗文化——纪念裴李岗文化发现 30 周年暨学术研讨会》,科学出版社,2010 年,第 50 页。
④ 李绍连《河洛文明探源》,河南人民出版社,2007 年,第 33 页。

四、从民间传说看河洛地区的伏羲文化

伏羲、女娲部族在河洛地区生息繁衍,不但留下了众多遗迹、纪念地,而且流传下一些传说、故事,在民间被人们世代传诵。

近些年来,民间文艺工作者通过走入民间进行采风,搜集、整理了一批伏羲、女娲的传说故事。在《洛阳民间故事集成》中,收录有《黄河献图》《负图寺的传说》《洛河出书(异文二)》《兄妹滚磨成亲》《洛神的传说》等 5 篇①;流传在孟津县的有《伏羲挂角》《伏羲养马》《伏羲妻蛇》《伏羲捉鱼》《女娲送子》等 5 篇②;流传在偃师市的有《洛神、河伯、后羿》及异文《宓妃、河伯、后羿》2 篇③;流传在巩义市的有《伏羲台与伏羲池》《太极图和八卦起源的传说》《阴阳石》《嫦娥奔月》《洛神宓妃》等 5 篇④;流传在新密市的有《伏羲女娲在浮山》《女娲补天浮戏山》《伏羲女娲争宝地》《老虎救人祖》《滚磨成亲磨合沟》《人首蛇身的来历》等12 篇⑤;流传在登封市的有《磨沟》《女娲造人》2 篇⑥;流传在荥阳市的有《红石崖滚磨坡的传说》《伏羲、女娲石头块接龙拼鼋》《伏羲、女娲花草编凤凰》《伏羲、女娲黄土和泥造人》《伏羲氏名字的由来》等 7 篇⑦。

学者刘守华指出:"在尚无文字的史前社会,大量保留在各民族口头的神话传说弥补了这一空白,它们与后世文献记载、考古发掘相互印证,为史学家提供了宝贵的第一手资料。"⑧流传在河洛地区的这些故事传说,展示了大洪水过后,伏羲、女娲不畏艰难险阻,勇于与大自然抗争,造福民众的牺牲精神;结网罟、画八卦、造书契、作甲历,勇于实践,勇于创新的非凡智慧;正姓氏、制嫁娶、造琴瑟,规范人类婚姻秩序,传承华夏血统的伟大功勋。

---

① 王经华《洛阳民间故事集成》(上),中国戏剧出版社,2007 年。
② 李根柱《负图探秘》,中国文联出版社,2009 年。
③ 偃师民间故事编纂委员会《偃师民间故事》,中国文化出版社,2006 年,第 74 页。
④ 冯德宏《巩义民间故事集》,中国文史出版社,2007 年。
⑤ 中共新密市委、新密市人民政府《新密年鉴 2007》,内资,2007 年。
⑥ 常松木　王巧玲《嵩山故事二百篇》,大众文艺出版社,2012 年。
⑦ 荥阳市文联《荥阳民间故事》,内资,2009 年。
⑧ 刘守华　巫瑞书《民间文学导论》,长江文艺出版社,1997 年,第 51 页。

五、结语

　　诞生于中原大地河洛地区的河洛文化,是中国传统文化的源头和核心,而河洛文化的源头应该是伏羲文化。对此,不但文献有记载,地面有遗迹,考古有发现,民间有传说,而且民间对伏羲的信仰十分浓厚,纪念庙宇众多。重视对河洛地区伏羲文化的研究和开发,对进一步弘扬河洛文化、传承河洛文化,具有重要的历史意义和现实意义。

　　　　　　　　　　(作者为河南省新密市文化广电旅游局总编室主任)

浅谈河洛文化

李文琪

Abstract：Heluo culture once known for the world. Their origins, development, and decline with South East of ancient China Economic and cultural center of gravity changes, and ancient Chinese division and reorganization. Because he is in the center of China in the past song, every time the great ancient Chinese will bring profound influence of Heluo culture. This article will briefly Heluo culture in various periods, show different cultural characteristics.

　　河洛文化是指以河洛地区为中心所形成的地域文化。朱绍侯先生认为,河洛地区即指以洛阳为中心,西至潼关、华阴,东至荥阳、郑州,南至汝颍,北跨黄河而至晋南、济源一带地区①。河洛文化虽然为区域文化,但与其它区域性文化相比,呈现出其源远流长的中核性特性。即河洛文化是中华文明中起源时间最早的区域文化,而且他对于其他地区的区域文明有辐射性。再一个就是,河洛文化作为中华文明的本源文化,对整个中华文明有着深远的意义。河洛地区作为夏、商、周三朝的文明中心区,当之无愧成为中华文化的起源地,并且是中国古代历史上宋之前中国文明政治、经济、文化的中心,所以一度被称之为"天下之中"。同时,河洛地区作为中华文化的中心区,在辐射其它地区文明的同时也与其他区域文化交汇出灿烂的火花。河洛文化在中国历史文化中占据着重要的地位。同时,洛阳也在河洛文化乃至中华文化中占据着重要的地位。在不同的考古学文化时期,洛阳一直都占有重要的地位,而且,在秦统一以后,汉魏王朝等相继以洛

---

① 朱绍侯《河洛文化与河洛人、客家人》,《文史知识》,1994 年第 3 期。

阳为国都,唐以洛阳为东都。

河洛地区地处大平原和大河流过区,水热条件比较好,农耕文明起源早,文化源远流长,早在新石器时代就有了中华文明早期遗存。在河南郑州的新郑裴李岗村,考古发现距今 8000 年左右的裴李岗文化;在河南漯河的舞阳贾湖遗址,出土了大量新石器时代的人类活动的器物;在河南三门峡渑池仰韶村,考古发现距今 7000 年左右的仰韶文化;在河南发现的距今 5000 年左右的河南龙山文化等,有力地证明了河洛文化在中华文明起源性中具有重要性。

司马迁曾经认为河洛地区为"天下之中",是夏商周三代都城所在区域,是"王者之所更居也"。由于河洛地区独特的地理位置和地形地貌特点,导致了河洛地区在大一统时期为天下之中,而在乱世时则为战乱最多的地区。在春秋战国时期时期,诸侯林立,河洛地区地处中原的中心,既是兵家必争的烽火之地,又由于其地平千里而无险可守,但秦地却拥有函谷关之险,可以稳守西疆;南方熊楚虽然人烟稀少,也可扩地千里,称霸荆楚;齐鲁地区三面环水天然堡垒;晋国虽然背靠匈奴,南临诸侯众国,但是也可称霸一方。河洛地区虽然没有形成像晋、楚、秦、齐那样的大国,但是作为中原之中,一直都是繁荣地区。四方商旅在此集散,各国文人雅客在此汇集,各国的文化在此交流繁荣,从而使得河洛地区在吸收其他各方的优秀文化的同时也形成自己独特的河洛文化。

秦汉以后,中国再次大一统。河洛地区再次成为了中华文明政治、经济、文化的中心。随着丝绸之路的开辟,河洛地区成为了重要商贸起点。丝绸之路不仅是中国与西方各国进行商贸的路线,而且也是业欧各国和中国友好进行文化交流的重要通道。洛阳作为丝绸之路的起点,通过与西域各国的商业贸易和文化交流,在丝绸之路中有着重要的地位。以洛阳为中心的河洛地区成为了中华文化向西域传播的中心,同时也是西域文化在中国影响最大的地区,从而形成了独特的河洛文化。如东汉永平七年,汉明帝派遣使者去西域访求佛法,于永平十年回到洛阳,并将所得佛教经卷,用白马驮回,修筑寺庙命名为白马寺。中外僧人在此翻译了《四十二章经》等佛教经典,佛教从此对中国文化产生了深远的影响。

魏晋时期,佛教传播进一步在全国范围内发展,不断有西域僧人来到洛阳翻译佛经,传播佛法。尤其在北魏时期,统治者崇信佛法,在北魏境内大规模营造佛教寺院和佛像石窟。在河洛地区的龙门、巩县等地,至今都保存有当时精美的石窟艺术。北魏统治者鲜卑族在北方广袤草原的马背上得天下,为维护国土以及南方汉族地区的稳定,树立其正统合法性,推行了一系列的汉化政策,并且把都城迁到了洛阳。在北魏时期,以洛阳为中心的河洛文化得以在战乱中恢复发展。同时,北方的鲜卑族人将他们的草原文化带到了河洛地区,佛教也得到全面传播和发展。本土文化和北方草原文化相结合形成了辉煌多元的河洛文化。

隋唐时期,中国的经济重心开始向东移动。长安城虽然依旧是国家的首都,但是在经济方面已经不足以供给帝京的消耗。隋朝开始营建东都、开凿大运河,这些都是很有前瞻性的决策。但是由于隋代的统治者急于求成,而导致百姓揭竿而起。到了唐朝,隋朝所营造的东都和大运河开始发挥作用。洛阳既是全国政治、经济中心,也是文化传播中心。同时洛阳也是当时的国际大都市,大街上随处都有世界各地的人。隋时兴建的通济渠,使洛阳可直达杭州,加之黄河到幽蓟的永济渠,这就使我国南北地区以运河的方式连接起来。洛阳成为了大运河的中心,很多南来北往的船只都在洛阳集散,至安史之乱之前,洛阳都是隋唐帝国的中心。通济渠由于安史之乱,导致航道淤塞了八年,直到广德二年,刘晏疏通了汴河,汴河随之成为了大运河的骨干河道。虽然,洛阳在安史之乱中丧失了运河中心的地位,但是唐朝经济中心地位依旧在河洛地区,东都以东的各个地区的粮食,都要运输到东都洛阳的含嘉仓,从而再转运至京城长安。所以洛阳含嘉仓成为了当时全国规模最大也是最重要的粮仓。

北宋时期,河洛地区依靠其长期的区位优势,也曾繁荣一时。张择端的《清明上河图》就描绘了当时东京汴梁的繁荣的景象。宋代以后,中国政治经济中心再次南移。河洛文化也随着移民的脚步传播到了长江以南地区。河洛文化产生、繁荣于"天下之中",而且由于河洛地区地形平坦,水源充足,成为当时中国农业经济最发达的地区。但是,在中国经济重心南移的大背景下,河洛地区也难免衰落的命运。在长期与北方的辽、金、元等国的交战中,河洛地区成为了战争的前沿,国土沦陷,加速了河洛地区经济的衰落。

元明清三朝,大运河东西向的河道全面废弃,只有南北向的滔滔流水把中国政治中心的京津与经济中心江浙连接起来。此时河洛地区的经济中心地位完全丧失,但随着明清市民文化的兴起,河洛文化具有了时代特征。北方的政治地位日益重要。近代以来,中国军阀割据混战不断,不但摧毁了许多河洛地面上的物质文化遗存,而且也使思想意识等精神文化层面的某些因素发生了扭曲。

河洛地区文化源远流长,对周围其他区域文化都有重要的影响。从石器时代开始,先是裴李岗文化,后是仰韶文化,之后的河南龙山文化以及早商的二里头文化,都体现了河洛文化的连接性和包容性。同时,河洛地区文化在对其他区域文化,如荆楚文化、三晋文化、齐鲁文化有所吸收的同时,又给周围地区文化施以较强的影响。

河洛文化历史悠久、连绵不断,被历代统治者视为正统文化加以推广,传播至全国各地,从而形成了中华民族独特的传统文化。河洛文化是中华民族传统文化的一个重要起源地和发展地,它对中华民族的形成,以及中华民族传统文化的发展兴盛起到了举足轻重的作用。

(作者为湖北社会科学院楚文化研究所研究人员)

河洛地区与中华文化

徐金星

Abstract：Heluo area and the Central Plains around Luoyang were "China" in ancient people's mind. Heluo area was the central area where Emperor Huangdi, Zhuanxu and Emperor Ku lived, and it was also the place of origin and the central area of the Xia, Shang and Zhou dynasties. During the Eastern Zhou dynasty, minorities such as Rong, Di, Man and Yi entered the Central Plains and lived in places around Luoyi (today's Luoyang) and merged into Huaxia nationality (today's Han nationality) during the late years of the Spring and Autumn Period. During the Northern Wei dynasty, Emperor Xiaowen moved the capital from Pingcheng (today's Datong in Shanxi province) to Luoyang and carried out the Hanization policies, promoting the integration and development of Chinese nation. Heluo culture became the core culture of Chinese nation formed by many nationalities. This demonstrated that Heluo area played a decisive and indispensable role in the formation, development and prosperity of Chinese nation.

　　洛阳地处"天下之中",自古以来,是中国人心目中的中心,为中华民族的形成和发展、繁荣发挥了决定性的、无可替代的重大作用。

一、洛阳地处"天下之中",中原是古人心目中的"中国"

　　《史记·货殖列传》曰："昔唐人都河东,殷人都河内,周人都河南,夫三河在天下之中。"《史记·刘敬传》说："成王即位,周公之属傅相焉,乃营成周雒邑,以此为天下之中也,诸侯四方纳贡职,道里均矣"。东汉班固《两都赋》称光武帝建都洛阳为"迁都改邑,有殷宗中兴之则焉;即土之中,有周成隆平之制焉"。又称洛阳"处乎土中,平夷洞达,万方辐奏"。因"成周洛邑"居"天下之中",故称"中土"或"土中",这也应该是后来河南省地区称"中州"或"中原"的由来。

"周人都河南"的古河南地,也称河洛地。大体是指由豫陕交界处向东,经三门峡、孟津、洛水入黄河处,至荥阳、郑州的这一段黄河以南地区。

"河南"正式作为行政区划,应该是始于汉代"河南郡"。战国秦庄襄王元年(前249年),秦于河洛地区一带置三川郡(以境内有黄河、洛河、伊河,故名)郡治洛阳(今洛阳市东北,即汉魏洛阳故城);汉二年(前205年),西汉高祖刘邦改三川郡为河南郡,治洛阳;光武帝建武十五年(公元39年),改河南郡为河南尹。

"中国"一词,曾见于《尚书·周书·梓材》中,也见于《诗·大雅·民劳》中、《诗·小雅·六月序》中,还有其他早期典籍等。但"中国"一词,最早而又可靠的应是见于1963年陕西宝鸡县所出土的青铜器"何尊"铭文中。其文中有"余其宅兹中国,自之义民"的话。何尊为西周初年第一件有纪年铭的青铜器,系名"何"者作于周成王五年。由全文可以看出,这里的"中国",即指周王朝疆域的中心地区,即成周,也即今洛阳一带。

对于"中国"一词的由来及意义,许宏先生曾解读说:"二里头文化所处的洛阳盆地乃至中原地区,就是最早的'中国'"。

二、黄帝、颛顼、帝喾三族活动的中心在河洛地区

1902年,中国近代著名学者梁启超在《论中国学术思想变迁之大势》文中,第一次使用了"中华民族"这一概念。之后,"中华民族"一词渐被广泛使用,成为中国境内各民族的总称。中华民族智慧勤劳,酷爱自由,创造了辉煌灿烂的中华文化,构成了东方文明体系的核心和主流,为整个人类社会做出了极为重大的贡献。

汉族是中华民族的主体民族,是世界上人口最多的民族,而汉族的前身则是华夏族。

《礼祀·祭法篇》云:"有虞氏禘黄帝而郊喾,祖颛顼而宗尧。夏后氏亦禘黄帝而郊鲧,祖颛顼而宗禹。殷人禘喾而郊冥,祖契而宗汤。周人禘喾而郊稷,祖文王而宗武王。"范文澜先生指出:"不论《鲁语》和《祭法篇》所说是否有据,汉

以前人相信黄帝、颛顼、帝喾三人为华族祖先,当是事实。"(《中国通史》)

关于黄帝。《史记·五帝本纪》曰:"黄帝者,少典之子,姓公孙,名曰轩辕。"《集解》引谯周曰:"有熊国君,少典之子也。"又引皇甫谧曰:"有熊,今河南(指河南郡,治洛阳)新郑是也。"

《国语·晋语四》曰:"昔少典娶于有蟜氏,生黄帝、炎帝。"

作为炎黄二帝母族的有蟜氏生活在哪里?《山海经·中次六经》载:"平逢之山,南望伊、洛,东望谷城之山……有神焉,其状如人而二首,名曰骄虫,是为螫虫,实维蜂蜜之庐。"蟜虫即骄虫,即蜜蜂,有蟜氏应是以骄虫即蜜蜂为图腾的氏族。根据《山海经》所记平逢山地望,应即生活在今洛阳以及新安、渑池一带。

《山海经·中次三经》载:"青要之山,实维帝之密都。"青要山,在今新安县,研究者认为,此即黄帝密都之所在。

《水经注·洛水》引《地记》云:"洛水东入于中提山间,东流汇于伊是也。昔黄帝之时,天大雾三日,帝游洛水之上,见大鱼,煞五牲以醮之,天乃甚雨,七日七夜,鱼流始得图书。"

《史记》正义曰:"巩县有鄩谷水者也。黄帝东巡河,过洛,修坛沉璧,受龙图于河,龟书于洛。"

相传黄帝曾与九黎族的首领蚩尤战于"涿鹿之野"。涿,也作浊。传统说法,涿鹿在今河北省张家口市东南、桑干河流域的涿鹿县,但马世之等先生认为:涿鹿在今偃师、巩义一带。《水经注》说:"(洛水)又东,浊水注之。"涿鹿即浊鹿、浊陆,即浊水之旁的陆地。

还相传,涿鹿之战后,炎帝、黄帝曾战于阪泉之野。阪泉在今河北涿鹿县东南,或说在今山西运城市解池附近。但曹魏时的《灵河赋》中有"涉津洛之阪泉"之句,灵河即黄河,阪泉应是黄河之滨的一个湖泊,当在今孟津县黄河段附近,阪泉之战应在孟津县境。

黄帝时期对应的考古学文化,学术界看法不一。一种观点认为仰韶文化中晚期为黄帝时期文化,一种观点认为龙山文化前期为黄帝时期文化。

仰韶文化以1921年首先发现于古洛阳辖域的渑池县仰韶村而得名。仰韶文化的庙底沟类型,以古洛阳辖域内陕县庙底沟遗址的仰韶文化遗存为代表,豫西、豫中、晋南、陕西东部均有分布。苏秉琦先生认为"仰韶文化的庙底沟类型可能就是形成华族核心的人们的遗存";刘庆柱先生说:"庙底沟文化(亦即庙底沟类型)孕育出河南龙山文化,继之又在庙底沟文化、河南龙山文化基础上产生了夏文化及中国古代历史文献记载的第一个王朝——夏王朝。"(《河洛文化论衡·序》)

关于颛顼。《史记·五帝本纪》曰:"帝颛顼高阳者,黄帝之孙而昌意之子也。《集解》引皇甫谧曰:帝颛顼"都帝丘,今东郡濮阳是也","据《左氏》,岁在鹑火而崩,葬东郡。"又引《皇览》曰:"颛顼冢,在东郡濮阳顿丘城门外广阳里中。"

东郡,秦王政五年(前 242 年)置,治濮阳(今河南濮阳西南)。帝丘,地在今天濮阳县西南。可知今河南濮阳一带就应该是颛顼族活动的中心地域。

关于帝喾。《史记·五帝本纪》曰:"帝喾高辛者,黄帝之曾孙也",张守节《正义》引《帝王纪》曰:"帝俈(喾)有四妃,卜其子皆有天下。元妃有邰氏女,曰姜嫄,生后稷(周先祖);次妃有娀氏女,曰简狄,生禼(契,商先祖);次妃陈丰氏女,曰庆都,生放勋(帝尧);次妃娵訾氏女,曰常仪,生帝挚"。范文澜先生说:"卜辞中证明,商朝认帝喾为高祖,祭礼非常隆重,帝喾可能是实有其人。"(《中国通史》)

《史记·殷本纪》云:"汤始居亳,从先王居";《集解》引孔安国曰:"契父帝喾居亳,汤自商丘迁焉,故曰从先王居"。《水经注·汳水》阚骃曰:"亳本帝喾之墟,在《禹贡》豫州河洛之间,今河南偃师城(指老城)西二十里尸乡亭是也"。

今偃师市境内仍有村名叫"高庄"(古名高辛庄),当和帝喾居偃师有关。该村内的关帝庙,保存有清代的修庙碑两通,碑文中就"帝喾都亳遗址"的相关内容。

1983 年,考古工作者在今偃师发现一座规模宏伟的商代城址,即"汤都西亳"之城。

"五帝"在河洛地区的生活、活动,不但有不少古代典籍留有记载、有考古资料加以佐证,而且还有大量世代相传的传说在这一代广泛流行,许多和传说相关的遗迹遗物,也为广大民间所津津乐道。

三、夏商周三族渊源于河洛地区,夏商周三代的中心在河洛地区

《史记·夏本纪》曰:"禹之父曰鲧……禹者,黄帝之玄孙而帝颛顼之孙也。"

《索隐》引《连山易》云:"鲧封于崇,故《国语》谓之崇伯鲧。"崇,古国名,鲧之封国,地在今嵩县境。《国语》又说:"昔夏之兴也,融降于崇山。"韦昭注曰:"崇,崇高山也。夏居阳城,崇高所近。"崇山即嵩山。

《夏本纪》又曰:"夏后帝启,禹之子,其母涂山氏之女也";"帝太康失国,兄弟五人,须于洛汭,作《五子之歌》"。文中的阳城,在今登封市境;涂山,在今嵩县境;洛汭,洛水入黄河处,在今巩义市境。三地皆在洛阳盆地周边不远处。

《逸周书·度邑》载:"自洛汭延于伊汭,居易无固,其有夏之居。"古本《竹书纪年》载:"太康居斟鄩,羿又居之,桀亦居之。"《括地志》曰:"故鄩城在洛州巩县西南五十八里,盖桀所居也。"

偃师二里头"夏都斟鄩"的发现,以及1975年进行大规模发掘的登封王城岗遗址,都进一步证明了夏族先民、夏王朝以河洛地区为活动中心。

《史记·殷本纪》曰:殷契,母曰简狄,为帝喾次妃。《正义》引《括地志》曰"河南偃师为西亳,帝喾及汤所都"。商代都城,至今经考古确认的有三座,即偃师商城、郑州商城、安阳殷墟,三者皆在河洛地区境内。

《史记·周本纪》曰:周后稷,其母曰姜嫄,为帝喾元妃。好耕农稼穑,帝尧举为农师,天下得利。封于邰,号后稷。其子不窋代立后,夏政衰,废稷之官,不复务农,"不窋以失其官而奔戎狄之间"。其孙公刘"复修后稷之业"。

西周建立后,实行"两都制",即宗周镐京(今陕西西安)、成周洛邑(今河南洛阳)。至东周(含春秋、战国时期),洛邑成为唯一的都城。

"《山海经》、《大戴礼记》等书记载古帝世系,不管如何分歧难辨,溯源到黄帝却是一致的。历史上唐尧、虞舜以及夏、商、周三代,相传都是黄帝的后裔"(范文澜:《中国通史》)

按照左丘明、司马迁等古代史学大家的观点,五帝同根,三代同源,从黄帝开始,生活在以河洛地区为核心的中原大地的众多氏族、部落,在漫长的时期内,通过相互通婚、结盟、通商、战争等多渠道、多层面的交往过程,相互渗透融合,在语言、经济、文化、心理等等方面渐趋一致,最后形成了华夏族。

《说文解字》云:华,荣也;夏,中国之人也(这里的中国指以河洛地区为中心的中原地区)。至春秋战国时期,华、夏、华夏等作为民族名称,正式见于史籍。

第八届河洛文化国际研讨会"纪要"指出:"以炎黄二帝为代表的中华人文

始祖,⋯⋯大都出自或主要活动于以河洛为中心的中原地区,可以说,作为'炎黄之孙'的中华民族的血脉之根在河洛故土。"通过以上的内容可以看出,"纪要"中作出的关于"中华民族的血脉之根在河洛故土"的结论是完全正确的。

四、东周洛邑(洛阳)周边的少数民族

动荡的东周政局,给散居于中原各地的少数民族以发展的机会,洛邑附近的戎、狄、蛮、夷等少数民族,与周王室和各诸侯国间虽不乏矛盾与冲突,但彼此的交流与合作却越来越密切,他们同华夏族之间克服了生活习俗的不同和彼此语言的障碍,为促进国家统一和民族大融合作出了积极贡献。

东周第五位王周惠王姬阆,先后封过二位王后:王后姜氏为齐国公主,生王子姬郑;姜氏卒,周惠王立陈妫为王后,生王子姬带。惠王卒,太子姬郑继立,是为周襄王。太后陈妫和王子姬带欲借兵夺权,与洛邑附近的扬拒、泉皋、伊洛之戎联合,在周襄王即位的第三年(前649年),大举进攻王城。"夏,扬拒、泉皋、伊洛之戎同伐京师,入王城,焚东门,王子带召之也"(《左传·僖公十一年》)。周襄王固守王城,并向各国求救,秦、晋两国率兵入周,戎兵散去。次年,齐桓公派管仲带兵入周,见戎兵已散,遣人诘责戎主,戎主遣人向管仲谢罪。"秦晋伐戎以救周。秋,晋侯平戎于王"(《左传·僖公十一年》)。

周襄王十六年(前636年),滑国(古城在今河南偃师境内)亲附卫国,背叛郑国,郑国派兵进入滑国。"郑之入滑也,滑人听命,师还,又即卫"(《左传·僖公二十四年》)。郑军离开后,滑国再次叛郑,郑国大怒,出兵伐滑。周襄王派遣二位使者出使郑国,为滑国说情,郑国"不听王命而执二子"。

周襄王大怒,决定借狄师伐郑。狄人原在"四夷之地",春秋时进入中原,散居各国之间,洛邑周围也有许多狄人。狄人以游牧狩猎为生,未有城邑,首领居无定所,亦称"行国"。狄师伐郑,占领了郑国的栎地。周襄王十分感激狄人,立狄君之女隗氏为王后。

后来,周襄王闻隗氏与王子姬带私通,诏令废黜隗氏。狄君闻其女被废,大怒。当年秋天,举兵伐周,周师大败。周襄王仓促逃到郑国,郑国不计旧恶,接纳了周襄王。

狄人遂入洛邑,王子带僭称王号,立隗氏为王后。后来,王子带与隗氏离开

洛邑,出居于温邑(今河南温县西)。

陆浑之戎,是古戎族的一支,亦称允姓之戎。原住西北瓜州(今甘肃敦煌市境)的陆浑。由于不臣服于秦国,秦国举兵驱逐,先东迁至阴地(今河南卢氏),故又称阴戎。晋惠公以伊水中上游的山地封赐之,仍以陆浑为名,亦称九州之城。《左传·襄公十四年》说:"诸戎钦食、衣服不与华同,贽币不通,言语不达。"当时的伊水中上游之地,为"南鄙之田,狐狸所居,豺狼所嗥","诸戎除剪其荆棘,驱其狐狸豺狼",为伊水中上游的开辟、发展、进步作出了重要贡献。

《左传·宣公三年》载:周定王元年(前606年),楚庄王讨伐陆浑之戎后,北抵洛水,"观兵于周疆",留下"楚王问鼎"的典故。周景王二十年(前525年),陆浑戎为晋国所灭。

自2015年6月起,洛阳市文物考古研究院对位于伊川县鸣皋镇徐阳村的东周墓地进行发掘,发掘墓葬24座(西周晚期6座,春秋中晚期16座,战国早期2座),陪葬车马坑2座。其中,春秋中晚期墓葬是徐阳墓地发现的最主要的遗存。文物考古方面提供的资料说:徐阳墓地春秋中晚期大型墓,其随葬礼器组合、车舆规制、车马坑与墓葬分置等,都显示其受到周文化的强烈影响;而在车马坑或墓内放置马牛羊头、蹄的殉牲习俗,在小型墓中保留与春秋时期西北地区戎人墓中出土遗物相同或相似的陶单耳罐、绳纹罐、盆和铜鼎、簋、陶罐组合,是春秋战国时期中国西北地区戎人或狄人的埋葬习俗,这与周边地区同时期文化面貌差别较大,表现出与周文化的差异。

又说:徐阳墓地春秋中晚期遗存,无论从时间跨度、文化面貌、地域分布等都与春秋时期"秦晋迁陆浑之戎伊川"的历史事件相吻合,应为陆浑戎国君及其贵族墓地。徐阳墓地发现戎人遗存,证实了文献所载"戎人内迁伊洛"的历史,是研究古代民族迁徙和融合的重要资料,为我们寻找东周时期活跃在伊洛河流域的戎人遗存提供了重要线索,同时也对探索和研究中原华夏文明的形成与发展具有重要的意义。

由于各少数民族长期和华夏族聚居在一起,经过不断的相互影响,文化礼俗等方面的差别日趋减少。到春秋末年,散居于河洛一带的戎狄蛮夷差不多都和华夏族融合在一起了。

五、孝文帝汉化改革与中华民族的大融合、大发展

河洛地区一带,原本是汉族长期生息活动的中心地区。由于西晋末年的大动乱,从"八王之乱"开始,汉族从中心地区出发,向边远地区流亡。而居住在长城以外的少数民族则大量内迁,至北朝时期达到高潮,历时长达三个世纪之久。在这漫长的岁月里,各族人民相互影响,总的发展趋势是与汉族融成一体,从而形成了黄河流域各民族的大融合。其中,大规模地迁入河洛地区的是鲜卑人,施行与汉族同化政策的少数民族政权是北魏王朝。

北魏是由鲜卑族拓跋氏所建立的政权,是南北朝时期存在时间最长、最强有力的政权。北魏的帝王非常注意学习汉族文化和吸取汉族统治者治理国家的经验,人们通常把这种活动称为"汉化"。就拓跋魏来说,汉化是封建化最便捷的途径。孝文帝拓跋宏继承了其先世诸帝在封建化道路上前进的政策,坚定地进行了多方面的改革,使拓跋魏汉化进入了高潮。

拓跋宏是献文帝拓跋弘长子,其母李夫人为汉族士族李惠之女。他三岁丧母,由祖母冯太后抚养长大。冯太后也是汉族人,是"十六国"之一北燕王冯弘的孙女,汉文化造诣很深。拓跋宏幼年登基为帝,由冯太后代行皇权,治理朝政。在祖母的教育下,拓跋宏刻苦学习并加以践行。

至孝文帝当政时,黄河流域已统一30多年,是北魏政权粮食、布帛的主要供应地。河洛地区中心城市洛阳,是历代王朝的统治中心,又接近南方,政治地位、文化传统、地理条件都很优越。孝文帝要实现他推行汉化、改革社会、进而统一中国的雄心壮志,下决心把国都从偏处北陲的平城迁到洛阳。

孝文帝重用文人儒士李冲、李彪、王肃、邢峦等,在他们的协助下,根据儒家典章,制定了一系列礼乐制度,先后实施了一系列重大改革措施。其内容主要有:一、禁穿胡服:百姓官吏,男女老少,一律改穿汉人服装。二、改定郊祀宗庙礼:采用汉家帝王祭祀天地的礼仪,圜丘祭天,方泽祭地,以祖宗配天,祭天皇大帝和五方上帝。三、禁鲜卑语:改用汉族语言,30岁以上者可以不必立即改,30岁以下并任官者,禁讲鲜卑语,违者免官。四、改鲜卑复姓:太和二十年(496年)正月,孝文帝诏令鲜卑族的118个姓氏统统改为汉姓,共改得114姓。如独孤氏改姓刘,丘穆陵氏改姓穆等。至于皇族拓跋氏,孝文帝下诏说,魏之先出于黄帝,

以土德王。夫土者,黄中之色,万物之元也,宜改姓元氏。五、改变籍贯:从平城迁居洛阳者,全部改籍贯为洛阳。六、定士族大姓:姓中穆、陆、贺、刘、楼、于、嵇、尉八姓最贵,与汉族高门四姓卢、崔、郑、王相当。

孝文帝的汉化政策,消除了民族间的隔阂,减少了民族间的矛盾,使各少数民族与汉族杂居共处,经济生活、文化生活、风俗习惯相互影响,逐渐趋于一致,从而加速了北方各民族大融合的进程,促进了社会经济、文化的繁荣,对中国统一的多民族国家的发展作出了重大的贡献。

刘庆柱先生曾指出:"在中华民族发展史上,河洛地区发挥着极其重要的作用,它们集中反映在鲜卑人建立的北魏王朝,在孝文帝时从'长城地带'的'平城(今山西大同)徙都洛阳,开创了中华民族的第一次大融合、大发展的政治、文化格局,从华夏文化发展而来的中华民族文化在河洛地区被统一的多民族中央集权国家——北魏王朝所认同,河洛文化也成为多民族形成的'国族'——中华民族的核心文化。鲜卑人统治的北魏王朝徙都河洛地区,无疑在中华民族发展史上有着里程碑的意义。"(《河洛文化论衡·序》)笔者认为,刘先生对河洛地区在中华民族发展史上的重大作用做出的评价,是十分深刻和中肯的。

(作者为洛阳炎黄文化研究会会长、研究员)

河洛文化与早期中华文明

陈文华

Abstract：Heluo area is the cradle of Chinese civilization，Heluo culture is one of the sources of the Chinese culture，and becomes the main body of thousands of years of Chinese culture. Heluo area is rich in archaeological remains，from Neolithic times until the Zhou Dynasty，there are mainly Peiligang culture，Yangshao culture，Longshan culture，Erlitou culture，Shang culture，Zhou culture，etc. These cultural sites not only demonstrate the process of the development of Chinese civilization，but also reveal the origin of ancient Chinese civilization.

河洛文化是我国的一种地域文化，主要指河洛地区即黄河中游与洛水流域的文化。狭义的河洛地区主要指洛阳与洛河交汇一带；广义的河洛地区北至中条山，南达伏牛山，西抵潼关，东到豫中平原。这一带区域以丘陵地带为主，气候湿润，四季分明，土地肥沃，物产丰富，非常适于人类繁衍与生息。河洛地区发现有大量人类早期活动的遗迹，河洛文化被称作是中华文明的源头和主流，也是中华文化重要的载体。本文拟从考古视角探讨河洛地区厚重的文化与早期中华文明的联系。

一、河洛文化与河图洛书

"河出图，洛出书，圣人则之。"①河图洛书被看作是河洛文化中重要的文化符号和标志。相传伏羲时代，黄河中跃出龙头马身的神物，身上有"一六在下，

---

① 《周易·系辞》。

二七在上,三八居左,四九处右"的图形。后伏羲得此河图,并仰观天象、俯察地理,远取诸物,近取诸身,而创制出八卦。相传洛书是大禹治水成功,有神龟从洛河里爬出,神龟背上有"戴九履一,左三右七,二四为肩,六八为足,五居中央"的图形,大禹据此制定出治理天下的九章大法,从而奠定了中华典章制度的基础。①

河图洛书是中华文化的发源和基础,与两位古史人物有关,一位是伏羲,一位是大禹。伏羲氏是中国古史的传说人物,徐旭生认为其同太皞、蚩尤为一类,是集团传说中的英雄。②《庄子》《淮南子》中有大量关于伏羲氏的描写。《管子》《荀子》《战国策》也偶尔提及伏羲,但对其功绩没有过多描述。后人根据这些文献推论出伏羲氏的年代大致在燧人氏后,神农和黄帝前面。③ 在众多典籍中,《周易·系辞》是一部对伏羲推崇的作品,其中关于伏羲有详尽的描述。

> 古者包牺氏之王天下也,仰则观象于天;俯则观法于地。观鸟兽之文与地之宜。近取诸身;远取诸物。于是始作八卦,以通神明之德,以类万物之情。作结绳而为纲罟,以佃以渔,盖取诸离。疱牺氏没,神农氏作……神农氏没,黄帝、尧、舜氏作……

通过这段文字,我们得知包牺即伏羲,能观天象、懂历法、作八卦等,他被看作圣人,拥有非同一般的功绩。其后《淮南子·要略》篇说:

> 今易之乾坤足以穷道通意也,八卦可以识凶吉,知祸福矣。然而伏羲为之六十四变,周室增以六爻,所以原测淑清之道而捃逐万物之祖也。

尽管上古神话与传说交错繁杂,对其辨伪存真存在一定的难度,"把这样的神话仅仅作为氏族和部落的代号,仍然可以从传说材料中理出当时历史的一些

---

① 蔡运章《河图洛书与古都洛阳》,《河南科技大学学报(社会科学版)2007 年第 3 期,第 22 页。
② 徐旭生《中国古史的传说时代》,广西师范大学出版社 2003 年版,第 259 页。
③ 徐旭生《中国古史的传说时代》,广西师范大学出版社 2003 年版,第 273 页。

头绪来。"①这不失为后代研究古史的一种可行方法。据此推断,伏羲作为一个部族首长,与《周易》存在着紧密的关系,②最大的功绩就是为后人称道的八卦,开启了中华文明的序幕。

河图洛书中提到"河马负图"和"灵龟负书"的发生地主要有河南巩义洛汭说及河南洛宁长水说、陕西洛南说等几种。"洛汭"即河流汇合或弯曲的地方,是指河洛汇流处。具体而言是源于陕西洛南县西北部的洛水,向东流经河南洛宁、洛阳,在偃师与伊水会合后,汇于巩义市东北神都山下,并注入黄河的地方。文献记载,河图洛书出现后,黄帝、尧、舜、禹、汤、周成王、姜尚、周公旦等,都曾在神都山下的河洛汇流处举行祭天活动。③巩义市河洛汇流处以东的夹角地带修筑有伏羲台,据传伏羲正是在此观察黄河洛水而构演八卦。有学者综合考察认为"河马负图"在孟津,"灵龟负书"在洛宁④。尽管对传说发生地仍有争议,但从河洛地区发现的裴李岗、仰韶、龙山、二里头文化遗址来看,证明了河洛地区应是伏羲或以伏羲为首的部落早期活动的重要区域。

关于河图洛书,先秦两汉的文献多有记载,考古发现有类似河图洛书的文物。陕西华县元君庙仰韶文化墓地曾出土距今6000年左右的陶钵,陶钵上有55个小三角组成的三角形图案⑤,安徽含山县凌家滩大汶口文化墓葬曾出土距今5000年的玉版,这块长方形玉版上刻有象征天圆地方、北辰(北极星)、四维、八方和八卦等图案。⑥有学者认为这与后代的八卦图极为相似,可看作是原始河图洛书及和八卦的象征。⑦

河图洛书被看作是中国文字的滥觞;其后有传说仓颉造字;20世纪初,在河南安阳殷墟出土了大量甲骨文,这些早期人类文字的发端,展示了中华文字发展的序列。文字的产生被认为是人类古代社会进入文明时代的重要标志,也印证

---

① 郭沫若《中国史稿》,人民出版社1976年版。

② 徐旭生《中国古史的传说时代》,广西师范大学出版社2003年版,第275页。

③ 河南省巩义市文史委员会《河洛汇流与河洛文化》(内部资料),第22页。

④ 蔡运章《河图洛书与古都洛阳》,《河南科技大学学报(社会科学版)》2007年第3期,第24—26页。

⑤ 北京大学历史系考古教研室《元君庙仰韶墓地》,文物出版社1983年版。

⑥ 安徽省考古研究所《安徽含山凌家滩新石器时代墓地发掘简报》,《文物》1989年第4期,第11页。

⑦ 蔡运章《河图洛书与古都洛阳》,《河南科技大学学报(社会科学版)》2007年第3期,第23页。

了河洛地区是早期中华文明重要的发源地。

二、河洛文化与都城遗址

"昔三代之居,皆在河洛之间。"河洛地区是中国古代文明形成与早期国家发展的核心地区,境内发现有裴李岗文化(约公元前6500—前5000年)、仰韶文化(约公元前5000—前3000年)、龙山文化(约公元前3000—前2000年)、二里头文化(约公元前1900—前1550/1000年)、商文化(约公元前1600—前1046年)和周文化(约公元前1046—前221年)的遗存。巩义地区坞罗河及其支流圣水河流域大约70平方公里的范围内,共发现从裴李岗至东周时代的遗址50处(单一文化遗址15处,多种文化堆积遗址35处),包括裴李岗文化遗址4处,仰韶文化遗址15处,龙山文化遗址16处,二里头文化遗址21处,商代遗址22处,周代遗址27处。巩义另一处干沟河流域共发现从裴李岗至东周时代的遗址67处,包括裴李岗文化遗址1处,仰韶文化遗址19处,龙山文化遗址28处,二里头文化遗址25处,商代遗址33处,周代遗址48处。有学者通过对遗址的数量和规模的分析和研究,试图找到坞罗河和干沟河流域的古代聚落具有不同的发展轨迹。他们认为坞罗河流域聚落形态的变化与伊洛河盆地早期国家的形成有密切关系,聚落的发展模式很显然同二里头和偃师商城最初的城市化过程和社会转型有密切关系。[①]

河南偃师二里头遗址位于洛阳平原的东部,偃师市西南约6公里的二里头村南。1959年,中国科学院考古研究所研究员徐旭生在率队调查"夏墟"的过程中发现了偃师二里头遗址,引起了学术界的极大关注。经过几十年的发掘,偃师二里头遗址已累计发掘面积达4万余平方米,发现了大面积的夯土建筑基址群和宫城城垣、纵横交错的道路遗迹;发掘出大型宫殿建筑基址数座、大型青铜冶铸作坊遗址1座、制陶和制骨、制绿松石器作坊有关的遗迹若干处、宗教祭祀有关的建筑遗迹若干处,中小型墓葬400余座,其中包括出土成组青铜礼器和玉器的墓葬。此外还清理了大量房址、窖穴、水井、灰坑等遗迹遗物。目前学术界普

---

① 陈星灿　刘莉　李润权等《中国文明腹地的社会复化进程——伊洛河地区的聚落形态研究》,《考古学报》2003年第2期,第177、191页。

遍认为二里头文化面貌具有一定特点,比郑州二里冈商文化年代要早。[1] 二里头都城遗址具有一定规划和营造法式,宫殿建筑群有自身的特点。宫城方正有序,宫殿中轴对称,初显"左社稷、右宗庙"的布局。偃师二里头遗址三期地层中发现的大型宫殿基址和手工作坊址等重要遗迹,展示了我国早期都邑的轮廓。[2]

二里头遗址发现了迄今中国最早的宫城和大型宫殿建筑群、最早的青铜礼器群和铸铜作坊、中国最早的双轮车辙、绿松石器制造作坊等,可以推断二里头遗址是迄今可确认的最早的王朝都城遗址。有学者根据二里头文化遗址得出结论,二里头文化时期,农业发达,建筑技术高超,手工业分工精细,商业贸易频繁,金属冶金业兴起,宗教占卜和祭祀奠基活动盛行,文字可能已经产生。尤其是各种手工业生产的专业分工,体现了二里头社会行政机构的高度集权和专业分工。因此,大部分中国考古学家都认为,以伊洛河盆地为中心并向周围地区扩张的二里头文化很可能代表中国历史上第一个王朝夏(约公元前2100—前1600年)的晚期。[3] 以二里头遗址为典型遗存的二里头文化在中国早期国家和文明形成中占有重要的地位。二里头文化是中华文明形成历史上最早出现的核心文化,其与后来的商周文明构成早期华夏文明发展的主流,确立了华夏文明的基本特质。

河南偃师商城遗址,是河洛地区另一座重要的遗址。1983年,为配合大唐洛阳首阳山发电厂选址工作,中国社会科学院考古研究所的工作人员在偃师市区西南侧进行地下文物勘查,偶然发现了这处商代都城遗址。

二里头和偃师商城的兴衰与文献上记载的夏晚期都城和商早期都城在年代和空间上吻合,表明考古学文化的转化可能与政权的更替有关。[4] 商代早期都城的地望问题,尤其是商汤的亳都问题,一直是学术关注的热点。《尚书·序》曰:"汤始居亳,从先王居,作帝告。"《史记·殷本纪》曰:"汤即位,都南亳,后徙西亳也。"文献记载商汤的亳都并非一处。偃师商城发掘有大型宫殿建筑和军

---

① 中国科学院考古研究所洛阳发掘队《1959年河南偃师二里头试掘简报》,《考古》1961年第2期,第82页。夏鼐《碳–14测定年代和中国史前考古学》,《考古》1977年第4期,第222页。

② 殷玮璋《二里头文化再探讨》,《考古》1984年第4期,第355页。

③ 赵芝荃《论二里头遗址为夏代晚期都邑》,《华夏考古》1987年第2期;邹衡《夏商周考古论文集》,文物出版社1980年。

④ 赵芝荃《论二里头遗址为夏代晚期都邑》,《华夏考古》1987年第2期;邹衡《夏商周考古论文集》,文物出版社1980年。

事防御设施,城内的排水设施完备,还陆续发现了城墙、城门、护城河、宫殿、府库、手工业作坊、墓葬、水井等遗迹。经过调查发掘和考察研究确定该城址便是商灭夏后的首座都城遗址西亳。①

偃师商城不仅促进了夏文化的深入研究探讨,而且有助于中国早期城市发展历史和古代文明和研究。考古发现偃师商城址模宏大、城墙宽厚、结构严谨、布局合理、保存完整,它是目前所知我国都城遗址中年代最早的一座。建筑最主要的特点是左右对称,主要建筑诸如城门、大型水道、主体宫殿建筑等大都采用对称布局,这种设计构思在中国古代城市建设史上,具有一定的开创性意义。②

三、河洛文化与农耕文化

中国农业生产起源早,黄河流域和长江流域都曾发现有早期稻作农业和粟作农业文明的遗址。长江流域以出土大量稻谷而著称,距今一万年至四千年,这里先后发掘有仙人洞文化遗址、彭头山文化遗址、河姆渡文化遗址、罗家角文化遗址、良渚文化遗址等。新石器时代,在黄河和淮河之间,北起河南省的渑池仰韶村,南至河南省淅川黄楝树,西迄陕西省的扶风案板和西乡李家村、东至山东省日照等地,都发现有粟稻遗存。③ 受地理位置和气候影响,形成了粟稻混作区。

河洛地区的考古发现证明这里是稻粟生产区。这里不仅出土有许多农业生产工具,还发掘出许多粮食作物。考古人员在偃师商城早期商王室贵族祭祀遗址群中发现有稻粟作物。在这个面积约130余平方米的圆形祭祀场中,专门设有祭祀场,祭祀场的不同区域祭祀不同内容。祭祀场有一处面积较大,以稻谷等农作物为主。A区发掘有人、牛、羊、猪、狗、鱼类,还包括水稻和小麦。在祭祀坑堆积物中发现夹杂着大量的稻谷籽粒。④

---

① 中国社会科学院考古研究所河南第二工作队《1983 年秋季河南偃师商城发掘简报》,《考古》1984 年第 10 期,第 879 页。
② 王学荣《偃师商城布局的探索和思考》,《考古》1999 年第 2 期,第 30 页。
③ 王星光《中国新石器时代粟稻混作区简论(摘要)》,《农业考古》1998 年第 1 期第 400 页。
④ 中国社会科学院考古研究所河南第二工作队《河南偃师商城商代早期王室祭祀遗址》,《考古》2002 年第 7 期,第 6 - 7 页。

通过对祭祀坑的观察发现：猪按大小不同处理，小猪多完整埋葬，大猪则肢解埋葬。这些祭祀坑里的猪数量大，反映出商代早期家猪的饲养业达到一定的程度。

另一处河洛主要区域巩义伊洛河流域发现有小米和水稻的植硅石遗留。[①]坞罗西坡遗址出土有半驯化的碳化小米；裴李岗文化以后时期主要出土是完全驯化的小米。尤其是在仰韶、龙山、二里头、二里冈文化和汉代遗址中，发现可能的小米植硅石和炭化的小米（包括粟和黍）。水稻的植硅石发现存在于仰韶文化晚期的羽林庄、龙山文化晚期的罗口东北遗址和南石遗址中。据此推测坞罗河及其支流圣水河的两岸是最早的水稻栽培证据之一。这些新石器时代的稻作粟作发现对解决稻作农业和粟作农业起源的时间、地理区域与环境状况，稻作与粟作农业发生与早期发展的形式及其规模都具有重要的研究价值，对探究早期中华文明也有一定的意义。

结论

城市、青铜器、文字可看作是中华民族踏入文明门槛的重要标志。河洛文化被看作是早期中国古代文明智慧成果，这里所产生的河图洛书、甲骨文都被认为是中华文化之源；夏代都城二里头文化遗址和偃师商城反映了早期中国都城的文化进程。

河洛地区是中华农耕文化的中心区域，河洛地区形成的粟稻混作区可看作是中国历史上南北文化与生产技术交流的重要成果。农业的发展促进了河洛地区生产和经济的发展，推进了河洛地区社会的文明，河洛地区也因此成为中国新石器时代重要的文明中心。有学者提出，正是粟稻混作区所创造的高度文明奠定的坚实基础取代氏族组织的国家政权才最先在这里诞生。[②]可见原始农业文明对中国古代社会发展的巨大推动作用，对中国早期文明产生了深刻的影响。

河洛地区居于中原文化区，大量的考古发现与文献记载互为印证，反映出河

[①]　陈星灿、刘莉、李润权等《中国文明腹地的社会复化进程——伊洛河地区的聚落形态研究》，《考古学报》2003 年第 2 期，第 198 页。

[②]　王星光《中国新石器时代粟稻混作区简论（摘要）》，《农业考古》1998 年第 1 期第 400 页。

洛地区早期文明发展的历史轨迹,是中华文化形成与发展的核心区,河洛文化是中华文化重要的根脉。

（作者为湖北社会科学院楚文化研究所助理研究员）

闽西客家祖地教育的河洛之源

翁汀辉

Abstract：Heluo culture is the origin of Hakka culture. As the origin and core of traditional Chinese culture，Heluo culture has a great impact on other regional cultures. Hakkas in western Fujian attach great importance to education and the cultivation of talents，and this is the inheritance and development of Heluo educational traditions.

一、客家根在河洛

"君从哪里来？来自黄河边。"客家人"根在河洛"，河洛文化系客家文化之源，这几乎是研究者的共同看法。作为中国传统文化的源头和核心，河洛文化对其它地域文化的影响也是十分巨大的。

八王之乱、永嘉之乱给以洛阳为中心的河洛大地造成极大灾难，汉人难以生存下去，纷纷南迁，形成我国历史上第一次中原汉人大规模南迁浪潮，这便是今日客家人的第一批先民。关于此次南迁人数，《中国史纲要》说：到达长江流域的至少有 70 万人，另有 20 万人没有到达长江，聚居在今山东境内。谭其骧在《晋永嘉乱后之民族迁徙》一文称，从永嘉之乱到拓跋焘攻宋，北方人口南迁将近百万。为了安置大批的南迁汉人，东晋时在长江一带设置了不少侨州、侨郡和侨县，如南徐州、南豫州等。侨人不入当地户籍，官吏均为北方士族。其后，唐代安史之乱、唐末及五代、宋室南迁、南宋灭亡之时，黄河流域均有大批汉人南迁，其中绝大多数是河洛人。南迁的大批汉人中，有一些和当地土著居民通婚、融合了；还有大量人数没有和当地人通婚、融合，仍保持着汉族原有的血统、文化和风俗习惯。这就是今日客家人的先祖。

繁荣发达的汉魏晋、隋唐宋文化,富庶美丽的河洛及中原大地,繁华热闹的京都洛阳,都会在南迁汉人的思想上留下难以磨灭的印象,成为他们世代相传、取之不尽、用之不竭的精神力量。"白头宫女在,闲话说玄宗。"洛阳城,河洛大地,许许多多的人和事,是他们永远道不完、表不尽的谈资,那情景远远超过山西洪洞县的大槐树。正是这些南迁汉人——客家先祖带来的先进文化和先进生产技术,极大地促进了长江流域等地区的社会经济发展和文化进步。源远流长、博大精深、辉煌灿烂的河洛文化,不但是客家人最重要的精神财富,而且也通过他们得到了最广泛、最深入的传播,极大地扩大了河洛文化的影响。

二、客家人重视教育源自河洛

客家人重视教育,重视对人才的培养,在客家人居住的地方,以崇尚教育为中心内容的楹联随处可见。"兴邦立国民为体,教子治家读为先""教子读书,纵不超群也脱俗;督农耕稼,虽无余积省求人"等楹联,都体现着客家人崇文重教的传统。在客家人生活的地方,重视教育蔚然成风,学校遍及各地。学校分官学、义学、私塾、祠堂学校等各种类型。客家人重视教育,突出表现在办祠堂学校方面。"客家祠堂多建在风水宝地,安静宽敞,是理想的学习之地。务实的客家人利用祠堂的环境优势,办起了一所所祠堂学校"。

客家人主要生活在山区,他们的经济相对落后,在兴学办教方面存在着一定物质条件的制约。然而,聪明的客家人却利用祠堂众多的优势,办起了一所所祠堂学校。法国神父赖里查斯称赞说:在嘉应州,"我们可以看到随处都是学校。一个不到二万人的城市,便有十余间中学和数十间小学,学校人数几乎超过城内居民的一半。在乡下,每一个村落,尽管那里只有三五百人,至多也不过三五千人,便有一个以上的学校,因为客家人每一个村落都有祠堂,而那个祠堂也就是学校。全境有六七百个村落,都有祠堂,也就有六七百个学校,这真是一个骇人听闻的事实。"赖里查斯所说的虽然是嘉应州祠堂办学的情况,事实上,其他地区的客家人在这方面的情形也大致相同。在客家地区,崇文重教不是个别人的行为,而是整个客家社会的共识,这种共识是不分贫富贵贱的。不论是在中国范围内,还是在世界范围内,对于客家人崇文重教之传统,都是刮目相看、极力赞赏的。赖里查斯盛赞客家教育之普及,在中国为最,"如果按人口比例,不但在中国没有一个地方可以和它相比,就是较之欧美国家也毫不逊色"。

由于客家人重视教育,他们在利用祠堂学校传授子弟文化知识时,特别重视对其进行道德品质的培养,希望子弟认真读书,从读书中求学问,求义理,学做人。客家人非常重视教育子弟正确处理读书和做人的关系,即重视品德教育,不要单纯追求功名利禄。他们以祠堂为基地,以家规家训为教材,培养子弟的优良品德,主要内容包括:尊老敬长、团结族人、和睦乡里、勤俭节约等。

三、客家文化对河洛教育传统的继承与发展

客家先人们由于历史的原因,战乱和灾荒迫使他们为了生存而远离故土。他们带走的最宝贵的东西是河洛文化的精髓,其中能使他们开拓创新、民系发达的就是重视教育、发展教育。客家人最先聚居的闽赣粤边境是交通不便的偏僻山区,但他们素有崇文重教的优良传统,崇尚文化,重视教育,以兴学为乐,以读书为本,以文章为贵,以知识为荣,成为一种社会风气。在家庭方面,几乎所有的家庭都支持孩子读书,尤其是男孩。在家族方面,各宗族都很重视兴学育才,把办好本族子弟教育视为本族兴旺发达的大业。在明代和清代,客家地区已形成了相当的教育规模。究其根本原因是对河洛文化这个根文化的教育传统的继承有关,客家人的教育从办学形式、教育理念、教育内容、教育模式和教育价值观上都体现着对河洛文化中教育传统的继承。

客家人办学形式继承延续河洛的传统教育形式。祠堂教育形式,就是河洛官办教育形式的延续。客家先民们流落他乡,所到之处一般是穷乡僻壤,经济贫困,文化更是落后,根本谈不上什么发达的文化教育,于是在他们聚族而居的地方,由族人共同出资或专门由祠堂负责,以私塾的形式教育族民。不少客属地,都有"学田"和"谷田",客家族人不分贵贱贫富,只要肯学,就由公用的"学田"或"学谷"负责其求学费用。一千多年来,就这么传了下来。这种办学方式是在继承了河洛官学传统的基础上,在新的环境下形式上作了变通和改造。河洛的国子学、太学由官府公办,客属地的私塾由家族公办;河洛子民都有入官学受教育的机会,客家人子弟都可以平等地坐在祠堂里读书;河洛官学读四书五经、诵诗词歌赋,客家私塾读章句注疏、学平仄对仗……祠堂式的私塾带有半公半私的性质,是客家人在新环境下对学校教育的创新。如诗人黄遵宪、丘逢甲都是从私

塾中走出来的。书院成为客家人精英人才的摇篮，而兴办书院正是继承了河洛书院的基本模式。

客家人教育理念上承传了河洛教育重"教化"的社会学风和"诗礼传家"的家庭学风。古代河洛传统中学校就具有"经夫妇，成孝敬，厚人伦，美教化，移风俗"（《诗·周南·关雎序》）之功能。董仲舒曾向汉武帝进言说：学校是"教化之本源也"，建议举办"太学"（《汉书·董仲舒传》）。这实际上成为河洛文化中教育的基本理念。客家人没有忘记这个根本的传统。建于1902年，处在深山大谷的永定县湖坑镇洪坑村的"日知学堂"，其门联是"为学志在新民，训蒙心存爱国"，这和河洛教育的原则，即《礼记·大学》的"大学之道，在明明德，在亲（新）民，在止于至善"如出一辙。"明明德"即修身、齐家、治国、平天下，就是心存爱国。广东梅县松源镇蔡蒙吉故居、江西石城小松镇井头村郑氏祠堂、福建连城朋口镇文坊村项氏家庙，这三处山村祠堂壁上都同样刻有文天祥手迹"忠孝廉节"，这正是"止于至善"的德化体现。福建省永定振成土楼里题有"澡身浴德"的横匾，正与《礼记·儒行》的"儒有澡身而浴德"相吻合，即在实际行动中，客家人时时不忘"沐浴于德，以德自清"。宁化石壁客家公祠有这样一副楹联：爱国爱乡，恭敬桑梓通四海；重礼重教，力行孝悌播五洲。集中体现了重"教化"和"诗礼传家"的教育理念。这种理念深入人心，不仅仅在学校，而且深入到客家社会各个层面。

在教学内容和教育模式上基本承袭了河洛教育传统。客家人依然以诗礼的传统内容为主要教学内容。首先要接受基础的家塾教育，儿童先识字，读《三字经》、《千家文》、《百家姓》等，然后再读《千家诗》之类。家塾教育是客家子弟的启蒙教育，基础好的还可以读四书五经。然后对有前途的家族子弟提供各种条件，让他们进入由乡族组织创办的书院或学院继续学习，接受高一级的教育。书院当时是半民半官立的地方教育中心，院长通常都是饱学的儒生，担任主讲，在地方上有很高的声望。书院的教学内容以四书五经为主，基本上传承了河洛教育的传统内容。清嘉庆二十年（1815），汀州邑合建巫氏家庙于府城，并由清皇敕祀为忠义堂，其联为：理学衍荆传，说礼敦诗诏我后，黄连绵世泽，经文纬武属吾家。典型地体现了客家人所接受教育的主要内容。教育模式上也承继了河洛教育中大班上课、高足传授低年级弟子的方法。

四、二程洛学对客家祖地的影响

在北宋时,身居洛阳的程颢、程颐兄弟创立了洛学,也是河洛文化的一个重要组成部分。洛学以儒学为核心,吸取了佛家与道家的部分思想,论证"天理"与"人欲"之间的关系,规范人的行为,维护封建秩序,洛学奠定了宋明理学的基础,在中国哲学史上有重要地位。洛学有以下几个重要理论:一是其入世精神与社会的关怀。儒家的重要特点是积极入世,努力治世,以天下为己任。二程不论从政或未从政,都关心社会"视民为伤",多次提出救疗社会矛盾的方案。二是主张对百姓施仁与教化。二程本着孔子"仁者爱人"的思想,希望帝王作尧舜之君,当政者对百姓施行仁政德治,保证人民最起码的生存条件,然后对人民进行教育,提高素质,达到一个高层次。三是二程强调每个人的学习与修养。孔子尊敬人,希望人人做个"君子",孟子要人发扬善性,荀子要人克服恶性,二程更主张"为己之学",学习不仅为增长知识,也为提高自己的素质。程朱理学在客地有广泛的传播。据南宋开庆(1259)《临汀志》,丘麟、丘方叔侄结庐冠豸山,曾与罗从彦五世孙罗良凯时相过从,丘麟还直接师从杨方,后来丘麟于嘉定十六年(1223)登特奏名进士第,丘方于宝庆元年(1225)登特奏名进士第,传为佳话。丘麟及第后任江西赣州县尉,后升为建宁县永直郎(六品),丘方及第后任江西宁都县丞。为官期间,实践平生所习之理学,恤民疾苦,赈灾济民,被当地百姓祀为名宦。后来辞官回乡,上冠豸山设堂讲学,培养人才。其讲学处,后由族人设为书院,对于推动本地的文风和学术,起了不小的作用。丘麟与罗从彦后裔父游,又直接师从杨方,则其学术无疑是上承朱熹的理学。因为杨方所学,乃得朱子真传。据《临汀志》,杨方,字子直,号淡轩,隆兴元年进士,"平昔心师朱文公",曾特地到崇安向朱熹"参请数月,面受所传而归"。杨方获得朱熹真传,在朱门弟子中也算是杰出的,当理学被列为"伪学"遭到禁止时,杨方被视为"赵汝愚、朱熹党,罢居赣州,闭门读书",以立场坚定、修养纯粹知名于世。明代汀州名儒雷鋐在一封书信中说,杨方"尝入武夷,从学朱子,赞朱子兴白鹿洞,见朱子自注鹿洞赋中。朱子订濂溪通书,得其藏本以校,见朱子《太极通书后序》。夫朱子倡两绝学,天下英杰萃于一门。汀州惟淡轩一人,与闻至道。其遗风余韵,足以起衰式靡。"也就是说,杨方在朱子门下,参与了办白鹿洞书院、帮助校订周敦颐《太极通书》等重要工作,受到朱熹的器重。他的事迹和思想品格,对于汀州后学是一种很好的模范表率,几百年来一直起到鼓舞人心的作用。丘麟师从杨方,也就是朱熹的再传弟子,其学乃以朱子闽学为宗,毋庸置疑。从宋代闽西客地的学术背景来看,朱子之学经杨方、丘麟师徒薪火相传,而在汀州客地绵绵不绝,也是渊源有自的。闽学的鼻祖杨时,是南剑州将乐县龙湖人。关于北宋将乐龙湖的地望,存在尖锐的争议,或曰其地乃在今明溪县境,或曰仍在今将乐县境。但不管其具体位置是在今明溪还是在今将乐,都与闽西客地距离很近,乃是不争的事实。由于地缘相近之故,杨时得二程之学精义返闽弘扬,闽西客地士子容易受到影响,是可以理解的。杨时的高足罗从彦,字仲素,号豫章,南剑州沙县人。沙县在宋代一度属于汀州,与纯客家地区汀州的关系密切。更重要的是,罗从彦曾到纯客家县连城县讲学。据文川罗氏族谱,罗从彦应连城县罗氏宗亲之聘,于建炎二年至绍兴元年(1128—1131)的四年间,前来仰止亭讲学。仰止亭坐落在连城县冠豸山上。当年罗从彦手书"壁立千仞"四个大字,就镌刻在冠豸山灵芝峰上。罗从彦的五世孙罗良凯追慕先祖,也来仰止亭读书,手书"名山拱秀"四字,刻于乃祖石刻下方。准此,连城既是罗从彦过化之地,则龟山、豫章之学就在连城乃至整个汀州播下了火种。后来杨方受学于朱子,可看作是这一火种的延续和光大。

宋代汀州,像杨方那样或受学于杨方的理学士人,还可举出张良裔、黄烈、吴雄、郑应龙等人。张良裔,宁化县人,绍兴五年进士,"自幼端重不媚时好。宣和间,三经考学行,良裔独好二程先生之学,虽屡黜不变。"黄烈,绍兴十二年进士"老成长厚,乡党推重。"吴雄,长汀县人,淳熙五年进士,"笃学,尤深于《易》……自注《孝经》一编。"郑应龙,长汀县人,庆元二年进士,"从杨淡轩(即杨方)授春秋登第。"这些理学人士登科中举、为官作宦,对于理学在汀州的传播,自然有很大的促进。另一股在汀州推动理学的力量则来自莅汀官员。这里主要是指南宋后期,理学取得意识形态主流地位之后的莅汀官员。兹据《临汀志》所载,列述如下:郡守赵崇模,嘉定十六年(1223)到任,"创朱文公、杨考功祠于学右,拨田以供释菜。"(郡守题名)胡太初,宝祐六年至景定元年(1258—1260)在任,"大修郡学,重建明伦、致极堂,御书、稽古阁,肇行乡饮酒礼,六邑士友毕会。"(郡守题名)著名理学家孙叔谐,嘉熙二年至四年(1238—1240)在任。(通判题名)著名理学家林光庭,淳祐十二年至宝祐二年(1252—1254)任汀州通判。(通判题名)王道翁,宝祐六年(1258)到任,"汀士风不振久矣,原于乡校废坠,文风未盛,道翁下车之初,首动念焉。越一年,力陈三修之文,赞决郡守。兴修芹泮,与夫修城壁,修图志,无非关系风俗之大。守如其请,一一修明。由是行乡饮有地,御外侮有禁,风俗有籍,皆道翁之力也。"

在这些理学出身的官员前赴后继的努力下,汀州的各级学校被改造成理学的讲习所和理学家的养成所。如汀州郡学,"至嘉定十一年,郡守罗公勋重修。继而郡守赵公崇模于学门右创朱文公、杨考功二先生祠,使学者知所慕向。……开庆初,郡守胡公太初……重书'稽阁'匾,易芳桂堂名曰'致极',取《中庸》'致广大、极高明'之义。后村先生刘公克庄为之记。"长汀县学,"淳祐间,宰陈显伯莅官视事,慨然有下车修教之心,又于堂之北敞二十余楹为元公、二程、二张、朱子祠,以乡贤郑蔡州中立、杨考功方配焉,使学者知所归向。"这里提到的元公为周敦颐,是宋代理学中濂学的代表人物;二程指程颢、程颐,是洛学的代表人物;二张为张载、张栻,是关学的代表人物;朱子即朱熹,是闽学代表人物。郑中立和杨方都是汀州人,是本地理学代表人物。学校中供奉着宋代理学濂、洛、关、闽派的代表人物和本地的理学先贤,楼台堂阁都取了理学色彩极浓的名字,研习的经典是朱熹编定的《四书》如《中庸》之类,因此说这时汀州的官学是理学的讲习所、理学家的养成所,确是名副其实、当之无愧的。

在上述背景下,一些以研习理学为旨趣的书院,也逐渐在汀州兴起。在连城,最著名的是冠豸山上的仰止亭和丘氏书院。仰止亭为文亨罗氏所建,主体建筑是三层八角形书斋,罗从彦曾应邀来此讲学;丘氏书院坐落在冠豸山五老峰下,本是南宋丘麟、丘方叔侄结庐读书之处,丘氏后人将其辟为书院,皆如前述。比连城文化更为发达的长汀、宁化等地,当然也建起了相类的书院。这些书院,大都以研习理学为宗旨,是理学在客家地区传播并取得主流地位的明证。

总之,客家人根在河洛,其教育传统也源于河洛。但是客家人并不固守传统,总能在新的环境和条件下不断吸纳新的内容,不断进行教育创新,保持了客家人较高的文化素质。

参考资料:

1. 李世熊《赠汀州学博邱先生序》,载乾隆《汀州府志》卷 39《艺文一》,(清)曾曰瑛修、李绂纂,福建省地方志编纂委员会整理本,2004 年,第 760 页。

2.《明史》卷 283"儒林·湛若水",第 7267 页。

3. 叶少玲《客家教育研究》,《云南师范大学学报(哲学社会科学版)》2000 年第 2 期第 73—76 页。

4. 吴福瑞《薪火传承的客家楹联》,见《对联·民间对联故事》,2005 年第 7 期第 47—48 页。

5. 晋文《汉代太学浅说》,《山东师范大学学报(人文社会科学版)》2001 年第 6 期第 74—77 页

6. 黄燕群《试析客家人耕读传家思想对贺县教育的影响》,《广西梧州师范高等专科学校学报》2001 年第 3 期第 54—56 页。

(作者为龙岩学院闽台客家研究院研讲师、办公室主任)

论客家文化中的河洛文化
符号元素及其功能

徐维群

Abstract：From the perspective of cultural semiotics, this paper analyzes the elements hilo-systems hakka culture of central plains culture symbol, the central plains hilo-systems culture symbol is the source of the hakka culture symbols, and analyzes the hakka culture symbol contains the specific construction form of zhongyuan hilo-systems culture symbol elements：language symbols, clan culture symbol, custom culture symbol and the hakka spirit symbol. Hilo-systems reveal the central plains culture symbol elements in the hakka people exchange medium of communication, cultural identity, activity, condensed the function of emotion, is beneficial to strengthen the culture of the hakka self-confidence and a sense of pride, better inheritance, protection and utilization of the hakka culture, and promote the common revival and peaceful development of the Chinese nation.

"客家",作为汉民族的一个分支民系,在保持中原古文化原态风貌的基础上吸收了原住民文化精华,成为具有新特质文化的独特民系。客家祖先,展转迁徙,千里迢迢来到客家大本营闽粤赣地区,再到世界各地,筚路蓝缕,开基创业,客家人遍及世界各地。中原的河洛文化是汉民族的的源头文化,河洛文化有着极其丰富的内涵,汉文化的各个方面,都能在中原传统中找到根源或密切相关的内容。客家文化是演变、递嬗了的河洛文化,客家人是保留中原河洛文化最鲜明的民系之一。客家先人们眷恋故土,并教诫子孙,"宁卖祖宗田,不卖祖宗言",要"敦宗睦族"、"追远慎终",把中原河洛文化作为联结族群凝聚力的纽带。客家文化是中原河洛文化的分支和延续,也包含着河洛文化的痕迹,由于它地处山乡,受外来冲击影响较小,能较多地保存了中原河洛文化的原生形态,所以,从文化渊源上看,它和河洛文化有着千丝万缕的联系,中原河洛文化是客家文化的主体文化,是文化之源,文化之本,是研究中原古文化的资料来源和活化石。

一、中原河洛文化符号是客家文化的源符号

文化符号,是一个地域、一个民族或一个国家独特文化的抽象体现,是某种意义和理念的载体,是文化内涵的重要载体和形式。中国传统文化符号的分类原则是以"源"或"体"来分,中国传统文化符号更关注文化的源头。

客家文化的源文化符号是中原河洛文化。河洛文化是以中原为基础的物质文化和精神文化的总称,最早可追溯至公元前约六千年至公元前约三千年的中国新石器时代。河洛文化以河南省为核心,以黄河中下游地区为腹地,逐层向外辐射,影响延及海外。中原是中华文明的摇篮,河洛文化是中华文化的重要源头和核心组成部分。中原在古代不仅是中国政治经济中心,也是主流文化和主导文化的发源地。中国历史上先后有 20 多个朝代定都于中原,中国八大古都河南省占据一半,包括洛阳、开封、安阳和郑州。中原地区以特殊的地理环境、历史地位和人文精神使河洛文化在中国历史上长期居于正统主流地位。河洛文化是中华文化的重要源头和核心组成部分,正如河南省委书记徐光春所说:"中原以外的文化区都紧邻或围绕着中原河洛文化,很像一个巨大的花朵。这些外围的文化区是花瓣,而中原河洛文化是花心。正是花心的不断绽放,才形成了中华文化这朵绚烂的文明之花。"①中原河洛文化有着很强的辐射力和影响力,包括对客家等分支民系的文化,核心内容都来源于中原河洛文化。

河洛文化最重要的符号特征是根源性。河洛文化是中华文化之根,河洛文化在整个中华文明体系(包括客家文化)中具有发端和母体的地位。

姓氏家族渊源。中原在古代是华夏族部落集中分布的区域,因此姓氏的萌芽、形成和发展,都与中原息息相关。姓最早起源于母系社会,是氏族血统的代表,姓的产生时间远远早于文字,早期的姓源自于氏族的图腾,距今约有 5000 年

---

① 徐光春《中原河洛文化与中原崛起》,河南人民出版社,2007 年第 24 页。

的历史,而当时,中原地区是人类活动的重要地区。从历史上看,客家先民多为中原地区、尤其是豫州的居民。《南齐书·州郡志》云:"时百姓遭难,流移此境,流民多庇大姓以为客"。客家人把中原一直奉为祖宗姓氏的发源地,家声家号都源于中原望族的积累。

物质文化符号的发源地。中原河洛文化对构建整个中华文明体系发挥了基础的开创作用。无论是汉字、语言和商业文明的创造,乃至农业用具、种植技术,都烙下了河洛文化的印记。

精神文化符号的开创地。河洛文化在中华文化系统中处于主体、主干的地位。河洛文化在与其它文化不断的融合交流中,由此催生了中华文化的形成。中华文化的核心思想,儒道法思想源于中原。河洛文化中"大同"、"和合""礼义廉耻、仁爱忠信"等核心价值都成为了中华民族的核心价值观;河洛文化地域的重大民俗活动,如婚丧嫁娶、岁时节日等,成为了中华民族的相通的民俗活动。

以上可见,客家文化源在中原,河洛文化的符号是客家文化的源符号,客家文化的核心内容、主体文化源于河洛文化,从这个意义上说,客家文化是河洛文化的分支和支流,因此客家文化依然包含着太多的中原河洛文化痕迹。

二、客家文化保留"中原河洛文化"的主要符号元素形式

河洛文化是客家文化的源,客家文化是保留中原河洛文化最鲜明的民系。那么,在文化系统符号中,最能鲜明体现客家文化的中原之根的符号形式主要的有:

1. 语言符号——客家方言

语言符号是文化符号系统中的重要符号,是社会成员约定俗成的符号,起到沟通和传播的作用。客家方言是客家民系的文化标识之一,客家方言客家人称之为"阿娓话",是代代相传不会改变的语言。清末嘉应州(今梅州)人黄遵宪在《梅水诗传》序中说:"此客人者,来自河洛……而守其语言不少变。余尝以为,客人者,中原之旧族,三代之遗民,盖考之于语言、文字,益自信其不诬也。"现公认客家话保留中原古音,尤以唐宋之际为最多,为"古代汉语的活化石"。陈沣《东塾集》称:"嘉应之话,多隋唐以前古音。"章太炎《新方言·岭外三州语》:"广东惠、嘉应二州,潮之大埔丰顺,其民自东晋末逾岭,宅于海滨,言语敦古,与土著不相能……余尝问其邦人,雅训旧音,往往而在。"我们会发现古汉语传承至今的各方语系中,它的最佳保存者便是客家语言。客家话中有许多古音,但有微小变化。比如:古汉语:"食毕",客家话:"食撇",普通话:吃完了。古汉语:"日",客家话:"日头"普通话:"太阳"。古汉语是客家话的母体现在已经被公认。从总体来讲,无论是从音韵学方面或训诂学方面,方言学家都认为客家方言与中原古语,尤其是中州河南的古汉语最为相近,它保存着许多古中州音韵语汇,有浓厚的古中州风俗色彩。毋庸至疑,客家方言是客家文化保留"中原河洛文化"的重要符号形式。

2. 宗族文化符号——族谱、祖坟、宗祠

客家人迫于战乱等因素,举家南迁,历经千辛万苦,宗族力量成了客家民系维护自身生存和推动族群繁衍发展的重要依托。虽适新土,不忘本源,重视传统,崇敬祖先,祖先是其骄傲,又是其精神支柱。宗族是出自共同祖先的一群人的聚合体,同一宗族成员都具有同宗共祖意识。河洛文化是源,客家文化是流,其联系方式是"根"的文化意识,表现为客家人追缘、崇祖、重亲的宗族文化。客家宗族文化最重要的符号形式有:族谱、祖坟、宗祠。

族谱。客家重家族传承,追本溯源,表现在偏重对族谱的修撰,几乎客家姓氏都编撰族谱,而且常重新修订补充。族谱是家族发展中记录家族世系及重要成员事迹的普表和文书,任何一个家族的维系离不开它的"谱"。"一部完整的家谱,通常由以下几个部分组成:谱名、谱序、凡例、姓氏源流、世系表、人物传记、祠堂、坟茔、家训族规、恩荣录、像赞、艺文、纂修人名、领谱字号等"①。客家人的族谱内容包括客家人家族历史渊源、家族名人名节、家风家规的堂号代表始祖迁移之前所在的地望;记述祖先的支脉承传谱系和文武业绩,记载祖辈的习惯、规则、传统和遗风。客家人重视修谱,把修谱作为宗族大事,出钱出力,借助立谱形式联络了亲情,亲情又成了维系群体的纽带,同时还有利于族群牢记自己的源流根本,让本族后代发扬荣光,做到自尊自重自强,是客家人家族意识的深层积淀与鲜明表现。

祖坟。祭祖是客家人极为重视的传统活动,是客家人世代沿袭的慎终追远,

① 林震明《地缘·根源·家园》,中国文联出版社发行部,2008年,第66页。

报本返始的美德传承。祭祖活动有两项内容:一是宗庙祭祀;二是祖坟扫墓。祖坟是祖先的标志。客家人重视祖坟,视为祖先的荣光和庇护。凡宗族内的远祖坟茔都要祭扫,由族内的管事统一安排时间,统一置办牲醴祭品。到了祖墓地,首先将墓地周围的杂草割除干净,在墓头用石块压上滴有鸡血的红纸,称为"挂纸"。然后摆上茶酒及三牲果品,焚香点烛,大家肃立在坟堂,打躬作揖,行叩拜礼,还要诵读祭文,祭拜毕,在墓前焚烧纸宝,鸣放鞭炮,然后再聚集用餐。祭祖的经费开支,过去由本族的公田、公山和其它公有尝产收入内列支,现在则由各户集资筹办,或轮流一家一回主办。虽然现在客家村民外出多,但祭祖却是不可不参加的活动,为了便于外出安排,大都安排在春节期间或节假日,可见之重视。

宗祠。宗祠是宗族社会的重要组成部分。清代文学家张祥曰:"今欲萃人心,莫于敦本族;欲敦本族,急于建祠堂。"①宗祠是一族祖先灵魂的栖息之所,也是一个宗族共同祭祀祖先,同族子孙在精神上与祖宗交流、忆祖奉先的神圣之地。客家民系更为重视传统、崇祖观念更强烈、生存条件的艰难使其更需要用祖宗的旗号来团结族人以克服困难,客家修建宗祠的积极性就尤为高涨。客家地区各姓的祠堂大门上端都书写着醒目的堂号。如陈姓的颍川堂;李姓的陇西堂;谢姓的陈留堂;徐姓的东海堂,都显示作自己姓氏传承的祖上荣耀。客家地区,"族必有祠","巨家寒族,莫不有家祠,以祀其先,旷不举者,则人以匪类以摈之。"②客家宗祠成为客家宗族的标志和主要的活动场所,客家族群在这祭祖、兴办宗族私塾、民俗活动场所。宗祠作为一个家族的中心,又具有宽阔的空间,尤其是作为祖先神灵所在地这一象征意义,这就使得客家人的许多活动在宗祠内举行,客家的不少民俗与宗祠有关,客家宗祠,也成了解客家民俗风情的重要窗口。

3. 客家习俗文化是民系文化传承中原河洛文化的鲜明符号

客家习俗丰富多彩,既保留了中原的文化传统,又在适应环境中或融合原住民的习俗形成了特色。客家习俗文化中的中原符号可拾取的依然不少,这里仅从婚丧礼俗中举例。

---

① 朱元鹏《清圣祖康熙全传》企业管理出版社,2012 年,第 105—110 页。
② 程维荣《中国近代宗族制度》学林出版社,2008 年,第 102—105 页。

客家婚嫁中还继续延用中原汉人的各种程序：沿袭纳采、问名、纳吉、纳征、请期、亲迎的周朝"六礼"传统形式，只是称谓与繁简有所变化而已。客家地区的"传庚"相当于"问名"；"下定"相当于"纳吉"；"行聘"相当于"纳征"；"报日"相当于"请期"；"接亲"相当于"亲迎"。而且婚姻中严格执行儒家礼教的规则，比如同姓不准通婚等，当然这随着历史进步也有改变，不是五服内姓通婚已不这么严苛。

丧葬礼俗。丧葬仪礼相当繁芜，一遵古制而不变。如临终前，需将其安置在厅堂，客俗称"出厅下"，此即本于先秦丧礼死于"正寝之室"的遗训；死后，纳银于口，叫"含口银"，此即先秦"含口"礼制的延续。旧时客俗丧服，与《左传》所记春秋时晏子服粗麻衣、麻带、杖行、草履之制，毫无二致，竟绵延两千五百年之久。还有客家人特有的"二次葬"习俗也证明自身是重视祖先和源头文化的表现，让祖先和先辈能魂归故里，和家人不离不弃的亲情意识。

4. 客家精神内核基本上没有脱离河洛文化的儒道思想传统

客家精神是客家人民在长期的发展进程中历史地形成，动态地承传、扬弃、发展中追求着的思想方法和精神信念的总和，是维系客家生存，推动客家民系发展既独具地域特色又富有群体普遍意义的精神品格，构成了客家民系群体自信而且稳定的信念。胡文虎先生这样概述客家精神：包含"刻苦耐劳精神，刚强弘毅之精神，勤劳创业之精神，团结奋斗精神"等等。这些重要内核，实质上也是河洛文化精神的内核，是客家人在协调处理人与人关系中形成的独特的习俗、规范、准则。价值取向上，客家人采取的是人伦实用化和社会世俗化的基本价值定向；人我关系上，客家人注重与选择群体本位；从民系性格看，客家人崇尚"人情味"，不管从客家礼教还是从客家精神，我们都可以发现河洛文化的精神内核，儒道思想还处于中心地位。

三、客家文化中的河洛文化符号元素的功能

文化符号具有文化表达功能、文化认同功能、文化教化功能。客家文化中河洛文化符号使客家民系形成高度一致的文化认同，对成员具有很好的的教化功能，培养了本民系的文化自豪感，自尊自重自爱，在客家民众交流中发挥着重要的纽带作用。

1. 沟通功能,有利于客家民众的经济文化等方面的合作与交流

文化符号具有传递信息和沟通达意的功能。在民系认同标准中,文化方言是第一位的,客家方言是客家群体归属的基本条件。方言是区分民系的重要标志和沟通中介。客家方言当作客家群体的重要标志和维系力量,世代遵循"宁卖祖宗田,不卖祖宗言"的遗训,热爱与尊重自己的方言。就现代而言,台湾客家地区掀起讲客家话的客语运动,用客话唱童谣、唱流行歌曲,许多客家人士不遗余力竭诚奉献,其目的是以语言来维系本群体的内在统一,形成群体力量并为群体争取更平等的社会政治地位、文化地位,一声"世世代代不忘祖宗言"道出了客家群体的共同心声。共同语言联系着个体,个体以此为桥梁寻找情感与文化的归宿。正是由于这强烈的群体意识体现在对方言的态度上就是注重对语言稳固性、连续性的维护,客家方言才能在形成和播散之后,几百年甚或上千年如一日完整地保留下来。

客家的共同的语言背景,有利于沟通和联系,对促进相互的经济合作文化交流具有积极作用。合作交流首先需要沟通,沟通的便利又节省了许多合作的成本,提高合作的效率。因为客家有相通的语言环境使交易沟通更加顺畅,必然可以减少搜索、订立契约及履行契约的成本,信任度增强,也有利于加大交流合作的成功率。

2. 认同功能,有利于客家民众形成共同的民系情感,对促进两岸和平发展形成共识

客家符号起到了民系文化认同的功能。世界各地客家人,包括海峡客家人重本崇祖,寻根意识极浓。他们不忘祖宗言,编著谱谍,同族而居,慎宗怀远。客家河洛文化符号,包括宗祠、祖墓、族谱等都是重要的中介,这种客家文化符号激发的文化认同情感认同,对于两岸合作交流形成了较好的沟通桥梁。如上杭族谱馆,近几年已先后接待了台湾客属团体60多批4000多人次,并到台湾客家地区举办过客家族谱展,为台湾客家乡亲提供了很好的读谱续缘、寻根问祖的平台。各地客籍社团和个人频频开始回归故里,或寻根,或交流,或合作,或捐献,回报乡梓,造福乡亲。

3. 中介功能,客家河洛文化符号成为客家民众交流的重要媒介

海峡两岸客家民众虽然在各方面有很多不同,但在寻根、祭祖、亲缘、乡缘、

民俗、民间信仰等活动中却有着很高的认同度和积极的参与精神。因此,充分利用河洛文化符号,创设更多的活动形式和活动平台,可吸引更多两岸客家民众的广泛参与。闽西客家祖地近几年正是充分发挥河洛文化的符号作用,客家各县利用"楼文化"(永定、上杭)、俗文化(连城)、城文化(长汀)、佛文化(武平)的品牌文化,特别重点挖掘中原河洛文化符号的内涵作用,并在各自的地方区域特色中寻找最能体现自己的特色中介举办文化节,如永定土楼旅游文化节、上杭族谱展、连城民俗风情旅游节、汀江客家母亲河祭典、定光文化观光节等,吸引了众多客家民众的参与,增加了两岸经济、文化的合作机会及推进民众间的深入交流。

4. 凝聚功能,有利于客家民众增强文化自信心和自豪感,激发强烈的爱国爱乡之情

客家精神在客家民众中发挥着重要的道德教化功能。客家人重教崇文,在家庭教育中一直贯穿着教育孩子好学上进、人穷志不短、积极进取、爱家爱族爱乡的主线,这也形成了客家子弟人生的价值取向。同时客家文化中儒家文化的影响深厚,家学传统成为家庭教育的积累,因此注重子弟的个人品格的培养,并且父辈会以身作则,身体力行为孩子作好榜样。客家杰出人士的理想追求也无不闪烁着群体意识的光芒,孙中山的"天下为公"、洪秀全的太平天国蓝图、胡文虎爱国爱乡的业绩以及许许多多客家仁人志士热心家乡公益事业、热爱桑梓的精神都在客家子孙中起到榜样和示范作用。这些都有利于客家民众增强文化自信心和自豪感,激发强烈的爱国爱乡之情,有利于促进祖国和平统一大业。

综上述,客家文化保留"中原河洛文化"符号使客家民系形成高度一致的文化认同,对成员具有很好的的教化功能,培养文化自豪感,自尊自重自爱,做好文化的传承、保护和利用工作。客家人来自中原,河洛文化是客家文化的主流文化,客家人在迁入地,适应环境、创造文化,但并没有丢弃中原传统,从方言到习俗、从宗族文化到精神理念都保留着丰富的中原河洛文化符号的痕迹,它们发挥着传达文化信息、表达群体情感、维系群体和谐,使客家人有着强烈的文化自觉,爱乡爱家爱国,并努力为客家文化和客家文明建设作出自己的应有贡献。

(作者为龙岩学院闽台客家研究院副院长、教授)

先秦时期河洛文化的特质

李汇洲

Abstract：The characteristics of Heluo culture are determined by its natural geographical, economic, military and other conditions of Heluo area. Openness, inheritance and suffering consciousness, are the most important characteristics of Heluo culture, and they have existed in Pre-qin period when the Heluo culture formed and initial developed. These traits have a far - reaching influence on the formation and characteristics of the Chinese culture, and has become the core trait of the Chinese culture.

河洛文化，是在"以洛阳为中心，西至潼关、华阴，东至荥阳、郑州，南至汝颍，北跨黄河而至晋南、济源一带"产生的极具特色的地域文化。[①] 以河洛文化为核心的中原文化，在中华文化圈的形成和发展中，无疑起到了居功至伟的作用。那么，河洛文化究竟有什么独特之处，令其能够在漫长的历史时期不绝如缕、贤豪辈出，汪洋恣肆、光照四邻呢？本文试从先秦河洛文化形成和发展期的特质切入来探讨这一问题，不当之处，尚请方家指教。

一、河洛地区的自然环境

汉高祖五年，刘邦君臣讨论定都何处，群臣主张都洛阳，娄敬力主都关中，云：

---

① 朱绍侯《河洛文化与河洛文化圈》，《寻根》1994 年第 1 期。

　　成王即位,周公之属傅相焉,乃营成周洛邑,以此为天下之中也,诸侯四方纳贡职,道里均矣,有德则易以王,无德则易以亡。凡居此者,欲令周务以德致人,不欲依阻险,令后世骄奢以虐民也。及周之盛时,天下和洽,四夷乡风,慕义怀德,附离而并事天子,不屯一卒,不战一士,八夷大国之民莫不宾服,效其贡职。及周之衰也,分而为两,天下莫朝,周不能制也。非其德薄也,而形势弱也。①

　　他认为洛阳没有阻险,不如"被山带河,四塞以为固"易守难攻的秦地,在社会政治经济危机依然严重的汉初更适合作为都城,以备不虞。在张良的劝说下,刘邦力排众议,定都关中。

　　从娄敬的讨论中,我们可以知道,周人营建成周洛邑,主要因其为"天下之中",便于周人对四方尤其是东方殷民旧族的统治。

　　所谓的"天下之中",主要是从地理形势上考虑的。横亘于亚洲中部的青藏高原,以及北侧的巨大沙漠,将东临大海的东亚与亚欧大陆西部隔离开来,使之成为相对独立的自然地理单元。② 在这个地理单元内,河洛地区发生的文化,便处于"天下之中"的位置。这一关键自然环境,是河洛文化特性的根本原因。

　　处于世界最大大陆和最大海洋之间的东亚大陆,大部分属于典型的温带季风性气候,由南至北,自东向西,降水量逐渐减少。这就造成了各地气候的差异,这一差异,决定了河洛地区只能以农耕为主要经济活动。由此,河洛文化既不同于东方的海岱文化,也与北方的游牧及幽燕文化有异,它同秦、楚、蜀地文化也有一定差别。这是河洛文化特性的气候经济原因。

　　再从政治军事条件上看,河洛地区四通八达、交通便利,然无险可依,在军事活动频繁的先秦时期,可谓四战之地。上文娄敬所述周之盛衰不同,而四方诸侯或朝或否,其所谓"非其德薄也,而形势弱也",认为军事实力是维系先秦居洛中央王朝与地方势力的保证,可谓一语中的。军事条件的恶劣,也给河洛文化打上深深的烙印。

① 司马迁《史记》卷99《刘敬传》,中华书局,1959年,第2716页。
② 王幼平《青藏高原隆起与东亚旧石器文化的发展》,《人类学学报》2003年第3期。

二、先秦时期河洛文化的特质

上述自然经济状况,确定了先秦时期河洛文化的特质。

(一)河洛文化的开放性

河洛文化的开放性,前人多有论及。我们认为,开放性,是河洛文化形成和发展的最基本特质,是河洛文化存在基础,是怎么强调都不为过的。

至迟在公元前 5000 年左右,我国的新石器文化就形成了北方旱作农业和南方稻作农业两大经济文化区,河洛地区的裴李岗文化是北方旱作农业的重要代表。它同北方的磁山、老官台文化有着比较密切的联系,同时南北方文化之间也存在文化交流。此后,磁山、裴李岗、老官台文化内部联系日渐加强,终于汇合成为更加繁荣的仰韶文化。公元前 5000—前 3000 年,仰韶文化在当时各考古学文化中处于强势地位,同时期的大溪、大汶口、红山等文化中,都发现仰韶文化风格的彩陶。到了前 3000—前 2500 年左右,仰韶文化进入离析的状态,中原地区明显落后于周边大汶口、石家河—屈家岭、良渚以及红山—小河沿等文化,各个地区对中原文化施加了强大的影响。前 2500 年前后,中原文化继续吸收周边文化因素,其面貌愈加复杂丰富,它重新崛起并在相当长的历史时期内一直保持着对周边的文化优势。正如赵辉先生指出:

> 所谓中原,是天下居中、八方辐凑之地。在史前文明的丛体里,它是物流、情报、信息网络的中心。这个地理位置方便当地人广泛吸收各地文化的成败经验,体会出同异族打交道的策略心得,终至后来居上……中原文化的强大主要依赖于政治、经验的成熟,而并不是因为它在经济实力上占有多么大的优势。反之,前一个时期的那些地方文明由于处在这个网络的边缘,信息来源狭隘,从而导致了它们在政治上的不成熟和社会运作方向的偏斜,最终在和中原文化的对峙中渐落下风,有的甚至还没来得及和中原文化直接对峙就先行衰落下去了。①

———————————

① 赵辉《以中原为中心的历史趋势的形成》,《文物》2000 年第 1 期。

进入文明时期,河洛文化也一直保持这种开放状态。李学勤先生曾举巴蜀与中原的交流为例,证明中原与周边文化的影响是双向的。① 只有双向交流,才是一种文化开放的标志。开放,是文化保持生机活力和创造性的基本条件。

西来的岐周文化与河洛本土商文化的融合,是河洛文化开放性的另一例子,这也是河洛文化形成期具有里程碑性质的事件。武王灭商之后,周人营建东都洛邑,派驻成周八师,②并于河洛故地分封功臣子弟,以统治并防范殷民。应该说,和高度发达的商文明来说,"小邦周"的经济文化水平是远远落后的,从目前的考古材料中可以清楚的发现这一点。凭借微弱的军事优势趁虚而入的周人,面对实力依旧强大的殷人势力,丝毫不敢掉以轻心。在忧惧之中,他们发展出"皇天无亲,惟德是辅"的观念,一方面宣称自己是受天命而代殷,以腐蚀殷人的反抗意志,另一方面也不得不对殷人采取怀柔的统治手段即所谓"德治"。可以说,古代德治的观念就是在周人处理与商遗民的关系中发展出来的。为了实行"德治",周人一方面采取以殷治殷的手段,在商人核心区分封商王后裔,以抚慰其心;同时,向归附政治经验丰富的商贵族咨询为政之道,从而建立适应新形势的统治机器,这其中最著名的,当属箕子向武王陈述的"天地之大法"即所谓"洪范"的传说了,此外大夫辛甲、太师疵、少师强等也是我们所熟知的灭纣时即仕周的殷臣。③

在殷遗民方面,眼见因奢靡腐化而亡、复国无望的有识之士,承认了周王的统治。在统治核心的河洛地区,商民的数量还是远高于周人的,商遗民中的统治阶层,在西周建立之后,称为其重要的统治基础。故周公初至新建成的邑洛,即诏告商王多士,要求他们"宅尔邑,继尔居"。④ 考古材料证明,商人贵族在周初仍有相当的势力,他们可以继续维持自己奢华的生活。如洛阳地区西周殷人墓葬中,出土有不少青铜器,部分墓葬还有车马陪葬,此外,传出洛阳的青铜器,不少"质地优良,制作精美,造型别致,大多铸有一长篇记事铭文,为家族或国之重

① 李学勤《河洛文化研究的重要意义》,《光明日报》2004年8月24日。
② 成周八师即殷八师,见于小臣𫘤簋、盠方尊等等铜器铭文,中国社会科学院考古研究所编《殷周金文集成》,中华书局,2007年,第2452、3702页。
③ 司马迁《史记》卷4《周本纪》,中华书局,1959年,第116、121页。
④ 《尚书》卷16《多士》,阮元校刻《十三经注疏》,中华书局,1980年影印本,第219页。

器,非一般人员所能享用",有人认为这是殷遗民的遗物。① 河南鹿邑太清宫的长子口墓也是很好的证明。② 作为文化强势的一方,商人必然对周人的社会生活产生重大影响。比如周人的青铜器,几乎完全承自商人,这也是为什么商末与周初青铜器不易区分的原因。商人对西来的周文化进行改造,使之适应中原地区的统治,并最终与当地文化完全融合,形成新的文化系统。③ 可以说,因于商人的"礼"为核心的新的周文化,正是建立在商周文化融合的基础上的;作为中华文化的核心,它为后者的繁荣和发展奠定了坚实的基础。

东周时期,中原与周边文化交流更加频繁。河洛文化的开放性与创造性表现的淋漓尽致。从文化角度的百家争鸣为例,儒墨道法等诸学派,思想发源未必在中原地区,然其流传至此,必定会产生集大成的人物,将本学派的思想加以发扬。道家思想主要流行于楚国,④而其杰出思想家老子、庄子、列子,则任职周室,或本为河洛之人;秦朝以法家立国,而其思想来源,也主要是由中原地区的卫鞅、韩非、李斯等输入的;纵横家苏秦、张仪等更是多出于中原小国;至于儒墨共尊的孔子,也曾问礼于周,荀、墨更是中原所出杰出思想家。

可以说,在吸收周边文化的基础上,中原河洛文化自新石器晚期以来一直保持着较大的文化优势,并不断向周边输出先进的文化因素。这是中原文化成为华夏文化核心内容的重要原因。

(二)河洛文化的承继性

在农耕经济活动中,必然异常重视生产技能的积累和与代际传承。以农耕为主要经济活动的中原文化,在其特性上,便表现出强烈的承继性,这是以往学者注意较少的一个特点。

《史记》中曾经记载了一个关于扁鹊"随俗而变"的故事:

> 扁鹊名闻天下,过邯郸,闻贵妇人,即为带下医;过雒阳,闻周人爱老人,

---

① 张应桥《河南地区西周墓葬研究》,郑州大学博士学位论文,考古学及博物馆学,指导教师陈旭,2006 年,第 79 页。
② 河南省文物考古研究所、周口市文化局《鹿邑太清宫长子口墓》,中州古籍出版社,2000 年。
③ 宫长为、徐义华《殷遗与殷鉴》,中国社会科学出版社,2011 年,第 197—253 页。
④ 罗运环《论荆楚文化的基本精神及其特点》,《武汉大学学报》(人文科学版)2003 年第 2 期。

即为耳目痹医;入咸阳,闻秦人爱小儿,即为小儿医。①

　　这里记载的洛阳周人爱老人的故事,颇能反映河洛地区对文化传承的重视。从典籍中我们可以看到先秦时期对有丰富经验的老人的重视,如《礼记》记载,天子视学之时,要至养老之处,亲自省醴、養老之珍具,这个过程中要为三老、五更、群老设席位。郑玄解释三老、五更"皆年老更事致仕者也,天子以父兄养之,示天下之孝悌也";②同篇还记载古时有养老乞言、合语之礼,郑注"养老乞言,养老人之贤者,因从乞善言可行者也",孔颖达疏"合语者,谓合会义理而语说也"。③ 前引武王咨询箕子所以殷亡,也是重视历史经验教训的例子。可知,周人重视总结前人的政治生活经验,从而为当前的社会生活服务。这也是前引赵辉先生的论述中,曾提到的"中原文化的强大主要依赖于政治、经验的成熟"。

　　孔子在研究夏商礼的过程中,曾经发出过"文献不足"的感慨。有的学者将"献"解释为贤才,"文"解释为典籍。④ 其实古代中原河洛文化不但重视"献",对"文"更是十分重视的。安阳殷墟发掘的甲骨文,便可能是商人的文书档案,它们被有意识的收集保存起来。《尚书·多士》中周公也说"惟殷先人,有册有典"。周人对典籍的重视,更是到了无以复加的地步,他们言必称《诗》、《书》,甚至把引经据典视为内政外交活动中的必要技能,以至孔子云"诵《诗》三百,授之以政,不达;使于四方,不能专对;虽多,亦奚以为?"到了春秋时期,自称为"蛮夷"的楚人,在强大的中原周文化的影响下,对于太子的教育,也开始注意典籍的选用:

　　　　教之《春秋》,而为之从善而抑恶焉,以戒劝其心;教之《世》,而为之昭明德而废幽昏焉,以休惧其动;教之《诗》,而为之导广显德,以耀明其志;教之《礼》,使知上下之则;教之乐,以疏其秽而镇其浮;教之《令》,使访物官;

---

① 司马迁《史记》卷105《扁鹊仓公列传》,中华书局,1959年,第2794页。
② 《礼记》卷20《文王世子》,阮元校刻《十三经注疏》,中华书局,1980年影印本,第1410页。
③ 《礼记》卷20《文王世子》,阮元校刻《十三经注疏》,中华书局,1980年影印本,第1405页。
④ 《论语》卷3《八佾》,阮元校刻《十三经注疏》,中华书局,1980年影印本,第2466页。

教之《语》，使明其德，而知先王之务用明德于民也；教之故《志》，使知废兴者而戒惧焉；教之《训典》，使知族类，行比义焉。①

可以说，上述教材，正是前人的社会政治经验的总结，这些课程的设置，对于被教育者迅速熟悉并参与到当时社会的运行中，有至关重要的指导作用。

重视经验教训的传承，是河洛文明，乃至我国古代社会体系早熟并长时期保持生机和活力的重要因素。

还要说明的是，正是河洛中原文明对于传承的重视，才形成了中华文化中"孝"道的过分发达，以及"向后看"、追慕上古"黄金时代"的文化观。

(三)河洛文化中的忧患意识

前文述及，便利的交通为河洛地区文化发达、经济水平较高，提供了必要条件，同时，也使河洛文明易于受到周边政权的侵略。这从最早的文字甲骨文中就可略窥一二。仅在西方，晋陕交界偏南地区的方，经常联合土方等国，多次内侵，严重威胁商朝西土的安全。② 此外，羞方、馘方、羌方、辔方、召方、商方等臣服方国，对商王朝也是时叛时服，③这些周边方国的侵扰，一直都是商人挥之不去的梦魇。

生产力水平的不发达，导致生产生活活动，尤其是农业生产活动，很容易受到自然条件的影响。气候气象如水、旱、雹等很容易给农业生产造成致命的打击，导致本已在望的丰收破灭。这种情况在甲骨文记录中也俯拾即是。

上述两种因素，在古代河洛地区的文化基因中植入了深深的危机意识。这一基因，使人们在主观上有警惕不利于自身发展的事态的自觉，从而提早采取相应措施阻止或减少事态发展所产生的不良影响。

在《尚书·无逸》中，周公历数商先王及周先公先王"知稼穑之艰难"，故"严恭寅畏"、"不敢荒宁"、"不敢侮鳏寡"、"克自抑畏"、"不敢盘于游田"等，小心谨慎的治理天下事务，才保证了享国日久，以此劝诫年轻的成王，治理国家要"其

---

① 徐元诰撰《国语集解》卷17《楚语上》，中华书局，2002年，第485—486页。
② 孙亚冰 林欢《商代地理与方国》，中国社会科学出版社，2010年，第259—263页。
③ 孙亚冰 林欢《商代地理与方国》，中国社会科学出版社，2010年，第281—291页。

无逸",即不贪图享乐。①

更能反映周人忧患意识的,是周公在其摄政时期与召公的对话,云:

> 君奭,弗吊天降丧于殷,殷既坠厥命,我有周既受。我不敢知曰厥基永
> 孚于休,若天棐忱,我亦不敢知曰其终出于不祥。……在我后嗣子孙,大弗
> 克恭上下,遏佚前人光在家,不知天命不易,天难谌,乃其坠命,弗克经历。②

这段话的大意是说,虽然周人受天命代殷,但周公却不敢说这一大业永远保
持美好的前程,虽然有上天的辅助,但周公不敢说王业能否长久吉祥;如果后世
子孙不能恭敬上天顺从至百姓,弃绝文武建立的光荣传统,不知道天命难得、上
天不能盲目信赖,将失去天命,不能长久。作为周初统治核心人物的周公的这一
论述,最为直接的反映了周人的天命观。在他们眼中,天命无常,并不会永远钟
意于某一个政权,而是仅仅辅助有德行的人,商人弃德,因而遭到上天的抛弃,周
人才接受了治理天下的大命,如果周人不能称德,也会被上天无情的抛弃。周人
发展出的这种天命观,一方面为自己代商提供了理论依据,另一方面也反映出其
本身从商亡教训产生的深深的危机感。

周公这一观念,为后"天下安宁,刑措四十余年不用"的我国古代第一个治
世——成康之治,奠定了良好的基础;③也给我国几千年的政治生活打上了深深
的烙印,是周人给后世留下的宝贵精神财富之一。

东周之世,社会处在大变革之中,此时更需高度的危机意识与预见性,才能
在纷繁的世事中立于不败之地,因而此时的统治阶层及奔走呼号的士人阶层也
更加强调忧患意识,不再赘述。总之,东周时期,河洛地区的这种忧患意识已经
渗入到整个中华文化的血液之中,称为其重要特色。

通过上述讨论,对先秦时期河洛文化的特质,我们可以得出如下粗略认识:

河洛文化的特质,是由其自然地理、经济军事等条件决定的,开放性、承继性
以及忧患意识,是河洛文化最为重要的特色,是河洛文化的精神核心和灵魂,这

---

① 《尚书》卷16《无逸》,阮元校刻《十三经注疏》,中华书局,1980年影印本,第221—222页。
② 《尚书》卷16《君奭》,阮元校刻《十三经注疏》,中华书局,1980年影印本,第223—252页。
③ 司马迁《史记》卷4《周本纪》,中华书局,1959年,第143页。

在其形成和初步发展的先秦时期就已经存在。这些特质，对中华文化的形成和特质产生了及其深远的影响，也成为中华文化的核心特质。

（作者为湖北省社会科学院博士）

论河洛文化与华夏文明

刘文玉　黄彦波

Abstract：Luo culture is burgeoning Chinese civilization, Chinese civilization is a flower growing out of a civilization on earth Luo. The great Chinese dream awakened the ancient Chinese civilization, heritage of Chinese civilization once again activated the ancient Luo culture, Luo culture and Chinese civilization promoting Chinese dream to achieve power. In recent years, along with cultural and heat warming"five in one"and suggested as the source of Chinese civilization and the kernel of Luo culture attracted the attention of the community. Starting with the concept of Chinese civilization and the Luo culture, we analyze the differences and connections between the two, on this basis, explores the interaction of Luo culture and Chinese culture.

一、河洛文化与华夏文明的概述

(一)华夏文明的概念

"华夏"不是指某个氏族部落或宗族国家,而是指一个民族———汉民族的前身"华夏族"。华夏文明就是指华夏族所创造的中国古代文明。中国人口众多、幅员辽阔,古代文明的源头不止一个,但华夏文明是中国最具国家文明特征的一个古代文明。华夏文明就像埃及文明、印度文明、两河文明等世界文明一样,属于一种农耕文明。同时,华夏文明也离不开大河,这条河就是中华民族的母亲河———黄河,华夏文明深深打下了黄河个性与特点的烙印。

(二)河洛文化的概念

河洛地区从微观上看,"狭义的河洛,只指洛阳四周一带";从中观上看,"指以洛阳为中心,西至潼关、华阴,东至荥阳、郑州,南至汝颍,北跨黄河而至晋南、济源一带地区"。^① 从宏观上看,河洛"就是黄河中游的中原地区。因此,这里说的河洛文化即是中原文化"。而河洛文化就是以洛阳为中心的古代黄河与洛水交汇地区的物质与精神文化的总和,是中原文化的核心,也是中华传统文化的精华和主流。由此可见,河洛文化是一种历史文化、区域文化,它与"齐鲁文化""燕赵文化""荆楚文化""吴越文化""巴蜀文化"等等文化大致属于同一级的概念。但河洛文化又不是一般性的地域性文化,它是古代中国的国家文化、统治文化,在古代中华文化中居于主导地位,并对当代中华文化的形成与发展发挥了巨大作用。

(三)河洛文化与华夏文化的区别与联系

华夏文明与河洛文化主要区别是:华夏文明是贯通古今的古今文明,而河洛文化主要是一种古代文明;华夏文明是一种国家文明,河洛文化是一种区域文明。这一区别主要是从二者的概念和范围来看,华夏文明的时空要大于河洛文化,华夏文明包含河洛文化。就河洛文化的时段来说河洛文化是古代文化而不是当代文化。就河洛文化的空间来说,我们既不宜把地域限定得太过狭窄,如河洛交汇的"三川之地",也不宜把它的地域扩展得太大,如中原地区。相对来说,从中观层面说似乎更合适些,即东至郑州、西至潼关、南至临颍、北至晋南。

从华夏文明与河洛文化二者联系密切:河洛文化是华夏文明的主要源泉和文化内核,而华夏文明是河洛文化的扩展与放大,两者的融合与发展形成了今天中国的传统文化。

二、河洛文化与华夏文明的同根同源性

(一)从时空上看

古代河洛地区群山怀抱、沟河纵横、森林茂盛,非常适宜人类生存繁衍。晋南芮城县发现了距今100万年的古人类遗迹,豫西三门峡市发现了距今约60万年—70万年的古人类遗存,洛阳市西工地区的洛河北岸,发现了距今约50万年的石器,洛阳市栾川县发现了距今已有10万年古人类洞穴,可见整个石器时代,河洛地区都有古人类在此生活。

---

① 朱绍侯《河洛文化与河洛人、客家人》,《文史知识》1994年第3期。

华夏文明在时间上起源于铜石并用时代(约公元前 3500 年至前 2000 年),在地域上的起源是"多源一心",多个源头如良渚文化、红山文化、巴蜀文化等等,一个中心,就是以仰韶文化为源头的河洛文化。华夏文明是华夏族所创造的文明,而华夏族或者华夏集团的主要来源有三个:即炎黄集团、东夷集团和苗蛮集团。这三个集团的分别活动在黄河中游、黄河下游和长江流域,因而华夏文明就出现了多个源头。但在这三个集团中,炎黄集团是华夏族的主干,它吸纳融合了后两个集团,是华夏族的代表,这样,炎黄集团活动区域就成了华文明起源的中心区域,而这个中心区域刚好与今天河洛地区大致重合。

因此,从时空方面看,无论是河洛文化还是华夏文明,二者同根同源。

(二)从文化内涵方面看

河洛文化的内涵不仅仅局限于"河图洛书","河图洛书"仅仅是它的一种文化符号或文化元素的典型代表。河洛文化的真正内涵应该包括河洛地区的政治文化元素、地理文化元素、宗教文元素和民俗文化元素等内容。政治文化如礼乐文化、二程洛学、都城文化与陵寝文化等;地理文化如"中华""中原""中州""中国""四方""中央"等概念或地名;宗教文化如佛教文化、道教文化、寺庙文化、石窟文化等;民俗文化如传统节日、宗祠族谱、民间剪纸、河洛大鼓、木版年画等。河图洛书与二程洛学则是河洛文化所独有并带有标志性的思想学术,在中国传统文化中具有重要地位。当然,判断早期文明的主要标志是宫殿、文字、青铜器和礼制,而它们都是围绕王权的产生和发展起来的,因而可以称为王权文明。河洛文化的形成和发展正是与这些王权文明息息相关,因此说,"商周时期的王权文明成为河洛文化的核心内涵"。

因而,在文化内涵上河洛文化不仅具有区域性特色,而且它与华夏文明的文化内涵同根同源性。

三、河洛文化对华夏文明的作用

(一)河洛文化促进了华夏文明的形成

河洛文化作为中华文明的核心,它的产生和发展促进了中华文明的形成。

1. 从史前文明看

在史前,中华大地上出现了多个早期人类文明发祥地,但河洛地区的先民在大约5000年前文明形成的关键时期率先把中华民族带入了王权文明时代,河洛文化相较其他区域文化对华夏文明的形成贡献相对更大。华夏文明的出现和形成自然离不开氏族部落或部落联盟的出现,据传说和考古资料的相互印证表明,炎黄部落的活动区域很大,但主要集中在晋南地区,也有学者认为陶寺遗址就是炎黄部落联盟的活动遗存,就说明炎黄部落联盟的活动中心并没有离开河洛地区。如果再加上"河图洛书"的记载和传说,就更加证明了这一点,传说中"河图洛书"就与炎帝神农氏有关。虽然有人对"河图洛书"的存在提出了质疑,但质疑的是神话传说的真实性,质疑的是"河图洛书"的形式与内容,但退一步说,即使"河图洛书"不是数字排列,"洛书"也与《洪范》无关联,但"河图洛书"毕竟在中国古老的典籍和正史中都有记载,不仅民间认可,而且学者也认可,我们绝不能轻率地否定它们,说它们子虚乌有。就像史学家李学勤说的那样:神话传说并不是人们在胡编乱说,如果揭去神话的外衣,它们都包含有远古先民真实生活的曲折反映。如果从这个角度看,不管"河图""洛书"的内容和形式如何,"河图洛书"这个文化符号,至少传递给我们这样一个信息:华夏文明的史前曙光是出现在河洛地区,河洛文化的出现促进了华夏文明的形成。

2. 从王权文明看

史学界普遍认为:华夏文明的形成应该在夏商周三代。但西方学者大多至今否定中国夏王朝的存在,说它只是个神话传说,没有文字证明。中国的"夏商周断代工程"虽然备受西方学者批评和攻击,但还是为我们勾勒了一幅夏朝发展的轮廓图,夏朝起始于公元前2070年,终于公元前1600年。从文化发展序列上看,在河洛地区的河南龙山文化、偃师二里头文化、郑州二里岗文化这条文化发展脉络十分清晰。这些考古成果与历史记载相印证,如司马迁说:"昔三代之居,皆在河洛之间。"(《史记·封禅书》)"禹都阳城"的位置就在登封市告成镇的王城岗附近,史称:"昔夏之兴也,融降于崇山。"韦昭注:"融,祝融也。崇,嵩高山,夏居阳城,嵩高所近。"(《国语·卷一·周语上》)又称:"自洛汭延至伊汭,居易毋固,其有夏之居。"(《逸周书·卷五·度邑篇》)因而夏朝文化与河洛文化是同区同步的。到了商朝虽然华夏文明已超出了河洛地区,但河洛地区的偃师商城遗址、郑州商城遗址表明,这些地方仍然是商朝的主要政治文化中心。到了周朝,华夏文明虽然从河洛地区再次向四周扩展,但洛阳仍然是周朝的政治文化中心,尤其是周朝的礼制文化就是在洛阳制定的,它是河洛文化的一个重要内容,对于华夏文明的主干———儒学的形成起到了至关重要的作用。

如果说华夏文明的形成像一个漩涡,那么河洛文化就是这个漩涡的中心,河洛文化凭借其强大的吸收力、包容力、凝聚力把周围的文化吸纳过来,然后融合后形成了华夏文明;如果说华夏文明是一棵枝繁叶茂的大树,那么这棵大树是根在河洛大地,冠盖中华。

(二)河洛文化推进了华夏文明的发展

如果说华夏文明的形成就像一个漩涡把周边各种文化吸引了过来,那么华夏文明的发展就像一个个同心水圈,一圈一圈向四周传播开去。而河洛文化恰好就是这些不断向四周扩散的一波一波的水圈,这种传播态势在周朝分封时表现得尤为突出。正是在这个中华文化"轴心时期"河洛文化开始向四周传播扩散。它向北扩展为三晋文化并影响了燕辽文化,向东影响了齐鲁文化,向南丰富了荆楚文化、吴越文化、闽台文化和巴蜀文化,向西改造了三秦文化。正是由于广泛传播河洛文化与周边地域文化不断融合,共同成就了华夏文明。

1. 河洛文化对齐鲁文化的影响

河洛文化对齐鲁文化的影响突出体现军事文化上,姜子牙封齐,把它的军事经典《六韬》带入齐地,于是兵家思想在齐国盛行,齐人也因重视兵家学说而成就霸业,从不足百里的小国发展为两千多里春秋五霸之一,并出现了孙武、孙子等重量级军事家。河洛文化对鲁文化的影还突出表现在政治文化方面。"孔子入周问礼"表现出他对河洛地区礼制文化的崇拜,孔子倡周礼而儒学兴。孔子儒学,初始于鲁,本不系统,更不成熟,经过他游历中原,入周问礼,才吸取各种有益成分,逐渐开创了儒学体系。所以说河洛文化对孔子儒学影响至深至大。

2. 河洛文化对荆楚文化的影响

河洛文化对荆楚文化的影响突出体现在道家思想。虽然道家思想形成在河洛地区,属于河洛文化范畴,但荆楚地区把老子认作楚国人,道家学说在荆楚地区的民间影响巨大。荆楚道家思想盛行,有其地理原因,因为荆楚地区,江河纵横,湖泊密布,是著名的水乡,而道家文化又被称为"水文化"。老子说:"上善若水,水善利万物而不争。"庄子也说:"譬道之在天下,犹川谷之与江海。"这两个人都把江海比作"道"。据说,在河洛文化里神农伏羲氏就是有感于河洛交汇而绘出了阴阳八卦,后来的道教标志———太极图就是两条互相缠绕不离的阴阳鱼,鱼儿离不开水,八卦仍然与水有关。汉江岸边至今有世界文化遗产道教圣地武当山,这里供奉的是北方之神玄武大帝(后来改称真武大帝),在"五行"说中,北方主"水",因此真武大帝是水神,本来住在北方主水的真武大帝被请到南方水多的湖北,这是河洛文化对荆楚文化影响的重要表现。另外,公元前520年东周的"王子朝之乱",使周室典籍大量南迁,从而河洛文化广布于荆楚大地,据统计,自新中国成立以来,湖南、湖北共出土先秦简牍帛书30多批次。它们包括青川秦牍、天水秦简、云梦睡虎地秦简、包山简、郭店简、江陵简、九店简、随州简、长台观简、新蔡葛陵简、上博简、清华简等等,字数达10万以上,这些中国古代河洛地区丰富而珍贵的简牍文献有力证明了河洛文化对荆楚地区的巨大影响。

3. 河洛文化对吴越、闽台文化的影响

河洛文化对吴越、闽台文化的影响突出表现在中原人口南迁而形成的客家文化。客家人是中原汉人南迁过程中在特定环境下形成的汉民族人口支系。中国历史上的"五胡乱华""八王之乱""永嘉之乱""安史之乱""黄巢起义""靖康之难"等都引发了大范围的中原人口南迁事件。如西晋末年,"洛京倾覆,中州士女避乱江左者十六七"。据有关方面1990年统计,福建汉族有两千九百多万,占全省人口的98.5%,其中来自河南固始人一千余万,客家人五百余万;而通过各种渠道入台的"河洛人"或"河洛郎"高达一千八百余万,占台湾人口的80%以上。因此黄遵宪有诗曰:"筚路桃弧辗转迁,南来远过一千年,方言足证中原韵,礼俗犹留三代前。"[1]中原先民向南方迁徙,把河洛文化带到吴越闽台等广大江南地区,并形成了独特的源于河洛文化的客家文化,进而演化出客家文化的另一个分支———妈祖文化。河洛文化———客家文化———妈祖文化,这一文化一脉相承地发展,充分表明了河洛文化在华夏文明的传播发展过程中对吴越、闽台乃至广大江南地区的深远影响。

4. 河洛文化在民俗文化和地理文化方面的影响

在民俗文化方面,河洛大地的传统节日、民风习俗对华夏大地的影响显而易见。今天中华民族有着共同的传统节日和大体相同、相互关联的风俗习惯就是

---

[1]　黄遵宪《黄遵宪集》,天津人民出版社,2003年。

最好的证明。在地理文化方面,据统计目前全国有22个省与自治区有直接用"洛阳""洛水""河洛""洛城"命名地名,其中有"洛阳村"38个,"洛阳镇或"洛阳乡"5个。分布的省份包括湖北3个、湖南3个、江西2个、浙江1个,福建1个、台湾1个、广东4个、广西2个、贵州2个、四10个、山西4个、陕西4个、河北6个。湖北还有一条洛阳河,注入汉江;福建泉州附近有一条洛阳江,江上的洛阳桥是中国古代四大名桥之一。除此之外,在山东、安徽、云南、四川、陕西、河南、黑龙江、辽宁、内蒙古等省区共有"河洛镇""洛河乡""洛河村""洛河镇""洛水镇""洛城镇""洛河桥村""河洛皋村""河洛堡村""河洛图村"等10余处。这些典型的河洛地理标志充分反映了河洛先民远离故乡后对故居的怀念,也从侧面证明了河洛文化对其他区域文化的影响。

此外,河洛文化对北方的三晋文化、燕辽文化、三秦文化以及南方的巴蜀文化等地域文化也产生了重大影响。总而言之,河洛文化在不断地传播过程中推进了华夏文明的发展。

四、华夏文明对河洛文化的影响

一方面,河洛文化培育了华夏文明。河洛文化是华夏文明的源头与内核,它不仅促进了华夏文明形成,也助推了华夏文明的发展和传播。这种传播不仅仅局限在中华大地,它还促使华夏文明享誉世界。它传播到了包括东北亚的蒙古、朝鲜、韩国与日本,东南亚的越南、泰国、缅甸和新加坡等国,也包括菲律宾、马来西亚、印尼等"南洋"地区,甚至通过华侨外迁而远播海外。这样不仅有利于中华文化的传播,而且有利于世界更好地认识中国。

另一方面,华夏文明成就了河洛文化。因为正是河洛文化融入了华夏文明,并借助于这一文明载体才从一般性的地域文化中脱颖而出,为人所知,为人所爱,并最终成为中华民族的根文化。当今,我们正朝着中华民族的伟大复兴的中国梦迈进,需要一种伟大的民族精神。这种民族精神不仅来源于改革开放的伟大实践,还来源于古老的华夏文明,伟大的中国梦才唤醒古老的华夏文明,华夏文明的传承与弘扬才激活了古老的河洛文化。因此,我们要注重河洛文化与华夏历史文明的传承及创新,使河洛文化携手华夏文明为实现中华民族伟大复兴的中国梦贡献力量。

参考资料：

1. 刘明武《太阳历与阴阳五行———"太阳与中华文化"之一》,《中州学刊》2013 第 2 期,第 95—101 页

2. 李约瑟《中国古代科学思想史》(陈立夫译)江西人民出版社,2006 年。

3. 胡阳　李长铎《莱布尼茨二进制与伏羲八卦图考》,上海人民出版社,2006 年。

4. 李先登《河洛文化与中国古代文明》,河南大学出版社,1990 年。

5. 李学勤《河洛文化研究的重要意义》,《光明日报》2004 年 8 月 2 日。

6. 朱绍侯《河洛文化与河洛人、客家人》,《文史知识》1994 年第 3 期。

7. 徐心希《试论殷商文明与河洛文化之关系———兼论商周时期的王权文明是河洛文化的核心内涵》,见陈义初主编《河洛文化与殷商文明》,河南人民出版社,2007 年。

8. 李晓燕《二十年来河洛文化研究述评》,《东北史地》2011 年第 6 期。

9. 程有为《河洛文化概论》,河南人民出版社,2007 年。

10. 黄遵宪《黄遵宪集》,天津人民出版社,2003 年。

（刘文玉,博士、兰州财经大学马克思主义学院副教授;黄彦波,兰州财经大学马克思主义学院研究生）

试论魏晋河洛文化中"礼"的体现及影响

张蒙蒙

Abstract：He-Luo Culture is one of the origins of Chinese traditional culture，is also an important part of regional culture in China. Wei jin period，has experienced the war has hilo-systems region after a brief peace development，quickly became the political，economic and cultural center. At the same time，in JiLi，XiongLi，BinLi，BingLi，JiaLi for the sequence of five rites system has gradually been applied in practice，and have a profound effect，the core and soul of June to He-Luo Culture during the Period of Wei and Jin Dynasties.

　　自上世纪 80 年代以来，经过 30 年的发展，学术界对于河洛文化的研究取得了丰硕的成果。其中，对河洛文化的概念、河洛地区的范围和河洛文化的内涵等都已有深入细致的研究，但是对断代史中河洛文化的核心与灵魂的研究还有遗缺。本文试以魏晋时期为研究对象，对这一时期河洛地区的文化核心与灵魂进行讨论。

一、礼在魏晋河洛文化中的具体体现

　　河洛文化的内涵是极为丰富的，薛瑞泽先生给出"河洛文化是河洛地区所存在的一切社会现象，是河洛地区社会化的过程及其结果"①的定义更是将河洛文化的范围扩大到河洛地区的各个方面。礼一直是中国传统文化的核心之一，并渗透到社会生活的方方面面，举凡行为仪节、典章制度、伦理道德以及政治思

---

　　① 薛瑞泽　许智银《河洛文化研究》，民族出版社，2007 年，第 61 页。

想和社会观念都属于"礼"的范畴。魏晋时期是中国礼制发展的重要时期,此时的河洛地区作为全国的政治、经济和文化中心,其发展深受礼的影响。

（一）礼贯彻于魏晋时期制度文化之中

制度文化由人类在社会实践中组建的各种社会规范构成。魏晋时期,河洛地区是当时的政治中心,其许多政治制度都反映出"礼"的的核心的指导作用。

曹魏时期,仪礼的地位上升,对《周礼》《仪礼》和《礼记》的研究成为当时的热潮,而五礼体系被用于国家制礼实践中则开始于魏晋之际。《晋书》卷十九《礼志上》载:"及晋国建,文帝又命荀因魏代前事,撰为新礼,参考今古,更其节文,羊祜、任恺、庾峻、应贞并共刊定,成百六十五篇,奏之。"晋武帝太康初年,尚书郎挚虞说"臣典校故太尉所撰《五礼》"[1],明确地指出荀所撰之礼为《五礼》。魏晋的五礼制度不同于以往的礼仪制度,它有一个内容逐渐丰富、系统逐渐形成的过程,吉礼、宾礼、军礼、嘉礼、凶礼为序的五礼制度在魏晋时期被作为国家制度,并对河洛地区其他的制度产生影响,选官制度就是其中的代表。虽然魏晋以九品中正制作为选官制度,但是举孝廉之制仍然在沿袭,对人才、官员的考察的一个重要标准是否是孝子。"孝"是礼的重要组成部分,礼在国家官员的选拔中占据很大的比重。三国时期郊祀礼制的建立以曹魏最具代表性,这一时期的郊祀无论从群臣对郊祀礼说的议论还是郊祀仪式的复杂程度上看都无法与后世相比,但曹魏将郑玄礼说第一次运用到了实际之中,魏文帝曹丕受汉禅后曾举行过祭天仪式,《三国志》卷一《魏书·武帝纪》裴松之注引《献帝传》曰:"辛未,魏王登坛受禅,公卿、列侯、诸将、匈奴单于四夷朝者数万人陪位。燎祭天地五岳四渎。"魏文帝黄初元年(220)下诏:"朕承唐、虞之美,至于正朔,当依虞、夏故事。若殊徽号、易器械、制礼乐、易服色、用牲币,自当随土德之数,每四时之季月,服黄十八日,腊以丑,牲用白,其饰节旄,自当赤,但节幡黄耳。其余郊祀天地朝会四时之服,宜如汉制。宗庙所服,一如《周礼》。"[2]西晋建立后,晋武帝泰始二年(266)九月,群公奏曰:"今大晋继三皇之踪,踵舜、禹之迹,应天从民,受禅有魏,宜一用前代正朔服色,皆如有虞遵唐故事。"[3]魏晋的郊祀礼的举行,反映了统治

---

① 《晋书》卷十九《礼制上》,中华书局,1974年,第581页。

② 《三国志》卷二《魏书·文帝纪》注引《汉献帝传》,中华书局,1959年,第75页。

③ 《晋书》卷三《武帝纪》。

者对礼制的认同,魏晋郊祀制度也反映出了河洛制度文化中"礼"的核心地位。

(二)礼践行于魏晋时期行为文化之中

行为文化由人类在社会实践,尤其是由约定俗成的习惯性定势构成。它以礼俗、民俗、风俗形态出现。魏晋河洛地区的礼俗变革突出了河洛文化中"礼"的核心地位。

魏晋以来,婚礼中有拜时妇、三日妇之说。杜佑《通典》卷五十九《礼十九》曰:"按《礼经》婚嫁无拜时三日之文,自后汉、魏、晋以来,或为拜时之妇,或为三日之婚。魏王肃、钟毓、毓弟会、陈群、群子泰,咸以拜时得比于三日。晋武帝谓山涛曰:'拜于舅姑,可准庙见,三日同牢,允称在塗。'涛曰:'愚论已拜舅姑,重于三日,所举者但不三月耳。'"《通典》卷五十九至卷六十,共列出魏晋婚礼中需要注意的事项十三条,并列出婚礼之特殊者三条,且每条都非常详细,可见,在魏晋河洛地区对礼节的重视。魏晋的丧礼习俗相较其他时期有很大的变数,在丧葬礼制上,魏晋时期是一个典型的薄葬时期,而薄葬之风始于曹魏[1],曹操是薄葬的真正施行者,他先后在其《终令》和《遗令》中对自己寿陵规制提出具体的要求,"因高为基,不封不树",[2]对墓内的随葬品数量和种类也提出限定"敛以时服,无藏金玉珍宝"。[3] 曹操的薄葬之风到西晋就发生了变化,这与西晋统治者对儒家之风的重视有关。史载,司马昭死的当年,司马炎受禅称帝,不听群臣劝阻,坚持以儒生之礼为父亲服丧三年,说是不能因为做帝王就丢掉自己儒家的儒生本色,后代为其母亦是如此。这段时期,不仅国家统治者以丧葬礼节进行标榜,官员百姓也很重视礼法。

(三)礼浸润于魏晋时期河洛精神文化之中

在人们的社会实践中,思想意识不仅支配人的行为,也影响到制度的制定和行为产生,对其他文化层面有决定作用。魏晋时期河洛文化中蕴含的"孝悌"精神是其文化的核心。

周公以"礼"治天下,而"孝"则是礼的重要组成部分,"事亲孝,故忠可移于

---

[1] 关于魏晋薄葬的讨论,参考韩国河《论秦汉魏晋时期的厚葬与薄葬》,《郑州大学学报》1998 年第 31 卷第 5 期;李乐民《三国时期的薄葬风俗论述》,《史学月刊》2002 年第 10 期。

[2] 《三国志》卷一《魏书·武帝纪》。

[3] 《三国志》卷一《魏书·武帝纪》。

长"①,历代的统治者都极为重视行诸社会的孝迹,自汉代独尊儒术,把"孝纳"入政治轨道,并在制度上采取措施以助推行后,"重孝悌"之风盛行。魏晋承袭汉制,社会中的孝行散见于各史传。《三国志》载:"建安八年(203)秋七月,令曰:丧乱已来,十有五年,后生者不见仁义礼让之风,吾甚伤之。其令郡国各脩文学,县满五百户置校官,选其乡之俊造而教学之,庶几先生之道不废,而有以益于天下。"②《晋书·孝友传》载,晋武帝司马炎灭蜀,征召亡国之臣出仕新朝,李密不愿赴任,拜表以闻,称自己伶仃孤苦,唯与祖母相依为命,考虑到"圣朝以孝治天下"③,故祈求奉养祖母以终天年,然后再赴朝廷效力,先尽孝而后忠,司马氏不以为忤,居然恩准,并优礼有加。这里的"圣朝"指的就是西晋王朝,河洛地区作为当时的文化中心,"孝悌"之风更是成为风尚,魏武帝对李密"优秀礼有加"④也反映了统治者重"礼"的文化内涵,河洛文化中"孝悌"之风的盛行,也是"礼"的核心河洛文化表现。可见,礼是魏晋河洛地区所一直追去的理论框架和价值标准,并在河洛文化中具有很高的核心地位。

　　汉魏时期是河洛文化发展的一个高峰。这一时期学校如林,建安诗歌复兴,文人荟萃,学术思想活跃,神、佛、经、玄四学形成,是河洛文化中"中和"思想的集中反映。《礼记》中说:"中也者,天下之大本也;和也者,天下之达道也。致中和,天地位焉,万物育焉。"⑤汉魏西晋是佛教的输入初传期,也是礼法思想根深蒂固的时期,河洛地区是中国佛教本土化的诞生地,河洛文化的礼仪核心是以"尊尊亲亲"⑥为原则,强调人伦之别,尊卑之序,崇尚孝亲、谦让、忠信、仁恕等,这些文化对佛教在中国的发展趋向产生了深刻影响。佛教在魏晋时期的发展,体现了河洛文化"和"的内涵,究其实质仍是礼作为核心的指导作用。

二、以礼为核心的河洛文化产生的影响

　　中国的礼仪制度源远流长,魏晋只是整个长河中的一段支流,魏晋的礼制发

---

① 赵起蛟《孝经集解》,上海古籍出版社,1995年,电子文献。
② 《三国志》卷一《魏书·武帝纪》。
③ 萧统《文选》卷三七《陈情表》,中华书局,1977年,第818页。
④ 萧统撰《文选》卷三七《陈情表》。
⑤ 杨天宇《礼记译注》,上海古籍出版社1997年,第899页。
⑥ 赵起蛟《孝经集解》。

展是在前代礼制发展的基础上的继承,同时也为后期南北朝的礼制发展做出了指导。河洛地区是魏晋礼制发展的中心,魏晋南北朝是河洛文化的发展时期,从河洛文化整体上来说,"礼"既是社会各阶层的行为规范,也是历代社会共同追求的理想和价值标准,并作为历代社会意识形态规范着人们的生活行为、心理情操、伦理观念和政治思想。以礼为核心的河洛文化,对魏晋时期的政治、外交和军事都有重大的影响。

(一)促进中原王朝对外交往

魏晋时期是北方地区民族交往的重要时期,河洛文化对促进魏晋对外交往的繁荣发展。而河洛地区作为当时政治中心,各个民族以河洛地区为中心进行了多方位的交往。

以礼为核心的河洛文化促进了中原与周边少数民族和国家的友好交往。黄初三年二月,当鄯善、龟兹、于阗等西域少数民族所建立的国家纷纷遣使奉献的时候,曹丕显示出了大国的风度,下诏:"西戎即叙,氐、羌来王,《诗》、《书》美之。顷者西域外夷并款塞内附,其遣使者抚劳之。"正是曹魏统治者以礼相待的宽容政策,"西域遂通"。为了更好地管理西域事务,曹魏设立"戊己校尉"①加强管理。魏明帝太和三年十二月,"大月氏王波调遣使奉献,以调为亲魏大月氏王"②。景初三年(239)二月,"西域重译献火浣布,诏大将军、太尉临试以示百僚"③。晋武帝泰始、太康年间,焉耆国、龟兹国、大宛国等、康居国、大秦国纷纷向晋朝朝贡。泰始六年(270)九月,"大宛献汗血马,焉耆来贡方物"④。太康六年(285)十月,"龟兹、焉耆国遣子入侍"⑤。东北地区曹魏政府与倭、高句丽等周边国家和地区都有往来。景初二年(238)六月,倭国女王卑弥呼派遣大夫难升米、都市牛利等人为使臣等人到带方郡请求朝见,太守刘夏派人护送到洛阳,这些人向曹魏朝廷进献男女奴隶十人,班布二匹二丈。魏明帝封卑弥呼为亲魏倭王,假金印紫绶,并封使臣难升米为率善中郎将、都市牛利为率善校尉,都给以"假银印青绶"。在使臣回国时,魏明帝又"以绛地交龙锦五匹、绛地绉粟罽十

---

① 《三国志》卷二《魏书·文帝纪》。
② 《三国志》卷三《魏书·明帝纪》。
③ 《三国志》卷四《魏书·齐王芳纪》。
④ 《晋书》卷三《武帝纪》。
⑤ 《晋书》卷三《武帝纪》。

张、箅绛五十匹、绀青五十匹,答汝所献贡直。又特赐汝绀地句文锦三匹、细班华
罽五张、白绢五十匹、金八两、五尺刀二口、铜镜百枚、真珠、铅丹各五十斤"①回
送给倭国。这些礼尚往来,更是将周边少数民族和国家对中原的向往推向高潮。
泰始二年(266)十一月,倭人又来进献方物。咸宁四年(278)三月,"东夷六国来
献"。太康元年七月,"东夷二十国朝献"。太康三年(282),"九月,东夷二十九
国归化,献其方物"。② 太康十年(289),"是岁,东夷绝远三十余国、西南夷二十
余国来献"③。永平元年(301)"是岁,东夷十七国、南夷二十四部并诣校尉内
附"④。南方地区的林邑、扶南等国在晋武帝时期也多次派遣使臣到洛阳朝贡。
泰始四年(268)十二月,"扶南、林邑各遣使来献"⑤。太康五年(284)十二月,
"林邑、大秦国各遣使来献"⑥。太康六年(285)四月,"扶南等十国来献"⑦。太
康八年(287)十二月,"南夷扶南、西域康居国各遣使来献"⑧。礼在河洛文化中
的核心地位,为河洛地区迎来了对外友好交往的良机。周边地区的民族和国家
在中原王朝巨大的影响之下,纷纷以能与中原王朝交往而自豪,所以他们多派出
使节前往中原王朝的国都洛阳朝贡。他们带来了所在地的特产,带来了周边地
区的信息,使中原王朝能够对其有更多地了解;他们带回了中原王朝赏赐给他们
丰厚的物质财富,更带去了中原王朝对周边地区的礼遇之意,也使河洛地区的文
化传播到边域地区,加大了河洛文化的对外传播,促进了河洛地区的对外交流。

(二)促进魏晋时期文化的繁荣

以礼为核心的河洛文化对魏晋玄学的兴盛有着重要的作用。玄学最初成长
于长江流域的文化土壤之中,无论是从思维方式、精神气质还是从思想内容上
看,玄学都与长江流域的文化精神更为相像和接近。魏晋时期,玄学之风逐渐盛
行于河洛地区,而魏晋思想家也主要活跃于这个地区,玄学家大多数出身于经学
世家或仕宦家庭,自幼饱受儒学熏染,谙熟《诗》《书》,注解儒家经典,与儒家经

---

① 《三国志》卷三《魏书·明帝纪》。
② 《晋书》卷三《武帝纪》。
③ 《晋书》卷三《武帝纪》。
④ 《晋书》卷四《孝惠帝纪》。
⑤ 《晋书》卷《扶南传》。
⑥ 《晋书》卷三《武帝纪》。
⑦ 《晋书》卷九十七《南蛮传》。
⑧ 《晋书》卷九十七《四夷传》。

学有着天然的联系,其思想也深受儒家礼仪的影响。这些玄学家在礼的影响下,将河洛地区玄学的发展推向了前所未有的高度,而魏晋玄学作为河洛文化系统的一部分,它的出现极大地丰富了河洛文化的内容,自玄学诞生以后,儒学尽管在政治层面仍然保持着它的正统地位,但在思想修养层面的功能,不少东西却早已被玄学或佛家所取代。建安年间所兴起的建安文学,出现了一大批蜚声文坛的杰出人物,以曹氏父子为代表的建安文学开创一代文学风气之先。曹丕《典论·论文》云:"斯七子者,于学无所遗,于辞无所假,咸自以驰骋千里。"因为这些文人深入接触到社会最下层,故而他们的作品有着经久的生命力,并深深影响着后代文人。曹魏正始年间,文坛上所出现的"竹林七贤",代表了具有写实特色的建安文学的衰落和蕴涵着激情的正始文学的产生。西晋时期,河洛地区的文学创作也极具特色。其中太康年间风靡文坛的"三张、二陆、两潘、一左,勃尔复兴,踵武前王,风流未沫,亦文章之中兴也。"(钟嵘《诗品序》)河洛地区的文学创作迈上一个新的台阶,文化繁荣,魏晋时期河洛地区的文化发展与战国时期有很大的相似之处。这其实可以看做是社会发展的斑斓多彩,为文学艺术的创作提供了丰富的素材,社会的动荡不安磨练了人民的意志,也使人们以更加犀利的笔触来反映现实,形成了魏晋时期文学创作的又一个高潮。

　　总之,魏晋时期河洛文化的核心"礼"体现在社会中的方方面面,并对魏晋时期的对外交往及文化繁荣产生了深远的影响,对魏晋时期河洛文化中礼的研究也有助于加深我们对魏晋时期社会的认识。

（作者为河南科技大学人文学院研究生）

新时期河洛文化发展传承与
发展创新模式探究

王明旭

Abstract：Achievements have been made on the development and inheritance of Heluo culture. In the new era, efforts should be made on the promotion of Heluo culture's further development. China is constructing the silk road as well as its culture. This is both an opportunity and a challenge for the development of Heluo culture. Researchers should find the key to the development of Heluo culture so that more achievement could be made about Heluo culture in the new era to better serve the people and the long-term development of the country.

河洛文化经过十几年的深入研究,取得了不错的成绩。几乎每年都有各种以河洛文化为主题的研讨会,在深入挖掘河洛文化的内涵中,积累了大量的学术成果,这对于我们进一步认识和了解河洛文化,并在此基础上继续深入思考河洛文化的发展很重要。河洛文化研究会致力于河洛文化的发展传承,推动河洛文化在河南和全国的发展,在提高大家对河洛文化的认同方面发挥了关键作用。在这些探索与传承中,积累了一些宝贵经验,也让我们看到了河洛文化研究的良好发展态势。新时期要想更好发展河洛文化,进一步提高大家对河洛文化的认同,让河洛文化走出河南,走向全国,乃至走出国门是值得好好思考的一个问题。为把对文化的发展要求提高到新的高度,早在2011年中共中央就作出了《关于深化文化体制改革推动社会主义文化大发展大繁荣若干重大问题的决定》。在河洛文化研究的发展过程中,也经历了河洛文化的挖掘,河洛文化研究的地域局限性突破、河洛文化的专项研究领域的探索,到如今的全面思考河洛文化的长远发展的不同阶段。

一、河洛文化的现实梳理

　　一种文化,它体现的是在发展传承中所积淀的精华的延续。河洛文化是历史文化繁荣发展的集大成。如果要想在新时期更好传承,要有能够积极影响当今人们思想的东西。从某种程度来说,更是当今一地或更大范围的社会发展和人们所欠缺的。通过文化的传承,影响社会和民众,这样的文化传承才有价值可言。如果陷入历史的荣耀中,把文化的传承看做一种炫耀的资本,甚或狭隘的当做了一地的文化炫耀,这样的价值利益单一性,是不利于文化的传承的。河洛文化的影响范围很广,既然要发展和传承河洛文化,就说明河洛文化中很多好的东西在历史的发展变化中因为一些原因被湮没了,需要重新挖掘并不断发展。要想发展,必须弄清河洛文化的思想内涵和价值体现,然后才能做到有的放矢。

　　(一)把握河洛文化的大局意识

　　文化有大小,任何一种文化都有其明显的地域特色,甚或带有一定的地域局限性。河洛文化不是古代那一个人创建发展的文化,也不仅是一地的文化,而是在河洛地区发展,有全国印迹,影响全国和世界的大文化。为此,把握河洛文化的大局意识,不仅要把河洛文化放在整个中华文化中定位,也要以中华文化的核心文化视角发展河洛文化。河洛文化已经突破了地域局限性,在一地率先凸显并不断发展进而扩大影响面的中华文化的有机组成部分。中华文化层面的发展传承有国家相关力量的全力推动,对于从地域发展起来的全局文化也好,局域文化也罢,都容易陷入地域框架的局限。只要是经历了历史的检验,就应有文化的自信。河洛文化的发展来自于地域,却是中华文化的一部分,在梳理河洛文化的发展中,应该把河洛文化放在更宽的视野来对待,有大的格局观,才能有相应的文化发展目标追求。

　　(二)做好河洛文化的地域占位

　　河洛文化兴起于河洛地区,如此的地域发展特点,必然带着河洛地区的风土人情,这些都是需要认真对待的。河洛文化的地域占位,体现了河洛文化形成初期的地域特色。只有很好认清了河洛文化的地域渊源,河洛文化的发展才能有所偏重,才能通过地域的其它类文化特点找出河洛文化发展的重点和难点。河洛文化有其一定的地域特色,这部分的文化特质是吸引和挖掘河洛文化的主导。文化有局限,这是任何一种文化都存在的情况,只是大小的问题。河洛文化与中原人紧紧相连,代表了中原人应有的河洛文化复兴的责任担当。

(三)形成河洛文化发展的成熟路径

从河洛文化的形成到河洛文化的曾有的辉煌,有其发展的路径可以寻绎。从历史的湮没中走出,重新开始深入挖掘河洛文化,依然需要寻找河洛文化的发展路径,使河洛文化传承至少有章可循。为此一是要做好河洛文化挖掘的准备工作。文化准备体现的是河洛文化的发展需要做一些前期的准备工作,搭起框架。二是要强化河洛文化的传承实践。文化实践是河洛文化能否发展传承的灵魂。只有不断创新河洛文化发展传承模式,不断培育河洛文化发展的现实土壤,在不断的摸索中走出一条适合河洛文化发展传承的路子,才能确保河洛文化的发展永葆生机和活力。三是注重河洛文化的反馈。文化的反馈是在文化实践的过程中,通过社会大众的反馈及河洛文化发展的程度来度量河洛文化的影响力。文化反馈工作反映了河洛文化传承的效果如何,也更利于找准河洛文化发展的重难点。

(四)倡导河洛文化的融合发展

河洛文化与闽台文化、客家文化(源自河洛)、河流文化(河洛文化延播)等联系紧密,这是河洛文化的内生融合。河洛文化对荆楚文化、湖湘文化、徽州文化、巴渝文化等影响深远,这是河洛文化的相似融合。河洛文化与古老的印度文化、波斯文化、阿拉伯文化、古罗马文化等都有过辉煌,这是河洛文化的域外融合。通过文化的融合,找出河洛文化与它地它国文化的互承性,形成文化统一的政治导向。著名的丝绸之路的起点,西汉时始于西安,东汉时始于洛阳,西安和洛阳在当时是对外文化交流、商业贸易的国际大都市。这是河洛文化今天能够走出国门,实现域外融合的有力证据,也是河洛文化能够实现多文化融合发展的有力证明。

二、河洛文化的把握关键

(一)河洛文化发展的顶层设计

任何系统性的、重大的事情,都需要做好顶层设计,尤其像河洛文化这种辐射范围广,影响大、意义重大的文化发展更需要加强顶层设计。任何一种文化的推动,必然伴随着统治阶级的正向引导。河洛文化要想重塑辉煌,为新时期实现中华民族伟大复兴的中国梦服务,就应加强对河洛文化的顶层设计,使河洛文化的发展有章可循。华夏文明传承的是文化,文化的载体和推动力是先进的经济。文化的发展在顶层设计时要依托于服务经济的发展,否则河洛文化的发展就只是孤立的个体,没有动力和有效载体可言。同时河洛文化的发展应有一种脉络,一种长远规划,不同时期有其发展的侧重点。通过制定科学的发展规划,使河洛文化的发展具有连续性,层次性。

(二)引入竞争关系

一种文化在发展过程中,沉浸在历史湮中,有其深层次的各种原因。不过新时期文化发展环境氛围浓厚,河洛文化发展要两条腿走路,既需要公益性的河洛文化发展传承方式,也需要引入市场力量。为此可以成立由河洛文化研究会主导的半官方的文化传承发展公司,也需要建立形成竞争关系的多个河洛文化传播公司。可以在河洛文化发祥地的所在省高校试点建立高校层面的河洛文化协会或研究会,吸纳青年学生参与到河洛文化的发展传承中。同时也需要走进社区,建立社区的河洛文化发展的各种兴趣协会或组织,使河洛文化的发展有更广泛的群众基础和创新体量。

(三)把握河洛文化的机遇

一种文化的兴起和繁荣必是有一个积累过程和相应的社会环境或地理优势作保证。当然一种文化的没落必然伴随着相应条件的缺失,既然一种文化能够产生巨大的影响,也是经过了历史的检验,有很多精华的东西在里面。河洛文化历经千年的发展,在中华大地随处可找到它的种种印记,也说明了河洛文化的顽强生命力及其自身发展优势所在。当前正是由我国倡导、沿线国家积极响应的丝绸之路建设的起步阶段。河洛文化所在地正是作为丝绸之路的关键节点之一。在国家大力投入发展的当口,文化发展的同步显得很关键。通过加大对河洛文化的挖掘和传承,抓住国家建设丝绸之路的良好机遇,使河洛文化的发展同步于丝绸之路的建设步伐。

(四)注重载体依托

文化是一种抽象符号,需要依托载体予以诠释和传播。河洛文化要被更多的大众接受,载体的选择和载体形式的表达很重要。要通过创新载体形式,使河洛文化的发展通过多种载体手段予以传播。当然各种文化传播的手段比较丰富,电视剧、动画片、宣传片、文化实景实物等,都给河洛文化的发展带来了创新的灵感。新时期创新的脚步从未停止,文化的发展亦不例外,通过不断深化河洛文化的载体创新,让河洛文化的发展走出一条适合自己发展的载体创新之路。

三、河洛文化的拓展模式

(一)纳入政府和高校考核指标

河洛文化研究在河南起步,如果要想取得突破性发展,就需要把河洛文化研讨会开到省外、域外去。2010 年开始,河洛文化研讨会走出河南,在广东、江西、台湾和福建等地召开,突破了地域局限,丰富了河洛文化传播途径和影响面。河洛文化研究要想取得更大的发展,就需要形成更大的共识。至少起源地可以尝试让河洛文化的相关内容进入学生的课本,让河洛文化的研究在河南高校掀起热潮,且薪火相传。

(二)河洛文化的互联网思维

说到文化,特别是古代文化今之传承,有时更多的是陷入文化的禁锢中,觉得古文化的东西,如果没有十足之把握,揉进现代的东西就显得不伦不类,这恰是思考的局限性所在。互联网思维体现的是资源的整合、良好的推销和创新的持续。传统的互联网思维以创建传统的网站为依托的方式,已经远远不能满足河洛文化发展的需要。现在的微博、微信等新媒体手段层出不穷,一个时代,甚或一段时间都有新媒体手段出现。在如此快的社会节奏中,河洛文化本质的东西有自己的发展规律,但借助的传播手段需要有危机意识。在河洛文化的传承中,容易陷入传承主体的无危机意识,以一种心理优势的方式看待一种文化的传承。所以河洛文化的传承首先需要认识其传承的必要性和重要性,而这样的认识是基于河洛文化本身的内涵所散发。引入互联网思维,通过多种新媒体手段,借助互联网的平台,形成多款互联网的文化产品,使河洛文化的发展搭上互联网的快车。

(三)河洛文化的国际路线

河洛文化的繁荣之时正是当时社会发展的辉煌时期,也是曾经的丝绸之路世界各地商贾云集之地。河洛文化本身就具有国际文化格局,在新时期的发展中更应有国际化的视野,国际化的作为跟进,不仅研讨会要开到国外去,还要寻找历史的印记,把河洛文化播散进当前国家倡导的丝绸之路的沿线国家,甚或全世界去,让世界了解河洛文化,让河洛文化融进世界各国文化中,实现国际文化之间的共同发展与繁荣。文化的发展,国家正在探索,中华文化博大精深,需要有像河洛文化的这种小当量的文化先在全世界去推广,不仅形成河洛文化的更大更广的发展,也是对中华文化在全世界的发展做出了积极的探索与铺垫。河洛文化的国际路线,体现的是一种国际视野和国际作为。河洛文化在世界的传播,需要按步骤按计划推动,前期的更多是走出去,可以是河洛文化研讨会的方式走出去,也可以是成立一国的河洛文化研讨会,更可以是通过与走出去的中国企业建立战略伙伴,在谋求企业的国外发展之时,顺带推广河洛文化,这些都是河洛文化发展国际路线的有力探索。

(四)河洛文化发展分层分级分类

河洛文化是文化的大一统,既是中华文化的核心组成部分,也是自身发展的文化归属。河洛文化不仅带有封建帝都的烙印,而且有世界和全国的文化潜力。河洛文化博大精深,如果笼统的思考河洛文化的发展,就会陷入河洛文化的浅显探索的轮回中。这就需要对河洛文化进行分层分级分类的探索,使河洛文化的发展传承走向宏观统筹与精细化管理的结合。而这样的要求,就需要有专门的河洛文化传承发展的文化工作者,对河洛文化进行系统的梳理和分类,制定了科学的发展规划和目标,分清发展的重难点,甚或落实责任主体,把握时间节点,有条不紊地按照分层分级分类的原则做好河洛文化的发展工作。

参考文献:

陈义初《河洛文化研究十年来的回顾与思考》,《中原文化研究》,2015 年第 1 期。

(作者为武汉科技大学资源与环境工程学院博士生)

台湾通霄李氏家族传承中原圣德家风

何来美

Abstract：In 1800s Qing Dynasty, Li Teng-ching was a respected scholar and gentlefolk in now Tongxiao Township, Miaoli County, Taiwan. In 1889 when Li was 87, he was awarded by the Emperor Guangxu in praise of his "five-generation family," which was a great honor at the time. To show gratitude for the Emperor and to glorify the family's prestige, each spring, Li's descendants still keep the ritual of welcoming the Emperor's award before worshiping their ancestors. Till now, this tradition has been passed down from generation to generation for more than one century.

Li's descendants perform outstandingly in all walks of life. Hakka Affairs Council esteems the Li family a good model, and supports the family enlarging their ceremony to quite a local cultural event. Hakka people inherit the merits of Central Plains culture-the culture developing along the Yellow River area. Hakka people show great reverence for ancestors and abide by forefathers'teachings. From this point of view, the Li family has set a good example.

一、绪论

台湾客家人始祖源于中原河洛地区,唐宋年间因战乱,南迁到闽粤赣交界地区避战乱,与当地少数民族融合,并经数百年休养生息,发展成客家民系。到明末清初时,因人口繁衍,耕地不足,为了生存,再往四川、湖南、广西一带迁徙,部份并飘洋过海到台湾、东南亚,甚至远到东非的小岛毛里求斯、留尼汪。

早期客家人主要以农耕为主,日出而作,日没而息,繁衍子孙,追求人丁兴旺,子孝孙贤,健康长寿,若能五世同堂,即达人生追求的最高境界;尤其在医疗未如现代进步的时代,既能五世同堂,子孙又无一折损,更是幸福、圆满。

清光绪十五年(1889),住在现台湾省苗栗县通霄镇的乡贤李腾清,已 87 岁高龄,共有子孙 72 人,不仅五世同堂,且都健康和乐,在地方传为美谈,地方官吏乃辗转上报北京朝廷,光绪皇帝也下圣旨表彰。

从此李氏公厅每年春祭都有"御准旌表,五世同堂"祭祖仪式,并依客家传统古礼举行,传承中原圣德家风至今。

二、台湾客家源自中原

水有源,源远流长,汇百川成大河;木有根,根深柢固,终久根深叶茂;人有祖,祖德流芳,万世子孙永昌。而客家人特别注重崇先报恩,尊祖敬宗,进而修谱牒、建祠堂、祭祖先,而祠堂的堂号、堂联也表达了客家人思念祖先、弘扬祖德的情感。

台湾客家人的先祖从中原南迁到闽粤赣,再渡过黑水沟来到台湾,仍不忘本根来自中原,致台湾客家祖堂(祠堂或公厅)都贴有郡号(堂号)、堂联,许多郡号也是中原地名。而堂号作为祠堂的名号,是姓氏标志,取名一般有两种情况:一是取自祖先的发祥地、望出地;另一是为纪念祖先的官衔、勋绩、德行。①

如何姓是"卢江堂",堂联"卢迎丽日家常泰,江接春风事业隆";涂姓是"豫章堂",堂联"豫图骏业开春后,章若鸿犹送腊前";马姓是"扶风堂",堂联"扶急济危歌盛世,风调雨顺乐丰年"。

以客家何姓开基始祖何大郎公来说,是何姓始祖何瑊第 40 世裔孙,原籍安徽卢江府卢江郡,生于唐昭宗景福元年,因中原战乱频仍,举家迁于福建宁化石壁村避祸,后在福建武平开基立业,成为客家何姓开基祖。

何大郎公育有五子,分迁河田、赤岸、刘坑、广东陆丰、河源,这五房后裔不少于清代渡海来台,开枝散叶。

李姓是"陇西堂"。陇西是秦朝 36 郡之一,周代已有此地名,地方在原甘肃肃州、临兆、秦州一带。李姓客家后裔,也是避中原战祸到福建宁化石壁后,繁衍子孙,再往闽粤赣迁徙,李腾清是在祖父李维栋时,从广东长乐渡海来台,最后在

---

　①　顾涛《堂号、堂联与客家之根》,洛阳师范学院《河洛文化与客家文化专刊》。

通霄落脚,现李氏公厅大门就挂着"陇西堂"堂号,堂联是"陇畔名山书士乐,西湖胜景帝王游"。

三、通霄李氏家族源流

通霄旧名吞霄,位于台湾省苗栗县西南隅,在汉人来台开垦前,是平埔族道卡斯族吞霄社的聚居地,清初闽南、客家汉人来台开垦后,平埔族渐被闽、客族群同化,日本殖民统治时期,改名为通霄庄,隶属新竹州。台湾光复,国民政府迁台后,行政区改隶属苗栗县通霄镇。

1. 乾隆年间来台开垦

李腾清家族祖籍广东省嘉应州(现梅州)长乐县(现五华县)。清乾隆三十九年(1774)17世李维栋携子李纬烈来台开垦,定居东势角土牛地区,李维栋去世后,18世李纬烈将大陆家乡的母亲及弟弟、子侄等接到台湾定居。嘉庆二十三年(1843)李纬烈60岁时,因东势洪水为患,乃率子到苗栗购买铜锣三座屋涧窝之山田开垦,并定居铜锣。

李纬烈生有腾兰、腾桂、腾清、腾华、腾彬、腾祥等6子,腾兰从事农业,腾桂从商,与竹堑郊商李陵茂合资经营"万兴商号"。腾清精通歧黄,精明练达,总理涧窝之家务,与父母同住,为淡水同知朱材哲所器重,委托办理乡勇,并长随官军剿匪,得六品官衔。李腾清后与子孙搬到通霄南和地区拓垦①。

另据沈茂荫编纂《苗栗县志》:李腾清祖籍广东省嘉应州长乐县,父李纬烈幼年时随祖父渡海来台,始居彰属,以勤起家。值林爽文之乱,迁住猫里;后居铜锣湾涧窝庄,素喜周急。道光六年(1826)漳、泉互斗,李纬烈以粥赈难民,享年73岁。

2. 李腾清领义军精医术

李纬烈本名李应龙,李腾清为其第三子,号朝勋,字建初,嘉庆八年(1803)生,性孝友,父母兄弟无闲言,继母詹氏,养葬尽礼,孝声载道。处世善善恶恶,急公向义,为乡里排解纷,抑强扶弱。

咸丰四年(1854)募义民随军剿匪,生擒张必达;台湾镇邵奏给八品顶戴,举

---

① 雯绮(笔名)《李玉罗与李氏家族》,联合大学苗栗故事馆人物篇。

为义首。自是地方有事,率乡勇保卫,不吝赍财。生平好读书,尤精医术。晚筑家塾,设学田,延师训子孙;岁冬,命考家课,别优劣,赏赍有差。卒年87;亲见五代同堂及孙钟尊进泮。光绪十五年(1889)总督卡宝第奏准旌表。其四子逢新,亦崇师尚义;盖继绳其未艾也。」①

李腾清玄孙李玉罗(1911－2010)生前受访说,来台祖李纬烈于清嘉庆年间迁居苗栗,购买铜锣三座屋涧窝之山田开垦定居;高曾祖父李腾清是李纬烈的三子,精通医术,为剿匪训练乡勇,保乡卫国,晚年再到通霄南和、城南里拓垦,现李氏公厅就是当年拓垦发迹地。②

3. 八十七岁高龄五世同堂

19世李腾清生有秀仁、秀义、秀礼、秀智、秀信5子,于光绪十五年(1889)87岁高龄时,有孙子21人、曾孙44人、玄孙2人,共有子孙72人,五世同堂(19至23世),且无一折损,但皇帝表彰圣旨到时已过了近2年,腾清公已仙逝。

四、获"御准旌表,五世同堂"殊荣

李腾清生前获光绪皇帝下圣旨颁"御准旌表,五代同堂"殊荣,地点就在现台湾省苗栗县通霄镇李氏公厅。皇帝表彰圣旨到时已是光绪十七年(1891),李腾清已过世。

当天李家以客家古礼接圣旨,当传报诏书员敲锣打鼓到达李氏公厅前,李家以热闹客家八音锣鼓阵头,沿路迎接圣旨到达,并派出扫角队伍沿途吹奏迎接骑马官员;朝廷官员到达李氏公厅后下马念诏书,宣读光绪皇帝表彰"五世同堂"文:"李腾清年八十七岁五世同堂给赏银八两缎止疋银二两应由台照例本于光绪十五年地丁奏销……",李腾清儿子们也身穿长袍,率李家子孙恭敬接旨。③

李腾清"五世同堂"获皇帝颁圣旨表彰殊荣,在通霄传为美谈,四年后(1895)日人据台,但李家子孙感念圣德,李氏公厅每年春祭都有"御准旌表,五世同堂"接圣旨仪式,并在接完圣旨后,再祭祖。

---

① 沈茂荫《苗栗县志》,台湾省文献委员会编印,台北中华书局,1962年,第202—203页。
② 何来美《李玉罗见证百年台湾变迁》,收录何来美主编《客家身影》,台北联合报社,2011年,第207页。
③ 见前注《李玉罗与李氏家族》。

民国二十四年(1935)台湾发生中部大地震,震央就在现苗栗县三义乡关刀山,李氏公厅亦遭震毁,由李腾清的孙子李均郎(1862－1943)负责重建,李腾清的曾孙李金谦亦指派儿子李玉罗协助叔公李均郎重建。

李玉罗生前受访说,他19岁担任保甲书记(村里干事),曾兼任南和、福兴、城南、城北、坪顶五保书记,1935年中部大地震后,父亲李金谦要他辞掉保甲书记,协助堂叔公清末秀才李均郎(李祥甫)重建公厅,因常共处,令他更佩服堂叔公的才华。[①]

五、李氏沿袭中原圣德家风

1935年后改建的李家公厅(宗祠),由两排横屋组成,中间有天井,坐东向西,公厅南边还有两排厢房,李氏家族在清末获皇帝颁"御准旌表,五代同堂"殊荣,故重建的李氏公厅,神龛上方梁柱也悬挂着"五世同堂"牌匾。

1. 公厅镶嵌"五世同堂"

李家公厅天井用鹅卵石铺地,也镶嵌"五世同堂"金字;公厅的横梁则悬挂着书有"御准旌表,五世同堂",以及"客"、"家"两字的灯笼,以彰显先祖李腾清当年的尊荣及李家是客家人。

祖先虽享有皇帝颁圣旨"御准旌表,五世同堂"的殊荣,但李腾清的孙子清末秀才李祥甫于77岁时却写了这首对联"将相公侯不必夸张往代,纲常勋业俱当则效前人"。很是谦恭。

2. 堂联、栋对期许子孙

此堂联在于提醒李氏后裔子孙为人处事要谦怀,不必动辄就搬出祖先的尊荣向人炫耀;但祖先建立的伦理、纲常,以及对国家社会的贡献,却是子孙们该学习、效法的。

客家宗祠(公厅)除有郡号(堂号)、堂联外,一般亦有栋对(栋联),而栋对内容不外是谈祖先源流、勋业、家训或是对子孙的期勉。如台湾高雄美浓台湾首位客家籍进士黄骧云的祖堂栋对:"祖籍昭江夏胥蕉岭居大坑头忠孝持家念先

---

① 见前注《李玉罗见证百年台湾变迁》,第207—208页。

人千顷徽声垂伟业,宗支基广兴始参军开科发甲文武接踵缅后辈重修堂构永流芳"。①

台湾苗栗公馆父子举人刘献廷、刘翰宗祠的栋对:"读史仰前徽正字校书数百载往古来今追世德非夸世德,就时谈近事乡场会院两三代登先步后振箕裘克绍箕裘"。

李祥甫亦给李氏公厅写了栋对,曰:"仁可活世义可和乡善气召休征国手竟成国瑞,孝以安常忠以变应芳型垂后裔我祖即是我师。"也是期许子孙为人处事要以仁义为本,敦亲睦邻,尽忠尽孝,祖先已立下典范,就是最好的老师。

六、李氏后裔表现杰出

李氏后人谨遵祖训,表现杰出。

1. 李祥甫抗日倡言复台

李腾清孙子是"郎"字辈,李腾清还健在时,孙子李均郎(1862－1943)已入泮。李均郎字祥甫,别字钟萼,是李秀智三子,光绪十二年(1886)中童试末科秀才,与丘逢甲同师,乙未割台,奉父命偕同丘逢甲等人渡厦门,倡言复台,后因奔丁忧之丧才返台,但拒入日籍,寄情文墨,县内留下不少楹联与墨宝,并著有《春园留杏集》存世。

李祥甫曾拜"双峰草堂"主人吴子光为师,曾任英才书院教席,沈茂荫编纂《苗栗县志》时,亦担任撰述委员,后常任栗社(苗栗诗社)左右词宗,留有不少诗作。

李祥甫娶王枝妹为妻,育有4子2女,长子李澄是中医师;次子李淇日本京都帝大毕业,曾任台大教授;三子李彤毕业台北医专,行医且对汽车研发有成;四子李白滨毕业京都帝大,曾参选首届苗栗县长,并担任首任文林中学校长。

2. 李白滨竞选苗栗县长

国民政府迁台后,1951年首届苗栗县长选举,最后形成赖顺生与李白滨(1907—1977)对峙,两人分别毕业于东京帝大与京都帝大,是场菁英之战,李玉罗义不容辞全力陪堂叔李白滨拜票,可惜最后高票败北。

李玉罗说,李白滨在大陆、日本都念过书,中、日、英文均佳,发表政见是客语、闽南语双声带,当时罗春桂、黄小兰夫妇(苗栗拓垦英雄黄南球的屘女婿、女儿)挺李白滨最积极,不满宪兵每天跟监,还与宪兵发生争执,最后听说连副总统陈诚也关说施压,李白滨最后一役投票时才败北。①

李白滨县长落选后,重拾教鞭,在竹南中学与文林中学教英文,并出版了英文文法书籍。

李玉罗日治时期担任保甲书记,1958 年当选苗栗县议员,连任 4 届 16 年,活到百岁高龄。他的堂兄李玉田、堂弟媳张炎妹也曾任县议员。

3. 李金川是通霄雕刻祖师爷

通霄是台湾雕刻重镇,雕刻大师李金川(1912 - 1960)是李腾清的曾孙,祖父是李腾清四子李秀智,父亲李秋郎是李秀智第八子,年少时与侄儿李玉藏到台中大甲拜"巧朝相"福州师傅为师,学雕刻艺术。叔侄俩习得雕刻技艺后前往三义发展,开启三义的神像、人物雕刻艺术创作。

台湾光复后,通霄镇各界发起改建慈惠宫(妈祖庙),李金川的堂兄李金沐、李金泰先后担任改建委员会的总理,得知他雕刻艺术精湛,延揽他回乡参与庙宇建筑雕刻,他负责前殿横梁人物,他雕了四畅(捻鼻、掏耳、搔背、伸腰 - 乐天知命)及士农工商人物,因雕刻的人物维妙维肖,获得地方各界赞赏。

慈惠宫改建完成后,李金川留在通霄开班授徒,有徒子徒孙上百人,使通霄成为台湾雕刻重镇,雕刻大师的朱川泰(朱铭)也是他的徒弟。②

七、客家委员会鼓励办活动

2001 年台湾"行政院"成立客家委员会,得知通霄李氏公厅每年春祭祭祖前,先有"御准旌表,五世同堂"的颁圣旨仪式,认为此仪式意义深远,值得奖励,也开始拨款补助办理,将李家的祭祖仪式也让乡亲们分享。

客委会认为此仪式有两大意义,一是子孙们未忘先祖尊荣,遵从祖训,沿袭圣德家风;另一是"五世同堂"从古至今就是每一家族追求的最高理想,李家先

---

①　见前注《李玉罗见证百年台湾变迁》,第 208 页。
②　洪雅芳《通霄雕刻产业之研究》,台湾东海大学硕士论文,2011 年。

祖不仅圆满达成,在医药还不是很发达的年代,72 名子孙无一折损,更是幸福、圆满的象征。

祭礼的牲礼,除了一般牲礼外,还有企鸡、企鸭,猪脚、笋干玉兔,以及猪肺做成的蝙蝠与金香爆竹长钱,满摆祠堂祖先供桌,一片喜气洋洋。

迎接圣旨仪式也完全依清代的古礼进行,穿长衫的李家长老率子孙们在李氏公厅门外恭候,当报马仔前来通报圣旨将到,接着受命颁圣旨旌表的官吏,在旌旗及客家八音阵头的吹奏下,浩浩荡荡地到达李家公厅,当文官下轿,武官下马,宣读"御准旌表,五世同堂"圣旨时,李家长老也率子孙下跪恭迎,场面顿时沸腾,让观礼者大开眼界。

李家"御准旌表,五世同堂"盛会,每年都吸引许多海内外客家人到场观礼,成为通霄一年一度的客家文化盛事。台湾中央研究院并与道卡斯文史工作室文史工作者陈水木合作,整理李氏家族历史,表彰通霄之光、李家之殊荣。

八、结论

"御准旌表,五世同堂"获颁圣旨表彰,虽是封建时代帝王的恩赐,但以现代民主的眼光来看,皇帝颁圣旨表彰的是李腾清生前对国家、社会的贡献,以及持家、养生有道的修为,这也是现代人努力追求的人生理想境界,并不会因时代变迁或政府体制的不同有所改变,同样值得推崇。

若以廿年为一个世代,要"五世同堂",往往要近百岁高龄才有可能,但李腾清 87 岁就达到,应是早年农业社会早婚,追求多子多孙的圆满结果。清末民初,台湾的平均寿命才四十来岁,主要是早年医疗不发达,传染病多,难产夭折比率也高,但李腾清 87 高龄,子孙 72 人全健在,无一折损,也是不易,连远在大陆北京的光绪帝都感佩服,才会下圣旨表彰。

现在医疗发达,据台湾内政部统计,2015 年台湾人口平均寿命是 79.98 岁,其中男性 76.85 岁,女性 83.33 岁,但现在人晚婚,少生,甚至不婚、不生,未来人生要"五世同堂"已是难上加难。

通霄李家沿袭"御准旌表,五世同堂",除了崇宗敬祖,以先祖的处事修为为典范,要子孙们延续此优良传统外,而李腾清孙子李祥甫所写的堂联:"将相公侯不必夸张往代,纲常勋业俱当则效前人",亦在勉励子孙后裔,要继承优秀传统文化,学习祖先的纲常勋业,而不是向人夸耀祖先的伟大,而李家子孙也未负先贤家训,在各行各业表现杰出,贡献国家、社会。

客家人不忘故土,不忘先人功业,从祠堂(公厅)的堂号、堂联,栋联(栋对)无不传承了中原河洛文化,而崇宗敬祖也是传统中国宗法制社会的重要特征,致祠堂不仅是祭祖场所,更是沿袭家族文化的中心,从中原到广东,再从广东长乐来台,繁衍子孙已二百四十余年的通霄李氏家族,不忘祖训,并沿袭圣德家风,也在家族祭祀文化中树立了典范。

当然,每个姓氏、每个家族都有自己不同的祖先源流、光荣历史、家训,值得子孙缅怀,通霄李家传承"御准旌表,五世同堂"中原圣德家风只是其中一例而已。

(作者为台湾苗栗客家人,曾任台湾联合报记者、台大客家研究中心咨询委员)

河洛文化、华夏文化与国家文化

杨海中

Abstract：Heluo culture was rich and original in nature. It absorbed the essence of cultures of different regions and nations, and became the dominant culture in the development of country and the society during the Zhou dynasty. Heluo area had been the political and economic center of China for a long time. Because of its political and regional advantages, Heluo culture had been regarded as the orthodox ideas by the government of different dynasties, and gradually evolved from the dominant culture into the national culture.

文化是人类在社会历史发展过程中所创造的物质和精神财富的总和。文化作为一种社会形态，是人们长期创造形成的产物，因而它既是一种历史现象，更是社会历史的积淀。

我国幅员辽阔，在漫长的历史发展进程中，由于地理的原因形成了丰富多彩、各有特色的众多地域文化；又由于多民族的密切交往、人口迁移、相互融合等因素，经过政治中心整合的国都文化渐次形成为多元一体的社会主导文化："华夏文化"。在华夏文化的主导下，自三代起，由于文字统一所产生的巨大凝聚力，又极大地促进并巩固了封建帝国疆域的一统与政治的一统，华夏主导文化从而上升为国家文化，即近代众口一词的中华传统文化。[①] 在这一文化演进的过程中，河洛文化扮演了不同寻常的角色。

---

① 刘庆柱《河洛文化定位与功能的探索》，《中原文化研究》2015 年第 1 期。

一、河洛文化及其元典性

河洛文化和齐鲁文化、荆楚文化、巴蜀文化一样,属于地域文化之范畴。地域文化既包括历史学文化,也包括考古学文化。

凡地域文化,其内容包括两个基本的内涵,即时间与空间(或称为"限定")。也就是说,它是在一定的历史阶段,一定的区域内产生并发展着的文化。河洛文化中之"河"指黄河,"洛"指源于陕西洛南县之洛水。洛水流经豫西数县,在洛阳与伊河合交汇,再东向于巩义流入黄河。"河洛"作为地域概念,狭义上指河、洛交汇前形成的夹角范围内以嵩山、洛阳为中心的广阔地带;广义上则将其范围向四周延展,泛指今日之河南省或中原地区。河洛周边地区受河洛文化影响最为直接,朱绍侯先生将称其为"河洛文化圈"。①

关于河洛文化,经过数代人的研究,已基本形成共识:河洛文化是在河洛地区,导源于远古,产生于夏商、成熟于周、发达于汉魏唐宋、传承其后历代的文化;既包括以农耕经济为中心的物质文明,也包括由此产生的政治、经济、文化、习俗、心理等政治文明和精神文明。②

河洛地区是中华民族最早踏入文明门槛的地区,考古证明,裴李岗文化、仰韶文化、龙山文化、二里岗文化、二里头文化不仅相衔如环,从未中断,新郑等地具茨山三百多平方公里岩画又印证了典籍中所记黄帝文化的可信性。③ 中国第一个国家形态——夏王朝即诞生在河洛地区。登封王城岗遗址的发现,证明了《世本》所记"禹都阳城"的真实性,偃师二里头及尸乡沟遗址的发现,印证了《竹书纪年》关于太康、仲康都斟鄩及商汤灭桀后都于西亳的路线图。商汤之后的外丙、仲壬、太甲、沃丁、太庚、小甲、雍已、太戊诸王以西亳为都200余年,《尚书》对此有明确的记载。④

周王朝是我国历史上文化发展最重要的时期,与世界发展史比照,冯天瑜先生将其称为中国历史发展的"轴心时代"。在王朝的数百年间,以周公、老子、孔

① 朱绍侯《河洛文化与河洛人、客家人》,《文史知识》1994年第3期。
② 杨海中《图说河洛文化》,河南人民出版社,207年12月,第4页。
③ 常钦《具茨山与中华文明学术研讨会在京举行》,光明网2013年11月5日。《中国早期文明路线图——黄帝于具茨之山》,《光明日报》2014年1月7日。
④ 见《尚书》中的《伊训》、《太甲》诸篇。

子为代表的思想家所提出的许多思想、观念,富含着"中华元典精神"。冯先生将这些元典精神的"题旨"归纳为四个方面,即"天人之辨"、"通变之道"、"内圣与外王"、"重民与尊君"等。①

冯先生的概括十分简洁,反映了长期以来学术界的共识积累。但也仍有缺憾。简单地说是三个"未有"。未将"宗法观念"、"崇德修身"、"忧患意识"、"大一统观念"等列为"题旨",此其一也。宗法观念是主导我国政治思想的一条主线,三千多年中长盛不衰,至今影响也随处可见。"大一统"观念更是国家统一与稳定的基础性理念,历史上不论如何改朝换代,也不论执政者为何种民族,无不主张大一统,至今皆然。至于崇德修身,心忧天下,上到权贵,下至庶民百姓,早已是日用而不觉的常态。第二,中国元典精神的形成,无疑是无数先哲们社会经验与智慧的产物,但诸子之说与当时的齐鲁、燕赵、荆楚、吴越等地域文化,无不是经过政治中心的吸纳、转化、融合之后而被"天下"认同,而这一吸纳、转化、融合之地就是地处"天下之中"的国家政治中心的所在地——河洛地域。中华文明起源多元而重心在河洛,已为学界公认,故不必赘言。第三,中国文化的元典精神的载体主要是被后人视为"经"的典籍,如《周易》、《诗经》、《尚书》、《礼记》、《春秋》及诸子之论(南宋之后则谓"四书五经")。这些典籍有一个特点,或成书于河洛地区,或所记内容的重心、重点在河洛地区。尤其作为六经之首的《周易》、中国历史典籍之首的《尚书》、中国断代史之首的《左传》、中国第一部诗歌总集的《诗经》无不如此。冯先生未有指出这一点,故在此稍加强调。

也就是说,中国的元典文化或元典精神,主要诞生在河洛地区,主要体现在河洛文化之中。河洛文化中蕴含着丰富的中华优秀传统文化的基因,而元典精神正是这些基因的集中体现。也正是由于有了这些元典的观念,人们才说河洛文化是中华传统文化的主干,是根文化。这是河洛文化最主要的内涵与最突出的特点,也是河洛文化与诸多地域文化最大的区别之所在。

二、华夏文化形成于河洛地区

中国是一个多民族的国家,但"中华民族"一词则是近代才正形使用的政治

---

① 冯天瑜《中华元典精神》,上海人民出版社,2014年12月。

话语。①中国在历史上多称为"华夏"。

文化的多样性是由地域的不同和族群的众多决定的。三代之前,在中华大地上,不论史家称之为部落、方国或酋邦、邦国,实质上都是中华先民早期族群存在与生活的不同形式的政治聚落。夏代的疆域或势力只达到今关中东部、陕北东部及陕南一带,商代势力及地域有所扩大,已达关中西部及甘肃东北部,至晚期,周的势力也已到宁夏南部。周王朝以处"天下之中"自居,称四方之民为夷、蛮、戎、狄。"夷、蛮、戎、狄"只是当是中原政权对远于中央政权四周族群的泛称,其并非部落或族群之谓。以西北方的戎、狄为例,实际上是既有今日之谓的汉族人,也有各少数民族之人。《史记·匈奴列传》认为:唐虞之前,荤粥人就和山戎、猃狁居于"北蛮"。除此之外,还先后出现过荤粥、土方、吾方、鬼方等族。其中,"匈奴,其先祖夏后氏之苗裔也,曰淳维。"由此知,这是一个多民族杂居之地。实际上,早在夏之前的尧、舜、禹时期,华夏裔族或支族已有北徙与戎狄杂居者,《墨子·节葬下》就有"昔者,尧北教乎八狄……舜西教乎七戎……禹东教乎九夷"之记。墨子所说的"八狄"、"七戎",实际上就是不同的狄、戎或其支系,具体而言,也可能就是山戎、荤粥、西戎(含羌氏族)等。这表明早在尧舜禹时中原文化即与北狄、西戎声教相通,互有联系。② 不言而喻,随着这些地方的政治经济的不断发展,也就孕育出了不同的地域群族文化,即"戎文化"、"狄文化"以及"羌文化"等。

西周分封诸侯之后,其政治势力迅速膨胀,原来相对封闭的夷文化、戎文化、狄文化、羌文化、楚文化、巴文化、百越文化、三苗文化等无不受到周文化也即礼乐文化的影响。周文化作为主导文化,代表着国家意志和利益,在政治上处于强势和核心地位,加之最高统阶层的强力推行,以其最大的权威性,对其从属的各诸侯国的族群文化有着极强的引领作用和制约作用,以至于一些弱小的族群文化渐渐被取代而湮灭无闻。如,春秋时期泰山之南泗水流域一带有许多小国,如邾、小邾、萧、郜、颛臾、牟、极、滕、薛等,其民原来大多被称作"夷人(族)",其中

① 1902 年,梁启超先生在其《论中国学术思想变迁之大事》一文中第一次创用"中华民族"一词,1905 年,他在《历史上中国民族之观察》中作了进一步的解释,指出,中华民族"自始本非一族,实由多数民族混合而成"。
② 杨东晨《论宁夏地区古族国的经济文化与华夏族的关系》,《固原师专学报》1995 年第 1 期。

虽有实力较强者(如邾),但大多是鲁国与齐国的附庸,后也多为鲁、齐所灭,因而并没有形成单独的地域文化,而是融合在齐鲁主导文化之中了。

洛阳由于长期是周王朝帝都所在地,是国家的政治、经济、文化的中心,除产生于这一地域的文化被统治者确立为核心政治文化之外,对汇集于河洛地区的各地族群(或地域)文化如齐鲁文化、燕赵文化、荆楚文化、吴越文化、巴蜀文化以至岭南文化也进行了有效地整合,即汲取、融合、发展与淘汰,从而在不断创新中丰富和壮大自己。也就是说,在尊重各族群文化价值的基础上,将其汇入于河洛文化的价值观念和理想、道德的追求之中,从而形成了新的、具有导向性的文化,也即华夏文化。

华夏文化是中国早期多民族文化融合的产物,这一融合的过程发生在河洛地区,这一融合的硕果呈现在河洛地区。

三、华夏文化基本观念

形成于河洛地区的华夏文化,其内涵已覆盖了政治、经济、文化的各个方面,涉及到价值观念、思维方式、行为规范、生活方式、传统习俗以及风土人情、文学艺术,等等。其中,作为主导观念,其荦荦大者如下:

1. "天人合一"的宇宙观

如何认识人、人与社会、人与自然的关系,始终是认识论中的首要问题。"天人合一"最核心、最本质的思想就是主张人与自然的和谐统一;用之于社会治理,理想的社会形态是世界大同,人与人和谐共处,在求同存异中共同发展。人虽然仅是自然界的一个成员,但由于人是万物之灵,人在同自然的关系中无不处于主导地位;是尊重自然、善待自然,还是以我为中心掠夺自然,起决定作用的是人。作为一个哲学的命题,不论儒家或道家,也不论法家和墨家,在人与自然、人与社会的主张上各有不同,对天(道、神)赋于的含义与功能不一,但无不认为人与自然的"和谐"、人与人之间的"和谐",整个社会包括国与国之间的"和谐",是人类社会发展的最高境界与目标。

2. 以民为本的社会观

国家的诞生标志着人类社会的发展从无序到有序。但人所共知,国家是阶级统治的机器,既要保护一部分人,又要压迫或剥夺一部分人。如何正确地使用国家机器造福于全民族,造福于全社会,至今还是人们争论不休的问题。然而在我国,对待这一问题,从夏王朝的建立,到封建社会结束,任何朝代都认为"民惟邦本",治政旨在安民、保民、富民。就思想家而论,周公、管子、老子到孔子、墨子、孟子、庄子、荀子、韩非子皆以重民、重民生而自命;从最高统治者而论,从尧、舜、禹、汤、文、武到秦皇汉武、唐宗宋祖,从成吉思汗到康雍乾嘉,不论其政绩如何,也无不总是念念不忘庶民与民生。可以说,民本思想始终是中华民族政治治理思想的一条主线,在这一思想的指导下形成了历代的治与乱。

3. 崇德修身的人生观

以儒家文化为代表的中国传统文化的人生目标是修身治国。《大学》所言诚意、正心、格物、致知、修身、齐家、治国、平天下的思想,3000年来成为了志士仁人处世的基本原则。这里,修身是手段,是前提,治国是指向,是最高目标。传统文化十分重视修身,认为具有了崇高的德行与才能,才有可能为国家、为黎民作出贡献;即使没有机会从政立功建业,也要独善其身,作一个于社会有益的人。在我国重要的典籍如《周易》、《尚书》、《左传》、《论语》、《孟子》、《礼记》、《大学》等书中,有很多篇章谈的都是帝王、卿、士大夫、君子如何修身处世,对仁、义、礼、智、信等道德信条阐释得极其详细入微。这种中国式的人文关怀,不仅渗透在专门教育之中,也渗透于全社会,尤其最基础的社会细胞——家庭之中。正是由于这种人文关怀覆盖了人的一生,才使整个民族具有了强大的凝聚力。

如何重德修身,《礼记》主张"慎独",[①]《周易》主张"自强不息"(《周易·乾·象传》)和"厚德载物",(《周易·坤·象传》)孔了主张君子应有"至德",(《论语·泰伯》)国家要作到"为政以德"。(《论语·为政》)。由于"尚德"的精神一以贯之,因而立身修德、为政以德已成为人们生活学习和治国理政的根本指导思想。

在重德修身中,又最尚气节,认为义高于利,义高于生,主张舍生而取义,同

---

① 《礼记·中庸》:"天命之谓性,率性之谓道,修道之谓教。道也者,不可须臾离也,可离非道也。是故君子戒慎乎其所不睹,恐惧乎其所不闻。莫见乎隐,莫显乎微。故君子慎其独也。"据《人民日报》2014年3月19日报导,3月18日,习近平在调研指导兰考县党的群众路线教育实践活动时强调弘扬焦裕禄精神,推动教育实践活动取得实效。他在听取汇报后的讲话中对领导干部提出了四条要求,其中第四条是要求领导干部"对一切腐蚀诱惑保持高度警惕,慎独慎初慎微,做到防微杜渐。"

时主张诚信立身。

（1）舍生取义的气节观

如何对待生与死，中国传统文化一向持达观的态度，孟子所说的"生，亦我所欲也，义，亦我所欲也。二者不可得兼，舍生而取义者也"（《孟子·告子上》）是其最精准的表达。中国人把"义"作为人生第一要义，是人类走向文明之后，人与动物区别有了明确的分水岭。孟子还把高尚的气节概括为"富贵不能淫，贫贱不能移，威武不能屈"的"大丈夫"精神。孟子的表述源于孔子的"义利"之辩。孔子说："君子喻于义，小人喻于利"（《论语·里仁》）。这里，孔子讲的是人生方向，讲的修德的重要性，不是象有人歪曲的那样，孔子反对保护个人利益。司马迁认为这是中华民族的美德，他说："人固有一死，或重于泰山，或轻于鸿毛"，人生就是为了崇高的志向。这一正确的气节观、生死观，蕴育了中国人的爱国主义情怀，哺育了无数的爱国志士。作为中华传统文化的精华，也因而代代相传。2013年3月1日，习近平在中央党校建校80周年庆祝大会暨2013年春季学期开学典礼上发表讲话，强调向优秀的传统文化学习，以"知廉耻、懂荣辱、辨是非。"他说："中国传统文化博大精深，学习和掌握其中的各种思想精华，对树立正确的世界观、人生观、价值观很有益处。古人所说的'先天下之忧而忧，后天下之乐而乐'的政治抱负，'位卑未敢忘忧国'、'苟利国家生死以，岂因祸福避趋之'的报国情怀，'富贵不能淫，贫贱不能移，威武不能屈'的浩然正气，'人生自古谁无死，留取丹心照汗青'、'鞠躬尽瘁，死而后已'的献身精神等，都体现了中华民族的优秀传统文化和民族精神，我们都应该继承和发扬。"①

（2）重义讲信的伦理观

我国为历史悠久的礼义之邦，认为"至道"就是天下为公，讲信修睦。在这一伦理思想指导下，从周公到孔子，立足宗法观念，设计出了不同的伦理框架，用以规范整个社会人与人的关系，其中包括君臣、父子、夫妇、兄弟、朋友等基本的人伦价值规范，虽然其中不免有很多落后的东西，但它以德代法，成为了封建社会赖以稳定的伦理基础，使许多优秀的传统值得肯定与弘扬。如讲信义，重然诺，重义轻利等。"义"和"信"作为传统文化的观念，一直是人们行为规范的重

---

① 《人民日报》、人民网，2013年3月3日。

要组成部分。重义轻利，讲信修睦，就是严于修身。《大学》第十一章曰："故君子先慎乎德，有德此有人，有人此有土，有土此有财，有财此有用。德者本也，财者末也。外本内末，争民施夺，是故财聚则民散，财散则民聚。财散则人心聚，财聚则人心散。"这就是说，当个人与他人、"义"与"利"发生冲突时，要有正确的价值选择——重义而轻利。由于重义轻利能使人际关系保持和谐，因而千百年来成了中国人民处理人与人、人与社会、国家与国家际关系的一条准则：以义为重，不因利损义。讲信义、重情义、扬正义、树道义，成为了人人信守"习惯法"；邻里相亲、守望相助、崇德向善、见义前行蔚然成风，成为了城乡的道德习尚。

4. 知行合一的学术观

说到"知行合一"，学术界无不想到明代思想家王阳明《传习录》(卷一)中的一句话，即王阳明认为学习知识与付诸行动不是割裂的，而是完全一致的，"某今说个'知行合一'，正是对病的药。"王守仁作为一个哲学家，从对朱熹思想的反思中提出"知行合一"，实是对传统"格物知至"思想的正确延伸与发展。《大学》曰："物格而后知至，知至而后意诚，意诚而后心正，心正而后身修，身修而后家齐，家齐而后国治，国治而后天下平。"《大学》用层层递进的论证方法，说明了知与行的关系。其实，最早论述知与行关系的是《尚书》"知易行艰"。《尚书》中有很多篇章都谈到了学习历史的重要，如"学于古训乃有获。事不师古，以克永世，匪说攸闻。"(《尚书·说命下》)，又说"惟稽古崇德象贤，统承先王。"(《尚书·微子之命》)同时也强调，学习是为了用："非知之艰，行之惟艰。王忱不艰，允协于先王成德。"(《尚书·说命下》)意谓知之较易，行之更难，但也更重要。正是有了这一传统，《礼记》才将学习分为四个层"博学之，审问之，慎思之，明辨之，笃行之。"将学落实在"笃行"上。王阳明从哲学的高度对这一传统加以提炼，"知行合一"既成为了一个哲学命题，也是对两千多年来中国知识分子学术品格的高度概括。明末清初，王夫之深入研究了中国史学的优良传统，认为治学必须有益于国事，知识分子做学问应以治事、救事为急务，并将其概括为"经世致用"，反对虚浮夸饰等不切实际的空谈论，从而使格物穷理、知行合一、经世致用的学术思想得到进一步的光大与弘扬。2011年5月9日，身为中央书记处书记的习近平视察贵州大学，他在文化书院语重心长地嘱咐青年学子一定要发扬学以致用的优良传统。他说："我们的一切学习都是为了学以致用，中华民族连绵不断的五千年文化,是我们的自豪所在,一定要发扬光大,使之成为推动中华民族伟大复兴的巨大动力。学习国学的目的,不是为了把他当成古董摆设,也不是食古不化、作茧自缚,而是要变成内心的源泉动力,做到格物穷理、知行合一、经世致用。"任何人只要能自觉地将知识"变成内心的源泉动力",他也就一定会更具文化自信,把生命的历程铺设在前进的道路上,更好地从事各种社会实践。

5. 大一统的国家观

中华民族在漫长的历史发展进程中,曾受过无数来自内部的矛盾与冲突和来自外部的挑战与威胁,如自然灾害、社会动荡、王朝更替、外部入侵等等,但中华民族却一次次战胜灾难,一次次渡过难关,使统一的多民族国家得以不断巩固和发展。究其内在原因,就在于中华民族产生和形成了为整个民族共同认可、普遍接受而富有强大生命力的优良传统。比如崇尚民族团结的优良传统。自古以来,中国先贤在对待民族、邦国的关系上,倡导以"协和万邦"即和平共处为邦交原则,以"天下大同"即共同社会理想为追求目标。在中华民族大家庭的形成过程中,各民族之间有矛盾冲突更有交流融合,在冲突和融合中关系越来越密切,成为民族关系的主流。从先秦到秦汉,经魏晋南北朝、隋唐五代到宋元明清,千百年的交流融合,使得各民族难分难解,终于形成 56 个民族共同组成的血脉相连、休戚与共、团结进步的中华民族大家庭。又比如维护国家统一的优良传统。历代中国人民维护国家统一的思想源远流长、根深蒂固。"大一统"的思想肇于《春秋公羊传》。春秋时期,孔子修订《春秋》,肯定了"大一统"思想。到了秦汉时期,"大一统"已成为当时政治思想领域中的主流。基于这种认识,各族人民都把维护国家统一看作天经地义、义不容辞的神圣使命与责任。尽管在一些历史时期也曾出现过分裂局面,但统一始终是主流。而且不论分裂的时间有多长、分裂的局面有多严重,最终都会重新走向统一。[1]

四、河洛文化演化为国家文化的成因

国家文化就是国家认同、推行的社会主流文化。国家文化是国家的政治意

---

① 习近平 2011 年 9 月 1 日在中央党校 2011 年秋季学期开学典礼上的讲话《领导干部要读点历史》。《党建研究》2011 年第 10 期。

志、经济诉求和意识形态。

1. 河洛文化发展为国家文化的政治、思想背景——百族融合、百家争鸣

任何一种文化和思想都是历史发展的产物,与一定的生产关系相联系,同时也是一定政治环境的产物,是对前人思想成果继承与创新的结果。

我国历史上的国家文化作为意识形态,真正的形成应在周王朝,定为一尊则在汉代。

国家文化最大的特点是具有强烈的政治性,它首先是为统治阶级服务的,同时也要使大多数臣民百姓所接受。这是一个大浪淘沙的过程。夏文化、殷文化经过一千多年生成与发展方蕴育出了周文化,用孔子的话来说就是不断"损益"的过程和结果。周王朝是一个开放创新的王朝,其对夷狄蛮戎苗实行团结融合政策,从而使"溥天之下,莫非王土,率土之滨,莫非王臣",也使中原汉人与夷、蛮、戎、狄的"夏夷"之变得以完成,夏文化居于了主流地位。齐鲁文化的形成就是这样。齐鲁大地古为夷地,后为商朝的势力范围,从广义上说这里的百姓均可称为殷商之民。史载,太公封齐,周公封鲁。如何治理齐、鲁,周王室的方针非常明确:"启以商政,疆以周索。"(《左传·定公四年》)这里,"政"、"索"均有制度、条法之含义。齐鲁的执政者长期生活在河洛地区,他们到齐鲁之后,在政策上基本是照搬周朝,同时"变其俗,革其礼",从而使齐鲁大地成了当时东西方文化的交汇、融合之地。

大规模的分封造成了春秋时期的列国鼎立,在兼并、争霸称雄中,诸多的政治家、思想家、军事家以至游侠烈士各述其志,各抒其怀,文化上出现了一个百花齐放、百家争鸣的繁荣局面。周公、管子、老子、孔子、墨子、庄子、韩非子以及苏秦、张仪等的出现,各种学说标新立异且在中原交汇(如孔子专程到洛阳向老子问礼),使中原文明达到一个空前的高度,与同一时期的古希腊文明、两河文明和古印度文明相映辉。

由此可知,周代国家文化的形成,既是大一统的产物,也是在继承、汇融、扬弃各地域文化基础上创新的产物。

2. 河洛文化发展为国家文化的地域与经济环境——天下帝都、经济繁荣

经济环境是文化发展与繁荣的基础,地域环境则是文化差异的重要原因。

河洛地区气候适宜,土地肥沃,是我国农业最早发达的地域,加之这里地处

"天下之中",交通便利,人口众多,因而自三代起,很多王朝均定都于此。充裕的物质条件是河洛地区不仅宜于人居,人民生活安定,也促进了城市的繁荣,从而带动了文化的繁荣。我国有八大古都,中原有其四。其中,洛阳为十三朝古长达1300多年。地利上的政治中心优势,使河洛文化得以成为主流文化的重要原因。周公在洛阳"制礼作乐",把传统的河洛文化规范化、法制化,从而奠定了河洛文化作为官方文化的基础。其后历代统治无不效法周公,用行政的手段将王朝文化推向全国,把河洛文化作为官方文化用制度安排的方式加以固化,要求朝野奉行,成为巩固政权和加强国家管理的支撑。

3. 河洛文化发展为国家文化的社会与文化环境——经文化、科举制

河洛文化虽然有自己的地域品格,但其最突出的风格则是其明显的政治化顷向和强烈的社会责任感,因而注重"经世致用"。这一先天性的特点,是由农业的自然经济决定的。这是因为,在自足自给的农业封建社会,国家要维持强大的一统政局,最好的选择就是保证政治上、思想上的君主集权制,而反映河洛文化的各种典籍,无不具有这一明显的政治烙印。正是由于此,汉魏之时将一些重要的典籍称之为"经",如《易》、《书》、《礼》、《乐》、《诗》、《春秋》等,使其成为了人们修身齐家治国平天下必读之书。河洛文化中的这种"经"文化特点,是其他地域文化所没有的。由于"经"的地位极高,便自然长期处于"正统"、主流的地位,这也是其他地域文化所没有的。我国封建社会中期,又将"经"定作科举取士的唯一教材,从而使河洛文化的国家文化地位得到了空前的巩固,更加国家化。这也是其他地域文化所没有的。①

国家文化的形成是一个极其漫长的过程与极其浩繁的工程。在传统的中华民族国家文化中,已融入了各地域、各民族各个不同时期的文化。国家文化与地域文化既有差异也有重叠,重叠度越大,认同度也有越高。与其他地域文化相比,河洛文化与国家文化的重叠度可能最高最大,正是从这个意义,我们说河洛文化也就是历史上的国家文化。

(作者为河南省社会科学院副研究员)

---

① 杨海中《河洛文化主流地位的成因》,《光明日报》2004年11月23日。

河洛地区与华夏族的形成

刘晓慧

Abstract：The battles of Banquan and Zhuolu were famous in the ancient China because of the huge promotion for the formation and development to the Huaxia nationality. The Huaxia nationality formed during the Xia Dynasty, the Heluo region had an irreplaceable position in the historical formation of the Huaxia nationality.

华夏族是汉民族的前身，是中华民族的源头。华夏族的形成问题，与先秦史和我国早期文明史有着密切关系，也是历史学和民族学所共同关心的一个重大课题。华夏族形成于何时？一直以来学术界众说纷纭，到目前为止也没有一个确切说法。总体而言，大致有如下几种观点：形成于原始社会①；与夏代国家同时形成②；形成于西周初期；③形成于春秋战国之际④。本文在前贤研究的基础上，以文献记载为依据，以考古资料为印证，试图以阪泉大战和涿鹿之战影响为着眼点，探讨下华夏族的形成问题，并简要阐述下河洛地区在华夏族形成过程中的作用。有疏漏之处，还望方家指正。

众所周知，人类的进化是按照一定的规律进行的，先由原始族群进入氏族，再有部落及部落联盟组织，进而有部族的成立。炎、黄二帝时代已进入部落及部

---

① 徐旭生　郭沫若　蒙文通　梁启超等均持此观点。还见于邹君孟《华夏族起源考论》，《华南师范大学学报社会科学版》1985 年第 1 期。
② 谢维扬《华夏族的形成》，《社会科学战线》1982 年第 3 期。王震中《从复合制国家结构看华夏民族的形成》，《中国社会科学》2013 年第 10 期。
③ 范文澜持此观点。
④ 翦伯赞持此观点。还见于沈长云《华夏民族的起源与形成过程》，《中国社会科学》1993 年第 1 期。

落联盟时期,从这时起才有比较可靠的历史传说。因为"伏羲和女娲传说来自南方的苗蛮,太皞和少皞传说来自东方的夷,同来自西北方的华夏的传说来源非一,所以即使说真有此氏族或个人,而相对的世次的先后也无法知道"①。因此,研究传说时代的历史,只能从炎帝、黄帝开始。

徐旭生先生认为,在上古时代有三大部落集团,即华夏、东夷、苗蛮,②华夏集团由黄帝部落和炎帝部落所组成,主要活动于陕西、河北中南部、河南中北部、山东西南部;东夷集团以蚩尤九黎部落联盟为核心组成,主要活动于山东滨海、黄淮地区;苗蛮集团主要活动于长江中下游及其以南地区。③

这三大集团除了和平共处外,还有激烈的兼并战争,最著名的战争即黄帝与炎帝之间爆发的阪泉大战和黄帝、炎帝与蚩尤之间爆发的涿鹿之战。这些战争加速了三大集团的融合,逐渐形成了华夏族。

一、阪泉与涿鹿之战

炎帝和黄帝,是华夏民族最早的两位部族集团的首领。按照《史记》中的说法,炎黄二帝"同事少典氏",是亲兄弟。成书早于《史记》三百多年的《国语》中说得更为具体,炎黄兄弟长大成人后各立门户,形成了两个氏族。黄帝到了姬水流域,姓姬;炎帝到了姜水流域,姓姜。按照长幼次序,炎帝是哥哥,黄帝是弟弟。可这兄弟二人,为了各自扩展势力,却上演过中国历史黎明期的一场非常重要的战争——阪泉之战。

黄帝、炎帝既然是同父母所生的亲兄弟,为什么会同室操戈?汉代贾谊的《新书·制不定》载:"炎帝者,黄帝同父母弟也,各有天下之半。黄帝行道而炎帝不听,故战于涿鹿之野。"而司马迁的《史记·五帝本纪》则记载:"轩辕之时,神农氏世衰。诸侯相侵伐,暴虐百姓,而神农氏弗能征。于是轩辕乃习用干戈,以征不享,诸侯咸来宾从……炎帝欲侵陵诸侯,诸侯咸归轩辕。轩辕乃修德振兵,治五气,艺五谷,抚万民,度四方,教熊、罴、貔、貅、貙、虎,以与炎帝战于阪泉之野,三战,然后得其志。"

---

① 徐旭生《中国古史的传说时代》,文物出版社1985年,第17页。
② 参阅徐旭生《中国古史的传说时代》,文物出版社1985年。
③ 任崇岳《炎黄二帝与华夏族的形成》,《黄河科技大学学报》2012年第2期。

　　贾谊归结战争的原因为"黄帝行道而炎帝不听",看来此场战争只是兄弟间的一场内讧,有大哥教训弟弟的意味。而司马迁则说的更为具体:诸侯并起,百姓受难,而身为集团部落首领的炎帝神农势力衰微,难以镇压诸侯的暴乱,这给正在崛起的黄帝部落以可趁之机;武力强大的黄帝部落,为了扩大自己的势力,应付越来越多的战争,不断地结成联盟,用暴力征服不顺从者,根据"以力为雄"的原则,树立了很高的威信,很多较弱小的部落纷纷投靠,以求得保护。这就将战争演绎成了一场部落对部落之间的大战。

　　同源共祖炎帝和黄帝同室操戈并非具有偶然性,因为阪泉大战距离这两个部落的先祖从同一母系氏族中分离出来,又沿着不同路线东迁的时代已非常遥远了。这时私有财产的发展已经瓦解了"血缘亲属同生共死的古老团结"①,远缘亲属部落为争夺地盘和称雄而战,在英雄时代应不足为奇。所以就其实质而言,黄帝、炎帝征战的最主要原因是二人为扩张自己的势力。

　　炎帝兴起后,逐渐向中原地区发展,主要活动于今河南及冀、鲁、豫交界地带,逐渐与这一带的东夷、九黎等族混杂相处。炎帝族进入中原后,自身获得了很大发展,成为黄河流域几个著名的部落集团之一。相传炎帝族有四支后裔:烈山氏部落、共工氏部落、四岳部落、金天氏部落。进入中原后,各支又有了发展,繁衍为许多分支。汉代刘安在《淮南子·主术训》中说,炎帝神农"其地南至交趾(今岭南一带),北至幽都(今河北北部),东至旸谷(今山东东部),西至三危(今甘肃敦煌一带),莫不听从",由此看来,其活动范围达大半个中国,这不免有些夸张,但应该视作炎帝神农的影响所在。

　　炎帝和黄帝在扩张势力的过程中,必然会产生利益之争,双方之间的大战在所难免。也有人认为,炎帝在今豫东一带与蚩尤为首的东夷族冲突,被蚩尤追驱北上至今涿鹿一带,方与黄帝发生利益冲突。《逸周书·尝麦》有云:"蚩尤乃逐帝,争于涿鹿之河",便指这个事态。②

　　这是两个部落集团首领之间的大战,双方实力雄厚,势均力敌,战争的规模颇为壮观。除了《史记·五帝本纪》有详尽的记载外,《列子·黄帝》记曰:"黄帝

①　罗琨《阪泉之战与涿鹿之战在中华文明形成过程中的历史地位》,《先秦史研究动态》1996 年第 1期。
②　李绍连《涿鹿之战与华夏集团》,《中州学刊》,1996 年第 1 期。

与炎帝战于阪泉之野，帅熊、罴、狼、豹、貙、虎为前驱，雕、鹖、鹰、鸢为旗帜。"《吕氏春秋·荡兵》记述云："兵所自来者久矣，黄、炎故用水火矣。"《淮南子·兵略篇》云："炎帝为火灾，故黄帝擒之。"《大戴礼·五帝德》则云："（黄帝）与赤帝战于阪泉之野，三战，然后得行其志。"

从上述文献来看，黄帝部落为了取得这次战争胜利，做了相当充分的准备。黄帝训练熊、罴、豹、貙、虎与炎帝战于阪泉之野，也有可能文献中所记述的熊、罴、豹、貙、虎和雕、鹖、鹰、鸢并非猛兽飞禽，而是各部落图腾的名称。这样黄帝不仅调动了本部落的全部力量，还联合了其他部落作为盟军。黄帝部落正是凭借着畜牧者擅长驾驭猛兽的力量，以及游牧文化与生俱来的刚劲和强勇，才得以战胜炎帝。

阪泉之战失败后，炎帝部落归顺了黄帝，与黄帝部落结成联盟，黄帝成为炎黄部落的首领。"炎黄两个部落连同他们的从属部落一起形成了一种超越亲属部落联盟的共同体雏形，拉开了英雄时代，亦即黄帝时代的帷幕。华夏集团正是在这个基础上日益强大起来，为对东夷、苗蛮集团战争的胜利奠定基础。"①

炎帝、黄帝融合为一个集团，意义重大。炎帝部族的文明程度高于黄帝部族，炎黄两大部族的融合，深深地影响了黄帝部族本身，加快了黄帝部族向农耕生活的迈进，从某种程度说，炎黄部落的整合是一种生产方式的变革。而且两大集团始终保持紧密的通婚混血关系，进一步的加速了民族融合。

炎黄部落的结盟，在文化层面上的影响也非常深远。炎黄二帝融合成炎黄集团在中华民族的历史上具有重要意义。中原地区完全被炎黄集团所控制，炎黄集团的先民们深深地植根于华夏大地。炎黄集团被视为华夏民族的族源，炎黄二帝被华夏族尊为祖先，至今海内外的华人都认为自己是炎黄子孙。炎黄二帝已成为一种文化纽带，把华夏族紧紧凝聚在一起。②

涿鹿之战以《逸周书·尝麦》篇所记最为详明："昔天之初，诞作二后，乃设建典，命赤帝分正二卿，命蚩尤宇于少昊，以临四方，……蚩尤乃逐帝，争于涿鹿之河，九隅无遗。赤帝大慑，乃说于黄帝，执蚩尤，杀之于中冀，以甲兵释怒。用

---

① 罗琨《阪泉之战与涿鹿之战在中华文明形成过程中的历史地位》，《先秦史研究动态》1996 年第 1 期。
② 王冠英《中国文化通史·先秦卷》，中共中央党校出版社 2000 年，第 104 页。

大正顺天思序,纪于大帝。用名之曰绝辔之野。乃命少昊清司马鸟师,以正五帝之官,故命曰质。天用大成,至于今不乱。"

　　这里所说的赤帝即炎帝,而"二后"当指炎帝和蚩尤。① 从材料中来看,炎帝、黄帝、蚩尤曾和谐相处过。据《史记·五帝本纪》记载:"神农氏世衰,诸侯相侵伐,暴虐百姓,而神农氏弗能征……而蚩尤最为暴,莫能伐。"蚩尤所处的时代,正值"神农氏世衰"之时。当时部落林立,各部落依仗自己的经济实力和武力互相争斗,不再服从部落联盟首领炎帝神农氏的约束,蚩尤则是一位最为残暴的部落酋长。

　　《管子·五行》载:"昔者黄帝得蚩尤,而明于天道,得大常而察于地利……黄帝得六相,而天地治,神明至。蚩尤明乎天道,故使为当时"。由于蚩尤"明于天道",即善于观测日月星辰的运行和变化,黄帝特将蚩尤列于六相之首,掌管时序节令。蚩尤曾辅佐过黄帝治理过天下。这种说法不一定确切,却也说明黄帝和蚩尤之间曾经相安无事。

　　《竹书纪年》载:"蚩尤……好兵喜乱,作刀戟大弩,以暴虐天下,并诸侯无度。炎帝榆罔不能制之,令居少昊,临西方。蚩尤益肆其恶,出洋水,登九淖,以伐炎帝榆罔于空桑,炎帝避居涿鹿。轩辕乃征师诸侯,与蚩尤战于涿鹿之野。"看来先是炎帝和蚩尤发生冲突,炎帝处于劣势,由于炎黄已结成联盟,因而炎帝向黄帝求救,黄帝才和蚩尤展开大战。

　　《史记·五帝本纪》又载:"蚩尤作乱,不用帝命,于是黄帝乃征师诸侯,与蚩尤战于涿鹿之野,遂擒杀蚩尤。而诸侯咸尊轩辕为天子,代神农氏,是为黄帝。"这里给出的涿鹿之战爆发的原因是蚩尤不听黄帝命令而兴师作乱,最终引发了一场战争,这个理由似乎比炎帝求救更加充分有力。但在原始社会里,部落集团往往因为利益之争而发生大战,涿鹿之战也莫不如此,实无深究之必要。不过值得一提的是,材料记载中,把蚩尤描绘为"好兵喜乱","而蚩尤最为暴,莫能伐",这实乃是对失败者蚩尤的一种贬低,对黄帝功德的一种渲染。成者为王败者为寇,古今皆然。

　　涿鹿大战无论规模还是激烈程度,都远远超过此前的阪泉之战。晚唐的胡

① 徐旭生《中国古史的传说时代》,文物出版社1985年,第50页。

曾曾有诗写涿鹿之战："涿鹿茫茫百草秋,轩辕曾此破蚩尤。丹霞遥映山前水,疑是成川血尚流。"虽然诗人有些夸张,但我们也可想象战事之惨烈——"流血百里",蚩尤"身首异处"。

炎帝与蚩尤的战争,是在炎黄与东夷两大族群交会中产生的碰撞,是中华民族两大族源走向融合与同化,以及华夏民族成为中原主体民族发展过程中重要的一环,"实为中华民族在发轫时期决定日后面貌的大事。"①

涿鹿之战后,华夏集团获得了进一步的发展,强敌东夷已臣服,南边苗蛮族尚软弱,因外无强敌,使华夏集团赢得长时间的和平环境,集中精力发展自身的社会经济文化,壮大自己的力量。并且在打败蚩尤之后,黄帝对东夷族采取绥靖政策,进而使其臣服乃至于同化,成为华夏集团力量的一部分。

二、华夏族的形成

华夏族作为一个多民族的统一体,其形成是多元并多源的,不能简单局限于某个具体时期。据考古发现资料证实,无论是黄帝与炎帝战于阪泉,还是黄帝与蚩尤战于涿鹿,决不是子虚乌有,而是发生在我国新石器时代晚期的大部落联盟或部族之间战争的反映,具有可信的历史内容,这也为华夏族的形成提供了强有力的证据。

炎黄二帝经过阪泉、涿鹿之战,华夏族与东夷族始而相争,继而相亲,参互错综而归结于同化,后来又对苗蛮集团进行战争而加以同化、融合,从而逐渐发展壮大。华夏部落大联盟形成了以中原(河南、晋南、鲁西、冀南、秦中)为中心,包括黄河、长江两岸及辽河流域的广大地区。②

所以本文认为,阪泉大战之后,黄帝兼并炎帝组成部落联盟,为华夏族的形成奠定了基础;炎帝、黄帝与蚩尤战于涿鹿,使华夏族进一步融合了东夷等少数民族,逐渐发展壮大,到夏朝建立时,华夏族初步形成。从夏商周至春秋战国时期,则为华夏族的发展定型时期。

田昌五先生也明确指出:"从部落王国至夏王朝建立,也是华夏族的形成过

① 石朝江《蚩尤与炎黄逐鹿中原考》,《贵州师范大学学报(社会科学版)》2010年第1期。
② 霍彦儒《炎黄二帝与华夏族发端》,《中央民族大学学报》,2002年第4期。

程。"①从黄帝至夏朝,众多分散的、较小的民族,在互相兼并、分化组合的过程中,逐渐形成一个以黄帝、炎帝为核心的多民族共同体。华夏族形成的历史,正是从单一的、分散的小民族向复合的多民族共为一体的大民族汇融的过程。然而,随着人类活动区域的扩大和社会组织的进步,经过各地文化的不断交汇融合,"封闭的社会结构被打开,地区性的文明最终都共同进入了华夏文明的系列之中。"②

《史记·封禅书》所载,"昔三代之居,皆在河洛之间,"也就是说夏、商、周的政治、经济、文化中心都在河洛地区,河洛地区即是华夏族形成的摇篮和发祥地,河洛地区的民族融合也逐渐形成为华夏族,河洛地区在华夏族形成过程中具有重要的作用。

夏商周时期,随着中央王朝势力的不断扩大,越来越多的蛮夷戎狄被包融在一起,各族间交往加强,地区文化差异日渐缩小,作为中华民族核心的华夏族不断得到充实、发展和壮大。尤其是周平王迁都洛邑后,河洛地区更是凸显了它在政治、经济、文化中的地位。周边的戎、狄大量内迁,与河洛地区的诸夏杂居,进一步地加强了民族融合。也有人认为,夏、商、西周时期,特别是夏、商时期,由于血缘纽带的存在,所以不可能形成民族,华夏民族只能形成于春秋战国之际,因为华夏民族的称谓通行于春秋战国时期。③ 华夏成为民族的专称,确实首见于《左传》中"楚失华夏"、"裔不谋夏、夷不乱华"的记载。可见,春秋末年,华夏和蛮夷戎狄已定型为相互区别的民族识别标志,反映出当时民族关系相当紧张的事实。

经过春秋战国几百年间的民族融合,进入河洛地区的蛮夷戎狄已大部分融入华夏族,华夏族原来的内部构成发生了更新变动,华夏的名称已经不能适应多民族共同体日益膨胀扩大的实际了。秦民族乃至汉民族的诞生,成为历史发展的必然,中华民族发展到了一个崭新的阶段。

---

① 田昌五《中国古代社会发展史论》,齐鲁书社,1992 年版,第 145 页。
② 付永聚《华夏族形成发展新论》,《齐鲁学刊》1995 年第 3 期。
③ 沈长云《华夏民族的起源与形成过程》,《中国社会科学》1993 年第 1 期。

参考文献:

1. 陈正奇　王建国《华夏源脉勾陈》,《西北大学学报(哲学社会科学版)》2014 年第 6 期。

2. 张玉勤　张辉杰《论黄帝、炎帝及华夏文明的起源》,《山西师大学报(社会科学版)》2007 年第 5 期。

3. 魏宗禹《论蚩尤与皇帝之战的历史文化意义》,《湖南科技学院学报》2006 年第 2 期。

4. 金宇飞《炎黄传说的考古学证明》,《复旦学报》,2003 年第 3 期。

5. 陈筱芳《春秋华裔关系以及华夏族的最终形成》,《西南民族学院学报》(哲学社会科学版),1996 年第 2 期。

6. 韩建业《涿鹿之战探索》,《中原文物》,2002 年第 4 期。

7. 李先登　杨英《论五帝时代》,《天津师大学报》1999 年第 6 期。

（作者为湖北省社会科学院楚文化所助理研究员）

河洛文化的传承与发展

王　甦

Abstract：Heluo culture is the root of Chinese culture. Heluo culture with the Central Plains people migrated to the South and spread to Fujian, which Chen Yuanguang, Wang Shenzhi rate Kwangju people in Fujian is the most important. During the Ming and Qing Dynasties, the Taiwanese people development in Taiwan, and bring the Heluo culture, promote the development of Taiwan. Heluo culture should not only inherit and development. Only the future, to start a new history.

一、前言

河洛文化顾名思义,是指黄河与洛水交汇地带,在今河南省洛阳市一带,古代地域以洛阳盆地为中心,向四周辐射,西至潼关、华阴,东至荥阳、开封,南至汝颍,北至晋南、济源一带。《易经·系辞上》说:"河出图,洛出书,圣人则之。"孔子说:"凤鸟不至,河不出图,吾已矣夫。"(语见《论语·子罕》)凤鸟,指凤凰。孔子是大圣人,都未见过凤凰。古代伏羲时有"龙马负图"的传说。"河图"二字,见于《尚书·顾命》:有"河图在东序"之语。既然在东序,当然不是"河出图"了。河图洛书的传说,与我们要讨论的"河洛文化",没有必然的关系。

河洛文化是地域文化,是中华文化的根源,就文字而言,甲骨文是早期的文字,是殷人卜卦用的,所以叫做"殷墟卜辞",笔者曾旁听甲骨文专家董作宾老师的课,他曾亲自到安阳市小屯村挖掘甲骨文,这都是专家的事,是河洛文化的根,本文要讨论的是河洛文化的枝叶。落叶归根很重要,更重要的是传承,是发展。不有居者,难以寻根;不有行者,无法创业。所谓继往开来,继往是过去的历史,开来才是发展无限的希望,是完成历史的伟大使命,促进中华文化的发展,开创光辉灿烂的历史新页。

二、河洛人外移的历史

1. 早期始于西晋末年永嘉（307—317）之乱，怀帝、愍帝，至刘聪杀愍帝，琅邪王司马睿即晋王位于建康，改元建武元年。林谓《闽中记云》：永嘉之乱，中原士族林、黄、陈、郑四族先入闽，今闽人皆称固始人。南宋梁克家《淳熙三山志》（卷二十六）云："爰自永嘉之末，南渡者率入闽，陈、郑、林、黄、詹、丘、何、胡，昔实先之。"其中固始士族，尤为显著。

2. 第二阶段是唐代前期，自高宗—武后—睿宗时代，陈政、陈元光父子，对平乱与开漳，有卓越的贡献。

陈政之父克耕，初随李渊起兵，后归唐。陈政以良家子从军。官拜卫翼府左郎将归德将军。奉诏前往七闽百粤交界绥安县地方。相视山原，开垦建堡，披荆斩棘，克难实践，建立以云霄火田为中心的指挥大本营。后为岭南行军总管陈政出征福建，率58姓，123员将校，3600名府兵沿淮河、运河、仙霞岭，进入闽地，到达九龙江。

唐仪凤二年（677），陈政因积劳成疾，病逝任所。次年，陈政夫人司空氏病故。陈元光（657—711）葬父母于云霄山麓。后改山名为将军山，沿袭至今。

三、开漳圣王陈元光

陈政病故后，陈元光奉命统兵，时年二十一岁，竟能连续取得军事上的胜利，表现出了卓越的军事才能，实在难能可贵。

元光字廷炬，号龙湖，唐高宗仪凤二年（677），广寇陈谦等联结诸蛮攻潮州，守帅不能制，元光率轻骑讨平之。

永隆二年（681），岭南贼寇攻南海边邑，循州司马高定受命征讨。檄元光潜师入潮，大军沿山路倍道兼行，以奇兵突袭寇垒，俘敌万计，岭表悉平。元光威惠并用，剿抚同步，首恶必办，胁从不问，经历八年之经营，岭南社会转趋安定。

为谋长治久安之计，元光奏请建州，时武后主政，批准在云霄西林建置漳州，领漳浦、怀恩二县，以陈元光为首任刺史。元光主政二十五年，建立起了先进的政治和经济制度。在政治上建州置县，建立"唐化里"，对汉蛮百姓编图隶籍，建立了与国家行政管理一致的制度,重视稳固边陲,致力维护国家统一,巩固领导中心。在军事上,实行府兵制,整肃军纪,严惩首恶,推行寓兵于农屯守制度,增加了生产,解决了军队后勤问题。平时把军队分为上、中、下营,分别驻守岳坑、西林、将军山下等地,互相支持,协同一致。在所辖境内,建立据守四个行台。其一在泉之游仙乡松州堡;二在漳之安仁乡南诏堡;三在新里大峰山芦溪堡;四在常乐里佛潭桥。并在各制度点建立三十六个堡所。陈元光并亲自巡守,以贯彻执行。在经济上,带来中原先进的生产方式和生产技术。推行“耕者有其田”及“均田制”,同时免税免役,鼓励劳动,从而使九龙江畔“方数千里无桴鼓之警”(《光州志》),成为了鱼米之乡,礼仪之邦。元光历官岭南行军总管,后晋为中郎将、右鹰扬卫率府怀化大将军。在一次作战中不幸受伤而殉职,朝廷赠临漳侯,谥忠毅。后代怀其功业,尊称为“开漳圣王”。

四、开闽圣王王审知

王审知是开闽君王,出生于贫苦家庭,籍隶光州固始(今河南省固始),字审知、王潮,兄弟三人一同加入唐末王绪率领的一支农民义军。

唐僖宗广明二年(881),王绪领兵攻下寿州,王潮为军事执法官。僖宗中和五年(885),王绪军率寿州民兵五千南下,攻取福建长汀、漳州,时王绪因贪暴不得军心而兵士哗变,将其逮捕后,众人拥戴王潮为统帅。

僖宗光启二年(886)八月,王潮率军攻克福建泉州。被唐廷任命为监军官。之后率军进攻福州得胜,为行政长官。后唐廷改福建道为威武军,王潮为战区司令官。

昭宗乾宁四年(897)冬,王潮卧病,命王审知代理主持军政。不久王潮逝世,唐廷任命王审知为节度使。昭宗光化三年(900),又命王审知遥兼二级宰相(同平章事)。昭宗天复四年(904),封王审知为琅邪郡王。可谓一帆风顺,官运亨通。

天祐四年(907),唐祚告终。朱全忠即位,是为五代梁太祖,梁开平三年(909),封王审知为闽王。时审知年四十八岁,春秋正富。审知统治福建期间,节俭自持,省刑惜费,轻徭薄赋,与民休息。审知坚持奉中原王朝为正朔,保持朝贡关系。据《十国春秋》卷90《闽一·太祖世家》载,后梁初立时曾有人劝其称

帝,他笑答"宁为开门节度使,不作闭门天子也"。王审知自唐僖宗光启元年
(885)入闽,至五代唐庄宗同光三年(925)逝世,治闽三十九年,其中在福州主政
二十九年。采取各种措施发展贸易,并设榷货务一职,广招海外蛮裔商贾来闽贸
易,大力推动福州、泉州与朝鲜、日本、东南亚及阿拉伯地区的贸易,福州因此成
为海上丝绸之路南北往来贸易的重要节点。

后梁贞明四年(918)夏,南吴围攻江西虔州,刺史谭全播向闽王紧急求援,
王审知爱好和平,派军进驻雩都,并联合吴越、南楚驰援,弭平乱事。

五、河洛文化与台湾文化

台湾四面环海,古称东番,形势险要,为东南屏障。位居东南亚与东北亚之
交会处,西为"台湾海峡",东濒太平洋,南临巴士海峡,与菲律宾相望。昔日、荷
人据台,即以台湾为输出与补给的中转站。台湾以贸易发迹,经国先生主政期
间,知人善任,推动十大建设,创造经济奇迹,跃居四小龙之首,为政在人,即为明
证。

以地形而论,台湾崇山峻岭,横截其中。花莲东防,鸡笼北卫,以澎湖为门
户,鹿耳为咽喉,七鲲鯓毗连,三茅港环护。明嘉靖四十二年(1563,海寇林道乾
掠近海郡县,都督俞大猷征之,追至澎湖,道乾遁入台湾。明熹宗天启元年
(1621),闽人颜思齐从日本引闽人据其地,后为红毛荷兰人所夺。清顺治十八
年(1661),郑成功逐荷兰人据之,置承天府,名东都,设天兴、万年二县,其子郑
经,改东都为东宁省,升二县为州。康熙二十二年(1683),清政府讨平之,改置
台湾府,府治在今台南市,为文化城,属福建省,领县三,雍正元年增彰化,领县
四。闽人渡海来台,带来了先进的文化与生产技术,促进了台南及台湾的发展。
台南市文风鼎盛,有海东书院,在府治西南;有崇文书院,在府城内东安坊;有南
湖书院,在府城南;台湾府学在府治西南;每县都有县学。此外在彰化有白沙书
院,院址在县学宫右;在淡水有明志书院,院址在淡水厅城北兴道庄。各书院均
循朝廷规制,讲授四书五经,论文说道,主旨皆为中原河洛文化。日治时则强令
推行日本文化,但受到民众普遍抵制。今日台湾之大学,已增至百余所,因人口
负成长之影响,有些大学招生不足,加之复杂原因,学生素质下降,实为教育之隐
忧。亦河洛文化发展之严峻考验。

六、结语

台湾因地形特殊,环境复杂,加以长期经历异族的统治,四百年来所形成的多元化"海洋性的语言",所融入的外来语很多,如台语的"漳泉滥",本指漳州腔和泉州腔的混合,如果广义说来,也可包含"台南腔"、"台中腔"、"台北腔"、"宜兰腔"、"闽南腔""客家腔"等,自国民政府迁台以来,由于推行普通话运动,一般民众都会说"华语",有些年长者即使不会讲,也能听懂。何况台湾有百分七十以上的闽南话人口,经过族群的融合,也留下了丰富的本土文化,而河洛话,本是中原文化,是商朝晚期的官话,周灭商以后,住在河洛一带的商民,上阶层迁到洛邑当奴工,下阶层分配到齐、鲁等地当奴工。而台湾的河洛语,至今仍能保持汉语的古音古义古字古词,在大学老一辈教声韵学、训诂学的教授,以及研究古典诗的学者,都明白这个道理,这是弥足珍贵的古代文化遗产,这些文化遗产,可供研究汉学的专家学者们的参考。

从近代历史看,台湾文化由原住民文化,融合了荷兰文化、明郑文化、满清文化、日本文化、中原文化,以及近代美国文化,上述各种文化对今天台湾都有若干程度的影响。闽南文化源于中原,语言是人际之间沟通的桥梁,闽南话保留了许多中原古音和词汇。多学习一种语言,就多一种方便,譬如当导游或是当博物馆的解说人员,经常遇到外宾及不同区域的人来参观访问,如能精通多种语言或方言,一定会有很多的方便和益处。

（作者为台湾淡江大学荣誉教授）

河洛文化与程朱理学

河洛文化传承中漳江理学的缘起

汤毓贤

Abstracts：Early-Tang Dynasty，Heluo-systems culture with the government soldiers into the south fujian to exploite，In the process of Confucianism developing ，having take the education deterioration. In the process of Confucianism transform，having promote the emerging of the Luo culture and the neo-confucianism，have rooted in the Heluo-systems region which has broaded and profounded Chinese civilization. In the southern song dynasty，Gaodeng ，the progenitor of zhangjiang neo-confucianism，which blew the wind of the fine tradition of respecting teachers and cultures，have promoted the neo-confucianism spreading over the southern Fujian，also have promoted zhangjiang neo-confucianism to the origin and the development of the"min" which was neo-confucianism too. The schools founded by Gaodeng，which had many descendants，included Chen Jingsu，Chen Chun，Yang Shixun et al. Zhuxi was to the culmination in the end，have finalised the Sishujizhu and Printed for the first in zhangzhou，and took the positive and far－reaching influence on later generations. Zhuxi's neo-confucianism has heavy ethical spirit of culture，the mainstream of all previous dynasties has very highly regarded to its social culture，and zhu xi's hometown in fujian has advocated the science education become more popularly to the end，and contributed to the establishment of ziyang academy and its boomly.

在黄河与洛河流域交汇的中原腹地，历史上是我国经济、政治、文化中心，向称"天下之中"。古代人民创造灿烂的物质与精神文明,形成了华夏文明源头之一的河洛文化。随着初唐归德将军陈政、陈元光携 87 姓中原府兵南来云霄守土固疆、建州立县,由汉族移民带来的河洛文化成为社会意识形态主导力量,文明种子在闽南萌芽滋长。陈元光《请建州县表》云:"其本则在创州县,其要则在兴庠序"①,将设置政区与推崇教育并重,并创办松洲书院。但较早期的儒学教育还属家庭式私塾建构,处于不成规模的游动状态。唐代中叶,闽南地方官员兴起办学,鼓励民众重视教育、参与科举。大历七年(772),李琦出任福建泉漳汀都团观察处置使,致力于"以五经训民"兴教活动,加速讲学之风兴盛。宋朝建立后确立偃武修文国策,注重尊崇孔学和兴办教育,文化谋生者与日俱增。同时,海洋经济带动闽南文化风气,那些"多以海商为业"者,都需掌握科学文化知识,于是崇文重教、崇贤尚德蔚然成风。

河洛文化具有正统性,作为中国传统文化主流的儒家文化,理学亦称义理之学或程朱道学,是宋明理学主要派别之一。经由北宋周敦颐、邵雍及张载创始,大儒程颢、程颐兄弟继续发展,弟子杨时及罗从彦、李侗的传承,到南宋,闽南、闽北逐渐兴起并盛极,再由朱熹及弟子集其大成,完成了新儒学的改革,建立起"程朱理学"闽学体系,成为儒学发展史一个里程碑。此后理学一直被奉为正统,适应了国家官方宗法体制。在儒学变革过程中,洛学兴起和理学的形成,根植于博大精深的河洛文化地区。

一、漳江理学的倡起之师高东溪

清安溪李光地之孙李清馥(字根侯)《承务郎高东溪先生登学派》首提"漳江之学",倡起之师为南宋著名理学家高登的"东溪之学",文载:"漳江之学至北溪得紫阳之传,而递衍繁盛。然在靖康间,时有东溪高先生者,以忠言志节著声。朱子莅漳,曾新其祠宇又为之记。言先生学博行高,志节卓然,有顽廉懦立之操。其有功于世教,岂可与隐忍回互以济其私,而自诧与孔子之中行者同日语哉!按东溪之学,亦一时倡起之师也。②"高登(1104～1148)字彦先,号东溪,福建云霄

---

① 《全唐文》卷 164,上海古籍出版社,1990 年。
② 李清馥《闽中理学渊源考》卷 14,《文渊阁四库全书》电子版。

高氏太始祖,绍兴二年(1132)登第,历任富川主簿、贺州学事、新兴代理县令、静江古县令等,因反对秦桧卖国遭削官,在荒远穷僻的广西容州接受管制并客死。他官位卑微,但重视教育发展和礼仪教化,是福建地方理学倡起师和漳江理学开山祖,被朱熹尊为"百世师"。1940 年,福建民政厅长高登艇题赞高东溪像道:"博学危言,视奸如虮,登庸投荒,不变隽诚,一代人豪,百世典型。"

北宋崇宁三年正月,高登出生于漳浦县云霄火田高地村。政和四年(1114)十一月初三,高登之父高时中去世,在母亲陈氏激励下苦读于梁山西北麓白石庵,每日能诵几千言,长大后立志砥励品德操守。宣和五年(1123),高登以学优被推举进京入太学,与陈东(字少阳,丹阳人)、张元干、徐揆等结为至交。宣和七年,金军灭辽后南下犯境汴梁,宋徽宗让位于太子赵桓自称太上皇。金兵逼近京师,高登、陈东等太学士深知社稷危难乃权奸误国,遂联名上书要求诛除权相蔡京、宦官童贯、御史中丞王黼、宦官梁师成、酷吏李彦、贪官朱勔等异名同罪的"六贼",委任兵部尚书右丞兼东京留守李纲等率军迎敌,并向天下百姓认错,但徽宗被奸佞迷惑向敌求和。靖康元年(1126),金兵犯京师,权臣李邦彦、张邦昌割让三关复建和议,解除李纲、种师道兵权。皇室、显宦、缙绅、巨贾纷纷南逃,国子监六馆诸生也恐慄欲散。高登 5 次上书钦宗,要求去小人、用君子、整纪纲、罢奸佞、平民怨,还与陈东再次组织太学生伏阙宣德门请愿,要求恢复李纲、种师道兵权,诛杀奸贼,废除卖国条约,一时"军民不期而会者数万"[1]。京都提督王时雍派兵驱逐欲杀,高登等 10 位太学生屹然视死如归。抗议声惊动钦宗,才令军队停止行动。闰十一月,金军攻破都城,国子监生员都将逃离。高登、林迈等人请随钦宗入避聂山军帐。金兵北退后,权奸吴敏唆使学官编造罪名,摒斥高登等人回乡。次年,赵构从河北南下陪都南京应天府(今河南商丘)鸿庆宫祭祖,改元建炎建立南宋。后一路从淮河、长江到临安城杭州临朝,听信宰相黄潜善谗言杀忠义陈东。

建炎元年(1127)四月,高登返乡后慨作《东馆庙记》。旋应漳浦杜浔乡山阴高姓宗人之邀偕母迁居宅兜村,藉山野乡间聊解郁闷,次年娶某县令之女陈氏。建炎三年,高宗悔悟革黄潜善官职为陈东平反。高登获悉后随即前往丹阳哀吊

---

① 《宋史》,中华书局,1977 年,第 12128 页。

良朋,屡次上呈政见却未被采纳。绍兴元年(1131),高登获福建转运司举荐入政事堂,又不服秦桧而离开,痛心奸佞当道和报国无门,爰于乡间设馆授徒,陈景肃即是其高足。

次年,高登参加会试,以"国政十事"展露文采胆魄。但主考官忌其率直,将文章归入条理欠妥,仅名列第五甲,授广西贺州富川县主簿兼学官。绍兴三年,广西按察使董棻闻其贤能,征召他审理六州诉讼,兼任贺州县学。高登每司一职均恪尽职守,有争讨买马司所属学田、惩治杀人犯等善政。绍兴五年任满,百姓集资赠钱让其养家。高登却用此购买书籍施惠学子,并赋诗《辞馈金》慰谢士民。高登离任经广东,遇新兴县饥荒,在广东经略使连南天挽留下代理县令,赈济灾民上万。绍兴八年,高登奉召赴京都任尚书省政务厅政事堂审察。在造访杭州岳府时,与抗金名将岳飞缔结姻亲。他秉性依旧,上疏万言"时议六篇"上呈高宗皇帝,希望勤政爱民、管好国家,直议奸臣"蔽主、蠹国、害民"不可留。高宗阅后批转中书省,被秦桧暗中压下,贬调广西静江府古县(永福)县令。高登赴任路过潮州,谢绝太守汪藻荐举参与编写《徽宗实录》。

绍兴九年,古县县令高登惩办地方一霸秦琥受民拥戴。而古县曾是秦桧父亲县宰任所和秦桧出地,有广西经略使、静江太守胡舜陟巴结权相,提议为秦父立祠遭高登严辞拒绝,只好另调荔浦县丞康宁取代高登并为新祠作记,还以擅杀秦琥相诬告。次年,胡舜陟奉诏捕捉高登,遇高母病殁舟中,依礼不宜捉捕。高登将母亲草葬江边,船走海路上京《上乞纳官赎罪归葬亲书》,请求纳官赎罪,甚至谢绝朋友规劝,坚辞与向金求和、逼岳班师的秦相约见。不久中书省上奏朝廷不允,仍要他入狱。高登回乡葬母后,前往静江府监狱。绍兴十一年,胡舜陟犯事下狱先死,高登冤情昭雪。绍兴十三年,高登获旨回乡途经广东,被转运使郑鬲、安抚使赵不弃劝勉,推荐高登代理归善县(今惠阳)县令。

绍兴十四年,高登主持潮州秋季试官,摘录经史名句"直言不闻深可畏策"命题,要求回答闽浙水灾原因,直指时病和官员腐败,寄托关心时事的深意。此间他曾与贬谪潮州的丞相赵鼎交谈,获赞"天下主文者多矣,未有如公忠诚爱君者"[1],被太守李文仲举报。秦桧以为高登依附赵鼎,以前罪处削官除籍,放广西

---

[1]　清《漳浦县志》卷15,《人物志上》。

容州监管,并派礼部官员公布罪名警戒考官;郑寓、赵不弃受株连而丢官。此时高登已返漳浦,漳州太守派使者谢大作出示拘捕令,高登看后即随其上马,谢应允他和亲人告别。当夜,巡检带百名兵士赶来。高登说:"若赐死,亦当拜敕乃就法。"忠义之举令谢感泣!

高登在谪居地容州接受管制,度过生命最后一程。民间仰其名声与学识"执经相从者数百人"踵门请教,他以《大学》《中庸》推行教化。由于容州酷暑长、瘴气重,高登感寒邪得病不愈,于是召朋友和学生告别,嘱咐为人处世原则和天下大事。绍兴十八年闰八月十三日,高登病逝,年仅45岁,长子高扶护棺归乡安葬,遗著《家论》《忠辨》及《东溪集》12卷。现存明林希元编2卷入载清《四库全书》,《宋史》有传。

二、高登师生对漳江之学的贡献

高登因反对辱国议和而忤逆奸臣,在官场屡遭陷害贬黜,却常以"廉谨公仁"自勉。他并不是以卓著德政和文学成就留给后人,而是作为敢赴两宋国难的学生运动领袖和漳江理学开山祖名垂青史。高登向以"忠言志节"著称,他的理学观点以"慎独"为根本,即独处时谨慎不苟;还认为治学和言行必须"先务躬行"六经语孟,并经长时间历练,养成"圣贤前辈气象"[①]。他的学派传人陈景肃、陈淳、杨仕训等人,后来转承理学最终集大成者朱熹,对后世产生积极而深远的影响。绍熙元年(1190)四月,朱熹以花甲之年调任漳州知州,至次年四月卸任,曾在白云岩设宾贤馆传授理学精义。陈景肃在仙峰岩、石榴洞讲学,较之早数十年,所以陈岱大祠堂有"先朱文公漳南讲学"联句。

陈景肃(1130~1203),字和仲,号石屏,开漳陈氏第十九世孙,云霄陈岱始祖。绍兴二十一年(1151)进士,初授仙游县令,历官广东南恩(阳江)知州、翰林院知制诰等,曾数度辞官退隐漳南聚贤讲学。早在绍兴十三年,潮阳陈文晦素慕高登文名,命长子陈景雍带弟陈景肃专程赴漳浦谒拜离职侍母、设馆授徒于乡间的高登为师,开启求学入世之途。陈景肃学成后被推荐入朝,奉命随秦桧之兄秦梓出使燕赵诸地,回朝后被秦梓推荐为祈请使,因秦桧当权而辞绝。旋返回漳南

---

① 张光祖《言行龟鉴》卷1,《文渊阁四库全书》电子版。

仙峰岩创立石屏书院收徒授业,有翁待举、吴大成、薛京、杨耿、郑柔、杨士训等慕名入门。他们相继结帐云霄石屏书院、诏安渐山石榴洞传授高登理学思想,世称"七贤"。高登学识与德行影响陈景肃,使他成为推尊孔孟、尊师重教、学行优异的典范,也使其后人成就勤王抗元"一门忠烈"。陈景肃有《怀高东溪二首》,表达对恩师崇敬和怀念;陈岱大祠堂也有"南宋留遗老,东溪是我师"的楹联。

陈景肃登进士后授仙游县令,后擢任南恩知州、翰林院知制诰。因不愿与秦桧同朝为官改任台州知州,后因遭桧党中伤,在湖州知事任上罢官,被视为党羽的吴大成、薛京、杨耿、郑柔也返聚石榴洞。秦桧病卒次年(1156),陈景肃复被起用,初为湖南茶盐提举兼知贡举,后迁朝议大夫、翰林院知制诰,吴大成、郑柔也重回太学。乾道五年(1169),陈景肃获赐金紫袍带,其父赠朝奉大夫、母亲何氏赠越县夫人。淳熙十六年(1189),光宗罢免主战派大臣,秦桧余党继续控制朝廷,诸贤相率挂冠归里,再度聚首石榴洞讲学,带动了漳南学习孔孟和理学的风气。他们流寓南荒设帐讲学经历,与高登有惊人相似;嫉恶权奸的秉性风骨,也与高登一脉相承。嘉泰元年(1201),朝廷重启陈景肃持节岭南诸州宣抚使兼南恩知州,以威望、德政和智谋平息南恩州动乱。嘉泰三年,陈景肃勤事至死,享年74岁,与夫人宋氏合葬于陈岱竹港知州山,遗著有《石屏撷翠集》《礼疏》《诗疏》等;嘉定三年(1210),追赠光禄大夫、资政殿大学士,谥廉献。

林宗臣字实夫,乾道二年(1166年)进士,官至漳州龙溪主簿,据明嘉靖《龙溪县志》卷八,以及李清馥《闽中理学渊源考》载,他曾"受业于高东溪登之门"[①],又是"朱门高弟、漳上真儒"陈淳的业师。陈淳(1159~1223),字安卿,号北溪,龙溪县游仙乡龙洲里人,与陈景肃同宗。他家境清寒,笃志苦读,尊奉孔孟之道,崇仰周程理学,笃志力学濂洛遗书。林宗臣以《近思录》传授陈淳,使他"尽弃所业,益求濂洛遗书读之"[②],希望能由先儒之说通晓圣贤之旨。这里的"濂"指濂溪先生周敦颐,"洛"指其弟子洛阳程颐、程颢兄弟。陈淳成为高登再传弟子,秉承其学派。后来听说朱熹讲学武夷山,可惜缺乏盘缠无法亲耳恭听。直到朱熹出守漳州,陈淳以《自警诗》求见,得朱熹亲授"根原",还为移风易俗建

<hr>

① 李清馥《闽中理学渊源考》卷14,《文渊阁四库全书》电子版。
② 朱轼《史传三编》卷7,《文渊阁四库全书》电子版。

言献策。庆元五年(1199)冬,陈淳到建阳考亭再谒朱熹,获赞"如公所学,已见本原"。陈淳理学思想源自高登,再承朱子,在闽学流派享有学术地位,所著为卫护师门、排斥异说和疏释阐解程朱理学作出贡献,但仍为布衣寒士。

高登理学思想感化力强,与朱子学说一致,作为漳江闽学"倡起之师"合乎常理。据考朱熹莅漳州期间,经其学生杨仕训和陈淳结识陈景肃,很快成为挚友。他们相聚石榴洞研讨理学、辩订经藉和注疏诗礼,促成朱熹《四书集注》定稿和在漳首印,也促成高登忠义事迹扬名立世。渐山七贤庵供七贤,朱熹神主牌,有朱熹题匾"石榴洞""读圣贤书"等;陈岱大祠堂有"石榴洞赋诗畅会群儒"联句,墙上《家训》系朱熹所书。高登的学生还有进士杨汝南,《卿山高氏族谱》称"杨汝南、陈景肃皆师之"。据《八闽通志》《华安县志》《芗城区志》载:杨汝南字彦侯,龙溪人,勤学博识,时漳守李弥逊奇其才勉试词学,擢绍兴十五年进士,历任赣州教授、广州学官。国子监祭酒杨椿以其文崛奇,推荐出知福州古田县。杨汝南以"廉公平勤"自励,每天晋谒县学与诸生质疑问难,考核学生德行,勉励勤奋学习,精通圣贤学问。他还引荐优秀学人京考,多数名列榜首。任内以教化为施政先务,崇学校、修学舍、置学田、增教育、造安福桥。杨汝南任满后返乡创办学堂,摘录《诗》《春秋》《中庸》要旨,著《经说》30篇以授学者。他讲学时门外常站满聆听人群,傅侍郎、颜尚书也慕名登访,后门生邱审象将所著纂成《杨彦侯集》十卷。清光绪五年(1897),龙溪县二十三四都(今华安县丰山镇碧溪村)为杨汝南立"世美坊"。

三、福建紫阳书院的兴起和影响

朱熹知漳时,先后颁布《论俗文》《晓论居丧持服律事》等,在厉行教化、端正民风和讲学著述方面很有成就;还倡兴官学、开发民智,在州学设宾贤馆,聘请名士讲学,将"笃意学校,力倡儒学"作为改革漳郡"俗未知礼"的方略,提出"身修家齐、风俗严整、人心和平、万物顺治、隆及后世"的办学方针。每旬逢二,他必下州学视察诸生,亲解《小学》;逢六又到县学讲学。朱熹在圆山白云岩上创办书院,讲授《诚意》,编写《四书章句集注》,吸引诸生慕名而来,其中除了龙溪陈淳,还有闽县黄榦最为著名。黄榦(1152~1221),字直卿,号勉斋,谥文肃。他自幼聪颖,志趣广远,曾任江西临川、临江军新淦县令,安徽安丰军通判,后入知湖北汉阳军、安徽安庆与和州、广东潮州、亳州明道宫。一生讲学不辍,著述颇丰,门人众多,是朱熹女婿和朱门理学传人。他终生毕其精力阐扬传播朱学,为确立朱子理学在中国思想界的正统地位立下汗马功劳,有"闽学榦城"之誉。所著《书说》10 卷、《六经讲义》30 卷,清《四库全书》录元刊本《勉斋先生黄文肃公集》40 卷,其中《闽学渊源》录其事迹。元裕宗、清康熙分赠御书"麟凤龟龙""道统斯托",雍正二年诏令"宋儒黄文肃公从祀圣庙"。

通观全国书院都具有祭祀功能,所不同的是福建曾留下朱熹行迹,书院名称直接与理学有关。朱熹一生除在外省短暂逗留外,其余大多在福建活动,足迹遍布闽北、闽东、闽南及闽中诸地。紫阳书院以尊崇朱子、宣扬理学为主旨,注重讲德进业,一般与祭祀朱熹及其他理学家的"朱子祠"合为一体。朱熹逝世后,在他过化之地兴建多所纪念性书院。因为朱熹有"紫阳夫子"别号,加上宋理宗倡导并题匾"紫阳书院",所以白云岩书院以"紫阳"命名,成为漳州首家紫阳书院。漳州是朱子理学重要发源地,也是延续程朱学脉的崇文重教之地。朱熹继承北宋程颢、程颐理学思想,对漳州社会改革颇有建树,故州署又有"紫阳古署"之称,正是朱熹知漳的"紫阳过化",才打造了漳州"海滨邹鲁""理学圣地"美誉。朱熹理学著作《诗集传》《周易本义》《楚辞集注》《四书章句集注》等被元、明、清钦定为开科取士必读之课,确立官方与民间独尊理学的格局。紫阳书院纳入官学系统,影响了我国封建社会末期长达 600 多年,迄今仍对中国优秀传统文化起到承先启后的促进作用,对日本、朝鲜的思想文化也产生深远影响。

明王朝建立后,程朱理学成为朝廷主导思想,福建因长期受朱子学说熏陶,较顺利地进入科举考试的快车道。漳州府通判义乌人王祎(字子充,号华川)《清漳十咏》中"昔贤遗化在,千载紫阳翁""科名唐进士,道学宋先儒"[1]等诗句,记载了当时漳南传播朱子文化的盛况。到明中后期,理学影响仍十分广泛。科举与教育相互促进,使紫阳书院及各类学校有了长足发展,城乡社学、村塾、私塾、义学普遍兴办,具有浓厚的儒学气息和理学氛围。清初战乱频仍,严重破坏文教设施,大批文人对新兴王朝缺乏认同,加上受王阳明心学冲击,朱子理学影响力趋于衰落,但福建仍尊奉不替。这种现象引起康熙帝的重视,"他想尽快恢

① ［明］王祎《清漳十咏》,《云霄厅志》,卷18,《艺文上》,清嘉庆21 年。

复福建的文化设施,把福建培植成全国重要的理学基地。"①试图争取对新朝有隔膜的文人,同时为褒奖书院传承程朱理学的贡献,他赐匾紫阳书院"学达性天",又在尊崇朱熹理学方面采取了一此切合实际的措施。如特令将朱熹配祀孔庙,提升"十哲"之列,以培养"圣世有体有用之真儒";特谕闽籍大学士李光地编纂《朱子全书》《性理精义》《周易折中》等颁行全国,而张伯行编著的《性理正宗》《道学源流》等也受到嘉许。在此背景下,尽管全国范围限制书院设立,但作为与朱熹及其理学有深厚历史渊源的福建书院,仍受到各级地方官员特殊重视。仅清一代,在福建迅速崛起的书院超过 470 所,其中既有省会大型书院,也有乡邑小型书院,客观上为传播理学推波助澜。

参考文献:

1.《全唐文》,卷 164,上海古籍出版社,1990 年。

2. 李清馥《闽中理学渊源考》卷 14,《文渊阁四库全书》电子版。

3. 清《漳浦县志》卷 15,《人物志上》。

4. 李清馥《闽中理学渊源考》卷 14,《文渊阁四库全书》电子版。

5. 王祎《清漳十咏》,《云霄厅志》,卷 18,《艺文上》,清嘉庆 21 年。

6. 许维勤《论鳌峰书院及其对闽台教育文化的影响》,《福建论坛》2000 年第 6 期。

(作者为福建省云霄县博物馆研究员)

---

① 许维勤《论鳌峰书院及其对闽台教育文化的影响》,《福建论坛》2000 年第 6 期。

河洛文化与程朱理学在台湾的
传承关系及其现代意义

刘焕云

Abstracts：Heluo region is not only the origin of China Central Plain Culture but also the Cheng-Zhu school. This essay aims to demonstrate the contents and relationships of Heluo Culture and Cheng-Zhu school and their contemporary significances in Taiwan. With the opportunities of "Silk Road" and "the Belt and Road" now, the two sides of the Taiwan Straits could discuss and promote Heluo Culture and Cheng-Zhu school.

一、中原河洛文化

文化是一种历史的积淀和人的创造总合,它具有历史性〈historicity〉而且也是某一团体成员的共同生活与表现方式,具有主体际性〈intersubjectivity〉。① 文化的创造力既有潜能又有实现;既有传承、又有创新,一个族群的文化不但要能延续已有的文化成果,而且要能创造新的文化成果。如果只有延续而无创新,此一文化必致衰微,如果只有创新而无延续,此一文化亦不能辨视出在时间中的同一延续性。

中国是世界上的历史古国之一,拥有伟大且悠久的历史,中华文化孕育已久,丰富而且多元。中华文化起源于中原地区,"中原"一词最早出现于《诗经·小雅·小宛》及《诗经·小雅·吉日》,有"中原有菽,庶民采之"、"瞻彼中原,其

---

① 沈清松《解除世界魔咒—科技对文化的冲击与展望》,台北时报出版公司,1884 年 8 月,第 24—25 页。

祁恐有"的字句,都提到"中原"。中原亦称为中土、中国、中州、中夏、中华。中原在古代中国,不仅是一个重要地区,而且是一个重要的文化区,而河洛地区又是中原地区的中心区。河洛地区主要是指河南省西部与中部、山西省的南部地区。①古代洛阳是河洛地区的中心,河洛地区居天下之中,地理位置优越,交通便利,早在夏商周三代,已出现统一的政权,也是国家都城的所在地,是中国的交通中心。《史记·封禅书》说:"昔三代之居,皆在河洛之间。"中国之河洛,也可以称"中国";而河洛人士,实乃地道"中国人",其语言是"河洛话",也就是"雅言",相当于"官话"。以现在来说,就是"普通话"。夏、商、周三代都城,皆在河洛之间,河洛地区是中国古代各民族交会、冲突、杂居和融合同化的重要地区。河洛文化是中华民族传统文化的主要根源,也是中华传统文化的主流和核心。中国最古老的部族华夏民族就是出现在河洛地区,河洛地区也是汉族的中心区,河洛文化是华夏部族、汉族和进入河洛地区的其他民族共同创造的。河洛文化是不同时代的河洛人在不同的历史时空中,表现其创造力的潜能与实现、传承与创新之历程与结果。河洛文化随着先民的迁移,也散布到全国各地,成为中国文化与根的源头,殊值现代人加以探究。

二、河洛文化与程朱理学

中国古代理学称为"义理之学"或"道学",其创始人为北宋的周敦颐、邵雍及张载。理学初起于北宋,兴盛于南宋与明朝。它是宋朝发展出来的一种新儒学思想,承续与发扬传统儒学。宋、明以降,著名理学名家有:周敦颐、张载、程颢、程颐、杨时、罗从彦、朱熹……等。其中,程颢和程颐称为二程,二程是河南洛阳人,他们的学说也称为"洛学",与同时代的张载所创的"关学"颇有渊源,二者之理学思想对后世有很大的影响。中国思想史上,二程被认为是理学的实际开创者。程颢字伯淳,又称明道先生。程颐字正叔,又称伊川先生。他们死后葬于洛阳。理学有濂洛关闽四派,洛指程颢、程颐兄弟,因其家居洛阳,世称其学为洛学。洛学核心观点被朱熹所继承和发展,世称程朱学派。朱熹集理学之大成,理学因此常被简称为"程朱理学",研究理学的学者称为"理学家"。朱熹将儒学发

① 程有为《河洛文化概论》,河南人民出版社,2007年10月,第15页。

展成理学之集大成者,后人尊称为文成公。朱熹一生专心儒学,致力于办书院、讲学,成为程颢、程颐之后儒学的重要人物。在经学、史学、文学乃至自然科学的训诂考证、注释整理上都有较大成就。

朱熹发展了程颐等人的思想,集理学之大成。朱子将《论语》跟《孟子》,以及《礼记》一书中的两篇《大学》、《中庸》,合订为一部书,定名"四书"并与"五经"合称为"四书五经",宋朝以后"四书"的地位逐渐超越传统儒家的"五经"。朱熹讲学于福建,故其学又称闽学,对福建的儒学建构有深远的影响。近代国学大学钱穆,尊崇朱子,认为在中国历史上,前有孔子,近有朱子,两人都在中国学术思想史及中国文化史上,发出莫大声光,留下莫大影响。[1] 起源于中原河洛的《易经》,是中国文化的开山之作,在古代被奉为群经之首,内容博大精深。孔子五十以学易,读到"韦编三绝",做了十篇的注解,以穷究性命之奥义。朱熹赞叹易经为群经之首,认为易经是天人合著,也是古圣先王天人合一的生命智慧,更是中华文化的起源。朱熹解易,以理为主,以义理、象数两相参照,明辨《易经》内蕴。他将周敦颐、张载、二程等之思想,编成《近思录》,共有六百二十二条,分成十四卷。《近思录》在明代与清代,由官方加以参照而编成《性理大全》与《性理精义》。清代编纂之《四库全书》,就称朱熹之《近思录》为"后来性理诸书之祖",彰显了朱熹集理学大成之地位。[2]

朱熹在《易经》经典诠释中创作哲学观念,发挥太极、阴阳、道、气等概念,思辨存有论问题。朱熹以理为主,以义理、象数两相参与,阐发《易》理深蕴,使六十四卦的经义有条不紊。朱熹又发挥程颐之学,继承两套思路,其一为对《论语》仁概念的说法,其二为对于《大学》格物致知之学的强调,前者为存有论问题,后者为工夫论的问题。可以说,朱子继承了孔、孟、荀三大哲的传统,建立了较具系统化的人文伦理学。[3] 朱子的《家训》才 317 个字,却已经把《大学》的三

---

① 钱穆《朱子新学案(一)》《钱宾四先生全集》,台湾台北:联络出版事业公司,1998 年),第 11 册,第 3 页。

② 朱高正《白鹿洞讲演录》台北台湾商务印书馆,2010 年 10 月,第 1—63 页。

③ 杨慧杰《朱熹论理学》,台北牧童出版社,1977 年 1 月,第 22 页。

纲领八条目全包含在内,《论语》、《孟子》、《中庸》的精华也都体现在《家训》之中。[①]

朱子有很多弟子,有467位有纪录可查。[②] 其中,有378位弟子来自于福建,《宋元学案》中朱熹的弟子51%来自福建,而《朱子语类》纪录的弟子有32%是福建人。

三、中原河洛程朱理学与台湾

台湾是中国固有领土,但是在近代历史上,却历经西方列强攘夺,直至明清之际,汉文化随着移民而移入台湾,台湾岛内文治教化之功才渐渐显著。台湾汉人的核心价值乃是受儒家思想的熏陶,儒学价值系统成为台湾社会的核心价值。整个清代之台湾社会,台湾人的"精神世界"、人文素养与人伦日用,仍然维系着儒家之仪礼与风俗。连横指出:"台湾之人,中国之人也,而又闽粤之族也。闽居近海,粤宅山陬,所处不同,风俗亦异,故闽人之多进取而粤人之重保守。"台湾岛内汉系之闽、粤移民,其风俗或有所不同;而粤系之客家人特别重视保存传统儒家礼俗文化。

明清之际的台湾,不仅各地建有孔庙,官方也有计划地提倡儒学。像在台北大龙峒孔庙中,朱熹则进入正殿与至圣先师同享太牢,他的"位阶"比诸多亲炙孔夫子教诲的弟子都还高。台湾先民在台湾各地所设立的书院,如鹿港文开书院、台北学海书院,都还保留专奉朱熹的"朱子祠"。清代治台的官员,在台湾各地除协助建立孔庙或文昌祠之外,也协助建立社学、义学,让儒家化民成俗的理想能发挥作用。台湾社会文化的开展与扎根,是沿袭朱熹经营书院以来的传统。程朱理学与朱子学在台湾历二百多年不衰。台湾社会中,从个人的道德知识、群己关系、公共生活的规范,影响台湾人的基本观念,如庄敬自强、知行合一、天理人欲,都受到程朱理学的影响。不仅如此,台湾汉人所建立的祠堂、祭祖方式、婚

---

① 朱高正《白鹿洞讲演录》,台北台湾商务印书馆,2010年11月,第278页。陈荣捷《朱子新探索》,台北学生书局,1988年,第454—455页。田浩《朱熹的思维世界》,江苏人民出版社,2011年4月,第283—284页。

② 朱高正《白鹿洞讲演录》,台北台湾商务印书馆,2010年11月,第278页。陈荣捷《朱子新探索》,台北学生书局,1988年,第454—455页。田浩《朱熹的思维世界》,江苏人民出版社,2011年4月,第283—284页。

姻礼仪、墓葬形制,也都是受到朱子《文公家礼》影响。中国在周代时规定家族祭祀对象,只有天子可以祭祀四代祖先牌位,而宋代朱熹将此规定推及所有家庭,直到今天,两岸民间家庭正厅供奉的祖先牌位,仍以此为本。虽然清末自强运动废除科举制度,《论语》《孟子》《大学》《中庸》仍是许多台湾汉人家庭的治家规箴,即使日据时代,台湾汉人的四书教育未曾中断,无论是客家人或是闽南人都学习"汉文"或"汉册"。1949年之后,台湾中学里的中国文化基本教材,不仅取材自四书,基本上也依循着朱熹的诠释。特别是程朱理学在台湾传播的结果,清代台湾汉人,在迎亲嫁娶、出殡送葬时,都还得去买本《家礼大成》来依循。其实,朱熹在闽北与闽南生活四十年,他的《文公家礼》对闽南与客家移民台湾,都影响最大,要了解过去台湾人的生活礼俗,不能不了解朱子。以上都足以说明程朱理学对台湾的深远影响。

四、中原河洛程朱理学在台湾的现代意义

从地理位置来看台湾地处中国东南边陲,明清之际,随着中原文教风气与提倡程朱理学的书院的建立,台湾的社会文化密切地与中原主流价值相互传承。若说朱子将道学南传入闽,我们也可以说,台湾儒学是中华文化与程朱理学的"东南之传",深入到台湾各地,也塑造了台湾社会的文化价值。像朱子的诗《观书有感》:"半亩方塘一鉴开,天光云影共徘徊。问渠那得清如许,为有源头活水来",就烙印在台湾板桥林家花园一角的"方鉴斋"。"方鉴斋"后方墙上还刻有字迹已斑剥的《朱子读书乐》:"蹉跎莫遣韶光老,人生唯有读书好。读书之乐乐何如,绿满窗前草不除……北窗高卧羲皇侣,祇因素稔读书趣。读书之乐乐无穷,瑶琴一曲来薰风……"此外,万华龙山寺文昌祠里也供奉朱子,并称之为"紫阳夫子",说明了台湾社会文化深受程朱理学的影响。综观明清至今,台湾受儒学与程朱理学的倡导教化,儒学种子渐渐生根萌芽,让儒学与程朱理学在祖国宝岛台湾而复振,培养了台湾知识分子的爱国志节,也培育了台湾人崇实务本、居敬存诚的民风。1895年甲午割台之后,台湾的乙未战争,成千上万的台湾人为对抗日本异族统治,展开了50年的抗日运动,从中亦可看出台湾人强韧的生命力与道德使命,此点与朱子及其他中国知识分子的风骨与爱国精神表现无分轩轾。

二十一世纪探讨河洛文化与程朱理学在台湾之传承关系及其现代意义,可以深化河洛文化在台湾之传承关系及其现代意义并提出创造性诠释,实可丰富程朱理学的内涵与视野。目前两岸之间,分别在海外都设有许多书院。大陆已在88个国家设立288所孔子学院,弘扬汉学,还进一步规划有系统的与欧美国家社区合作设置"孔子书院",开设中文、哲学、文学、艺术等相关课程,更积极地成为汉学中心。而台湾在海外所设立之"台湾书院",除了汉语教学,也会介绍中华文化。弘扬中华文化与汉学,两岸殊途同归,应携手合作致力于弘扬汉学,因为"汉学"在"书院"中,中华文化也在其中。两岸更应合作弘扬程朱理学,两岸在文化弘扬上应该心连心,而程朱理学文化就是两岸文化交流的一个基石,同时也起到了桥梁的作用。

中华传统文化不仅是两岸同胞的根,也让中华文明在世界的发展中更具竞争力,而程朱理学及朱子文化则是中华传统文化的集大成者,通过两岸程朱理学及朱子学的交流,两岸的文化交流会更加深化与精彩。闽台都是推动朱子文化发展的一个平台。在两岸文化交流的层面上,应该把闽台道学南传与道学传台的"朱子之路"当成"丝绸之路"或者融入"一带一路"的发展。两岸可以进行程朱理学及书院文化之交流,推动朱子之歌、朱子家训和朱子家礼等项目之交流,透过深化推动两岸程朱理学的交流与发展,期能把握"一带一路与海上丝路"的建设发展机遇,随着文化寻根热的风潮,开创一个与程朱理学及朱子学文化产业结合之文化旅游模式,促进中华程朱理学文化的复兴。

现今两岸的教育问题越来越多,国家的教育,不应该是与过去"断裂"或"决裂"的行动,而是"连续"传统,在原有的基础上保存精华及转化创造的历程。儒家教育观的现代启示,在传统儒家的教育理想及其教育实践中,教育并不只是一种知识传授的工作而已,教育是一种唤醒主体性的志业。儒学教育致力于通过圣贤典范的学习,而使主体重新觉醒,并使得社会整个互为主体都能觉醒,人人往成德的目标竞奔。

21世纪,人类既享受着现代化所带来之善果,但人类也遭受到空前的危机,如地球资源之耗竭、温室效应与气候异常、恐怖主义之盛行、人心之陷溺等。马克思早在一八四四年提到人对自然、人对自己、人对类本质、人对他人的异化处境。21世纪的异化是表现在文化上,文化变成商品。文化本身的商品化,使得文化蕴藏的意义非常贫瘠,无法满足人类对意义的追求。海峡两岸在现代化与全球化影响之下,不可避免地会涉及到价值方向的选择问题,也无可避免地遭受到"社会解组"(Social Disorganization)的问题,尤其是文化中的价值规范系统之建立与发展。传统儒家价值理想等待人们去了解、追求与创造,许多古圣先贤过去所立下的典范,值得后人效法与学习。① 可以说,海峡两岸愈追求全球化与现代化,就愈益发现传统中国文化蕴藏的无尽宝藏,可以提供中国人重新挖掘其价值。尤其,此一文化传统富藏正是我们得以吸收西方文化的一个重要凭借。正如美国汉学家怀特(A. F. Wright)说:"每一时代的儒家,都将自然和人类世界视为是由多重内在相关的部分所组成……借着知识的应用,借着智慧与纪律,人能够重获和谐。"②可知,儒家思想可以发挥动态的和谐力量,提供现代人思想指引。又如康赫曼所说:"现代儒家伦理意图创造和培育忠诚、奉献、责任和承诺,并加强对于整个团体和个人在团体中所担任的角色的认同。而这一切使得整个经济和社会运作得更顺畅,远胜过以导向平等、分化、冲突,过度补偿和压抑的认同和连接原理的社会。"

这段话也可以说明,儒家伦理使人过着有智慧、有纪律,又有仁、义、礼等德行淘成的和谐生活,对两岸社会还是有其重要性与深刻意义的。

两岸的中国人,必须重新认识与了解自己的文化传统,对传统中华文化有所传承,汰旧换新,以文化主体的身份对传统做出创造性的转化,赋与传统文化新的意义与价值。河洛文化与程朱理学博大精深,在全球化时代研究与诠释河洛文化与程朱理学,有其新的意义。特别是思考程朱理学的内在义理,重新构思当代价值,用以解救时弊,建构现代生活价值,让中国人走出一条有中国特色的全球化道路。从全球化的角度来看,中国全面崛起必须从传统文化精髓中去与21世纪新潮流接轨;中国文化的复兴必对全人类文化做出更大贡献。特别是二十世纪马克思主义传入中国后,成为官方的政治意识形态,马克思主义的中国化与

---

① 沈清松《人我交融—自我成熟与人际关系》,台北洪健全基金会文经学院,1990 年 11 月,第 130—132 页。
② *Confucianism and Chinese Civilization*, Edited by Arthur F. Weight, (California : Stanford University Press, 1964) ix.
Herman Kahn, *World Economic Development – 1979 and Beyond*, (New York: Marrow Quill Paperbacks, 1979) pp. 121 – 122.

儒学的现代化应该呈现出互补而非对立的关系,中国的马克思主义是凝结了儒学精华和民族精神的马克思主义;马克思主义与中国国情相结合,建设有中国特色的社会主义,又必须把马克思主义与儒学思想相结合,用以促进中国之现代化。① 中华文化需要再上层楼,需要一场文艺复兴。而两岸间最大的公约数,正是中华文化。两岸之间对中华文化的保存与发扬各有擅长,大陆是中华文化之原创地,台湾的中华文化则保存良好,呈现出包容性、多样性、创新性,这是台湾的软实力。两岸中华文化的文艺复兴,就要是植基于传统,并融合现代,以推出新的价值。

二十一世纪是中华民族腾飞的时代。在这个新时代,中国传统哲学河洛文化及程朱理学经过新的阐发,走向世界,伴随社会经济的繁荣,将成为人类新文化的一面旗帜,为人类的文明再做出自己的贡献,再绽放出思想异彩。

参考文献:

一、中文专书

1. 田浩《朱熹的思维世界》,江苏人民出版社,2011 年 4 月。

2. 朱熹《朱子全书》第 6 册卷 2,上海古籍出版社 安徽教育出版社,2002 年。

3. 朱高正《白鹿洞讲演录》,台北台湾商务印书馆,2010 年 11 月。

4. 甘易逢著 李宇之译《道家与道教》,台北光启出版社,1989 年 3 月。

5. 沈清松《人我交融—自我成熟与人际关系》,洪健全基金会文经学院,1990 年 11 月。

6. 沈清松《传统的再生》,台北业强出版社,1992 年 2 月。

7. 沈清松《为现代文化把脉》,台北光启出版社,1986 年 8 月再版。

8. 杜保瑞《南宋儒学》,台北台湾商务印书馆,2010 年 9 月。

9. 余英时《中国知识阶层史论》,台北联经出版事业公司,1984 年。

10. 余英时《宋明理学与政治文化》,台北允晨文化实业股份有限公司,2004 年 7 月。

11. 金春峰《朱熹哲学思想》,台北东大图书出版社,1998 年 5 月。

12. 殷美满编译《朱熹解易》,当代世界出版社,2007 年 10 月。

13. 高令印·高秀华《朱子学通论》,厦门大学出版社,2007 年 9 月。

14. 唐君毅《中国哲学原论·原性篇》,台北台湾学生书局,1984 年。

---

① 许宁《理学与现代新儒学》,长春出版社,2011 年 1 月,第 166—167 页。

15. 陈来主编《朱子学国际学术研会暨朱子诞辰 880 周年纪念会论文集》,华东师范大学出版社,2011 年 9 月。

16. 陈荣捷《朱学论集》,台北台湾学生书局,1988 年 4 月。

17. 陈荣杰《朱子新探索》,台北台湾学生书局,1988 年 4 月。

18. 陈代湘《现代新儒学与朱子学》,湖南人民出版社,2003 年 1 月。

19. 张加才《中国哲学诠释与建构——陈淳与朱子学》,人民出版社,2004 年 8 月。

20. 张立文主编《气》,中国人民大学出版社,1987 年 4 月。

21. 张立文《朱熹评传》,南京大学出版社,2002 年。

22. 秦家懿著 曹建波译《朱熹的宗教思想》,厦门大学出版社,2010 年 3 月。

23. 劳思光《新编中国哲学史》,台北三民书局,1990 年 11 月。

24. 许颐平《易经图文百科 100 问》,陕西师范大学出版社,2009 年 6 月。

25. 许宁《理学与现代新儒学》,长春出版社,2011 年 1 月。

26. 杨慧杰《朱熹伦理学》,台北牧童出版社,1977 年 1 月。

27. 熊十力《复性书院开讲示诸生》,《十力语要.卷二》,台北明文书局。

28. 殷美满编译《朱熹解易》,当代世界出版社,2007 年 10 月。

29. 钱穆《朱子新学案(一)》,《钱宾四先生全集》第 11 册,台北联经出版事业公司,1998 年。

30. 刘述先《朱子哲学思想的发展与完成》,台北台湾学生书局,1984 年 8 月。

31. 刘述先《全球论理与宗教对话》,台北立绪出版社,2001 年。

32. 蔡仁厚《新儒家的精神方向》,台北学生书局,1993 年 2 月。

33. 蔡仁厚《南宋儒学南宋篇》,台北学生书局,1983 年 9 月。

二、中文期刊

1. 王邦雄《道家思想的时代意义》,收于东海大学主编《中国文化论文集〈六〉》南投台湾省教育厅,1985 年 7 月。

2. 杜保瑞《程颐易学进路的形上思想与工夫理论》,《哲学与文化月刊》第 365 期,台北哲学与文化月刊社,2004 年 10 月。

3. 张静茹《为乱世开新局——朱熹独领风骚八百年》,收于《台湾光华杂志》,台北台湾光华智库,2000 年 5 月。

三、英文书目

1. Chan Wing-tsit(陈荣捷),trans. , Neo-Confucian Terms Explained(The Pei-his Tzu-i),by Ch'en Ch'un,1159—1223 ,(New York：Columbia University Press, 1986)。

2. Gadamer Hams-Georh ,Truth and Method, trans. By G. Barden and J. Camming (London, Sheed Ward Ltd. 1975)。

3. Kahn Herman, World Economic Development-1979 and Beyond,(New York: Marrow Quill Paper-backs, 1979).

4. Levenson Joseph. R. , Confucian China and Its Modern fate—A Trilogy, Berkeley, University of California Press,

5. Marx. K. , The Economic and Philosophic Manuscript of 1844, translated by M. Milligan. (New York ;International Publishers) 1986。

6. MacIntyre. A. , After Virtue, 2nd Edition (Indiana: University of Notre Dame Press, 1984)。

7. Weight Arthur F. Confucianism and Chinese Civilization, , (California : Stanford University Press, 1964)x。

（作者为台湾联合大学客家研究学院文化观光产业副教授、博士）

宋明理学中的天道性命之说探析

姚才刚　张　黎

Abstract：The doctrine of "Tiantao" (heavenly laws) and "Xing-Ming" (humanity-will) is one of the main contents in Neo-Confucianism in Song and Ming Dynasties. It links heaven with man, inner with exterior, metaphysics with physics, and brings about more metaphysical meanings to Confucian Philosophy of Pre-Qing Dynasty. The doctrine transcends the purpose of pure utility, and has more value in the ethics. It not only discusses concrete moral norms or moral entry, but also reflects transcendental source and inner basis of morality. The "metaphysical morality" is helpful for cultivating people's transcendental moral consciousness.

宋明理学的出现,是儒学的一次自我更新运动,理学家们有效地回应了佛教、道教的挑战,使儒学呈现出了新的面貌。比如,理学家们对儒学进行了较多的本体论的证明,使儒学更具有思辨的色彩;着力探讨天道性命问题,彰显儒家形上追求;在道德践履上,提出了一套诸如反躬自省、慎独、存养省察、主敬、静坐等修养方法。理学家们使发端于先秦时期的儒学更加缜密,理论形态日臻完善。本文拟以宋明理学中的天道性命之说为中心略作分析,主要阐明天道、性命的内涵及两者的关系,揭示天道性命之说的现代价值,并试图澄清学术界对天道性命之说的误解之处。

一、天道、性命的内涵及两者之间的关系

天道性命之说并非是宋明理学独有的内容,先秦及汉唐时期的哲学家们均从不同的角度对此问题作过阐发,熊十力、牟宗三等现代新儒家也热衷于探讨天

道性命之说。不过,宋明理学家对天道性命之说用力最勤,成果也最多。

先论天道。"道"的本义是道路(名词)或引导、行进(动词)的意思。相应地,天体之运行(比如日月循环、寒往暑来,等等)及其规则可以称之为天道,人所行之道或者说人的活动及其规则可以称之为人道。后来,中国哲人在使用"道"、"天道"的概念时,并未仅仅局限于它们的原义,而是常常从抽象的角度来指称它们,所谓"形而上者谓之道,形而下者谓之器"①,形而上的"道"与形而下的"器"形成对比,凡特殊的、具体的、有形象的东西即是"器",而普遍的、抽象的、无形象的可称之为"道",当然,"道"、"器"又是统一的。陈来先生曾说:"阴阳往来循环不已,是'道'使之然,是'道'之所为,换言之,道是使阴阳循环不已的'所以'者。道不仅是阴阳循环的内在的动力因,更是阴阳循环往复的内在的支配者、主导者、主宰者。"②

"道"与"理"(或者说"天理"与"天道")在宋明理学家这里是相通的,但在宋代之前并非如此。比如,韩非子就对"道"、"理"作了区分,他说:"道者,万物之所然也,万理之所稽也,理者,成物之文也,道者,万物之所以成也……万物各异理,而道尽稽万物之理。"③依韩非子,"道"是普遍的、最一般的规律,而"理"主要是指具体事物的规律,各个事物的"理"是彼此不同的。从历史上看,先秦及两汉时期的学者们更为看重"道"的范畴,东汉以后,"理"则逐渐受到重视,魏晋时期的王弼就将"理"视为一个核心的观念而予以阐发。至宋代,"理"的地位尤为显豁。程颢、程颐以及后来的理学家无不谈论"理"、"天理"。"理"与"天"连用,意味着"理"之客观性、普遍性,"道"也具有客观性、普遍性,如此,"理"可以直接等同于"道"。以此之故,宋明时期的儒学形态,既可称为道学,也可称为理学。

再论"性命"。理学开山祖师周敦颐将"性"、"命"结合起来(同时亦将性命与理结合起来),此后的理学家大都主张性命合一。张立文先生说:"宋元时期,天人相与之际的问题,虽仍颇受理学家的重视,但已失去昔日的魅力,与天人问

① 《周易·系辞传》。
② 陈来《中国近世思想史研究》,商务印书馆,2003年,第31页。
③ 《韩非子·解老》。

题相对应的性命问题,却引起理学家极大的兴趣……性命是理解道学的要害。"①人们在日常生活中所使用的"性命"一词,常取"自然生命"义;但宋明理学家所谓的"性命",大多不从自然生命的角度来讲,而是从道德价值论、人生修养论的角度来讲。朱熹除了言"性命"之外,又言"气命";"气命"是指以气言者,因其厚薄清浊不同而有定数,故谓之气命。"性命"是以理言之,因天道流行而赋予人物,各得之以为性,故谓之性命。不过,朱熹一般比较突出"性命"②。

宋明理学家阐发"性命"的微义,最为看重《中庸》中的"天命之谓性"一语。此语表明,上天所赋予人的,即构成人的本性。理学家并未仅仅将"命"视为外在性的制约力量,而是说,人性既由天所命,人性与天就有了内在的关联,人处于天地之间,担负着一种使命,人需要尽可能地完成此项使命。

在宋明理学家看来,天道(天理)与性命是可以贯通的,天道并非隔绝于人,而是能够下贯于人,人亦能通过道德实践呈现天道。比如,张载尝说:"天地生万物,所受虽不同,皆无须臾之不感,所谓性即天道也。"③又说:"天所性者通极于道,气之昏明不足以蔽之;天所命者通极于性,遇之吉凶不足以戕之。"④张载所说的"性"包括"天地之性"与"气质之性","气质之性"有善有恶,而"天地之性"是纯善的,它与超越的天道本体相感、相通,因而也具有超越性。再如,程颢亦说:"盖上天之载,无声无臭,其体则谓之易,其理则谓之道,其用则谓之神,其命于人则谓之性。"⑤显然,程颢把人的道德之"性"与天道、天理紧密相连,天道、天理表现于人即为人之性。其他理学家的相关论述此处不逐一列举。概而言之,理学家的天道性命之说打通了天与人、内与外、形而上与形而下,从而使发端于先秦时期的儒家学说具有了更多的形上内涵。

现代新儒家牟宗三将理学家的天道性命之说径直归纳为"天道性命通而为一"。他说:"《中庸》说'天命之谓性',但未显明地表示天所命于吾人之性其内容的意义完全同于那'天命不已'之实体,或'天命不已'之实体内在于个体即是个体之性。宋明儒则显明地如此表示。此所谓天道性命通而为一也。在此,伊

---

① 张立文《中国哲学范畴发展史》(人道篇),中国人民大学出版社,1995年,第22页。
② 参见蒙培元《理学范畴系统》,人民出版社,1989年,第184页。
③ 《正蒙·乾称》。
④ 《正蒙·诚明》。
⑤ 《二程遗书》卷一。

川、朱子亦无异辞,惟对于天命实体与性体理解不同。"①在他看来,"天道性命通而为一"是宋明理学家共同的主张。当然,牟宗三又将周敦颐、张载及程颢之后的宋明理学分为"三系":五峰、蕺山系;象山、阳明系;伊川、朱子系,各系对于天道、性命的理解也有差异②。

不过,也有学者对宋明理学家以及牟宗三等现代新儒家着力阐释的天道性命之说提出了质疑。比如,香港学者冯耀明先生曾运用逻辑分析的方法批评了"天道性命通而为一"之类的说法。在他看来,"天道性命通而为一"本身就有难以克服的理论困境,它容易使人和禽兽的分辨泯灭。原因在于,由于肯定人性便是天道,天道是一切存在都有的,故人、物都具有此性,不但具有此性,而且由于性即本心、良知,再作推论,天地万物和人一样,具有本心良知,若是,则人禽之间没有分别。③ 大陆学者杨泽波先生认为,儒家以天作为道德的终极根源,从本质上看只是对天的一种借用,天不可能真的创生人的善性,将仁义礼智赋予人心。儒家将道德的根据推给上天,其实是受到了古代天论传统影响的结果,是一种"借天为说"的作法。所谓"借天为说",就是对一个问题无法确切回答的时候,将天作为其终极根据的一种作法。这一作法最大的特点在于一个"借"字。以天作为事物的终极根据,只是一种借用④。

笔者认为,牟宗三先生以"天道性命通而为一"来概括宋明理学的特质是可以成立的。理学家探讨天道性命问题,旨在回应佛教、道教的挑战,以便重新确立儒家在中国思想文化上的主导地位。儒学在两汉时期曾备受推崇,但自魏晋玄学兴起以来,儒学逐渐衰落。特别是佛教传入、道教兴起并影响日盛之后,对儒学造成了更大的冲击。佛道二教均构造了一系列精密完整、细密严谨的形上理论体系,儒学在此方面无法与之媲美。宋代儒者要重振儒学,就不能只局限于既有的礼法传统,更不能重蹈烦琐、迂腐的两汉经学的窠臼,而应在形上理论方面也有所拓展。理学的开创者周敦颐、张载、程颢、程颐以及他们的后继者都孜孜不倦地探讨天道性命问题,他们最有创见的地方也正是在此方面。牟宗三先

---

① 牟宗三《心体与性体》(上册),上海古籍出版社,1999 年,第 15 页。
② 牟宗三《心体与性体》(上册),上海古籍出版社,1999 年,第 42—43 页。
③ 参见冯耀明《本质主义与儒家传统》,《鹅湖学志》16 期,1996 年 6 月号。
④ 杨泽波《牟宗三三系论的理论贡献及其方法终结》,《中国哲学史》,2006 年第 2 期。

生认为,仁天合一、心性天合一、天道性命通而为一等义理是宋明儒引申《论语》、《孟子》、《中庸》、《易传》而发展出来的,这是一种"调适上遂的新"①。当然,对于"天道性命通而为一"的命题应须善解,否则就会被人看成是怪谬之论而弃如敝屣。笔者以为,我们可以从以下角度来理解此命题。

第一,它不是通过逻辑分析得来的,不是靠经验归纳证成,它不得不依赖每一个人的内在体证。宋明理学以及整个中国传统哲学从主流来讲不是概念论,而是一种实践之学(或体验之学),它倡导在日用常行中通过实践而获得意义的开显与境界的提升。冯耀明先生运用分析的方法,讲究逻辑的严谨,这一点应该加以肯定,但他忽略了中国哲学乃是一种境界形态的哲学,它的很多命题并不是靠严密的逻辑推理与概念分析得来的,而是在实践的基础上体悟而来的。

第二,它是应然命题,不是实然命题。天道与性命之间的合一,是道德上的应然,或者说是一种价值上的赋予。宋明理学家贯通天道、性命,显然不是对既有事实的描述,而是指应该如此。人若能够尽其性,超越的天道与内在的性命就是贯通的。反之,天道与性命就不可能真正通而为一。

我们也可以说,天道与性命之间能否贯通也是一个理念选择的问题。如同理解"天人合一"的命题一样,选择了天人合一的理念,并且将它贯彻到实践之中去,天人关系就和谐,天、人都会向良性的方向发展。如果人们在某个时期抛弃了"天人合一"的理念,转而突出人对自然的征服,便会造成人与自然之间的尖锐对立。"天道性命通而为一"究其实亦是一种理念上的选择。

杨泽波先生对于"天道性命通而为一"的质疑固然值得商榷,但他所谓的"天不可能真的创生人的善性"的说法确实具有一定的合理性。天道(天理)与人的善性之间应该不是创生与被创生的关系,天当然不会象父母生子女那样去"创生"人的善性,而是说,人选择了一种高尚的德性(如自强不息、永不懈怠,等等),可以与天地生生之德相呼应。同时,人受到天地生生之德的感召,也可进一步强化这种信念。当然,孔子也说过"天生德于予"②之类的话,但它同样就不可被生硬地理解成"产生"、"创生",而与孔子本人道德信念、人生理想的选择息

① 牟宗三《心体与性体》(上册),上海古籍出版社,1999年,第16页。
② 《论语·述而》。

息相关。《中庸》"天命之谓性"一语,虽谓人的本性乃上天赋予,但究其实还是人自作主宰、自我抉择。

第三,它与"人禽之辨"不相冲突。的确,道德行为对于人才有意义,人是道德的主体。孟子倡导的"人禽之辨",也是从有无道德意识入手的。冯耀明先生认为,若主张"天道性命通而为一",必然会使人禽之别泯灭。笔者不同意冯先生的这种看法,"天道性命通而为一"并不与"人禽之辨"冲突。由"天道性命通而为一"而作推论,确实可以得出天地万物也有良知的结论,王阳明便说:"人的良知,就是草木瓦石的良知。若草木瓦石无人的良知,不可以为草木瓦石矣。"①但是,说草木瓦石乃至天地万物有良知,此处的"有"恐怕不是实指,而是虚指。若是实指,则明显不通,并会使孟子以来的"人禽之辨"荡然无存,故只能是虚指。它意味着,人的良知呈现时,物我、主客的区分淡化乃至于消失,故可感到人所呈现的良知,即是天地万物的良知,天地万物都在良知之中。或者说,从本源上看,天道(天理)无所不在,不能只根据天道在人的表现方式以规定天道,否则天道的"超越性"便没有了。可是,天道表现于人、物之上毕竟有所不同,人能觉察天道,故天道对于人而言既是超越的,又是内在的。对于物而言,天道仅仅是该物之成为该物的所以然。说物具有良知,只是潜在地具有,而不能真正地呈现良知②。因此,"天道性命通而为一"与"人禽之辨"可同时成立。

二、天道性命之说的现代价值

宋明理学家的天道性命之说在历史上就曾受到部分学者的诟病。比如,宋代的事功派代表人物陈亮、叶适认为,理学家的天道性命之说在理论上虽有"精微深博"之处,但却无补于现实社会中各种实际问题的解决。又如,明末清初的思想家顾炎武认为,天道性命之说过于茫昧,难以有确解,往往是人言人殊,很难达成一致。顾炎武本人偶尔也会论及道、理、性、命、心等范畴,但却主张从认知的、经验的角度来理解这些范畴。该时期的颜元也激烈反对天道性命之说,他以彻底的实用标准来衡量各家各派学说的价值,对天道性命之说以及诗赋、辞章、

---

① 《传习录》下。
② 参见杨祖汉《当代儒学思辨录》,台北鹅湖出版社,1998年,第98—100页。

佛道等不具有实用价值的东西统统加以排斥。

天道性命之说确实不能给个人带来功名利禄,也不能解决现实中各种具体的问题,因而有"无用"之嫌。可是从另一个角度来看,它又是"无用之大用",也就是说,它有助于确立人之为人的根本,能够培养道德信念,成就理想人格,提升精神境界。可以说,宋明时期的天道性命之说及当代部分人文学科都不具有直接的实用性,更不能带来直接的经济利益,它们在较大程度上超越了人的自然需求,超越了个人的实用功利性目的,它们所要满足的是人的精神性需求。笔者认为,天道性命之说和经世致用之学是可以并行不悖的,两者各有自己特定的功能。致力于经世致用之学,个人可以建功立业,百姓可以丰衣足食,国家则会繁荣富强。探讨天道性命之说,有助于解决人的道德、人生价值与安身立命等问题。它们之间"合则两美,离则两伤",忽略任何一方或者割裂两者的关系,都是不合理的、不全面的。

宋明理学家的天道性命之说彰显的乃是一种"形上道德",它不仅探讨具体的道德规范、德目,而且还要进一步反思道德的超越根源和内在基础。当然,这里所说的"形上",并非西方传统哲学中研究超验实体的形上学(即在变化不定的现象世界背后寻找一个永恒不变的实体),或者说,它不是知解的、外在的形上学,而是实践的、内在而又超越的形上学。它有超越性的祈向,追求一种高远的道德境界,却又不离现实人生,较为注重开发人的内在自觉,注重人内在的道德体验。

这种"形上道德"并非教人怎样与当时的社会合拍,恰恰相反,它反对接受现实上不合理的规范,反对要人做乡愿,反对将现实的规范变成人性的樊篱。也许有人会说,戴震不是批判宋明理学家"以理杀人"吗?所谓"尊者以理责卑,长者以理责幼,贵者以理责贱"①,如此一来,讲天理(天道)是否也会导致伦理道德的异化呢?笔者认为,戴震此处所批判的"理"已不是真正的天理(天道)了,而堕落为纲常了,真正的天理(天道)乃是一种超越的理想,它不完全苟同于现实,相反,它对现实中不合乎道义、违反人性的东西持一种批判、反思的态度。

顾炎武、颜元等人反对宋明理学家天道性命之说所蕴含的"形上道德",但

---

① 《孟子字义疏证》卷上。

他们不反对具体的德目。顾炎武强调培养人的耻德,颜元重视《周礼》中的"六德"。笔者认为,具体的德目比较明确,可以使人们有章可循,同时具有可操作性,因而它对于敦化风俗、教化百姓乃至维系一个社会的正常运转都具有重要的作用。可是,正因为各个时期的德目太具体、太明确,它就可能被僵化固化。道德规范、德目失去了超越性的祈向,则易蜕变为僵固的道德教条。而对道德作形上的反思,可以使人们对既有的道德规范、德目保持一种清醒的头脑,使人们不至于迷信、盲从它们,不将某种具体的德目当成是恒古不变的、始终有效的东西,而是从较高的视角来审视德目的合理性。通过对形上道德的探讨,有助于人们培养一种根源意识、超越意识。它可以使人们认识到,在某个时期被证明是有效、合理的道德规范、德目,过了若干年之后,就有可能变得不合理了,甚至成为所谓"吃人的礼教"。因此,对道德规范、德目的价值审视和超越的反思是须臾不可少的。

(姚才刚,湖北大学哲学学院副院长、教授;张黎,湖北城市建设职业技术学院讲师)

浅析二程的知行观

邬红梅

Abstract：The problem of knowing and doing is an important issue in Chinese philosophy, reflecting the thinking of the relationship between the self and the outside world. The idea of knowing and doing in the pre Qin period has been in the bud, but reaching the rational and mature in the Song Dynasty. Chengyi and Chenghao of the famous confucianisms of Heluo region were the sponsor and backbone of systematically discussed the problem of knowing and doing. They emphasized that knowing as the fundamental, knowing in advance, doing was difficult, and knowing was difficult which was the views on knowing and doing of paying attention to cognition. The theory of construction was to adapt to the social history of the Song Dynasty.

从先秦诸子到宋明理学,乃至近现代,历代最伟大的哲学家和思想家无不涉及知行问题。一知一行,简单二字,演绎了中国哲学关于宇宙人生和世间万象的态度和看法,体现中国人对自我和外界关系的思考。"人们把自我的认识与自我行为交往活动和他人、群体的认识与行为交往活动,抽象概括为知和行,是中国理论思维水平的表现。"①往圣先贤们探索着知和行的关系,推动中国文明认识世界改造世界的步伐,并力图在认知和实践之间找到适合所处时代、能解决当时时代问题的有效思想观点。从中国的具体历史实践而言,知行问题也不仅仅被看成是一个单纯的哲学问题,还被认为是关系到民众的社会生活,甚至是国家的兴衰存亡和社会的治乱隆替,所以从古至今的各位思想家都认识到知行问题

---

① 张立文《中国哲学范畴发展史》(人道篇),中国人民大学出版社,1995 年,第 641 页。

的重要性,并严肃、认真、痛切的予以回答。

对知行问题的探讨,最早见于《尚书·说命》:"知之非艰,行之惟艰",是"知易行难"说的经典表述,也是宋以前最有代表性的知行观。春秋、战国诸子在知行问题上莫不有自己独到的建树,两汉隋唐诸贤也继续扩展与深化知行观念的范畴和理论,但真正对知行问题展开系统论述的,却始于宋代。程颢、程颐兄弟是系统论述知行问题的发轫者,提出了对后世影响深远的知行观念。

作为河洛大儒的二程,是北宋道学的开拓者,以继承儒家道统为己任,形成对后世影响深远的"洛学"。二程洛学,承接了新儒学开创期的积极成果,又融会了并世诸学精华,其深刻的内省精神和颇为精致的逻辑体系,满足了北宋社会的需要,为北宋理学之顶峰,代表了走向繁荣的北宋新儒学的最高阶段,也是北宋到南宋在学统传递上的主流学派。正如程颐评价程颢所言:"周公没,圣人之道不行;孟轲死,圣人之学不传。道不行,百世无善治;学不传,千载无真儒……先生生于千四百年之后,得不传之学于遗经,以兴起斯文为己任,辨异端,辟邪说,使圣人之道焕然复明于世,盖自孟子之后,一人而已。"①二程怀着明确而崇高的目标求知创学,"言学便以道为志,言人便以圣为志"、"夫学者必志于文道,以圣贤自期"、"学问之道无它也,唯其知不善可速改以从善而已"。可见在二程看来,天下只有一个理,做人只为一个圣,"道"与"圣"是二程理学的机枢所在,是判别善恶是非的标准,是其知行观构建的基础。二程知行观贯穿知识获得、行为实践、下学和上达的各个层面,在其哲学思想中的作用和意义不言而喻。

一、以知为本

知行问题的起点在于"知"从哪里来,"知"的内容是什么?"北宋五子"之一的张载将知识分为两种:"见闻之知"和"德性所知"。他说:"见闻之知,乃物交而知,非德性所知。"②"见闻之知"就是接触事物而得到的感性认识,不是德性之知。什么是德性所知?"德性所知,不萌于见闻",③是通过道德修养而有、合于仁义、穷理尽性的知识,也称"诚明所知":"诚明所知乃天德良知,非闻见小知

---

① 《宋史》卷427《程颢传》,中华书局,1977年,第12717页。
② 《正蒙·大心篇》,见《张载集》,第24页。
③ 《正蒙. 大心篇》,见《张载集》,第24页。

而已。"①张载在此明显强调了"德性所知"的重要性,认为见闻之知不能穷尽万物之理,唯有"德性所知"可达。

程颐延续了张载两种知识分类的说法,并进一步阐明闻见之知是"物交物"所得,德性之知则"不假闻见"。

> 闻见之知,非德性之知。物交物则知之,非内也,今之所谓博物多能者是也。德性之知,不假闻见。(《河南程氏遗书》卷第二十五)

可见,程颐认为闻见之知来源于感性经验,从和外物的接触中得到;而德性之知是生而知之,人先天固有、主观自生的,非从外物接触所获得。程颢则继承了孟子的"良知"观念,认为"知"就是"良知","良知良能,皆无所由,乃出于天,不系于人"(《河南程氏遗书》卷第二)。良知良能是天赋予人的,求知只须从心上反省内求,即可尽性知天。所以,虽是两种知识,但在二程看来,认知的对象和最终归属只有一个:天理。因为"天下只有一个理",体现在万事万物之中,"在天为命,在义为理,在人为性,主于身为心,其实一也。"(《河南程氏遗书》卷第十八)无论是先天具有,还是后天感知,最终所获得的认知只有一个,就是这个天理。万物一理,物我一理,闻见穷至外物之理就是认识我心本有德性之理。因而程颐言道:"知至则当至之,知终则当遂。终之,须以知为本。"(《河南程氏遗书》卷第十八)

二、致知在格物

如何获得这两种知识呢?通过向内和向外两条途径,二程解答了这个问题。一方面,对于德性之知,二程认为可通过"反身而诚"的途径直接体悟。因为理是永恒存在的,"不为尧存,不为桀亡",先于万物而存在。万物一理,一物之理就是万物之理。通过反省内求,就可以认识心中本有的、完备自足之理。

> "万物皆备于我",不独人尔,物皆然。都自这里出去,只是物不能推,

---

① 《正蒙.大心篇》,见《张载集》,第20页。

人则能推之。虽能推之,几时添得一分? 不能推之,几时减得一分? 百理具在,平铺放着。(《河南程氏遗书》卷第二上)

对人而言,人心中之理就是外物之理,人和物皆备此理,二者的区别就在于能推和不能推。但无论是否能推,万物之一理是不变的,不增不减,不多不少,"元来依旧"。

另一方面,对于闻见之知,程颐认为应格物以致知。

人之学莫大于知本末终始。致知在格物,则所谓本也,始也;治天下国家,则所谓末也,终也。

知者吾之所固有,然不致则不能得之,而致知必有道,故曰"致知在格物"。

"致知在格物",非由外铄我也,我固有之也。因物有迁,迷而不知,则天理灭矣,故圣人欲格之。(《河南程氏遗书》卷第二十五)

人心中本来有完备的知识,但人因自身的局限和外界的影响,往往无法直接自我认知,通过格物的过程,才能推致其知。相比较德性之知的反身而诚,格物致知多了些曲折之意。"格物"之说出自《大学》,程颐对此作了新的解释,他训"格"为"至",为"穷",训"物"为"理",格物就是穷至其理。如何格物穷理呢? 程颐指出:"穷理亦多端,或读书讲明义理,或论古今人物别其是非,或应事接物处其当,皆穷理也。"(《河南程氏遗书》卷第十八)这些都是格物穷理的有效方法。他还言道:"语其大,至天地之高厚;语其小,至一物之所以然,学者皆当理会。"(《河南程氏遗书》卷第十八)天地之大,一物之小,都应当考查明白。

具体而言,他对格物穷理的途径有这样几种看法:一是"多识前言往行,识之多,则理明"。(《河南程氏遗书》卷第十八)通过读书、讲习、讨论、应事接物等方法获取知识,以向外求知的方式求得心中之理。二是积习和贯通。他认为格物"须是今日格一件,明日又格一件,积习既多,然后脱然自有贯通处。"(《河南程氏遗书》卷第十八)格物致知的过程是一个量变到质变的过程,积习渐修多了,自能顿悟贯通,明了天理之所在。三是"学者不必远求,近取诸身,只明天理,敬而已矣"(《御纂性理精义》卷七)、"近取诸身,百理皆具"(《河南程氏遗书》卷第十五)。程颐认为,从心性中直接体认天理,是最切实有效的途径。这样,就把格物致知的认知活动和道德修养连接到一起。"敬"本是道德修养的方法,但程颐认为,"存此涵养,久之自然天理明"(《河南程氏遗书》卷第十五),"入道莫如敬,未有能致知而不在敬者"(《河南程氏遗书》卷第三)。致知和涵养都是要穷一个天理。

三、行难知亦难

针对《尚书》中"知易行难"的古训,程颐表达了"行难知亦难"的观点,实则是他重知观点的一种委婉表达。"故人力行,先须要知,非特行难,知亦难也"(《河南程氏遗书》卷第十八)。人要力行,先要有知,不知则不能行,知对行有着决定性的作用,"人谓要力行,亦只是浅近语。人既能知见,岂有不能行?"(《河南程氏遗书》卷第十七)所以,只是一个知见难,能知必能行,行只是浅近的易事。

为何知难?因为"自古非无美材能力行者,然鲜能明道,以此见知之亦难也。"(《河南程氏遗书》卷第十八)知所以难,就在于这个"知"是明道,知天理,天理非骤然可得,非良材可得,也非力行可得。

> 学为易,知之为难。知之非难也,体而得之为难。
> 学莫贵于自得,得非外也,故曰自得。(《河南程氏遗书》卷第二十五)
> "不能反躬,天理灭矣。"天理云者,百理具备,元无少欠,故"反身而诚",只是言得已上,更不可道甚道。(《河南程氏遗书》卷第二上)

就是说,知固然是难,而真知尤难。真知即天理,必须求诸己,反躬而诚,体而得之。程颐反对只向往追求物理、博闻强识而不能反约的求知方式,忘了格物致知最重要的目的就在于体认天理。"古之学者为己,其终至于成物。今之学者为人,其终至于丧己。学也者,使人求于内也。不求于内而求于外,非圣人之学;不求于本而求于末,非圣人之学也。"(《河南程氏遗书》卷第二十五)因为现实中大量存在这种逐物理而忘其本的现象,程颐才痛感真知之难,郑重强调观物理的目的是为了察己明善,必须做求内为己的工夫,才能返本归真,明心中之理。知道明理何其难哉! 因而从某种意义上说,程颐提出的"知难行亦难"包含着知难于行之意。

四、故人力行,先须要知

在上述知难行易基础上,程颐明确提出"知先行后"的观点,"故人力行,先须要知"、"须是知了方行得。"(《河南程氏遗书》卷第十八)人们做事,必须有知的指导,行才可能实现。脱离知的指导,行就失去了目标,成为没有任何意义的冥行。这是一种"知先行后"的观点。这种思想在宋以前已经萌芽,有不少哲人以各自的方式表述过,如孔子批评了"不知而作"的现象,孟子强调人的行为要能尽心、知性、知天,董仲舒提出"知先规而后为之"等,其实都是"知先行后"观念的不同表达。但真正地、自觉地、明确地提出"知先行后"命题并系统论述的,当始于程颐。程颐的"知先行后"说具体可从以下几个方面分析:

首先,不致知,怎生行? "须是识在所行之先。譬如行路,须得光明。""譬如人欲往京师,必知是出那门,行那路,然后可往。如不知,虽有欲行之心,其将何之?"(《河南程氏遗书》卷第十八)所以,必须先致知,而后才能力行;知是始,行是终。程颐以《大学》中的观点来论证知先行后,如"知至是致知,博学、明辨、审问、慎思,皆致知知至之事,笃行便是终之。如始条理、终条理,因其始条理,故能终条理,犹知至即能终之。"(《河南程氏遗书》卷第十八),由知到行的条理不仅有先后关系,而且有因果关系,是不能错乱和颠倒,也不能改变的,否则就只能是勉强行之而不能长久。对那种"由而不知"的人,程颐提出批评,并感叹:"行之不著,如此人多"。孟子曾言:"行之而不著焉,习矣而不察焉,终身由之而不知其道者,众也。"(《孟子·尽心上》)程颐解释孟子这句话,认为"行之而不著,谓人行之而不明晓也;习矣而不察,谓人习之而不省察也。"(《河南程氏遗书》卷第十八)就是说,不知而行,必将离"天理"愈远,而泯为众人。

其次,既有知见,岂有不能行? 只要有知,自然见诸于行。"知之深,则行之必至,无有知而不能行者"(《河南程氏遗书》卷第十八)、"知之明,信之笃,行之果"(《伊川文集·颜子所好何学论》)。认识越深刻,越明确,行动就越笃实,越果决,越容易成功。所以重要的在于有知见,"君子以识为本,行次之"(《河南程氏遗书》卷第二十五）。不知本而盲目去做，就会产生异端，"人为不善，只是不知"（《河南程氏遗书》卷第十五），人不知何以为善，才行不善之事。知了自然而然就会在真知的指导下去做，不必专在力行上下功夫。

最后，知而不能行，只是知得浅。"人知不善，而犹为不善，是亦未尝真知；若真知，决不为矣。"（《河南程氏遗书》卷第二）就是说，知而不能行，只是未真知。当言行不一、知行脱节，程颐认为原因在于知未至、知之浅、未真知，把不行的原因归结为不知。"学者须是真知，才知得是，便泰然行将去也"（《河南程氏遗书》卷第十五）。只有深知、真知，行为才见泰然，才不勉强，"若勉强，只是知循理，非是乐也"（《河南程氏遗书》卷第十八）。是知循理还是乐循理，境界的高低决定于知之深浅。在以知为本的基础上，程颐强调了知行须统一。知行统一了，才是真正体认天理，做到循理而行。

就这样，程颐从不知不行、知而必行，不行非真知几个角度阐释了知先行后的正确性，也从侧面见出知的重要性。知对行有着绝对的指导意义，知在先，知不依赖于行，而行是"次之"的事情，因为"知之必好之，好之必求之，求之必得之"（《河南程氏遗书》卷第十七），知自然就带动了行的生成与前进。

五、结语

综上可知，程颐的知行观从本质上而言，是一种重知的知行观。他以知为本、以知为先、以知为终、以知为难，鼓励人们去求知，以明心中固有之理。宋代对"知"的重视，无疑有着深刻的社会历史原因。两宋的知行观，无论是对行的强调，还是对知行统一的追求，其要在以知为本，义理的探讨和道德体系的建构是这一时期思想家主要的思维模式。究其原因，至少可概括为：其一，当时内忧外患的社会状况急需一种具有普遍性的价值理性，以稳定并促进社会的发展；其二，唐代以来，佛道日渐盛行，其对宇宙、自然的思考，彰显了孔孟儒学的不足和缺陷。无论韩愈、李翱等人如何反佛辟佛，二程、朱熹等人如何强调儒家伦理，但佛禅思维已经不可避免的深入到中国文化的血液中，难以抹去；其三，先秦儒学中孔、孟诸子语录式的片段言语，尚未形成系统性、理论性的儒学体系，对世界、对自然的宏观认识还不够深入，亟需通过理性和思辨，以建构与佛道理论并驾齐驱的儒学思想体系。在这种背景下，宋明理学异军突起，融合儒释道三家思想，重新审视先秦两汉以来的儒学传统,在新的历史条件下完善并重构了儒家哲学体系。所以,在各种思想混杂的两宋时期,程朱等人为免于社会思想陷入异端,而强调明义理的知先,是可以理解的,救世的热忱明晰可见。然而,对"知"的过分强调,是二程知行观为后世所诟病之处。朱熹在全面承继二程知行观的基础上,进一步丰富了"知先行后"的观点;修正了二程轻"行"的不足,提出"行为重"的观点;系统论述了"知行相须并进"的观点,从而完善了二程的知行观,并将宋代知行观推进到一个新的高度。

(作者为河南科技大学人文学院教师)

朱熹《伊洛渊源录》的理学观念

杨　波

Abstract：Zhu Xi was a prominent scholar of Neo-confucianism in the Song dynasty，and he had been the focus of studies in more than 800 years. The origin of Yi and Luo written by Zhu Xi in 1173 was the first book on Neo-confucianism. This book was compiled according to "Confucian orthodoxy"，and it recorded the thoughts of Zhou Dunyi，Cheng Yi，Cheng Hao and their followers. Zhou Dunyi was regarded as the forefather of Neo – confucianism while Cheng Yi and Cheng Hao were regarded as the saints who inherited the orthodoxy of Mencius. The book reflected Zhu Xi's thoughts and established the core status of Cheng Yi and Cheng Hao in the Confucianism system of the Song dynasty，thus had an irreplaceable value in the history of Neo-confucianism. This paper studies the background and theory of The origin of Yi and Luo，and aims to provide some reference for the study on Cheng-Zhu school in the future.

朱熹是宋代理学的集大成者，其学术成就涉及经学、史学、哲学、文学、文献学等各个领域，800多年来一直是学者关注的焦点。朱熹于44岁时初步编纂而成的《伊洛渊源录》，以"尽载周、程以来诸君子行实文字"，奠定了二程在宋代道学体系中的核心地位，在学术史上具有不可替代的价值。《伊洛渊源录》将人物传记从正史《儒林传》中剥离出来，成为独立的学术史著作，学术人物的去取也不再受正史体例的限制，故而能够相对全面客观地反映某一学派或某一时代的学术面貌。本文考察《伊洛渊源录》的编纂背景、编纂特点、治学方法和学术影响,以期为今后的朱子学研究提供一点借鉴。①

一、《伊洛渊源录》的编纂背景

钱穆先生在《中国文化传统中之士》一文中曾经就宋代理学的产生背景有过一段精彩的论述:"史学虽可鉴古知今,然经史分途,则史学决不足奉为政治之标准。故当时之新旧党争,结果终为一政治斗争。所争在政权之得失,而不免有乖于道义之是非。于是乃有第三者起,则为周濂溪。"②有宋一朝,朝廷对士大夫的重视程度远远胜于前代,但在政治上颇得大用的士大夫们,如以王安石为代表的理想派和以司马光为代表的经验派,却因为政治观点之不同、学术门户之差异而深陷于新旧党争,最终在政治上导致北宋的灭亡。在政治斗争你死我活、相互攻讦的情况下,以周濂溪、二程、张载等人为代表的第三种力量逐渐走上历史舞台。

周敦颐字茂叔,道州营道(今湖南道县)人。他虽是湘人,因曾知南康军,家庐山莲花峰下,最终老死于赣之庐山,有溪合于湓江,故取营道故居濂溪名之。他"博学立行,闻道甚早,遇事刚果,有古人风","自少信古好义,以名节自砥砺,奉己甚约,俸禄尽以周宗族、奉宾友,家或无百钱之储",但"襟怀飘洒,雅有高趣,尤乐佳山水",黄庭坚称赞其"人品甚高,胸中洒落如光风霁月"。③他起初做洪州南昌县令时,就尽量远离当时的党争氛围,致力于经学研究,著有《太极图说》与《通书》。程颢、程颐之父程珦在江西摄南安通守事时,与周敦颐结为好友,并让其两个儿子跟随周敦颐接受教育。周敦颐根据传统经学的指导思想,主张要"志伊尹之所志,学颜子之所学。伊尹志在天下。颜子之学,用则行,舍则藏,主要尤在藏之一面",从"行"与"藏"两个方面去顺应社会环境的发展变化。对朱熹思想影响比较大的明道、伊川二程兄弟,从小受教于周敦颐,虽然也不可避免地"出入于新旧两党间,终以退隐讲学为务";二程的表叔"横渠张载,亦与二程为学侣"④,跟朝廷的党争渐行渐远。宋代理学就是在这样的背景下逐渐兴

---

① 本文所采用的《伊洛渊源录》版本,系北京商务印书馆1936年影印出版的《丛书集成初编》本。凡所征引,均出于此。下文不一一赘述。
② 钱穆《宋代理学三书随劄》附录,生活·读书·新知三联书店,2002年版,第188页。
③ 朱熹《伊洛渊源录》卷一,丛书集成初编本,第1,2页。
④ 钱穆《宋代理学三书随劄》附录,生活·读书·新知三联书店,2002年版,第188页。

起的。

任何人的成长都离不开其生活的时代环境。朱熹,字元晦,一字仲晦,祖籍徽州婺源(今属江西)。其父朱松曾任福建南溪(今南平)尤溪县县尉,朱熹于宋高宗建炎四年(1130)生于尤溪,十九岁中进士第,先后做过五任短暂的地方官,终身致力于学术研究和教育工作,宋宁宗庆元六年(1200)因学禁压力而死于建阳。乾道五年(1169)春天,朱熹在同蔡元定的一次辩论中忽有所悟,写成《已发未发说》,并用"涵养须用敬,进学则在致知"来概括自己生平学问的大旨,即静知双修的理学原则。这就是朱熹所说的"己丑之悟"。古人云:福无双至,祸不单行。正当朱熹完成了自己从"主悟"到"主静"再到"主敬"的思想演变历程,开始构建自己宏大的理学体系时,他70岁的老母亲祝氏于当年九月去世。乾道六年正月,他请精于地理风水的蔡元定选择墓地后,将母亲葬于建阳崇泰里后山天湖之阳的寒泉坞;又在建阳西北芦山峰顶的云谷建造了三间草堂,取名"晦庵",作为从寒泉坞到潭溪之间中途歇脚之所;在寒泉坞建造了寒泉精舍,作为授徒讲学和著书立说的主要场所。从乾道六年(1170)庐墓守丧到淳熙六年(1179)赴南康军任上,朱熹开始了长达十年的著述时期,撰写出一系列影响深远的学术著作,也逐渐建立起宏大的理学体系与经学体系,完成了生平第一次学术思想的总结。[①]《伊洛渊源录》正是在这一时期整理出来并完成初稿的。

二、《伊洛渊源录》的理学观念

乾道九年十一月,四十四岁的朱熹完成了《伊洛渊源录》。

《伊洛渊源录》十四卷,共收录二十五位理学家及二十位没有文字记述的程门弟子的传记资料等,大致按照事状(或行状、家传等)、年谱、墓志铭、哀词、祭文、墓表、赞、奏状、书信、遗事等顺序排列。其中各卷所录理学家传主分别如下:

濂溪先生(卷一),明道先生(卷二、卷三),伊川先生(卷四),康节先生(卷五)、横渠先生、张御史(卷六),吕侍讲、范内翰、杨学士、朱给事(卷七),刘博士、李校书、蓝田吕氏兄弟(卷八),苏学士、谢学士、游察院(卷九),杨文靖公(卷十),刘起居、尹侍讲(卷十一),张思叔、马殿院、侯师圣、王著作(卷十二),胡文

---

① 关于朱熹寒泉著述时期的划分,参见束景南《朱熹研究》,人民出版社,2008年,第81—82页。

定公(卷十三)以及"程氏门人无记述文字者"(卷十四)。

这部著作严格按照"道统"的标准来编排,以周敦颐为开山之祖,以二程为上继孟子道统的"圣人",集中体现了朱熹的理学观念,是理学史上第一部专门研究理学学派的著作。

宋代理学能成为一门独立的学问,正是由于周敦颐、程颢、程颐、张载、邵雍等人的交流论辩和深入探究。这几位在当时和后世都有深远影响的理学家,因其身份、性格、生活环境、学说观点之不同,在理学史上的地位也各有侧重。从宋代理学的发展轨迹来看,周敦颐是宋学的开山之祖,更被后人尊为理学之正宗;二程年少时曾经受业于周敦颐,后来所取得的成就实由自得;张载之学比较纯正,然而程颐却说他"苦心极力之象多,宽裕温和之气少",故而后人对其的尊崇不如二程;邵雍之学偏重于数,理学家认为其学说不够正宗。从宋代理学的发展源流来看,"周子以主静立人极,明道易之以主敬,伊川又益之以致知,其学实一脉相承;朱子又谓二程之学,出自濂溪;后人遂尊为理学之正宗焉"。①《伊洛渊源录》重点突出、主次分明的编纂次序,完全符合宋代理学的内在发展轨迹。

朱熹在编纂此书时,并未严格遵循统一的体例,而是根据自己掌握的文献材料,区别对待,精心编排。在这四十五人的传记资料中,并称为"北宋五子"的周敦颐、程颢、程颐、邵雍、张载等人,是宋代理学发展史上贡献较大的人物,也是书中分量较重、着墨较多的核心人物。如卷一《濂溪先生》,先列其《事状》,详述周敦颐的家世源流、仕宦经历、主要行迹、性情品格、著述影响等,正面描述朱熹对理学宗师周敦颐的看法态度;再录其"遗事"十四条,分别从伊川先生、河间刘立之、程氏门人、明道先生、王君贶、邵伯温、吕本中、邢恕等人的言谈之间或相关记载中,侧面反映同时代人对周敦颐的不同认知。卷四《伊川先生》,则分别著录关于程颐的《年谱》、《祭文》、《奏状》以及"遗事"二十一条等文献,从不同角度展示一代理学大家程颐的生平事略和时人对其的推崇品评。而对于那些没有专门传记资料记载的理学之士,朱熹则专列一卷,设置了"程氏门人无记述文字者",著录了曾就学于二程或推崇二程的理学之士,大致考证出王端明、刘承议、林大节、张阙中、冯圣先、鲍商霖、周伯忱、唐彦思、谢用休、潘子文、陈贵一、李嘉

---

① 吕思勉《理学纲要》篇三《理学源流派别》,上海书店 1988 年影印本,第 27 页。

仲、孟敦夫、范文甫、畅中伯、李先之、畅潜道、郭立之、周恭叔、邢尚书等二十人的简要生平事迹及资料来源,表现出史家的审慎态度。兹录关于王端明等八人的文字记载如下,或可窥得朱熹此书的编纂特点和学术观念。文曰:

> 王端明,名岩叟,字彦霖,大名人。元祐中,为台谏官,登政府。正直不挠,当世称之。《墓碑》本传记其行事甚详,然不及其学问源流也。惟《遗书·前篇》有其答问,而其集中亦有记先生语数条。又《祭明道文》有"闻道于先生"之语。及伊川造朝,亦有两疏,推挽甚力。盖知尊先生者,然恐其未必在弟子之列也。
>
> 刘承议,名立之,字宗礼,河间人。叙述明道先生事者。其父与二先生有旧。宗礼早孤,数岁即养于先生家,娶先生叔父朝奉之女。郭雍称其"登门最早,精于吏事"云。
>
> 林大节,不详其乡里名字行实。但《遗书》云:"林大节虽差鲁,然所问便能躬行。"然则亦笃实之士也。
>
> 张阙中,不详其名字。有答书,见《文集》。
>
> ……
>
> 范文甫、畅中伯,二人不详其名。见杨遵《道录》。
>
> 李先之,名樸,赣上人。为西京学官,因受学焉。《吕氏杂志》云:"李先之、周恭叔,皆从程先生学问,而学苏公文词以文之,世多议之者。"
>
> 畅潜道,名大隐,洛人。《遗书》第二十五卷,即其所记也。《遗书》云:"畅大隐许多时学,乃方学禅。"是于此盖未有得也。①

《伊洛渊源录》的编纂成稿时,中年的朱熹正处于"由博反约"的积累阶段。他"根株六经,而参观百氏"②,并不局限于一时一地一家之言,而是通过编选、注解、辑录、考证等几种形式,用最原始的史料表明自己的理学观点,辨章学术,考镜源流,臧否人物,以史证经,进而梳理自己的治学思路。葛兆光先生说过一段

---

① 朱熹《伊洛渊源录》卷一四,第139—142页。
② 永瑢等《四库全书总目》卷九二《近思录提要》,第780页。

话,客观地反映出朱熹《伊洛渊源录》对正史《儒林传》的承继过程,及其对理学道统的传承作用:"其实,传统的思想史写法对于历史上曾积淀的观念,大体上也是缺乏自觉反省意识的。从某种意义上说,那些想当然的'精英和经典',是一代一代优选出来的。《儒林传》把历史选择了一遍,确定几个重要人物;《伊洛渊源录》、《道命录》再选一遍,确定道统的承担者。"①朱熹在广取博搜宋代治理学者传记材料的基础上,确定了《伊洛渊源录》的编纂宗旨和编纂体例,将自己的理学观点浓缩在全书的编纂过程中。

从儒家道统的传承来看,程颢是继孟子之后传承圣人之道的第一人。《伊洛渊源录》卷二、卷三均为关于程颢的传记资料。卷二首先著录了伊川先生程颐所撰《行状》,既详述了程颢的"家世行业及历官行事之大概",又对程颢的学术观点、文章道德进行了客观而公允的评价。摘录如下:

> 先生行己,内主于敬,而行之以恕。见善若出诸己,不欲弗施于人。居广居而行大道,言有物而动有常。先生为学,自十五六时,闻汝南周茂叔论道,遂厌科举之业,慨然有求道之志。未知其要,泛滥于诸家,出入于老释者几十年,返求诸六经而后得之。②

这里所说的"内主于敬,而行之以恕",正是程颢对儒家道统的理解。除此之外,程颢还"明于庶物,察于人伦",认为为人处世要"知尽性至命,必本于孝悌;穷神知化,由通于礼乐"。他担心孟子没后而圣学不传,遂以兴起斯文为己任,最终实现了"辨异端似是之非,开百代未明之惑"的人生理想。在为人处世方面,"先生之言平易易知,贤愚皆获其益,如群饮于河,各充其量。先生教人,自致知至于知止,诚意至于平天下,洒扫应对至于穷理尽性,循循有序。病世之学者舍近而趋远,处下而窥高,所以轻自大而卒无得也。"③从"致知"到"知止",从"诚意"到"平天下",从"洒扫应对"到"穷理尽性",这些内容反映了事物发展变化的不同阶段和不同境界,也反映出朱熹对这些现象的认同。卷二还著录了

---

① 梁枢 葛兆光《〈思想史的视野——关于中国思想史〉的对谈》,《光明日报》2002 年 4 月 11 日。
② 朱熹《伊洛渊源录》卷二,第 12 页。
③ 朱熹《伊洛渊源录》卷二,第 12—13 页。

"门人朋友叙述并序",程颐所撰序文称:"先兄明道之葬,颐状其行以求志铭,且备异日史氏采录。既而门人朋友,为文以叙其事迹,述其道学者甚众。其所以推尊称美之意,人各用其所知,盖不同也。而以为孟子而后,传圣人之道者,一人而已。是则同,文多不能尽取。取其有补于行状之不及者数篇,附于行状之后。"①由于各人看待问题的角度不同,各家眼中的程颢形象也有一些不同之处。如河间刘立之称其"豪勇自奋,不溺于流俗,从汝南周茂叔,问学穷性命之理。率性会道,体道成德,出处孔孟,从容不勉"②;沛国朱光庭称其"大抵先生之学,以诚为本。仰观乎天,清明穹窿,日月之运行,阴阳之变化,所以然者,诚而已"③。朱熹《伊洛渊源录》把周敦颐、二程、张载、邵雍及其弟子等的行状、墓志铭、遗事等传记资料,编排成以二程为中心的理学谱系,并就各位传主的学术思想进行系统深入地溯源探流,其理学观念逐渐明晰起来。

在编纂典籍的过程中,除了重视原始文献的使用外,朱熹还时时不忘考证材料的出处、真伪,不忘辨析材料的合理取舍、编排。如卷三《明道先生》"遗事二十七条"其七载:

> 明道昔见上称介甫之学,对曰:"王安石之学不是。"上愕然问曰:"何?"对曰:"臣不敢远引,止以近事明之。臣尝读诗,言周公之德云:'公孙硕肤,赤舄几几,周公盛德形容。'如是之盛。如王安石其身犹不能自治,何足以及此?"

这段文字后面考证曰:"见《遗书》。又按:《龟山语录》亦载此语,称周公赤舄几几。圣人盖如此。若安石刚褊自任,恐圣人不然,恐当以《遗书》为正。"他用以史证经的方法去阐发自己的学术理想,体现出追求历史真实、重视学术实践的史家精神。

---

① 朱熹《伊洛渊源录》卷二,第13页。
② 朱熹《伊洛渊源录》卷二,第13—16页。
③ 朱熹《伊洛渊源录》卷二,第16页。

三、《伊洛渊源录》的学术影响

作为一部专论理学源流的著作,《伊洛渊源录》博采百家,兼容并包,尊崇二程,又不局限于一家之言,体现出一带理学家的非凡气度。正如吕思勉《理学纲要》篇八《晦庵之学》所云:"宋学家为后人所尊者,莫如朱子。朱子于学,最宗濂溪及二程。然于其余诸家,亦皆加以研究评论。至其哲学思想,则未有出于周、张、二程之外者。不过研究更为入细,发挥更为透辟耳。故朱子非宋学之创造家,而宋学之集成者也。"①

《伊洛渊源录》对后世的学术影响主要表现在以下几个方面。

一是引发后世关于道学宗派和道学门户之争。以四库馆臣的评价最有代表性。《伊洛渊源录》编成后,朱熹曾请其好友吕祖谦作序,最终却因吕祖谦不太赞同其中一些观点而未果。《四库全书总目·伊洛渊源录提要》称"其后《宋史》《道学》《儒林》诸传,多据此为之。盖宋人谈道学宗派,自此书始;而宋人分道学门户,亦自此书始。厥后声气攀援,转相依附。其君子各执意见,或酿为水火之争;其小人假借因缘,或无所不至",并列举叶绍翁《四朝闻见录》中关于程颐嫡孙程源"直以伊洛为市"的例子,以及"周密《齐东野语》、《癸辛杂识》所记末派诸人之变幻"等内容,指出有些极端人士"或因是并议此书,是又以噎而废食矣",认为"朱子著书之意,则固以前言往行矜式后人,未尝逆料及是。儒以诗礼发家,非诗礼之罪也",其评价相对比较客观公允。②

二是拉开续修经典著作的序幕。《伊洛渊源录》的草成,标志着朱熹对上一阶段学术研究的总结,也预示着朱熹对新研究领域的拓展。此后六年间,即淳熙元年(1174)至淳熙六年(1179),朱熹又先后编订了《大学》、《中庸》、《古今家祭礼》、《近思录》、《家礼》、《论语集注或问》、《孟子集注或问》、《大学章句或问》、《中庸章句或问》、《大学辑略》、《诗集解》、《易传》等,拉开了续修儒家经典著作的序幕,推动着儒家著作"四书"经典化的过程。中年朱熹虽然调整了自己的研究方向,但《伊洛渊源录》对后世的影响却从未中断。从版本情况来看,《伊洛渊

---

① 吕思勉《理学纲要》,第94页。
② 参见永瑢等《四库全书总目》卷五七《伊洛渊源录提要》,中华书局,1965年,第519页。

源录》现存明成化九年(1473)序刻本、清康熙中吕氏宝诰堂刊《朱子遗书》本、成都志古堂刻本、丛书集成初编本等;从后世仿照《伊洛渊源录》的编纂体例引发的续修热潮来看,单是《千顷堂书目》卷一一所著录的相关续作,就多达八种,即朱熹《伊洛渊源录续》,明杨廉《伊洛渊源录新增》,明谢铎《伊洛渊源续录》、《伊洛渊源续录续》,清张伯行《伊洛渊源续录》、《伊洛渊源续录续》,清张夏《洛闽源流录》、《洛闽源流录续》等,反映出明清时期学界对这类理学著作的传播与传承。

三是成为学案体史书的发轫之作。有学者认为,作为一部专为宋代伊洛学派立传的文献学著作,《伊洛渊源录》汇集了各家碑志传状,记录了各位理学名家的学术传记,又辑录了各位理学家的言行、著述、语录及其他遗事,间或加以编撰者的按语、小注,堪称后世"学案体史书的发端之作"①。钱穆先生在谈到《明儒学案》、《宋元学案》两学案时亦称:"在中国纪传体的正史里,就包括有学者的传记。又如前面讲到过《高僧传》,那就等于佛学家的传记,后来如朱子有《伊洛渊源录》,那就是理学家的传记。"②上述观点充分说明《伊洛渊源录》与后世学案体著作之间息息相关、密不可分的关系。

任何事物都具有两面性。朱子身后毁誉参半,反应出后世对其学术思想的不同接受。作为中国文化传统中的新士,宋代理学家"大体退在野,不竞在朝。尊道统,以做政统之领导",强调用道统来影响政统。与同时代理学家的政治生存空间相仿,朱熹当时在政治上亦未见大用,"然而著为《论语》《孟子》集注,《大学》《中庸》章句,定为四书。下及元代,乃奉为政府科举取士之标准。其功用实代两汉之五经,而更驾其上。直迄清代之末,此一取士制度历七百年而不变"。③清纳兰性德《渌水亭杂识》卷四云:"昌黎文名高出千古,元晦道统自继孔孟,人犹笑之,何况余人!"但正如余英时先生在《朱熹的历史世界·自序二》中所说过的那样:"《朱子文集》中所反映的宋代政治文化比任何一部南宋文集都更为全面。"④在"政事败于上,而士风则正于下"的状况下,集理学之大成的朱

---

① 周春健《〈伊洛渊源录〉与学案体》,《湖北大学学报》(哲学社会科学版)2006年第6期,第773页。

② 钱穆《中国史学名著》,三联书店,2000年版,

③ 钱穆《宋代理学三书随劄》附录,第188页。

④ 参见余英时《朱熹的历史世界·自序二》,生活·读书·新知三联书店,2008年版,第12页。

熹以其无可替代的地位影响,奠定了宋代理学的坚实基础。朱熹和他的《伊洛渊源录》,也必将因其对理学的不朽贡献而继续为后人所关注。

（作者为河南省社会科学院文学研究所副所长、副研究员）

中晚明河洛理学家的教育实绩

扈耕田

Abstract:In the mid – to late Ming Dynasty,He-Luo is one of the two two centers which Wang-Yangming's theory preached in northern China . The He-Luo Mind thinkers has not only promoted the transformation of ideas in this areas , but also made important achievements in education , including revitalization of the College , set up lectures and cultivated a large number of professionals and so on. These laid the foundation for further development of the local culture.

作为以成人、成圣为目的理学,本身就可以说是一门教育学。至明代王阳明心学兴起之后,更借书院、讲会等形式宣传其学说。阳明及其后学持"人人可以成圣人"的观念,对求学者来者不拒,育人之盛,史所罕比。故阳明心学的出现,亦是教育史上的重大的事件。然而,中晚明之世王学主要兴于南方,北方为王学者寥寥。据《明儒学案》所载,洛阳为工学在北方传播仅有的两个重镇之一,一时涌现出尤时熙、张信民、王以悟、孟化鲤、吕维祺等五子为代表的著名心学家与教育家。他们在河洛大办书院、讲会,培养出了许多杰出的人才,对河洛地区的社会转型及思想变迁产生了深远的影响,为河洛学术思想的发展做出了巨大的贡献。今将其实绩略述如下:

一、书院的重新振兴

书院是在中国古代极富特色的教育形式,初起于唐,至宋代而臻于繁盛。在书院的发展史上,河洛地区一直有着重要的地位。然而,北宋之后,河洛先后入金、元统治者之手,加之政治文化中心的移出,这便极大程度上限制了河洛地区书院的发展。明兴,汉文化得以复兴。然而由于朝廷对科举的大力提倡及对官学的大力支持,又使许多学子倾心于官学的优厚条件,书院教育发展仍然不见起色。据《河南通志》记载可知,明初"除元代延续下来的 11 所书院仍有零星讲学活动外,仅有洛宁于宣德二年(1427)新建一所'洛西书院'"。① 至中晚明,书院开始振兴。其原因正在于心学的兴起。王学是与湛若水的湛学同时兴起的,为了宣扬其思想主张,其弟子们至各地大力兴办书院讲会。"流风所被,倾动朝野,于是缙绅之士,遗佚之老,联讲会,立书院,相望于远近。"②当时洛阳新建与恢复了伊洛、望嵩、瀍东等书院,皆得力于心学兴盛的文化背景。而作为心学在北方的主要传播基地,尤时熙等洛阳五子更以极大的热情大兴书院,终使洛阳一带的书院得以再次振兴。据现有资料,洛阳五子所建主要书院如下:

1. 川上书院:孟化鲤建。隆庆五年(1571)由原川上会所改建。

2. 依仁书院:王以悟建。《陕县志》载:"依仁书院在陕县城东门外驿路官厅之北。考王公年谱,明熹宗天启元年(1621)惺所王公自山西冀宁道谢病归陕州,适河东馛使缉敬李公日宣,江西吉水人,巡历过陕,与公讲学于萧寺中。旋筹款葺东郭书院为王公聚徒讲学之地。李公颜其额曰'依仁',榜其堂曰'与人为善之堂'。"③

3. 正学书院:张信民建。天启五年(1625),李缉敬上疏表正学会所为正学书院。

4. 芝泉书院:吕维祺建。又名七贤书院。《吕明德先生年谱》"天启三年(1623)癸亥,先生三十六岁,在新安"载:"建七贤书院于芝泉。先生于斗山之阿创七贤书院,祀伊洛七贤,为宋程明道、伊川、司马温公、邵尧夫、明曹月川端、尤西川时熙、孟云浦化鲤。"是年十月,东林党人、吉水李日宣亦讲学于此。④

二、讲会的兴起

与书院相比,讲会有着更为灵活自由的特点,在洛阳一带也显得更为活跃。

---

① 刘卫东 高尚刚《河南书院教育史》,中州古籍出版社,1991 年,第 33 页。
② 《明史》,中华书局,1974 年,第 6053 页。
③ 韩嘉会《陕县志》,卷十九,(民国)25 年铅印本。
④ 施化远等《吕明德先生年谱》,卷一,清康熙刻本。

明代以前洛阳一带尚无讲会,中晚明以来,在洛阳五子的倡导下,讲会始大规模兴盛起来。孟化鲤《兴学会约序》曾谈及讲会之源流及洛阳讲会之情况:"唐虞三代时,则有学而无讲之名,讲学自孔子而始,彰由孟子,迄两程时则有讲而无会之名,会讲自朱陆而始著。……予新安旧无会,嘉靖乙丑(1565)予获谒西川先生,归始创立以讲学。"①其实,尤时熙在洛阳曾欲创办讲会,但最终未能成功。故孟化鲤所创之兴学会,当为洛阳历史上的第一个讲会。关于当时洛阳讲会的基本情况,戴霖先生《明代洛阳地区讲会论略》②、谢广山先生《孟云浦与豫西讲会》③已有较为详细的研究,可参见。然二者仍略有遗漏,今补遗如下:

1. 鼎新会。王以悟所作《鼎新会簿序》:"自余之应公交车而游虎围也,吾乡讲学之会浸微浸散矣。比其归也,要诸同志而鼎新之,因以名其会簿焉。"④

2. 张信民、王晋川所立讲会。万历十二年(1583),张氏与王晋川等立会讲学,"每以初二、十六为期,来学者日众。"⑤十九年(1589),再立。

3. 景行堂讲会。万历四十七年(1619),张信民应郑国光等人之请,"登景行堂讲坛,每月仍以朔二、十六为期",并"立会约"。⑥ 复以来往商学者私谒无定址,建闇修堂。

4. 韶阳会:天启四年,盐台李缉敬请主渑池韶阳会,一时"人文济济"。⑦

三、社会教育

除了以书院讲会直接从事于心学的传播之外,河洛心学家还从事大量的社会教育活动。主要包括兴办社学私塾、乡约民俗、褒崇礼义节孝等。

张信民在未入太学之前,就曾"于景行堂前辟室二楹,检族之可造者馆谷教之"⑧。在乡约民俗方面,王以悟更为关注。他作有《弘农胡氏先祠记》、《巽峰祷祠记》、《巽山灵官祠记》、《九龙宫修建上帝庙记》、《重修任村社庙记》、《创建

---

① 孟化鲤《孟云浦先生集》,卷四,明万历二十五年刻清康熙二年增刻本。
② 戴霖《明代洛阳地区讲会论略》,《河南科技大学学报(社会科学版)》,2003 年第 4 期。
③ 谢广山《孟云浦与豫西讲会》,《兰台世界》,2008 年第 19 期。
④ 王以悟《王惺所先生集》,卷一,明天启间刻本。
⑤ 冯奋庸《理学张抱初先生年谱》,清雍正乾隆间刻本。
⑥ 冯奋庸《理学张抱初先生年谱》。
⑦ 冯奋庸《理学张抱初先生年谱》。
⑧ 冯奋庸《理学张抱初先生年谱》。

白衣观音庵记》等对民间祭祀、宗教等进行自觉的导引,并作《谕俗》一文对当时贪婪之风进行了尖锐的批评。褒崇礼义节孝等儒家伦理,是洛阳五子的共同特点,吕维祺表现最为突出。吕维祺著有《四礼约言》四卷、《孝经大全》二十八卷、《孝经或问》三卷、《孝经本义》二卷、《存古约言》六卷以及《孝弟诗解》、《孝经衍义》等著作,足可见他对这一问题的关注。他忧四礼久废,还不顾别人非议,特意为子侄举行冠礼,云:"礼固久废,正须从吾辈举。"①至于为孝子节妇等所写的碑铭颂赞之作,有一种借典型而教化世俗之作用,在他们的作品中更为多见。

四、广育人才

教育的最终目的是育人。在这方面河洛心学家可谓成就斐然。由于河洛心学家皆有官宦之经历,在居官时亦多有教育活动,故其弟子中有成就者实遍布各地。他们以有教无类的态度,对来学者不分年龄贵贱皆能一视同仁,这对整个河洛地区知识的普及有着重要的意义。今仅对其河洛地区弟子中之著名者略作钩沉,以显其贡献。

谢江(生卒年不详),字仲川,洛阳人。嘉靖丁未(1547)进士,初授行人,奉使南阳,却唐藩馈,声望大著。擢工科给事中,督山陵工省帑金数万计。世宗议南巡,江力陈不可,忤旨廷杖。旋迁礼科给事中,尚书赵文华受诏南征,恣作威福,流毒上下,江率同寅疏其奸,忤严嵩。拟旨再杖,几毙。罢为民。归里与陈麟、董尧封俱从尤时熙游。有《岷阳集》、《滋心语录》。②

董尧封(生卒年不详),字淑化,洛阳人。嘉靖三十二年(1553)进士,擢御史,按四川,后按顺天,密疏战守机宜,世宗每向徐阶语兵事称董御史而不名。寻陞操江都御史。忤张居正,罢归。江陵败,起抚甘肃,累官户部侍郎,卒谥恭敏,赠尚书。③

陈麟(生卒年不详),字道徵,洛阳人。素厌博士家言,谓与理道无当,故其为文屡不售。后念亲老,乃稍屈就之。嘉靖三十二年(1553)进士。初任河间府推官,以廉明著声,擢礼科给事中,甫七日以言事廷杖削籍。归闻尤时熙倡道里

---

①   施化远等《吕明德先生年谱》,卷二。

②   田文镜 孙灏等(雍正)《河南通志》,卷六十,清光绪二十八年刻本。

③   田文镜 孙灏等(雍正)《河南通志》,卷六十一。

中,偕谢江执弟子礼。家居专以阐明圣学为事,所著有《归田漫录》。①

李士元(生卒年不详),字子仁,洛阳人。弱冠举于乡,即有志圣贤之学。会尤时熙讲学于洛,即首为依归,笃信不移。初授如皋教谕,尝进诸生,语之曰:"性命之理只在人伦日用间。"晋国子监助教,历迁代州知州,多善政。罢归,以疾卒。尤时熙为之泫然,曰:"斯道孤矣。"②

梁许(生卒年不详),字君可,号带川,孟津人。"闻西川尤先生倡道洛阳,执贽受业。研穷圣贤精旨,辩悉诸儒语录。"隆庆二年(1568)进士。曾任兵粮道等职。著有《带川文集》、《椿萱园集》、《西台疏稿》。③

王价(生卒年不详),字藩甫,号宏宇,孟津人。闻尤时熙讲学洛阳,往谒,执弟子礼。"质疑问难,深契先生之旨"。万历二年(1574)进士,历宦真定大名太守,政暇辑《二程类语》为弟子讲说。④ 著有《四书偶得录》。

郑梦麟(生卒年不详),字瑞津,号鹤鸣,孟津人。"弱冠食既,闻西川先生讲学洛阳,时潘泉李公、带川梁公皆受业焉,公遂欣然适洛拜谒,执弟子礼。殚心理学,深契濂洛关闽之旨。"⑤后以明经司训唐县,四方名硕游其门者百余人。

李潘泉(生卒年不详),孟津人。由岁荐任职于秦府。学于尤时熙,"悟良知宗旨,动履不苟。师严道尊,一时名贤出其门者甚众。"⑥

李根(生卒年不详),字伯生,号育吾,孟津人,李天宠子,尤时熙婿。弱冠举于乡,屡上春官不第,"绝意仕进,日侍尤西川先生于洛,究心圣贤之学"。晚年曾就信阳博士,寻擢国子学录,与孟化鲤相砥砺。后官职方员外郎,晋金宪,备兵延安。未几,辞归。"徜徉林泉二十年,课子若孙,沉酣典籍,潜心默绎。""其论学得伊洛宗旨,三川贤士大夫仰之若泰山北斗。"⑦。所著有《修竹馆集》、《大儒家训》、《永思诗集》,辑有《尤西川先生拟学小记》。

王邦才(生卒年不详),字汝抡,号西皋,卢氏人。张月桂《王员外邦才传》

---

① 田文镜 孙灏等(雍正)《河南通志》,卷六十二。
② 田文镜 孙灏等(雍正)《河南通志》,卷六十二。
③ 孟常裕 徐元璨《孟津县志》,卷四,清康熙四十七年刻本。
④ 孟常裕 徐元璨《孟津县志》,卷四。
⑤ 孟常裕 徐元璨《孟津县志》,卷四。
⑥ 孟常裕 徐元璨《孟津县志》,卷四。
⑦ 施诚 童钰《河南府志》,卷四十,清同治六年刻本。

载:"(公)既补博士弟子,闻洛阳尤时熙从刘魁得阳明真传……往贽门下数年。有得,谢归家居,毅然以圣贤自期。为学务实践,以养浩然气为枢,以见义必为为功夫。由万历丙子(1576)举人,初任郃阳令……调繁蓝田……擢济南同知……著《幽居集》若干卷,又汇《在狱颠末》,合赠言为《主恩录》若干卷。"①

吕孔良(生卒年不详),洛阳人。嘉靖二十六年(1547)进士。吕孔良《拟学小记跋》云明穆宗隆庆三年(1569),吕孔良、温纯甫等邀西川先生会于陈祥书舍。

吕维祜(？—1641),字吉孺,又字秦石,新安人。吕维祺之弟。选贡生,官乐平知县。城破殉难,时称吕氏二烈。有《孝经翼》一卷,所说义多精切。

阎继芳(生卒年不详),字永之,孟津人。"少游梁带川、尤西川之门,工古文词,精书翰。"由贡司训汝宁,擢常宁令,迁南昌。②

冯奋庸(生卒年不详),字则中,寿安(今宜阳)人。诸生。性醇谨,闻张信民倡道渑池,负笈从游。后即设科於正学书院,渑诸生半出其门。及李自成破城,被执,不屈,一门悉被害。所著有《观灯说》、《格物图说》、《理学张抱初先生年谱》,并辑《张抱初先生印正正稿》。③

陆冲霄(生卒年不详),字凌云,新安人,吕维祺弟子。终身嗜学,"饬行循雅,比于古人"。④

张孔训(生卒年不详),字见室,洛阳人,曾于洛阳创办讲会。贡生,官至广东盐运使。

杨玉润(生卒年不详),号二室,孟津人。孟化鲤弟子。博学宏才,善书法,工草隶篆。曾任通渭知县,升归州知州。

崔儒秀(1569—1621),字儆初,陕州(今陕县东凡乡崔家村)人,"自童子时就学于云浦先生"⑤。万历二十六年(1598)进士,初任户部郎中,天启元年(1621)任开原兵备佥事。时开原已失,募壮士,携家辞墓而行。辽阳被围,分守东城。矢集如雨,不少却。兵溃,自到殉国。著有《岁寒松柏论》等。

---

① 张月桂《来莒斋古文》,下卷,光绪十九年才有卢氏来莒斋重刻本。
② 施诚 童钰《河南府志》,卷四十。
③ 田文镜 孙灏等(雍正)《河南通志》,卷六十三。
④ 邱峨《新安县志》,卷十一,清乾隆三十一年刻本。
⑤ 邱峨《新安县志》,卷十一。

上官捷科(1576—1604),字心俨,渑池人,张信民弟子。万历二十九年(1601)进士,有文名。任南宫知县(今河北省南宫县),兴利除害,大办学校。尝倡修渑池邑志。所著有《觉迷编》、《醒心堂稿》、《政余小集》等。

许憬然(生卒年不详),张抱初弟子。灵宝人,号松麓,理学家。

王铎(1592—1652),字觉斯,一字觉之,号十樵,一号嵩樵、痴庵,又号痴仙道人、烟潭渔叟等。孟津人,世称王孟津。孟化鲤门人。天启二年(1622)进士,擢翰林编修、经筵讲官等职,崇祯十七年(1644)擢礼部尚书。清军攻陷北京,未能就职,清兵入关后,任福王弘光朝东阁大学士。顺治三年(1646)仕清,为《明史》副编修,后为礼部左侍郎、礼部尚书。著名书法家、画家。著有《拟山园集》等。

除以上诸人外,其他见于河洛地区地方志及五子著作中的五子弟子,尚有上官允化、上官位、黄卷、周静涯、杨子厚等数百人,此不一一罗列。值得一提的是,洛阳著名文人如刘贽、刘衍祚、丘凤山等与心学五子之间的关系则介于师友之间,彼此切磋学问,往来不断。

五、学术交流

明代心学尽管流派众多,所见互异,但却能够以一种开放的姿态,相互间的学术交流非常频繁。王阳明与湛若水不仅经常切磋,而且学生也可以在二人之间自由往来,甚至有意交流,以致出现了"学于湛者或卒业于王,学于王者或卒业于湛"①的现象。这对明代洛阳心学家也产生了深刻的影响,故其所办讲会、书院都十分开放。他们经常邀请外地学者来参与会讲,如关中冯从吾、虞城杨晋庵、江西李日宣、邹元标等著名学者皆多次前来讲学。另外亦有不少外地学者慕名前来交流,如安徽周怡、江西邹德涵等皆曾抵洛。至于前来问学者,更不可枚举。如张抱初之书院讲会,"秦晋之间以及汝颍之士,云涌川至,相继而来"。②其中仅可以考知的秦晋之士前来向张抱初问学或商讨者就有山西垣曲王永锡、王昱、鲁乐尹、鲁廷试、李多闻、王世封、辛全、程君爱、石抱晶、加真儒、刘澄远,陕

① 黄宗羲《明儒学案》卷三十七,中华书局,1985年,第876页。
② 汤斌《洛学编》,清康熙树德堂刻本。

西张三重、孙绳祖、石之岱、张太宇、李昌龄、史义伯、郭光复、张绍光、张霄等人。通过学术交流,不仅激活了河洛地区的思想,而且也使这一地区的思想文化得以外向传播。部分外地弟子如王世封、张三重等返乡后,仿效洛阳学者的讲学模式,举办讲会,对当地思想文化的发展也起到了极大的促进作用。

除此之外,明代河洛理学家也十分重视学校教育,他们不仅写下了一些儒学碑记,表彰地方官吏兴教之举,而且还亲自捐助、兴建学校。由此可知河洛理学家的教育实绩涵盖领域相当广泛。正是由于他们的努力与付出,才从根本上改变了金元以来河洛一带的文化落后的状况,并使中晚明成为河洛历史上教育空前普及的时期,从而为清代河洛地区文化的进一步发展从思想转型和人才储备两个方面奠定了基础。

(作者为洛阳理工学院科研处处长、教授)

论二程的道德底线意识与文化本位思想

王　灿

Abstract:For a long time, the thought on women, Buddhism and other aspects in Pharmacology of Ercheng, have been challenged and even criticism. But if we study some seemingly sharp remarks of Ercheng´, in fact, they put forward them from a cultural and moral bottom line standard and the entire cultural and historical background. So, it has a special significance, for which neither sweeping, also no need to exaggerate its negative sense, but should be interpreted from the perspective of more constructive role, and thus it also has instructive effect in construction of culture.

　　二程是洛学的开创者,二程学说也是河洛文化中极为重要的组成部分。在宋代及其以后的中国古代,二程开创的程朱理学有着重大影响。在一个相当长的时间内,二程理学中一些关于妇女和佛老等方面看似较为尖锐的论断,颇受到质疑乃至批判。近年来,对这些质疑和批判,亦有一些学者从不同角度进行辩驳;但是,这些论文多是就某些特定的论题进行"点对点"的论证,比较欠缺从整体和根源的角度对程颢、程颐相关观点进行论证。然而,换个角度,如果从整个文化和历史背景看,二程(以及与其类似的前代和后世学者)的某些看似尖锐的言论,其实是从文化本位和道德底线两种角度提出的,具有特殊意义。对二程的这些言论,既不可以偏概全,亦无需夸大其负面意义,而应多从其保护文化和道德主体性、建设性作用的角度予以解读。如是,二程的相关看法则是完全可以理解,甚至对当今文化建设亦不无启发意义。一得之见,未必正确,简述于后,以请方家指正。

　　二程堪称百科全书式的学者。其常被提及并多受质疑乃至误解的思想则主要集中在两个方面：一是他们对于佛教的看法；二是程颐对于天理与人欲关系（往往被约化为"妇女失节"）问题的看法。这两种看法其实浓缩了二程对于自身文化本位和道德底线的关注。

一、程颐的道德底线意识

众所周知，程颐与某人的一段对话在后世引起了很大争论：

> 或问："媵妇于理，似不可取，如何？"伊川先生曰："然。凡取，以配身也。若取失节者以配身，是己失节也。"又问："人或居孀贫穷无托者，可再嫁否？"曰："只是后世怕寒饿死，故有是说。然饿死事极小，失节事极大。"①

上引这段话，一般即被认为是"饿死事小，失节事大"的原始出处。对此，综合已有的研究成果看，学者们其实早已指出，对于伊川的这一段话，我们要注意三点：

一、其实程颐是有感而发的，有其具体语境。其基本事实是：程颢之子壮年而死，留下孤儿寡母，作为程颢之子连襟的章氏，竟然娶了孀居的小姨（即纳程颢之守寡的儿媳为妾）。这对于一个普通人而言都是很难接受的，而伊川正是针对这一情形有感而发的。②

二、其本意不仅并非单独针对妇女，相反其重心是在强调士大夫不可因娶媵妇而"失节"。正如上引伊川之语曰："或问：'媵妇于理，似不可取，如何？'伊川先生曰：'然。凡取，以配身也。若取失节者以配身，是己失节也。'"这里其中心意旨在于说士大夫不应该娶媵妇，否则便为"失节"。

三、此处之"节"，并不仅仅是指女子之"贞洁"，而是指普遍意义的"气节"。正如有的学者所指出的："细察之，这八个字在历史上有时也曾被理解为并非专指妇女应当为男人守节，而是泛指做人应当守气节……这一理学信条除被用来摧残妇女（这是主要方面）外，也曾对某些人多少起过一些砥砺人格和气节的作

---

① 《程氏遗书》卷二十二。
② 李双龙《"饿死事极小，失节事极大"新释》，《红河学院学报》，2010 年第 5 期。

用。"①

　　但是,仅仅理解到以上三点,似仍嫌不够。其实,此处伊川言"饿死事小失节事大",是强调我们对于"义"和"利"取舍的问题,这正如同我们万口传诵的孟子"舍身取义"意旨一样,孟子强调"舍身取义",并非让大家都去"舍生",而是说在面临"生"与"义"的抉择时,要优先考虑"义"。这种说法大家都无异议,而伊川也是如此之意。然而,由于伊川的说法是以女子改嫁是否适当为话题谈论的,所以就被后世断章取义者用来作为攻击程朱理学"杀人"的口实。这是不对的。换言之,伊川此处是用一种极端的、两难状态下的道德抉择问题,实在于强调要固守道德底线,而非要将之绝对化为僵化的教条。

　　事实上,早有学者论证出,伊川本人非但并未以此束缚当时的妇女,相反倒是颇多为守寡妇女择偶之举。② 而将"饿死事小、失节事大"绝对化成为杀人的教条,恰恰是后世的将程朱理学官学化用以维护其专制统治的明清统治者。

　　总之,"饿死事小失节事大"之语,用现在的话来概括,只是体现了程颐的道德底线意识,其意是强调在五代道德崩坏到了极点之后,需要重塑道德体系、重建道德权威、坚守道德底线,并非要"以理杀人"。这无疑是符合历史发展的大趋势的。

二、程颐的文化本位思想

　　二程辟佛老态度坚决,这点同样被视为其思想狭隘的表征。其实,其对于佛教的看法,也是有其特别的意蕴所在,目的无非是强调以儒家文化为核心的中华文化的本位。比如,二程说:"今异教之害,道家之说则更没可辟。唯释氏之说衍蔓迷溺至深,今日是释氏盛,而道家萧索,方其盛时,天下之士往往自从其学,自难与之力争。惟当自明吾理,吾理自立则彼不必与争,然在今日释氏却未消理会,大患者却是介甫之学。"③所谓"异教",则是与以儒家相对而言,这里明确是在强调儒家学说的文化本体和正统地位。下面的说法大致相同:

①　贾笙《"饿死事小,失节事大"的一种别解》,《北京日报》,2006 年 10 月 13 日。
②　黄天庆《浅议"饿死事小,失节事大"》,《中学历史教学》,2011 年第 6 期。
③　《二程遗书》卷一。

"异教之说,其盛如此,其久又如是,亦须是有命,然吾辈不谓之命也。"①在这里,程颢意在强调排佛的重要性,虽然他也承认异教兴盛是"命",但是,排击之也是士大夫的责任,因为它异于我们本土文化。

又如,针对佛学的生死关,二程又说:"佛学只是以生死恐动人。可怪二千年来,无一人觉此,是被他恐动也。圣贤以生死为本分事,无可惧,故不论死生……如杨、墨之害,在今世则已无。如道家之说,其害终小。惟佛学,今则人人谈之,弥漫滔天,其害无涯。旧尝问学佛者,传灯录几人?云千七百人。某曰:敢道此千七百人无一人达者。果有一人见得圣人'朝闻道夕死可矣'与曾子'易箦'之理,临死须寻一尺布帛裹头而死,必不肯削发胡服而终。是诚无一人达者。"②

还有记载说:

> 先生不好佛语。或曰:"佛之道是也,其迹非也。"曰:"所谓迹者,果不出于道乎?然吾所攻,其迹耳;其道,则吾不知也。使其道不合于先王,固不愿学也。如其合于先王,则求之六经足矣,奚必佛?"③

很明显,上述之语中所谓"其道不合于先王,固不愿学也。如其合于先王,则求之六经足矣,奚必佛",正是强调了以自身文化为本位的意识。

程子甚至有时还称赞"释氏之道诚弘大",但是这并不影响他的文化本位意识:

> 程子之周至,时枢密赵公瞻持丧居邑中,杜门谢客,使侯謩语子以释氏之学。子曰:"祸莫大于无类。释氏使人无类,可乎?"謩以告赵公。公曰:"天下知道者少,不知道者众,自相生养,何患乎无类也?若天下尽为君子,则君子将谁使?"侯子以告。程子曰:"岂不欲人人尽为君子哉?病不能耳,非利其为使也。若然,则人类之存,不赖于圣贤,而赖于下愚也。"赵公闻

---

① 《二程遗书》卷一。
② 《二程遗书》卷一。
③ 《二程遗书》卷四。

之,笑曰:"程子未知佛道弘大耳。"程子曰:"释氏之道诚弘大,吾闻传者以
佛逃父入山,终能成佛,若儒者之道,则当逃父时已诛之矣,岂能俟其成佛
也?"韩公持国与程子语,叹曰:"今日又暮矣。"程子对曰:"此常理从来如
是,何叹为?"公曰:"老者行去矣。"曰:"公勿去可也。"公曰:"如何能勿
去?"子曰:"不能则去可也。"①

　　上面的论证,程子虽然承认"佛道"有其"弘大"处,但是,如果从儒家的伦理
思想出发去分析,则佛家思想不近人情。这些都是文化本位思想的体现。
　　当然,强调以自身传统文化为本位,并非是盲目自大和排外,而是说要以自
身的优秀传统文化为根本,在基础上,借鉴和吸收其他文化中的优秀成分,为我
所用,使得自身文化更加强大和健康。关于这点,二程并非不明白,比如,他们对
佛教文化批判的同时,也不乏吸收和借鉴的之:

　　　　"君子之于天下也,无适也,无莫也,义之与比"。若有适有莫,则于道
　　　为有间,非天地之全也。彼释氏之学,于"敬以直内"则有之矣,"义以方外"
　　　则未之有也,故滞固者入于枯槁,疏通者归于肆恣,一作放肆。此佛之教所
　　　以为隘也,吾道则不然,率性而已。斯理也,圣人于易备言之。②
　　　　洒埽应对,与佛家默然处合。③

　　这种以自身文化为本位,对外来文化批判性吸收、借鉴的做法,今日看来,犹
不失为明智之举。因为,任何借鉴和吸收,都不应以毁灭自身为代价。

三、结语

　　习近平总书记不止一次强调道德的重要性。④ 同时,他在文艺座谈会上还
特别指出:"文艺要坚定民族性,要高歌弘扬中华民族传统文化中优秀部分和精

---

① 《程氏遗书》卷二十一。
② 《二程遗书》卷四。
③ 《二程遗书》卷七。
④ 林伟《习近平强调加强"道德修养"发人深省》,2009 年 04 月 01 日 09:39 来源:人民网–观点频
道:http://opinion.people.com.cn/GB/52655/9061854.html。

华部分,坚定民族性的本位目标。同时,也要汲取世界优秀文化遗产,必须把古今中外的糟粕部分彻底摒弃,经过认真的筛选。而今,我们的文艺有些迷失自我,放弃自我,偏离航道,这是十分危险的。"①其实,不仅文艺如此,整个文化建设都必须如此,这是因为:"中华文化既坚守本根又不断与时俱进,使中华民族保持了坚定的民族自信和强大的修复能力,培育了共同的情感和价值、共同的理想和精神。"②这些论述极为深刻。

　　总之,道德底线必须坚守,否则社会将沦为丛林世界;自身的文化本位必须坚守,否则将邯郸学步、迷失自我,丧失精神家园。从这个意义上讲,二程的道德底线意识和文化本位思想,是有其积极意义和正面价值的。

(作者为河南科技大学人文学院副教授、博士后)

---

① 习近平《在文艺工作座谈会上的讲话》,2015 年 10 月 14 日 23:01:26 ,来源:新华网: http://vod. xinhuanet. com/v/vod. html? vid =332738。

② 习近平《在文艺工作座谈会上的讲话》,2015 年 10 月 14 日 23:01:26 ,来源:新华网。

丁若镛对邵康节及朱熹数理说的评论

——以《邵子先天论》为中心

李兰淑

Abstract：Ding Ruoyong, the famous Korean scholar during the 16th century, spoke highly of Shao Yong and Zhu Xi, two thinkers in the Song dynasty. This paper studies The Nativism theory of Shaozi written by Ding Ruoyong, and compares the different understandings of Ding Ruoyong, Shao Kangjie and Zhu Xi on the mathematical theory mentioned in The Book of Changes. The paper aims to illustrate the three scholars' differences in their explanations on the mathematical theory through a comparative study.

一、前言

丁若镛(1762—1836)，字归农，朝鲜京畿道广州人，著名文字学家、思想家。

本稿主要讨论茶山丁若镛《易学绪言·邵子先天论》中的数理说。具体内容是以针对邵康节(1011—1077)与朱熹(1130—1200)《周易》数理论的丁若镛批评为中心，目的在于通过那些数理论的比较考察，阐明三个学者对数理解释观点的差异。

在《易学绪言》中，针对从汉代到清代在中国《易》学史上有至大影响力的《易》学文献上的注解、多样的解释方法论及《易》学思想，丁若镛进行了批评性论评。该书一共收录了21篇易学评论。其中，《邵子先天论》集中针对邵康节的先天说及图象说与朱熹之活用"河图"数理说的八个论题。其八个论题分别是，《论邵氏八卦次序之图》、《论邵氏八卦方位之图》、《论邵氏八卦先天之说》、《论先天横图九六七八之说》、《论本义乾坤策数之义》、《论河图洛书参天两地之义》、《论河图老少互相藏之法》以及《论河图为八卦之则》。

在《周易》哲学史上,三个学者具有巨大的影响力,具备独特的《易》学理论体系,因此具有哲学史上的研究价值。跟以象为中心的象理解释相比,以数为中心的数理解释具有其难解性与模糊性。但是,丁若镛阐述了《朱子本义发微》与《邵子先天论》,显示批评邵康节及朱熹的关联性。因此,本稿主要考察对数理论的三个学者的解释观点。针对数理说的比较研究,为各学者之间《易》学思想的相关特征研究奠定基础,从而继续进行有系统性的分析研究。

丁若镛集中对数十名中国学者的《易》学观进行了批评,尤其是对郑玄、王弼、邵康节及朱熹的《易》学言论,提出了相反之点。《易学绪言》包含着论评宋代《易》学的评论,如《邵子先天论》、《朱子本义发微》、《王蔡胡李评》以及《沙随古占驳》。不仅如此,针对清代《易》学,他也批评了受到邵康节与朱熹《易》学理论及思想影响的《易》学。

本稿要阐述三个学者针对易数的数理说以及丁若镛所提起的问题。第一、《先天横图》9·6·7·8 的数理,第二、《周易本义》的乾坤策数以及第三《河图》与《洛书》之参天两地的意味。跟邵康节比,朱熹以数理说为核心,但是也有与邵康节《易》学的关联性。因此,为了考察学者之间《易》学思想的关联性特征,以丁若镛的批评焦点为中心,考察不同的数理的解释观点。以《邵子先天论》为中心,比较三个学者数理说的差别性观点,意味着中韩《易》学发展过程的深度测量并不相同。

二、先天横图与 9·6·7·8 的数理说

北宋象数易学具有集中于三个渊源的特征:第一、《周易》的八卦,第二、《尚书》的洪范九畴以及第三《河图》与《洛书》,尤其着重于说明《周易》原理的《河图》与《洛书》。清代学者们或把宋代象数易学区分为图书学。[①] 该图书学包含着图象说与数理说。这种宋代象数学理论显示着在思想上与汉代象数学理论差别的认识观点。《周易》的象及数经过了从具体事物到包括象征性在内的抽象原理的收敛过程。基于象与数,学者们又扩张了哲学思维的外延,从而努力阐明

---

① 廖明春 康学伟 梁韦弦著 沈庆昊译《周易哲学史》,艺文书院,1995 年,第 369 页。

人类的本质,尤其是邵康节与朱熹的易学更深。

《邵子先天论》中,第一个数理说争议是《先天横图》与9·6·7·8的解释。《周易》的"易数"蕴含着将宇宙自然秩序用归纳方法来整理的古代基础科学知识及将世界道理用演绎方法来解释的哲学思想。邵康节的《先天横图》基于《系辞传》中的"易有太极,是生两仪。两仪生四象,四象生八卦。"此外,一生二法的伦理,即"一分为二,二分为四,四分为八也",也由邵康节所引进。他的《先天横图》是先天图,①将卦的形成与阴阳的分化过程简明地图示化,说明了太极、两仪、四象以及八卦的形成过程。

从《先天横图》,丁若镛发现了两个问题。

第一、《先天横图》所说的老阳、老阴、少阳以及少阴四象不符合《周易》的易理。《先天横图》将老阳、老阴、少阳以及少阴四象定为二画。但是,他主张,在揲蓍法中得卦时,只要得一画,就四象形成。如果是邵康节的方式,"乾初九,坤初六"等的变爻说明模糊。他之所以看《先天横图》而发出"将若之何"②的叹息之辞,是因为对四象的概念理解不符合《周易》解释。

第二、他主张,在《先天横图》中的第一与第二等顺序象征不在于《周易》。他说,在人伦上乾坤是父母,还有六子卦,虽然会有以这种《说卦传》为根据的顺位,基本上从太极万物分化时,"一生两时"之卦形成。他的伦理是"则一生两时,两个一时并生,必无阳先阴后之理。两生四时,四个一时并生,必无孰长孰弟之序。四生八时,八个一时并生,必无乾首坤尾之可言。"换句话说,他的主张是固定卦的顺次是错误的。因此,他根本没有把《先天横图》评价为做卦的根本道理或画卦的根本方法。③

其次是对9·6·7·8数的解释观点。他说,当初朱熹不知道,太阳数九、少阴数八、少阳数七以及太阴数六的正确意味。朱熹说,9·6·7·8的四象数是从十除1·2·3·4的位数而得出来的。换句话说,他适用《河图》而解释9·6

---

①　《先天图》传授系谱,《宋史·朱震传》:"陈抟以先天图传种放,放传穆修,穆修传李之才,之才传邵雍。放以河图洛书传李溉,溉传许坚,许坚传范谔昌,谔昌传刘牧。穆修以太极图传周敦颐,敦颐传程颢程颐。故雍著《皇极经世书》,牧陈天地五十有五之数,敦颐作《通书》,程颐著《易传》,载造《太和参》两篇。"

②　丁若镛《定本与犹堂全书》第17卷,《易学绪言》、《邵子先天论》。

③　《邵子先天论》:"先天横图,固非生卦之本理,亦非画卦之本法。"

·7·8 的数。

> 朱子曰："古人做《易》,其巧不可言。太阳数九,少阴数八,少阳数七,
> 太阴数六,初亦不知其数如何恁地。元来只是十数,太阳居一,除了本身,便
> 是九个。少阴居二,除了本身,便是八个。少阳居三,除了本身,便是七个。
> 太阴居四,除了本身,便是六个。"

丁若镛的观点则不同。他认为"一太阳,四太阴,原属非理。"接着他说"一
二三四,既不分明。九六七八,将何所立?"他认为,朱熹从十除 1·2·3·4 位数
而计算四象之数的看法是受到算数家之影响的。算数家是用数研究自然现象的
格术家。即丁若镛认为,朱熹没将算数家的主张做批评性分析而收容,从而露出
了解释上的谬误。

> 算数之家,有除本身之法。然所谓本身,必用实数,不可以兄弟序次
> ……况无故无义,自除其身,乃取其所余之数,以为本数,抑何理也?

从上述引用,我们能够把握丁若镛的观点。他判断了以《河图》说《易》数的
方法不符合根本《易》理。不仅如此,他认为由于受到算数家的影响,除本身而
取所余之数,则不能阐明数之道理。

三、《周易本义》之乾坤策数说的意味

其次,对朱熹乾坤策数之学说提出了批评。《系辞传》曰:"乾之策,二百一
十有六。坤之策,百四十有四。万有一千五百二十,当万物之数也。"又曰:"凡
三百有六十,当期之日。"就是说 360 是古代周天常数。周天常数可能是,在做
历法的过程中,按照把握正确周天度数的必要性而被观测的数。太阴太阳历是
考虑日与月两者,即阴阳之气的历法。因为其目的在于正确预测一年之单位,即
地球空转周期之日数与正确自转时间。从这种历法当中,正确测定周天度数是
个非常重要的事情。乾坤策数(216,144)是对老阳策数(36)与老阴策数(24)乘
六而得出来的,又万物之数 11,520 是对老阳策数与老阴策数乘在《周易》384 爻

当中的 192 个阳爻与 192 个阴爻而得出来的。即乾之策数、坤之策数以及万物之数均与揲蓍有密切关系。

朱熹所著《蓍卦考误》曰："凡言策者即谓蓍也。"老阴与老阳之策数是指过揲后余蓍之数。他在《周易本义》把策数关联于《河图》,并说策数是从四象得出来的。朱熹的看法如下："策数是从四象得出来的。从《河图》可看其四象之数。此与 1·2·3·4 有关,表示方位。即 1·6 水→北,2·7 火→南,3·8 木→东以及 4·9 金→西。奇数 3 与圆周有关,偶数 4 与方形周长有关。在此,如三个是偶数,成为 6,如三个是奇数,成为 9。基于此,计算老阴策数为 24、少阳策数为 28、少阴策数为 32 以及老阳策数为 36。"策数计算是,在揲蓍过程中,乘上意味着 4 营的 4 而得出来的。丁若镛没引用朱熹所说的万物之数 11,520 与乾坤策数之合 360。

丁若镛《蓍卦传》,把它成为一个传,插入到《周易》注解。在《周易四笺》中,他说："筮主于数。"① 又曰："易者,象也。象也者,像也。"② 这意味着,在《周易》中数理解释重要,并且《周易》包含着模仿形象而以象征意味表现的许多数与记号。

在《系辞传》中,太极→两仪→四象→八卦的分化原理重复包含着象征性与哲学解释。揲蓍法是得卦的方法。为了在揲蓍过程中的概念分析与意味解释,丁若镛费尽了心血。对朱熹的策数说,他指出了四个问题。其内容如下：

第一、《河图》十数与《周易》八卦,全不相当。③ 如今我们不能正确把握《易传》的"河出图",《论语》的"河不出图"以及《尚书·顾命》的"河图"是什么意思。

第二、在《河图》中有 1·2·3·4·5·6·7·8·9 数,可是,只对四象 9·6·7·8 的意味说明。这种看法是不对的。并且既然 1·2·3·4 为四象的位置,6·7·8·9 为四象的余数,没说明中央的 5·10。

第三、"今乃《河图》盘上,取一点,屈作太阳,取四点,屈作太阴,已属强硬。况云'一点连九·二,遂坐八·九为少阴、老阳之名',岂公论乎?"

---

① 丁若镛《定本与犹堂全书》第 15—16 卷,《周易四笺》。
② 丁若镛《周易四笺》之《系辞下传》。
③ 《邵子先天论》："河图十数,与周八卦,全不相当。"

第四、"凡四为奇,恐非易例。奇也者,零数也,亦阳数也。揲蓍之法,本揲以四,四其为零数乎……以四为奇,原是谬法。"

从丁若镛的观点来说,《河图》的来源根据不足。因此,如果将《河图》与策数关联说明,或用圆形或方形的周长来解释易数既不是精巧的道路,也不是至极的解释法。[①] 他说,甚至1·6水、2·7火、3·8木以及4·9金的规则也是错误的。因为,从《周易》文献,根本找不到"1·6水"的《河图》解释。因此,他说:"先正急以八卦配于《河图》,直云《河图》有四象。"

他说:"其数主于九·六,不主于七·八。"[②]即揲蓍法是得老阳与老阴之数而做卦的方法。以9·6得出来的数就是变爻。但是,7·8不是变爻。9·6用于爻名,7·8则不然。因此,在揲蓍法上,重要数就是9·6。他断定,与此相反,朱熹已知爻变的解释法。但是,朱熹没侧重于变爻9·6的变化而解释,何况他用圆形与方形的周长3·4来解释。总之,丁若镛认为将《河图》与易数关联而解释的方法没有根据。

四、《河图》与《洛书》参天两地的解释

这里要考察的批评争议是《河图》与《洛书》以及参天两地之数。正如我们前面所提到的,《河图》与《洛书》是宋代学者们的主要研究的对象。参天两地是以三是天数以及二是地数为前提的原理,决定9·6·7·8的四象数。因此,在筮法上具有重要意义。丁若镛曰:"参天两地之义,微妙难言。"因为,参天两地的数理前提,不容易说明在《周易》中所包含的根源理由。再说,《说卦传》只曰:"昔者圣人之作《易》也,幽赞于神明而生蓍,参天两地而奇数,观变于阴阳而立卦,发挥于刚柔而生爻,和顺于道德而理于义,穷理尽性,以至于命。"但是,没谈到参天两地的根源与背景说明。

那么,朱熹怎么看待参天两地的意思呢? 他说:

---

① 《邵子先天论》"径一围三,本有零余,不是精法。(详见余乐书)安得与偶方围四配之,为至极哉?"

② 《邵子先天论》"乾坤之策三百六十者,计之以少阳少阴,亦此数也。……唯六位之内,九六屡出,诸画乱动,不可以执其变者,于是乎,再揲以求一画之变,乾坤之策二篇之策,乃此时之所用也。故曰其数主于九六,不主于七八。"

朱子曰：阳之象圆，圆者径一而围三。阴之象方，方者径一而围四。圆三者，以一为一，故参其一阳而为三。围四者，以二为一，故两其一阴而为二。是所谓参天两地者也。三二之合，则为五矣，此《河图》《洛书》之数，所以皆以五为中也。

当朱熹解释参天两地时，一定有圆形与方形的周长。他说，圆形为阳，方形为阴，阳者以一为一，阴者以二为一。即阴者，只用方形周长 4 的一半 2 而被决定。丁若镛通过考证，主张"参天"的本义与朱熹的主张有所差异。他的考证内容如下：

第一，他说："《老子》曰：一生二，二生三，三生万物。《庄子》曰：一与一为二，二与一为三。《汉书·郊祀志》有'三一'之文，而《律历志》云：太极元气，函三为一。《管子》论乐律，亦以三、一起数，此皆古人参天之原义也。"

第二，他说："然在地之物，百谷百果，皆两瓣相合。人身头囟以下，亦皆合，则形质在下之器，其体两合，此古人两地之原义也。然其在《周易》，直据卦划，亦可以参天两地。"

针对"参天"的本义，丁若镛以《老子》、《庄子》、《汉书·郊祀志》、《律历志》以及《管子》为例说明。但是，看来，其意思未必明了。针对"两地"的本义，他说，在地球大地上活着的事物，如各种谷物或果实，都两方成为对称而合，人类的身体也从头开始，都成为两方合起来的形态。如果形质是处于下方的器，其两方的合是体，从而得到两地的意味。并且，刚画（阳爻），跟柔画（阴爻）比，中间断绝，成为大约三分之二的长度，把它分为三个部分，去掉其一而得到，因此，三是根本。这种方法是有错误的。因为，此基于律历算数家所使用的大经大法。虽然通过丁若镛的解释，"参天两地"的意思未必充分明白，但已说明参天两地的解释是微妙而很难的事情。

五、结论

在东亚象数易学史上，图象说与数理说具有颇深的渊源。尤其数理说，将要与人类给数理象征与意味的哲学认识发达过程一起进步。朝鲜儒学没把邵康节《易》学认为道统。但是,除了栗谷李珥以外,还有徐敬德、张显光、郑齐斗、徐命膺以及金锡文等有权威的学者们,也有继承先天《易》学或在理论方面使它发展。朱熹也树立了收容图象说与数理说的《易》学,因此,两个学者的《易》学给朝鲜儒学带来了相当大的影响。

丁若镛所定立的《易理四法》中"爻变法",原理同于《邵子先天论》中对邵康节与朱熹数理说的批评。他另外作《蓍卦传》,并且针对《周易》中易数概念与原理性解释法强调其重要性的事实与此有关系。还有,在《易学绪言》的许多《易》学评论上继续批评中国数理说的事实也带给我们一种启示。因为,我们能够确认,在《易理四法》,即"变易"的解释法上,研究易象,即卦爻与物象之象变的基础架构是,以包含《周易》的根源宇宙观的易数之变化原理为前提的。如此论定数理概念,把其象征意味具体发展到有系统性的理论,是丁若镛《易》学特征之一。

丁若镛所作的对中国《易》学的批评过程,反映了他的《周易》解释学,就是说,集中于《易》的根源思想,即"变易"之易义的观点。针对象数《易》学史的解释方法论,他对《易》学思想与理论继承提出了一些问题,通过源流考证与论证而进行批评。我们能够看出他的意图:通过批评性检验,包括去掉《易》学的绊脚石与《易》理解释上的歪曲等在内,将要定立新经学之学问的基础。在许多中国学者当中,他特别尊称两位学者:在《邵子先天论》中把邵康节称为"邵子",在《朱子本义发微》中把朱熹称为"朱子"。这可能是他对两位学者之学问及其哲学研究方法论的尊敬表示。

但是,针对洁净精微的《易》教或《易》理,丁若镛、邵康节与朱熹三位学者的思想分析有所不同;对创意性《易》学理论的内容与解释方法论的体系,也截然不同。丁若镛的《易》学是结合象数《易》学与义理《易》学的《易》学。从《周易》之构成因素方面来看,对象理、数理以及义理,是基于历代《易》哲学史之批评哲学的"《易》理学"。在韩国《易》学思想史上,他的《易》学学问意味着,跟性理学之《周易》解释学及先天《易》学相比,实现差别性思想变曲。

参考文献:

1. 邵康节《皇极经世》。

2. 朱熹《周易本义》、《易学启蒙》。

3. 丁若镛《定本与犹堂全书》、《易学绪言》、《周易四笺》,茶山学术文化财团,2012 年。

4. 高怀民著 郭信焕译《《邵康节先天易学》,艺文书院,2011 年。

5. 廖明春 康学伟 梁韦弦著 沈庆昊译《周易哲学史》,艺文书院,1995 年。

6. 李兰淑《茶山丁若镛的中国易学批判研究——以《易学绪言》为中心》,江原大学校大学院博士学位论文,2014 年。

7. 金王渊《丁茶山的邵子先天论批判》,韩国哲学会《哲学》第 42 集,1994 年。

8. 金麟哲《对茶山的先天易批判——以〈邵子先天论〉为中心》,《东洋哲学研究》31 集,2002 年。

9. 方仁《丁若镛的邵雍批判》,《国学研究》21 集,2012 年。

（作者为韩国翰林大学人文学研究所博士）

略论朱子的"理气生成论"

林裕仓

Abstract：Zhu Xi's "Qi generation theory" is originated from the Northern Song Dynasty Confucian metaphysics, the Lianxi, Heng Qu, Yichuan, Ming inherits and criticism. This article is to the system of Western science hybridity "generation of Cheng and Zhu Qi Theory" in the interpretation of the extension, in order to new era of cultural cross Ji, find a way of the whole science, thought Wanbang instrument, to seek the way "fountainhead

一、前言

朱子的"理气生成论"是渊源于北宋的儒家形而上学,其对濂溪、横渠、伊川、明道有所继承,亦有所批判。基本上他对于濂溪、伊川是加以继承,而对横渠、明道是加以批判或扬弃。而今读来却有新义,正可以作为笔者作为"易场论信息系统"建构"虚拟世界方法论"。以我华夏文明"气与阴阳五行"统观的河洛文化广义科学思想,以补足西方重微观的狭义科学。比如医学,中西之基本理论完全相异,但皆有其实证,不得不以现代的信息哲学统合之以证实效。

本文正以西方之系统学杂揉"程朱理气生成论"以释义延展,以求新时代的文化互汲,找出一条整全的科学之路,以为万邦来仪,群来求道之"源头活水"①。

---

① 语出朱熹《观书有感》:"半亩方塘一鉴开,天光云影共徘徊。问渠那得清如许? 为有源头活水来。"

二、河洛文化(华夏文明)与其他文化之论域及方法论比较

"哲学"是一套对世界作诠释的"话语系统"①;如是,从现代的语汇观之,"话语"就是一种"信息系统"。"哲学对世界的诠释"有时空的差异,在时间上的差异一般称之为"转向"②,而在空间上的差异则是反应在认识体系的不同,西方的哲学偏重线性的逻辑辩证就有别于中国从整全的辩证法认识事物,便是"气化宇宙"观。

笔者即是试图从《易经》的启发建构一套《信息系统》,并初次尝试的诠释中国哲学的核心范畴"气"的形而上学。

一、论域与概念的异同

(一)西方哲学论域取向

笔者认为西方哲学大致上是一种心物二元的广义实在论的取向,虽其有所谓观念论(柏拉图为代表)及实在论(亚理士多德为代表)之分,但其处理存有的问题一般还是指向"存有的存有"③的最终实在以确立现象界的存在。

由于大部分的知识乃透过人造工具实验获得,其结果往往是外部经验的分析概念,注重具体精确的指涉名相,故而概念大多直接现象的掌握,其家族语言强调描述外在能掌握的原子事实以为诠释之"原子语句"④,这是现下大多持科学论者所持有的精神。

(二)印度佛学论域取向

笔者认为印度佛学大致上是一种唯心(或唯识)缘起论的取向,其目的在反应无常苦空的宇宙观;及所有存在皆苦(有漏皆苦),而生命无限、累世轮回的人生观。

由于大部分的知识乃透过禅定内观证得,其结果往往是超越经验的先分析

①　韩秋红《西方哲学的现代转向》导读;www.bookssearching.com/product/100001/792498/;2009.5.29。
②　韩秋红《西方哲学的现代转向》导读;www.bookssearching.com/product/100001/792498/;2009.5.29。
③　语出海德格的《存在主义哲学》。
④　原子语句乃维根斯坦的主张。

后综合概念,现实生活之外象世界所能具体的指涉名相,故而概念大多透过先哲依宗因喻之释量加以掌握,故其家族语言强调否定现象而心象假有的诠释,姑且称为"种子语句"。其专注于内在心象结构的精神多少符合现象学的观点。

(三)中国哲学论域取向

中国哲学大致上是一种心物合一论的取向,其目的在阐述天人同构的宇宙观;及天人合一参赞化育人生观。如欲行人道必先体天道,人道天道同体同构皆因于"气"。由于大部分的知识乃透过人心之体会内外现象,并以阴阳五行气化概念比附有机的现象变化体系,无法具体精确的指涉名相,故而概念大多透过模拟模糊的掌握,其家族语言强调以类取象的气化现象诠释,姑且称为"意象语句",其精神正是现下模糊理论与信息哲学所追求的方法不谋而合。

二、中西哲学方法论之比较

(一)西方哲学方法论

古希腊罗马哲学中,亚理士多德的《工具论》和《形而上学》是有关方法论的重要文献。亚理士多德发现的逻辑思维形式和规律,他所创立的逻辑体系,到文艺复兴以前的许多世纪内,都是西方思维方法的规范。

近代西方哲学方法论一般认为从笛卡儿开始;笛卡儿在1637年的著名哲学论著,对西方人的思维方式,思想观念和科学研究方法有极大的影响。有人曾说:欧洲人在某种意义上都是笛卡儿主义者,就是指的受方法论的影响,而不是指笛卡儿的二元论哲学。

(二)中国哲学方法论

中国哲学中的方法论,有一根本倾向,即注重致知与道德修养的关联,甚或认为两者不"为道日损",庄子所说"且有真人而后有真知",及"外物"、"外生"而后能"朝彻"、"见独",都是讲领会宇宙本根须先有一种特殊修养。

(三)中西哲学的差异

中西哲学的差异乃是哲学家的形上姿态,中国哲学家采取场内观,而西方哲学家采取场外观所至。

中国的传统心观乃是一种基于场有论的心观。传统西方哲学家在他从事哲学思考时总是很自然地把他自己放在一个"绝对旁观者"的地位;总爱把他自己从他所在的世界和自然环境抽离出来,好像他不属于这个世界或自然似的。

三、程朱理气论乃北宋儒家形而上学的继承

一、朱子继承伊川的"理"并批判横渠的"太虚即气"以成其理气系统。朱子对于伊川的形而上的所以然之"理"是采完全继承的立场,他说:

> "一阴一阳之谓道",此岂真以阴阳为形而上者哉!正所以见一阴一阳虽属形器,然其所以一阴一阳者,是乃道体之所为也。[①]

笔者从信息学而言之引申其义。其构成信息机体有二:一是硬件。即计算机的基本电路学:导体、阻抗、电容及半导体之阴阳极电路系统学所构成之逻辑电路,而发展出整套整全复杂之电子计算机。二是软件。即基本运算逻辑学(布尔逻辑学,AND、NOT、OR、NOR)所形构之逻辑运算子所组合之指令所延展之程序设计;此乃"一阴一阳之谓道"之基本原理,通形上道之法则与形下器之流行。

从此可看出朱子是以阴阳为属形而下的器物世界,而道体为阴阳的所以然而属形上界。他又說:

> "阴阳"固是形而下者,然所以一阴一阳者,乃理也,形而上者也。[②]
>
> 盖气,则能凝结造作,理却无情意,无计度,无造作……若埋,则只是洁净空阔底世界,无形迹,他却不会造作。[③]

以上,朱子把"理"解为"无情意"、"无造作"、"无形迹"及"洁净空阔",可以说他是在强调"理"的形而上性,是在于指出"理"不属形而下的气,甚至"理"不能沾染一丝气的痕迹。笔者认为:"理"乃形上之道属理性之逻辑,尚未发用流行而不成形不与心相应而用,故而不能沾染一丝气的痕迹。从此亦可知他明确

---

① 朱熹《答陆了静五》,《朱子文集》,卷36,第1441页。
② 朱熹《答杨子顺四》,《朱子文集》,卷59,第2884页。
③ 朱熹《朱子语类》,请参阅朱杰人等编《朱子全书》,上海古籍出版社,2002年,卷1,第116页。

把"气"定位为形而下之信息流行也,是理在现象界的展开,有形有色有用能作功与心相应而生情志;甚至,连横渠的气可通形而上的观点也加以否定了,朱子有一段对话云:

> 问:"横渠'清虚一大'之说,又要兼清浊虚实。"曰:"渠初云'清虚一大',为伊川诘难,乃云'清兼浊,虚兼实,一兼二,大兼小'。渠本要说形而上,反成形而下,最是于此处不分明……"又问:"横渠云:'太虚即气'""此乃是指'理'为'虚',似非形而下。"曰:"纵指理为虚,亦如何夹气作一处?"①

这里,朱子以为横渠的气本欲"清兼浊,虚兼实",亦即欲通形而上与形而下,然却反把形而上者说成形而下。意指:形而上应无方所、无臭无味、不显体性,如何有清浊虚实之分,而坠入情志的分判,便成了形而下之范畴,实无理之对待。而且,他亦认为横渠的"太虚之神"是下落于气来说。总之,朱子以为横渠的"气"只是形而下,不可通形而上;笔者释之"气"乃依形而上之信息理流行发用,而形成方所、有臭有味、能显体性,故有有清浊虚实之分,能相应于心而产生情志的分判,便成了形而下之范畴。

至此,朱子的"气"是被判为相对于"理"的形而下者。从此,朱子的"理气生成论"的结构就出现了舍弃明道的本心开出的"主观形而上学",而服膺伊川的"格物穷理"所成的"客观形而上学",其乃关注于天地人构成理为何。朱子不主张由心主观默得,认为应从现象界之存在之性得其理也,即本论主张"虚拟世界方法论的精神,欲知其理便非如"魔法"无中生有,必然有其逻辑在现象界中,得其理便可模拟实证之,故曰"格物穷理"所成的客观形而上学。

因此朱子对于明道的"只心便是天"之说,虽不曾直接批评,但却从其言语中透露出他极力反对这种观点。他说:

> 《大学》所谓"格物致知",乃是即事物上穷得本来自然当然之理,而本

---

①　朱熹《朱子语灯》,卷99,第3335—3336页。

心知觉之体,光明透达,无所不照耳;非是回头向壁隙间窥取一霎时间己心光影,便为天命全体也。①

以上,朱子明确反对逆觉本心以体天道的主观形而上学型态,说是"回头向壁隙间窥取一霎时间己心光影",便以为是"天命全体"。反之,他所肯定的是"即事物上穷得本来自然当然之理",此即往外物求的客观形而上学型态,这里所赞扬的即是程伊川。

此乃本论所主张"虚拟模态方法论"必需向外求现象界的构成之理,然"虚拟模态方法论"有严谨之检证法才能形成知识体系;本论借用《华严经》论证的精神,主张:知识体系必须探讨是否自洽证成,尚须通过哲学"圆融检证法"②方得成立如下(大胆假设,小心求证):

1. 理无碍(逻辑实证),

2. 事无碍(狭义实证),

3. 理事无碍(广义实证),

4. 事事无碍(宇宙通则)。

(作者为台湾中华文艺界联谊会理事)

---

① 朱熹《答潘文叔》,《朱子文集》,卷50,第2260—2261页。
② 本论引自圆融无碍的华严宗学说而阐扬之。

邵雍的易学成就及对宋明理学的影响

崔　波　谢琳惠

Abstract:Shao Yong is in the Northern Song Dynasty started the trend of characters, he study hard, Expo Group by, ginseng is realized in the natural world, erudite and release Taoism, especially the metaphysical thought in the book of changes, creating a congenital image numberology system, reasoning, the thought is broad and profound, not only the Neo Confucianism can be point and on the Neo Confucianism of the song and Ming Dynasties the formation and development of a positive impact.

邵雍具有多方面的思想成就,而其一生事迹又十分平凡。尽管家境贫寒,生活道路并不十分坎坷;身居社会大改革时期,政治上未遭受重大厄运。极平凡的一生,造就不平凡的人物,不能不令人惊异。

邵雍并未继承文王、孔子将易学由天道引入人道思想后而更作人道的深入发挥,而是直接承继伏羲氏自然天道的思想作发挥。在时代上说,邵雍虽然在文、孔之后 1500 年,但在思想上说,确实直承伏羲氏而与文、孔并驾:发扬了易学的人道思想。

当然,我们也可以采取另一种观点来看,那就是自伏羲氏经由文王、孔子入于人道,自孔子之后,易学在人道思想中浸润日久而人智日开,至邵子之时,人道思想在充盈发展之后,乃由探究人性而转悟天理。如是,文、孔、邵三易一贯,不必作两途之分。这种观点与上面所说并无违背,乃就易学思想发展而言。

邵雍的易学思想,从古今易学的大园林中看邵子的先天易学,这是一株后起苗壮的异木,在人们尊圣的心理中固不敌二圣之巍峨,然就先天易之宏伟规模及哲思丰沛而言,邵子易学足可与文、孔比高。明白了这种情况,也就知道何以邵子称呼他的易学为伏羲氏先天易,而文王、孔子的易学则为后天易学。邵子先天易的提出,是中国易学界的巨大成就。自孔子以后,易学中虽然也曾有过一些创新,但相形之下,都是零落星火,无法与邵子成体系的先天易学相比。

邵雍是宋代最奇特、最有创造性、自成一个宏大体系的思想家。其著作有《皇极经世》、《伊川击壤集》、《渔樵问对》、《邵子遗文》(6篇),是研究邵雍思想的基本资料。朱熹早已指出:"康节之学,其骨髓在《皇极经世》,其花草便是诗。"(第100卷《邵子之书》P2553)《皇极经世》后来多称作《皇极经世书》,是邵雍最重要的学术著作,最能体现邵雍的理学体系。

邵雍生前即已完成《皇极经世》。但后来各种记载、版本的卷数、篇次、内容都不相同,清代学者已觉其原本不得见。有关该书的各种图象,究竟何为邵雍原作,何为邵伯温、蔡元定和明清学者后来增补,已难确知。

一、邵雍易学思想的主要内容

邵雍易学:以数言先天为之体、以理明天为之用作为北宋五子之一的邵雍以其博大精深 的易学体系在易学史上占据了极其重要的地位,其最重要的易学著作即《皇极经世书》,可以说此书亦囊括了他毕生的学术思想体系。《四库全书总目·皇极经世书提要》中称之曰:

> 《皇极经世书》十二卷,宋邵雍撰。邵子数学本于李挺之、穆修,而其源出陈抟。当李挺之初见邵子于百原,即授以义理性命之学。其作《皇极经世》,盖出于物理之学,所谓《易》外别传者是也。其书以元经会,以会经运,以运经世,起于帝尧甲辰至后周显德六年己未。而兴亡治乱之迹,皆以卦象推之。朱子谓"《皇极》是推步之书",可谓得其要领。朱子又尝谓"自《易》以后,无人做得一物如此整齐,包括得尽";又谓"康节《易》看了,却看别人的不得"。

而张岷亦谓此书"本以天道质以人事,辞约而义广,天下之能事毕矣"。……是《经世》一书,虽明天道而实责成于人事,洵粹然儒者之言,固非谶纬数家所可同年而语也。

由此可见,邵雍易学的特点是数、理结合,其构建的理论体系是一个以数言先天之体、以理明后天之用的囊括天人的完整体系。

(一)数学派的易学体系

在刘牧这里,数确实是相当神圣,但他讲数的目的是为了说明卦象和天地万物的来源,表现了宋人的一种易学观和哲学世界观。邵雍吸收刘牧的思想,创立了数学派的易学体系。在他看来,揲蓍之数、八卦和六十四卦之数,以及九六之数和乾坤卦象,皆来于天地奇偶之数,并提出"加一倍法"或"一分为二"法,即"一分为二,二分为四,四分为八……"的法则,解释六十四卦卦数和卦象的形成,认为有此数学法则,方有六十四卦,进而以此解释世界形成的过程。他于《观物外篇》概括说:"太极一也,不动生二,二则神也。神生数,数生象,象生器。太极不动,性也。发则神,神则数,数则象,象则器,器则变,复归于神也。"二指奇偶二数,神指数的变化神妙莫测的性能,数指奇偶二数所生的数的变化。即是说,太极之一本性不动,动则生出奇偶二数,有了奇偶二数,其变化则神妙莫测,如有二则有三,二分则为四,四分则为八,八八六十四,九九为八十一等等。有了二、四、八等数,也就产生了阴阳刚柔爻象和卦象,所以说"数生象"。有了爻象和卦象,也就有了天地、日月、水火、土石等个体事物,此即"象生器"。形器有成有毁,有始有终,终归于奇偶之数的神妙变化,此即"器则变,复归于神也"。这也是将数置于第一位,认为有数方有奇偶二数的变化,有数的变化方有象和器,从而提出了"数生象"的命题。

(二)用《周易》以数为本提出了"先天之学"的概念

所谓的"先天之学"有两层含义:从对《周易》文本的理解来看是指要通成《传》之前 画前之《易》;从对《周易》意义的把握来看是指要从根本上认识具有本体意义的天道自然之理。邵雍认为,只有认识了"先天之学"的内涵,才能对《周易》中蕴涵的易理有真正意义上的理解,从而对"后天之用"发挥根本性的指导作用。而先天之学是可以用奇偶之数的自然推演来表示的,所以,他以数为本构建了精密而庞大的宇宙推演模式,对先天之易进行详尽的诠释。

"尊先天之学,通画前之《易》"是邵雍《皇极经世书》的主要理论特色。所谓先天之学,是指伏羲画前之《易》。《周易·系辞下》曰:"古者包牺氏之王天下也,仰则观象于天,俯则观法于地,观鸟兽之文与地之宜,近取诸身,远取诸物,于是始作八卦,以通神明之德,以类万物之情。"包牺氏即伏羲也,乃远古圣人,邵雍认为伏羲观天地万物之象而作八卦,即先天之学;而其所通之"神明之德"、所类之"万物之情"即为画前之《易》。朱熹对此作了较为明确的解释和肯定,他说:

> 据邵氏说,先天者伏羲所画之《易》也,后天者文王所演之《易》也。伏羲之《易》,初无文字,只有一图以寓其象数,而天地万物之理、阴阳始终之变具焉。文王之《易》即今之《周易》,而孔子所为作传者是也。孔子既因文王之《易》以作传,则其所论固当专以文王之《易》为主,然不推本伏羲作《易》画卦之所由,则学者必将误认文王所演之《易》便为伏羲始画之《易》,只从中半说起,不识向上根原矣。

由此可知,邵雍认为,画前之《易》道先于《易》之书而有,既是宇宙生成的本源,也是存在于天地之间而为万物所遵循的客观规律,是一种自然之道。因此,邵雍先天之学探索的重点是《易》之道,而不是《易》之书。

(三)用《先天图》体现的"先天之学"的核心思想,他说:

> 先天之学,心法也,故图皆自中起,万化万事生乎心也。图虽无文,吾终日言,而未尝离乎是,盖天地万物之理尽在其中矣。

可见,邵雍认为自己的"先天之学"是以"心法"为核心展开的,此"心"既是指人之心,又是指宇宙天地之心。他曾说:

> 心为太极。指出太极乃"天地之心者,生万物之本也。"

所以先天之学最重要的就是对太极象征的天地之心的研究,也是对如何以人心合天地之心的研究。由此可知,《先天图》即是对邵雍先天学"心法"的数理图解,因此可以说其虽无文,但天地万物之理尽在其中了。

（四）揉合了天上地下物理人事于一的大思考

本来，传统易学标榜的"广大悉备，有天道焉，有人道焉，有地道焉。"但是对于易学思想不深入的人，对此口号的了解往往不够明确，落于空洞的言说。然而，邵子以实有的可见可闻之物，证验天、地、人之为一，他举日、月、星、辰之道，合于暑、寒、昼、夜，合于水、火、土、石，合于风、雨、露、雷，合于性、情、形、体，合于皇、帝、王、伯，合于易、诗、书、春秋等，使人觉得他的易学思想不只是口号，而是言之有物的，充分证明了天、地、人为一之道。邵子 135 首"首尾吟"的第一首诗写到：

尧夫非是爱吟诗，为见圣贤兴有时。日月星辰尧则了，江河淮济禹平之。皇王旁伯经褒贬，雪月风花未品题。岂谓古人无阙典，尧夫非是爱吟诗。

程颢读过这首诗后说："尧夫诗雪月风花未品题，他把这些事便与尧舜三代一般，此等语自孟子后无人曾敢如此言来，直是无端"。（《击壤集后附录》）

"雪月风花"与"尧舜三代"并列对称，若不妥帖，是儒家人的看法，然而在邵子却是"以理观物"、"以物观物"，雪月风花等物并不比尧舜三代帝王在根本价值上低。程颢是深刻了解邵子的人，他说的"真是无端"不是贬低，二是赞赏邵子胸怀气象之大。

人们对邵子之言"理"不以为意，实际上，他的重视"理"实开宋明理学的先声。他不只强调"以理观物"，在多方面都提到"理"的重要，如先天图中可见"理"：

阳在阴中阳逆行，阴在阳中阴逆行。阳在阳中，阴在阴中皆顺行，此真至之理，按图可以见之矣。

易之首于乾坤，中于坎离，终于水火之交不交，皆至理也。（见《观物外篇》）

数由"理"出，"理"可尽天之神用：

天下之数出于理,违乎理则入于术。世人以数而入于术,古不入于理也。(见《观物外篇》)

天下之象数可得而推知,其神用则不可得而测也。天可以理尽,不可以形尽。(见《观物外篇》)

邵雍易学的确具有典型的象数易学特征,但是需要注意的是,他区别先天之《易》和后天之《易》也罢,或者推演宇宙图式和王朝兴衰也罢,根本目的还是要明体达用,他是希望能通过对天道自然规律的揭示,使人明白遵天道行人事之理。所以正如余敦康先生所说:"从他的宇宙年表的编排来看,尧之前的六万多年完全是一种象数的形式的椎演,并无实际的内容,自尧之后到北宋神宗熙宁的三千多年,则按照编年史的体例,详细地记载了这一段时期所发生的各种重大的历史事件,以考察其兴废治乱之迹。由此可以窥见他的用心所在,主要不是关注宇宙的自然史,而是人类的文明史,特别是属于后天的强调人事之用的文明史。"

(五)昌明数理,以理显道

邵雍推崇数,也推崇理,并以理为引导。其《观物外篇》说:"天下之数出于理,违乎理则入于术,世人以数而入术,故失于理也。"又说:"物理之学或有不通,不可以强通。强通则有我,有我则失理而入于术矣。"这是说,讲数不可以离开理,如果离开理,则流于术。"术",指占术一类的数术。邵雍是反对数术的。司马光曾评论说:"尧夫论《易》不践前人之说,尧夫深斥术家,盖造于理也。"(张行成《易通变》卷12引)程颐评论说:"邵尧夫数法出于李挺之,至尧夫推数方及理。"(《遗书》卷18)这表明,邵雍所说的数是同理结合在一起的,他称之为"理数",如其所说:"《易》有内象,理数是也。"(《观物外篇》)"理数",指数变化的规律性,如一分为二法,故称其为内。他认为,数的变化有其自身的法则,不是人的主观所任意安排,所以又称为"自然之道","自然而然不得更者"。他是借数的演变推究天地万物之理,阴阳终始之变,富有深刻的哲学意义。邵雍的数学包含有精湛的理论思维,并非以数为神秘的启示,与江湖数术有天壤之别。邵雍指出:

象起于形,数起于质,名起于言,意起于用,天下之数出于理。(《观物外篇》)

太极不动性也,发则神,神则数,数则象,象则器。(《观物外篇》)

他又名"数"为"内象",云:

自然而然不得而更者内象内数也,他皆外象外数也。(《观物外篇》)

易有内象,理数是也;有外象,指定一物而不变者是也。(《观物外篇》)

"内象""内数"即理数,"外象""外数"即象与量数。总之,在他的先天易中,"数"指"理数",其位置在象的上一层次,次第如下:

道→理→数(理数)→象→数(量数)→形器

数以明理,象则为数之现,故数近理而为"理数",上言"数近于质"及"神则数"即由此。然而,"理"者何?乃"道"之显,"道"不可名而"理"可名,"道"无分别而"理"有分别,故"理"为"道"之下一个层次。这完全是哲思中事,读者一定要懂得这个才了解先天易中之"数",才不以"数"为量数去斤斤计较,也才了解到邵子对易学的贡献。

二、邵雍易学对程朱理学的影响

邵雍之学,就在于阐发一"理",先天图者理之象,先天数者理之轨,象与数排演看起来虽然繁复,以理来认识就得其宗旨了。宋明理学之兴,邵雍是为先导,功莫大焉。邵雍在北宋五子中年岁最长,论哲思为最纯,论生活为最简,论心境为最闲静,他一生抱道自守,取足于用,无官责之累,无世情之扰。邵雍之论,唯其清虚于人事,乃有实会于天理,乃能体理之真而以理观物,宋明之学被后世称为"理学",其真意由邵子开启。

(一)对二程的影响

理学由二程更为提倡,发扬光大,下逮朱熹,遂成为学术上之定名。近世以来,学术界对邵子的易学缺乏理解,疏离了邵子,以宋明理学归于二程之倡,实为错见。

邵子与二程之言理,在本质上并非有异,其不同者在于邵子之先天易乃天地之万物之共源而论"理",二程乃收基于儒学之德性而论"理",一大一小,明白这些,也就知道邵子先天易学的义旨了。

而事实上对于邵子的这一大伟业,当时或稍后的人已经在赞扬他,如:

程明道:吾从尧夫先生游,听其议论,振古之豪杰也。(《宋元学案百源学案附录,明道对周纯明言》)

杨龟山:皇极之书,皆孔子所未言者,然其论古今治乱成败之变,若合符节,古不敢略之,恨未得其门而入耳。(同上书附录)

又:康节之学究极天人之蕴,&(左習右元)味之久,未能一窥其端倪,况敢议其是非邪?

蔡西山:自秦汉以来,一人而已。(注二十一《性理大全蔡氏纂图指要》)

至于富弼、司马光、吕公著、程颢等许多人均与他有诗相酬和,赞扬有加,读者请自参阅。

在北宋五子中,周敦颐和张载虽也谈到"理",并未特别强调,至二程才突出谈"理"。二程的谈理,实际是受邵子的影响。邵雍之《皇极经世书》成于 61 岁,其时,程颢 41 岁,程颐 40 岁,而当邵雍迁洛教授之始,二程才 10 多岁,其后他们同里巷居住 30 余年,相交和乐门下生徒多相交通,可知二程受邵雍影响之多。正如程颐答晁以道书云:"颐与尧夫同里巷居三十年余,世间事无所不问,惟未尝一字及数"。二程与邵子在洛阳同里巷居住近三十年,最为亲近,二程言性、言命、言理、言物的思想,多与邵子相通,其所受影响之深,读二程语录自知。如程颢指出:

> 尧夫之学,先理上推意言象数,言天下之理,须出于四者,推到理处,曰:我得此大者,则万事由我,无有不定。然未必有术。要之亦难以治天下国家。

"难以治天下国家"这句话突出体现了二程重视体用相即的易学观,这其实也正是北宋诸多义理解易的学者对象数之学排斥的根本原因,所以二程的易学是通过理本论的建立确定了"明体达用"之学的最高范畴。

其次,肯定理事相即,二者"体用一源,显微无间"。对此,二程是通过对"理""事"关系的分析进行诠释的。二程首先指出,理不可离开事而空论,因为理在事中,以事言理,此理固深,离事言理则无甚可说。伊川说:

> "一阴一阳之谓道",此理固深,说则无可说。

明道也称:

> 一阴一阳之谓道。阴阳亦形而下者也,而曰道者,推此语截得上下最分明,元来只此是道,要在人默而识之也。

总之,二程的易学始终贯穿着以理解易、以理明事的思想,他们将儒家的仁义作为道德修养的根本,并且将儒家纲常伦理提高到人事之体的天理高度,认为只有认识到"天理"之不可违并达到"体用一源,显微无间"的境界才能掌握在变易中恒存的易道,进而实现内圣外王的事业,建立一个符合易道的和谐有序的理想社会。

(二)对朱熹思想的影响

朱熹是非常推崇邵雍及其易学的,他评论邵雍道:"天挺人豪,英迈盖世。驾风鞭霆,历览无际。手探月窟,足蹑天根。闲中今古,醉里乾坤。"(朱熹《六先生画像赞·康节先生》,《晦庵先生朱文公文集》卷八十五,《朱子全书》第24册,上海古籍出版社,安徽教育出版社,2002年,第4002页)评价其易学道:"……遭秦弗烬,即宋而明。邵传羲画,程演周经。象陈数列,言尽理得。弥亿万年,永著常式。"(朱熹《周易本义·原象》,上海古籍出版社影印四库本,1989年,第77页)这两个评定表明,朱熹一方面非常佩服邵雍的人格和境界,另一方面非常服膺邵雍的易学,认为自秦汉以来,只有邵雍和程颐两人,一个从象数的角度,一个从义理的角度,继承并发扬了"四圣之易"。这两个评价都非常之高,它们大大提升了邵雍的学术史地位,促成了后世的先天易学流派,巩固了邵雍的大儒地位。客观来说,如果没有朱熹的赞誉和诠释,邵雍及其易学拥有如此高的地位是难以想象的。但是,朱熹的诠释是否符合邵雍之学的本意,却是值得研究的。

朱熹说:"自初未有画时,说到六画满处者,邵子所谓先天之学也。卦成之后,各因一义推说,邵子所谓后天之学也。"又说:"据邵氏之说,先天者,伏羲所画之易也。后天者,文王所演之易也。伏羲之易,初无文字,只有一图以寓其象数,而天地万物之理,阴阳终始之变具焉。文王之易即今之周易而孔子所为作传者是也。孔子即因文王之易以作传,则其所论因当专以文王之易为主。然不推本伏羲作易画卦之所由,则学者必将误认文王所演之易便为伏羲始画之易,只从中半说起,不识向上根原矣。"(朱熹《答袁机仲书》第三,《晦庵先生朱文公文集》卷三十八,《朱子全书》第 21 册,上海古籍出版社,安徽教育出版社,2002 年,第 1665 页)根据这些理解,朱熹在其著作《周易本义》中,于《周易》原文之前置有九个易图,其中第二图至第五图分别为《伏羲先天八卦次序图》、《伏羲先天八卦方位图》、《伏羲六十四卦次序图》、《伏羲六十四卦方位图》,朱熹介绍此四图:"右伏羲四图,其说皆出邵氏,盖邵氏得之李之才挺之,挺之得之穆修伯长,伯长得之华山希夷先生陈抟图南者,所谓先天之学也。"(朱熹《周易本义》,上海古籍出版社影印四库本,1989 年,第 7 页)九图之中的第六图为《文王八卦方位图》,朱熹介绍道:"右见《说卦》,邵子曰:'此文王八卦',乃入用之位,后天之学也。"(朱熹《周易本义》,上海古籍出版社影印四库本,1989 年,第 8 页)朱熹又在其著作《易学启蒙·原卦画第二》中对从太极到两仪,到四象,到八卦,到"四画者十六",到"五画者三十二",到六十四卦,进行了依次图示和说明,然后又对《伏羲八卦图》和《伏羲六十四卦图》进行图示和说明,并在说明中大量引用邵雍的语句。

朱熹继承了邵雍划分先天和后天的观点,他说:"盖自初未有画时说到六画满处者,邵子所谓先天之学也。卦成之后,各因一义推说,邵子所谓后天之学也。"(《朱子语类》卷六十七;黎靖德《朱子语类》,中华书局 1986)

朱熹认为贯穿易学三个发展阶段的是以卜筮为教和以义理为教的两种发展状况,《易》之为书,更历三圣而制作不同。若伏羲之象、文王之辞,皆依卜筮以为教,而其法则异。至于孔子之赞,则又一以义理为教,而不专于卜筮也。是岂其故相反哉?俗之淳漓既异,故其所以为教、为法者不得不异"(《朱文公文集》卷八十一,《书伊川先生易传版本后》)。但是他又认为:"八卦之书,本为占筮。

方伏羲画卦时,止有奇偶之画,何尝有许多说话! 文王重卦作彖辞,周公作爻辞,亦只是为占筮设。"(《朱子语类》卷六十六,《卜筮》)

朱熹对河图、洛书的真实性也是给予肯定的,将其列在他的易学代表作《易学启蒙》的篇首和《周易本义》卷首所载九图中的前两图。而且,朱熹认为河图洛书中含有伏羲画卦之数,由此推断河图、洛书是伏羲画卦的根据。同时,他认为,既然《系辞》讲圣人"仰则观象于天,俯则观法于地,观鸟兽之文,与地之宜,近取诸身,远取诸物,于是始作八卦,以通神明之德,以类万物之情",那么,河图洛书应是自然之象才行。对此,朱熹做了这样的解释:"天地只是不会说,倩他圣人出来说。若天地自然会说话,想更说得好在。如河图洛书,便是天地画出底。"(《朱子语类》卷六十五,《河图洛书》)在朱熹看来,河图、洛书的存在是自然形成的结果。进而,朱熹论述了河图、洛书二者的关系。他认为"河图常数,洛书变数"(《朱子语类》卷六十五,《河图洛书》),河图五十五是天地自然之数,是不变的。而洛书四十五是由天地自然之数变化而成的。朱熹认为,虽然二者在次序上、七八九六数的迭加上存在着差异,但也有相通的内容。从数的运算上,河图、洛书都可以用来解释"易有太极,是生两仪,两仪生四象,四象生八卦"的形成过程。如单就洛书而言,洛书之数为四十五,去掉中间的五,余下四十,"奇偶各居二十,亦两仪也",由一二三四变为六七八九,纵横十五,而互为七八九六,就是四象。"四方之正以为乾坤离坎,四隅之偏以为兑震翼艮,亦八卦也。"(《易学启蒙》)(朱熹,蔡元定《易学启蒙》四库全书本)。他对河洛之学的研究是有很大贡献的。

三、结论

邵雍自己追求的目标是"上识天时,下尽地理,中尽物情,通照人事",并且确实付诸人生实践,颇获卓见,后人岂能轻弃其自然观? 朱熹评论邵雍的学说时指出:"邵子这道理,岂易及哉? 他腹里有这个学,能包括宇宙,终始古今,如何不做得大、放得下?"(黎靖德编《朱子语类》中华书局,2004 年,第 100 卷 2542 页)今日看来,邵雍的学说是对《周易》的继承发展,多有创新。其研究论述范围之广,思想体系之完整,在中国古代学者中罕有匹敌者。就宋代学者而言,探讨范围超过邵雍者并不罕见,但系统性和完整性则无人超过邵雍。

邵雍哲学具有浓厚的儒道兼综的色彩,既有道家的坦夷旷达,又有儒家的中庸仁和。在北宋五子中,只有邵雍将求真的"观物之乐"作为首位追求的目标,其他四子则将求善的"名教之乐"作为首位目标。邵雍自号"安乐先生",并将自己的寓所命名为"安乐窝",他反复强调"学不至于乐,不可谓之学"。他将这种"乐"称为"天理真乐",这种"乐"已不仅仅是一种精神美感的享受,而且是一种穷尽万物之理与性命之理时所达到的天人合一、主客合一的精神境界。邵雍参透天人、观易见道的哲学智慧,显示了深沉的宇宙意识和浓郁的人文情怀,彰显了其人格之美,无愧于朱熹"人豪"的赞誉。

邵雍的先天象数学结构整齐,脱离了《周易》经传,为人们认识世界提供了一个新的角度。他目的是为了经世致用,但它缺少经典的依据,只是凭借复杂的数学推理,没有找到现实的落脚点。所以,二程称之为"空中楼阁"。朱熹从探求《周易》本义的角度对其做了继承和发展。他给了邵雍极高的评价,可以说,依朱熹当时的学术地位,他对邵氏易学的关注和研究对邵雍象数学说的传播起了推动作用。朱熹为易学不仅增添了新的内容,而且更为重要的是提供了一种合理的解《易》方法,可以说是方法论上的革命。这对宋明理学、乃至后世哲学的发展有着很大的影响。

邵雍重视对经典的诠释,把注经与体用论、心性之学联系起来,重视仁义礼智的道德培养和教化功能;又提出心本论、道本论和太极说,一定程度地把哲学本体论与儒家伦理学结合起来;修正汉唐儒家经学重训诂而轻哲理的倾向,强调礼乐诗书之道的自新,批评单纯引用讲解而不知道的学风;批评佛教不讲儒家纲常伦理,抛弃君臣、父子、夫妇之道的宗教出世主义。在批评佛教和传统经学流弊的同时,重人事、实事,提倡和肯定儒家伦理的价值;强调穷理尽性以至于命,将儒家经学由原来的重训诂注疏传统转换为重义理阐发、重人情物理的心性之学。大力促使经学学风的转向,预示着新思想的产生,开宋代经学义理化、哲理化之先声和新经学诠释法的新路,从而体现出邵雍在经学史和理学史上所占有的重要地位。

(崔波,郑州大学《周易》与古代文献研究所所长、教授;谢琳惠,洛阳理工学院图书馆馆长、教授)

河洛文化与"一带一路"

让河洛文化在21世纪
海上丝绸之路再展风华

赖进义　凌渝英　赵　青

Abstract：The Heluo culture and the Benevolent culture are the main spirits of Chinese Culture.

Along with the Benevolence of Cheng Ho, Heluo Culture embodied the good-neighborliness and friendly cooperation that embraced foreigners with moral spirit. This approach earned respect and esteem for Chinese culture.

If China wants to carry through their grand strategy of OBOR（One Belt One Road）, they must make Heluo Culture shine brightly within the 21st century Maritime Silk Road.

一、王道价值体系的河洛文化

河洛文化启于夏、商，成熟于周，发达于汉、魏、唐、宋，传承于其后历代中国，是历史上生活在黄河与洛水交汇流域的中华先民所创造的文化。不仅是中华文明的重要源头之一，在中华文明中更处于核心地位，甚至于可以说河洛文化孕育了中华文明。[①]

中华文明为世界上四大古文明之一，民族的文化源远流长，炎黄子孙莫不引

---

①　杨海中《闽台文化根在河洛》，2005年2月7日，原载中国文化网，引自网络，网址 http://big51. chinataiwan. org/twzlk/lsh/1368nyq/200803/t20080320_609380. htm。

以为傲。中华民族在历史的长河中,一直是一个爱好和平的民族,虽然游牧民族不断侵扰,但中华民族凭着万里长城,抵御侵略,长城反映的是中华民族反对对外扩张主义,希望和平共存,非不得已,不轻启兵凶。儒家的王道文化就是在这种背景下形成,并成为历朝国策,侵略外邦从未曾被任何朝代所标榜,河洛文化就是这种儒家的王道文化的一支,并位居核心的位置。

而河洛文化,或者就说中华文明,其核心精神,汉朝以后,即趋于儒家思想的仁爱王道价值体系。"王道"一词最早见于《尚书·洪范》,儒家代表人物孔子、孟子都是王道思想的推崇者,主张仁政,以德治国,仁爱服人,形成中华文化中核心价值所在。

河洛文化既是中华民族文明的源头和主脉核心,中华文明因此成为人类大河文明中精彩的一支,除影响中原四邻,她还曾经通过郑和下西洋,传播于海上丝绸之路周遭的国家与地区,由于郑和下西洋走的就是前此可能已经走了十几个世纪的海上丝绸之路。河洛文化当然可能早于郑和下西洋时代便已传播海外,只是郑和下西洋的和平使者形象,更凸出河洛文化在中华文明中的王道色彩。因此,河洛文化在海上丝绸之路的历史上曾经发光发热。

二、丝绸之路

中国古代的对外交通源远流长,内涵丰富。对于此一上下数千载、纵横几万里的交通历史,人们常常冠以各种绚丽多彩的形容词。最脍炙人口的自然是中西陆路交通史上被艳称的"丝绸之路",也有另称"草原之路"、"绿洲之路"、"玉器之路"或"丝瓷之路"等等,大致指的皆同一范围路线。

丝绸之路(The Silk Road)原先被认为是由长安出发,西经河西走廊,出西域,至中亚,然后进抵罗马帝国的一条中西交流道路。后来,廿世纪的丝路学术研究,大大扩展了丝绸之路的范围,除了原来长城以北的"草原丝绸之路"(也称北丝路)外,还有一条范围包括粤、桂、云、贵,从四川成都,跨青康藏高原,到达印度的通商孔道,其中部分古称"蜀身毒道"[①]的南方丝绸之路(也称南丝路)。北丝路也由原仅长安西出,向东延伸,跨海至朝鲜、日本,入海后泛称东洋丝路。

---

① 百度百科(Baidu),《南方丝绸之路》,网址:http://baike.baidu.com/view/900625.htm。

再由朝鲜、日本,南下东海至南海经印度洋航行至红海的西洋海上丝绸之路。就这样,现在泛称的丝绸之路,共有海、陆两种范围,可能有数十条路线。

无论海上或陆上丝绸之路,虽是中西古代交流通道,其开辟与缘起,却众说纷云,尚未定论。众所周知的西汉张骞通西域虽早载史册,说明至少汉代即已陆通丝路,唯新近的考古发现,则已把丝路之启,往前推向先秦时代。例如四川三星堆遗址发掘后,学者们注意到其中明显的印度地区和西亚文明的文化因素集结,于是提出南丝路早在商代即已初步开通的看法,更有认为南丝路年代可上溯到公元前14、15世纪。①

但丝路之名,最早则可能是由德国学者在19世纪末提出。德国地理学家李希霍芬(Ferdinand von Richthofen,1833—1905),1877年在柏林出版了《中国》一书的第一卷(China:Ergebnisseeigener Reisen und darauf gegründeter Studien, Bd. I)。其中有"丝路"一词,德文作"Die Seidenstrasse",用以指称中国丝绸西运罗马的交通道路,并用以泛称中西交通及其不绝如缕之意。从此,丝路之名便得到中外学界的一直沿用迄今。

三、海上丝绸之路

但陆上丝路有其局限,如僻处西北横亘沙漠或局处西南要翻越世界高原,一遇战乱即遭阻塞,商品即难运传。骆驼漫越崇山广漠,运量少、运费高,不如一条船可能即可载运几十个骆驼商队货物。而西方世界喜爱的丝绸、陶瓷、茶叶等畅销商品,大都产自中国东南,当中国古代造船航海技术逐渐成熟,配合阿拉伯世界逐渐与中国交流天文航海技术,海外航线乃渐次开辟,虽要经历惊涛骇浪,但船舶运量多、运费低,可营销更多地区。

或许比陆上丝路发展得更早的海上航路,起初因技术上与安全上等等的缘故,不如陆上丝路的可靠与重要。唯唐朝后期西北战乱频繁,北丝路屡废,南丝路也难全盘替代。宋元以后中国经济重心南移,以扬州、明州(宁波)、广州、泉州为起点输出丝绸、陶瓷、茶叶,以及输入香料、药材、珠宝等等。于是东南中外海上丝绸之路便逐渐取代陆路丝绸之路,元代泉州甚至发展成世界第一大港,东

---

① 百度百科(Baidu),《南方丝绸之路》,网址:http://baike.baidu.com/view/900625.htm。

南沿海城市,陆续先后繁荣兴盛,至郑和下西洋,达到历史高峰。

这个海上航路又可分为东洋(海)丝路和西洋丝路两种海路,东洋丝路以日本、朝鲜为终点,西洋丝路则包括南海丝路和其以西的印度洋范围。西洋丝路即中国古代从东海或南海出发,以丝绸、陶瓷、珍珠等为贸易特征,由中国东海、南海连接东南亚、南亚、中东地区直至欧洲的中外经济贸易交流海上通道。最近的海上丝绸之路研究,甚至认为海上丝绸之路不是孤立存在于海上的航线,而是与江河、陆路互联互通,形成网络。广西社科院民族研究所长赵明龙就认为过去研究海上丝绸之路,分为东洋和西洋研究,现在研究发现,南海丝路实际上并不光是海洋,而是海陆联通的立体网络——海路和内河联通,内河和陆路联通。①

而中外学者给中国古代海外航路的各种美称各种描写简直琳琅满目,诸如海上丝绸之路、香料之路、陶瓷之路、陶器之路、丝瓷之路、香丝之路、香瓷之路、白银之路及玻璃之路等等,也正好反映这个航路商品内容的丰富与多样性。这些美称中自然以海上丝绸之路最脍炙人口,法国学者沙畹 1903 年在其所著的《西突厥史料》中,即已注意到"丝路有陆、海二道"。1967 年,日本学者三杉隆敏在其所著的《探索海上的丝绸之路》,更径以海上丝绸之路为书名。以海上丝绸之路为名,也符合中外海洋商贸以运销中国丝绸为主的实情,渐为中外海洋交通史界等的广泛采用。1990 年末至 1991 年初,联合国教科文组织正式以"海上丝绸之路"为名,进行首次国际性学术考察活动,至此确立了这个美丽而富有诗意的美称,并广为世人采用。②

大致上最晚形成于秦汉时期,发展于三国隋朝时期,繁荣于唐宋时期,转变于明清时期的海上丝绸之路,其周遭的国家与地区,没有一个地方,即使汉化、华化、河洛化而消失了其本身文化或成为中国殖民地,与后来西方文明抵达海上丝绸之路周遭的国家与地区的情况,形成明显的对比。

由于王道文化在国家关系上以多元包容的态度来对待不同的国家、民族和文化,尊重弱小民族的经济发展规律,甚至进一步的济弱扶倾,希望提携后进,创

---

① 见 2014 年 2 月 19 日广西《南国早报》报导《〈南海丝绸之路与中国——东南亚民族经济文化交流〉进入评审结题阶段》,网址:http://www.chaduo.com/article-shch-55339.html。

② 廖渊泉《中外海交航路美称》,《泉州晚报》,1992 年 12 月 19 日。陈佳荣《海上丝绸之路,陶瓷之路或丝瓷之路?》,载新加坡《源》杂志,1992 年 10 月第 20 期。

造共存共荣。王道文化也主张在天、地、人结合下,追求永续发展,避免资源耗竭①。郑和下西洋历史的内容,正反映他采用这种王道文化的态度处理国际关系,也因此让传播海外的河洛文化,在海上丝绸之路历史上,成为和平象征,对21世纪海上丝绸之路的重光,中国"一带一路"国家政策的推动,提供无可比拟的价值。

四、王道文化的"一带一路"

2015年3月28日中国国务院发布一个简称"一带一路"的国家政策,它正式名称叫《推动共建丝绸之路经济带和21世纪海上丝绸之路的愿景与行动》,这个愿景与行动分为八个部分:一、时代背景;二、共建原则;三、框架思路;四、合作重点;五、合作机制;六、中国各地方开放态势;七、中国积极行动;八、共创美好未来。中国公告的内容强调,"一带一路"建设是一项系统工程,要坚持共商、共建、共享原则,积极推进沿线国家发展战略的相互对接。②

简言之,"一带"要打通从太平洋到波罗的海运输大通道,形成连接东亚、西亚、南亚的交通运输网络。"一路"则串连中国和东南亚国家临海港口城市,以亚、欧、非经济贸易一体化为发展长期目标。中国国家主席习近平特别强调,"一带一路"是合唱而非独奏③。

中国政府估算,"一带一路"经过路线集中于新兴经济体和发展中国家,总人口约44亿,经济总量约21兆美元。"一带一路"不仅可以带动公路、铁路、港口、电网等基础设施兴建需求,也将拉动教育、旅游、文化、翻译、社会科学研究等人力资本训练需求。简单来说,一带一路关照面涵盖亚洲与欧洲,一带一路要运用新兴发展国家经济成长红利,带动中国经济进一步发展,顺便解决未来中国可能面临的经济问题,并有助于世界整体经济成长与发展。④

---

① 参见黄俊杰《王道文化与21世纪大中华的道路》,刘兆玄 李诚主编《王道文化与公义社会》第六章。台北远流出版社,2012年09月16日。

② 见新华网2015年3月28日中国国务院授权发布《推动共建丝绸之路经济带和21世纪海上丝绸之路的愿景与行动》,http://news.xinhuanet.com/world/2015-03/28/c_1114793986.htm。

③ 参考巨亨网 http://news.cnyes.com/special/oneRoad/。

④ 参见郑宇钦《欧盟视野下的一带一路》,2015年4月5日,台北《天下杂志》网页,http://opinion.cw.com.tw/blog/profile/303/article/2616

中国的"一带一路"这个世纪工程,如果完成,不仅可能实现"中国梦",还可以让中华民族重返荣耀,甚至更胜汉、唐。"一带一路"战略如果完成,世界的经济可能复苏,目前以西方价值为主轴的国际政经规则与秩序,势必改写,华人在国际经贸舞台上将获得更多机会,廿一世纪即可能成为华人世纪。[①]

五、河洛文化在"一带一路"再展风华

前文说明王道文化在国家关系上以多元包容的态度来对待不同的国家、民族和文化,尊重弱小民族的经济发展规律,甚至进一步的济弱扶倾,希望提携后进,创造共存共荣。中国发布"一带一路"愿景与行动中的"共创美好未来",正显示这种以多元包容的态度,尊重不同的国家、民族和文化的经济发展规律:

> 共建"一带一路"的途径是以目标协调、政策沟通为主,不刻意追求一致性,可高度灵活,富有弹性,是多元开放的合作进程。中国愿与沿线国家一道,不断充实完善"一带一路"的合作内容和方式,共同制定时间表、路线图,积极对接沿线国家发展和区域合作规划。[②]

以王道为核心的河洛文化,在沉寂了五六百年的海上丝绸之路因中国的"一带一路"的愿景与行动,尤其对其中的要重新恢复其兴盛与荣景,赋予她 21世纪新生命与意义,自当扮演重要角色。河洛文化在 21 世纪的海上丝绸之路势将再展风华。海内外世界华人共襄"一　带　路"盛举,协助争取世界上其他民族的合作,河洛文化的王道精神,将是最好的协助大家完成使命的说词。

（赖进义,中华郑和学会理事长;凌渝英,泛太平洋暨东南亚妇女协会国际副会长;赵青,达善工业股分有限公司顾问）

---

① 参见郑宇钦《欧盟视野下的一带一路》,2015 年 4 月 5 日,台北《天下杂志》网页,http://opinion.cw.com.tw/blog/profile/303/article/2616

② 见新华网 2015 年 3 月 28 日中国国务院授权发布《推动共建丝绸之路经济带和 21 世纪海上丝绸之路的愿景与行动》,第八《共创美好未来》。

丝绸之路中西域对中原的影响

孙君恒　温　斌

Abstract: The western region has a lasting charm of the Central Plains in China. The main effects on the Central Plains, including all aspects, such as life (national migration fusion, clothing style, diversification of diet, etc.), production (varieties of farming, animal husbandry, especially horses), art (music and dance). Through the Silk Road, the central and western regions formed complicated multi level, especially in the Han Dynasties and the Sui and Tang Dynasties.

历史上,西域对中国中原的生活(民族迁徙融合、服饰、饮食等)、生产(农业、畜牧业等)、艺术(乐舞等),产生了十分重要的影响。通过丝绸之路,中原与西域形成了千丝万缕的多层面联系,尤其是两汉和隋唐时期,特别显著。汉灵帝就"好胡服、胡帐、胡床、胡坐、胡饭、胡箜篌、胡笛、胡舞",所以"京城贵戚,皆竞为之"。可见,灵帝在汉代就已将西域文化和社会习俗全方位引进中原了,而且在京城贵戚中已形成气候。"应该注意,丝绸之路不仅对商品的交换,而且对人员、文学著作、艺术品、思想和观念的交流都做出了贡献"①。

一、西域人口迁徙

唐代,西域少数民族向往东方乐土,都城长安更是众望所归的圣地,所以这里云集着数量惊人的西域胡人,有时可达 20 万之众。陕西榆林早在汉代就有来

---

① 李特文斯基著 马小鹤译《中亚文明史》(第三卷),中国对外翻译出版公司和联合国教科文组织 2003 年,第 416 页。

自龟兹的移民,因而设立了龟兹县。塔里木河中游的温宿人入居陕西乾县的很多,所以乾县曾一度以温宿岭为县名。①

唐代的胡商贩客中有些人腰缠万贯,乐不思蜀,就在长安娶妻生子,长住下来;另外有人仕为官的,如于阗王尉迟胜率兵助唐平叛后,留京任宿卫。尉迟青居住长安,德宗时官至将军;还有充当质子的,塔里木河流域的于阗、龟兹、疏勒、鄯善等国,都有以人质身份入住长安的,有不少质子留寓不返;再就是来长安传经布道的西域僧人,以及入国求知的西域学子;数量较多的居京人口是到长安献艺的歌、舞、百戏、幻术(杂技)等高手,与他们相伴而来的是在长安开设饭铺酒肆、歌楼舞谢的胡商胡姬,他们很快就成为唐朝文化大视野中的一道新奇亮丽的风景线。有些老胡人在长安居住达四十余年,他们都有妻子、有田宅。至于西域胡人娶汉女为妻者,也不在少数。

二、西域服装风格

西域给唐朝带来的特色服饰最有特色。胡服的基本样式是长袍束腰,唐朝服饰的样式就很多了,比如:襦,群,半袖,披帛等等,唐代妇女的生活装在传承中原服饰传统的基础上,吸收西域等异域文化而发展。当时妇女无论贵贱一般都是由襦或衫、裙、帔等三大件构成,上面襦的下摆系在裙腰中,下着线鞋和锦鞋。半臂最能体现西域特色了,它是唐代女装中十分常见的新式衣着,是一种短袖对襟上衣,没有纽带,只在胸前用衣襟上的带系住,由于西域地区昼夜温差较大,半臂这种形式的外衣,十分适合当地昼夜温差大的气候特征。唐朝贵族女装主要有三种组合变化,即襦裙装、胡服与女著男装。盛唐时期,来自异域的胡服以其全新的形式受到广大贵族女性的青睐,在此风气影响下女着男装也盛行一时。

首服的演变中,即初行幂羅,复行帷帽,再兴胡帽等。"幂羅者,唐武德、贞观年中,宫人骑马多著幂羅。……其幂羅之象,类今之方巾,全身障蔽,绸帛为之。"幂羅来自西域少数民族,原本目的是避免风沙,传到中原后,与儒家经典《礼记·内则》"女子出门必拥其面"的封建意识相结合,反而变成贵族女性出门远行时为防范路人窥视面容而设置的防范措施了,幂羅形制是用大幅黑色纱罗

---

① 梁迎春《大唐是融合的时代》,http://tangchao.baike.com/article－79552.html。

直接上覆于顶,后垂于背,蔽护全身,而且可合可分,欲窥人视物时可用手搴开。但是由于其使用不便,唐高宗时期宫中又开始流行帷帽,它是一种高顶宽沿的笠帽,帽檐周围缀有一层网状的面纱,考究一些的还在网帘上加饰珠翠,显得十分高贵华丽,其长度比冪䍦短得多,下垂至颈部,而且在实际生活中不断缩短,以至脸面部分显露,对此统治者无法容忍,遂加以禁止,然而女性对美的追求却非一纸诏书所能限制,《旧唐书·舆服志》记载:"永徽之后,皆用帷帽,拖裙至颈,渐为浅露。寻下敕禁断,初虽暂息,旋又仍旧。……则天之后,帷帽大行,冪䍦渐息。中宗即位,宫禁宽弛,公私妇人,无复冪䍦之制。"此后胡风盛行,妇女皆着胡服胡帽,帷帽之制又湮没不彰。史称,"开元初,从驾宫人骑马者皆着胡帽,靓妆露面,无复障蔽。士庶之家,又相仿效,帷帽之制,绝不行用。"所谓胡帽,实即西域地区的浑脱帽,一般多用较厚的锦缎制成,也有用"乌羊毛"制成的,帽子的顶部略成尖形,周身织有花纹,有的还镶嵌各种珠宝。受政治形势的影响,安史乱后胡风减弱,又回归汉装传统,一些贵族女性骑马出行,使用一片纱网于额间为饰,整个面庞也基本坦露于外,名曰"透额罗"。

从全身披覆的冪䍦,发展到渐为浅露的帷帽,后至靓妆露面的胡帽、透额罗,这是女性服装史上的伟大进步。唐代多种民族交融、多样文明渗透这一特定历史条件下所形成的多元化的社会文化结构,以及这种多元文化结构对社会心理、价值取向和审美行为的影响和支配,不但给当时的女性构思、设计各种服装提供着文化依据,同时也对唐代贵族女装形成独特风格起着至关重要的作用。[①]

李唐皇室祖先起自西垂,具有浓厚的胡族血统,史学大师陈寅恪先生指出:"若以女系母统言之,唐代创业及初期君主,如高祖之母为孤独氏,太宗之母为窦氏,即纥豆陵氏,高宗之母为长孙氏,皆是胡种,而非汉族,故李唐皇室之女系母统杂有胡族血胤,世所共知。"天生的异族血统和固有的胡人心态使李唐皇室对所谓的"华夷之辨"相对淡薄,而对胡族习俗却有一种天然的亲切感,因为这会唤起他们对以往"关中陇上一带的豪强劲旅那带有边塞烽火和大漠风沙气息的刚强、剽悍之中不无粗豪、朴野味道的勇武雄壮的精神气质"的美好回忆,其中统治者对胡舞的垂青是胡服流行的直接原因。唐太宗、玄宗等均喜胡舞,柘枝

---

① 李怡　潘忠泉《唐人心态与唐代贵族女子服饰文化》,《中华女子学院学报》2003 年 4 期。

舞、胡旋舞最为盛行,它们本是西域胡人的乐舞,后来不仅乐曲舞姿传入中原,而且各国经常向唐廷进贡会跳此舞的女艺人,表演时舞人须戴一种虚顶的"织成蕃帽",帽上缀有宝珠,时时闪烁发光,身穿窄袖的细毡胡衫,腰上系着佩有饰物的革带,足蹬软靴。白居易《柘枝妓》诗云:"紫罗衫动柘枝来,带垂钿胯花腰重。"其《柘枝词》亦称:"绣帽珠稠缀,香衫袖窄裁。"这样一套装束,既是一种舞服,又是西域地区少数民族和友好国家的日常服装,具有浓郁的异族风情。

在以皇室为中心的宫廷主导文化强大辐射力影响下,贵族女性从对胡舞的喜爱发展到对充满异域风情的胡服的模仿,从而使胡服在唐代迅速流行。元稹《法曲》诗云:"自从胡骑起烟尘,毛毳腥膻满城洛。女为胡妇学胡妆,伎进胡音务胡乐。……胡音胡骑与胡妆,五十年来竞纷泊。"《新唐书·五行志一》:"天宝初,贵族及士民好为胡服胡帽,妇人则簪步摇钗,衿袖窄小。"唐代的胡服,实际上包括西域地区的少数民族服饰和印度、波斯等外国服饰,贵族妇女着胡服在此时期经历了两个阶段:初、盛唐时期从宫中到民间广泛盛行来自西域、高昌、龟兹并间接受波斯影响的胡式服装,特征为头戴浑脱帽,身穿圆领或翻领衣长及膝的小袖袍衫,下着条纹裤,脚穿半勒软靴或尖头锈花软鞋,腰束蹀躞带,带下垂挂随身物品。中、晚唐时期流行回鹘装,回鹘与唐朝有姻亲关系,尤其在安史之乱中,回鹘派兵援助唐廷讨伐叛逆,长期的和睦相处使回鹘装在盛唐时期传入中原。花蕊夫人《宫词》:"明朝腊日宜家出,随驾先须点内人,回鹘衣装回鹘马,就中偏称小腰身",点出了回鹘装的特点,即袖子、腰身窄小的翻领曳地长袍,颜色以暖色为主,尤喜用红色,材料多采用质地厚实的织锦,领、袖均镶有宽阔的织金锦花边。穿着此服时,通常将头发挽成椎状的髻式,时称"回鹘髻",其上另戴一顶缀满珠玉的桃形金冠,饰凤鸟,两鬓插有簪钗,耳边及颈项各佩许多精美的首饰,足穿翘头软锦鞋。

胡服崇尚自由随意,没有森严的等级性和政治性,装饰自由方便,穿着舒适且男女混穿,它不仅形式独特新颖,而且相对比较贴身,有利于突出女性身体各部分的曲线,因而具有无法抵挡的吸引力。到了唐朝,由于物质文明的高度发达孕育了唐人开明通达的观念,频繁的中外交流、胡汉融合拓展了女性的视野,因而使风气为之转变。贵族女性着装虽然仍有传统礼制的含义,但用以美化和装饰的目的却在相当程度上超过了前者,妇女服装并不完全遵循制度,"既不在公庭,而风俗奢靡,不依格令,绮罗锦绣,随好所尚”,外在的着装成为女性追求自然天性的载体。

三、西域畜牧产品

唐代中原与西域地区各民族的交往十分频繁,西域畜牧业对中原农牧业生产的发展作出了重要贡献,主要表现在推动了中原农牧业生产的发展。

西域地区地域广大,草场辽阔,牲畜资源丰富,品种优良齐全,其中以马、牛、羊、驼、驴、骡等数量最多。在民族间友好的经济交往中,西域输入中原的牲畜以马为最大宗,此外还有牛、驼、骡、驴等。长期以来,这里一直是中原王朝良马的主要供应地之一。历史上的西域良马,最著名者当为大宛马和乌孙马。据史载:“(大宛)多善马、马汗血,其先天马子也”,“大宛旧有天马种,蹋石汗血,汗从前膊出如血,号一日千里。”而乌孙马则是乌孙人培育的优良马种,这种马毛色润泽,骨骼高大,经久耐用,汉人称之为“天马”。此外,西域良马还有龟兹马、于阗马、结骨马等。

唐政府积极引进西域良马。如高祖武德年间(618-626年),从康居国引进大宛种骏马四十匹。史称其马“形容极大,……今时官马,犹是其种”。贞观二十一年(647年),瀚海骨利干种族遣使来朝贡,献良马百匹,其中十匹尤骏,唐太宗奇之,各为其名,号为“十骥”。唐玄宗时,还从突厥引进蒙古马,“其后突厥款塞,玄宗厚抚之,岁许朔方军西受降城为互市,以金帛市马,于河东、朔方、陇石牧之。既杂胡种,马乃益壮”。通过努力,西域大批良马由此引进中原。西域良马的引进,促进了中原畜种的改良,进一步发展了中原地区的畜牧业,支援了中原的农牧业生产。

除了大量引进西域良马,唐政府还引进不少骆驼、牛、羊、骡、驴等。这些牲畜主要在西北边郡,即今陕、甘、青、宁等地宜牧区饲养,并设有48个监牧。据史称:“自贞观至麟德四十年间,马七十万六千,置八坊岐、豳、泾、宁间,地广千里……八坊之田,千二百三十倾,募民耕之,以给刍秣。八坊之马为四十八监,而马多地狭不能容,又析八监列布河西半旷之野”。此外,其他各地还有六十余所监牧。至于饲养的数量,据《唐会要》卷66记载:天宝十三载(754年)六月一日,陇右郡牧都使奏:牲畜“总六十万五千六百三头(匹口):马三十二万五千七百九下二匹,牛七万五千一百一十五头,驼五百六十三峰,羊二十万四千一百三十四只,骡一头"。同书卷72还载:"开元中,尚有(马)二十七万,杂以牛羊杂畜,不啻百万"。同书《王毛仲传》亦说:"初,监马二十四万,后乃至四十三万,牛羊皆数倍"。可见数额之大。

西域畜牧业对中原农牧业的支持,在半农半牧区反映得特别明显。上述陕、甘、青、宁边境地区是秦、汉以来直至唐代的半农半牧区。从西域引进的大量牲畜在这些地区的官私牧场中畜养繁殖,不仅成为中原王朝战马和其他军事用畜的重要来源,而且在一定程度上为农区的农耕和运输提供了动力。尤其是耕牛等役畜直接支持农区的农业生产具有特别意义。唐代,耕牛已成为农业生产不可缺少的畜力来源。官民饲养大量的耕牛,不但发展了中原畜牧业,而且为中原农业生产中的畜力耕作提供了保障。如武德八年(625年),突厥与吐谷浑请求与唐互市获准,其牛马杂畜的输入,对恢复唐初受战乱破坏而凋敝的经济,曾起了很大作用。史称:"先是,中国丧乱,民乏耕牛,至是资于戎狄,杂畜被野"。说明农业离不开耕牛,耕牛对农业生产有特殊意义。

此外,骆驼、驴、骡等"奇畜"的传入同样有着重要的价值。唐代陇右地区即养驼500余峰,它们是西域与内地之间的重要交通运输工具,被誉为"沙漠之舟",在加强国内各民族经济联系以及促进中外经济交流方面,其作用不可低估。还有驴、骡,早在汉魏时期已被用于军事运输,以驴挽犁驾车的现象亦已出现。唐天宝年间,交通道上的客店都设有"驿驴"供交通运输之用。唐人杜佑在描述"开元之治"的盛况时曾说:"每店有驴凭客乘,倏忽数十里,谓之驿驴。"欧阳修也把"店时即驿驴"作为当时太平盛世的标志。唐代以骡作为运输工具同样有所记载,当时即有所谓"骡子军"。可见驴、骡在中原所起作用不小。它们利于山区使用,适合农村耕作和运输。

唐代,西域畜物业对中原农牧业生产的支援,还有苜蓿的推广。当时,苜蓿得到大规模推广种植,如陇右"莳商麦、苜蓿千九百顷,以菱蓄御冬";"凡驿马给地四顷,莳以苜蓿"。苜蓿为豆科植物,适应力强,产量高,其茎、叶含有丰富的蛋白质、钙、磷以及胡萝卜素和多种维生素,营养全面,适口性也好,是饲养牧畜的优质牧草。唐中原地区广为种植,并使之成为农作制度的有机一环,这对于发展中原畜牧业,推进中原农业进步,起了重要的作用。[1]

四、西域农业产品

西域的胡椒、胡麻、胡桃、胡萝卜、胡椒、胡豆、波菜(又称为波斯菜)、黄瓜(汉时称胡瓜)、石榴、苜蓿、葡萄(葡萄酒)等土特产品,家喻户晓,早已经成为中原的"宠物"。它们的广泛引进,满足了中原居民的口福。

向达先生的《唐代长安与西域文明》,再现了唐代西域对长安的活灵活现的影响。西安市的各类胡店、胡姬、胡人带来的颇具异域风情的各式衣帽、胡食、胡舞……琳琅满目,让人不禁一边阅读一边在脑海中不断构想东市与西市的热闹与繁华。饮食上讲,不得不提的就是葡萄酒了,"葡萄美酒夜光杯,欲饮琵琶马上催。醉卧沙场君莫笑,古来征战几人回。"王翰的这首凉州词,不仅有古代战场的悲壮,夜光杯的神奇,更多的则是古人对葡萄酒的喜爱。胡市中的胡姬则每每站在酒铺门口招揽生意,酒铺卖的就就是葡萄酒,"金樽美酒,其有不少之异国情调,盖不待言也"、"西市及长安城东至曲江一带,俱有胡姬侍酒之酒肆,李白诸人尝买醉其中"。可见,当时饮酒买醉的人不在少数,酒仙李白自然是少不了的。

五、西域乐舞

早在远古时期,西域就与中原地区开始了一定的经济和文化联系,西域优美的曲调和乐器不断传入中原,对中原音乐的丰富和发展产生了重大影响。古诗"城头山鸡鸣角角,洛阳家家学胡乐"反映这一史实。

西域乐舞步入鼎盛之后,又通过征战、和亲等重大历史事件及年复一年循丝绸之路上来往不断的人流东渐,在乐工、乐器、乐曲、乐理、乐谱等诸多方面对中原文化产生了重大的影响。

从西域来到了中原的著名艺人有龟兹白氏:白明达、白智通;疏勒裴氏:裴神符、裴兴奴;于阗尉迟氏:尉迟青、尉迟璋;"昭武九姓"曹、何、米、康、安、史、穆诸

---

[1] 吴大旬　王卫红《论唐代西域畜牧业对中原农牧业生产的贡献》,《环球市场信息导报》2011年11月17日。

氏:曹婆罗门、曹僧奴、曹妙达、曹昭仪、曹保、曹善才、曹刚、曹供奉,何满子、何懿、何堪,米嘉荣、米和、米都知,康昆仑、康阿驮、康老胡雏、康乃,安马驹、安未弱、安叱奴、安金藏,史丑多、史敬约,穆叔儿、穆善才等。除史籍所载者外,流落民间的无名艺人理当更多。"胡姬春酒店,弦管夜锵锵"(贺朝),"琵琶长笛曲相和,羌儿胡雏齐唱歌"(岑参),"摩遮本出海西胡,琉璃宝眼紫髯胡"(张说)等唐诗即是明证。

　　传到中原的西域乐器有竖笛(篴,即后世之箫)、横笛、笙簧、唢呐、胡笳、胡琵琶、五弦、竖箜篌、弓形箜篌、羯鼓、蜂腰鼓等,体轻便携,音色各异,经汉民族吸收、改造后逐渐成为最常用的传统乐器。

　　《龟兹乐》《疏勒乐》《高昌乐》《康国乐》《安国乐》《西凉乐》《天竺乐》等源于西域的大曲先后被归入隋唐宫廷乐部。在隋王朝宫中担任乐正的白明达"创百岁乐、藏钩乐、七夕相逢乐、投壶乐、舞席同心髻、玉女行觞、神仙留客、掷砖续命、斗鸡子、斗百草、泛龙舟、还旧宫、长乐花及十二时等曲"。至玄宗朝将燕乐改制为坐、立二部伎时,龟兹和西凉的音乐在其中仍据有较大比重。故《旧唐书·音乐志》谓:"自周隋以来,管弦杂曲将数百曲,多用《西凉乐》;鼓舞曲多用《龟兹乐》。""立部伎"八部中,"自(第三部)《破阵乐》以下,皆擂大鼓,杂以龟兹之乐,声震百里,动荡山谷;《大定乐》加金钲;唯《庆善舞》独用西凉乐最为闲雅"。"坐部伎"六部中,"自(第二部)《长寿乐》以下,皆用《龟兹乐》"。

　　在唐代大曲中,至少有《凉州》《伊州》《甘州》《柘枝》《浑脱》《剑器》等和西域有涉。除此之外,黄翔鹏先生认为在《教坊记》所列的四十六部大曲中,"龟兹乐"三个字未必是曲,而是一个插入的小标题,也就是说,列在该标题之后的《醉浑脱》《安公子》《舞春风》等均为龟兹大曲。另如《春莺啭》也出自西域乐师白明达之手。在鼓吹曲和羯鼓曲中,又有不少曲名如《疏勒女》《耶婆色鸡》《色俱腾》明显是从胡地传来或由胡语音译而来的。

　　除乐曲之外,胡旋、胡腾、柘枝、剑器、浑脱等舞种,大面、钵(拨)头、合生、苏幕遮、狮子、白马等戏弄即有一定情节的歌舞伎乐表演也东传中土。这些舞蹈音乐和戏弄音乐使西域音乐文化更加丰富多彩。

　　随突厥阿史那公主来到长安的龟兹乐师苏祇婆带来的五旦七声理论从根本上动摇了宫音以外不为调首的传统音乐理论,促进了乐调的多样化,增加了音乐的表现能力。①

　　总之，西域的物产、生活、生产、文化(魔术、音乐、舞蹈、雕塑、佛教等)丰富多彩，很有特色，都对中原产生巨大而且深远的影响，至今仍然十分显著。这些历史，记载特别丰富，研究也有很多，我们在此不简单重复了。

　　　　　　(孙君恒,武汉科技大学马克思主义学院教授,温斌,在读研究生)

---

① 西域乐舞对中原、朝鲜、日本的重大影响,中国舞蹈网,2011 - 06 - 11,http://news.wudao.com/20110611/5047.html

丝绸之路开拓考略

——兼谈洛阳在丝绸之路上的历史地位

周兴华　魏淑霞

Abstract：The time of Silk Roads'development was far earlier than the era of Zhang Qian going across the western regions (a Han Dynasty term for the area west of Yumengua, including what is now Xinjiang and parts of Central Asia) in the Western Han Dynasty. With the development of the times, the starting place of Silk Roads'development often changed. Down the ages, the operating subjects have been the interactive business groups who are from both the east and the west; the operating activities have been the commerce and trade of bilateral interaction which are represented by silk; the ethnic relation has been the mutual understanding and fusion of different ethnic groups on the Silk Roads; and the cultural exchange has been the two-way communication of both material culture and spiritual culture from the east and the west.

引言

就历史古道而言,沙漠绿洲丝绸之路通常指古代东西方客商从中国丝绸产销地中原经河西走廊通达西域的以经营丝绸为主的商贸大道。

就目前研究而言,学术界通常因认定丝绸之路始于西汉张骞从长安出使西域时所开辟的经陕西、甘肃、新疆至中亚、西亚的陆路通道,并以长安作为丝绸之路东端的起点,故对长安以西的丝绸之路多有研究,而对长安以东的丝绸之路忽视太多。这是一种附和传统误见的倾向,与古文献记载、考古事实并不符合。

连接东西方的陆路交通究竟始于何时? 据古籍记载,沙漠绿洲丝绸之路古道的开拓及实地踏察,最早见载于先秦古籍《山海经》。《山海经》成书于战国时代,距今2400多年,其古老篇章可上溯到原始社会,全书记录和描绘了中国从原始社会到秦汉时期的山川地理交通、原始巫术活动、远古神话传说、远古民俗风情及物产等资料。其中《山海经·西次三经》对沙漠绿洲丝绸之路陇道、河西道、西域道(今宁夏六盘山北脉中卫香山——河西走廊——新疆于阗)有正确的记载。《山海经·西次三经》记载的崇吾之山,谭其骧先生考证说:"'崇吾之山,在河之南'当指今甘肃景泰以东,宁夏中宁以西黄河南岸某山。"(谭其骧《论〈五藏山经〉的地域范围》)谭其骧先生说的"今甘肃景泰以东,宁夏中宁以西黄河南岸某山"即今宁夏中卫香山。《山海经·西次三经》记载的从崇吾之山(今宁夏中卫香山)经河西走廊至新疆于阗的山川地貌、道路里程与从今宁夏中卫香山(崇吾之山)经河西走廊至新疆于阗的山川地貌、公路里程一样,特别是古今沿线地理单元在大山、流沙、沼泽、湖泊方位,水皆西流、北流等地貌特征上极其相似,一些古今地名有渊源关系。

据张俊民《简牍文书所见"长安"资料辑考》换算标准,一古里约为410米(以下简称"简牍换算")。现将《山海经·西次三经》所载崇吾之山以西经河西走廊至新疆于阗的山川道里依简牍换算为今公路里程,与今河西走廊相关山川道里依次对照,从中对《山海经·西次三经》山川地貌、交通道里的现代方位做出推测。

《山海经·西次三经》所载23座大山自东向西的山体走向:从崇吾之山到锺山5山长约1510里,其山体连接走向都是自东向西逐次向"西北"接续排列,从泰器之山到槐江之山长约480里,其山体连接走向是逐次由"西北"向"西"转向排列,从昆仑之丘四百里开始由"西"转向"西南"方向排列,从昆仑之丘西端樂游之山起的14山4080里,其山体连接走向都是逐次由"西南"向"西"接续排列至最西的翼望之山(今新疆于田至和田南面的昆仑山)。以上山体走向与今宁夏中卫香山(崇吾之山)经河西走廊至新疆于田、和田的丝路南线山体走向一样。还有,《山海经·西次三经》记载"崇吾之山至翼望之山凡二十三山六千七百四十四里",依简牍换算,最西边的翼望之山东距崇吾之山约2755公里(其中,垒山至锺山的道里,同书一说是"四百二十里",一说是"四百六十里",相差40里),现以最远道里计,再加40里,崇吾之山至翼望之山实为6530里,依简牍换算为 2677 公里。现今沿汉代丝绸北路东段从今宁夏中卫沿河西走廊西出玉门关进入新疆,再沿西域丝路南线若羌、且末、民丰、于田、和田西行,中卫至于田约 2578 公里,至和田约 2754 公里,古今道里差距约 100 公里。由此可证,《山海经·西次三经》记载的应是从今宁夏中卫香山经河西走廊至新疆于田、和田的丝绸之路的山川地貌及道路里程。

根据《山海经》的成书年代及《西次三经》山川地貌、道里记载的资料来源,由此推测,沿河西走廊的沙漠绿洲丝绸之路古道开通远早于汉代张骞通西域之时。在春秋战国乃至于夏商周之前,沙漠绿洲丝绸之路原本就是东西方古族徙居交流的交通大道。否则,《山海经·西次三经》不会有如此正确的山川地貌、道里记载的。

根据《山海经·西次三经》提供的信息,丝绸之路的开拓应从古籍记载与考古调查的新发现中钩沉索隐。

道路开拓

沙漠绿洲丝绸之路从远古以来一直是东西方古族的交通大道。

华夏五帝时代,从中原通往河西的道路已见于古代文献记载。

黄帝时代,从河南等中原地区西行的道路已通达今宁夏固原。黄帝都有熊,《史记·五帝本纪》载:黄帝"邑于涿鹿之阿。迁徙往来无常处"。正义引《舆地志》云:"涿鹿本名彭城,黄帝初都,迁有熊也。"汉焦延寿《焦氏易林》载:"黄帝有熊国君少典之子。有熊,即今河南新郑是也。"晋皇甫谧《帝王世纪》、司马彪《续汉书·郡国志》、北魏郦道元《水经注》、唐李泰《括地志》、杜佑《通典》、宋《路史》均作如此说。《史记·五帝本纪》载:黄帝"披山通道,未尝宁居",《索隐》说黄帝"披山林草木而行以通道也",就是说黄帝忙于沿着山边修筑道路,从未安居修息过。黄帝修的道路"西至于空桐,登鸡头。"《正义》引《括地志》说:"笄头山一名崆峒山,在原州平高县西百里,《禹贡》泾水所出。《舆地志》云或即鸡头山也。郦元云盖大陇山异名也。""空桐山""鸡头山""笄头山",按郦道元的考证,都是"大陇山",即今宁夏六盘山之异名。黄帝从其都邑今河南新郑等中原地区西行,沿陕西泾水北越六盘山到达今宁夏固原的道路在黄帝时代即已开通。

颛顼时代,从河南等中原地区西行道路已通达今甘肃河西走廊的张掖地区。颛顼都帝丘(今河南濮阳)。《汉书·地理志》载:"濮阳本颛顼之墟,故谓之帝丘,夏后之世,昆吾氏居之。"《左传·昭公十七年》载:"卫,颛顼之虚也,故为帝丘。"杜预注:"卫,今濮阳县,昔颛顼居之,其城内有颛顼冢。"颛顼时代即在通往颛顼都邑、陵墓的地方修建有通行大道。《史记·五帝本纪》载:颛顼时代道路"北至于幽陵,南至于交阯,西至于流沙,东至于蟠木"。"流沙"所在有两种说法:第一种是《集解》引《地理志》说,"流沙在张掖居延县。"《文献通考·舆地考八》甘州条说:"《禹贡》曰'导弱水,至于合黎,余波入于流沙',即此地也。"注云:"合黎水、弱水并在张掖县界。其北又有居延泽,即古流沙也";第二种是《正义》引《括地志》说,"流沙"在"居延海南,甘州张掖县东北千六十四里是。"依简牍换算,颛顼时代的"流沙"约在张掖县东北 435 公里处。以今地度之,"流沙"在今甘肃景泰县。据此,颛顼时代,从中原通西域的道路已由宁夏固原延伸到今甘肃景泰至河西走廊的张掖地区了。

尧舜时代,从中原及其毗邻地带西行道路已是通往敦煌地区的车马大道了。《史记·五帝本纪》载:"帝喾高辛者,黄帝之曾孙也。"帝喾"生放勋""放勋立,是为帝尧。"《集解》皇甫谧曰:"都亳,今河南偃师是。"《皇览》曰:"帝喾冢在东郡濮阳顿丘城南台阴野中(今河南省濮阳)。"《帝王纪》载:"尧都平阳。"平阳在今山西临汾。帝喾、尧、舜活动中心在豫、晋、鲁地区。《史记·五帝本纪》载:帝尧"申命和仲,居西土",《集解》徐广曰:"以为西者,今天水之西县也。骃案:郑玄曰:西者,陇西之西,今人谓之兑山。"帝尧时代已派遣官员管理今甘、宁、青陇西之地,由此证明从尧舜统治的晋、鲁、豫到今甘、宁、青陇西地区是有通行大道的。《史记·五帝本纪》载:帝尧"黄收纯衣,彤车乘白马""尧乃赐舜绨衣"。乘车即有车马大道。舜帝"岁二月,东巡狩,至於岱宗。……五月,南巡狩……八月,西巡狩……十一月,北巡狩。……五岁一巡狩……车服以庸。"舜"迁三苗于三危,以变西戎"。《集解》马融曰:"西裔也。"正义引《括地志》云:"三危山有三峰,故曰三危,俗亦名卑羽山,在沙州敦煌县东南三十里。"舜帝能将三苗从"江淮、荆州(华夏中南地区)"迁移到今甘肃河西走廊西端的敦煌县去,说明尧舜时代从华夏中南地区至中原地区到河西走廊敦煌地区的东西方大道是畅通的。舜帝巡狩四方的大道"皆如初",即说舜帝巡狩四方的车马大道与尧帝巡狩四方的车马大道一样。所谓"西巡狩",是说舜帝乘车马从中原到今甘、宁、青陇西之地去巡狩。此时的舜帝,"乃在璿玑玉衡,以齐七政","脩五礼、五玉、三帛、二生、一死为挚"。《尚书·舜典》亦有"璇玑玉衡""五玉、三帛""辑五瑞""五岁一巡狩……车服以庸"的记载。以上说明,"璿玑玉衡""五玉""三帛"之类的玉器、丝绸已普遍使用。舜帝带着玉器、丝绸,乘坐车马,从晋、鲁、豫及华夏中南地区一直通行到今甘肃河西走廊西端的敦煌地区。反之,昆仑地区的西王母等族群亦沿河西走廊古道东达中原,《今本竹书记年疏证》载:帝舜有虞氏"九年,西王母来朝。""西王母之来朝,献白环、玉玦。"

禹夏时代,从今河南等中原地区西行的道路已通达今甘肃张掖居延县、青海积石、昆仑以西了。禹夏都阳城(今河南登封)。《史记·夏本纪·正义》引《帝王世纪》云:"禹受封为夏伯,在豫州外方之南……今河南阳翟是也。"《竹书纪年》载:"夏后氏禹居阳城。"《史记·夏本纪·集解》引刘熙曰:"今颍川阳城是也。"《世本》载:"禹都阳城,避商均也。又都平阳,或在安邑,或在晋阳。"《汉书·地理志》亦持此说。禹夏都邑虽有迁徙,但大都在今河南省及其毗邻地区。《史记·夏本纪》说夏朝的道路"西被于流沙"。这就是说,夏朝的道路已从以河洛为中心的中原地区修到今甘肃张掖居延县了。《史记·夏本纪》载:"禹乃遂与益、后稷奉帝命,命诸侯百姓兴人徒以傅土……以开九州……通九道……道九山……道九川……九山刊旅……东渐于海,西被于流沙。"所谓"道九山""九山刊旅",就是开通了从中原通向九山的旅行道路。《虞人之箴》曰:'芒芒禹迹,画为九州,经启九道。"这是说大禹治水后,把全国划为九个州,修整了九条宽阔的大道。夏禹治水时"陆行乘车,水行乘舟,泥行乘橇,山行乘檋"(《史记·夏本纪》)。《尚书·禹贡》载:兖州"厥贡漆丝,厥篚织文",青州"厥篚檿丝",徐州"厥篚玄纤、缟",雍州"厥贡惟球、琳、琅玕。浮于积石,至于龙门、西河,会于渭汭。织皮昆仑、析支、渠搜,西戎即叙。"《史记·索隐》说:"郑玄以为衣皮之人居昆仑、析支、渠搜,三山皆在西戎。"王肃曰:"昆仑在临羌西,析支在河关西,西戎在西域。""今按:《地理志》金城临羌县有昆仑祠,敦煌广至县有昆仑障,朔方有渠搜县。"从"黑水、西河惟雍州……厥贡惟球、琳、琅玕"看,这里的"球、琳、琅玕"类玉器产于西域。以上说明,夏朝时期,以"昆仑山"为中心的"西戎"地区已属夏朝的势力范围。中原地区生产的"漆丝""檿丝""玄纤、缟"等彩色丝、绸、绢和西域出的"球、琳、琅玕"等玉器已成为贡品通过丝路古道运输到中原王朝的都城。

　　殷商时期，从今河南等中原地区通往新疆的丝绸、玉石之路均已开通。商朝都于亳（今河南商丘），自汤至盘庚五次迁都，四次都在今河南省。据甲骨文资料，从商朝都城通往各地的主要道路称之为"王道"，见于记载的"王道"主要有：一条通往徐淮地区，一条通往湖南、江西，一条通往渭水流域，一条通往陕北与甘肃。这几条"王道"修整得笔直、宽广、平坦，便利车马行驶。商朝对道路有严格的管理制度。据甲骨文里记载，商朝在大道沿线设立了许多据点和住宿之处，这就形成了商朝最初的驿站制度。在甲骨文中已有"丝""帛""桑"等字，说明殷商时代已经制造和使用蚕丝织品。著名学者胡厚宣认为，殷墟玉器绝大部分是软玉，大体上都是新疆玉。殷墟妇好墓出土的 590 多件玉器，都是精美的新疆和田玉，这说明新疆的和田玉殷商时代已运至中原。近年来考古工作者在新疆于田县流水村发掘了距今约 3000 年的 64 座古墓。墓中的随葬品有许多做工精湛的铜刀、铜簇和铜手镯。制作铜器的技术只有到商代才能达到。因此有人推测，这些在新疆墓葬中的铜器和在安阳殷墟发掘的新疆玉制品是两地商品交换的结果。新疆与安阳之间路途遥远，途径今甘肃、宁夏、陕西。由此可见，殷商时期今河南安阳与新疆之间的道路已经畅通，丝绸、玉石等商品交换才能得以进行。（参见王迎喜《殷墟申报世界文化遗产名录》）

　　西周时期，从关中及中原通往青海、西域的丝绸之路已经畅通。西周定都镐京（今陕西西安西）。《史记·秦本纪》载："造父以善御幸于周缪王，得骥、温骊、骅䯄、騄耳之驷，西巡狩，乐而忘归。"《集解》郭璞曰：《纪年》云穆王十七年，西征于昆仑丘，（遂）见西王母。"周缪王即周穆王（"缪"古通"穆"），《史记·秦本纪》的以上记载与《左传·昭公十二年》《楚辞·天问》《竹书纪年》关于周穆王周游天下、西巡狩、见西王母的记载互相印证，应为信史。西王母国从五帝至夏商周时代一直活动在昆仑之丘所在的青藏高原。藏学大家任乃强先生说：《西次三经》有崇吾之山至翼望之山凡二十三山六千七百四十四里，全在河西徼外。其路线与周穆王西巡至西王母国路线相当。《诗经·小雅·六月》载："六月栖栖，戎车既饬，四牡骙骙，载是常服。""猃狁匪茹，整居焦获。侵镐及方，至于泾阳。""薄伐猃狁，至于大原（固原）"，这是说周宣王派尹吉甫率领装备有四驾马车的军队,一直攻打到今宁夏固原县城。先秦时期从关中至河西的丝绸之路走的是镐京——泾阳——焦获——大原(固原)的传统古道,可行四驾兵车。周穆王西游、周宣王西征皆走此道。洛阳市文物考古资料显示,周天子出行已乘坐六驾马车。汲冢出土的古文《穆天子传》记载了周穆王与西王母之邦的丝绸、玉器交流。《尚书·酒诰》记载,周公派唐叔告诫殷遗民:"肇牵牛车,远服贾用,孝养厥父母",这说明驾驶车辆长途贩运的商业活动已普及民间,成为百姓家庭生活的来源。

战国时期,从今河南等中原地区通往各诸侯国间的道路畅通。周平王于公元前 770 年迁都洛阳。东周王朝与各诸侯国,各诸侯之间来往频繁。周朝从洛阳向西至镐京修建有宽广平坦的大道。周朝西出崤函古道、周秦古道入关中直达秦都咸阳。《史记·张仪列传》载:张仪为了说服秦惠王先伐韩,建言曰:"亲魏善楚,下兵三川,塞什谷之口,当屯留之道……秦攻新城、宜阳,以临二周之郊,诛周王之罪。"《史记·甘茂列传》载:"秦武王三年谓甘茂曰'寡人欲容车通三川,以窥周室,而寡人死不朽矣!'……因大悉起兵,使甘茂击之。斩首六万,遂拔宜阳……武王竟至周,而卒于周。"贾谊《过秦论》载:"秦孝公据殽函之固,拥雍州之地,君臣固守,以窥周室。"以上张仪、秦武王、贾谊说的甘茂统兵自秦都咸阳直入东周洛阳问鼎的这条大道,都指的是自洛阳通咸阳的崤函古道、周秦古道。

崤函古道、周秦古道自古以来一直是丝路东段的主干道。《史记·魏公子列传》载:魏安厘王三十年(前247),秦军围大梁(今河南开封一带),"诸侯闻公子(魏公子信陵君无忌)将,各遣将将兵救魏。公子率五国之兵破秦军于河外,走蒙骜。遂乘胜逐秦军至函谷关,抑秦兵,秦兵不敢出。"《史记·孟尝君列传》载:"(秦)昭王释孟尝君。孟尝君得出,即驰去,更封传,变名姓以出关。夜半至函谷关。"《史记·项羽本纪》载:"函谷关有兵守关,不得入。"《正义·括地志》云:"函谷关在陕州桃林县西南十二里,秦函谷关也。《图记》云西去长安四百余里,路在谷中,故以为名。"唐代翰林学士陆贽论及乾元之后的关中形势时说:"内寇则汧、函失险,外侵则汧、渭为戎",他说内部叛乱者占据汧、函古道时则两京(洛阳、长安)失险失守;外部草原民族沿汧、渭古道入侵则关中、中原皆变为戎地,其意就是强调只有重兵镇守殽函古道、周秦古道及其连接回中道、高平道、萧关道、灵州道(汉唐古灵洲)、河西道的沙漠绿洲丝绸之路沿线关隘重地,才能保障两京安全。五代后唐末帝李从珂率军自凤翔出发到洛阳夺权称帝,大军走的就是经长安、华州、阌乡、灵宝、陕城、新安、干壕到洛阳的周秦古道、殽函古道(《资治通鉴·后唐纪八》)。

从历代沙漠绿洲丝绸之路东段各道的走线看,由洛阳等中原地区经崤函古道、周秦古道、回中道、高平道、萧关道、汉灵州道(经汉灵洲县的古道)、河西走廊至武威的主干道可称为丝路东段北道;由洛阳经长安、醴泉、乾州、永寿、邠州、长武、泾州、平凉、瓦亭、隆德、静宁、会宁,从兰州(金城)渡黄河,继经乌鞘岭、古浪至武威的道路可称为丝路东段中道;由洛阳经长安、秦州(天水)、渭州(陇西)、狄道(临洮),从河州(临夏)渡黄河,继经乐都(鄯州)、鄯城(西宁)越祁连山大斗拔谷(扁都口)抵张掖入河西走廊的道路可称为丝路东段南道。

丝路东段三道及其支线开通后都在陆续使用,但车辆运输一般驰行汉代灵洲(州)大道。东汉凉州牧窦融统率河西五郡(敦煌、酒泉、张掖、武威、金城)数万军队及5000多乘辎重车辆东征经汉灵洲县到高平与刘秀会师的行军国道即是明证。(《后汉书·光武帝纪》)

丝路经始

中国利用蚕丝织造丝绸究竟始于何时? 20世纪50年代,在浙江湖州钱山漾遗址考古发掘中就出土了用蚕丝制造的绢片、丝带和丝线等丝织品,这是全世界目前发现年代最早的家蚕纺织品实物之一。钱山漾遗址经测定为新石器时代晚期文化。在甲骨文中已有"丝""帛""桑"等字,说明新石器时代晚期、殷商时代已经制造和使用蚕丝织品。

关于中国丝绸的传统产销地。《尚书·禹贡》载:"禹别九州,随山浚川,任土作贡"。兖州约括今河南东北部、河北南部、山东西部,"厥贡漆丝,厥篚织文"。青州约括今山东东部,"厥篚檿丝"。徐州约括今山东省东南部和江苏省的北部"厥篚玄纤、缟"。荆州约括今湖北、湖南,"厥篚玄纁玑组"。豫州以今河南省为中心,兼有今山东西部、安徽北部,"厥贡漆、枲,絺,纻,厥篚纤、纩"。扬州约括今江苏、安徽淮水以南及浙江、江西,"厥篚织贝"。以上丝绸贡品都是夏禹时代乃至其前产于华夏中原及其东南地区的各种各色丝绸及细布。

周朝建立前后,周族与西域戎狄互通来往,持续着政治、经济、文化乃至血缘关系。《穆天子传·卷二》说:"赤乌氏之先,出自周宗。大王亶父之始作西土……封其婴臣长季绰于春山之虱,妻以元女,诏以玉石之刑,以为周室主。……赤乌氏,美人之地也,宝玉之所在也。"日本著名的中国历史地理学家小川琢治研究,周穆王西游的"西王母之邦"在大宛。春山,在今新疆哈密西北,赤乌氏或汉乌孙之旧名,必然西域之民族。周穆王西游,周先祖大王亶父其将元女嫁给赤乌氏,这说明周族先民亦属戎狄族群,与西域戎狄持续着政治、经济、文化乃至血缘关系。据汲冢出土的古文《穆天子传》记载,周穆王从中原带往西王母之邦的有锦组(即丝帛)、黄金、白银及其工艺品、朱带、贝带、贝饰、工布、桂姜等物品;他从西王母之邦带回中原的有玉版、玉器、良马、服牛、良犬、野马、牛羊、穄麦、羽毛、兽皮等土特产,真是"载玉万只""载羽百繂。"

战国时代今陕西地区与中亚以西地区有交往。《史记·李斯列传》说秦国可"致昆山之玉",《正义》注说"昆冈在于阗国东北四百里,其冈出玉。"《太平广记》引《拾遗记》说:"秦始皇时,宛渠国之民,乘螺舟而至,云:臣国去轩辕之丘十万里,臣国先圣,见冀州有黑风,应出圣人,果庆都生尧"。(《太平广记·卷135》)轩辕之丘是《山海经·西次三经》罗列的从崇吾之山(今宁夏中卫香山)沿河西走廊向西的第十三座大山,位于西域境内(新疆若羌县东阿尔金山段)。宛渠国"去轩辕之丘十万里",大致在中亚以西。以上记载传递了一个信息,秦始皇时代陕西地区与中亚以西地区有交往。无独有偶,陕西考古工作者经过 5 年多的工艺对比研究,发现秦始皇陵 K0007 陪葬坑出土的 40 多件珍贵青铜水禽,其制作工艺来源于遥远的伊拉克一带的两河流域文明。……据介绍,最早的青铜雕塑 5000 多年前出现在伊拉克两河流域的美索布达米亚平原,主要以小型雕像为主,后来这种工艺影响到古埃及,再由古埃及传播到古希腊,进而影响到波斯。专家们据此推测,秦陵青铜水禽制作工艺深受地中海地区工艺的影响。秦始皇陵陪葬坑的青铜水禽制作工艺,最早源于伊拉克美索不达米亚平原的两河文明。(韩宏《研究称秦始皇陵青铜水禽工艺源于两河文明》,《文汇报》2015 年 8 月 26 日西安专电)

汉代从关中经河西走廊通达西域的丝绸之路见载于张骞大宛之行。汉武帝欲通使大月氏,张骞应募,"骞身所至者大宛、大月氏、大夏、康居,而传闻其旁大国五六,具为天子言之。……汉发使十余辈至宛西诸外国,求奇物,因风览以伐宛之威德。而敦煌置酒泉都尉;西至盐水,往往有亭。而仑头有田卒数百人,因置使者护田积粟,以给使外国者。"张骞先后二次通达西域,与其副使出使大宛、乌孙、康居、奄蔡、大月氏、安息、条枝、奄蔡、黎轩、条枝、大夏、身毒、天竺、于寘、扜矤及诸旁国。(《史记·大宛传》《汉书·西域传》)

古罗马学者白里内在其《博物志》中记述说"由里海及西梯亚海岸线折而面东……由里海至此,尚未及海岸全线之半也。赛里斯人即处此。丝生于树叶上,取出,湿之以水,理之成丝。后织成锦绣文绮,贩运到罗马。富豪贵族之妇女,裁成衣服,光辉夺目。由地球东端运至西端,故极其辛苦。赛里斯国人举止温厚,然少与人接触。贸易皆待他人之来,而绝不求售也……拉切斯之父尝至其国。使人途中旅行时,亦尝见赛里斯人……货物皆运至某河之东岸,置于赛里斯人货物之旁,与之议定价钱后,即取之他往。事实上彼等对于奢侈品的交易不自珍惜,而且对于货物之流通地点目的及其结果,心目中已经了然……"白里内生于公元23年,死于79年,以博学闻名罗马。(《中西交通史料汇编》引白里内《博物志》)白里内记述的里海地区亚欧国家到中国贩运丝绸的道路,即经今新疆、河西走廊至中原的丝路之路。

丝路贸易兴起于东西方族群各自国计民生的需要。古籍记载证实,中原通往河西的道路开通得很早,其特点是路程逐步向东西两端延伸,道路设施逐步完善,道路物流由单向逐步变为双向。《史记·货殖列传》载:"《周书》曰:'农不出则乏其食,工不出则乏其事,商不出则三宝绝,虞不出则财匮少'……故曰:'天下熙熙,皆为利来;天下壤壤,皆为利往。'"《汉书·西域传》载"奉献者皆行贾贱人,欲通货市买,以献为名,故烦使者送至县度",所谓使者,实即商人。各国来中国贸易的人很多。《魏书·西域》说:"汉氏初开西域,有三十六国。其后分立五十五王,置校尉、都护以抚纳之。王莽篡位,域遂绝。至于后汉,班超所通者五十余国,西至西海,东西万里,皆来朝贡,复置都护、尉以相统摄。"

东汉、曹魏、西晋、北魏、隋、武唐、后梁、后唐、后晋皆都洛阳及其毗邻地区,与西域诸国及族群一直保持着频繁地贡使贸易。班超通西域后,"商胡贩客,日款于塞下"。东汉章和元年(87),安息国(今伊朗呼罗珊地区)遣使献狮子。(司马彪《续汉书》)曹魏仓慈为敦煌太守,"常日西域杂胡欲来贡献,"欲诣洛者","使吏民护送道路。(《三国志·魏书·仓慈传》)"据相关朝代正史粗略统计,北魏太延三年(437)至正光年间(525),波斯、粟特、龟兹、悦般、焉耆、车师、粟特、疏勒、乌孙、渴盘陀、鄯善等西域五十余国及族群陆续遣使赴北魏朝贡。隋文帝开皇三年(583)至隋炀帝大业十二年(616),隋朝与波斯、史国等西域40余国及族群互通使节及赴洛阳朝贡约30次。唐高宗、武则天咸亨元年(670)至(圣历)三年(698),波斯、大食、天竺国等西域20余国及族群遣使赴唐朝贡约20次。后梁开平元年(907)至乾化四年(914),回鹘、于阗等西域各族遣使赴后梁朝贡约13次。后唐同光元年(923)至清泰三年(936),回鹘、于阗等西域各族遣使赴后唐朝贡约68次。后晋天福三年(公元938)至开运三年(946),后晋与西域各族互通使节及赴后晋朝贡约11次。

历史上的丝路贸易,名目繁多,如:遣使贡方物、贡献、朝贡、进贡、入贡、贡奉、致贡、来贡、献方物、朝献、来献、进方物、进奉、贡、献、进、交市、互市、榷场、和市、私市、关市、交易、贸易、贸卖、出售等等,上述称号,都是打着这种旗号做丝路贸易。

丝路族群

沙漠绿洲丝绸之路一直是东西方古族的交流交融大道。

对于繁衍生息于大西北的沙漠绿洲丝绸之路沿线族群的血统,复旦大学与吉林大学合作的两项DNA研究揭示了他们的遗传特征。研究小组在距今3980年的小河墓地提取了30个古代人的骨头样本,在距今2500年的且末墓地提取的36个样本,他们在进行遗传特征分析时惊奇地发现,他们的调查结果表明,古时的西域人不仅有印欧人的遗传特征,也有东方人的遗传特征。这就是说,早在4000年前,即尚无文字记载的时候,东西方人就已经开始进行往来、混居,并且有血缘互动。这项研究成果发表在美国科学期刊《体质人类学》上。(《古西域人具有印欧人与东方人双重遗传特征》,《北京科技报》2010年4月15日)

研究专家说,西域古代居民是东西欧亚大陆人群的混合人群,东西方交流比我们想象的要早许多。《纽约时报》刊登了一篇关于罗布泊"楼兰美女"身份之谜的文章,该文作者引用复旦大学现代人类学研究中心的最新研究结论,称"楼兰美女"在遗传学上属于东亚人种。昨天,复旦大学现代人类学研究中心金力教授在接受早报记者专访时证实了这一说法。他同时表示,根据他们的研究,东西方人种至少在 4000 年前就已经接触、融合,"新疆古代居民是东西欧亚大陆人群的混合人群,东西方交流比我们想象的要早许多。"(石剑峰《楼兰美女是东亚人? 东西方人种四千年前就有融合》,《东方早报》2010 年 4 月 2 日)

宁夏灵州道(经汉灵洲县的古道)是连结从中原、关中至河西走廊丝绸之路的主干道。从宁夏考古出土的古代人骨研究中,也可揣测出一些白种人迁徙的端倪。中国社会科学院考古研究所韩康信研究员,长期从事骨骼人类学的鉴定与研究,多次在宁夏古代墓地鉴定人骨。宁夏在地理上是东西方文化交流的丝绸之路东延的一部分,在考古发掘中发现了不少有西方文化色彩的遗存,尤其在固原地区便有这类遗存发现,因而不能不存疑于文化载体的人口中没有西方人种的渗进这样的人类学问题。他在固原九龙山——南塬墓地鉴定的北朝、隋唐出土的 48 具人骨个体中,其中 10 具人骨个体除一具女性头骨因残缺而无法证实其种系外,其余均属于西方种族成分,占 48 具的 20.8%,从中窥测在这个历史阶段已经迁移至此的西方人口或已有相当规模了。据他推测,宁夏境内的这些西方种族大概是秦汉以后的较晚的时后陆续进入,由少到多并有相对集中在固原地区的现象。(韩康信《丝绸之路古代种族研究·宁夏固原九龙山—南塬墓地西方人种头骨》,新疆人民出版社 2010 年)

2012 年 4 月至 7 月,宁夏文物考古研究所对宁夏中卫常乐汉代墓地进行了第四次考古发掘。共发掘墓葬 24 座,分石室墓、砖室墓、土坑(土洞)墓等多种墓葬类型,出土了陶器、漆木器、铜钱及少量的车马、明器等 260 余组件随葬品。据宁夏文物考古研究所工作人员介绍,本次发掘的墓葬时代从西汉中期延续至东汉早中期。墓主骨骼经中国社科院考古研究所骨骼人类学专家韩康信先生鉴定,属蒙古种近代东亚类型,M7 墓室西棺内人骨经初鉴属欧罗巴人种(白色人种),在该区域同时期墓葬人骨鉴定中罕见。(王玉平《中卫常乐汉代墓地惊现白种人骨骼》,《宁夏日报》2012 年 7 月 18 日)

考古材料证实,公元前三世纪以来,白种人从欧洲、中亚、西域通过漠北草原和河西走廊一直流动到今天的东北、内蒙、河北、山西、甘肃、宁夏、陕西、河南等地。这些早期的白种移民及其后代与蒙古人、西夏人、契丹人、女真人、华夏人逐渐同化,融入华夏族群,不断迁徙,遍及中国。

结语

综上考略,沙漠绿洲丝绸之路自远古以来作为东西方古族的交通交流大道见载于先秦古籍。华夏中原至河西走廊的丝绸古道至迟在西周时期即已畅通。汉代张骞是丝绸之路西段的开拓者。

华夏中原及其东南地区的丝绸生产始于夏禹时代乃至其前,是中国丝绸生产、集散的传统地区。洛阳及其毗邻地区是华夏五帝时代至隋唐五代时期丝绸生产、销售的起始地、集散地。

丝绸之路的经营主体自古以来就是双向互动的东西方客商群体。丝绸之路促进了东西方丝路族群的不断融合,双向传播着东西方物质与精神文化。

(周兴华,宁夏博物馆原馆长、副研究馆员;魏淑霞,宁夏中卫市教育局教研室教研员)

从若干史实看河洛文化与
岭南海上丝路的关系

许桂灵 司徒尚纪

Abstract:On the basis of the definition of Heluo culture and its region, Choosing this historical period from the western Han dynasty to the Song dynasty moving to Hangzhou, it expounds the role and influence of several historical facts such as Emperor Hanwu opening sea silk road, Generai Mayuan crusading against the rebellion in Jiaozhi, Bodhidharma going to Luoyang, the Canal opened in Sui dynasty, the sea road from Guangzhou to the world in Tang dynasty and developing marine economy as the state policy in Song dynasty and etc. of the development of the south China sea silk road. The cultural exchange and fusion between Lingnan culture and Heluo culture, both cultural contents becoming richer, more pluralistic and more open, makes a positive contribution to the development of marine silk road, which forms the interlocking among Heluo culture, Lingnan culture and the sea silk road culture, with a coexistence, symbiotic, complementary and interaction relationship of each other and the integration spatial pattern between the north and south. It is supposed to summarize the historical experience and enlightenment to serve for the construction of One Belt,One Road.

河洛文化有广义和狭义之分,前者被视为中原文化,地域上除河南省以外,还包括晋南、冀南、鲁西、鄂西北等地区,为这些省区地域文化的总和;而后者一般指以伊洛平原为中心,包括河南全境的地域文化,相当于时下流行的中州文化。本文所称的河洛文化是广义的河洛文化。岭南与河洛,尽管距离遥远,但河洛地区长期为中国政治、经济和文化中心,特别是多个统一和分裂时期封建王朝的首都所在,与岭南物质和非物质文化交流,是有与无之间的交流,而不是多与少之间的交流,故不可或缺。另外,中央或地方政权的权贵,也需要海外的奇珍异宝和精神食粮,这要借助于岭南海上丝路才能获得。如此一来,河洛文化的发展,离不开海上丝路的参与和支持;同样地,河洛文化假道海上丝路向外传播,也使岭南文化获益匪浅。这两者之间的互补、互动关系,在历史的早期显得非常突出,特别是长安、洛阳、开封为两汉、唐和北宋首都时,两者关系尤为密切,对河洛和岭南两地的文化发展均有重要的促进作用。

一、汉武开海

西汉长安(西安)作为首都,既是陆上丝路的一个起点,也是海上丝路的一个终点,即海陆丝路的交会点,对丰富河洛文化的内涵有重要作用。

汉武帝在平定南越国后不久,听取番阳令唐蒙关于四川出产的丝绸、竹杖、枸酱经西江运入广东出海,远销印度的陈述后,决定派遣宫廷黄门译长从岭南出发,开拓海上丝路。《汉书·地理志》言之凿凿:"自日南障塞、徐闻、合浦船行可五月,有都元国;又船行可四月,有邑卢没国……其州广大、户口多,多异物,自武帝以来皆献见。有译长,属黄门,与应募者俱入海,市明球、璧琉璃、奇石异物,赍黄金杂缯而往。所至国皆禀食为耦,蛮夷贾船,转送致之。亦利交易,剽杀人。又苦逢风波溺死,不者数年来还。"从这段记载可知,汉武帝派遣的船队中有翻译的官员,职掌山海池泽税收以供养天子的"黄门",他们来自长安,携带黄金、丝绸前往海外,购回明珠、璧琉璃、奇石异物等。这份清单,至少说明这些进出口物品,来自和输入长安,即河洛地区纳入其中,揭开了海上丝路的第一页。《汉书·地理志》又提到"(粤地)处近海,多犀、象、玳瑁、珠玑、银、铜、果布(龙脑香)之凑,中国往商贾者多取富焉。"这里"中国"即中原,也是河洛地区商人到番禺(广州)采购海外犀、象等商品,实质上是海外物质文化北上中原的一个证明。根据近年岭南考古发掘,在广州南越王墓、南越国官署遗址,合浦、徐闻港址的大量汉墓,出土了大批的海外商品,如银盒、金花泡饰、熏炉、玻璃、漆器扁壶等;出口商品有丝绸、黄金、陶器、青铜器等,主要来自中原。有研究指出"这些商品一部分集散于岭南各地,更多的则集散于以长安、洛阳为主的中国内地。"①河洛文化由此得充实和滋润是不言而喻的。

二、东汉马援征交趾

《后汉书·马援传》记载,东汉建武十八年(42 年),伏波将军马援从洛阳率军往交趾平定征侧、征贰动乱,充分利用珠江水道南下,对秦修灵渠"复治以通馈","节斗门以驻其势",对其经过地方"辄为郡县治城郭,穿渠灌溉,以利其民。"②将中原的水利、营城、农田灌溉技术等传播到岭南,促进了区域开发。如马援撤销了在海南岛仅剩的西汉朱庐县,在南渡江下游重新设置珠崖县,使"珠崖"复见于史册。交趾产薏苡,个体硕大,为良种,马援班师回朝,还运了一车回洛阳,以图引种③。这同样是海上丝路文化在河洛地区的传播。

三、初祖达摩创禅宗于洛阳

印度佛教传入我国,有海陆两途,一是从陆上丝路,经西域传入中原,二是从海上丝路,首先在广州登陆,继而北上中原。菩提达摩,南天竺人。南朝梁武帝普通四年(523 年)泛海到达广州,在今广州上九路舍舟登陆,开始传教。初建草庵,后筑华林寺。其登陆地点称为"西来初地",保留至今,已成为广州名胜。梁普通七年(526 年)达摩从广州赴建康(南京)见梁武帝,因话不投机,遂一苇渡江,来到河南,经洛阳转入嵩山少林寺,面壁 9 年进行修行。他在中国生活了 50 多年,自说"借教悟宗",创立禅宗,以"教外别传,不立文字;直指人心,见性成佛"④,为其宗风。达摩为禅宗初祖,继传二祖慧可、三祖僧璨、四祖道信、五祖弘忍,到六祖惠能,最后完成禅宗的创立,是为禅宗顿教,为中国禅宗的一次革命,在中国佛教史和传播史上具有重大意义。河南洛阳因是禅宗发祥地而为河洛文化增添了很高的文化品位。河南陕县熊耳山空相寺因是达摩圆寂地而成为佛教名刹,吸引了许多海内外高僧大德前来研讨、修学,成为纪念达摩之地。达摩面

---

①　黄启臣《广东海上丝绸之路史》,广东经济出版社,2000 年,第 65 页。

②　《后汉书》卷 24,《马援列传》。

③　同上注。

④　广州华林禅寺编《达摩禅学研究》,中国大百科全书出版社,2003 年,第 16 页。

壁的少林寺更是蜚声全世界,为河洛文化的一个亮点。达摩在少林面壁之同时,提倡健身之术,以伸筋舒骨,使气血畅通,体魄健壮。他根据山林中虎豹虫蛇等的动作,结合华佗《五禽戏》,形成一套心意拳,后发展为少林武术,达摩功不可没。武术也是一种文化形态,少林武术为河洛文化增添了异彩,至今仍熠熠生辉。达摩的著作多为后人所托,计有《少室六门》上下卷,包括《心经颂》《破相论》《二种人》《安心法门》《悟性论》《血脉论》等6种,以及后来敦煌出土《达摩和尚绝观论》《释菩提达摩无心论》《南天竺菩提达摩禅师观门》等,都成为河洛文化精华的一部分。

四、隋开大运河直接打通南海丝路

隋迁都洛阳,注意发展外交关系,重视经略岭南和南海,发展海上丝路贸易。而隋炀帝开凿通济渠,使南北往来更为方便,加强了河洛文化对外交流及其自身文化内涵的提振。

隋王朝先后四次征发数十甚至上百万民工,开凿从洛阳到杭州大运河,全长5000余里,沟通海河、黄河、淮河、长江和钱塘江五大流域,形成以洛阳为中心的水上运输网络,成为我国南北交通的大动脉,有力地加强了与岭南的联系和海上丝路的经营,为河洛文化注入了新的生机和活力。

隋炀帝大业三年至四年(607—608年),先后派遣朱宽、陈稜、张镇周等从义安郡(广东潮州)海域扬帆出发,经略流求(今台湾),密切了与台湾的关系。同时,还派常骏、王君政出使赤土国(今马来西亚),大大加强了隋朝与南海诸国的友好关系。隋炀帝让常骏等携带大量丝织物等前往,受到赤土国国王的热烈欢迎,回赠了不少当地方物,结果"南荒诸国朝贡者十余国",可考者除赤土以外,还有林邑、真腊、婆利、丹丹、盘盘国等①。广州成为著名的商业都会和外贸中心,志称:"南海(治广州)、交趾,各一都会也,并所处近海,多犀、象、玳瑁、珠玑、奇异珍玮、故商贾至者,多取富焉。"②广州与内地大城市,"运漕商旅往来不绝"③。"炀帝开通济渠,自扬、益、湘,南至交、广、闽中等州,公家运漕,私行商

① 李吉甫《元和郡县图志》卷5,《河南道》。
② 《隋书·地理志》卷31。
③ 杜佑《通典》卷177。

旅,舶舻相继。"①南海诸国无论是进贡还是双方贸易的商品,都凝聚着各自的文化成果。洛阳既为政治中心和经济中心,南海诸国使者、商人所携带方物,作为一种物质文化,直接抵达京城,对河洛文化产生的积极影响是无可置疑的。

五、唐"广州通海夷道"开启与中原文化交往新局面

唐开通"广州通海夷道",长达 1.4 万公里,有 20 多个国家和地区来广州贸易,使广州成为世界性大港,也是中外文化交流中心。唐国都长安,东都洛阳,成为两个政治中心,也是河洛文化的双城。海外诸国取道广州前来贸易和入贡,不断掀起高潮。唐太宗贞观年间(627—649 年)"百蛮奉遐赆,万国朝未央"②,开元时"梯航万国来,争相贡金帛"③。各国所贡的方物包括各种土物产、女乐等。而进出口贸易商品中,丝织品为大宗,尤以关东(河南、河北两道)、巴蜀及吴越地区所产为盛,输往"广州通海夷道"沿线诸国。人口买卖在中古时代是合法的,广州富户多蓄黑人为奴,北方人到广东当官,"京师权门多托买南人为奴婢④"。海外一些国家也把奴隶作为贡品进献朝廷,如扶南国(今柬埔寨)在唐初曾献白头人,诃陵国(今印尼爪哇岛中部)在唐朝中期进僧祇奴,室利佛逝国(苏门答腊一带)在唐中进献侏儒、僧祇女等。人是文化载体,这些人员的到来增加了河洛文化的多元性。

隋开大运河、张九龄重修大庾岭道、与"广州通海夷道"形成一个沟通中原至南海的海陆丝路交通体系。从广州到洛阳、长安至少有三条路线,一从广州出发溯北河经大庾岭,经虔州、洪州、江州、扬州,沿运河历宋州、汴州,抵东都洛阳。如在江州折入长江,经鄂州、襄州、邓州、商州,可至西京长安。二从广州出发,溯北江至韶州,沿武水过骑田岭,经郴州、衡州、岳州至鄂州,走襄州、邓州入长安。三是从广州出发,溯北江至清远浈阳峡,折入湟水(即连江),经阳山、连州越骑田岭,过郴州、潭州,走荆襄道至长安。唐代广东的桑棉麻苎葛等作物种植和纺织业有较大的发展。唐人苏鹗《杜阳杂编》记唐顺宗永贞元年(805 年)南海进

---

① 李吉甫《元和郡县图志》卷 5,《河南道》。
② 《全唐诗》卷 1,太宗皇帝《正日临朝》。
③ 《全唐诗》卷 701,王贞白《长安道》。
④ 韩愈《昌黎先生集》卷 33。

贡奇女子卢媚娘进宫,卢氏擅长刺绣,能在一尺绢上绣《法华经》7卷,字之大小,不及粟粒。卢氏在京师的影响很大,为河洛刺绣工艺作出了贡献。而大庾岭道开通以后,一方面是"鐻耳贯胸之辈,殊琛绝赆之人",即身穿奇装异服的外国人不断借此道北上,二是"然后五岭以南人才出矣,财货通矣,中原之声教日近矣,遐陬之风俗日变矣"①。不仅海外文化北上,河洛文化也南下,渐渐改变了岭南人的风俗,海陆丝路都产生了相应的社会文化效应。

六、宋以海立国,海上丝路繁荣与河洛文化关系

宋朝政治、军事衰弱,为应付对金人的巨额赔偿,不得不以海立国,发展海上贸易,增加税收,缓解国用不足。另外,西夏政权存在,切断了西北陆上丝路,宋朝廷更须依赖海上丝路。为此,宋朝廷制定了许多贸易、税收政策,"广州市舶司"即为这种背景下发展海上贸易的产物。北宋定都开封,为大运河所经,方便商品集散;另外,在宋代大部分时间里,官府和民间都开展对外贸易,其中官府贸易将舶货选择一部分运往京师,后来又全部运往京师发卖,如此一来,开封成为一个海内外商品的大市场,也可理解为中外文化大交流的中心。如北宋真宗咸平五年(1002年)以前,官运香药等舶货全走陆路,运抵京师。《宋史》称:"岭南输香药,以邮置卒万人,分铺二百,负担抵京师。"②咸平五年以后,广州官运香药上京走的是水陆结合的运输线,即从广州抵南雄过岭,沿赣江入鄱阳湖连长江,通过大运河至开封。这样一来,"止役卒八百,大省转送之费","省自京至广南驿递军士及使臣六千一百余人。"③节省了人力,有利于商品流通。广东商人跑到开封不在话下,广州进口"犀象、珠玉走于四方"④,恰为满足开封等中原官员、权贵奢侈生活所需。因宋太祖"杯酒释兵权"时,曾劝告石守信等人"多积金银,厚自娱乐","多置歌儿舞女,日饮酒相欢,以终天年。"⑤此风相沿成习,京师和周边地区地主、官僚等,为满足自己的糜烂生活,消费了大量的舶来品,反过来又促进了对海上丝路贸易的依赖,加强了南北经济、文化交流,无论河洛文化还

---

① 丘濬《重编琼台稿》卷17,《唐丞相张文献公开凿大庾岭路碑阴记》。
② 《宋史》卷307,《凌策传》。
③ 《宋会要》十之一八至一九,《方域》。
④ 苏过《斜川集》卷6,《志隐》。
⑤ 司马光《涑水纪闻》卷1。

是岭南文化都由此得到裨益。例如在海上丝路资料的基础上,宋真宗时广州知府凌策献《海外诸蕃地理图》上朝廷①,即为岭南文化的一个贡献。宋真宗大中祥符间(1008—1016年),宋朝廷还曾"纂集大中祥符八年已前朝贡诸国,缋画其冠服,采录其风俗,为《大宋四裔述职图》。"②这是河洛文化的一项舆图成果,也是海上丝路文化积累的表现。而在广东,外来文化被融合进岭南文化中,如北宋时期,广东曲江人、谏院右正言余靖见广州有许多花卉使用外国名字:"花多外国名"。③宋徽宗政和年间(1111—1117年)"广东之民多用白巾,习夷风。"④受中国文化影响,有些国家开始使用中国文字,如三佛齐(在苏门答腊一带)除用本国文字以外,也用中国文字,并尊为官方语言,"上章表则用焉"。⑤又宋神宗元丰年间(1078—1085年),"南蕃纲首"曾持三佛齐国王之女写的"唐字书"来广东⑥。广州设"蕃学",专门培养外国学生,向海外传播中国文化。史称:"大观、政和之间,天下大治,四夷向风,广州、泉州请建蕃学。高丽亦遣士就上庠。及其谋养有成,于是天子召而廷试焉。"⑦这些留学生上京参加朝廷科举考试,带来他们所在国的文化,使河洛文化更趋多元化。

宋代,我国城市规划制度发生变革,从原先封闭的坊里制变为开放的坊巷制,居民区出现专业街市,并有夜市,从而使城市经济和市民生活一派兴旺。张择端《清明上河图》描摹的城市景观,《水浒》描述的开封的市井生活,是当时繁华状况的缩影,它说明城市文化已成为河洛文化的一个重要组成部分,这与大运河开凿、天下商贾周流开封是分不开的。海上丝路来的中外商客自不例外,他们为开封的城市文化景观增添了新色彩,反映了河洛文化逐步走向海洋的同时,也加入了更多的海洋文化元素,这是宋王朝采取开海贸易政策的结果。

靖康之变,宋室南迁临安(杭州),开封失去首都地位,加之以后黄河不断泛滥,中原经济日益式微,这不能不影响到河洛文化的发展。况且,南宋偏安江南,

---

① 李焘《续资治通鉴长编》卷54,咸平六年五月。
② 李焘《续资治通鉴长编》卷85,大中祥符八年九月。
③ 余靖《武溪集》卷5,《寄题田待制广州西园》。
④ 《宋会要·刑法》二之六八。
⑤ 赵汝适《诸蕃志》卷上。
⑥ 李焘《续资治通鉴长编》卷330,元丰五年十月。
⑦ 蔡絛《铁围山丛谈》卷2。

已不在河洛地区之列了。以后元明清王朝定都北京,处在河洛文化的边缘,从此,河洛文化影响的形式、结果,与过去大不相同了。

七、小结

我国历史的早中期,中原为中华民族政治、经济、文化之中心,河洛文化凭借地缘优势、厚重的文化积淀,强势向外传播,抵达连接海上丝路的岭南。通过海陆丝路对接,不断发生文化交流,对各自发展,起到了重要的推动作用。始于西汉开辟海上丝路,历经以后南北往来,特别是长安、洛阳、开封国都地位的确立,为河洛文化建立起了强大的辐射中心,使之不断向外辐射。大运河开通、"广州通海夷道"建立和广州世界大港地位的形成,加强了海外文化、岭南文化和河洛文化的联系,使河洛文化更具多元、开放的风格。历代官方进军岭南、移民,特别是海上贸易所发生商品交流是河洛文化、岭南文化和海外文化相互交流、发展的主要方式,并都取得了积极成果,形成南北文化、中外文化和而不同、共存、共生、互补、互动的格局。这个历史经验和启示,对当今"一带一路"建设有其现实参考意义。

(许桂灵,中共广东省委党校中国特色社会主义研究所研究员;司徒尚纪,中山大学地理科学与规划学院教授)

早期河洛文化与史前丝绸之路

——从二里头遗址谈起

易德生

Abstract：The Erlitou culture represented by the Erlitou site is the formation period of the Heluo culture. According the relics unearthed from the Erlitou site，such as the remains of bronzes and cattle bones ，we think that the Erlitou site had contacts with the cultures of the Eurasian steppes and Central Asia through the Qijia culture which originated in the northwest of China. This suggests that the Erlitou site is the important node of the prehistoric silk road ，and also shows that there may be a direct or indirect connection between the early Heluo culture and the prehistoric silk road.

河洛文化是根植于河洛地区的一种区域文化，由于早期河洛文化对华夏文明的形成有决定性作用，因此，河洛文化也是中原文明的核心构成部分。河洛地区在先秦及汉唐大部分时间里，都是京畿之地，是王朝的中心，因此其文化也反映和代表了中华文化的精华。

一、二里头文化是河洛文化重要的形成期

河洛文化的区域，有狭义和广义之说。狭义之说，就是指伊洛河流域区域，以洛阳为核心；广义而言，综合各家之说，则指则包括西至潼关，东至开封，南至伏牛山北麓，北跨黄河至晋东南、济源至安阳一带相对广袤的区域。①河洛文化作为一种文化，自然有起源、形成、兴盛和衰落等阶段。如朱绍侯先生认为，"夏

---

① 李振宏《大陆学界河洛文化研究的现状及问题》，《中原文化研究》2013 年第 2 期。

商周是河洛文化的源头,汉唐是河洛文化的兴盛期,北宋是河洛文化发展的顶峰,并由此而衰落下去。"①张新斌和程有为先生认为,河洛文化的初始期为史前文化,形成期为夏商周三代。②

二里头文化,是公元前两千纪前期占主导地位的一种考古学文化,属于早期青铜文化;也是夏代中晚期至早商时期的文化。③该文化以洛阳偃师二里头遗址为代表,④其分布中心是伊洛盆地、嵩山周边及郑州地区,无论从河洛文化的发展阶段还是区域范围来看,二里头文化都属于早期河洛文化,是河洛文化的源头及形成期。

二、二里头文化的性质及分布范围

二里头文化的主体是继承河南嵩山周边龙山文化及新砦期而来,但是,又吸收了不少周边地区的文化因素,比如岳石文化、齐家文化等。二里头遗址自1959年至今,共进行了60余次钻探发掘工作,获得了多个重大考古发现,这些重大发现对探讨中国早期文明有极为重要的意义。⑤比如,发现了迄今为止东亚地区最早的大型宫殿建筑群、最早的青铜礼器群、最早的铸铜作坊和绿松石器制造作坊等。⑥二里头遗址是一处超大型聚落遗址,学界一致认为,该聚落是当时中国乃至东亚地区最大的城市聚落,应是夏王朝中晚期都邑。⑦

二里头遗址文化作为夏代的都邑文化,奠定了中国商周文化的基础,从而也

① 朱绍侯《河洛文化研究之展望》,《洛阳工学院学报》,2001年第3期。
② 张新斌《河洛文化若干问题的讨论与思考》,《中州学刊》2004年第5期。程有为《河洛文化概论》,河南人民出版社2007年。
③ 二里头文化分期,学界争论很大,主流的观点认为该文化年代上属于晚夏及早商时期。绝对年代为1880 B.C——1520 B.C,见夏商周断代工程专家组:《夏商周断代工程1996——2000年阶段成果报告(简本)》,世界图书出版公司2000年。
④ 二里头遗址1957年被徐旭生先生发现,1959年秋首次发掘。1977年,夏鼐先生建议以偃师二里头遗址为代表的文化命名为"二里头文化",见夏鼐:《碳14测定年代与中国史前考古学》,《考古》1977年第4期。
⑤ 中国社会科学院考古研究所《偃师二里头——1959年—1978年考古发掘报告》,中国大百科全书出版社1999年。中国社会科学院考古研究所编著《二里头:1999—2006》,文物出版社2014年。
⑥ 许宏《二里头遗址发掘和研究的回顾与思考》,《考古》2002年第11期。
⑦ 据古本《竹书纪年》载:"太康居斟鄩,羿亦居之,桀又居之"。故有学者认为二里头遗址可能就是斟寻,是从太康到夏桀时期夏朝的都城。

形成了华夏文化的根本。比如,"器以藏礼"的礼乐制度开始形成,都城与宫城的布局方式等传统也开始形成,以青铜礼器体现社会等级的制度开始萌芽等。

二里头文化形成后即向外扩张,并与地方文化结合而形成若干地方类型,如晋南的夏县东下冯类型、豫东的杞县牛角岗类型等。[1]二里头文化的分布范围大致为,西部经三门峡的陕县,可达陕西关中东部,并延展至西南商洛地区;东部大约在开封、杞县、太康、项城一线以东的河南境内;北部越过黄河,到达山西运城盆地、垣曲及沁河以西的济源、温县等;南部到达豫、鄂交界地带的信阳,同时江汉平原北部如襄阳、钟祥等地也有些点状遗址;西南可达南阳盆地至淅川。如图一所示。[2]

三、二里头遗址与"史前丝绸之路"

（一）从出土遗迹看二里头遗址与史前丝绸之路的联系

作为当时东亚国际性的大都邑,二里头遗址海纳百川,吸收了周边甚至更远文化的物质文明与精神文明。例如,遗址出土了众多具有欧亚草原特色的青铜器物和起源于西亚的动植物遗迹(如黄牛、小麦等)。这反映了二里头遗址文化以中国西北或北方为中介,与欧亚草原或中亚有了直接或间接的交流。可以毫不夸张地说,从二里头遗址可以看到,二里头文化时期,中原与中亚及欧洲的交流通道,即"史前丝绸之路"已经大致形成。

西北地区的齐家文化是二里头文化与欧亚草原文化接触的中介,是史前丝绸之路的重要节点。齐家文化因 1924 年瑞典考古学家安特生(J. G. Adersson)发现于广河县齐家坪而得名。[3]其主要分布在甘肃的中东部,青海东部和宁夏的南部地区。根据碳 14 数据,齐家文化的时间范围约在公元前 2200B. C—前1800B. C 之间。[4]

齐家文化之所以引人注意,是因为相对于其并不优越的自然环境,它有非常早且发达的青铜文化,其青铜冶铸技术和早期铜器数量之多,超出同时期其他考

---

[1]　中国社会科学院考古研究所编《中国考古学:夏商卷》,中国社会科学出版社 2003 年。

[2]　摘自段天璟《二里头文化时期的文化格局》,吉林大学博士论文,2005 年。

[3]　安特生《甘肃考古记》,《地址专报》甲种第五号,农商部地质调查所印,1925 年。

[4]　谢端琚《甘青地区史前考古》,文物出版社 2002 年。水涛《甘青地区青铜时代的文化结构和经济形态研究》,氏著《中国西北地区青铜时代考古论集》,科学出版社 2001 年,第 205 页。

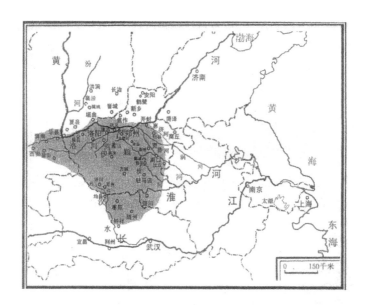

图一:二里头文化的分布范围

古学文化(包括二里头文化)。^①齐家文化铜器主要有工具及装饰品,包括刀、斧、锥、钻、指环、铜泡、铜镜等。铜器的成分既有红铜,也有砷铜和青铜。制作技术既有锻打,也有铸造。^②

齐家文化铜器中某些铜器显然不是中原地区起源,而更多与中亚及欧亚草原铜器相似。我们以环首刀和空首斧(又被称为"竖銎斧"或"直銎斧")为例来加以说明。

齐家文化采集 2 件环首刀。环首刀均为环首直柄,刀身完整,无需安装木柄或骨柄使用。一件是采集自岷县杏林遗址;^③另二件是采自甘肃康乐商罐地。^④杏林采集的刀呈弧形,柄上无装饰,柄端有一小孔,可能是用于穿绳,刃部有使用残迹,且为红铜铸造。刀长 22、刃宽 3、把长 9.5、厚 0.7 厘米(见图二:3)。商罐地出土的刀长 18.6、刀宽 2.9、刀厚 0.2 厘米,经鉴定为青铜(见图二:4)。

再来看看空首斧的情况。齐家文化出土有 2 件空首斧,采集于岷县杏林遗址和齐家坪遗址。^⑤空首斧近长方形,首部有梁,有单耳或双耳;刃部和首部大略

①　李水城《西北与中原早期冶铜业的区域特征及交互作用》,《考古学报》2005 年第 3 期。
②　孙淑云、韩汝玢《甘肃早期铜器的发现与冶炼、制作技术的研究》,《文物》1997 年第 7 期。
③　甘肃岷县文化馆《甘肃岷县杏林齐家文化遗址调查》,《考古》1985 年第 11 期。
④　甘肃省博物馆《丝绸之路甘肃文物精华》,甘肃省博物馆 1994 年。
⑤　李水城《西北与中原早期冶铜业的区域特征及交互作用》,《考古学报》2005 年第 3 期。

等宽。杏林遗址的斧的刃部锋利,有缺口,銎口部 1 小耳。长 13、宽 5、厚 11 厘米(见图二:5)。齐家坪的斧出土于居址。銎口有 2 小耳,长 15、刃宽 3.2、头宽 4、厚 3.1 厘米。斧系多范铸成,为红铜(见图二:7)。[1]

对于空首斧和环首刀的起源,由于中原地区没有如此类型的器物,很多学者把眼光放到了更大背景上去思考。林沄先生较早指出,二里头遗址三期出土的青铜环首刀(出土编号 1980 Ⅲ M2:3,见图二:21)实即北方系铜器或其变体,这两件器物都可以在晚期齐家文化找到类似器物。[2] 1993 年,安志敏指出,齐家文化早期铜器的起源,很可能是通过史前时期的"丝绸之路"进入中国的。[3]

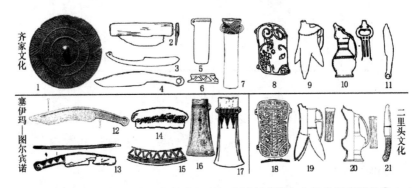

图二:二里头文化、齐家文化与塞伊玛——图尔宾诺文化部分类似器物[4]

1995 年,美国学者胡博(Louisa G. Fitzgerald-Huber)在一篇长文中全面阐述了齐家文化与南西伯利亚草原某些青铜文化的关系。她认为,活跃于欧亚草原及中亚的某些青铜文化,如塞伊玛——图尔宾诺文化(Seima-Turbino),[5]是西亚冶铜技术东传的媒介,正是通过这些文化,冶铜技术传入中国新疆及甘青地区

① 甘肃省博物馆《甘肃省文物考古三十年》,见《文物考古工作三十年 1949—1979》,文物出版社 1979 年。
② 林沄《商文化青铜器与北方地区青铜器关系之再研究》,《考古学文化论集(一)》,文物出版社 1987 年。林沄《早期北方系青铜器的几个年代问题》,《内蒙古文物考古文集》(第一辑),中国大百科全书出版社 1994 年。
③ 安志敏《试论中国的早期铜器》,《考古》1993 年 12 期。
④ 摘自胡保华《试论中国境内散见夹叶阔叶铜矛的年代、性质与相关问题》,《江汉考古》2016 第 6 期。
⑤ 据俄国学者 E. H. 切尔内赫,塞伊玛——图尔宾诺文化在阿尔泰山兴起,随之在广阔的欧亚草原上广泛传播,东起南西伯利亚,西到东欧乌克兰草原。该文化主体年代在公元前 22 世纪到公元前 18 或 17 世纪。参见 E. H. 切尔内赫、库兹明内赫著,王博、李明华译《欧亚大陆北部的古代冶金:塞伊玛——图尔宾诺现象》,中华书局 2010 年。

（齐家文化），从而影响到二里头青铜文明。她认为，齐家文化中的某些铜器应是受塞伊玛——图尔宾诺文化现象影响的结果，这其中包括空首斧、环首刀及二里头出土的十字镂空圆牌等。[1]梅建军等指出，齐家文化出土的双耳空首斧以及倒钩铜矛等也具有塞伊玛——图尔宾诺文化的因素。[2]除了以上学者外，近年来有众多学者也认为，欧亚草原文化通过齐家文化为中介，与二里头文化有着千丝万缕的联系。[3]

实际上，史前丝绸之路存在的证据并非仅仅只有铜器这一孤证，还有其他一些证据。比如大多数学者认为，西亚起源的黄牛、小麦等动植物，也是通过史前丝绸之路经由齐家文化或北方草原到达二里头遗址的。这里以黄牛为例加以说明。

二里头遗址中出土了比较丰富的牛骨遗存，动物考古学研究结果表明，牛骨遗存均属于黄牛。[4]为了弄清黄牛的来源，孙洋、蔡大伟等对二里头遗址出土黄牛线粒体 DNA 进行了研究。结果表明，成功提取的 9 个二里头遗址出土的黄牛个体样本中，全部为普通黄牛，且黄牛至少有三种不同的母系来源。7 个个体为 T3 世系，另外两个个体分别为 T2 世系和 T4 世系。[5]和其他早期青铜时代遗址，如山西襄汾陶寺遗址（距今约 4300 年—4000 年）、青海大通长宁遗址（距今约 4200—3700 年）、内蒙古赤峰大山前遗址，（距今约 4000—3500 年）、新疆罗布泊小河墓地（距今约 3900—3600 年）的黄牛相比，二里头遗址是唯一的同时拥有黄牛 T2、T3 和 T4 世系的遗址。其他遗址除了小河墓地有 T2 世系外，主要为 T3

① L. G. Fitzgerald-Huber: Qijia and Erlitou: The Question of Contacts with Distant Cultures, Early China, 20, 1995, pp. 17 - 67. 中文译文见《齐家与二头里：远距离文化互动的讨论》，夏含夷主编：《远方的时习》，上海古籍出版社 2008 年。
② 梅建军、高滨秀《赛伊玛—图比诺现象和中国西北地区的早期青铜文化》，《新疆物》2003 年第 1 期。
③ 李水城《西北与中原早期冶铜业的区域特征及交互作用》，《考古学报》2005 年第 3 期。刘学堂、李文瑛《中国早期青铜文化的起源及其相关问题新探》，《藏学学刊》第三辑，四川大学出版社 2007 年。韩建业《论二里头青铜文明的兴起》，《中国历史文物》2009 年第 1 期。易华《从齐家到二里头：夏文化探索》，《学术月刊》2014 年 12 月。林梅村《塞伊玛——图尔宾诺文化与史前丝绸之路》，《文物》2015 年第 10 期。
④ 杨杰《二里头遗址出土动物遗骸研究》，见《中国早期青铜文化——二里头文化专题研究》，科学出版社 2008 年。
⑤ 孙洋 蔡大伟等《二里头遗址出土黄牛线粒体 DNA 研究》，《北方文物》，2014 年第 3 期。

世系或 T4 世系,或者 T3 和 T4 世系兼有。[1]据古 DNA 分析,T2 和 T3 世系新石器时代起源于近东。其中,T2 世系的分布范围十分有限,仅在近东地区有较高的分布频率。T3 在欧亚大陆都有分布,是欧洲占有绝对主导地位的世系。T4 世系可能是 T3 世系经向东北亚扩散的过程中,二次驯化而形成,可能起源于东北亚地区。

从上可看出,二里头遗址的黄牛来源多元,尤其是从 T2 世系来看,通过西北地区,与中亚及欧亚草原的联系非常明显。

(二)"史前丝绸之路"具体路线的推测

丝绸之路,有广义和狭义之说。狭义的,是指西汉时由张骞开辟的、汉唐时期中原地区经河西走廊、新疆南部直到中亚、西亚的陆上通道(所谓的"绿洲之路")。广义的丝绸之路,则泛指亚欧大陆及亚非地区古代的东西交通,既包括狭义的丝绸之路,也包括草原之路、中国到东南亚的西南丝绸之路和海路。从广义角度来看,实际上远在张骞开辟丝绸之路之前的新石器时代和夏代,就存在所谓的"史前丝绸之路"。

二里头文化时期,由于伊洛盆地的二里头遗址是东亚最大的都市,因此,也是史前丝绸之路东亚地区最重要的连接点。

从地理条件上看,中亚及欧亚草原文化经过新疆的北部(北疆)、中部和南部(南疆)都有可能,但是经过新疆中南部要翻越险峻高耸的帕米尔高原,在早期人类社会中,是比较困难的。实际上,正如林沄先生所说,新疆的天山山脉和阿尔泰山之间的三条大的河谷——额尔齐斯河、鄂敏河和伊犁河,从考古发现来看,最有可能是中亚及欧亚草原通向新疆乃至西北和内蒙的有利通道。[2]

在北疆有可能是最主要通道的基础上,我们根据上述二里头文化和齐家文化时期铜器、黄牛等遗迹的出土及分布情况,对史前丝绸之路的具体路线略做推测。

西亚的青铜冶铸技术、黄牛和小麦等,到达南西伯利亚和中亚后,可能通过北疆的三条河谷,然后通过两条通道,通向中原地区。一条是:由准噶尔盆地穿

① 孙洋《陶寺和二里头遗址古代黄牛分子考古学研究》,吉林大学硕士论文,2013 年。
② 林沄《丝路开通以前新疆的交通路线》,《草原文物》2011 年第 1 期。

过天山隘道到达哈密等新疆中部地区,然后向东南,通过河西走廊,经过甘青地区、关中地区,到达伊洛盆地,然后再通向中原各地。另一条是以后的所谓"草原之路":在天山以北,穿过阿勒泰地区或蒙古高原,然后到达内蒙古草原及河套地区,从河套继续向东到达辽西及东北地区,或者从河套地区南下,到达中原的洛阳等地。①

（作者为湖北省社科院楚文化研究所副研究员、北京科技大学科技史博士后）

---

① 西晋初年出土的竹简《穆天子传》,记载的路线可能就是这条路线。这条路线的的出发是洛邑（洛阳）。

"海上丝绸之路"从泉州港起点

温 欣 李炳南

Abstract：Quanzhou，Fujian Province is one of the four ancient port in the world，the song and Yuan Dynasties as"the largest port in the East"，is the starting point of the first batch of the State Council named the historical and cultural city，the United Nations recognized the "sea silk Lu.

唐朝末年,王审知统一福建,建立闽国政权,其间大力发展造船业,开海上贸易风气之先,为"海上丝绸之路"的发展奠定了坚实的基础。宋元时期,泉州与欧美各国贸易十分发达,有诗赞曰:"市镇繁华甲一方,古称刺桐赛苏杭。"泉州文化底蕴浓厚,为东亚文化之都,有"海滨邹鲁"之誉。

泉州港古代称为"刺桐港",是中国古代第一大港,海上丝绸之路起点。

泉州港位于泉州市东南晋江入海口之港湾,北至泉州湄洲湾内澳,南至泉州围头湾同安区莲河,海岸线总长 541 公里,是目前福建省三大港口之一。

泉州最早开发于周秦两汉,公元 260 年(三国时期)始置东安县治,唐朝时为世界四大口岸之一,后被马可波罗誉为"光明之城",宋元时期为"东方第一大港,"是国务院首批历史文化名城、联合国唯一认定时"海上丝绸之路"起点。泉州是多种宗教聚集的地区,素称"宗教胜地"、"世界宗教博物馆"。联合国教科文组织将全球第一个"世界多元文化展示中心"定于泉州。

泉州是全国 18 个改革开放典型地区之一,被评为东亚文化之都、国际花园城市、国家园林城市、感动世界的中国品牌城市、中国大陆最佳商业城市、获得"联合国"迪拜国际改善人居环境最佳范例奖。

泉州港与泰国、柬埔寨、北加里曼丹、印尼、苏门答腊、马来西亚、朝鲜、琉球、日本、菲律宾等47个国家与地区有直接商贸往来,又以菲律宾吕宋港为中介,与欧美各国进行贸易。古人有许多诗篇赞美泉州刺桐港,其中有句云:"市镇繁华甲一方,古称泉州港赛苏杭。"

提起泉州在"海上丝绸之路"中的地位及意义,人们首先想到的是宋元时期梯航万国、潮声起伏的刺桐古港,谈论的是东方第一大港的声誉与辉煌。殊不知,早在五代十国时,泉州在"开闽三王"的治理下,就已大力发展海上交通贸易,为"海上丝绸之路"的风生水起奠定坚实的基础,使其后来能够成为宋元时期"海上丝绸之路"的闻名遐迩的首发港口。

公元885年,王潮、王审邽、王审知三兄弟于河南光州固始县率近百姓氏农民起义军入闽,统一福建,建立政权,史称"开闽三王"。三王在世治闽33年,采取一系列有利于经济、贸易、文化、海交等政策和措施,广施德政,治发闽疆。当时,其他地方尚在战乱之中,泉州、福州乃至全七闽之地却是一派繁荣景象,使"蛮荒海辙"变成"海滨邹鲁"。"开闽三王"致力发展海上交通贸易,成为福建和泉州海上丝绸之路最早的开拓者之一。

泉州早期的海外交通史因文献记载的缺失或淹没,存在不少引起国际学术界长期争论的问题,学者们众说纷纭,莫衷一是。不过,将唐末五代这一历史时段视为泉州海外交通宏观发展周期的一个转折点,却为学术界所普遍认同。泉州海交馆原馆长、三王后裔王连茂认为,这一时期对之后泉州社会、经济与文化的全面进步,尤其是对泉州港在宋代成为中国最大的贸易港,确实具有不容忽视的深刻影响和直接的关联性。

王赓武认为,泉州的海外交通实际上是到了唐末五代才迅速发展起来的,为宋代闽南大踏步快速发展的起始阶段。他认为,五代南方各个"自然区域"对南海的单独贸易,虽也产生不少新的市场,但最显著的发展乃是"泉州时代"的到来。因为五代的泉州不仅是一个"能够满足南唐需求的南海商品中心",而且已发展成为"一个可以与广州、福州匹敌的港埠"。

首先,造船技术纯熟,为航海贸易开路。

若非王氏兄弟统一福建,建立政权,并在长达33年间使福建境内"时和年丰,家给人足",经济文化得到很大发展,很难想象会有后来留从效、陈洪进治泉时海外交通的持续发展,也不可能在北宋初出现那么活跃的海上交易。

在王潮统治泉州的 7 年间(886—892 年),他"招怀离散,均赋缮兵",又"兴义学,创子城,罢役宽征,保境息民,泉人德之"。王审邽接任泉州刺史期间(893—905 年),"居郡十二载,勤劬为牧,俭约爱民,童蒙诱掖,学校兴举,制度维新,足食足兵"。

审邽卒后,其子延彬对发展泉州海外贸易做出了较大贡献。他忠实执行叔父王审知"招来海中蛮夷商贾"、"尽去繁苛,纵其交易"的政策,在其任内,"岁屡丰登,复多发蛮舶,以资公用,惊涛狂飙,无有失坏,郡人藉之为利,号'招宝侍郎'"。他的确做得很成功,不仅农业生产屡屡获得好收成,且因派发了许多船舶到海外贸易,赢得了民众爱戴。更加让人惊叹的是,26 年间所派发的众多贸易船只,居然无一失坠,均平安往返。这比之前王审知"岁自海道登、莱入贡,没溺者什四五",显然要幸运得多。其实,它表明此时泉州的造船与航海技术,已经有很大进步且臻于成熟,这无疑是"泉州时代"到来最重要的条件之一。

其次,三王重视海交,催生了海商阶层。

纵观泉州海交史的发展历程,无论是五代所发生的海上交通的重大转型,还是由此引发的一系列社会观念形态的新变化,均具有决定性的意义,而且影响深远。

其一,军阀割据所导致的海外商品流通渠道的阻断,促使地方统治者转而致力于开展对南海的直接贸易。不仅使泉州汇集着大量来自南海的香药珍宝,也从此开拓了海外的广阔市场。

其二,王氏兄弟对海外贸易采取鼓励政策,为后来泉州海外贸易的极盛奠定了基础。

其三,由官方鼓励起来的海外贸易热潮,催生了海商阶层。它大大刺激了造船业的发展,并形成一支日益庞大的善于航海的专业技术队伍,为宋元时中国商船"取代穆斯林在东亚和东南亚的海上优势"准备了重要条件。

唐末五代王氏率众入闽,是历史上最大规模的一次北人南迁,也是唯一一次建立了移民政权。人口的骤然增加,大大促进了福建的开发,从而增设了许多州县。泉州地区在这一时期就增设了德化县、同安县、桃林县(今永春县)、清溪县(今安溪县)。新设县经济的快速发展,终于使泉州港的海外贸易有了较为发达的经济腹地。

　　唐末五代,由于大批北方移民的进入,出现了许多新的家族。由于王氏兄弟从一开始便很重视招贤纳士,使大批的政治精英和文化精英聚集于此,加之创办义学、书院等,对彻底改变福建文化、教育的落后面貌具有划时代的意义。北宋时福建之所以能成为文化发达之区,其基础正是在五代时奠定的。

　　大批南来的北方文化人中,也有一些演艺界人士。王延彬当政期间,这个多才多艺、风流倜傥的帅哥,为了"求伎,必图己形,而书其歌诗于图侧,题曰:'才如此,貌如此',以是冀其见慕也"。果然他的"宅中声伎皆北人"。这是中原乐伎来到泉州最早的文献记载。她们所带来的中原音乐不断向周边所流传,并对后来的地方音乐与戏剧产生影响。因为在留从效任内,从詹敦仁的一首诗中,也能够看到当时泉州的歌舞之盛:"当年巧匠制茅亭,台馆翚飞匝郡城。万灶貔貅戈甲散,千家罗绮管弦鸣。柳腰舞罢香风度,花脸妆匀酒晕生。试问庭前花与柳,几番衰谢几番荣。"

　　　　　　　　　　　(作者为福建省南靖县金山新闻信息中心工作人员)

河洛道家文化视野下的
"一带一路"周边外交战略

崔景明

Abstract：HeLuo Taoist contains rich philosophy，dialectical thinking，the weak against the strong，dealt with gently，endless mysterious. Tao cultivation，the physical and mental harmony；Tao to Life，the interpersonal harmony；Tao to rule the harmonious world and communication. Tao makes the ecosystems balance. In Taoist ecological ethics guidance，"The Belt and Road Initiative" diplomatic strategy and the promotion of cooperation in the construction of all domestic energy is particularly important. For "The Belt and Road Initiative" strategy，seeking overall arrangement after ruse，distinction between primary and secondary contradictions，correctly handle the increase in the power and build a win-win sharing，land and sea extending development，the implementation of national and regional level integration，and other ideas to lead and meet the challenges of the multiple interaction，so that can only be formed with the relevant national consensus on the basis of a comprehensive strategy will be all the way along the system solid orderly move forward.

一、河洛道家蕴涵着丰富的哲学思想

道家文化辩证思维主张以弱胜强，以柔克刚，玄妙无穷。在盛行"软实力"竞争的 21 世纪，运用老子的自然观、人本观、人生观、执政观、战争观、和方法论，必会使人倍增睿智。历史上的封建政权，为了维护专制统治，尊崇儒家抑制道家，掩盖了道家思想的辉煌；当今 21 世纪，为实现科学发展，为构建和谐社会，理应认真研究道家人生伦理智慧。《道德经》所弘扬的天道、治道、人道以不同凡响的力量,促成中华民族精神的最终形成,并随着时代的发展而凸显出与时俱进的特色。

以道修身,则身心和谐;以道处世,则人际和谐;以道治天下,则万邦和谐。和谐世界,以道相通。道家思想所具有的特点,决定了它将要在21世纪兴起,并对当代社会做出独特的贡献。第一,道家思想与自然科学关系密切,古代科学家如葛洪、张衡、李时珍等大多是通道人士。英国科学家李约瑟认为中国古代科学技术领先于世界,而道家思想的贡献最大。新中国经济发展较好的时期,往往与政府实行少干涉主义(无为而治)经济政策有关。第二,它与自然生态关系密切,道家思想主张道法自然,物我合一,保护生态环境。第三,它与人类自身的健康长寿与回归人性关系密切,道家与道教注重养生,主张返朴归真。而道家一贯坚持自然发展观,最重视自然生态平衡和社会和谐,倡导的是"无为",提倡顺应客观规律,反对浮夸主观能动性,这与现今中国社会的需要是符合一致的。

中国社会科学院哲学所的胡孚琛先生提出一个新道学的体系,他认为新道学是解决当前全球各类严重社会问题的重要方法,会成为未来世界各国领导人的主导思想,是中华民族21世纪唯一可行的文化战略。他提出新道学的八大支柱:天地人哲学,政治管理学,文艺审美学,医药养生学,宗教伦理学,自然生态学,丹道性命学,方技术数学。在美国,一些著名的企业与研究所运用中国道家"道法自然"、"无为而治"的理念进行管理,非常成功。如大名鼎鼎的贝尔 BELL 实验室,十来个世界第一的发明(如第一部电话机)都诞生在这里。如果有人问,这个研究所取得如此成功的管理之道是什么? 该所负责人陈煜耀博士就会指着他的办公室墙上所挂的条幅说:"靠这个",条幅上写着四个字:"无为而治"。他认为,领导与被领导者的最佳关系,是自然、无为的关系。

为更好地为社会主义建设服务,以道家生态伦理指导"一带一路"外交战略及促进各国产能合作建设尤为重要。

二、注重内增动力与共建共赢共享

"丝绸之路经济带"产业协调发展应以三个地理走向为轴线,以沿线中心城市为支撑,以重点产业园区为合作平台,从经济带所涉及的区域、国家和重要节点及辐射区进行产业空间布局,发挥各国产业比较优势,形成合理且可持续发展的产业分工,逐步实现"共同发展、共同繁荣"的战略目标。

1. 中国的发展离不开世界,"一带一路"战略需要世界参与。今天,在实现中华民族伟大复兴的关键时期,实施"一带一路"战略,通过不断注入新的时代内涵,开拓新的合作领域。从改革开放初期的"三来一补"到"三资企业"的结构性转变,中国成功抓住了国际产业结构调整和转移的难得机遇,实现了"世界工厂"的蜕变。2014年是中国对外开放的一个转折点,中国实际对外直接投资额达到1231.2亿美元,首次超过吸引外资额而成为对外净投资国。据2015年前7个月的数据,我国对外非金融类直接投资635亿美元,同比增长20.8%,对"一带一路"沿线国家的直接投资额达73.9亿美元,同比增长58.5%。① 预计到2020年的未来5年中,中国对外投资将超过5000亿美元。

2. 世界经济的增长同样离不开中国。自2010年至今,中国经济规模越居世界第二,我国制造业规模跃居世界第一位,持续的技术创新,大大提高了我国制造业的综合竞争力。载人航天、载人深潜、大型飞机、北斗卫星导航、超级计算机、高铁装备、万米深海石油钻探设备等一批重大技术装备取得突破,现今,按照国际标准工业分类,在22个大类中,中国在7个大类中名列第一,钢铁、水泥、汽车等220多种工业品产量居世界第一位。② 中国平均每年进口超过2万亿美元的商品,出境游客每年超过1亿人次。"在全球经济治理方面,中国从增益补充逐渐走向合作引领"。③ 这也是"一带一路"倡议提出后得到绝大多数沿线经济体国家积极响应的根本原因。

中国主张、中国方案受到国际社会热情点赞。2016年3月2日中国外交部举办首场省区全球推介活动。当日为外交部的"宁夏日",向驻华使节和外交组织机构推介的是中国中西部宁夏回族自治区,介绍当地的特色和优势资源。此项活动为加强中外合作的一个新举措,也表现为中国外交部的创新性。④

面对产能转移和产业结构升级,只靠中国自身是不可能完成的,必须在国际经济循环外增动力的助推来实现。改革开放以来,我国曾两次承接世界范围内

---

① 《我国直接对外投资增20.8%》,《人民日报2015版》2015年8月15日。

② 《"中国制造2025"如何实现》,《光明日报》2015年3月11日。

③ 《中国与世界经济呈现"双向对流"》,《新华每日电讯》2015年7月27日。

④ 2016年3月2日湖北电视台《长江新闻号》节目报道。

的产能转移实现了经济腾飞。第一次是 20 世纪 80 年代,我国抓住了国际上轻纺产品为代表的劳动密集型产业向发展中国家转移的历史性机遇,大力发展加工工业;第二次是 20 世纪 90 年代,我国又一次抓住了国际产业结构调整和转移的难得机遇,使我国机电产品在国际市场上占有一席之地。① 这两次产能转移主要是由外向内,提升中国在全球产业链中的地位和价值,进而与相关国家共同打造一个全新的价值链体系。

1. 2013 年 9 月 7 日,习近平在哈萨克斯坦纳扎尔巴耶夫大学演讲时中哈两国就开始探索产能合作问题。中国首创"一带一路"建设,"点对点"的产能合作新模式。哈方感谢中方把哈作为"一带一路"倡议和国际产能合作的重点合作国家。两国产能合作开局良好,这一模式也可为地区产业产能合作提供借鉴。② 以中哈产能合作为范例,中国与印尼已规划 1000 亿美元的产能合作项目,包括公路、电站、钢铁厂、港口、能源、矿业等项目建设。中国正与泰国商讨在基础设施、装备制造业、环保和高科技以及农产品精度加工等 4 个领域的投资和产能结合的协作。

2. 处于"一带一路"最西端位置是西欧经济圈,中国与西欧经济圈的合作对于中国产业结构升级也非常重要。2015 年 6 月中法两国可以在核电、高铁等领域开展与第三方合作,对法国而言,意味着更多的出口与就业;对第三方市场而言,则意味着获得更高性价比的装备与工业生产线,满足自身工业化的需求。③ 中国与比利时也一致同意合作开拓第三方市场。中比还为此签署了互联互通、金融、通讯、微电子、教育等 12 项双边合作文件。④ 这可以真正做到开放合作、和谐包容、市场运作和互利共赢。

总之,中法、中比的协作效应,必能带动更多的西欧发达国家汇入到与中国一同研发第三方市场的队伍中来,甚至会推动非"一带一路"沿线国家和企业积

① 王志民《全球化下的对外开放——世纪之交对外开放的若干战略抉择》,北京出版社,2006 年,第 3 页。
② 《李克强同哈萨克斯坦总理马西莫夫举行会谈决定全面开展产能合作并推动取得重要成果》,中央政府门户网站:http://www. gov cn/guowuyuan/2015 – 03/27/c. ntent_2839495 – htm。
③ 史麟《国际产能"第三方市场合作"如何从蓝图变为现实》,人民网:http://politics. people. com. cn/n/2015/0701/cl001 – 27239632. html.
④ 《中比将合作开拓第三方市场》,《北京日报》2015 年 6 月 30 日。

极响应。这也是英、法、德等西欧发达国家为什么积极加入亚投行的原因所在。美国霍尼韦尔董事长兼首席执行官高德威写给李克强总理的信中说："我们在中国的业务，已经在积极拓展您提到的'第三方市场'。"①这对"一带一路"沿线国家和企业的发展起到了助推器的效果。

三、注重陆路延伸与海路发展

"一带一路"战略既是我国深化改革与拓展开放背景下与沿线国家"双轮驱动"的经济发展战略，同时也是与相关国家共建"丝绸之路经济带"和"21世纪海上丝绸之路"的"两栖开放"战略。我国对外开放自东向西梯级推进，历经三个地缘层次：20世纪70年代末至80年代的经济特区和东部沿海开放城市，至沿江和沿路的内陆地区，再到20世纪末开始的西部大开发。1988年，邓小平据此提出"两个大局"战略，第一个大局是利用东部的地缘优势，加快东部沿海地区的对外开放，使东部地区首先发展起来，其他地区都要顾全这个大局；第二个大局就是当东部地区发展到一定时期，国家再拿出更多的力量帮助中西部地区加快发展。"两个大局"作为一种非均衡发展战略，对我国的改革开放顺利推进起到重要的助推作用，东南沿海由此形成了具有一定竞争力的产业群和经济增长极。

1. 在"两个大局"战略实施的漫长的过程中，有世纪之交推行的"西部大开发"、"振兴东北"及"中部崛起"等战略。首先，胡焕庸线以东地区占我国国土面积的43.71%，这条线看似是人口分割线，实际上也是地貌上的区域分割线、文化转换的分割线。其次，西部大开发战略推进时虽然强调"鼓励和支持各地区开展多种形式的区域经济协作和技术、人才合作，形成以东带西、东中西共同发展的格局"②，这使得西部大开放的内外部条件未能形成。

2. "一带一路"战略积极推进了西部大开放的发展进程。2015年铁路新投产里程将达8000公里以上，其中西安到银川高铁、蒙西到华中煤运通道、阿勒泰

---

① 《全球企业巨头致信李克强：中国增长了，我们都会跟着增长》，中央政府门户网：http://www.gov.cn/xinwen/2015-08/24/content_2919040.htm.

② 《中华人民共和国国民经济和社会发展第十一个五年规划纲要》(2006年3月14日第十届全国人民代表大会第四次会议批准)，新华网：http://news.xinhuanet.com/misc/2006-03/16/content_4309517.htm。

一富蕴一准东铁路计划年内开工;沪昆高铁贵阳段、敦煌至格尔木铁路等 23 项西部铁路项目于 2015 年开通。① 2014 年,成都市利用外资超百亿美元。截止到 2015 年 8 月,世界 500 强企业有 268 家落户成都,其中境外企业 199 家,境内企业 69 家。②

新一轮的国际竞争实质上是国际规则的竞争。奥巴马在 2015 年国情咨文中呼吁国会支持 TPP 和 TTIP 时说:"中国正想要给世界上增速最快的地区确立规则","这会给我们的工人和商业带来不利。我们为什么要让这一切发生?我们应该来书写规则,我们应该来定义游戏规则"。③ 近除了自由贸易区战略之外,面对着 TPP 带来的压力,中国还有许多抗压"强项",如实施"一带一路"、建立亚投行、促进金砖国家之间的经济合作、在上海自由贸易试验区进行制度创新的先行先试、积极推进人民币国际化、充分利用 G20 领导人对话平台等,这些做法客观上有助于我们化解来自 TPP 的压力。④

当今的"丝绸之路经济带"的起点已经不能以古代"丝绸之路"的起点长安(今西安)来界定,"一带一路"作为一项国家战略,国内每个地区都在积极参与。比如已经开通运营的义新欧铁路东部起点为浙江省义乌,经新疆至西班牙马德里,它实际上既是"丝绸之路经济带"的新起点,也临近"21 世纪海上丝绸之路"的起点。2016 年 2 月 15 日,首列由中国义乌发往伊朗首都德黑兰的货运班列经过半个多月的、1 万多公里的长途跋涉,抵达德黑兰中心火车站。按照伊中双方协定,今后,每个月都将会有一趟货运班列经过这条钢铁"丝绸之路"抵达伊朗。⑤《愿景与行动》中曾列出 18 个省市自治区,其实,国内各地区几乎都与"一带一路"有紧密内在关联,关键是要寻找到与"一带一路"的衔接点,进而凭借自身地缘优势积极汇入到"一带一路"战略进程中来。

① 《我国西部交通基础设施建设提速 9 股或受益》,证券时报网:http://kuaixun. stcn. com/2015/0402/12149944. shtml.
② 《世界 500 强企业 268 家落户成都》,搜狐网:http://mt. sohu. com/20150805/n418210599. shtml.
③ 《奥巴马发表 2015 年国情咨文称不能让中国制定地区规则》,《重庆晨报》2015 年 1 月 22 日。
④ 《把 TPP 带来的压力转化为改革发展动力》人民网:http://finance. people. com. cn/n/2015/1009/c1004 - 27678200. html
⑤ 2016 年 2 月 16 日晚 7 点央视《新闻联播》。

四、注重国家层面推行与本地区融入

中国作为"一带一路"的首倡国,首要任务是找准"一带一路"战略与沿线国家和地区经济合作组织的战略契合点,实施战略对接。

首先,"一带一路"与俄罗斯国家复兴战略的对接。俄罗斯曾提出"新丝绸之路"计划。俄罗斯研究所所长冯玉军认为,俄通过"向东看"这种政策,一定程度上来满足由于和西方关系恶化而失去的这些,比如获得新的市场,获得新的融资的可能性,获得新的合作这种机遇。① 可以说,"一带一路"战略与俄罗斯复兴战略对接,实际上也为与俄罗斯主导的欧亚经济联盟对接奠定了基础。

总而言之,哈萨克斯坦国际问题专家图列绍夫告诉记者,俄、白、哈等独联体国家通过经济一体化"抱团取暖",统一发展步伐、协调经济政策、保持社会稳定,显得尤为迫切而重要。② 2015 年 5 月 8 日,中俄签署并发表《关于丝绸之路经济带建设和欧亚经济联盟建设对接合作的联合声明》,同时签署 32 份合作协议,总价值高达 250 亿美元,不仅包括高铁、飞机、基建、能源,还包括金融投资、双边贸易、债务合作、国际信息安全等诸多方面的合作。

其次,"一带一路"与印度"向东行动"政策的对接。2015 年 5 月,习近平会见印度总理莫迪时提出四点建议:一要从战略高度和两国关系长远发展角度看待和处理中印关系。二要更加紧密地对接各自发展战略,实现两大经济体在更高水平上的互补互助,携手推动地区经济一体化进程。三要共同努力增进两国互信,避免两国关系大局受到干扰。四要增进了解,使中印友好和合作成为两国社会共识。③

中印两国经济互补性很强,"一带一路"与印度"向东行动"战略对接成功,将达到与南盟各国经济战略无缝连接的效果。

学者阮宗泽说:"一带一路"政策给了中东一种新的发展理念,也给了他们一种新的选择。中国处欧亚板块的重要位置,我们可以借用古丝绸之路这一历

---

① 央视 cctv42016 年《深度国际》晚十点报道。

② http://finance.people.com.cn/n/2015/0102/c1004-26312363.html
　《欧亚经济联盟正式启动》2015 年 01 月 02 日人民网-《人民日报》。

③ 习近平会见印度总理莫迪 2015 年 05 月 14 日,来源:人民网。

史符号加强和欧亚非大陆这样一个联手。学者王义桅说"一带一路"是机遇与挑战;"一带一路"为共同的钥匙。①

再次,"一带一路"与"欧洲投资计划"的战略对接,共同开发第三方市场。2015 年 6 月 30 日,《中华人民共和国政府和法兰西共和国政府关于第三方市场合作的联合声明》的发表,为促进中欧在制造业方面的合作开创了新模式,中国还可以探讨与德国、英国等西欧国家合作,包括使"中国制造 2025"与德国"工业 4.0"合作与对接。

最后,"一带一路"与中小国家的战略对接。中方对印尼的发展潜力和前景充满信心,愿继续扩大对印尼投资。②

2016 年 1 月 20 日,习近平和沙特阿拉伯国王萨勒曼共同出席中沙延布炼厂投产启动仪式。2015 年,我国对"一带一路"沿线 49 个国家的投资超过 148 亿美元,同比增长 18.2%。在相关的 60 个国家新签对外承包工程项目合同 3987 份,新签合同额 926.4 亿美元。做好"一带一路"的民心相通工程,须文化先行,并着力从以下三个方面人手:

首先,调动民间组织的积极性,做好公共外交以推动民心相通。

其次,鼓励华人华侨参与"一带一路",凸显其民心连通的内在关联作用。目前,全球约有 6000 万海外华人,60%左右居住在"一带一路"沿线国家。海外华人大都在当地经济社会发展中发挥着重要作用。调动海外华人的力量,可以让"一带一路"的概念变得更加多元,与"一带一路"沿线国家的具体情况能够更好地结合,同时又能够保证中华文明的整体影响力。③ 如今是"一带一路"战略与海外华人华侨事业的交汇点和重合点,两者可以相互促进,相得益彰。

最后,深化"一带一路"沿线国家经济文化研究,着力培养配套人才。根据有关研究分析,2010 年我国海外亏损企业达 20%,虽然原因是多方面的,但国际化人才不足和对国外人才开发不重视是主要原因。我国正在增加"一带一路"沿线国家公派留学人员的数量。对企业来说,更要注意做好沿线国家的人才开

---

① 2016 年 1 月 23 日晚 7 点焦点访谈报道。

② 习近平同印尼总统佐科通电话《人民日报》2015 年 6 月 24 日 01 版 http://paper. people. com. cn/ rmrb/html/2015 - 06/24/nw. D110000renmrb_20150624_3 - 01. html

③ 陈传仁《建海上丝路,多用非政府力量》,《环球时报》2014 年 11 月 7 日。

发和人的工作。① 中国政府已经提出,5 年内在为周边国家培训 2 万名互联互通领域人才的基础上,每年向"一带一路"沿线国家提供 1 万个政府奖学金名额,助推"一带一路"发展进程。一些大学和研究机构相继将研究重点转向"一带一路"领域,一些外语类大学率先成立相关研究机构。例如 2015 年 1 月,北京外国语大学成立丝绸之路研究院,北京第二外国语学院成立中国"一带一路"战略研究院。外语类大学可以凭借自身优势展开对"一带一路"沿线国家的国别研究,以语言教学与国别研究相结合,培养"一带一路"的复合型人才。更能为"一带一路"推进提供系统的智力支撑。

五、注重宏观理念引领与策略指导

当下我国处于国内改革进入经济结构转型升级的重要时期,推进"一带一路"战略,走中国特色新型工业化、信息化、城镇化、农业现代化道路,必须以创造性的新思想、新观点和新理念加以引领。

第一,实施"四个全面"治国理政总方略,用"一带一路"布局对外开放。努力实现与沿线国家优势互补,共同发展,最大限度地利用国际国内两个市场、两种资源。与沿线国家打造命运共同体、利益共同体和责任共同体,进而推动中华民族伟大复兴。

第二,"五通三同"突出"一带一路"战略的核心价值,也反应出沿线国家的治理观。以构建命运共同体、利益共同体和责任共同体的"三同"为理念引领,从而与沿线国家一起共同塑造应对全球性问题挑战的新型价值观和治理观。

第三,"一带一路"凸显中国特色大国外交开放包容新特点,赋予周边外交新理念。2013 年 10 月 24 ~ 25 日,周边外交工作座谈会首次提出"亲、诚、惠、容"的周边外交新理念。一带一路"沿线国家中,俄罗斯位于丝绸之路经济带的咽喉位置,而印度位于陆上和海上丝绸之路的交汇之地,俄、印的作用很关键。②

第四,"一带一路"体现大国形象和大国责任并为其提供更多的国际公共产

① 朱国仁《落实"一带一路"战略要优先投资于人》,《行政管理改革》2015 年第 6 期。
② 李兴　张晗《"丝绸之路经济带"框架与东盟"10 + 8"机制比较研究》,《新视野》2015 年第 2 期;
李兴、成志杰《中俄印——亚欧金砖国家是推动丝绸之路经济带建设的关键》,《人文杂志》2015年第 1 期。

品。为国际社会提供国际公共产品是大国的义务,凸显中国外交智慧。习近平主席十分明确地指出:我们将更多提出中国方案、贡献中国智慧,为国际社会提供更多公共产品。① 中国先后设立了"中国—东盟投资合作基金"、中国—东盟海上合作基金,共投入100多亿元;2012年宣布提供250亿美元信贷,推动设立中国—东盟信息港建设基金。推进"一带一路"战略,也使中国的经济发展惠及更多国家和地区,并与联合国"2015年后发展议程"相契合,推动南南合作。

面对"一带一路"战略机遇与挑战,我们不能因为存在风险就止步不前而错失机遇。2014年8月22日,习近平主席在蒙古国家大呼拉尔发表演讲时指出:"欢迎大家搭乘中国发展的列车,搭快车也好,搭便车也好,我们都欢迎,正所谓'独行快,众行远'"。② "一带一路"战略凸显的是中国方略、中国方案和中国智慧,将成为指引中国改革开放的总战略和总布局,也为中国经济新常态下深化改革提供经济发展新动力和增长点,将助推亚欧大陆经济一体化,构建亚欧大陆的人类命运共同体,推动中华民族伟大复兴。

(作者为合肥工业大学马克思主义学院《形势与政策》课教研部主任、副教授)

① 《习近平接受拉美四国媒体联合采访》,《人民日报》2014年7月15日。
② 习近平《守望相助,共创中蒙关系发展新时代——在蒙古国国家大呼拉尔的演讲》,《光明日报》2014年8月23日。

发扬河洛文化:与"一带一路"相结合

刘昭民　郎　炜　张森娜

Abstract: Heluo culture is the cradle of Chinese civilization and the Chinese nation. Through to course of historical development. Heluo culture which organizations from the Central Plains.

At first, authors suggest the originate from the Central Plains, according to the 85% Chinese characteristics. Then, authors are going to discuss the warm and wet climate several thousand years ago influence on the cultureal of Heluo, and suppose that the warm and wet climate has advenceed in culture of ancient Chinese.

Finally, we support Chairman Chi Chin-Pins's concept of silk road inheriting from ancient Chinese. China can avoid the conflict with the USA. Developing Heluo culture closely connects with " silk road and economic belt 21 century.

一、前言

从前我们仅知道我们的祖先是黄帝和三皇五帝,后来经过考古发掘和许多考证研究,终于确定中原就是我们中华民族的发祥地。作者根据气候学和文化学之研究,分析我们河洛文化的内涵,要好好发扬河洛文化,再研究国家主席习近平先生于 2013 年所倡导的宏伟计划——丝绸之路经济带和世纪海上丝绸之路,可知中原正是丝绸之路的经济带之起点,发扬河洛文化,可与一带一路相结合,值得吾国人重视。

二、发扬河洛文化

近十几年来,河洛文化的起源和河洛文化对中华民族发祥、发展的重要性日益受到世人的重视。我们都知道,我们的百家姓大多数起源于黄河流域,所以我们要了解这些姓氏的起源,根据姓氏文化专家谢钧祥先生的研究,在来源可考的4820姓氏中,起源于河南的姓氏有1834个,占38%。现在全国人口最多的120个大姓中,起源于河南的有52个,部分起源于河南的姓氏45个,两项合计,起源于河南的姓氏共97个,占120个大姓的81%,占全国汉族人口的79.5%,如果减去一些多源姓氏在河南以外的省份97个,仍还有1739个,所以起源于河南的姓氏占全国汉族人口的百分率仍在85%以上,[1]百家姓有八十个姓起源于河洛地区,所以河洛文化根在河洛。我们再根据古气象学和气候学的研究,可以知道距今几千年前,黄河流域为暖湿沼泽气候,[2][3]因为中原地区曾从新石器时代后期仰韶文化地下遗址中,发掘出许多鹿、箭齿猪、鱼鳖遗骸,这些动物都属于暖湿森林沼泽气候环境中生长者,而今中原及华北地区则已不存在这些动物。1950年代及1960年代的考古发掘,发现西安半坡地下遗址中,有大量的獐、竹鼠、貉等动物遗骸。而獐今日仅分布在长江流域的沼泽地带,竹鼠(见图1)今日只见于南方竹林之地,而不见于陕西省境内,貉喜栖于河湖,这些动物动物骨骸证明距今5000年至4000年前渭河流域为暖湿森林沼泽气候。由现世中原和长江流域年均温分布情形(前者14℃~15℃,后者6℃~18℃),可知距今5000~4000年前,黄河流域之年均温应比现在高高2℃~3℃见图2及图3)

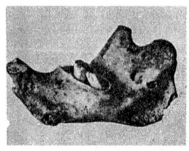 

图一:左为西安附近半坡村仰韶文化地下遗址出土之竹鼠遗骸,显示前脚极短。右为竹鼠遗骸复原图。

① 龚良才 龚九森《河洛台湾同渊源》,《河洛文化与台湾文化》,河南人民出版社2011年4月,第542页。
② 竺可桢《中国近5000年气候变迁的初步研究》,《考古学报》,1972年第1期。
③ 刘昭民《中国历史上气候之变迁》,台北台湾商务印书馆,1982年,第31—33页。

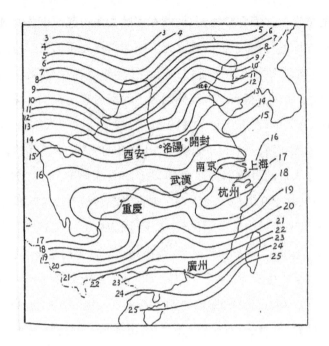

图二:中国现代年均温分布情况图(单位°C)(本图系作者参考竺藕舫、吕蔚光、张宝堃合著《中国之温度》及戚启勋编译《中国气候概论》两书之资料绘成)。

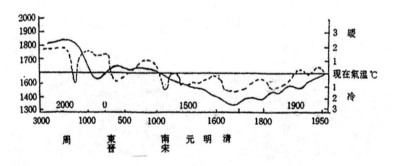

图三:中国五千年来气温之变化(点线)与挪威森林雪线(实线)比较图。

距今 3000 年前是殷商时代,安阳殷墟发崛之动物骨骸亦多竹鼠、貘、肿面猪、獐、圣水牛、印度象等,可见当时亦为暖湿森林沼泽气候。而周朝的考古数据也显示河南、山西、陕西地下遗址,许多甲骨和铜器上有箕、竹、筍、人牵象、象等文字或符号,表示当时黄河流域竹类、象类十分普遍。气候一如殷商时代,周朝中叶虽有短暂的冷期,但是对长期暖湿气候而言,起不了多大作用。所以三四千

年前以至数千年前,自殷商以还,中华民族先民都有崇天敬祖的观念,创造农耕
技术开垦农地之拓荒精神(见图 4 神农氏始制耒耜浮雕图)。至于先秦时代和
西汉时代(距今 2000 年多年前),《周礼·职方氏》也有记载:"豫州(河南),其
谷宜五种,郑注云:黍、稷、菽、麦、稻。青州(山东),其谷宜稻麦。兖州(山东),
其谷宜四种—黍、稷、菽、麦、稻,并州(山西),其谷宜五种(黍、稷、菽、麦、稻)。"

图四:神农氏始制耒耜浮雕图。

图五:河南舞阳县贾湖遗址出土新石器时代早期碳化稻米。

可见古代自先秦至西汉时代,中原气候十分暖湿,故中原能生产稻、麦、小米
等农作物。

　　由以上分析,可见距今5000年前至2000年前,中原的暖湿极有利农牧业之发展,适宜于一季稻、小米、小麦之耕作,因此考古人员曾在河南舞阳县发现数千年前之碳化稻米(见图5),在河南禹州市瓦店遗址发现距今4000年前的小麦遗址(见图6),是中国发现的最早小麦遗存。在喇家遗址中还发现距今4000年前的一只倒扣在地面上的陶碗中使用小米做的面条(见图7),是世界上最早的面条。证明中原农业和粮食之利用已经相当不错。中原暖湿森林沼泽气候使河洛先民的农业得到极大的发展。因此市集,以通货财,促进了商业的发展,也促使河洛先民创造了较高水平的文化和物质文明,距今3000多年前河洛先民更进一步发明甲骨文,对先秦时代河洛先民从铜器时代进入铁器时代起了很大的刺激作用。

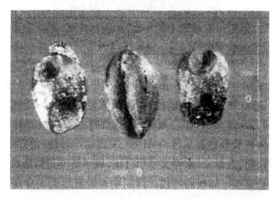

图六:河南禹州市瓦店遗址出土距今4000年前的小小麦遗存。

图七:青海省民和县喇家遗址中距今4000年前陶碗中发展使用小米做的面条。

　　今日河南省的农产——小麦、芝麻、烟草、蚕丝、枣、葡萄等,已不再有从前之一季稻、小米等农产,但是今日河南省的农业仍然很兴盛,加上今日农耕科技的进步,又有平顶山、义马煤矿、中原油气田等地下资源的开发,工商业的发达和科技生产的进步,仍然使河南河洛地区成为丝绸之路东方之起点和重要节点以及北京、天津、冀、鲁、豫自由贸易区之龙头。

三、和"一带一路"相结合

丝绸之路包括陆上丝绸之路和海上丝绸之路,根据我国历史的记载,陆上丝绸之路兴盛于西汉武帝时期的张骞通西域时代和东汉初年明帝时班超父子出使西域。当时的陆上丝绸之路起自长安向西经过西宁、敦煌、酒泉、玉门关、哈密、库车、阿克苏、楼兰、喀什等地。西汉时代中国的商船也南下到东南亚,并折向西航行到印度洋沿岸地区,进行海上贸易活动。魏晋南北朝时代则衰落,直到唐太宗时代才再度兴起,此时不但陆上丝绸之路大兴,而且随着阿拉伯人东来,海上丝绸之路也开始盛行,南宋时代和元朝随着海船造船技术之进步天文航海之应用,使海上丝绸之路也兴旺起来。明初郑和七次下西洋,就是海上丝绸之路兴旺之明证。可惜的是,明末清初朝廷不再重视海洋政策而且走上海禁自闭,国力也日渐衰弱,任人宰割。国家主席习近平积极倡导中华民族伟大复兴的"中国梦"理念,并陆续推行丝绸之路经济带和21世纪海上丝绸之路(简称"一带一路")的陆海西进战略。习近平主席非常熟悉我国自古以来丝绸之路西进战略,希望我们以多余的资金和人力投入此西进战略,乃倡组亚洲基础设施投资银行(简称亚投行),并投资500亿美元作为丝路基金,以高速铁路西向和南向——西向即东起山东、苏北、河南,经西安、天水(并从武汉、重庆、成都北至天水)、西宁、张掖、酒泉、哈密、乌鲁木齐、阿拉山口、中亚、俄国、白俄罗斯、德国、荷兰和法国里昂等。南向即以南宁、昆明南向缅甸、越南、老挝、泰国、柬埔寨、马来西亚和新加坡,并以海路往印度尼西亚和澳大利亚,向西则经印度洋、中东、东北非(吉布提)、北非、南欧希腊、匈牙利)(见图8)。习近平主席并向美国人说:"太平洋够宽够广,容得下美国和中国船只通行无阻,中国永远不会,也不愿与美国争霸权。"

今年(2016年)习近平主席要求中国人要避免掉入以下四大陷井:①(一)塔

---

① 2016年4月10日台湾《人间福报》之报导。

图八：陆上丝绸之路与海上丝绸之路示意图。

西陀陷井（Tacitus trap）。古罗马历史学家塔西佗（Tacitus）曾说："当公权利无法实行并失去公信力时，无论用什么言论做什么事，政府之政策全是负面评价。是为塔西佗陷井（Tacitus trap）。（二）修昔底德陷井（Thucydides Trap）。古希腊历史学家修昔底德（Thucydides）曾说："两强必相对抗，直到一个倒下为止，也就是说，崛起的国家兴起与现存强国必有一战。"（三）中等收入陷井。西方人说，当经济水平到达中等收入时，经济发展即停顿下来，不能再向上发展。（四）分化经济发展陷井。有些东方人和西人不希望中国经济继续高速成长，要中国放弃社会主义，改走资本主义，故千方百计要分裂中国，使中国崩溃，"七块论"就是这样形成的。

　　习近平主席采取我先民西进和南进战略，提出"丝绸之路经济带和二十一世纪海上丝绸之路"大战略，就是要破除西人的修昔底德陷井，以高速铁路代替古代的骡马，骆驼，将中国过剩的财力和人力投入亚投行和丝路基金，西行和南行（不走太平洋）以陆上丝绸之路和海上丝绸之路为手段，实现中华民族伟大复兴的中国梦。发扬中原河洛文化，正可与陆上丝绸之路密切相结合，并且可以相辅而行。

四、小结

由本文之论述,可知中原就是河洛地区,也就是黄河中下游地区,所以自古以来即称豫州,也有中原中州之称,乃我中华民族之发祥地,有众多的文化遗址,例如裴李岗文化遗址、仰韶文化遗址、龙山文化遗址、殷墟文化遗址、大河村文化遗址,可知当时农耕技术水平相当高,奠定了今日河南工商业和农业的发达。今日黄河中下游地区正是国家主席习近平先生所倡导的"丝绸之路经济带和二十一世纪海上丝绸之路"重要起点和节点,发扬河洛文化,可与"一带一路"相结合,以期实现我中华民族伟大复兴的中国梦。

（刘昭民,台湾中央研究院科学史委员会委员;郎炜,台湾诚创科技股份有限公司监察人;张森娜,国际兰馨交流协会台湾地区理事）

古代洛阳与海上丝绸之路

徐芳亚

Abstract：Since tne found of the Silk Road in the Western Han Dynasty by Zhang Qian，silk has become the bond of amicable exchange between ancient China and foreign countries. Apart from the Silk Road on land，there was a Marine Silk Road. If firstly spangup in Zhou or Qin Dynasty in China，and finally surpassed the Silk Road on land and began to thrive in the middle of China，the unobstracted canals，especially the dig of the Sui dynasty Canal，made the transport from Luoyang to the Marine Silk Road much more convenient than before. Since the Eastern Han drnasty，envoies，mechants and monks of Southeastern Asia，Western Asia and other areas have began to arrive in Luoyang through the Marine Silk Road successively. Initially，it made the economical exchange more convent，and then had a profound influence on ancient religions，cultures，artsas well as customs of both ancient China and foreign countries.

2013 年 10 月 3 日，中国国家主席习近平在印度尼西亚国会发表题为《携手建设中国——东盟命运共同体》的重要演讲中提出：“东南亚地区自古以来就是‘海上丝绸之路’的重要枢纽，中国愿同东盟国家加强海上合作，使用好中国政府设立的中国——东盟海上合作基金，发展好海洋合作伙伴关系，共同建设 21 世纪“海上丝绸之路。”中国愿通过扩大同东盟国家各领域务实合作，互通有无、优势互补，同东盟国家共享机遇、共迎挑战，实现共同发展、共同繁荣。

“海上丝绸之路”怎么发展而来？它与陆上丝绸之路有着怎样的关联？古代洛阳地处中原腹地，与海上丝绸之路有着怎样的联系？作为内陆的城市，在打造新"海上丝绸之路"的过程中有着怎样的担当和作为?

　　丝绸之路申遗成功,是对洛阳作为丝绸之路东端起点的再次肯定,是对洛阳作为古代丝绸之路上重要城市的世界性认可。目前,国内外的学者对陆上丝绸之路与洛阳以及海上丝绸之路与我国沿海城市等方面的论著颇多,而把海上丝绸之路与洛阳联系起来的文章则不多见。本文重点研究海上丝绸之路与古代洛阳,通过研究再现古代洛阳与海外交往的盛况,对当今洛阳发展与海上丝绸之路沿线国家和地区的旅游、实施"旅游强市"战略等,提供参考。

一、中国古代海上丝绸之路

　　丝绸之路除了有陆上丝绸之路外,还有海上丝绸之路。国内外的专家学者对陆上丝绸之路的研究论著颇多,而对海上丝绸之路的关注则相对较少。其实,海上丝绸之路所产生的影响力要大于陆上丝绸之路。

　　我国海上丝绸之路兴起于周秦,从这个时期到唐代以前为形成时期。早在公元前1112年周武王封箕子于朝鲜时,就"教其民以礼义,田蚕织作"[①]。我国的养蚕织绸技术已经传入到朝鲜。相传,日本仲哀天皇八年(199),秦始皇的十一世孙,将中国蚕种从朝鲜半岛的百济东传到日本。这是海上丝绸之路的东海起航线,也是向外传播蚕丝和丝织品的最早的一条起航线。南海起航线也是海上丝绸之路的重要组成部分。汉武帝时(前140至前87年),我国海船携带大量黄金、丝绸等物从雷州半岛出发,途经今越南、泰国、马来西亚、缅甸,远航到印度的黄支国,去换取上述国家的物产。然后,从斯里兰卡途经新加坡返航[②]。这是我国丝绸外传到上述国家的最早记录。中国丝绸受到了世界各地人民的青睐,并且促使了中国与世界各国的通好往来。

　　唐宋时为海上丝绸之路的发展时期。751年,唐军在中国怛罗斯兵败大食,唐朝从此失去了对西域的控制,接着国内爆发了安史之乱,国内形势急转直下,唐朝从中亚节节败退,一直退到长安附近,丝绸之路基本上不存在了,变成了中亚内部的一条路。陆上丝绸之路被阻断,同时也给海上丝绸之路以发展的契机。

---

① 《汉书·地理志》(第28卷)中华书局,1975年,第1658页。
② 《汉书·地理志》(第28卷)中华书局,1975年,第1671页。

义净《大唐西域求法高僧传》记载,唐代前期(641—689)一共有 60 位西行求法的高僧,从海路到印度的人占了半数以上(38 人)①。敦煌 323 窟南壁唐初壁画绘有合浦城和交州城(今越南岘港),生动反映了唐初高僧渡海求法的盛况。唐朝中期至宋朝,海上丝绸之路逐渐兴起。北宋以来,福建海商引进了阿拉伯海船技术,大造尖底船,史称"福船"。公元九世纪中叶,中国海舶开始取代波斯、大食、印度、昆仑等外国海舶,逐渐控制了印度洋的海上霸权。近年来,东至日本,西至东非海岸沿丝绸之路航线都有宋代瓷器和钱币出土,这是海上丝绸之路历史的见证。

元、明两代为海上丝绸之路的鼎盛时期。这时,海上航路和海外贸易发展到最高潮。由于元朝统治者将欧亚文明连成一片,欧亚大陆的文明空前繁荣,丝绸之路商队络绎不绝。明代航海家郑和从 1405 年到 1433 年曾七次下西洋,最远到达了非洲东海岸和红海沿岸,他都是以中国的丝绸和瓷器作为交换物来换取当地的财物。这是我国海外贸易的盛举,也是中国丝绸从海路传播到外国的最高潮。

二、古代洛阳与海上丝绸之路的关系

古代洛阳位于"天下之中",是全国水陆交通的中心和经济集散地,是对外贸易的重要国际市场,它在海上丝绸之路上起着举足轻重的作用。首先,从漕运交通方面的情况看,自战国以来洛阳就有"东贾齐、鲁,南贾梁、楚"②之便,是"商遍天下,富冠海内"③的著名商业都市。到西汉时,由于汴渠的开通,把洛阳纳入了鸿沟水系,更促进了商业的繁荣。魏晋时期,凿宽漕渠,引黄河入汴渠,淮北至洛阳的航道畅通。隋唐洛阳的水陆交通更为便利。隋炀帝为了进一步巩固政权和统一,开凿了贯通南北的大运河,大运河北抵涿郡(今北京),南达余杭(今杭州),以东都洛阳为中心,沟通了海河、黄河、淮河、长江、钱塘江五大河流,使洛阳可以"北通涿郡之渔商,南运江都之转输"④。隋还开凿了广通渠,是从洛阳至

① 林梅村《丝绸之路考古十五讲》北京大学出版社,2006 年,第 222—223 页。
② 《史记·货殖列传》(第 129 卷)中华书局,1999 年,第 2469 页。
③ 《盐铁论·力耕第二》(第 1 卷),《盐铁论·通有第三》(第 1 卷),《盐铁论》,上海人民出版社,1974 年,第 6—7 页
④ 皮日休《皮子文薮·汴河铭》(第 4 卷)上海古籍出版社,1981 年,第 41 页。

长安的重要航道。以上可以看到洛阳水路交通的便利条件,这正是促成洛阳在海上丝绸之路中占据重要地位的基础。海上丝绸之路运送的主要物品有丝、茶、瓷等,这些商品的产地不在关中,而在洛阳以北、以东、以南的黄河、长江中下游地区,例如唐代瓷器的产地,主要在河北、中原及东南诸省。陆羽《茶经》提到的著名瓷窑有越、鼎、婺、岳、寿、洪、邢共七州,都分布在南北大运河附近。其次,洛阳气候适宜种桑养蚕,据《水经注·洛水条》载:“昔有莘氏女,采桑于伊川,得婴儿于空桑中”。① 采桑为了养蚕产丝,可见洛水、伊水两岸自古就是栽桑养蚕的好地方,到了唐朝,由于政治、经济中心的逐渐东移,丝织业也得以迅速发展。唐朝政府在洛阳设有少府监和织染署,掌管纺织练染业。洛阳作为丝绸加工的集散地,官府实行专门管理,洛阳城内聚集了无数的能工巧匠。他们不仅加工洛阳自产的蚕丝,也加工来自山东、河北、江淮等地运来的蚕丝。他们技艺精湛,生产出来的丝织品品种繁多,图案花纹琳琅满目,争奇斗艳。《朝野佥载》记载:中宗爱女安乐公主的“百鸟毛裙,值钱一亿,花卉鸟兽,皆如粟米,正视旁视,日中影中,各为一色”,堪称一绝。由于这些原因,到隋唐时期,洛阳发展成为全国乃至全亚洲的经济、文化、交通和商业中心。

海上丝绸之路分为东海和南海两条起航线:东海航线是通往朝鲜、日本等地;南海航线是通往东南亚、南亚、西亚和非洲等地②。

(一)东海丝绸之路与古代洛阳

海上丝绸之路的东海航线早在秦汉时期就已开通,徐福东渡证实了徐福不但是中国文化的传播者,而且也是中日之间东海航线的开拓者。1966 年在属于弥生中期初的立岩遗迹中发现包裹着素环头的丝织物,是日本出土最早的丝织物,具有浓厚的中国色彩,因此专家们认为日本的弥生文化是由日本神话传说中的徐福带入的。日本人民视徐福为蚕桑之神。

东汉时,倭国曾先后遣使到汉代都城洛阳。据《后汉书·东夷传》:“建武中元二年(57)倭奴国奉贡朝贺,……光武赐以印绶。安帝永初元年(107),倭国王

---

① 郦道元《水经注疏·洛水》(第15卷)杨守敬 熊会贞疏,江苏古籍出版社,1989年,第1342页。
② 陈炎《略论海上丝绸之路》,《海上丝绸之路与中外文化交流》,北京大学出版社,2002年,第27—30页。

师升等献生口（奴隶）百六十人，愿请见。"①1784 年在日本博多湾志贺岛发掘到一颗刻有"汉倭奴国王"的金印，据印证，此印即为汉光武帝赐给倭奴国的印绶，现被视为日本的国宝。这是中日两国在汉代就有友好关系的历史见证。公元 238 年，倭国女王俾弥呼派使者经朝鲜半岛到魏都洛阳，贡班布等礼品，魏明帝诏封"亲魏倭王"，并回赠各种颜色的精美丝织物②。这是我国丝织品作为外交上交换礼品而传入日本的最早文献。这些丝织品引起了女王的兴趣，于是她在十年之内，先后四次遣使到中国考察学习，中国的提花、印染等纺织技术，开始传入日本。

隋唐两代更是中日交往的重要时期。隋朝时从 600 年到 614 年间，日本曾四次派出遣隋使，有三次都是到达隋都洛阳，反映了日本迫切与中国直接建立关系与吸取中国文化的愿望。日本的圣德太子为了振兴日本文化，以遣隋使为媒介引进中国文化。后来中国的历法、天文地理、阴阳五行说、绘画技术及儒教思想传入日本。到唐代时，日本的遣唐使节学问僧及留学生比前代增加了许多，从公元 630 年到 894 年，派遣唐使达 15 次之多。其中有三次是最后到达洛阳③。唐代是日本全面吸取大唐文化、中日交往的高潮时期。北宋以后，虽然洛阳逐步衰落，但由于一些文人、学士、遗老、名臣多云集于此，在学术、文化上，仍为全国中心之一。洛阳又是九朝古都，名胜古迹甚多，吸引许多日本人前来。例如北宋时，日本来华僧人奝然、成算，在去五台山、天台山之后，曾到洛阳白马寺、往龙门拜无畏金刚三藏或真身或坟塔等。

随着历史的发展，东海丝绸之路不只是传播养蚕、丝织技术的道路，已经发展为传播友谊和政治思想、宗教学说、文化艺术等交织在一起的"文化交流之路"。隋唐时期中国历史上出现"盛世"景象，一个重要的条件便是东海航路的开辟，这与政府执行了全方位对外开放政策是分不开的。明代，中朝两国互通有无。例如朝鲜盛产好马，而我国缺马，就于公元 1393 年以 19700 余匹丝绸，换取9800 余匹好马。公元 1427 年又以紵纱换取好马 5000 匹资边用，这是我国丝绸

---

① 《后汉书·东夷列传》（第 85 卷），中华书局，1973 年，第 2821 页。
② 《三国志·魏书·倭人传》（第 30 卷），中华书局，1982 年，第 857 页。
③ 夏应元《洛阳史迹与中日交流》，《洛阳——丝绸之路的起点》，中州古籍出版社，1992 年，第 289—292 页。

输出数量最多的例子之一。①

（二）南海丝绸之路与古代洛阳

南海丝绸之路的开辟始于西汉时期。东南亚、南亚、西亚、非洲以及欧洲国家和地区通过南海航线与古代中国进行着经济联系和文化交流。洛阳地处中原，与南海丝绸之路的联系主要通过以下三条陆上通道连接起来的。一是东南路由海路到交趾（今越南北部），再经东冶、会稽，然后沿长江而上，经过襄阳、南阳，到达京城洛阳。南北大运河开凿后，长江下游及闽浙地区与中原的交通更为便利。二是南路，越过五岭山脉，进入长江后，再经襄阳、南阳，抵达洛阳。隋代大运河开通后，"自江都经山阳渎北上入淮，沿通济渠以达洛阳"②。三是西南路，经缅甸北上进入中国，经云南、四川，抵达洛阳。

通过以上三条路线，古代洛阳与南海丝绸之路便连接起来，从东汉时起，便不断有东南亚、南亚、西亚、非洲等地区的使者、商人和僧侣，从海路来华，并到达洛阳。

早在东汉时东南亚地区就有通商朝贡。"元和元年（84）春正月，中山（即"扶南"，今柬埔寨）王焉来朝。日南（今越南）徼外献生犀、白雉"③。它揭开了东汉王朝与柬埔寨友好交往的序幕。东汉桓帝延熹九年（166），大秦王安敦遣使臣，经越南在广州登陆，来到东汉都城洛阳，送来象牙、犀角，进行友好往来，使南洋航线进一步延长。这次访问后，不断有大秦商人来华，从而加强了中国与罗马帝国之间的经济联系。曹魏、西晋、北魏时期，虽然国家政局动乱，对外关系受到一定影响，但洛阳与南海丝绸之路的贸易往来并未中断。曹魏时期，嘉平二年（250），天竺人昙摩迦罗来洛阳白马寺译《僧祇戒心经》，并创建授戒度僧制度。西晋武帝泰始四年（287）、太康六年（285）、太康七年（286）和太康八年（287），扶南（今柬埔寨）也曾先后四次派遣使者从南海航路到洛阳朝贡④。北魏时，南天竺僧人菩提达摩，从印度由海路到广州，然后北上，于魏孝明帝正光二年（521），抵达洛阳。隋唐时期是我国南海丝绸之路发展的鼎盛时期。《隋书·赤

① 《明史·外国－朝鲜》（第320卷），吉林人民出版社，1995年，第5419、5420页。
② 王育民《论历史时期以洛阳为起点的丝绸之路》，《洛阳——丝绸之路的起点》，中州古籍出版社，1992年，第42页。
③ 《后汉书·章帝记》（第3卷），中华书局，1973年，第145页。
④ 《晋书·武帝纪》（第3卷），中华书局，1974年，58—78页。

土》记载,隋炀帝为广招天下人才,于"大业三年(607),屯田主事常骏、虞部主事王君政等请使赤土。帝大悦,赐骏等帛各百匹,时服一袭而遣。赍物五千段,以赐赤土王"①。这是我国派专使携带大量丝绸最早访问马来半岛或印尼等国家的开始。唐代义净于 671 至 695 年从海路去印度求经,最终返回东都洛阳,住佛授记寺,专心从事佛经翻译。对佛教在我国的传播产生深远影响。

以上可以看出海上丝绸之路与古代洛阳关系密切,古代洛阳是海上丝绸之路上的重要城市,海上丝绸之路是沟通古代洛阳与各国政治、经济、文化交流的重要纽带,是促使洛阳发展成为国际性大都市的重要因素,同时海上丝绸之路对古都洛阳也产生了深远的影响。

三、海上丝绸之路对古代洛阳的影响

海上丝绸之路最初只是使中外经济互通有无,后来突破了经济的范畴,发展为与政治、外交、宗教、文化、艺术乃至与人民生活都发生了密切关系,并带来了深远的影响。

(一)经济方面的影响

在经济上,经营贸易的商人通过海上丝绸之路来到洛阳促使洛阳的经济十分繁荣,《隋书》记载说,隋炀帝在东都,裴矩因"蛮夷朝贡者多,讽令帝都下大戏,"遂征召各地奇技异艺之人,在端门(皇城正南门)大街演出。"衣锦绮,珥金翠者,以十数万",又令文武百官和广大男女百姓,列排坐在棚阁内观看,大家都穿着华丽的衣服,一直演了一个月。又令三市店肆"皆设帷帐,盛列酒食",派掌管蛮夷事务的人率领蛮夷与民众做买卖,"所至之处,悉令邀延就坐,醉饱而散。蛮夷嗟叹,谓中国为神仙"②。这虽然暴露了隋炀帝豪奢作伪,暴殄天物,喜好排场的行径,但却反映了有众多外国商贾前来经商,证明洛阳是国际商业大都市。隋唐时,洛阳外商达到一万多人,是当时世界上外商最多的城市。

(二)生活习俗方面的影响

海上丝绸之路对洛阳人的生活习惯也产生了影响。通过海上丝绸之路出口

---

① 《隋书·赤土》(第 82 卷),中华书局,1973 年,第 1834 页。
② 《隋书·裴矩传》(第 67 卷),中华书局,1973 年,第 1581 页。

的物品主要有丝绸、陶瓷、茶叶等,销往世界各地;海外的珍宝、香药、木材、金属、纺织品及各种洋货也经过海路输入国内。对外贸易的发展,将许多异国商人吸引到洛阳定居,同时引进来了异国的风俗习惯和服用器物,对洛阳贵族阶层的生活产生了很大的影响,在东汉灵帝时出现了"胡化"热。"灵帝好胡服、胡帐、胡床、胡坐、胡饭、胡空侯、胡笛、胡舞,京都贵戚皆竟为之"①。使首都洛阳盛行的海外风尚与汉族文化融合在一起,变成东汉末年黄河流域流行的习俗。

(三)文化方面的影响

海上丝绸之路上的佛教传播和洛阳僧人去西方取经,是丝绸之路上文化交流的重要事件,因为佛教的传播不单纯是宗教问题,它还包括雕塑、绘画、建筑、音乐、文学、医学、气功、武功等学科的交流。如雕塑方面:石窟的开凿是在印度佛教传入中国之后,洛阳龙门石窟就是唐初石窟艺术的杰作。绘画方面:魏嘉平四年(252)在洛阳白马寺译经的印度人康僧铠曾将佛画带来,求法僧法显从海上丝绸之路归国时也携带有图画佛像。从罗马和印度传入中国的阴影晕染法,即是后来通称的凸凹画法,对中国画坛产生了巨大的影响,于阗人尉迟跋质那父子的作品——洛阳大云寺的鬼神菩萨即是典型代表。建筑方面:特别是塔的建筑,式样繁多,将印度四方座基或半圆形的佛塔加以创造性的演变,形成中国所特有的造型美观、千姿百态的佛塔。流行的式样有楼阁式、密檐式。东汉白马寺塔是第一座楼阁式木塔,北魏洛阳阊阖门永宁寺九级浮图也属楼阁式。医学方面:唐代僧人义净将印度医学中的八分医方传入中国。唐宋时代,阿拉伯、印度、东南亚等国从海上输入大量香药,一时间洛阳市场上外国药物极多。佛教的传播对洛阳乃至中国的影响之大,是任何其他文化所无法比拟的。

古代洛阳虽处于中原地区,但洛阳凭着其畅通的水运与海上丝绸之路联系起来,作为古代中国政治、经济和文化中心,洛阳城曾是西方人心目中东方文明的标志。西方人通过海上丝绸之路给古老的中国文明注入了新的血液,从看得到的物质文明到看不到的精神文明,大都是中西方融汇的结果。而洛阳所在的河洛地区,又是华夏文明的发祥地,海上丝绸之路对古代洛阳的宗教、文化、艺术、乃至人民生活习俗等方面所产生的深远影响,促使洛阳在中西文化交流史中

---

① 司马彪《续汉书·五行志》(第13卷)中华书局,1973年,第3272页。

占有重要地位。因此,今天的洛阳要巧借国家"21 世纪海上丝绸之路"的东风,苦练内功,创新发展,促使洛阳发展成为国际性的大都市,重振古都洛阳的雄风!

（作者为洛阳师范学院历史文化学院、河洛文化研究中心教师）

河洛文化的传播与"一带一路"战略

王同海

Abstract：Heluo-culture to the south is one of the result of the war in the north and droven the development of the jiangnan；Heluo-culture to the west is the strong central plains in the west，and the northern frontier，one of the main activities are actively accept culture captured from Asia or Africa，to promote the foreign exchange. One Belt And One Road strategy is the common demand of countries along the fit，for the countries along the complementary advantages，open development opens up a new window of opportunity，is a new platform of international cooperation. Luoyang in positioning is crucial to determine the future of it.

河洛文化作为一种主体文化,以其包容性和开放性一直主导了中华民族的整个文化历史,影响了周边许多国家和地区。作为一种地域文化,河洛文化与众多区域性文化一起共同组成了中原文化、中华民族文化,构成了中国文化的主脉,对中国社会历史的发展产生过重大影响。

一、河洛文化发展的历史过程

历史上的河洛在地域、文化发展、战略地位等方面表现出显著的中心性特点,随着人口大迁移的发生,这里不仅成为文化向外传播区,而且也是多元文化交汇区。一方面,河洛文化在向外传播过程中与其他地方性文化交融,形成渊源关系,比如齐文化、鲁文化、楚文化、吴越文化、客家文化、闽台文化等不仅呈现出特定的地域性特点,同时也与河洛文化有着深厚的渊源关系;另一方面,河洛地区本身就是一个多元文化的交汇区,无论是夏商周,还是汉魏隋唐时期,这一地区已有大量非中原人口融入,可以说周边众多民族的文化在这里交汇,推动了河洛文化的发展。这一点在汉魏、隋唐时期表现得尤为显著。这些研究进一步证明了河洛文化不仅向外部传播,影响了其他地区的文化发展,而且其自身的发展过程也可称为"海纳百川"。纵观中国历史,河洛文化对中华民族的团结、对祖国的统一、对中华文化强大的凝聚力和生命力产生了不可估量的影响,其实质则是河洛文化的主体性在中华民族发展过程中的巨大影响。

二、河洛文化的南播及影响

1. 河洛文化大规模南播在历史上有三次:

(1)第一次发生在西周初年到秦灭东周。西周末年,幽王之乱后,平王东迁,河洛文化作为国家文化主体的地位开始下降,但是作为国家文化主体的地位并没有改变。只是河洛文化开始下移,其实这种趋势从西周就已经出现,姜尚受封齐国,西周文化与东夷前齐地文化结合,形成了新的姜齐文化(以齐地文化为主,融合了夏文化、商文化和西周文化);周公受封鲁国,西周文化与东夷前鲁地文化结合形成了新的鲁文化(以西周文化为主,融合了夏文化、商文化和东夷前鲁地文化);同样西周文化与前燕地文化结合形成了新的燕文化,西周文化与三晋地区的文化结合形成了新的三晋文化。春秋开始后的河洛文化南播,与古老的长江流域文化相结合,不断推陈出新,形成了粲然的楚文化,使之成为中国先秦文化的最高峰——时间长、范围广、内容丰富。

(2)第二次发生在东汉末年到隋朝初年。这一次是河洛文化南播时间最长的一次,达四百年之久。这一时期,黄河流域战乱不断,政治、经济,遭到了极大破坏,文化也受到了极大影响,特别是东晋以后,中国的政治、经济、文化中心南移长江流域,形成出现了三国时的吴文化、东晋文化、南朝文化和前客家文化。而这个时候,北方却动荡不安,阶级矛盾、民族矛盾不断,虽然出现过西晋的短暂统一,但是不能改变大动荡局面,原有的河洛文化受到毁灭性的打击。但是作为地域文化的河洛文化依旧顽强存在,直到北周统一北方才有所改观。

(3)第三次发生在唐朝末年到南宋结束。这一时期是一个特殊的时期,唐末到北宋结束,由于中国的经济中心开始南移,而政治中心仍在黄河中游地区,作为政治附庸的社会主体文化——河洛文化仍然主导了社会文化发展的主流,由于江南经济的发展,为文化的发展提供了物质基础,江南的文化得到了迅速发展。这时的江南经济文化开始赶超北方。到了南宋,政治、经济、文化中心都转移到了江南,而作为一个王朝主体文化的河洛文化也随之南播,并迅速接纳了江南文化,成为主导南宋王朝的主体文化,这时它已经与北宋时的河洛文化有了本质的不同。

2. 河洛文化南播的影响

(1)河洛文化的第一次南播,是伴随楚人的开拓而完成的。楚人的先民生息在中原,与夏、商、周族都有密切的关系。楚国君臣奉行"抚有蛮夷,以属诸夏"的方针,对于其他民族的文化,楚人都乐于择善而从。西周文化被楚人带到了长江流域,楚人的文字就是西周的文字,北方的典籍,楚国几乎应有尽有。楚王孙围称述倚相"能道训典,以叙百物。"(《国语·楚语下》)而且楚国的史官也掌握不少前代的文籍与训典,公元前516年,即楚平王五十三年"晋师克巩。召伯盈逐王子朝即召氏之族,毛伯得、尹氏固、南宫嚣奉周之典籍以奔楚。"(《左传·昭公二十六年》)将西周的典籍带到楚,从而大大丰富了楚国的藏书,为楚国文化的发展繁荣奠定了良好的基础。楚人以其海纳百川的气度,在继承的基础上发展了楚文化,不仅吸收了周边的文化如巴蜀文化、吴越文化,也吸纳了周边的文化如中原文化以及后来的西汉文化。这实际上是河洛文化在长江流域的再发展,同时又成为西汉文化发展的重要元素之一。这不仅说明河洛文化具有较强的包容性和开放性,也表明了中原文化的延续性。

(2)河洛文化的第二次南播,发生在东汉末年到隋朝初年。董卓之乱后,中原的一些汉人开始南迁,三国时的吴政权,很大程度上就是南北统治层相妥协的产物。西晋"八王之乱"时,大家望族纷纷南迁。东晋南迁以后,北方政权林立,阶级矛盾、民族矛盾激化,中原战乱不断,大批的人举家南迁,东晋南朝实行侨置州县,后又实行"土断",于是出现了"客家人"。河洛文化再次南下江南,并与当地文化结合,在促进了江南经济、文化的发展的同时,形成了独特的前"客家文化"。

(3)河洛文化的第三次南播,是在安史之乱之后。北宋灭亡,政权南迁,河洛地区成为南宋、西夏和金三个政权交界之处,战争频繁发生,经济受到破坏,文化遭到摧残。作为北宋主体文化的河洛文化伴随政治中心的南移而南播,同时作为地域文化仍却顽强的在河洛地区生存着。这一次的南向移民潮,中原地区的人民迁到了长江流域,长江流域的部分居民(主要是"客家人")进一步南迁,促进了江南地区的开发,同时将江南文化和河洛文化进一步融合,进而形成了"客家文化",同时延伸影响了闽台文化,并与当地文化结合,形成了自己的特色。伴随南宋政治的稳定,经济的发展,文化也逐渐繁荣起来。中外海上交往加强,海上贸易逐渐繁荣发展起来。经过之后的元明清三朝的开拓,海上贸易之路从此畅通。这个时候的主体文化已不再是河洛文化,但是其主体基因依然存在。薛瑞泽、许智银两位先生的专著《河洛文化研究》就认为,北宋以后河洛文化的衰落只是与以前汉唐盛世相比而言的,这一时期河洛文化仍然处在缓慢的发展时期,这一缓慢的过程在某种意义上说只是相对而言的。

三、河洛文化的西进及影响

1. 河洛文化的西进在历史上也有三次:

(1)河洛文化的第一次西进出现在西汉中期到东汉末期。汉武帝元朔二年(前127),汉车骑将军卫青发动了进攻匈奴的河套战役,大破匈奴,收复了被匈奴占领的河套地区,汉武帝在河套建朔方郡,并建重镇朔方城,确认了中国对于河套地区的统治。汉武帝元狩二年(前121),骠骑将军霍去病在河西走廊地区发动了两次河西战役,大破匈奴,一举占领匈奴河西走廊,使匈奴人哀叹:"亡我祁连山,使我六畜不蕃息;失我焉支山,使我妇女无颜色。"汉武帝在河西置张掖郡,并在今天的敦煌以西沙漠边缘建长城和玉门关和阳关两座雄关。从此河西走廊归于中央政府的管辖。公元前60年西汉在西域设立西域都护府,西域开始纳入中央政权控制之下。东汉明帝永平十六年(73)至和帝永元六年(94),东汉假司马班超率部,纵横西域,西域50余国均纳质归附,其子班勇继为西域长使,父子两代经营西域,确认了西域纳入中国版图提供了历史依据。之后中西交往频繁,河洛文化同外来文化发生了第一次大融合,丝绸之路由此开通。

(2)河洛文化的第二次西进出现在唐朝时期。唐太宗贞观九年(635),西海道行军大总管李靖率军在柏海(今青海黄河源头的鄂陵湖和扎陵湖)大破吐谷浑部,吐谷浑慕容顺率部归唐,被封为可汗、西平郡王,吐谷浑成为唐朝属国。唐高宗显庆二年(657),右屯卫将军苏定方率军进攻西突厥沙钵罗可汗部,在金牙山(今中亚塔什干),大破西突厥沙钵罗可汗。灭亡西突厥,唐在西突厥故地设置漾池、昆陵二都护府,以突厥血统唐将阿史那步真、阿史那弥射为都护。唐代疆域扩张到了伊犁河流域。此后唐玄宗击灭中亚突骑施,把疆域扩展到了葱岭以西的阿姆河和锡尔河流域。之后中西交往进一步加强,河洛文化在中国西部同外来文化发生了第二次大融合。

(3)河洛文化的第三次西进出现在宋末元初。公元1217年至1258年的近半个世纪中,蒙古帝国三次西征,先后征服了今咸海以西里海以北的钦察、花剌子摩和东起阿尔泰山西至阿姆河的西辽、畏兀儿,建立察合台汗国;鄂毕河上游以西至巴尔喀什湖的乃蛮旧地,建立窝阔台汗国;伏尔加河流域的梁赞、弗拉基米尔、莫斯科、基辅等公国,建立钦察汗国,两河流域的伊朗、阿富汗、叙利亚,建立伊利汗国,史称四大汗国。这一期间,蒙古人还先后灭掉了西夏、金等政权,最终灭南宋,重新统一了中国。从此以后,中外交往更加顺利,文化交流更加顺畅,回族也在华夏出现。

2. 河洛文化西进的影响

(1)河洛文化的西进,是在中原王朝富强的基础上进行的。每一次西进,既是中原王朝对西北边疆的开疆拓土,也是中原王朝为安定北部、西部边疆进行的一系列军事、政治和经济活动,同时也大范围的促进了中原王朝与中亚、西亚乃至欧洲、非洲国家的经贸联系和文化交流。

(2)河洛文化的西进,也是中亚、西亚乃至欧非洲文化的东来。第一次西进之后不久,佛教文化传入中原,河洛文化又一次与外来文化进行了融合。第二次西进后,基督教、伊斯兰教文化传入,河洛文化又实现了与外来文化的再次融合,到元朝时一个新的民族在中华大地诞生——回族形成了。

四、"一带一路"战略与洛阳

1. "一带一路"战略

"一带一路"是"丝绸之路经济带"和"21世纪海上丝绸之路"的简称。这一战略构想最早由习近平主席2013年9月、10月分别提出,之后写入党的十八届三中全会《决定》,上升为国家战略。"一带一路"作为中国首倡、高层推动的国家战略,对我国现代化建设和具有深远的战略意义。"一带一路"战略构想的提出,契合沿线国家的共同需求,为沿线国家优势互补、开放发展开启了新的机遇之窗,是国际合作的新平台。"一带一路"战略在平等的文化认同框架下谈合作,是国家的战略性决策,体现的是和平、交流、理解、包容、合作、共赢的精神。

2. 洛阳在"一带一路"战略中的定位

由于洛阳的特殊地位,它见证了河洛文化的繁荣发展,见证了中国文化的每一次大融合、大发展。也由于它的特殊位置,它也将见证国家"一带一路"战略的大发展,也会在发展中再现昔日的辉煌。

(1)交通洛阳

洛阳地理位置优越,洛阳机场是国家一类航空口岸,国家二级民用机场,洛阳境内有 5 条高速公路、3 条国道、16 条省道,形成了纵贯南北、连接东西、辐射八方、遍及城乡的路网格局。对外交通辐射作用明显,是新亚欧大陆桥及郑新欧国际货运通道的重要节点城市,铁路通道在西北地区与华中、华北、华东之间,中原地区与西北、西南之间的客货流通中发挥着重要作用。实现物流业与制造业、商贸业、金融业联动发展,已经成为辐射周边、连接全国的区域性物流枢纽。

(2)文化洛阳

洛阳文化遗存众多。先后有 13 个王朝在此建都,现有世界文化遗产 3 项 6 处、国家级重点文物保护单位 43 处。这些珍贵的文化遗产,是洛阳为东西方交流融合、繁荣发展作出杰出贡献的历史见证。从汉魏洛阳故城的永宁寺、铜驼大街,到四夷馆;从东罗马金币、波斯银币到三彩骆驼俑、胡人俑等文物,无一不印证了洛阳与丝绸之路沿线地区的密切往来。在发掘古代文化的同时,借力发展文化产业和旅游产业。洛阳博物馆的建设已经说明洛阳人在未来的 50 年内不会落伍。

(3)经济洛阳

首先作为新中国重点建设的老工业基地,洛阳在新材料、航空航天、电子信息等高科技领域居全国先进水平,高速铁路、载人航天、载人潜水器等一大批国家重点工程中都有"洛阳制造"的身影。其次,洛阳位于河南西部,陇海铁路在河南境内的三大中心城市之一(郑州、开封),河南又是中原门户,可以辐射华北、华东、华中,洛阳就成为整个地域西进的门户,洛阳完全可以成为整个中国东部货物西进、欧洲、西亚、中亚货物东进的集散地,这样洛阳就可以变身为中国内陆的"新加坡"。

参考文献：

1. 朱绍侯《河洛文化与河洛文化圈》,《寻根》1994 年第 1 期。

2. 朱绍侯《河洛文化与河洛人、客家人》,《文史知识》1994 年第 3 期。

3. 杨海中《河洛文化:华夏文明之母》,《科学大观园》2007 年 05 期。

4. 冯元光《河洛文化乃中华文明之源》,《魅力中国》2007 年第 10 期。

5. 孙新萍《河洛文化研究刍议》,《洛阳师范学院学报》2007 年第 4 期。

6. 徐金星《河洛文化:中国传统文化的源头与核心》,《寻根》2004 年第 5 期。

7. 程有为《河洛文化概论》,河南人民出版社,2007 年。

8. 顾涛《第四届河洛文化国际研讨会综述》,《洛阳师范学院学报》2005 年第 1 期。

9. 周竞红《第五届河洛文化国际研讨会暨 2006 年汉民族研究国际学术讨论会综述》,《民族研究》2006 年第 4 期 。

10. 薛瑞泽　许智银《河洛文化研究》,民族出版社,2007 年 10 月。

11. 中共中央宣传部《习近平总书记系列重要讲话读本》(2016 年版),学习出版社 人民出版社,2016 年 4 月,第 266—268 页。

12. 侯书生《新常态下经济发展知识》,中共中央党校出版社,2016 年 3 月第 52—54 页。

（作者为山东省青州邵庄镇学校讲师）

河洛文化的当代传承与创新

——"一带一路"为世人铺奠和平

潘树仁

Abstract：The formation of regional culture depends on the combination of environment, topography and people. Although there were many embryonic ancient regional culture in China, such as the Cishan Culture of Hebei, the Yangshao Culture of Henan Mianchi, the Hongshan Culture of Northeast China, and the Longshan Culture of Shandong, only Heluo Culture developed step by step and became the core of traditional Chinese culture. As a Chinese, I am so delighted that I am able to grow up in such a profound cultural connotation. We should never only intoxicated in the glory old days, but to study and inherit the brilliant wisdom of our own culture. Together with the the modernized innovation technique, benefiting our offspring as well as people around the world. "One belt and one road" is such a power force drawed by economy and culture to balance rich and poor and to promote cultural exchange for the furtherance of world peace.

一、河洛文化的传承概略

中国历史上夏朝是"开国王朝"（前 2070），而且站稳了河洛地区的中心，包括河南、河北、陕西、山西、山东一带，约有面积 33 万平方公里①。自此各朝代的更迭都以这地区为核心，商朝（前 1600）建立时，国土面积扩大为 73 万平方公

---

① 陆运高《看版图学中国历史》（第三章），香港中华书局出版，2010 年 9 月再版，第 23 页。本段各朝代面积引用同书。

里,周朝(前1046)则增加至89万平方公里,汉朝(前48)为680万平方公里,唐朝(661)为1200万平方公里,清朝宣宗道光初年(1820)为1280万平方公里,现代新中国(1950年)为960万平方公里。中国历史文化采取包容性,中心领土虽然扩展,但受自然地理条件所限,北有沙漠,西部是高山,南方和东方都是海,所以大致形成现代的版图。以夏、商、周为轴心的河洛文化,向外幅射,河洛地区成为中华文化核心区域的根源性,学者多有论述,此处约略概括以下的重点:

(1)农耕文化早熟——人类从逐水草而居的游猎生活,转为农耕社会,生活悠悠,空余的时间会寻找身边的自然物类,加以研究和应用,因而文明有跨步的发展,例如织麻布和养蚕抽丝。河洛地区有充足的平原和河水供应,令农业生产稳定。生活悠闲性,保留和发展了河洛文化。

(2)战争减少——黄帝打败蚩尤后,出现禅让情况,部落盟主由众人推举,夏朝开国顺利,商、周的开国战争都比较短暂,而且范围很小。使洛阳古都的周围,能够发展优秀的文明,文化可以积聚增加,这是政治稳定性,带来河洛文化的演进。

	夏	商	周	总共
时间	公元前 2070—1600	公元前 1600—1046	公元前 西周 1046—771 276 年 东周 770—403 367 年	
	470 年	553 年	643 年	1666 年

(3)理性逻辑——"河图"、"洛书"是河洛文化的重要标志,此两大典籍,启动和产生了《易经》,虽然《易经》有占卜的部份,但其中的象、数、理却开创了系统逻辑,成为理性思维的典范。河图、洛书为河洛文化的开端,有着标志性的意义,使中华儿女尊崇。

(4)文化共融——华夏自称礼仪之邦,对周边的民族有点自傲,称四方为东夷、南蛮、西戎、北狄,但对于他们的文化优点,却会吸收学习。例如音乐上的二胡、洋琴、琵琶等都是洋乐器;食物方面,辣椒和部分香料由印度传入,马玲薯由美洲传入,洋葱也由外地输入。早期的象形文字,也有受中亚地区影响,座椅和现代的家具,都受多元文化影响。尤其在应用生活上,老百姓更是开放,合用就会留下使用,不管什么地方文化。河洛文化的包容厚重性,令自身文化内涵生生不息。

(5)宗族团结——夏朝开始由家族传承王位政权,到了周朝的周公,更详细设计一套家族继承和分封的制度,减少因争产而引起的内部杀戮,而且姓氏和族谱的使用,令宗族团结的力量保留。南迁的中原人自称"河洛郎",一些华侨在海外的唐人街,沟通都用家乡的语言①,除了记念先祖的籍贯,自行建造宗祠和组织同乡会,并将子孙的名字记载入族谱内。河洛地区是全国姓氏的根源地,所以祭祖到河南是理所当然。河洛文化传承性的巨大力量,在时空中永无不会消除。

河洛文化的整体,蕴涵着生活悠闲性、稳定性、清晰的标志性、包容厚重性、传承性等重要元素,在相互之间纽动交织,可以为现代中华文化以至全人类作出创新的贡献。

二、人类当代的困扰

当代人类科技文明进步,令人们生活舒适,基本温饱问题解决,有冷气机、暖炉等生活电子产品,也有飞机、高铁快速而安全的运输交通工具,互联网的即时信息,改变和缩短了人们之间的距离,网上商店甚至改写了购物的习惯。但人类的战争没有停止,杀人的病毒不断增加,恐怖分子在地球任何一个地方都会出现。全球的经济互相关连,达到唇亡齿寒的地步。面对人类的共同困扰,必须先找出源头,才能携手合作,彻底解决。现分述重点如下:

(1)思想文化矛盾——人类各自发展了不同的语言文字,成为表达思想的载体,目前世界约有6900多种语言,用语言种类系统分析,也有十多个系统,令人们沟通有很大的障碍。中华文化保留原始的象形文字,而字母的故乡是叙利亚·巴勒斯坦(Syria – palestine)②,因为贸易的需要而产生速记形式的符号字母。思想文化千差万别,文化的简单定义:一群人在共同生活所形成的各种特色

① 史先溦《河洛话在美国的使用现况概述》,《河洛文化与台湾》,河南人民出版社,2015年9月,第542页。
② 周有光《世界文字发展史》(第十章),香港商务印书馆,2016年1月,第163页。

和思想特性。因而另一群人的生活方式有所不同,就产生了不同的文化。文化可以创造,也可以被其它文化容纳,因为生活是不断流动改变,因此有人制造物品器具,产生某种生活文化,也有人提出某种新思维,使人改变想法和行动。

例如医学方面,西方以研究细菌病毒为尖端,不断研发新药物,"对抗"外来细菌病毒,因为病毒的变种,新药物是永无休止地花费。而中国的传统医学,以养生和巩固自己的身体免疫力为主,平衡身体五脏六腑的功能,首要考虑抵抗外来感染时,是调动病者自身体内其它部位的能量,然后用简单的自然疗法和草药增加抗病能力。《黄帝内经》将中华医学的医疗技术归纳为"六艺":针、灸、砭、按蹻、导引和毒药①。

(2)宗教偏见——中国传统的道、儒、释三教,都是从个人修炼开始,把修养道德视为重要指标,成为以教化为宗旨的实践意义,而西方宗教则特别强调神的至高无上,以至服从神的一切。在《十九世纪》一文中,科伦坡主教这样贬低佛教:"我们的研究认为,三藏是唯一的一种历史信息源泉。由此得出乔答摩传记中并没有什么东西显示出他是超自然的;也没有任何东西,在他那个时代,显得是奇异的,乔答摩的生平并不比莎士比亚的更为神奇。"②宗教的偏见或误解最容易引起战争,现在的伊斯兰国,有人比对为现代最严重的宗教战斗,而部分美国人则自傲为新十字军。

(3)政治与自由不平衡——西方国家自行订定政治的选举为最高理想,但在实际的操作中,选举方法可以千变万化,不可能找出一种普遍理想而可行的办法。中国很早就提出"大同"的理想,儒家的读书人和官员,面对巨大的阻力和无数原因,一直没有实现大同。"博克尔可能是最早对东亚志士提出'民族性'概念的西方学者。他认为一个民族必须具有适合现代文明的'民族性格'或'国民性',才能发展现代文化,达致'文明'的'境界'。理想的民族性格当然应具有例如毅力、进取、勇敢、公德、自立等等"③。只知无限度的自由,便趋向于争权夺利的自私行为,必然令社会政治混乱,领导者难以推行政令,大部份人民反而得不到安宁的生活日子。

---

① 林中鹏《中华古导引学》(绪论),北京体育大学出版社,2014年10月,第5页。
② (美)丁韪良《汉学菁华》(第十四章),香港中华书局,2007年9月,第197页。
③ 鲍绍霖《文明的憧憬》第三章《富国强兵》,香港中文大学出版社,1999年,第80页。

三、河洛文化的再创新

再反思今日的河洛文化。中华儿女是可以借着更大的历史文化空间,既可以选择优良的文化传承,又创造更宽广的哲理思想,贡献给全人类,为了解决人类同样面对的困难。包容、融和是河洛文化的奠基石。通过互相了解,不同的地方相互包容,容纳差异,各自各精彩,相同之处,大家可以融和在一起,产生更大的力量,解脱人们的困难和苦况。在民国初年萧昌明大宗师(1895—1943 年,以下简称萧大宗师)提出整体和合大同的理论,融合中、西方哲理,祈望人类趋向大同和平之路。萧大宗师用化繁为简的原则,在 1926 年创编廿字哲学:"忠恕廉明德正义信忍公博孝仁慈觉节俭真礼和"①,汇聚东西方文化,包括道家的清真,儒家的忠孝,释家的慈悲,耶教的博爱,伊斯兰教的宽恕。用廿字哲学为核心,从宗教大同以至世界大同的进路,消弭人类的苦难,可说是解决了上述两项问题,至于政治问题,因篇幅所限,日后另文讨论。萧大宗师直接指出,人类之间争夺杀伐,主要是思想差异,文化南辕北辙,宗教是终极关怀的支柱,是精神思想的核心,否定其他宗教思想,很容易由争斗演变成战祸,战争造成人祸不绝。《宗教大同推进社问答》中,萧大宗师用融和慈悲的观点,开拓新纪元的宗教大同道路:"今日之错。乃有二之所致也。有甲教。必有乙教。有天主教。即有福音教。又有真耶稣教。有汉学。即有宋学。佛教当中。分出净土宗。密宗。天台宗。律宗。种种宗派各别。道教有庄子。有老子。有龙门派。有天师派。种种派名难分。有云甲教高。有云乙教好。巧立名词。使我们后人难分难解。又不知何教可以得其究竟。又不知何教可以了脱生死。只好随缘。大海茫茫。乘一叶无舵之舟。任随飘荡。如此者。使人浮沉于苦海之中。而无到岸之时。本社组织。乃与之一条直径。是何以故。道无正邪。法无是非。行之于正则正。行之于邪则邪。又何待言欤。圣人传教。决无害人之理。岂有正邪傍门之分耶。地域不同。种类不同。方言不同。然而其原性又无不同也。是何以故。人类物类。无不好生恶死。于中可见性之同也。性既然同。岂仁心有不同之理。离仁心则反乎生理。既然反生理。则世界消灭矣。今日之世界。欲设法挽救。使不

---

① 潘树仁《历海笙歌·萧大宗师昌明传奇一生》,博学出版社,2007 年 12 月,第 153 页。

至于消灭。自非昌明道学不可。道学利生。形而上者也。器学易死。形而下者也。两者相近。必有论争。由论争不已。以至于械争。"

萧大宗师在大同哲理的建构上,有以下创新观念和实践的工作,可让大家参考及应用:

(1)创立"廿字哲学",以简约御繁琐;(2)破除封建迷信;(3)设立"宗教哲学研究社",推动教育及研究;(4)重新解读"宗教",结合学理与济世为大平台;(5)"祈祷世界和平",消弭种族对抗;(6)提倡及实践宗教大同;(7)始于宗教大同达至"世界大同";(8)宇宙造化论:结合天一生水及大爆炸理论;(9)定立"医病复医心"最高层次之自然疗法终极理想总原则;(10)创建"心物一体二元论",平衡道德和物质的重要性;(11)创设"明觉圆行"学说:强调道德实践;(12)立志宏愿利益世人,入世化人性化;(13)开拓以"德"为宇宙生命"龙华"之体系:生命树有无限的创造空间;(14)"慈悲不断"才是"自在"及"明心见性"之道;(15)确立改变"天地气数"之根本救劫方法;(16)结合修炼及培功立德之方便法门;(17)发明"先天之气"之气功治病新法;(18)建设"慈善农场",以入世而修出世之大道;(19)生活宗教化,宗教普及化:宗教就是化育人心的理想工作;(20)开创"莲花世界"之清静,融合有形无形之理想:令世界人类都能成为君子。

和平大同　人类永续发展				
五教万教万派　廿字哲学				
道	儒	释	耶	回
家家户户,人人百姓,子孙相继				
一人俭约	子孙孝敬	一家慈善	一户博爱	一门清真

四、"一带一路"铺出普世和平

"一带一路"有着承传古代丝绸之路的痕迹,从河洛地区为起点,经西安向天山南北路进发,汉朝张骞通西域五十余国,为了共同攻击匈奴,保护中国边疆领土,西域渠道因而开通。在公元前138、119年他两次出使西方各国,《史记》提到:"西北国始通于汉矣。"汉武帝太初四年(前104)政府设置西域使者校尉官员,驻军在乌垒城(新疆),保护往来的商旅人士,丝路开始以贸易为主,成为经济信道。隋唐年间是丝路大盛时期,当时以绢马贸易为最大数量,中国的丝绸运往西方,换来西域高头大马,此类马匹比中原马种更有作战能力。公元609—904年左右,马一匹可换绢四十匹,公元728年,贸易额达绢740万匹及绵180万屯;公元712—755年,马匹人口数量由24万增加到43万匹。南方则有海上丝绸之路,从广东省广州和福建省泉州出发,以船舶运载货物,远至罗马、大食(阿拉伯)、波斯等地,因而接连内陆大运河的贸易量增加,政府设立岭南市舶使及安南市舶使等出入口关员,公元571-591年欧洲出现丝绸战争,东罗马与波斯开战,便是争夺丝路的控制权。

"一带一路"是丝绸之路经济带和21世纪海上丝绸之路的整体活动区域,由国家领导人在2013年提出及开始筹划,沿着陆上丝绸之路区域,发展中国和这些国家地区的经济合作伙伴关系,计划加强沿路的基础建设,也计划消化中国过剩的产能,并带动西部地区的开发。这种情况,是中国政府主动带领的经贸工作,有别于以前的丝路情况,政府只是做保护工作,或许只做一些战马的交易。福建省获批为"21世纪海上丝绸之路核心区",新疆被定位为"丝绸之路经济带核心区",新疆和福建会成为"一带一路"的最大赢家,并获得前所未有的发展机遇,这是一个眼前的新经济活动。所有参加的国家都获得效益,令世界经贸平稳,自由贸易各取所须,是经济的多元共赢。

"一带一路"不是中国独奏曲,而是中国与所有沿线国家共谱伟大乐章。借着这次"一带一路",中国回到国际大家庭的园地里,用上河洛文化的融和,以礼相待。当大量的人员往来,互利均等时,争执减少,文化在互相尊重的情况下深入了解,沿着"一带一路"遍满欢欣笑面,便会真正创造了人类历史上的大同普世和平时代。

五、结论

"一带一路"虽然以经济为龙头,但用普世的道德价值与不同民族往来,必然互利互惠,河洛文化中,都是普世共通的道德价值,也应该被带出国门,送到全球每个人的心灵里,达到和平的目标,这是中国人可以铺垫的一条和平大道。兹以上述廿字哲学为例,列出简易的普世价值,供各位带到世界每一个角落。

(1)道德哲学:道德哲学又被称为伦理学(Ethics),是中华文化的核心和优秀哲学,孝悌忠信是安家兴邦的伦理道德,同样合适于每一个人。难民的人道救援,必须全人类关注。

(2)人生意义:"人生有何意义"的问题,是人类永远挥之不去的困惑,只要尊重其他人的人生目标,敬重他人相信的宗教,不去伤害他人,人生的高低成就不必过于计较。例如有地震灾祸,各国互相救援,不会把优秀的人才收为己用。

(3)生德济世:要以整个地球的环境保护为出发点,动植物的生命都是平等的,不要因为经济胡乱开发,破坏了我们共同美丽的地球,更多的合作,生态才能改善。

(4)亲民至善:"廿字哲学"可说是简明易学,一般人都易懂易明,而且令民众易于实践,例如宽恕和忍耐,作为普通的人与别人来往,必须宽恕朋友之间的小错误,在自己而言,也要对他人的小毛病忍耐一下;他人宽恕你,你忍让他人,这种简单的行为,真正成为个人的品德,无须其他人的称赞,自然成为一位顶天立地的真君子。

(5)教派共融:萧大宗师强调,人类无休止的战争,大部分都是缘起于思想的纷争和误解,解决宗教思想派系的分歧,互相了解和体谅,势必化除人类战火杀伐的危机,"廿字哲学"既然是五教万教融合而来,祈望增进互相的理解(understanding),从宗教救人的观点出发,救人的方法各异,教化的重点不同,在救世救人的远大目标里,各种教派应该共同携手,加强救人的力量,只有在共融的大原则下,被救的人才会更多,宗教之间为全人类谋福祉,不再互相争斗,减少内耗,相即(interbeing)共融,才是全人类的福气,也是人们共同的愿景。

教派共融,礼义往还共襄善举	
推己及人,推人及物	携手救人,大爱互助
修炼个人,全而学之	保护环境,爱惜地球
经典教义,谈道论德	节约资源,关顾器物
各教各派,地异人同	

(6)普世价值:虽然很多人都赞赏西方的自由和民主是普世价值,但东方的精神文化,仁义道德,也同样是所有人的普世价值。萧大宗师有这样的见解:"仁中至仁,相亲相爱,携手而行,化鹤乘鸾,喜笑盈盈,直捣三岛,大伸王仁,一片慈祥,草木又惊,和风霭霭,中外文明,此日至理,遥遥天京,无声无臭,不盈不倾,宝月散花,无量光明"。

普世价值　人人相通	
人文道德,廿字哲学	自由民主,平等公义
主观修养,礼义仁孝	客观标准,法治条规
内在心性	外在社会

(7)和平大同:一般人或有血肉的人,都会想到母亲的慈爱,而母亲也永远思念儿女,希望他们安居乐业,好好生活,绝不会想儿女之间争夺杀戮。和平共处相亲相爱,一家如是,天下如是,这就是和平大同的愿景。简洁精粹的二十个字,有深邃的睿智,也有象形人身的含藏。例如"慈"字,是上兹下心组成,兹在象形字根是婴儿的弯曲脐带,出生后脐带虽然被切断,但母亲的"心"是永远都会连系着儿女的。象形当中带有哲理,解释清楚后,必然令人更易记忆这个字,就好像有感情有血肉。

(作者为香港理工大学活龄学院导师)

从中国"一带一路"战略论
中华文明之复兴

王远嘉

Abstract：The process of rejuvenation of the Chinese nation's future, not only to adjust the construction of internal system, and enhance the comprehensive national strength, but also depends on the understanding of the development of the world situation. Chinese launched the "strategic The Belt and Road", and the future of the great rejuvenation of the Chinese nation are closely related, while the impact of future world transfer along the centers of power. The road is not only an entity and mechanism, it is a kind of idea and initiative along the national development of regional cooperation. China claimed to be a "peaceful rise", currently the world's superpower may not agree, Chinese in clear strategic positioning, to further unite all the people's consensus, objective conditions make system and increasing overall national strength gradually, reflects the long-term development of national goals, and the future of the Chinese nation renaissance.

一、前言

1978 年后,大陆在邓小平一系列改革开放政策的指导下,举国上下积极努力,在不到三十年的时间,经济成长与国家发展取得了举世刮目的惊人成就,可谓是史无前例。如 2014 年,中国的 GDP 列居已达到世界第二,2000 年到 2015 年期间,中国公路总长度相当绕地球 19 圈;到 2008 年,中国兴建的高铁公里数超过世界上任何一个国家。2005 年,建成全球第一大货运港 - 洋山港,至 2010 年,洋山港挤下新加坡,成为全世界货运量最大的商港。当代中国在许多重大的基础建设以及各项经济社会建设成就,在世界经济发展史上均属举世罕见。

2013 年,习近平主席在哈萨克共和国纳扎尔巴耶夫大学(Nazarbayev University),以《弘扬人民友谊,共创美好未来》为题发表演讲时,首度对外提出"丝绸之路经济带"(简称"一带")的概念。① 当年 10 月,习近平造访印度尼西亚,在印度尼西亚国会发表演说时,又提出与东盟国家共同建设"二十一世纪海上丝绸之路"(简称"一路")的构想,他说,自古以来,中国与印度尼西亚之间虽有海洋的阻绝,然而,两个地区的人民在海上从事各种贸易活动有年,已形成海上的"丝绸之路"。②

2015 年,中国又宣布成立"亚洲基础设施投资银行"(Asian Infrastructure Investment Bank – AIIB。简称"亚投行")③,之后认缴金额为 297. 804 亿美元(占 30.34%),实缴 59.561 亿美元;中国投票权占总投票权的 26.06%。并且透过"中国 – 东协海上合作基金"的机制,发展双边海洋合作的伙伴关系,促成区域共同繁荣和平的新局面。自此,中国不断透过外交活动,向世界各国宣扬此一区域经济合作的理念。

"一带一路"(One Belt, One Road)的概念构架主导着当代中国对外发展的大战略。沿着北边的"陆上丝绸之路",中国与中亚与东欧地区的国家,发展经济合作的伙伴关系。南边的"二十一世纪海上丝绸之路"出航太平洋、马六甲海峡到印度洋与沿线国家建立经济脐带关系,进而将航线扩展延展到印度次大陆、中东地区、北非,以至于欧洲国家。福建地处东南沿海,在历史上是海上与陆上交流的枢纽地域,是举世公认的古代海上丝绸之路的东方起点。2015 年 5 月,福建省获中国国务院批准成立"福建新区",④确认福建省是海上丝绸之路核心区。未来"一带一路"的发展策略,新疆和福建将获得前所未有的发展机会,成为最主要的赢家。

---

① 《习近平倡议共建"丝绸之路经济带"》,新华网 2013 年 9 月 8 日。http://news. xinhuanet. com/mrdx/2013 – 09/08/c_132701675. htm。

② 《习近平在印度尼西亚国会发表演讲:携手建设中国 – 东盟命运共同体》,新华网 2013 年 10 月 3 日。http://news. xinhuanet. com/world/2013 – 10/03/c_117591652. htm。

③ 《50 个国家正式签署亚投行协定,中国投票权占 26.06% 》,新华网 2015 年 6 月 29 日。http://finance. sina. com. cn/china/20150629/100922541411. shtml。

④ 参考"福建省人民政府文件"(闽政[2015]53 号)2015 年 11 月 6 日发布。

　　另外一方面,配合"一带一路"大战略所成立的"亚投行",则是提供沿线国家基础开发建设的资金来源。"亚投行"宣布成立之初,以美国为首的西方国家先是持抵制与保留态度,美国虽游说其他国家不要加入中国主导的投资银行,然而,2015年3月12日,英国成为欧洲第一个响应"亚投行"并成为创始成员国的国家。次日,瑞士亦提出申请意愿书,随后,德国、法国、意大利等欧洲国家也纷纷表态跟进;韩国、俄罗斯、巴西等其他重要新兴发展国家,也在3月31日申请入行。至2015年底,"亚投行"创始会员国共计57国,遍布五大洲。这是历史发展的重要契机,是500年以来"陆权"与"海权"重新启动的历史转折点;对中华民族而言,不仅仅是和平崛起,更是民族复兴的契机与转机。

二、"一带一路"的历史内涵

　　历史上自汉朝张骞出使西域以来,后人将这东西陆路交流之路称作"丝绸之路"。19世纪德国地质学家李希霍芬(Ferdinand von Richthofen)东来,在其著作中将其正式命名为"丝绸之路"(silk road)。它不仅说明当时中西方交流的荣景盛况,象征着交易商品价值链顶端就是中国丝绸,同时也是最长运输的商品交易路线,因此使用丝绸命名之,以阐明过去东西方贸易交流荣景盛况。①

　　历史上连接的欧亚大陆的"丝绸之路"是自然贸易中自然形成的中国长安至意大利罗马的贸易之路。这条经济带所创造东的西方民族文明交流发展的共同想像体,不只是人类技术层面的,也是文化精神层面的交流。历史上《马可波罗游记》带给欧洲人对中国无限想像与向往的空间,即时在当时因环境因素,大多数数的人无法解决空间与时间的障碍。从文明理念交流的层面来看,"丝绸之路"不仅提供了历史上不同文化与民族的文明交流平台,还提供了历史上东西方民族迁徙与民族融合的场域,促进近代欧亚民族国家的形成与起源。因此,习近平主席更进一步重申,连接欧亚大陆的"丝绸之路",未来可以重新发展成为不同种族、不同宗教、不同文化背景之国家间共同和平发展的新"丝绸之路",同时,沿途相关国家还可通过经贸往来,建构团结互信、平等互利、包容共享、合

---

① 李希霍芬著作－《中国—亲身旅行和据此所作研究的成果》(1877),提到「丝绸之路」(silk road)。郑曦原编著,蒋书婉、刘知海、李方惠译,2011,共和十年(上):《纽约时报》民初观察记(1911－1921),台北:远流。页351。

作共赢的新格局。

2013 年 9 月,习近平访问中亚四国时,倡言要与周边国家共同建设"丝绸之路经济带",表示中国愿和各方积极探讨完善跨境交通基础设施,逐步形成连接东亚、西亚、南亚的交通运输网络,通过相互合作,造福沿线人民。同时,倡议"上合组织"成员国通过协商,达成交通便利化协定,中国提供成熟的高铁建筑技术,构筑从"太平洋"到"波罗地海"的新兴欧亚运输大通道。10 月,习近平主席又提出共同建设"二十一世纪海上丝绸之路"。他在谈到中国和印尼的历史交往时说:"早在 2000 多年前的中国汉代,两国人民就克服大海的阻隔,打开了往来的大门。15 世纪初,中国明代著名航海家郑和七次远洋航海,每次都到访印度尼西亚群岛,足迹遍及爪哇、苏门答腊、加里曼丹等地,留下了两国人民友好交往的历史佳话,许多都传诵至今。几百年来,遥远浩瀚的大海没有成为两国人民交往的阻碍,反而成为连接两国人民的友好纽带。满载着两国商品和旅客的船队往来其间,互通有无,传递情谊。"①

中国"一带一路"的地缘政治经济发展构想与蓝图正式展开,意义重大。"一带一路"不仅象征历史上丝路精神的再兴,丝绸之路也将再次开创连接亚、欧、非成为一体化的历史契机。这个目标与沿线 50 多个国家的发展战略积极对接,不仅是一种共同战略取向的国际经济合作,也是罕见而独特的区域发展模式。

从文化精神来看,"丝绸之路"历史的意涵在于,召唤沿线国家对历史符号的记忆,回想曾经共享之光辉灿烂的交流成果。其成果的内容不仅是对东西方文明交流的记忆,更重要的是实质合作的可能,共创经济成果,并承接现实经济发展的果实。21 世纪后全球化潮流和区域经济整合进入新阶段,尤其在 2008 年世界金融危机之后,中国的经济发展进入结构转型期,出现了产能过剩现象,适时提出"一带一路"的区域合作计划,中国与欧亚沿线国家实现经济互补,为许多国家提供了经济可持续、可预期发展的愿景。

中国"一带一路"发展战略或可归纳几项要义:一是可巩固中国能源供应的

---

① 新华网:《习近平主席在印度尼西亚国会发表重要演说》,2013 年 10 月 3 日。http://www.xinhuanet.com/world/xjpynghyj/。

安全。由于中国自改革开放以来经济急速发展,须进口大量能源。为巩固能源供给无虞,中国政府早于 2001 年与俄罗斯、哈萨克、吉尔吉斯、塔吉克及乌兹别克等中亚国家成立"上合组织"。中国由于能源依赖进口程度日渐升高,能源供给区又集中在中东地区。为长期能源安全考虑,分散能源供给来源,减少遭受封锁风险,藉由"上合组织"成员国进口能源,以分散风险;其他成员国家则协助中国建设油管设施,以及共同防范极端分子的分裂活动。二是藉由投资中亚欧地区的基础建设,促进中国大西北省区整体发展。丝绸之路经济带投资策略若成功,不仅有助改善国内长期区域发展不均衡问题,同时可以化解 2008 年以来中国所面临过度投资与生产过剩的问题。例如 2007 年与土库曼共和国签署协议,兴建输油管与输天然气管道,并由土库曼共和国境内的阿姆河(Amyderya River)岸接连通往中国之天然气输气管道,2012 年底大部分工程完工。中国亦与中亚国家合作建设铁路、公路、航空、电信、电网与能源联通网络,以降低中国大西北省区与中亚国家间交通运输成本,进而促进双边经贸增长。

三是有利于实现与提升"中国梦"与"软实力"的目标。中国和平崛起的过程加深了西方国家与邻近国家的疑虑。中国希望藉由"一带一路"共享共荣原则,消弭国际间对"中国威胁"的疑虑,进而达成与各国合作发展的共识。借重与各国家既有的双多边机制,如"上海合作组织"、"欧亚经济联盟"、"中国—东盟"等既有合作组织,以发挥效果加乘的效应。[①] 另一方面,中国早已与东协各国、马尔地夫、孟加拉国、斯里兰卡、印度以及巴基斯坦等国家进行多方面的合作机制,"海上丝绸之路"的运作在实质上早已开始。

三、海权与陆权的论证:世界岛

英国海上霸权在 15 世纪末逐步崛起,1588 年击败西班牙无敌舰队后,又先后击败葡萄牙、西班牙以及荷兰,成为了 17 世纪海上霸权,海权势力扩充一日千里。后又经历 18 世纪第一次工业革命,成为世界上第一个工业化资本主义国家。英国凭借强大的海上武装力量,控制全球三大洋的重要航道,经营全球海上

① 中国与欧盟"一带一路"正式对接,中国加入"欧洲投资计划",投入 3150 亿欧元,协助欧洲推动基础设施、科技与设备。西南丝绸之路则自 2015 年后,东盟 10 国全数加入亚行。从"泛亚铁路"到湄公河"黄金水道",该地区的运输产能将比公路运输多达 20 倍。

贸易事业,国势如日中天,因而在十九世纪末享有"日不落国"美名。第一次世界大战后,转而由美国继承英国人海上霸权的事业,美国成为 20 世纪海上新霸权。二战结束后,美国更成为 20 世纪的新霸权,不仅建立了全球海上势力,在商业上控制了全球重要航道,而且在军事上,在各大洋国家建立许多战略"前沿布署"的基地。

1904 年英国牛津大学地理系教授麦金德(Halford John Mackinder)提出了著名的"世界岛"理论,其目的是提醒当时大英帝国的处境。[1] 近代世界历史的发展是海权与陆权交错对抗的演进过程。事实上,随着陆地交通运输技术的发展,陆权将会越来越占有优势。过去 500 年来,海上霸权与陆上霸权不同的是活动方式,前者依托于商业和贸易活动,其资本累积的基础和获利方式是不断依靠商业交易活动,其军事力量投射点在于控制能源及物流信道。在克服地理阻碍方面海权较陆权国家有优势,前者只控制航道及关键点来控制海洋,使物流速度更快,这种海洋扩张成本远比陆上扩张成本更低。然而,倘若人类克服运输技术上的困难,欧亚非三大陆地带所形成"世界岛",便可威胁当时海权霸主的大英帝国。[2]

历史上,各民族对欧亚大陆的竞逐由来已久,例如匈奴族和蒙古族曾经在欧亚大陆上展现武力建立大帝国。可惜当时缺乏足够的人力与组织来治理欧亚大陆,因此昙花一现。麦金德认为廿世纪科技进步带来两大发展趋势,其一大幅的人口增长;其二横跨欧亚大陆的铁路运输系统,使得有效组织及整合"世界岛"变得可能。这种形势将导致大幅强化"世界岛"的陆权的实力,继而影响陆权与海权的既有权力平衡,形成重大的改变。

麦金德是从海权观点分析认为,控制"心脏地带"(Heartland)[3]的陆上强权,

---

① 麦金德(Halford John Mackinder),英国地理学家与地缘政治家。1904 年,在英国皇家地理学会的伦敦大会上,麦金德在论文《历史的地理枢纽》之中提出了"心脏地带"理论,与美国人马汉(Alfred Thayer Mahan)的"海权论"在西方世界颇负盛名。从地理与历史分析的"心脏地带"理论,深深影响了近代西方霸权的地缘战略思想。他进一步提到,从 15 世纪末开始,欧洲的航海者开始用海权包围中亚陆地强权,从此逆转了欧亚的强弱关系

② Edmund W. Gilbert, British Pioneers in Geography (Newton Abbot, David & Charles, 1972), p. 141.

③ 金德曾指出"世界岛"的概念,其所谓的世界岛就是欧、亚、非大陆的总称。当时麦金德将东欧视为"心脏地带"(Heartland),主张控制东欧就等于控制心脏地带,控制心脏地带就能控制"世界岛"。至于为何以东欧为中心,在于东欧是欧亚大陆自伏尔加河通往中国,进而可连接喜玛拉雅山脉到北极这整个广大达九百万平方公里的陆地。

就能控制"世界岛"。麦金德预言,未来有能力掌握"心脏地带"的陆权国家将会不断壮大,甚至扩张到"世界岛"的边缘地带。进一步而言,掌握"心脏地带"的陆权国家就能动员欧亚大陆丰富资源来建造舰队,最后击败海上强权,成为一个海权、陆权皆强的世界强权。麦金德提出了一个著名的观点:"谁掌握东欧,就控制心脏地带;谁掌握了心脏地带,就等于控制了世界岛;谁掌握世界岛,就等于控制全世界。"事实上,第一次世界大战时期,德国陆军几乎完全占领东欧地区的"心脏地带"。由于"心脏地带"陆权国家资源丰富,在其广大的平原很适合发展铁路交通运输,海权国家无法进行干预。从某种意义上说,掌握"世界岛"上的"心脏地带"的陆权国家,具有反制海权国家最有战略意义的优势地位。理论上,麦金德认为不论是传统陆权国家的俄德同盟,或是俄中同盟,甚至中国本身只要控制心脏地带,进而控制"世界岛",皆有机会成为世界强权,扭转500年来海权一直包围宰制陆权的形势。

从海权与陆权的论证中,麦氏提醒海权国家重新意识到,一个拥有丰富资源的强大陆权国家,不受海权国家制约者,有破坏全球海陆权力平衡之虞,甚至未来有足以彻底击败海洋强权可能。因此,传统上英美海权国家忌讳世界岛上出现一个有效政治组织重整资源,形成强大的陆权势力与其抗衡。麦金德认为20世纪两场欧洲列强的战争,主要表现为"海权"和"陆权"之间的战争。海洋霸权的英美国家为遏制崛起的德国陆权国家控制东欧和欧俄地区的"心脏地带"而进行的战争。麦金德的理论观点被称为陆权论,其重要意旨说明世界霸权之争就是对世界"心脏地带"的角力争夺。海权霸主国家必须联合欧亚大陆边缘地区的国家,防止陆权霸权国家崛起独占世界岛"心脏地带"的野心。麦金德本人是英国学者,20世纪初他已经观察到海权霸主"大英帝国"已经步入由盛转衰的阶段。麦氏陆权论的观点是为"大英帝国"的国家利益服务。因而对19世纪末新兴的德国陆上霸权的崛起忧心忡忡。

另一方面,美国耶鲁大学教授斯皮克曼(Spykman,Nicholas John)修正麦金德的观点,提出世界战争发生于"边缘地带"(Rimland)的观点。这些位于"世界岛"边缘的国家,不仅人口众多、经济富庶、工业生产力高以及文化水准都超越了"心脏地带"的国家。① 近代欧亚大陆所发生的冲突主要发生在边缘地带,这些创造历史主流势力与最有活力的国家在温带的北半球。他推论世界政治中心在"边缘地带",不在麦金德所说的"心脏地带"。他认为,20 世纪后欧陆战争,更多原因是海洋国家的海权与"心脏地带"的陆权国家对陆地边缘国家权力扩张而发生战争。两次大战的本质说明英美海权国家与当时陆权国家苏联,共同遏制边缘地区崛起的工业强国——德国。另一方面,欧亚大陆的边缘强国和中心强国间发生激烈的军事冲突,如十九世纪初的法国拿破仑攻击俄国,以及二战的纳粹德国进攻苏联。历史上海权国家和陆权国家并不必然出现军事冲突;相反地,更多情况下呈现两者合作,如近代历史上的英国和俄国。斯皮克曼反对"海权"国家和"陆权"国家之间必然爆发冲突的观点,认为这种解释地缘政治的观点具有局限性。

无怪乎,两百年来以来,英美海洋霸权国家一直防范欧亚大陆出现新兴强大的陆上霸权;他们在海权与陆权的竞争过程,极力避免被排挤在欧亚大陆的世界舞台之外。另一方面,斯皮克曼的地缘政治理论对于和平崛起的中国具有特别启发性的意涵。尽管在二十世纪初,中国国势呈现是贫弱的状态,若按斯皮克曼的论点,"边缘地带"论指出中国的地缘政治位置具备掌控欧亚大陆的条件。1945 年二战结束后,以英美海权国家主导所形成的围堵政策(Containment policy),后来导致二十世纪中期东西冷战的形势格局的形成,从某种意义上为斯皮克曼的"边缘地带"观点亦提供有力的理论基础。二战后的世界战略形势,反映出海权与陆权在欧亚大陆上的对抗格局。最初该政策是为围堵苏联以及其卫星国家,1989 年东欧民主化以及苏联解体后,围堵欧亚大陆上可能崛起的新兴强权的目标,已经悄悄移到了中国。

四、中华民族复兴的契机

两百年以来,中国曾失去三次国家转型发展成为现代化强国的历史契机:其一为大航海时代(地理大发现);其二为资本主义市场制度形成;其三为工业革

---

① 斯皮克曼(Spykman, Nicholas John)为美国地缘战略学家与国际关系学者,被称为"围堵政策之父"。曾在耶鲁大学国际研究所任职,教学重点为地缘政治学,是美国外交政策的古典现实主义的发起者之一。

命。近代中国的积弱不振,始终处于次殖民地并且受制西方列强的宰制的局面,其中最关键结构因素是,明末以来中国国势衰颓,其实源自于国家发展脱离近代世界海权发展的途径,以及政治菁英对于世界认识有所偏差所致。从中国历史来看,十五世纪初,明朝郑和七次下西洋,以当时中国航海技术的能力与综合国力,有能力、有机会成为海上霸权;然而,由于大明王朝内部制度的限制,放弃了历史上建立海权霸主的契机,因而失去大航海时代登上世界舞台的机会。相反地,西方海洋霸权国家因为新航路的发现,拓展与开启了欧洲人的历史舞台,当时欧洲历经1516年的宗教革命,释放经济社会的动能,透过殖民主义的手段进行资本累积,进而激发工业革命。而中国早已开辟的陆上、海上两条丝绸之路,却伴随着西方殖民主义向东方扩张而在历史舞台上逐渐衰退。欧洲自此开启海上霸权,拉开了支配世界五百年的海权的序幕。

时序推进至2013年,中国把握史上难得的契机,提出"一带一路"与"亚投行"的战略计划,欲通过在政治、经济和文化层面的影响力,与欧亚大陆各国结盟,在欧亚大陆的"心脏地带"重新立足。在某种意义上,这是创造中华民族再复兴的历史机会。

"一带一路"的大战略对于中华民族复兴的历史意义如下:

第一,为调和地缘政治上"陆权"与"海权"对抗的格局,找到了重回欧亚大陆人类历史中心的机会。新航路发现后的西方殖民主义,通过资本主义制度以及工业化的综合国力突飞猛进,形成数百年来由海权霸主主导世界的政经形势。中国"一带一路"整合北方欧亚大陆传统历史上的"丝绸之路"以及海上的"丝绸之路",重新创造新的局面。中国表示,坚持不走西方殖民主义的旧路,坚持的是"先予后取、多予少取、只予不取"的原则,展现了中国以传统中华民族的王道精神。未来,有效整合的欧亚大陆的出现,不仅让重新建构的世界地缘政治、经济版图出现,甚至打破历史上"陆权"和"海权"对抗的格局,推动出现三大洋连接与欧亚非大陆一体化的地缘空间新格局。这种新格局将扭转过去海权霸主独大的局面,终止数百年来海洋霸权以无所不用其极之手段所进行干预和分裂欧亚大陆国家的行为。"一带一路"整合欧亚大陆的过程,势将带动欧亚内陆国家与中国之间的政治互动,推动全球经济再平衡,使欧亚大陆不但重回人类文明中心,中华民族亦重新恢复汉唐时代"丝绸之路"的历史荣光。

二、重新建构"中国市场"与"欧盟市场"的连接。1978 年中国改革开放,从原有计划经济转型到市场经济的过程中,释放出巨大的能量,累积大量外汇储备。中国善用提供资金与技术的优势,进行与欧亚大陆沿线国家合作基础建设。另一方面,中国在基础建设累积的经验上有其独特的优势,尤其中国在高铁运输技术方面,表现相当强的竞争优势。二战结束后,美国提出"马歇尔计划",利用二战时期生产过剩的物资,援助战后复苏的欧洲国家,那对于提升美国战后国际声望,以及有效遏制战后苏联势力的扩张,产生了特别显著的成效。中亚内陆型国家,由于其基础交通设施建设较落后,且位于交通运输较差的瓶颈地区,国际上金融机构投资意愿不高,回收利润较慢,大型基础建设项目的国际融资非常困难,"一带"的计划,将很快给他们带来利益。中国利用改革开放后所累积雄厚的外汇储备,担保沿线各国融资贷款,协助他们进行基础建设,改善经贸环境,有效促进经济发展的条件。此与美国在二战后对他国之"经济援助",亦足以媲美。尤其中国成熟具有竞争力的高铁技术,建构三条连接欧亚的高速铁路的大干线,节省时间成本,对未来全球产业市场与国际贸易市场将产生巨大冲击。

三、"一路"体系提供中国新的国家安全与能源安全的布局。[①] 2013 年,中国与泰国、新加坡达成协议,计划兴建一条从云南省昆明市经泰国抵达新加坡的高速铁路,预计 2021 年完工后,昆明市的地理位置将成为中南半岛大陆实质的首府。[②] 2013 年中国与巴基斯坦两国签署协议,修建一条自新疆喀什市(Qeshqer)到巴基斯坦瓜达尔港(Gwadar)的铁路与油管,中东输往中国的石油便可直接透过巴基斯坦到达新疆。"二十一世纪海上丝绸之路"计划,未来以云南省昆明为中心,建构辐射状的高铁系统,可连接印度洋沿岸国家。举例而言,2010 年,中国已协助孟加拉国完成吉大港(Chantga)的基础建设,便可透过高铁与公路连接云南省昆明市;2015 年,中国与缅甸合作共同铺设从云南省昆明市

[①] 据统计,2012 年中国大陆整体石油消费之对外依存度达 58%,前三大石油进口国分别为沙特阿拉伯、非洲安哥拉、俄罗斯。

[②] 澳大利亚国立大学亚太学院(College of Asia and the Pacific at the Australian National University)访问学者杰夫·韦德(Geoff Wade)表示:「通过方便的高铁线路,亚洲大陆的各国公众很快就会发现昆明是他们最亲密的邻居,前往那里只需几个小时,云南省会最终成为东南亚大陆实际上的首府。」纽约时报中文网,〈借助高铁,中国影响力向东南亚延伸〉,2014 年 8 月 12 日。http://cn.nytimes.com/china/20140812/ c12chinarail/zh - hant/。

到缅甸实兑港(Sittwe)之间的天然气管与石油管线,让中东地区能输送能源物资到中国,避免绕道马六甲海峡,即可直达云南、广西以及四川等中国内陆地区;如此可避免能源运输线被截断,对于中国国家安全与能源安全意义重大。

四、为新型融资机构——"亚投行"的运作与治理提供经验。"亚投行"成立之初,规划共同资金约 1000 亿美元,中国承诺出资 500 亿美元。据此,"亚投行"从实质意义而言,提供了一个跨国性与跨地区性质之集体共同利益(common good)分享平台;在制度上则提供全球治理(global governance)与跨地区共同利益运作的新契机。中国倡建"亚投行"于国内外具有其双重意义:首先,自 2008 年以来中国内部产能过剩,2015 年中国经济成长下滑到 6.9% 到 7.1% 之间;中国寄望 2010 年到 2020 间国民所得能大幅成长达到"翻两番"的水准,投资"一带一路"沿线国家内部的基础设施,可补充中国国内经济成长动能不足的困扰。其次,为化解其他国家对中国的猜忌疑虑。"亚投行"的创设过程以各国共同筹措开发基金的方式集资,不是由中国独自出资的形式,不仅提供各国分享多边投资机制,而且有效化解各国对中国的疑虑。

五、结论

中华民族"复兴"的概念,源自于"中华民族"自明末以来长期衰败的国势,"复兴"意义象征再生运动。晚清以来,出现具有现代意义之"中华民族"一词,这代表国族主义的认同,是由梁启超先生首先提出的,其后杨度、章太炎到孙中山等人不断阐释迄今,这个概念不仅不断丰富化,并且为两岸共同所坚持。费孝通先生认为:"中华民族作为一个自觉的民族实体,是百年来中国和西方列强对抗中出现的。"换言之,具有现代国族主义认同的"中华民族"专词,并非完全承袭传统历史的血统主义认同,而是 1912 年中国建立了现代共和主权国家之后,经由"民族自觉"所产生的"国族认同"的精神。

近代以西方海权国家崛起,将土耳其称为"近东病夫"——奥图曼帝国:远东地区的"东亚病夫"则指称大清帝国。实际上,近代两大欧亚帝国的衰败,与西欧海上霸权的兴起及陆上、海上两条丝绸之路的衰败有着密切关系。事实上,十九世纪以来,大英帝国所宣称的"帝国救命电话(British Imperial Lifeline)",是由欧洲地中海穿越苏伊士运河,之后沿着印度洋航行,行经印度、斯里兰卡、马来西亚穿越马六甲海峡,到达香港、澳大利亚等英国殖民地。这条路线取代了中国传统历史的海上丝路。自十五世纪以来,西方殖民主义从大西洋航路到太平洋航路以及印度洋的航道,已对欧亚大陆形成一个外部包围圈。1776 年,美国在北美洲独立建国,是全球民主化浪潮的第一波成果;其后,1516 年,马丁路德发动宗教革命,欧洲重商主义兴起,直至英国工业革命发生。这些历史史实皆说明,海上霸权在近代崛起,乃是与陆上丝绸之路的衰败相关联。"海权"与"陆权"之兴衰交替,其结果就反映在"边缘地带"国家先富裕发展起来,内陆国家则相对落后,逐步形成贫富差距,迄今还尚未获得实质扭转。

　　未来中华民族的复兴,不仅取决于内部制度的调整,综合国力的提升,同时也取决于对世界局势发展的认知。中国推出"一带一路"战略,与中华民族复兴之契机息息相关,甚至启动了世界权力中心移转方向。中国自称"和平崛起",目前既存的世界强权未必认同,如当前中国面临的南海问题,即是既存强权对中国和平崛起的干扰。中国必须坚定不移推动"一带一路"战略,谨慎处理与既存强权之关系。古人说"志气不斗气",说明在迈向中华民族复兴的实践道路上,除坚持国家长期发展战略终极目标,再造太平盛世的历史大格局外,中国需要具有麦金德、斯皮克曼以及马汉(Mahan,A. Thayer)世界地缘政治的大战略家,提供未来中国长期发展的视野与目标。另一方面,中国在完成精密的战略定位和判断后,利用本身内部体制与综合国力上升的客观优势,逐步实现国家长期发展的战略目标,进而完成中华民族复兴和平崛起的大业。

参考文献:

1. 江西元《大国关系与文化本原》,中央编译出版社,2011 年。

2. 芮逸夫《中国民族及其文化论槁》,台北国立台湾大学人类学系,1989 年。

3. 梁启超《中国学术思想变迁之大势》,台北中华书局,1974 年。

4. 郑曦原编著　蒋书婉　刘知海　李方惠译《共和十年(上)》,《纽约时报》民初观察记(1911 – 1921),台北远流,2011 年。

5. 费孝通《费孝通文集—社会学的探讨》,天津人民出版社,1983 年。

6. 约翰·奈思比　桃乐丝·奈思比(John Naisbitt,Doris Naisdbitt),《全球大变革:南环经济带如何重塑我们的世界》(Global Game Change:How the Global Southern Belt Will Reshape Our World),台北天下出版社,2015。

7. 华尔福德·麦金德(Mackinder, Halford John)《历史的地理枢纽》(Which have influenced the history of the world,1904)。陕西人民出版社,2013 年。

8. Edmund W. Gilbert,1972. British Pioneers in Geography(Newton Abbot,David & Charles.

9. Spykman,Nicholas. 2007,America's Strategy in World Politics：The United States and the Balance of Power. Transaction Publishers.

（作者为台湾育达科技大学通识教育中心副教授兼客家文化中心主任）

丝绸之路　敦煌与六桂洪

洪条根

Abstract：Located in Gansu Province, Hexi corridor includes Wuwei, Zhangyi, Jiuquan and Dunhuang from east to west. To prevent from Xiongnu (the Hun), Hexi corridor was built in Emperor Han Wu's reign. There, Yumenguan (Jade Gate Pass) is in westnorth of Dunhuang and Yangguan in westsouth.

As how important Quanzhou is on the Maritime Silk Road, Dunhuang is a vital city of the Silk Road. The ancient poets have had marvelously fascinating descriptions of Yumenguan and Yangguan of the Silk Road!

The origin of surname Hung is closely associated with Dunhuang, which results that the clan names (or county names) of surname Hung are named after "Dunhuang". Unique from most of other surnames that use the place names of Henan Province (in central China) as their clan names (or county names), surname Hung uses Dunhuang of Gansu Province for clan names (or county names).

The development of surname Hung is tangled and complicated. Same as hundred of other Chinese surnames, Hung is not merely from one heritage all the time. Nevertheless, that is not essential since the Chinese descendants, no matter in which surname, have to unite under the call for recovery of China's lost national greatness to make efforts for the China dream.

一、敦煌四郡与河西走廊

敦煌位处河西走廊之最西北方。甘肃自天水、兰州西北方前进,首先进入河西走廊之首郡武威,依序张掖、酒泉而后敦煌,所谓河西走廊之四大郡。早在二千多年前,汉武帝为防范匈奴,原来想联合西域各国一起围堵夹击,派了张骞出使西域,并在此修筑一段长城,同时在此设立敦煌等四郡,此即为史称之"河西走廊四郡"。其中在敦煌西北方之"玉门关"、在西南方之"阳关"屯兵驻守,并沿途设有烽火台,通报军情,也同时保障沿途商旅之安全。

河西走廊地理环境十分特殊:其北面有戈壁沙漠,并有马鬃山当天然屏障;南则有祁连山。在此南北山脉夹围中,地势平坦、土地肥沃;由于南北狭窄而形成东西带状,绵延一千二百多公里;东起乌鞘岭,西至新疆星星峡。

二、敦煌与"丝绸之路"

2013 年 9 月 7 日习近平主席访问哈萨克斯坦,于纳扎尔巴耶夫大学演讲时,第一次提到共建"丝绸之路经济带"。他说:"2100 多年前,中国汉代的张骞肩负和平友好使命,两次出使中亚,开启了中国同中亚各国友好交往的大门,开辟出一条横贯东西、连接欧亚的丝绸之路。"接着,他富有感情地回忆说:"我的家乡陕西,就位于古丝绸之路的起点。站在这里,回首历史,我仿佛听到了山间回荡的声声驼铃,看到了大漠飘飞的袅袅孤烟,这一切让我感到十分亲切。"当年 10 月,习近平主席又在雅加达提出共建"21 世纪海上丝绸之路"的倡议。"一带一路"自此成为国家经贸战略之思维与布局。此一国家重大倡议策略,已引起全世界之注目,并获热列回响。海上丝绸之路自古以泉州为起点,泉州在宋元时期,即有"东方第一巨港"之称。君不见"城南聚宝接江滨,此地当年耀丽珍。攘攘熙熙互市客,夏来冬去十洲人"。足见泉州在海上丝绸之路发展史册是多么地璀璨辉煌、盛极一时。

因敦煌地处陆上"丝绸之路"之重要地域,与海上丝绸之路的泉州可谓互相辉映、并驾齐驱。所谓"丝绸之路",是 19 世纪末叶德国地理学家里希霍芬(Ferdinand von Richthofen)在考察欧亚大陆古代交通时把陆上丝路命名为"Silk Road",此后包括我国在内的许多国家亦就此通称,并简称为"丝路"。

陆上丝绸之路若从西安出发,沿渭水西行,经秦都的旧址——咸阳,翻越秦岭经过天水(麦积山石窟),随后抵达兰州(金城),过黄河翻越乌鞘岭就进入河西走廊,在经过甘肃河西走廊的"河西四郡"之后,随即进入新疆的广大地域。新疆有特殊的地形与地貌,最明显的就是"三山夹二盆",因此从敦煌之后,就分成三条路线的丝绸之路,也就是古来所称的丝路南道(路)、北道(路)。南道是从敦煌经"阳关"至新疆塔里木盆地东侧的楼兰,之后沿塔克拉玛干沙漠的南侧西行,在翻越葱岭(帕米尔高原)之后,就一直西行经中亚各国。北道是从敦煌向北,之后经玉门关至新疆的吐鲁番,沿塔克拉玛干沙漠的北侧向西直行。两路最后在伊朗会合,再前往欧洲。另一条被为"新北道"的丝路形成的时间较晚,从甘肃敦煌北行或安西沿新疆天山北坡西行,经昌吉、伊犁,经过哈萨克再与北道会合。北道在新北道出现后,又称为中道。

史载西域有三十六国,大多与汉王朝通商并保持较好的关系。汉代之后有些小国不复存在,也有一些与内地王朝有些磨擦,因而征战时有发生。唐诗中的"边塞诗"有关这方面的内容很多,一些对广瀚沙漠戈壁风光描写的诗句令人震撼。如:

青海长云暗雪山,孤城遥望玉门关。黄沙百战穿金甲,不破楼兰终不还

——唐王昌龄《从军行》

黄河远上白云间,一片孤城万仞山。羌笛何须怨杨柳,春风不渡玉门关。

——唐王之涣《凉州词》

单车欲问边,属国过居延。征蓬出汉塞,归雁入胡天。
大漠孤烟直,长河落日圆。萧关逢侯骑,都护在燕然。

——唐王维《使至塞上》

明清两季,朝廷对西北相当重视,一直坚持屯戍边陲之策,尤其是清末左宗棠湘军入疆后,既镇守,又务农,使新疆发生了很大变化,引起不少人对"湘人治疆"的称赞。如:

大将西征人未还,湖湘子弟满天山。新栽杨柳三千里,引得春风渡玉关。

——清杨昌浚《恭颂左公西行甘棠》

玉门关在敦煌市西北约100公里,是西汉时期西部边陲,与阳关并列为两大雄关之一,乃丝绸之路西出敦煌进入西域北道和中道必经之地,可称咽喉要隘。虽历经千年风雨,今仅存关楼城垣,但仍可想见当年气势与英姿;尤其更可遥想当年驼铃悠悠、人呼马嘶那种商队络绎于途的繁荣景象。如今之玉门,不仅鸭鹭翔空、牛羊成群、物产丰隆,而且绿州遍地,足见"春风'已'渡玉门关"了,令人不禁遐想与幽情顿生,古今对比,想起了当年的王维之叹:

> 渭城朝雨浥轻尘,客舍青青柳色新。劝君更进一杯酒,西出阳关无故人。
>
> ——唐王维《渭城曲》

阳关位于敦煌市西南约70余公里,与玉门关同为河西走廊之雄关。自古为丝绸之路西出敦煌,南至西域的重要关隘。从汉代以来,无数将士、商旅、僧侣、游人、墨客在此留下多少惆怅、感叹与诗篇;当年玄奘自印度取经归来,就是从阳关东入长安的。如今关城已荡然无存,连断垣残壁都已不见,较之玉门关更形苍凉。但美丽的南湖,仍可见林木茂密、葡萄串串,加之片片绿茵映入眼帘,今古相较,亦令人不胜唏嘘、慨叹;但因不复昔日荒漠黄沙,当应是"西出阳关'有'故人"了!

三、洪家源流远　敦煌子孙兴

洪姓远祖应溯自东汉灵帝(公元168年即位)时的共勋之子共普,为避宦官曹节诏诛陈蕃、窦武之祸,弃官归隐,改姓为洪,迁居敦煌,自此蕃衍,称之敦煌派,故此后洪姓子孙以敦煌为郡望或堂号(亦称灯号);但亦有别支迁居福建莆田者,后又迁岐北,称之岐北派。周代卫大夫弘演之后,于宋代为避唐讳而改姓为洪,称之上元淳安派;又有别支迁居丹阳,称之为新安宣城派。唐朝有殷谔者之后,为避宋讳,改姓为洪,称之为豫章派。

至于六桂敦煌派者,则系唐末五代南唐灭闽国后,为避祸,福建莆田之翁乾度者将长子处厚改姓为洪;其余五子分姓为江、翁、方、龚、汪等,此后在闽南地区散布蕃衍。在渡过亡国危难之后,至公元960年,宋太祖赵匡胤统一天下建立宋朝,此六子分别三次参与科举考试,先后高中进士,乃传为"三科六进士"之佳话。六兄弟同朝为官显赫一时,誉为"六桂联辉"或"满朝进士六桂芳"。在科举时代,登科高中者,美称为"折桂"。自古有父子、兄弟、叔侄联登科甲者,美称为"双桂"、"五桂",但称"六桂"者,则不多见。故六桂乃六姓之合脉分流而共称为"六桂堂",遍及各地。至今闽南、台湾、东南亚等地,皆有以"六桂堂"之名号而建立宗祠、堂庙以供六姓子孙相认相亲。自1990年在菲律宾马尼拉举行第一届六桂恳亲大会以来,尔后每二年一届,分别在台湾高雄、新加坡、马来西亚吉隆坡、泰国曼谷、美国洛杉矶、福建泉州、金门、印度尼西亚棉兰、菲律宾、福建翔安、新加坡、福建莆田等地举行。每次参加人数都高达千人以上,来自四海的宗亲相聚,携家带眷,热闹与亲切非凡。今年10月又将于马来西亚吉隆坡举行。此后约定,一届在国内、一届在海外,轮流举办,争取主办者,非常踊跃。目前世界六桂宗亲中,仍以洪姓为多。

四、结语

综上所论,洪氏族人乃早在唐末五代南唐六桂之前,即已散居各地,故今之洪姓子孙,未必皆属六桂,甚至先祖原本非姓洪;亦可谓"洪"者,乃无中生有之姓。但不论如何,自莆田翁乾度开基以来,因洪姓子孙流落皖、浙、赣、闽、台湾及东南亚者较多,故以六桂为名归宗,虽非必尽信,但亦属善事。中华儿女、炎黄子孙,五千年来本即一家,民族融合,势必有姓氏融合,故模糊亦无不可,何必斤斤计较,总以和谐团结为是。尤其在中华民族历经百余年来之苦难,度过了面临存亡续绝之关头,方有今日;在此中国崛起、中华民族伟大复兴之际,更应共同认祖归宗,相亲相爱。当共圆中国梦而鼎立于世界之时,乃我六桂之光、中华之傲也。我洪氏子孙,愿以此与阖族共勉之!

（作者为高雄市大律师）

试论汉唐与丝绸之路沿线
国家体育文化的交流

张显运

Abstract：China exchanged countries along the Silk Road are very frequent during the Han and Tang Dynasties period. Along with the politics, economy, culture, war and foreign exchanges, cultural exchanged between eastern and western sports were also increasingly close：Chinese traditional weapons, such as bronze swords, ring long knife and spread along the Silk Road to Japan, Korea, Romania and other countries；regimen, wrestling, polo, Cuju, martial arts and other sports in the Han and Tang dynasties also gradually spread to Korea, Japan, Southeast Asia and Europe in some countries and regions. At the same time, countries along the Silk Road, such as ancient Rome, Ancient Iraq, ancient India, North Korea's sports culture and sports project magic, acrobatics, yoga, regimen and other also spread to China. The eastern and western sports culture communication was two‐way and interactive, was a political, economic, cultural and diplomatic exchanges an important channel to expand China and silk road along the country, was the important link of China establish friendly relations with all countries and nations in the world. Today, this kind of sports diplomacy still has great practical significance and important influence.

中国与丝绸之路沿线诸国很早以前就有了贸易和外交往来。西汉时期,随着张骞出使西域,打通了中亚和西域诸国与西汉王朝的陆路交通。丝绸之路不仅沟通了同西方的商贸往来,还是沟通中西体育文化交流的重要桥梁。据史书记载,汉唐时期和中国来往比较密切的国家有 20 多个。其中经丝绸之路沿线与中国交往较多的国家和地区有大宛、康居、伊拉克、罗马、印度、马来西亚、越南、日本、朝鲜等。这种交往是双向的,互动的,中国优秀的体育文化、军事武器传播到这些国家和地区,同时汉唐也大力引进和移植了丝路沿线诸国富有特色的体育文化。目前学界关于古代丝绸之路沿线诸国与中国体育文化交流尚无专门、系统地研究,仅有一些零星的探讨。如马树德的《中外文化交流史》、刘秉果的《中国体育史》、刘秉果,赵明奇的《汉代体育》、罗时铭的《试论秦汉时期中国体育的对外交往》、杨绍华的《汉唐时期河洛地区体育文化研究》以及石云涛的《文明的互动:汉唐间丝绸之路与中外交流论稿》等论著,探讨了中国古代主要体育项目、体育文化发展的原因和对外传播情况,对汉唐时期体育文化的对外交流和传播也略有论及。汉唐时期是我国古代体育文化同丝路沿线国家发展和对外交流的重要阶段,加强对这一课题的研究,不仅有利于了解这一时期丰富多彩的体育文化,还为研究汉唐时期政治、经济、文化,乃至外交情况提供一个新的视角,同时也为当今"一带一路"国家战略的建设和实施提供一些历史借鉴,具有重要的理论价值和现实意义。

一、汉唐体育文化向丝路沿线诸国的传播

(一)武器的传播

汉唐时期,随着丝绸之路的畅通,中外交流的频繁,中国的武器传到东亚、中亚和欧洲国家。丝绸之路沿线西域诸国,秦汉以前尚未使用铁器,直到张骞出使西域后,汉朝使者才将铸造技术传到这些国家和地区。据《史记·大宛列传》记载,西域诸国,"皆无丝漆,不知铸钱(铁)器。及汉使亡卒降,教铸作他兵器"。可见,在西汉士兵逃亡到西域之前,这里还没有使用铁制武器。据崔乐泉先生《中国体育通史》一书的记载,在汉元帝初元三年(前46),"西汉和统治中亚康居国的郅支单于发生了激烈冲突。当时西汉出兵四万,消灭了郅支单于,还俘虏了曾投靠郅支单于手下的一批罗马士兵。"在这场战争的推动下,西汉的军事武器传入到了大宛、康居。他们掌握了三棱铁镞、铜剑和环柄长刀的中国冶铸技术,这些技术又通过一些罗马士兵传到了罗马。以后随着东西方交流的日益加强,以及西域国家康居国和西汉王朝通商关系的长久确立,汉代的铁器铸造技术通过康居不断地被传播到中亚和西方的罗马。"使西域各国在兵器装备上得以

广泛吸收汉军使用的各种长兵武器矛、戟以及远射武器强弩、铁镞。特别是中国的弩机,经汉代改进后(即在青铜板机外面加装铜铸机匣,并改进了瞄准装备),通过大宛的中介,成为当时西域各国武艺器械中的佼佼者"。①

汉唐时期随着中日文化交流的日益频繁,中国的兵器武艺也传播到日本。如在日本北九州发掘的弥生后期瓮棺墓的陪葬物中,已有了作为死灵镇物的铜铎、铜剑和铜矛等青铜器。日本学者木宫泰彦认为,在北九州发现的很多剑"是锋刃锐利,具备完整特色的中国产品。""这些事实说明,中国文化产品的铜剑、铜铎,远在二千几百年前的古代,就经过弁韩、辰韩、对马等地,先传到博多湾沿岸,然后传到筑后、丰后方面。"②日本早稻田大学教授依田憙家亦曾指出,"就金属器来说,世界上一般都是先有青铜器时代,接着过渡到铁器时代,但在日本几乎是在同一时代传入了青铜器和铁器。这一时代有着许多石刀、磨制的单刃刀片及石斧等起源于中国的工具"。③两汉时期,中国短兵中的刀术兴起。这是在先秦剑术基础上演变成的一种新式短兵,尤其是铁制环首大刀,因刀形轻便、锻造精良、战阵实用而很快传到了日本,成为日本最主要的兵器之一。1962年,在日本奈良天理市栎本古坟的古墓中,发现了一柄东汉中平年间(184—189)中国制作的环首刀,其形制、铭文格式及质地与1974年我国山东苍山出土的东汉永初六年(112)铁制环首刀基本相同,都是用反复加热、多层叠打、表面渗碳的工艺制作而成的优质含钢铁刀。另据《三国志?魏书?乌丸鲜卑东夷传》载,日本邪马台国的女王卑弥呼,曾于魏明帝曹睿景初二年(238)六月,派大夫难升米等来中国通好。魏明帝除盛情款待以外还回赠了一批珍贵礼物,其中就包括"五尺刀二口"。又魏齐王曹芳正始元年(240),中国派遣使者去日本时,礼品中就有中国的刀。所以,日本学者末久雅雄根据日本各地有不少汉刀出土的现象,在《日本武器概说》中最终推断出古代日本武士所用兵器,"特别是通过朝鲜半岛从大陆移入"的重要论断。冈崎敬在"日本的初期铁品问题"一文中同样指出:"铁器的制造,在日本是和青铜器差不多同时,也可能稍早一些传入的,而且都

---

①　崔乐泉《中国体育通史》(第一卷),人民体育出版社2008年,第240页。

②　(日)木宫泰彦《日中文化交流史》(中译本)商务印书馆1980年,第125页。

③　(日)依田憙家《简明日本通史》(中译本)远东出版社2004年,第6页。

是由中国大陆经朝鲜半岛而传入的。"①显然,中国武器的传入提高了日本的铸造技术,丰富了日本的体育文化。

　　唐朝时期,日本奈良朝(710—794)留学生吉备真备在唐玄宗开元年间来到唐朝,回国时曾将中国的"弦缠漆角弓一张、马上饮水漆角弓一张、露面漆四节角弓一张,射甲箭二十支、平射箭十支等"带回日本。② 中国的射艺技术传到了日本,对日本体育文化的发展起到一定的促进作用。

　　总之,汉唐时期中国的武器经丝绸之路传到东亚、中亚和欧洲地区,这种传播总体上看以通商、文化交流为主要方式,虽然个别时期也夹杂着战争,但和平往来是主流。武器的对外传播不仅促进了丝路沿线国家的武器铸造技术,也客观上促进了其体育文化的发展。

　　(二)角抵等百戏的传播

　　据《史记》载:"秦二世在甘泉,方作角抵优俳之观。"③东汉应劭《集解》曰:"战国之时,稍增讲武之礼,以为戏乐,用相夸示,而秦更名曰角抵。角者,角材也;抵者,相抵触也。"角抵是一种类似现在摔跤、相扑一类的两两较力的活动,它最初是一种作战技能,后来成为训练兵士的方法,又演变为民间竞技,带有体育娱乐性质。汉唐时期,角抵在民间非常盛行,在这汉画像石中多有反映。(参看图1,图2)汉唐时期,随着中外交流的加强,汉朝的一些体育项目也逐渐传到丝绸之路沿线国家。如角抵等,汉武帝元封三年(前108),西域诸国的使者来到汉朝,为款待这些远方客人,汉武帝诏令表演角抵。

　　是时上方数巡狩海上,乃悉从外国客,大都多人则过之,散财帛以赏赐,厚具以饶给之,以览示汉富厚焉。于是大觳抵,出奇戏诸怪物,多聚观者,行赏赐,酒池肉林,令外国客遍观仓库府藏之积,见汉之广大,倾骇之。及加其眩者之工,而觳抵奇戏岁增变,甚盛益兴,自此始。④

　　汉武帝好大喜功,对西域各国来华的艺人,给予丰厚的赏赐和特别隆重的接待,以显示汉朝的富有。不仅如此,他还在气势雄伟的长安城平乐观,召集各国

---

① (日)冈崎敬《日本的初期铁制品问题》,《考古学杂志》1956年第1期。
② 《续日本记》卷17。
③ 《史记》卷87《李斯列传》,中华书局1975年。
④ 《史记》卷123《大宛列传》,中华书局1975年。

来客,举行了盛况空前的"角抵戏"。元封三年(前108)春,"作角抵戏,三百里内皆来观"①,要求长安城300里以内的百姓都来观赏。"角抵戏"又称"百戏",是一种大型的体育文化艺术活动。"出奇戏诸怪物,多聚观者,行赏赐,酒池肉林,令外国客遍观各仓库府藏之积,见汉之广大,倾骇之"。② 在这场体育文化娱乐的盛宴上,不仅有精彩的百戏表演,对外国来宾还有丰厚的物质赏赐以及极尽奢华的酒宴招待,可谓"量中华之物力,结与国之欢心"。虽然显示了汉王朝的富有和强盛,但未免太过于奢靡浪费。随着双方外交往来的日益频繁,汉朝的角抵之戏逐渐传播到丝绸之路沿线诸国。"而戲抵奇戏岁增变,甚盛益兴,自此始。"即为明证。

图1　新密打虎亭汉墓石刻《角抵图》

图2　南阳汉画像石《角抵图》

　　隋唐时期,国力强盛,经济发达,对外交流更加频繁。为了表示对丝绸之路沿线诸国使者的友好,隋炀帝几乎每年都在东都洛阳举行盛大的角抵等百戏演出。

　　每岁正月,万国来朝,留至十五日,于端门外,建国门内,绵亘八里,列为戏场。百官起棚夹路,从昏达旦,以纵观之。至晦而罢。伎人皆衣锦绣缯

① 《汉书》卷6,中华书局1962年,第194页。
② 《史记》卷123《大宛列传》,中华书局1975年。

彩。其歌舞者,多为妇人服,鸣环佩,饰以花毦者,殆三万人。于天津街盛陈百戏,自海内凡有奇伎,无不总萃。崇侈器玩,盛饰衣服,皆用珠翠金银,锦罽絺绣。其营费钜亿万。金石匏革之声,闻数十里外。弹弦擪管以上,一万八千人。大列炬火,光烛天地,百戏之盛,振古无比。自是每年以为常焉。①

解读史料可知,每年正月十五日,万国来朝,隋炀帝诏令在东都洛阳端门外和建国门内,搭建戏场,绵延八里。参与表演的艺人达 3 万余,乐器弹奏者 1.8 万人,服装器玩,皆用金银玉器,规模之大,花费之巨,可谓前无古人。汉唐时期,这种常规化的大型演出不仅让外国使节欣赏到美轮美奂的节目,毫无疑问,通过这些演出,中国的角抵等百戏也逐渐传播到丝路沿线国家。

(三)养生术、蹴鞠、马球等体育文化的传播

汉唐时期,中国的养生术、蹴鞠、马球等体育项目也传播到丝绸之路沿线国家。东汉末年,董卓之乱,黄河流域因诸军阀为争夺对汉献帝的控制权,限于长期战争、生民涂炭的境地。为躲避战火,先民们纷纷南迁,有的甚至通过海上丝绸之路逃离到东南亚各国,北民的南迁也将中国的体育文化传播到这些国家和地区。

> 是时灵帝崩后,天下扰乱,独交州差安。北方异人,咸来在焉,多为神仙辟谷长生之术,时人多有学者。牟子常以五经难之,道家术士,莫取对焉。②

在东汉末年战乱的情况下,交州(今越南)因地处偏远,远离战争的侵扰,北方一些学者、方士来此避难。毫无疑问,大批方士和酷好"神仙辟谷长生之术"异人的到来也将中国的养生术带到越南。

唐代国力鼎盛,中国与丝绸之路沿线诸国的交往更加频繁,大批日本和朝鲜人来到中国,中国与日、朝等国体育交流的的内容愈加丰富多彩,蹴鞠、马球、武艺、棋类等由我国传入日本和朝鲜。据日本古书《游庭秘抄》说:"蹴鞠者,起自

---

① 《隋书》卷15《音乐志下》,中华书局 1973 年,第 381 页。
② 僧祐《弘明集》卷1《牟子理惑论》,中华书局 2011 年。

巷海万里之异域,遍于赤县九陌之皇城。"日本另一本古代专著《蹴鞠九十九个条》明确指出:"鞠始于大唐。"蹴鞠起源于秦汉时期,近年来出土的汉画像石中多刻有蹴鞠的场景(参见图3,图4)。在唐朝时期盛行的蹴鞠运动已传到日本。日本《万叶集》记载有日本神龟四年即唐玄宗开元十五年(727),日本数王子及诸臣等集于春日郊野而作打球之乐的情景。日本源高明所著的《西宫记》记载天历九年即周世宗显德二年(955)的日本宫廷马球,仍然"衣冠如唐人"①另据《旧唐书?高丽传》记载:高丽国人"国人衣褐戴弁,妇人首加巾帼,好围棋、投壶之戏,人能蹴鞠"②显然,这些体育活动项目在隋唐时期也传了到朝鲜。

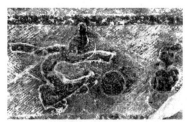 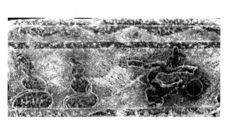

图3　登封汉启母三阙《蹴鞠图》　　图4　登封汉启母三阙《蹴鞠图》

二、丝绸之路沿线诸国体育文化向中国的传播

中华民族是一个善于创新的民族,又是一个善于吸收外来文化的民族,正因为如此,中华文化才如此辉煌灿烂。汉唐时期,随着丝绸之路的开通,中外战争、经济、文化交流日益频繁,丝绸之路沿线诸国的体育文化也逐渐传到中国。汉唐出现学习胡乐、胡服、胡技的高潮,当时的东都洛阳可谓"全盘胡化"。唐朝著名诗人元稹在《法曲》一诗中有精彩的描述:

自从胡骑起烟尘,毛毳腥膻满咸洛。

女为胡妇学胡妆,伎进胡音务胡乐。

火凤声沉多咽绝,春莺啭罢长萧索。

胡音胡骑与胡妆,五十年来竞纷泊。

---

① （日)小高吉三郎《日本的游戏》,羽田书店1943年。

② 《旧唐书》卷149《高丽传》,中华书局1974年。

九天阊阖开宫殿,万国衣冠拜冕旒。

在全民胡化的高潮中,丝路诸国的体育文化如魔术、杂技、养生术等项目传到了中国,丰富了中国传统体育文化的内容。

(一)魔术的传入

据司马迁记载,罗马的魔术师在西汉时期来到中国。

> 初,汉使至安息,安息王令将二万骑迎于东界。东界去王都数千里。行比至,过数十城,人民相属甚多。汉使还,而后发使随汉使来观汉广大,以大鸟卵及黎轩善眩人献于汉。及宛西小国驩潜、大益,宛东姑师、扞鰛、苏薤之属,皆随汉使献见天子。天子大悦。[①]

汉朝使者到达安息等国家,回来时,带来了安息诸国的魔术师,安息就是今天的伊朗。大宛西面的一些小国也随着汉朝使者来中国朝拜。这些来到汉朝的魔术师能够"变化惑人也。""黎靬多幻,口中吐火,自缚自解"。[②] 还能够口中喷火,自解绳索,变幻莫测。近年来,在中原地区的汉画像石中就发现了一些西方人表演魔术的场景。比如,在今河南新野出土的汉墓壁画(藏于南阳汉画像馆)石刻中,就有一幅吐火图。图中的眩人,深眉高鼻,长长的须发,带着尖尖的帽子,手里握有布袋,口中向外喷火,一看就是典型的西方人(参见图5)。来到中国的伊拉克人也擅长于魔术表演。唐人张守节为《史记?大宛列传》中注释时说:条枝国善眩,"吞刀吐火、殖瓜种树、屠人截马之术,皆是也"。引文中的条枝即今天的伊拉克。他们能够玩一些吞刀吐火,"屠人截马"等高难度的魔术节目。东汉安帝时,天竺国来献技,能自断手足,腹胃。这些多为苦刑幻术。由此可知,汉唐时期,古代伊拉克人,古罗马人不仅是高超的魔术师,他们还充当了文化使者,将西方的魔术引入中国,极大地丰富了我国古代魔术的内容。

(二)杂技的传入

汉唐时期,随着中国与周边民族交往的频繁,东南亚诸国体育项目也传到汉

---

① 《史记》卷123《大宛列传》,中华书局1975年版。
② 《史记》卷123《大宛列传》,中华书局1975年版。

图 5　南阳汉画像石中的魔术、杂技表演

朝。西汉武帝时期,出兵西南诸国,如夜郎、滇等,在这里设立了郡县,加强了和西南少数民族的联系。中原王朝与西南少数民族地区和南亚诸国的贸易文化往来日益频繁。这一时期,南亚诸国的体育文化也传到了中原地区。如"都卢寻橦",有学者指出,这种杂技最早产生于缅甸,至少在西汉时期就已经传到中国。如,《汉书·西域传》记载,汉武帝时期,一次大宴外国宾客,就让人表演了这种杂技:"作巴俞都卢、海中砀极、漫衍鱼龙、角抵之戏以观视之"。[①] 东汉张衡《西京赋》中亦有"非都卢之轻趫,孰能超而究生"的记载。都卢是今缅甸伊洛瓦底江中游卑谬附近,该地居民体轻善缘。可见,"都卢寻橦"这种杂技,从缅甸传来后,在汉代已经相当普及了。东汉时期,缅甸来中国朝贡时也带来了本国的音乐和杂技表演,如"弄丸"的杂技表演。即将许多小丸抛掷空中,用两手相接,而不会坠到地上。这种杂技表演在今天依然十分流行。东汉时期,这种弄丸技术已经相当高超,出现了"跳三、六、八、九不等者"。史载,在东汉安帝永宁元年(120),缅甸掸国王雍由调派使者来到汉朝朝贡,随行人员中就有一些杂技表演者。据《后汉书·哀牢夷传》记载:

> 永宁元年,掸国王雍由调复遣使者诣阙朝贺,献乐及幻人,能变化吐火,自支解,易牛马头,又善跳丸,数乃至千,自言我海西人。海西即大秦也,掸

---

① 《汉书》卷 96《西域传》,中华书局 1962 年。

国西南通大秦。"能飞数丸于空中,以手递抛递接,往复不绝达千次。①

此艺人自述其来自于罗马。古代文献中也有类似记载:"(大秦国人)跳十二丸,巧妙异常。"②可见,弄丸这种技艺很可能是从罗马传到缅甸,再辗转传到中国的。

此外,汉唐时期,一些西域胡人来到了中国,也带来了丰富多彩的杂技表演。据东晋时期的徐广在《弹棋经序》中记载:"昔汉武帝平西域,得胡人善蹴坹者,尽炫其便捷跳跃,帝好而为之,群臣不能谏。侍臣东方朔因以此艺进之。帝乃舍蹴坹而习弹棋焉。""蹴坹",一些学者研究认为应该相当于中国古代的"跳鞠"一类的游戏。由于该胡人墩鞠技艺精湛,或许由于其技艺与中原地区普遍流行的跳棋技艺不同,汉武帝深为吸引,以致乐此不疲,群臣劝谏不能止,汉武帝几乎达到了玩物丧志的地步。

(三)养生术的传入

早在公元元年前后,印度佛教沿着丝绸之路传到中国。此后,陆陆续续有高僧前往印度西行求法。随着印度佛教在中国的广泛传播,印度的养生术、瑜伽术等也传到中国。近来,有学者提出,"中国古代医学中讲到的岐伯,很可能就是古代印度富有神话色彩和传奇色彩的大医学家 JivaKa 的音译。"③假如这一观点正确,那么,在中国久负盛名的养生术大全《黄帝内经》一书中有关岐伯的养生观念就可以看做中印体育文化交流的结晶。此外,印度养生术在隋唐时期的一些文献典籍中也有相关记载。如《隋书·经籍志》就收录有《婆罗门法诸仙药方》与《龙树菩萨养性方》等著作。龙树是生活在公元 2 世纪的印度高僧,相当于我国的东汉初年。可见,至少在两汉时期,印度的养生术已经传到中国。此外,两汉时期,瑜伽术也从印度传到中国。瑜伽术类似于中国佛教的坐禅,都强调寂静,修身养性。唐朝著名医药学家孙思邈所著的《千金要方》就对"天竺国按摩婆罗门法十八势"做了介绍,白居易曾云:"中宵入定跏趺坐,女唤妻呼都不

---

① 《后汉书》卷86《哀牢夷传》,中华书局1975年。

② 《后汉书》卷88《西域传》,中华书局1975年。

③ 马树德《中外文化交流史》,北京语言文化大学出版社2000年,第197页。

应"①应该就是这种类似瑜伽的禅定。

三、汉唐时期中外体育文化交流的深远影响

汉唐时期体育文化的繁荣发展是中国综合国力增强、国际地位提高的象征。汉唐时期,随着文化的对外交流和影响,周边丝绸之路沿线国家多次派遣"遣隋使"和"遣唐使"来到中国,学习中国先进的体育文化和政治制度。如,日本遣唐使回国后,借鉴唐朝的政治制度,推行了"大化改新",加快了日本封建化进程。日本留学生在移植隋唐政治制度的同时,也将中国体育文化传到日本。如遣隋使小野妹子在隋炀帝大业年间(605—618)来到中国,将投壶等项目引入日本;②另据卢兵研究,日本遣唐使吉备真备在唐玄宗开元四年(716)来到中国,回国时将中国射艺技术传到日本。③ 不仅如此,汉唐时期,丝绸之路沿线诸国丰富多彩的体育文化,如魔术、杂技、养生术、瑜伽等传入我国,大大丰富了我国传统体育文化的内容,加强了中国同中亚、欧洲等古代国家的政治、经济和文化联系。可以说体育文化作为一种媒介,是中外双方关系加强的重要纽带。就是在今天,体育文化的对外交往仍然有着非常重要的意义:它不仅是我国外交方针的重要组成部分,还是我国外交政策中最具特色的一个。新中国成立以来,我国体育外交取得了举世瞩目的成就。1971年毛泽东主席邀请美国乒乓球访华,搞"乒乓外交","小球转动大球",打破了中美两国之间的坚冰,创造了体育外交神话。"它开创了一个以人民之间的友谊促动国家之间的交流与和解的成功模式,而这种外交模式的载体正是跨越国界和意识形态障碍的国际体育交流"。2008年申奥成功是新中国外交的又一胜利,是中国体育外交继"乒乓外交"之后的又一经典之作。在政治上,申奥成功大大提升了中国的国际地位和国际形象;在经济上,奥运会的投资,极大地促进了中国经济的发展,"将每年拉动中国经济的 GDP 增长 0.3~0.4 个百分点";不仅如此,成功申奥,在世界文明史上也意义重大,"北京奥运会将会把具有五千年文明的中华文化浸透和溶入到世界文化大家庭之

① 白居易著月日朱金城笺校《白居易集笺校》卷35《在家出家》,上海古籍出版社1988年。
② 王永平《唐代游艺》,西北大学出版社1995年,第58页。
③ 卢兵《中华民族传统体育文化导刊》,民族出版社2005年,第224页。

中"①总之,无论是汉唐时期还是现在,体育外交对我国的发展具有典型的现实意义和长远的战略意义,对促进国际社会的发展和人类社会的进步也起到了巨大作用。因此,我们必须高度重视体育外交的作用。当然,我国在开展体育外交事业的同时,也面临着新的机遇与挑战。随着我国综合国力的提高以及国际地位的提升,我国体育外交发挥作用的空间会越来越大。

(作者为洛阳师范学院河洛文化国际研究中心博士、教授)

---

① 李相如 宋雪莹《关于新中国体育外交的回顾与研究》,《体育科学》2003 年第 1 期,第 23 页。

"一带一路"下的台商契机

张裕亮

Abstract: China put forward "One Belt And One Road" strategy for Taiwan to open up opportunities, including a free trade zone in Fujian, Taiwan's booming financial and logistics industry, endless new opportunities in the Asean hinterland and the like.

In order to create niche for Taiwan businessmen under the "One Belt And One Road" strategy, apart from improving related system and regulation, it could take advantage of "Heluo culture" heritage shared by Taiwan businessmen and Overseas Chinese Businessmen in Southeast Asia, including language, culture, religion, folk festivals heritage, to search for business opportunities.

一、"一带一路"倡议的背景与战略意义

中国国家主席习近平于 2013 年 9 月和 10 月,分别出访哈萨克斯坦和印度尼西亚,先后提出共同建设道路联通、贸易畅通与货币流通的"丝绸之路经济带",以及加强与东盟国家互联互通建设,共建"21 世纪海上丝绸之路"的重大倡议。此二者简称"一带一路"(One Belt And One Road)。

依照中国的构想,"一带一路"将贯穿亚欧非大陆,一头是活跃的东亚经济圈,一头是发达的欧洲经济圈,中间广大腹地国家经济发展潜力巨大。丝绸之路经济带重点畅通中国,经中亚、俄罗斯至欧洲(波罗的海);中国经中亚、西亚至波斯湾、地中海;中国至东南亚、南亚、印度洋。21 世纪海上丝绸之路重点方向,是从中国沿海港口过南海到印度洋,延伸至欧洲;从中国沿海港口过南海到南太

平洋①。简言之,"一带"是从西安出发,沿河西走廊,途经中亚与西亚进入欧洲;
"一路"则是取道马六甲海峡西进缅甸与孟加拉国,再取道东非,从地中海进入
欧洲②。

大陆提出"一带一路"的战略构想,主要是面对新一轮对外开放和主动经贸
外交出击,特别是加快向东南亚、中亚、南亚开放而提出,是中国将自身发展战略
与区域合作相对接的重大战略构想。这基本上也配合着习近平提出的新型大国
外交战略关系,走出韬光养晦式的内敛外交,试图以"一带一路"战略重启中国
的世界核心观③。

中国希望藉由"一带一路"的战略构想,试图达成下列几个目的:1. 通过"一
带一路"开辟新的出口市场,解决中国的过剩产能市场问题;2. 通过"一带一路"
新增大量有效的陆路资源进入通道,解决中国的资源获取问题;3. 通过"一带一
路"加大对西部的开发,将有利于战略纵深的开拓和国家安全的强化;4. "一带
一路"战略对中国而言,不仅能对冲掉美国主导,试图绕开孤立中国而推进的

---

① "一带一路",MBA 智库百科,wiki. mbalib. com/zh - tw/。

② 林彤《习近平"一带一路"战略对区域政经的影响,以及台湾因应对策建议》,国家政策研究基金
会,http://www. npf. org. tw/3/14699。

③ 宋镇照《一带一路丝绸经济跨区域战略下的中国与东南亚关系发展:机会与挑战》,台北论坛,
www. taipeiforum. org. tw。

TPP(跨太平洋伙伴关系协议))、TTIP(跨跨大西洋贸易伙伴谈判),还能有机会在"一带一路"经贸中抢占全球贸易新规则制定权①。

"一带一路"战略计划涵盖 65 个核心国家,覆盖面积约 5,539km²,约占全球总面积的 41.3%;试图惠及 46.7 亿人口,约占全球总人口的 66.9%;区域经济总量达 27.4 万亿美元,占据全球经济总量的 38.2%。"一带一路"区域经济发展存在两段高中间低的空间格局,东亚、欧洲经济发展势头较好,而中亚、中东地区经济增长相对缓慢;产业分工协作不合理,但是彼此间具有较强的互补性。"一带一路"涉及的 65 国中,发展中国家居多,基础设施建设水平普遍较差,提升空间巨大。

至于"一带一路"规画圈定重点,涉及中国国内 18 个省分,包括西北六省区、东北三省、西南三省区、东南五省市、内陆地区、多个节点城市、15 个沿海城市港口建设。西安、乌鲁木齐、福州及厦门四个城市,更有其地理战略优势。

二、"一带一路"对台商的商机

对台商而言,面对中国政府大力推动的"一带一路"战略计划,大体上可从福建自由贸易区蕴藏商机、台湾金融业、物流业蓄势待发、东盟新腹地商机无穷等分述之。

(一)福建自由贸易区蕴藏商机

根据《远见杂志》采访福建省人民政府发展研究中心副主任黄端表示,"围绕一带一路,福建要做十件事",包括一个枢纽(互通互联的重要枢纽)、六个平台(对外开放的先行平台、经贸合作的前沿平台、金融创新的试验平台、政策沟通的对接平台、人文交流的重要平台、两岸深度融合的示范平台)、三个基地(先进制造业的重要基地、东南沿海重要的能源基地、国家重要的海洋开发和科研基地)。报导也引述福州市商务局副局长梁勇指出,中国现有 4 个自贸区,广东自贸区面对港澳,上海自贸区拥有全中国自贸区的"典范"地位,天津自贸区则是接轨"京津冀一体化"国家一号工程,而福建自贸区的总体方案共 176 条,其中

---

① "一带一路",MBA 智库百科,wiki. mbalib. com/zh – tw/。

82 条是对台开放,82 条开放中,以金融领域的开放幅度最大①。

福建自由贸易区于 2015 年 4 月 21 日正式挂牌上路,全面复制上海自贸区经验,厦门、福州、平潭这三块区域中,平潭地理位置离台湾最近,免税优惠和实验区的迭加效果,首日就有 16 家企业领到营业执照,享受自由贸易区带来的方便。根据 ETtoday 新闻云报导,福建自由贸易试验区正式挂牌上路,厦门、福州、平潭总共 118 平方公里,是上海自贸区的 4 倍之大,其中平潭片区和台湾最为密切,自从自贸区获批以来,已经有 800 多家企业正在办理入驻手续,其中 16 家企业率先领到营业执照,包含了金融业、贸易、服务、电子商务等。受邀出席的台资企业董事长高玉鼎表示:"在这个区域里,平潭岛离台湾是最近的,离港澳、东南亚等地区的距离也是最近的,所以想在'一路一带'上……这里也可以起到一个重要的作用。"②

另外,ETtoday 新闻云报导也指出,平潭免税区和实验区迭加效果,作为高新技术产业企业入住平潭,除了政策开放,还享有 15% 企业所得税优惠,对于电子商务企业也能申请网站经营许可在大陆上线营运。台商金继先说,"在以前基本上台资是不允许去经营网站征集业务的,这次自贸区通过了之后,我们就可以向国家工信部去递交 ICP(网站经营)的申请,也就是所谓增值电信的业务。"③

（二）台湾金融业、物流业蓄势待发

亚洲基础设施投资银行(Asian Infrastructure Investment Bank,缩写为 AIIB),简称亚投行,是一个向亚洲各国家和地区政府提供资金以支持基础设施建设之区域多边开发机构,成立宗旨在促进亚洲区域内的互联互通建设和经济一体化进程,并且加强中国及其他亚洲国家和地区的合作。总部设在中国北京,法定资本为 1,000 亿美元④。各国出资的分配是区外占 25 %,区内占 75 %。再根据各国的 GDP 计算各国的出资比例,中国大陆出资占 30 %,约投入 300 亿美元,成为亚投行最大股东⑤。

① 邱莉燕《福建从边陲变核心 开放成为关键词》,远见杂志,2015 年 6 月 18 日,第 62—65 页。
② 《福建自贸区正式挂牌 借镜上海推试点》,ETtoday 新闻云,http://www.ettoday.net/news/20150422/496254.htmJHJixzz4Fzqs7ACU。
③ 同上注。
④ 《亚洲基础设施投资银行》,维基百科,zh.wikipedia.org/zh - tw/。
⑤ 邱莉燕《亚投行兆元大饼 打通金融大动脉》,远见杂志,2015 年 6 月 18 日,第 22 ~ 26 页。

中国于 2015 年 4 月公布亚投行意向创始成员国确定为 57 个,其中位于大亚洲区内有 37 国、区外 20 国。东南亚国家协会(东盟)10 国全数加入,拥有 28 个成员国的欧洲联盟(欧盟)有 14 国加入,20 国集团(G20)中也有 14 国加入,而金砖 5 国则全部跻身首发阵容,其他国家和地区今后仍可以作为普通成员加入①。

二战结束后,世界银行、IMF 和强势美元,就是美国形塑一个新国际经济与金融秩序的工具与平台。70 年来,美国透过世银、IMF 的各种经济援助计划,输出"华盛顿共识",也就是美国式资本主义市场经济发展模式,主宰全球经济与金融市场,超过半个世纪。而当下,中国正在复制美国的"世银 + IMF + 美元"模式,打造自己的"亚投行 + 丝路基金 + 人民币"模式,外面再加一个"一带一路"战略,以及习近平在博鳌开幕演讲提到的"亚洲命运共同体",作为包装。中国的意图再明显不过,它要在亚洲做一件美国 70 年前做的事,就是建立中国主导的亚洲经济与金融新秩序,也顺便让中国企业名正言顺地走出去②。

曾任亚洲开发银行环境专家及世界银行环境顾问的屠世亮表示,亚投行要做的是一次亚欧大陆的重建与复兴,亚投行希望仿效"马歇尔计划",如同二战后重建欧洲般,援助亚洲再复兴。

在"亚投行 + 丝路基金 + 人民币"模式,以及"一带一路"战略布局下,台湾金融业具备了何种利基呢?中国信托商业银行总经理陈佳文说,基础建设融资一直是联贷市场很大的项目,随着中国力推规模庞大的"一带一路",金融业势必扮演重要角色。陈佳文分析,"一带"经过的中亚、西亚地区,台湾的银行没有一家设点,台湾与这些国家的邦交较弱,对这些国家的了解有限,风险也比较大,出了问题往往不知道怎么办,因此台湾金融业的商机可能较小。但反观"一路"就不同了。一路是从中国东南沿海到东南亚到印度,台湾银行业布局深,除了缅甸没有开放,马来西亚不再开放,台湾的银行在东南亚各个国家都设有据点。台湾金融机构还有一个优势,大多数重要台资银行在中国大陆均已取得人民币营业的执照,无论是中国沿海因应海上丝路的建设,还是到沿线国家参与公共工

---

① 《亚洲基础设施投资银行》,维基百科,zh. wikipedia. org/zh – tw/。
② 辜树仁《台湾为什么非参加亚投行不可?》,2015 年 3 月 30 日,
　　http://www. cw. com. tw/article/article. action? id = 5066238JHJsthash. dAT9pHXY. dpuf。

程,以人民币计价结算的公共工程,对台资银行不会造成困扰①。

　　除了台湾金融业根基稳布局深,可以在"一带一路"觅得商机之外,台湾物流业依靠两岸便利快速的海运,也在"一带一路"中有其商机。据《远见杂志》报导,2015 年 4 月 30 日在台北港正式启动两岸海运快递,从福建平潭岛上船的快递品,搭乘第一艘台湾籍高速客货轮丽娜轮,直接载运至台北港,全程仅需 3 小时。同时,根据基隆海关估计,海运快递业务的营运,可望每年为台湾带来逾 2 万 5 千吨的货物量。而台湾深受大陆民众喜爱的美食、文创等相关产品,运用海运快递,发展对岸的市场,也为年轻创业者开发出一条新的黄金水道。台北港国际物流总经理谢荣芳指出,海运快递若能接上丝绸之路,更容易帮台湾业者把台湾的产品运送到对岸,甚至是到了大陆之后,再转运到其也国家②。

　　(三)东盟新腹地商机无穷

　　2015 年年底,伴随着东盟经济共同体(AEC)启动,凭借着东盟 10 国丰沛的人口红利(6.22 亿人)、广大的劳工、崛起的中产阶级消费力,已经攫取全球的目光,成为潜力不可限量的生产基地与消费市场。东盟经济共同体(AEC)启动后,东盟 10 国的货物将可免关税,服务、人力以及技术也可以互通有无。据估计,未来 10 年中国大陆在"一带一路"的投资,将高达 1.6 兆美元,其中不少基础建设的投资就落在东盟。事实上,无论是东盟经济共同体、亚投行(亚洲基础设施建设银行,英文简称 AIIB)、"一带一路"、跨太平洋伙伴协议(TPP),都将对东盟 10 国带来巨大经济效益③。

　　大体上,台商进军东盟,具备诸多优势:1. 地理位置相近。2. 华人、台商多。1980 年代就有台商到东南亚办厂或养殖、务农,1993 年政府推出南向政策,更启动对东南亚大量投资潮。3. 返乡外劳、侨生多。每年在台湾有近 50 万名东盟的外劳、近 2 万个侨生,这些人将台湾文化、美食带回家乡后,也提高了"MIT"的品牌印象与好感度。4. 中小企业具备灵活性。台商以中小企业居多,虽然规模小却应变速度快,具弹性又拥有客制化能力,适合发展东盟④。

---

① 邱莉燕《亚投行兆元大饼 打通金融大动脉》,远见杂志,2015 年 6 月 18 日,第 22—26 页。
② 邱莉燕《沿海小镇翻身 物流、金融连结台湾》,远见杂志,2015 年 6 月 18 日,第 56~60 页。
③ 彭杏珠《四大利多助攻 台商卡位东盟不能慢》,《远见》杂志 2015 年 6 月 18 日,第 84—90 页。
④ 邱莉燕《沿海小镇翻身 物流、金融连结台湾》,远见杂志,2015 年 6 月 18 日,第 56—60 页。

2015年年底东盟经济共同体启动后,就在今年7月27日,由台湾经济部门国际贸易局委托外贸协会办理的"2016年东盟商机媒合会"在台北盛大登场,计有东盟地区百位买主来台,与国内420家厂商举行超过1,000场次一对一采购洽谈会。贸易局主秘陈永章致词时表示,全球经济重心逐渐移转至亚洲,尤其东盟地区拥有人口红利,于2015年底成立东盟经济共同体,区域重要性与日俱增,随着各国相继投资,亦使得东盟国家的内需持续攀升,去年占台湾贸易总额达15.6%,其中出口比重更高达18.1%;政府采取多项行动,持续增进双边经贸关系,加强拓销当地市场,例如7月前往越南、泰国高层经贸访问团,下半年亦规划组团赴马来西亚及印度尼西亚访问。因此,台湾厂商应善用政府推动新南向政策的机会,把握时机与东盟地区买家建立更紧密的商业合作关系①。

随着台湾与东盟间经贸合作关系日渐升温,台湾经济部门国际贸易局将持续规划多元、创新的拓销做法,进一步延伸台湾内需市场至东盟,促进双向产业贸易交流合作,并针对东盟市场于7、8月间举办一系列各式商机媒合与媒体营销活动,如7月21日"全球电商市场商机媒合会"即邀请到43位东盟电商平台店家来台、7月25日"台湾美妆品牌营销联盟"国际记者交流茶会,邀请到7家东盟知名时尚杂志来台专访美妆业者、7月27日的"2016年东盟商机媒合会"邀请东盟地区百位买主来台,接续将于8月3日举办"美妆产业商机媒合会",亦将有24位东盟买主来台等,皆将有效促进台湾相关产业对东盟市场之拓展。东盟是台湾第2大贸易伙伴,贸易局持续强化新南向拓销做法,透过高层经贸交流;举办东盟、双印新政改革等商机媒合会扩大邀请东南亚买主来台;并藉由与日本及新加坡大型商社合作,共同拓展东南亚市场;同时于台湾经贸网建置越南、印度尼西亚语等在地语系营销专区;同步与马来西亚、泰国、越南电商网站合作以及选送大专院校学生赴东盟新兴市场实习等多元化作法,协助台湾业者打入东南亚市场②。

根据"中央社"报导,泰国外商联合总会主席康树德对东盟经济共同体启动充满信心。他表示,台商一向拥有刻苦耐劳的打拼精神,过去政府推动南向政

---

① 《2016年东盟商机媒合会,与国内420家厂商举行逾千场次洽谈会》,"经济部"2016年7月29日,www.ttv.com.tw/105/07/1050729/0720162908509B0E4CD4AE014C...

② 同上注。

策,早年来到东盟的台商都有根基,尤其经历包括 1997 年的亚洲金融风暴和近几次世界经济动荡,挺过来的台商都拥有自己一片天,未来要在东盟经济共同体启动后再创高峰,需要更多的创新和人才。康树德指出,台资企业除要打破仅用自己人的陈规外,更需要的是创新,所谓用自己人是指家族企业,都是自己的亲友在经营,没有融入本地社会,忽视在地优势,虽然说得一口地道的泰语或缅甸话,但要妥善运用当地人才,否则平白流失许多契机。康树德说,另外就是台湾的年轻人缺乏自信,不敢出走世界闯天下,放眼在泰国的许多成功台商当年都是受聘到来,如今他们都自立门户开创事业,因此东盟经济共同体的启动,正好给台湾年轻人一个最好的冒险机会,他鼓励台湾青年朋友到东盟来闯闯天下,试试身手①。

四、结论

从上述的论述可以得知,"一带一路"对台商的商机,包括了福建自由贸易区蕴藏商机、台湾金融业、物流业蓄势待发、东盟新腹地商机无穷等,但是这并不意味着台商已经可以从"一带一路"中获得庞大商机。未来,台商需要政府助力处,主要有以下几项:

1. 台湾应提前做好法规升级准备,通过立法及修法,完备跨境投资、跨境金融服务、跨境贸易等相关法规。因为未来若逐渐开拓新的产品贸易线路,台商在"物流"与"金融"服务两方面较有持续西进优势。因此,台湾政府应尽速升级跨境贸易、跨境金融服务、跨境投资所涉相关法律规范,加速拟订立法或修法程序。

2. 台湾应展现参与区域经济自由化的"政治决心"。政府相关单位应尽速将目前规划中具备自由化意涵的政策方案,启动和落实。同时,针对规划指标性产业,提出具有作法步骤的"升级策略",引导企业与社会各界一起投入国家产业升级的工作。

笔者并认为,除了在制度、法规面改进,创造台商在"一带一路"下的利基,如何善用台商与东南亚华侨华商,在语言、文化、宗教信仰、民俗节庆等,都承

---

① 刘得仓《东盟经济体启动 台湾青年机会来了》,"中央社"2015 年 12 月 31 日。

袭"河洛文化"的底蕴,相信对于台商在"一带一路"找寻商机,更能发挥其软实力。

（作者为台湾南华大学传播学系教授兼系主任）

河洛文化与洛阳

河洛文化与洛阳

江彦震

Abstract:"Luo culture refers to the ancient culture of China Luo region, Luo culture is a regional culture,"Luo"the term of the Yellow River in Henan Luohe convergence zone"Luoyang "area, Luo culture of the Central Plains culture is important part of the core of Chinese culture and is the source of . Luo culture is the cradle of Chinese civilization, culture, the Book of Changes copulative said:"The Analects" speaking"river plot, Luo a book, saint of the. ":"Not to phoenix river FIG no." "Bamboo Annals"talked about: the Yellow Emperor Shen bi Luo repair altar by Lung turtle book. Ancient Regional Culture of Luoyang Luo basin center, west Tongguan, Huayin, east Ying Yang, Kaifeng, south Yu Ying, north across the Yellow River to Jinnan, Jiyuan area.

Luo area refers south coast, Lo, Iraqi water and the surrounding area Songshan Zhengzhou section of the middle reaches of the Yellow Tongguan, including Ying water upstream Dengfeng and other places, including approximately latitude 34° to 35°, longitude 110° to 114° the area, a word that is today the western region of Henan Province. Luo mountain region south Foreign Funiu Mountains, north of the Yellow River, west Qinling Guanzhong Plain, east of the Great Plains Yudong, North-yan, South JAC, ranked in the Central Plains in ancient times, as"the world's the" ("Historical Records · Zhou Ji"), so-called"Chinese" (Zhou He Zunming text), is the ancient Chinese East and West transportation hub, geographic location.

He Tu and Luo Shu is the beginning of Chinese philosophy, and Confucianism, Taoism, Buddhism and so originated in the Luo. Luo culture in ancient times is a sign of faith and pursuit, Confucianism originated from three generations of Luo ritual culture. There is a strong attraction, inclusive, cohesion force, can inclusive, and its strong vitality, radiation and assimilation spread outwardly extending force. Luo area Sovereigns and Five Emperors of ancient legends, and legends as well as relevant historical sites. A large number of underground cultural relics found confirmed the authenticity of documented history.

"河图洛书"乃中华文明之始①

文字的产生是人类古代社会进入文明时代最重要的标志。"河图洛书"是中华文明之始。"太极图"是河洛交会的自然现象,这是因为太极图很像是黄河、洛河交汇形成的旋涡,通过这个自然现象触发灵感,伏羲才创造出"太极"和"八卦"。

华夏文明的主体是黄河文明,黄河文明的中心在中原地区,黄河文明的核心在河洛文化圈内。河洛文化最大的特点表现在以下三个方面:第一,"国都文化"连绵不断。黄河文明形成期的五帝邦国时代,黄帝都有熊,颛顼都帝丘,尧都平阳,舜都蒲阪;黄河文明发展期的夏商周王国时代,夏都阳城、阳翟、斟鄩、老丘,商都亳、隞、相、殷,周都丰镐、洛邑;黄河文明兴盛期的帝国时代,西汉至北宋一直建都在西安、洛阳和开封。上述都城均在河洛文化圈内,几千年的建都历史,形成了具有极大影响的国都文化。这是河洛文化最突出的特点。第二,树大根深的"根文化"是河洛文化又一特点,有许多文明源头都在这一地区。如最早出现的国家在这里,由于历史上各种原因,中原人口大量向四方播迁,甚至播迁到海外。第三,据姓氏专家研究,中国一百大姓中有七十多姓的祖根或一支祖根源于中原。民族基因。善于吸收、包融、开放、凝聚的民族个性,在河洛文化中都有充分的体现,但最突出的还是"大一统的民族基因",从邦国、王国到帝国的几

---

① 《尚书·顾命》:"大玉,夷玉,天球,河图在东序。"约在周朝初年的记载,周成王临终交待后事时,把召公、毕公几位姬姓宗亲诸侯以及重要官员们全部聚集在一起,当时提及陈设的玉器共有五组,其中有一件玉石出自黄河,称为"河图",摆放在东厢房(河图在东序)。

千年中,人们为维护国家的统一强大,反对分裂,一直进行着不懈的斗争,并且取得了辉煌的成就。这一优秀的传统现已成为整个中华民族坚如盘石的凝聚力和灵魂。

"河南龙山文化"孕育华夏文明

河洛地区的"夏商王国"是中国古代历史上的早期王国。在同时期的当今中国范围之内,各地没有比夏商王国对以后中国古代历史发展影响更大、更为重要的王国。寻找直接产生夏商王国文明的考古学文化,是实施中国古代文明"探源工程"的关键。田野考古揭示,河洛地区的"河南龙山文化"就是"夏文化的母体文化"。

在中国古代历史的"文明化"过程中,在不同地区的不同考古学文化社会群体,基本在相同时期或稍有先后进入"文明"时代,形成"万邦"、"万国"的局面,但是河洛地区古代文明的形成与早期发展的源头,即是河洛地区的河南龙山文化,而不是红山文化或良渚文化,更不是中原地区以外的其它考古学文化。

因此,从探索中国古代文明形成源头来说,"夏文化直接渊源于河洛地区的河南龙山文化";从对夏王朝以后的中国古代历史发展而言,河洛地区的"河南龙山文化"、"夏文化"是孕育华夏文明、中华民族文化、汉文化的核心文化。

"河洛文化"系五千年华夏文明之"泉源"与"主脉"

"河洛文化",顾名思义,是指存在于黄河中游洛河流域,以伊洛盆地(亦称为洛阳盆地或洛阳平原)为中心的区域性古代文化。由于该地区在我国历史上十三朝古都的历史地位,所以自古夏代开始,河洛文化长期是我国古代历史上久负盛名的"京都文化"、"王畿文化",是我国 5000 年华夏文明的"源泉"与"主脉"。

黄河中游的洛河,发源于陕西省洛南县洛源乡木岔沟,先后流经河南省卢氏县、洛宁县、宜阳县、洛阳市区,在洛阳市区瞿家屯、下园分别与涧河、瀍河相会后继续东流,在偃师市杨树村与伊河汇流后经巩义市神堤注入黄河,全长 410.1 公里。伊河,发源于河南栾川县陶湾乡三合村闷顿岭,先后流经嵩县、伊川县、洛阳区、偃师市注入洛河,全长 268 公里。洛河支流繁多,除伊河外,在河南省境内长度在 3 公里以上的有 105 条,其中 10 公里以上的有 61 条,流域面积在 100 平方公里以上的有 24 条。这些支流南北错开,均匀注入,为其下游流经的伊洛盆地提供了丰足的水量和优越的生态环境。

1972 年,著名学者竺可桢在研究中国近 5000 年气候变迁时就指出:"在近 5000 年中最初 2000 年,即从仰韶文化到安阳殷墟,大部分时间的年平均温度高于现在 2℃左右,一月份温度大约比现在高 3℃－5℃。",当时黄河中游的河洛地区温暖湿润,洛阳皂角树遗址考古发掘所获的古环境数据表明,约距今 4000—3600 年,河洛地区降水量近 1000 毫米,以其疏松易耕而富含肥力的黄土,充足的日照,以及全新世温暖期所带来的适宜农作物生长的温湿度等气候条件,成为我国农业起源与发展的中心区域。在"洛阳皂角树"、"二里头文化"遗址中,发现粟、黍、大豆、小麦、稻等农作物籽实,说明在距今 4000 年前的夏代已经栽培多种农作物。河洛地区先进的农业,发达的手工业,为我国第一个奴隶制国家政权——夏国的建立,亦为河洛文化的形成提供了的经济基础。

"二里头文化"有发达的经济。根据考古资料,当时的农业虽然使用的木耒、石斧、石铲、骨铲、石刀、陶刀、石镰、蚌镰等传统的原始工具,但种植的黍、粟、大豆、小麦、稻等农作物,与《周礼·职方氏》郑玄注中的"五谷"即黍、稷、菽、麦、稻相符,说明夏代河洛地区已是文献所说的"五谷丰登"。当时的畜牧业亦属发达,据洛阳皂角树遗址提供的鉴定数据,猪、牛、狗都属家畜,其数量占鉴定动物总数的 52%,依据这个比例可以推测当时人们肉食以家畜为主要来源。洛阳皂角树遗址中出土的鲤鱼、蚌、鳖、鸡、鼠、兔、猪獾、梅花鹿、小型鹿科动物骨骸以及骨镞、刮削器,二里头遗址出土多种渔猎工具,如骨镞、陶弹丸、蚌镞、骨鱼钩、蚌鱼钩、铜鱼钩、骨鱼镖、陶网坠和骨网坠等等。都说明当时人们经常捕捉野生动物以补充食物不足,采集和狩猎依然还是重要的辅助经济。

二里头作为夏代都城,有许多门类的王室手工业。依据考古发掘数据,可以确认的有青铜冶铸业、制陶业、制玉(石)业、制骨业、制髹漆业、制车业、纺织业、酿酒业等且都非常发达,现依据《中国考古学·夏商卷》一书所归纳的考古资料略举二三,予以论述。

在二里头遗址的南部发现铜渣、熔炉碎块、陶范等青铜冶铸作坊的遗物。其中在遗址东南部的冶铸作坊遗址,估计面积近万平方米,经发掘发现了由几座东西向的长方形建筑,南北排列组成青铜器浇铸现场,在其工作面上发现红烧土硬面、铜液泼撒形成的铜渣层和散落在地的熔炉碎片、铜渣、小铜块等遗物。在遗址范围内还发现被推测为烧(烘)陶范的窑和可能用于预热陶范的房子。在遗址内发现大量与青铜器冶铸有关的遗物,如陶范、石范、熔炉碎片、铜渣、铜矿石(孔雀石)、木炭和小件铜器。出土陶范,多为破碎外范,均系细泥制作经培烧涛工艺,如浇铸工艺,如浇铸一件铜爵需用外范 5 块,一件铜盉需用外范 7 块以上,一件铜斝至少需要 12 块外范等等。此外根据二里头出土铜器成分的测定资料,当时铸造的青铜器主要是铜、锡合金(铅占微量),也有铜、铅合金(锡占微量)和铜、锡、铅三元合金。

二里头遗址的制玉产品,主要有刀、璋、钺、圭、戈、柄形饰、铃舌、镞、铲、凿、环、镯、纺轮、坠饰等玉器和绿松石质料的坠饰、串珠和镶嵌物。据专家研究认为,当时的玉工不仅善于制造长度可达 40—60 厘米大型的礼器,如玉刀、玉璋、玉戈等,还发明了先进的工具,用旋转的“砣子”来雕刻玉器上的花纹,其纹样线条笔直,非常规整。此外,他们还运用高超的镶嵌技术,在玉器或铜器上镶嵌绿松石。如 1987 年 Ⅵ 区 M57 出土的兽形铜牌饰,出土时绿松石片还悬空镶嵌在铜牌上,完整地保持原来的图案,镶嵌工艺可谓精美绝伦。

古代文献记载夏代以丝绸为衣饰,如《管子·轻重篇》说:“昔者桀之时,女乐三万人……无不服文绣衣裳者。”在二里头遗址里发现麻和丝制品一般都附着在玉戈、玉刀、铜铃、铜表面。据观测,麻制品每平方厘米经纬线各 8 根或各 10 根;丝制品每平方厘米的经纬线为 32—36 根,最细的可织到 50×50 根。专家认为二里头遗址出土的纺织品以平纹为主,个别织物是斜纹,似是“绞经”。

洛阳四周环山,地势险要。它背负邙山,南眺龙门,左控函谷,右握虎牢。犹如东汉傅毅《东都赋》所描述的:“被昆仑之洪流,据伊洛之双川,狭成皋之严阴,扶二崤之崇山。”在当时人们所知道的地理概念中,洛阳地处崤(崤山)函(函谷关)古道,为东西之中;位黄河、淮河之间的交通要冲,居南北之中。夏人渡过黄河可到河北平原和唐尧汾河谷地,南经伊阙、轩辕关可下南阳以致三苗江汉平原,西过崤山、函谷送可通后稷关中盆地和甘青地区,东出虎牢关可抵东夷江淮平原乃至太湖流域。洛阳居中央而应四方,可谓“此天下之中,四方入贡道里均”(《史记·周本纪》)。陕西宝鸡出土的西周何尊铭文亦正是古代文献所记载的"帝王所都为中,故曰中国"(裴骃《史记集解》)。正因为此,洛阳作为王朝理想的建都之地,夏代为之都,商、周袭之,以至于"昔三代之居皆在河洛之间"(《史记·封神书》)。中国历代王朝"言必称三代",一直被封建帝王视为古之圣人明君,今之为君者的楷模。由此,洛阳为"三代之居","天下之中"的理念,"崤函有帝皇之宅,河洛之王者之里"(左思《三都赋》)的思想,一直在封建社会延续,根深蒂固,成为后世诸多王朝定都的主要根由。"自古河洛帝王洲"。从夏代开始,洛阳先后有夏、商、西周、东周、东汉、曹魏、西晋、北魏、隋、唐(含武周)、后梁、后唐、后晋13个朝代在这里建都,建都历史累计1500余年,是我国建都时间最早、最长,建都王朝最多的城市。在我国5000年文明史中,大约近三分之一的时期,洛阳是国政治、经济、文化、交通的中心。其历史地位犹如宋代史学家司马光所说的:"若问古今兴废事,请君只看洛阳城。"

洛阳居"天下之中"的地理优势,"河山控戴,形胜甲天下"(《读史方舆纪要·河南府》)的居险制险的战略地位,以及洛阳自夏代以来繁荣的社会经济和建都1500年的历史,赋予河洛丰富的文化内涵,赋予它中国古代"正统文化"的历史地位。这就是河洛文化形成和发展的自然条件、经济基础以及历史渊源。统观河洛文化发展史,夏商周三代是河洛文化的早期,并对尔后的河洛文化的发展产生巨大影响。

河洛文化第一阶段——夏代

夏代是早期河洛文化的第一阶段,在这时,河洛文化的内涵就是夏文化,二里头遗址就是当时河洛文化的核心载体。根据考古研究,在距今约5000—3500年期间,生活在中原地区,具体地讲生活在河南省中、西部地区的先民们,创造了被称为是"仰韶文化"、"庙底沟二期文化"、"王湾三期文化"、"新砦期文化"和"二里头文化"的考古学文化。这几种文化在考古学地层上先后叠压,在文化内涵上一脉相承。这些考古学文化主要分布在嵩山南北,集中在黄河及其支流伊河、洛河、淮河支流汝河、颍河的中上游。依据考古研究成果,当时我国的新石器时代文化可以分为既同时并存又相互影响的六个文化区:"中原文化区"、"山东文化区"、"燕辽文化区"、"甘青文化区"、"长江中游文化区"和"江浙文化区"。

"中原文化区"位居中央,与四邻的五个文化区密切联系,其地域优势使它汲取四邻文化精粹,迅速发展自身文化,在诸区域文化中起着核心、主导作用,最终率先跨入文明社会。这个研究成果与文献记载是吻合的,据古代文献记载,在距今5000—3500年期间,该区域就是古代传说中的黄帝及其后裔与夏族活动的中心区域。根据文献记载,夏代建国之初禹都阳城、阳翟,启都夏邑,地域在颍河上游的现郑州市所辖的登封、新密及禹州一带,距洛阳仅百里之遥。启子太康继位,就把都城迁到斟鄩,以后的夏桀也定都斟鄩,如《竹书纪年》:"太康居斟鄩,羿亦居之,桀又居之。"《史记·孙子吴起列传》记载了战国时期军事家吴起对魏文侯说的一段话:"夏桀之居,左河济,右泰华,伊阙在其南,羊肠在其北。""河济"指济水入黄河处,在今荥阳以北;"泰华"即华山,今陕西华阴县;"伊阙"为洛阳南的分水阙口;"羊肠"指黄河北岸太行山上的崎岖羊肠小道;"夏桀之居"的地理位置无疑就是"洛阳",就是"伊洛盆地"。

1959年四五月份,著名考古学家徐旭先生率领的中国科学院考古所考古队在河南省西部进行以探索夏文化为目的的考古调查,在今洛阳偃师二里头村发现了一处大型遗址,命名为"二里头遗址"。

就考古发掘,结合文献资料,确认生活在嵩山南北的伊、洛、汝、颍河流域的河南龙山晚期文化和二里头文化就是历史上的夏文化。根据《竹书纪年》记载,夏代"自禹到桀十七世,有王与无王,用岁四百七十一年"。夏商周断代工程将夏纪年估定为公元前2070年至公元前1600年。二里头文化的年代范围推定为公元前19世纪中叶至前16世纪中叶,约300年。

夏代是我国第一奴隶制国家,奴隶制经济的繁荣为国家的强盛发展提供了坚实的基础。在伊洛盆地已发现二里头文化遗址50余处,形成了以都城为中心,村落星罗棋布的聚落群。在二里头都城遗址内,中部是宫城,宫城北面和西北一带是祭祀区,中型建筑基址主要分布在宫城的东北与西北,小型建筑基址则分散在宫城以外的四周。都城与村落,王室、贵族、平民与奴隶,阶级分化、等级森严,这就构成了夏代的"王畿社会"。

在二里头遗址的中部是宫城,宫城呈长方形,四周围以夯土城墙。东、西、南、北城墙复原长度分别为378米、359米、295米、292米,面积约10.8万平方米。宫墙墙体上宽1.8—2.3米,底宽可达3米。东墙上发现宫门2处。宫墙外均发现平行于城墙的大道,如东墙外的大道已探出近700米,宽度可达20米。

宫墙内分布着数十座夯土基址,已探明的有 34 座。一般的长宽为 40—50 米,最大的长、宽各 100 米,最小的仅 20—30 米 10。其中最大的两座宫殿(宗庙)基址已经发掘。

学者根据《礼记·祭法》郑玄注"封土曰坛,除地曰墠"的记载,认为地面上的圆形建筑是"坛",半地穴式的长方形建筑是"墠"之类的祭祀建筑遗存。《左传》庄公二十八年记载,"凡邑,有宗庙先君之主曰都";《礼记·祭法》"天下有王,分地建国,置都立邑,设庙、祧、坛、墠、而祭之"。宫城的发现,宫殿、宗庙、坛、墠的发掘,无疑可以确认二里头遗址是夏代的都城。

二里头遗址宗庙、坛、墠的发现,反映了当时人们的"祖先崇拜";在该遗址发现制作精良、形象逼真的石祖,反映了他们的"生殖崇拜";该遗址发现的陶龙、陶蟾蜍、陶龟、陶鸮艺术品,陶尊和铜牌上的饕餮纹,即龙或虎的艺术形象等,透露了当时人们的宗教信仰。《夏书》曰:"官占,惟能蔽志,昆命于元龟。"二里头遗址出土的卜骨,证实当时社会流行占卜。这一切集中到一点,说明当时人们存在着万物(包括人类自己)有灵的宗教观念和迷信行为,自然其中最首要的是表现对人类祖先崇拜。根据文献记载,宗庙、坛、墠是我国古代都邑中常见的崇拜祖先的祭祀场所,二里头遗址出土的的陶鼓形扁壶、漆鼓、铜铃、石磬、陶埙等,都应该是当时都邑举行祭祀或其地礼仪活动时使用的乐器。

文字的发明,是人类由野蛮社会进入文明社会的重要标志,殷墟甲骨文被认为是处于定型了的汉字的初期文字,并不是中国最古老的文字,在二里头遗址出土的陶器上,发现了许多"刻画符号",有学者认为,这些"符号"中确实有早期文字,分别表述数字、植物以及自然景象。如,一(十)、二、三、六、七、八、木、禾、矢、菔、并、墉(或亚?)、山、射、竹(或冉),等等,这些字在商代的甲骨文中均可找到相同或相似的字。如李学勤先生认为:"我们知道商代是有竹本简的,但简的实物迄今未能发现。夏代的情况也许正是这样,尽管有文字,却没有多少能传留至今。

河洛文化第二个阶段——商代

约公元前 1600 年,商汤伐夏,建立商朝。据文献记载,汤灭夏之后都西亳,其地望在河南偃师。如《春秋繁露·三代改制质文》:"汤受命而王,应天变夏作殷号……作宫邑于下洛之阳。"《汉书·地理志》中"河南郡偃师县",下班固自注:"尸乡,殷汤所都。"《尚书·立政》:"三亳阪尹。"孔疏引皇甫谧曰:"三处之地皆名亳……偃师为西亳。"1983 年,考古学家在二里头遗址(夏都斟鄩)西北 6 公里的洛河北岸一处被称为"尸乡沟"的地方,发现了大型商代早期都城遗址,命名为"偃师商城"。

结论

　　大量考古发现和古代文献记载说明,华夏文化是汉文化、中华民族文化的母体文化。华夏文化主要源自中国古代早期国家夏商文化及其更为久远的河南龙山文化,多年来的考古发现与研究已经证实,河南龙山文化是夏文化形成的直接源头。河洛地区是河南龙山文化的重要分布地区,就这点而言,河洛地区可以说是夏文化、华夏文化的发源地及其形成、发展的核心地区,也可以说是以后汉文化、中华民族文化的发源地。

　　千百年来,中华民族自豪地称自己为"炎黄子孙",而河洛文化就是以洛阳为中心的河洛地区是炎黄二帝的主要活动区域,是炎黄文化的肇兴之地。

　　"厥美帝功,万世载之"。在广袤丰厚的河洛大地上,炎黄二帝用他们的聪明睿智,谱写了华夏灿烂文明的第一乐章,从而使炎黄文化成为中华文化中最具凝聚力的核心部分,炎黄二帝成为华夏子孙的共同祖先。他们身上所体现的自强不息、奋发进取的精神已成为整个中华民族团结向上、蓬勃发展的永久动力。钟灵毓秀的河洛大地,曾养育了我们的伟大先人。河洛文化,炎黄大业,将永远是我们中华民族的生命之根!

　　台湾同胞不论是原住民的风俗风情,还是汉族的生产、生活方式、精神文化习俗,都与祖国大陆有着千丝万缕以至水乳交融的关系。这种民族文化的传播、渗透、融合在生活的方方面面。其中许多还保留着北方中原"河洛文化"的传统。从原始社会到今天,中华民俗文化历数千年而不衰,成为中华民族"根文化"——"河洛文化"的有机组成部分。这就是现实和历史事实,这种真实的存在,具有强大的民族凝聚力,就是中华民族之"民族魂"!

参考文献:

1.《尚书·顾命》:"大玉,夷玉,天球,河图在东序。"

2.《论语·子罕》："子曰，凤鸟不至，河不出图，吾已矣夫！"。

3. 河洛文化 http://baike.baidu.com/view/21529.htm

4. 周文顺、徐宁生《河洛文化》，五洲传播出版社，1998年9月。

5. 郑淑真、萧河、刘广才《根在河洛》，华艺出版社，2000年10月。

6. 张华、萧河、刘广才《台湾河洛郎》，华艺出版社，2003年12月。

7. 刘登翰《从原乡到新土·台湾文化剖析》，《港台信息报》，1998.2.10。

8. 北京师范大学出版社《中国民间文化探索丛书·总序》1999年出版

9.《传承河洛文化 弘扬华夏文明》，《河洛文化网》，www.hlwh.net。

10.《后汉书》卷40《班彪列传下》："曷若四渎五岳，带河泝洛，图书之渊。"注："四渎，江河淮济也。河图曰：'天有四表，以布精魄，地有四渎，以出图书。'尔雅曰：'太山为东岳，衡山为南岳，华山为西岳，恒山为北岳，嵩山为中岳。'图书之泉谓河、洛也，易系辞曰：'河出图，洛出书'也。"

11.《周易·系辞上传》(第十一章、第八章，第十章)。

12. 余英时《论天人之际：中国古代思想起源试探》，台北：联经出版事业股份有限公司.2014. ISBN？957084325X。

13. 郑玄《六艺论》："河图、洛书，皆天神之言语，所以教告王者也。"

14.《周易正义》系辞上(卷七之十一)："疏曰……如郑康成之义，则《春秋纬》云：河以通干出天苞，洛以流坤吐地符。河龙图发，洛龟书感。《河图》有九篇，《洛书》有六篇。孔安国以为《河图》则八卦是也，《洛书》则九畴是也。辅嗣之义，未知何从。"

15. 谢世维《天界之文：魏晋南北朝灵宝经典研究》，台北：台湾商务印书馆股份有限公司，2010年，页82。

16.《四库全书》，《明文衡》卷第十四。

17. 韦娜　叶万松《早期河洛文化述略》，《河洛论丛》2000年第3期

（作者为台湾中华世界民族和平展望会秘书长）

客家语言反映的中原文化

罗美珍

Abstract：This paper by means of the phonetics structure（including the feature of development of phonetic ）, using of the words and prases, the main structure of grammar, antitheical couplet, and writing five aspacts to expound and prove that Hakka language reflect and inherit the culture of Central Plains.

学者们都认同：以黄河中游、洛河流域为中心的河洛地区文化是中华文明之摇篮。客家先民由于战乱、饥荒等原因，在西晋末年就分期分批从这一地区出发往南方迁移，于南宋末到达闽、粤、赣交界处定居下来以后形成了"客家"这个群体。因此有人把"黄河"称为"客家母亲河"。明清以后客家人又从闽、粤、赣交界处往国内外迁徙。他们把所传承的中原文化带到了东南亚和世界各地。

语言是文化的载体。人类在发展过程中所创造的文明要靠语言表现、记载、传承下来。它本身也是文化的一部分。客家的语言虽然受到南方民族语言的一些影响，但其主体结构还是和中原一致。本文通过客家的语言现象来反映客家人所传承的中原文化。

一、语音结构

现在广东梅州的客家话是客家话的代表。它的音韵格局基本和元代周德清编的《中原音韵》一致（如：有 v 声母、有 - m、- n、- ng 结尾的词、保留了入声）。该书是一部专供北曲作家押韵、审音、辩字用的书，反映了当时北方的活语言。在语音演变方面，据王力研究：晚唐五代汉语还保留一套全浊声母 b、d、g、dz，至宋代全部清化，平声变为送气清塞音 ph、th、kh、tsh，仄声变为不送气的清塞音 p、 t、k、ts。客家话的特点则是:不论平、仄声都变为送气的清塞音 ph、th、kh、tsh 如:

平声	平	堂	蚕		仄声	鼻	白	大	地	概	跪
北京	phing	thang	tshan			pi	pai	ta	ti	kai	kue
客家	phiang	thong	tshang			phi	pha	tai	thi	khai	khui

这个特点在客家先民迁徙的出发地和沿途(山西南部、皖南的太平、休宁等县、江淮的泰州、南通等县、湘语、赣语)都具有。有意思的是:泰国的泰语也有这个特征,但其亲属语言,国内的傣语不这么变化。可能这是受到客家话影响的结果,因为傣族地区没有客家人,而在泰国的客家华裔有不少。如:

本族词阳调类的:

	年长的	自称	涂抹	人	支持		肿
古音	bi6	djai2	da2	gun2	gam4		gai6
泰语	phi6	thjai2泰	tha2	khon2	ta2	kun2	kam4	kai6

借汉词:

	地(定母)	肥(奉母)	匠(从母)	峒(定母)
北京	ti	fei	jiang	tong
客家	thi6	phe2	tshiong6	thong6	t
泰语	thi6(处所)	phi2	tshang6	thong6	转义为田野
傣语	ti6(处所)	pi2	tsang6	tong6	转义为乡间

二、语词方面

1.造词和用词心理方面反映了历史文化沉积

(1)古代社会形态的反映——客家人过去都是聚族而居。在一座房屋里的就是一家人。因此客家话把“家”称为“屋下”(“来我家玩”说成“来﹡捱屋下嫽”),留下了中华血缘家族社会形态的痕迹。福建长汀话里的“买”和“卖”不分。“买豆腐”和“做豆腐卖”里的“买”和“卖”同是一个音一个调。语言中过去很少使用“买”的词,多用具体的动词替代,如:“买豆腐”说“托豆腐”、“买布”说

"撕布"、"买药"说"点药"、"买肉"说"斫肉"、"买酒"说"打酒"。墟市上过去多是以物易物交易,叫做"较"。有两条谚语表明客家人过去对经商的看法:"作田作地大富家,开店开口眼时花"、"生意钱顾眼前,镢头(锄头)钱万万年"。这是农业自然经济意识的反映。

客家人崇尚家庭伦理,认为"持家无奇巧,勤俭是法宝"、"理家千万计,勤俭居第一"。所以客家人把"节俭"叫做"做家"。如:"钱要做家滴子用"(钱要节约点儿用)。

(2)反映封建社会男尊女卑的词。——汉族妇女几千年来受封建礼教的束缚,一直被压在人间底层。汉字的"安",造字时的含义就是把"女"人圈在"家"(安字上面的宝盖为"家"意)下才得安宁。这是由母系社会转为父系社会时观念意识改变的反映。汉族女人缠足也是男人为了制服女人,把女人拴在家里所施的一种办法。时代久了,缠足成了美观。"男主外女主内"也成了天经地义的道德观。客家劳动妇女虽然不缠足,但是多了一层"主外"的负担。"丁"字在史记律书上:"丁者,言万物之丁壮也",故有男丁、女丁。可是到唐代白居易的新丰折臂翁诗中"无何天室大征兵,户有三丁点一丁"就只指男子了。客家人也是把"丁"只视为男性。当地有"送莲花灯"的习俗。元宵节女方要送莲花灯给出嫁的、尚未生孩子的女儿,以"添灯"望女儿"添丁"(生男孩)(福建长汀话的"灯"、"丁"同音)。清明节祭祖后,族人共享祭品时所分的"米果"(一种搓成长条形的糯米年糕,以糯米的粘性象征族人团结)只分给男丁,女性没份(四川凉水井的客家也有"米果"一词)。因只有"丁"才能传宗接代、读书做官、有权继承遗产、家庭才算兴旺,因此生男孩多的儿媳妇受到社会赞扬和公公、婆婆的尊重,而生女孩多的儿媳妇则受到社会鄙视和公公、婆婆的欺辱。长汀话的"儿媳妇"叫"新婢",梅县叫"新臼",把娶来的儿媳妇当作婢女或生儿工具看待。儿媳妇娶进来后要伺候丈夫和公婆,受婆婆的严格管教;还要受姑姑、叔叔的欺负,因此描述谨小慎微的表情时,常使用"新婢子相"一词来形容。有首山歌描写道:

好子过学堂,好女过家娘(婆婆),上家有新婢,下家教乖女

客家人把"母亲"叫"娭"(客家话变音为 ue),"祖母"叫"娭姐"。"娭"是古

时对女人的贱称(见《玉篇　女部》)。

(3)取学名要显示辈分,同辈的要有一个字相同,如:俊勋、旭勋、懋勋。取乳名比较随意,有爱称和贱称,也有根据出生地或植物取名的。如爱称有:宝宝、贝贝、媛媛;贱称有:狗子、流民子、石猴哩、长毛、北方有:狗剩、铁蛋、蛮牛,.以贱称来期望孩子不骄嫩地成长。根据出生地和植物取名的有:杭生、闽生、松生、柏生等。信仰妈祖神的信徒一般都要认妈祖神为母亲。给孩子所取的名字要带一个"马"(马、妈音同)字,如有:马金水、马友、马木子、马子妹、马长妹等。期望妈祖保佑孩子成长,为人慈祥、行善。

2.语言的艺术手法相同

(1)北方的相声、快板书里常用一些同音字来逗乐。现在的广告也常使用同音字来作宣传,如:"醉(最)美多彩贵州"、"小米手机很轻,狠(很)快"。客家话也以一些同音字来表达愿望或辟邪。客家人年初一时一定要吃芹菜,期望来年读书、做事要勤快(取"芹""勤"同音)。吃蒜,来年居家过日子要会"计算"。吃葱,期望来年更聪明,(取葱、聪同音)。吃"桔子",望来年吉利(取"桔"、"吉"同音)。婚床上放"柚子",期望"有子"(柚、有同音);做梦遇见"虎"表示会有福(虎、福同音);坐船不能说姓陈,因陈、沉同音。梅县地区嫁姑娘时要送"蔬菜嫁妆",有芹菜、蒜和韭菜。有一首情歌用食物名称和所赋寓意的词同音而编成:

　　天上月光亮堂堂　芹菜、韭菜排成行
　　郎食芹菜勤思妹　妹食韭菜久想郎

长汀的客家人有"送肉圆"的习俗。所谓肉圆,实际是用白薯粉掺水搅匀后做成的圆团,氽入开水锅里煮成的食品。逢年过节送邻居、亲朋,以示"结缘"。(取"圆"和"缘"音同)。

(2)谚语、歇后语

客家话和中原话也都有一些歇后语和谚语,语意双关,表现出艺术才华,如:

　　孔夫子搬家——尽是书,取"书"、"输"同音;黄牛食草——吞吞吐吐
　　驼背老子两头唔(不)贴席——两边不讨好;阎王出告示——鬼话连

篇：

　　烂泥糊唔(不)上墙——比喻不可造就　　黄连树下弹琴——苦中作乐

　　客家人把"节俭"叫做"做家"，即："持家"就要"节俭"（如：电要做家滴子用——电要节省点用）。父母在教育孩子要勤劳节俭时经常会顺口说出一些谚语来，如：勤快勤快，有饭有菜，懒惰懒惰，挨冻挨饿。唔(不)怕家里穷，就怕出懒虫。一餐省一口，一年得三斗。有米煮粥唔(不)怕鲜(稀)，就怕三餐断火烟。

　　客家人也会用一些像谜语式的对答山歌让大人、孩子注意观察事物的特征，如：

　　问：嘛个(什么)东西有嘴唔(不)会话(说)？嘛个东西圆圆打哈哈？
　　答：菩萨有嘴唔会话，铜锣圆圆打哈哈。
　　问：嘛个东西有脚唔会走？嘛个东西无脚走上又走下？
　　答：凳子有脚唔会走，大船无脚走上又走下。

　　承载了客家特有文化的的山歌、童谣、谚语、歇后语在海外也有流传。以台湾为例：邓荣坤先生编的《客家话顺口溜》，有一些和大陆的完全相同或用词略有不同，但含义相同，如：

台湾	福建长汀
屙屎不出怨猪嘛(母猪)	屙屎唔出怪下颔(下巴)
意义　比喻事情不顺责怪无关的人。	
简简择择，择着烂瓠勺	拣拣择择，拣倒(着)一个烂瓠勺
意义　挑三拣四，最后得到的还是烂货。	
朱门生阿斗，茅寮出状元	大屋大舍腹里空，茅寮屋子出相公
意义　富家子弟好吃懒做没学问，穷家孩子勤奋、刻苦有出息。	
乌鸦无隔夜卵	老鼠无隔夜粮
意义　比喻不知节俭，超额消费。	

　　3. 饮食和习俗方面——客家处于邱林山区的穷地带，山区作物多。客家妇女常以山区作物代替北方的面粉，依照中原汉人的烹饪习惯做出许多特色美食并赋予美称。如：

芋子饺——芋头煮烂后去皮,和上白薯粉揉搓成团,代替面粉皮做成的饺子。

梭哩蛋——鸡蛋做皮包馅儿的蛋饺。

肉丸——实际是白薯粉放水调和后,掺上萝卜丝、葱丝,用手搓成丸状氽入开水里煮成的丸子。美其名曰"肉丸"。

鱼丸——将豆腐磨成浓液体状,掺上肥肉末(考究的还有鱼肉末)、白薯粉蒸成的豆腐糕。美其名曰"鱼丸"。

药薯＊平——山药在擂钵上擦搓成浓液体,放上葱、盐等在锅里煎成的饼,类似北方的烙饼。

山药羹——山药切成碎粒在骨头汤里煮成的汤,类似北方的面疙瘩汤。

酿豆腐——豆腐切成片夹肉,在锅里略油煎一下,然后放酱油、佐料焖煮即成。

冲菩萨——元月十五前后的晚上,几名壮汉在乐鼓声中轮流抬着巨大的"五通公王"(掌管东西南北中的菩萨)使劲蹦跳、颠簸菩萨游街。一路上有百姓烧香、点蜡烛跪拜迎接。以此祈求万事顺当、如意。也为一种娱乐活动。电影《红高粱》有迎新娘颠轿子的场面。冲菩萨可能是传承北方习俗的一种娱乐活动。

邀银会——这是经济上互帮互助,避免借高利贷的一种方式。某家急需用钱时,宴请亲朋好友来出份子钱救急。以后各位亲朋好友每月轮流做东收取份子钱(即收回付出的份子钱)。

4.保留使用古汉语词,如:

客家话把同姓氏住的乡村叫做"坊"(读 piong),如长汀有涂坊、童坊、谢坊、罗坊等地名。《唐六典》三户部尚书说:"两京及州县之郭内分为坊,郊外为村",可见这些姓氏是来自古时京城。北京现在还有一些带"坊"的街道和乡村名。

满——五代后晋指"幼小",客家话指"排行最末的",如:满子、满姑、满舅;

鲜——古意为"少,不多",《诗。大雅。荡》"靡之有初,鲜克有终"。客家话表示"稀"如:"粥鲜";

漉——原意为"炼、熬"《大唐传》载"有士平常好食漉牛头"。客家话表示用开水烫,如"漉鸡";

嫽——《广韵》注:相嫽戏也,客家话表示"玩耍";

此外,"馋"(极想吃)用"饞",如:饞食肉(馋肉)、"脸"用"面"、"上山"用"跋岭"、"吃"用"食"、"走"用"行"、"是"用"系"、"穿"用"著"、"痛"用"疾"、"衣服"用"衫"、"姐姐"用"姊"等。

三、语法方面

语序和虚词是汉语表达语法意义的手段。

1. 客家话和近代中原汉语一样使用"主语—谓语—宾语"的语序(如:你读书)。

2. 修饰语和限制语的位置

古代汉语的修饰成分有放在中心成分之后的。孟蓬生的《上古汉语的大名冠小名语序》一文,详细介绍了上古汉语国名、地名、日名、人名、星名、动物名、植物名、水土名等的语序,如:有夏(《左襄四》)、有苗(《尚书·皋陶谟》),其中"有"是"国"之意(即为夏国、苗国);虫螟(即冥虫)(《礼记》);草茅(即茅草)(《楚词·卜居》);匠石(即石匠)(《庄子》)等。此外,除大名冠小名的以外,还有单词或词组作修饰语的,如:施于中谷(即谷中)(《诗经》);国君之富(即富有的国君)(《礼记》);大人之忠俭者(即忠俭的大人)(《左传》)。

现代汉语的修饰成分都放在中心成分之前了。客家话也是修饰和限制语在中心词的前面,如:红花、学堂个老师(学校的老师)。

3. 量词(计量词)的产生

计量词是汉—藏语言分化以后才有的。上古汉语和现今的藏-缅语言多以名词或动词本向来计量。如:殷墟卜辞"羌百羌"、西周金文"玉十玉"。从两汉到隋唐才有"书一卷"、"奴二人"的形式。藏語"三人"、"七匹馬"则为"人三"、"馬七"。

汉语有些名词带有性状标志成分放在名词的后面,表示事物的通称。如:船只、车辆、布疋、马匹、纸张、书本、银两、房间、楼层、枪支、麦垛、粪堆、草棵、花朵【北京话把后置的性状标志成分儿化,构成名词,前一词素修饰后一词素。如:(面)条儿、(布)片儿、(米)粒儿、(花)朵儿、(石)块儿】。这些性状标志后来发展成了量词。如:一只船、一辆车、一本书。再后来在泛量词"的"(来源于

"只"),南方汉语方言用"个"的基础上,产生了"的"(个)字结构。如:我的(个)书、打铁的(个)、没洗完的(个)。

4.客家话也和中原话一样使用一些叠音成分加在形容词前或后面,表示性质、程度加深,如:白洒洒(食物淡而无味的)、雪雪白(很白)、背拱拱(背弯曲的)、瓢瓢轻(很轻)、矮栋栋(矮的样子)。

四、对联

——对联是汉民族独特的传统文艺,已有上千年的历史。每逢喜事、过年、盖新房、乔迁、婚庆、祝寿等都要在门上贴对联,增加喜庆的气氛和给予希望。客家的宦官士族更讲究对联的内涵,往往要亲自作联、书写。对联的内容丰富多彩,但离不开表达自己的愿望,以对联来自勉、指导自身的活动或对后代寄予希望。具体反映了儒家的崇文重教和品德。下面举几幅永定土楼的对联为例,看看客家人的胸怀:

承启楼的门联:承前祖德勤和俭,启后孙谋读和耕。

客厅的对联有:兴邦立国民为本,教子治家读乃先;天泰地泰三阳泰,家和人和万事和。

书房的对联有:业精于勤荒于嬉,行成于思废于随;静坐当思己过,闲谈莫论人非。

灶室和膳堂的对联有:勤俭人家先致富,向阳花木早逢春;天增岁月人增寿,春满乾坤福满门。

1945年得知抗战胜利的那天晚上,我的父亲和哥哥兴奋地研墨、执笔写下欢庆的对联:四海翻腾云水怒,五洲震荡风雷激。

五、文字

敬惜字纸——仓颉崇拜也是客家人所尊崇的。小时候父母经常教育我们不能糟蹋字纸,不许将有字的纸或书本放在屁股下坐;不许拿字纸擦屁股,否则会"瞎目珠"(瞎眼睛)。1935年陈子展先生在《太白》地第2卷第8期讲过一段话:"记得我初入私塾读书的时候,拜了孔子,拜了先生后,先生就教我要怎样敬重书本,敬惜字纸。有一次,有一个同学把字纸擦屁股,抛在茅坑里。先生见了,忙躬身把字纸取出,用水洗过,放在贴有敬惜字纸的纸篓里,侯惜字会的人收去投进惜字炉焚烧。当时先生把我们痛骂一顿,说是会瞎眼睛或遭雷打。"台湾新竹的客家现在还专门设有焚烧字纸的炉,旁边有一块刻着崇敬仓颉的字碑。

文字是人类最早发明之一。我国的汉字至今已有五千多年的历史。相传汉字是仓颉创造的。仓颉是个史官。远古时候巫史是不分的。世界上许多文字最早都是神职人员掌握、使用的,充当神职人员和神沟通的工具,因此文字那时具有神秘性。汉字造出来以后也产生了神秘的影响。那时认为"天雨粟,鬼夜哭"(《淮南子·本经》),"龙乃潜藏"(《春秋元命苞》),反映了人们对文字惊天地,泣鬼神的巨大威力的赞美和膜拜。仓颉在搜集整理原始记事图画和记事符号以及创制新文字的符号方面有过重大贡献,所以人们敬仰他。敬惜字纸观念的出现是对文字又敬又畏心理的集中表现。现在使用文字的人越来越多,文字的神秘性自然淡化了。现在的字纸可以回收再造纸。

(作者为中国社会科学院人类学与民族学研究所研究员)

从贵州安顺屯堡文化看河洛文化
对外传播与变异

许桂香　　许桂灵

Abstract：In the Ming dynasty, Zhu yuanzhang troops in Anshun wasteland, there are a lot of central plains people in the army, the central plains people later development of Tunpu people, become a carrier of the Heluo culture inheritance in Guizhou. Based on the cultural formation of the natural and human geography, from the Tunpu culture in the construction, dress, language, art, religion and other cultural aspects, discusses the Heluo culture continuity and variation characteristics, population distribution and spatial pattern of landscape in Anshun, these can help Tunpu culture preservation and utilization.

近年来,学者们对于地域文化的研究极为关注,正如北京大学季羡林先生所说:"地域文化加在一起,就成为一个中华民族文化的整体。地域文化搞清楚了,整体文化也会因之而充实,而丰富。"①史学大家谭其骧先生亦说:"任何时代都不存在一种全国共同的文化""中国文化有地区性,不能不问地区笼统地谈中国文化",这些论断对肯定地域文化的存在和开展研究的意义是无可置疑的。

在讨论河洛文化的地域范围时,学者多将河洛文化等同于中原文化。从广义上说,以河南省为中心的黄河中下游地区均属于中原,包括河南省全部、山西省东南部、河北省南部、山东省西南部、安徽省北部、江苏省西北部等大片区域。

历史上安顺的战略地位非常重要。欲长久控制西南,必先巩固云南;欲巩固

---

① 蒲亨强《长江音乐文化》,湖北教育出版社,2006 年第 1 页。

云南,必先稳定贵州,滇、黔两地同属云贵高原,安顺为古代通向云南的要道。为了保障经贵州入云南的通道畅通无阻,明初朱元璋派兵入黔,军队在安顺屯田。历史文献和一些屯堡人的家谱亦载,其先民多来自江苏、安徽、江西、浙江、河南、陕西等地,这些人中有不少是中原人,后来发展为屯堡人,也称"屯堡"、"屯军堡子"、"屯田子"、"凤头籍"、"凤阳头笄"、"凤头鸡"、"凤头苗"、"堡子"、"大脚"等,成为河洛文化在贵州传承的一个载体。屯堡文化是中国汉文化的独特现象,据民国《贵州通志·土民志》载:"凤头苗,惟安顺府有之。此族原系明初征苗来黔,其始祖皆凤阳人也,女子绾髻于头顶,与各族迥殊,俗以凤头苗曰之。其习俗多与汉人同。"①从屯堡人"习俗多与汉人同",而"与各族迥殊"的记载可见,显然他们不是少数民族。本文从屯堡人的建筑风格、服饰、饮食、语言、艺术、信仰等方面探讨河洛文化在贵州安顺屯堡的延续和变异,由此产生的景观特色及分布格局等,有助于屯堡文化的保存和开发利用。

一、屯堡文化由来

屯堡文化是近年来人们对黔中安顺一带特有的明代屯军堡子文化现象遗存的概括。民国《贵州通志·土民志》载"凤头苗。此族原系明初征苗来黔,其始祖皆凤阳人也"②,清咸丰元年(1851)安顺府署纂修的《安顺府志》载"郡民皆寄籍,唯寄籍有先后。其可考据者,屯军堡子,皆奉洪武敕调北征南。当时之官,如汪可、费寿、陈彬、郑琪作四正,领十二操屯军安插之类,散处屯堡各乡。家口随之至黔",记载了朱元璋为实现大明江山一统,将征南军队和填南民众移驻黔中。据统计,在今安顺、平坝、普定、长顺等原属普定卫、平坝卫、安庄卫的地区,尚有屯堡村寨三百多个,其中安顺是最多的。屯堡人现今有约近 40 万③,分布在安顺、平坝等地,其中绝大部分在安顺。从明洪武十四年(1381)朱元璋征南伐滇至今,安顺屯堡人经六百余年的沧桑巨变仍未能改变其征南入黔时的装束、语言和生活习俗,没有被其他文化所影响、所同化,他们始终以中原文化为主导,不依赖于其他文化而独立存在于黔中大地,在建筑风格、服饰、语言、艺术、信仰

---

① 贵州省文史研究馆《贵州通志 土司·土民志》,贵州人民出版社,2008 年第 195 页。
② 贵州省文史研究馆《贵州通志·土司·土民志》,贵州人民出版社,2008 年第 195 页。
③ 翁家烈《夜郎故地上的古汉族群落:屯堡文化》,贵州教育出版社,2002 年第 37 页。

等方面,与周围的村寨,即便是汉族村寨,都有其迥然不同的特点,形成了一种独特的文化系统,人们把它叫做"屯堡文化"。

二、屯堡文化形成的历史地理基础

文化作为一个复杂的物质和精神财富体系,是由多种多样的因素长期作用形成的。地理环境是文化产生与发展的基础,生活在不同环境中的人们,其文化发展与其环境相关联,在很大程度上是环境感应的产物,贵州安顺屯堡文化堪为这种感应而产生的典型事例。

1. 自然地理环境因素

自然地理环境,是指人类生存的自然地域空间,一般指地貌、气候、水文、生物、土壤等。"黔属古西南夷,崇山悠缪,苗仲杂居,隋唐以前皆服处要荒外,宋元之季,渐通中国。然犹分裂割据,叛服无常"①。贵州位于我国的西南部,远离我国政治和经济中心,在交通不便的历史时期,中央王朝鞭长莫及,明以前鲜有中原文化植根黔中。德国哲学大师黑格尔在《历史哲学》中曰"水性使人通,山性使人塞;水势使人合,山势使人离"。贵州最独特的地理特征就是多山,"开门见山"局限了人们的视野。贵州各地区内部,也皆有大山阻隔,地表崎岖起伏,地形破碎,有"地无三尺平"之谚,彼此同样交往很少,人们以坝子为中心形成聚落,自成一个小天地。在一个小区域内经济上大体可以自给自足,简单的生活可以无求于外,这使得许多文化形态自产生以后,几乎没有或很少与外界文化发生交流、碰撞和融合,受外部影响较小,文化传承较为单一。古老的文化长期延续下来,保持着"原汁原味",以致在中原或其他地方早已消失了的文化现象在贵州依然保存。屯堡文化就是如此,经六百多年,至今风韵犹存,不仅在贵州,在全国也罕见。

2. 人文地理环境因素

人文地理环境,是指人类为求生存和发展而在地球表面上进行的各种活动的分布和组合,如疆域、政区、军事、人口、民族、经济(农业、手工业、商业)、城市、交通、文化等。安顺古代为仡佬族、彝族、苗族、布依族等各族杂居区,明初,

---

① 黄永堂点校《贵州通志·艺文志》,贵州人民出版社,1989 年第 256 页。

军屯密集,周围都是少数民族,屯军"屯种的田土皆在屯堡附近,多数来自对当地少数民族耕地的强占,少部分为垦荒而成"①。军屯耕种的是良田好土,耕作技术先进,粮食产量高,人数相对众多,是强势群体,少数民族刀耕火种,生活贫困。此外,屯堡先民还带来了先进的手工技艺,手工业发达,使封闭的屯堡社会能满足自我各方面的需要。总之,屯堡人有来自经济文化相对发达的中原地区和征服者的优越感,强势群体形成强势文化,使他们既不愿也难以融入当地民族之中,促使其对传统文化尊重敬畏,形成习惯,习惯产生保守和惰性,即使在丧失强势地位,乃至被视为另类后,也难以改变。

三、河洛文化在贵州安顺屯堡的传播与变异

1. 建筑风格

屯堡民居建筑沿袭了中原四合院建筑,四合院是中原人世代居住的主要建筑形式,是指由东西南北四面房子同合起来形成的内院式住宅。

屯堡人居地山峦起伏,大部分为石山,岩石多为石灰岩。石灰岩中起层的薄灰岩不少,易于开采、剥取的岩石便成为屯军丰富的天然建筑材料。屯堡人就地取材,以石头为主要建筑材料,他们用巨石块做地基,用杉木或梓木做构架,山墙、后檐墙也用石块砌筑,屋顶采山间薄石板铺盖,格局却按中原四合院的样式,整个村寨就是若干个四合院的结合体。许多生活用具如碾子、磨子、碓、擂钵、水缸、粑槽、饲槽等也都以石头凿制,民谚云:"石头的路石头的墙,石头的屋顶石头的房;石头的碾子石头的磨,石头的碓窝石头的缸",石材使用非常广泛。总之,屯堡人利用丰富的石头作为建筑材料,仿照中原汉族传统民居形式,创造性地建造起一座座屯堡聚落。这一有特殊风格的建筑群因其比瓦木结构的建筑有着牢固、经济、美观等优点,为屯堡人所习惯、喜爱,数百年来一直传承至今。

屯堡建筑的装饰图案源于中原,除了美观之外,更主要的是吉祥如意、发达兴旺的象征。在寨中随处可以看到房屋的台基柱础及门窗上雕着"福寿双全"、"福禄富贵"、"富贵不断"、"是福齐来"、"连年有余"、"多子多孙"、"五福捧寿"、"鱼跳龙门"、"凤穿牡丹"、"八仙过海"、"犀牛望月"、"鹭鸶闹莲"、"野鹿衔

---

① 翁家烈《夜郎故地上的古汉族群落:屯堡文化》,贵州教育出版社,2002年第35页。

花"等中原常见的吉祥图案。

来自中原的屯堡人，讲究风水是他们的传统观念，建筑讲究背有靠山，左右有扶手，前有河水。房子不建在山上，而沿山脚排开；临水又不建在河边，与河保持一段距离。这是因为房子建于山上，则下田耕作费力，遇敌来犯，截断水源，不战自乱；建于河边，易污河水；建在田坝中央，既占良田好土，敌人来攻，又容易四面受敌。这与当地少数民族村落的建造形成鲜明对比，苗族、仡佬族一般居于高山顶上，布依族、白族虽多居于河谷坝子，却常把房屋由山脚递建至半山，有的甚至直达山顶①。

中原一带的四合院讲究以南北中轴线对称构造，屯堡四合院建筑基本上是恪守了这一原则。但因为黔中属高原山区，多山少平地，因此，它的中轴线取向就不一定为南北，而是根据所处地理环境和"向山"，因地制宜，来定大致方向，显然是中原建筑文化的一种变异。

2. 服饰

屯堡男性服饰与当地汉族差别不大，妇女服饰则很特别，显示出明初中原女人的风韵，被称为"凤阳汉装"。《安顺府志》记载："屯军堡子，皆奉洪武敕调北征南……家口随之来黔，妇人以银索绾长发，分三络，长簪大环，皆凤阳汉装也。"屯堡女人梳头，将头发分成三绺，左右两绺在耳际倒挽上去，形成双鬓，后面一绺在脑后挽成圆髻，插上玉簪，套以用马尾编成的发网，再用青布或白布带包头一圈。圆髻翘起于后脑顶，远看如凤头，称为"凤头髻"。这种发式流行于已婚妇女，未婚女孩不挽髻，而是在脑后将长发梳成独辫，出嫁前夕，女孩的母亲请有儿子的年轻妇人为之将额前发、汗毛以线绞拔，称为"上头"，然后梳发挽髻加以笄簪。②

在中国漫长的封建社会里，女子缠足被视为一种美。唐以后，更是成为一种时尚，女人不缠足常被人耻笑。屯堡妇女不缠足，民间有歌谣："大脚二妹进城来，脚上穿双绣花鞋，腰上系根丝腰带，走起路来屁股甩"，描述了屯堡妇女的"大脚"形态。屯堡妇女说到自己为何不缠足时总会说："我们皇帝娘娘不裹小

① 郑正强《大山深处的屯堡》，河北教育出版社,2003 年第 13 页。
② 郑正强《大山深处的屯堡》，河北教育出版社,2003 年 21 页。

脚,我们也不裹"。据说朱元璋的妻子马秀英自幼习武且不缠足①,表达了屯堡人对文化祖源的向往。另外,屯田军士必须参与战事或兼做别的营生,清康熙《贵州通志》载屯堡"男子兼贸易,女子力耕作"。妇女除了操持家务外,还要承担繁重的田间耕作,山区的农业生产是颇为艰辛的体力劳作,与家务劳动和闺阁中飞针走线迥然不同,小脚是自然不能适应的。因此,屯堡女性很能干,有的能挑二百斤重的水桶、粪桶快速行走。男人回家只干喂猪喂鸡、背小孩之类的家务活②。屯堡妇女不缠足在古代社会成为与当地汉人不同的习俗,显得十分引人注目,此风延续至今。

中原文化中将虎异化成勇敢、憨厚的象征,形成了"虎虎有生气"、"虎头虎脑"等褒意文化。屯堡人承袭了中原虎文化,把中原虎崇拜文化演绎在儿童身上,儿童鞋、帽饰以虎形,给儿童戴虎头帽,穿虎头鞋,寄希望于儿童健康成长。

3. 饮食

屯堡人的饮食别具特色,旧时有"贵阳人的穿着,安顺人的吃喝"一说,足见安顺饮食的闻名,而创造安顺饮食的主要是屯堡人。山药是安顺佳馔,有多种做法,烩山药是特色菜。山药,块根可供食用又可入药。唐代诗人杜甫《发秦州》一诗中有"充肠多薯蓣,崖蜜亦易求",可见山药的食用在中原很普遍。而明以前贵州无栽种山药记载,山药为屯军自中原植入贵州。清《安顺府志》记山药为蔬属类不入药属,可见此时山药已为蔬菜。屯堡人的辣子鸡火锅也很有名,以辣椒炒鸡肉为主,加入豆腐和蔬菜等放入一个锅里煮,与安徽旧时"一品锅"没有多大区别,都是各种菜肴的有序混合,且油多,色泽深。屯堡人常制作美味的腌菜、泡菜、腊肉、血豆腐等,这些菜可长期储存和随时随取,特别是忙时、节日庆典和款待客人时用,据说,备干菜是明初屯军遗风,是适应军旅生活的需要③。由上述屯堡人的饮食可见其中原饮食文化遗风。

4. 语言

语言是人们社会交往的重要工具。乡音母语是一个群体文化的重要特征,屯堡人的语音很特别,既不同于当地的少数民族,也不同于其他汉族。屯堡人的

---

① 顾久《中国地域文化通览·贵州卷》,中华书局,2014 年第 374 页。
② 顾久《中国地域文化通览·贵州卷》,中华书局,2014 年第 381 页。
③ 顾久《中国地域文化通览·贵州卷》,中华书局,2014 年第 382 页。

祖先来自中原,其语音自然有中原的特征。他们的祖先来到贵州以后,与家乡联系渐少,时间一久,来自各地的屯军人的语音的互相融合就出现了,形成了有南腔北调特点的"普通话"。

屯堡话以安顺的二铺为典型,屯堡人的口音被称为"二铺话",带有浓浓的北方味,多卷舌音与儿化音,声调与当地汉话或普通话也多有不同。如将"今天是龙明天是兔,后天外天赶二铺",说成"今儿龙明儿兔,后儿外儿赶二铺"。如发"吃"、"日"、"十"、"是"、"知"这类音均用很重的卷舌音,有很浓的北方语音特点,声调上一律读为阴平。而当地其他汉人发以上音均不卷舌,声调上仅"知"、"是"为阴平。屯堡人说话中间的停顿处,常加一个"哩",且读阴平。比如说"你要来就来,不得哪样关系",他们说:"你要来哩就来,不得哪样关系"。日常口语"上厕所",屯堡人曰"上茅厕"(厕读 si)。此为古人口语,小说《金瓶梅》中就屡屡出现。骂小孩"小军犯",在小说《水浒传》中可找到出处。还有更多的口语出自于古语的沿用和讹变,如"了矣"、"充其量"、"背时"、"墨者黑也"、"佯张而不采"、"臭而不可闻"、"奚落"等。屯堡口语中显现的中原文化痕迹也比比皆是,它为屯堡文化与中原文化同源提供了现实和历史的依据。这种独特的语言现象集中出现在一片区域,就使这片区域的语言形象显得与众不同,使得人一走进它,就能感觉到一种文化的存在。

5. 艺术

屯堡儿歌的渊源更具中原性。安顺屯堡儿歌:"钉钉般般,脚踩南山,南山白狗,买卖家狗。家狗二面,二尺弓箭。牛蹄马蹄,打断你的驴子小马蹄。"这是母亲与孩子对坐于床上,母亲指着孩子的双脚念唱的歌谣。最后一句虽是在骂孩子,表达的却是极度的亲昵和爱意,是一种充满生活气息的民间表达方式。这段童谣流传的范围极广,各地有所不同,朱自清先生在《中国歌谣》一书中引录了几个版本的,北京版:"脚驴斑斑,脚踏南山;南山北斗,养活家狗;家狗磨面,三十弓箭。"绍兴版:"铁脚斑斑,斑过南山。南山里曲,里曲弯弯。新官上任,旧官请出。"这是流传过程中因人因地因时而发生的变异。朱先生亦说:"此歌自北而南,由元至清,尚在流行,但形式逐渐不同了。"[1]在安顺屯堡人中仍有这佯

---

① 朱自清《中国歌谣》,作家出版社,1957 年 36 页。

的歌谣,虽有创新,其源头却在中原,可见其河洛文化传统。

6. 信仰

据文献记载,东汉明帝刘庄时(58—75)佛教传入中土。史载明帝夜梦神人在殿前。次日明帝问群臣,太史博毅答道:"西方有神,其名曰佛,形如陛下所梦。"明帝遂派十余人,前往印度寻求佛法。一行人等行至大月氏国(今阿富汗境内),遇西域高僧,于是邀请他们以白马驮载佛经和佛像到中国传教,明帝亲自接见了高僧。次年,明帝敕令于洛阳城西雍门外修建了中国的第一座佛寺白马寺(因白马驮经有功而命名)。故白马寺历来被佛徒尊誉为"祖庭"和"释源",其意即中国佛教的发祥地。这段"求法"的历史,证明了中原在佛学发轫时期的重要地位,中原也成为佛教传播的中心。[1]

屯堡人信仰佛教,村寨无一不建寺庙,如白旗屯的将军山寺,小屯的狮子山寺、吕官屯的龙佛寺、詹家屯的培风寺、跳灯场的千峰山寺、周官屯的正果寺等。有的村寨还建了两个乃至三个寺庙,如九溪就建了龙泉寺和汪公庙,鲜陇村就建了兴龙寺和来龙寺。朝山拜佛是她们信仰的传承方式。屯堡妇女有庙必拜,烧香拜佛的日子是绝对不会忘记的。正月初九烧玉皇,二月十九拜观音,三月二十娘娘会,四月初八佛生日,五月二十八城隍会,六月初六烧西方大道,七月半,十月初一,冬月二十,一年四季她们往返于城市和乡村,背着雨伞、干粮、头插符张,腰悬香袋,三五成群,结伴而行,行到庙内,焚香跪拜,抽签随喜。夜来相围念经,风雨无阻。这种朝山拜佛、敬信神道的精神无论社会历史变革如何,终不能夺去她们心目中"以修来世"、"以善积德"的信仰。正因为屯堡人有着信佛、信神的汉民族宗教固执心理,其他少数民族的宗教、习俗和文化难以使他们涵化,就连当时风行于全世界的天主教、基督教亦无法侵入。究其原因,屯堡人之中原文化的宗教观伦理观根深蒂固,其排它性使外教无可奈何。六百多年来,他们恪守着祖先传承给他们的这种宗教意识,代代相传,始终不肯丢弃与改变,这是屯堡文化之所以有别于其他文化而存在的最为重要的原因之一。[2]

---

① 张志孚　何平立《中州文化》,辽宁教育出版社,1995 年第 114 页。
② 俞宗尧　帅学剑《屯堡文化研究与开发》,贵州民族出版社,2005 年第 135—158 页。

四、小结

综上所述,屯堡文化中遗存的大量明代河洛地区汉族的习俗,从上述屯堡人的建筑风格、服饰、饮食、语言、艺术、信仰等方面看,屯堡人带着源于自己原籍的河洛文化,来到黔中后,衍变成有着河洛和黔中个性的独特文化。在数百年的历史进程中,中原的古文化随着社会的变迁已渐渐淡去,以河洛文化为主体的屯堡文化却在黔中大地得以保存。在以安顺为中心的一带地区,许多具有明代屯堡特点的村寨依然存在,而且世代承袭着比较典型的明代汉族移民文化,成为一种独特的文化现象,是汉文化变异的一种特殊模式,闪耀着传统文化的光辉,为我们研究汉民族对贵州的开发提供了较好的对象。研究"屯堡文化"为我们进一步深刻认识各民族共同缔造的灿烂璀璨的贵州区域文化帮助巨大。在当前旅游热的高潮中,贵州屯堡文化大有可作为之处①,只要开发得当,可产生巨大的经济效应,为贵州经济发展提供强大的文化软实力支持。

(许桂香,贵州民族大学民族科学研究院副研究员;许桂灵,中共广东省委党校现代化战略研究所研究员)

---

① 顾久《中国地域文化通览·贵州卷》,中华书局,2014 年第 382 页。

菩提达摩对河洛文化的历史贡献

司徒尚纪　许桂香

Abstract：Based on Luoyang being the capital of nine dynasties and an important city of Chinese Buddhism, That the Indian prince Bodhidharma travelling to China, choosing it as a practice base, is a historical necessity. In more than 50 years, especially in the nine years of facing the wall and meditating, Bodhidharma founds Chinese Zen with the Two Ways and Four Aspects as its core, changing a value sign from a mind to a mind consciousness, achieving liberation through meditation. Bodhidharma becomes a primary ancestor of Chinese Zen, and makes a positive contribution to Heluo culture and Chinese Buddhism deveioping into the mahayana Buddhism. Dharma creates Shaolin Kungfu and opens a generation of style of zen. His going from Guangzhou to Luoyang, along with the inheritance of zen, he opens the communication channel between the marine silk road and Buddhism culture, making an important contribution to the exchange and development of Heluo culture and Lingnan culture.

河洛文化作为中国传统文化之根,对中华文化的发展和对外传播,作出重大贡献。印度佛教传入中土,在河洛地区芃芃高长,这棵参天大树的绿荫,长期覆盖中原大地,吸引海内外不少高僧大德前来参学修禅,译经讲学,蔚为风气,彪炳中国佛教史册。这其中有位印度僧人菩提达摩,在河洛地区生活、修持50多年,是为中国禅宗初祖。他的禅学思想,不仅是中国禅学,也同是河洛文化一个重要组成部分,对河洛文化繁荣和发展,做出重要贡献,对其他地区佛教发展,也产生积极影响。达摩来华,同是海上丝路之路的中外文化交流一件大事,在当今"一带一路"建设,也有继承、借鉴和启示意义。

一、菩提达摩何以选择洛阳为修持之地

菩提达摩原为南印度国王第三子,一说梁武帝普通四年(524年)泛海到广州,在今广州上九路原珠江岸边舍舟登陆,开始传教。初建草庵,后筑华林寺留传至今。其登地点号为"西来初地",今已成为广州名胜。梁普通七年(527),达摩赴建康(今南京)晋见梁武帝,因话不投机,遂一苇渡江,来到河南,经洛阳转入嵩山少林寺,面壁九年,自说"借教悟宗",成为禅宗初祖,备受后世推崇,为中国禅宗发展奠定了坚实基础,也为河洛文化发展作出积极贡献。

达摩不远万里,来到河洛修持、传教,这首先在于洛阳为天下之中,历史早期,洛阳又是中国一个最大佛教中心,荟萃着众多佛教精英,也是译经中心和修持圣地。佛教东汉初年开始在中国正式传播,洛阳为一个首受之区。洛阳作为都城,是中国政治中心。初期,世人还不知佛为何物,将佛理与黄老之学等量齐观,佛被认为是与传统神仙类似的一种大神。"浮图者,佛也,西域天竺有佛道焉。佛者,意言觉,其教以善修慈心为主,不杀生,专务清净。其精者号沙门。沙门者,汉言息心,盖息意去欲,而欲归于无为也。又以人死精神不灭,随复受形,生时所有恶善,皆有报应,所贵行善修道。以炼精神而不已,以至无为而得为佛也。"①佛教理解为一个无所不能的神仙。既此,在河洛地区,佛教首先在宫廷中流行,拥有不少信徒。东汉明帝永平十一年(68)在洛阳修建全国第一座官修白马寺,后被誉为"祖庭"、"释源"、"中国第一古刹"。多时寺内有僧人3000人,印度高僧在此翻译最早《四十二章经》。"汉地见存诸经,惟此为始也。"②北魏孝文帝从平城(大同)迁都洛阳以后,佛教大兴,洛阳城内有佛寺1367座③,成为中国佛教在北方一个重镇。魏孝文帝又在太和二十年(496)于少室山阴立少林寺,各地息心修禅弟子,蔚然集中少林寺,很快发展为禅学一个中心。

在这种背景下,达摩首先到了洛阳,首先参访过修梵寺及永宁寺。不久,他便隐于嵩山,住过少林寺。随其行踪,传其禅教。期间在山岩坐禅,面壁9年,不

① 《后汉书·明帝纪》,中华书局,2005年。
② 转见薛瑞泽等《河洛文化的对外传播与交流》,河南人民出版社,2010年,第227—228页。
③ 转见薛瑞泽等《河洛文化的对外传播与交流》,河南人民出版社,2010年,第227—228页。

为外物所动,甚至小鸟在其头上筑巢,蜘蛛在其手上结网都未觉察,还有其影入壁传说,都说明达摩修行至笃,修成正果。不料遭别人嫉恨,6次下毒致死。其圆寂后葬在熊耳山空相寺中。

二、达摩对河洛文化贡献

达摩被称尊为中国禅宗初祖,在于他在佛教史上有所创新,有自己理论体系,得到教门认同和流传,才成为一代大师,为河洛文化作出重要贡献。

(1)开创中国禅宗

达摩在中国50多年,应懂汉语,来华后以四卷《楞伽经》传宗,"二入四行"授徒,虽多认为这是弟子或后人所托,但反映了达摩禅宗思想,其价值无可置疑。

首先,南朝求那跋陀罗翻译的《楞伽经》,深得达摩重视和推广。该经认为,心为万有和人的行为的本源,世人要得到解脱,超离世俗世界,就应在心上下功夫;心的本体是清净的"如来藏",众生与生俱来,是成佛的内生依据。现实的心是受"无明"烦恼污染第八识——识藏,由它引起各种虚妄认识和烦恼,招致生死轮迴。只要转变心识,回归本来的清静寂静的心体——如来藏,就可以达到解脱;最高真理——第一义谛、真如、法性等,不是言语文字可以把握的,只有通过坐禅,最后通过修如来禅才能领会达到。[①] 达摩这一思想,看中了心性转变、心性觉悟的意义,藉此来达到修禅解脱之目的。达摩所倡导如来禅,一直为其继承者二祖慧可、三祖僧璨、四祖道信、五祖弘忍、六祖惠能所接受和推崇,称其禅法为"最上乘禅"、"如来清静禅"、"祖师禅"等。并在此基础上,发展为北方以神秀为首的北宗,以惠能为首的"南宗",在中国禅宗史上形成南北两宗辉映,后来南宗独盛法流格局。这一局面之形成,与达摩在河洛的修行是分不开的。达摩的禅学思想,亦成为河洛文化一项宝贵财富。

达摩禅学最重要成果,更在于其《二入四行论》,用哲学语言来说,就是理论与实践、知和行的关系,这在"二入四行论"中得到充分概括和说明。

"二入"即理入和行入。达摩曰:"理入者,谓借教悟宗,深信含生凡圣,同一真性,但为客尘亡覆,不能显了。若也舍伪归真,凝住观壁,自他凡圣等一,坚住

---

① 广州华林寺编《达摩禅学研究》(上册),中国大百科全书出版社,2003年,第14页。

不移,更不随于文教,此即与理冥符,无有分别,寂然无为,名之理入。"①明白地说,理入是经过体验悟出的真理,一切事物都具有同一性的真性,即同样的根本属性,但却被外来的污尘及妄想所覆盖,如贪婪、情欲、烦恼等,其真性不能显露出来。故若能放弃这些欲望,即可回归于真性。欲达此目的,办法就是凝神观壁,排除一切杂念,就能达到无我无他境地,凡人圣人都是平等的关系,并无差异。必须牢记这种体验,不要作其他想法或行为,更不要被华美文字、言论所迷惑,这样就可与真理冥符,达到无差别、寂静无为的境界,即为"理入"。

"行入",达摩说法是"行入者,谓四行。其余诸行悉入此中。何等四耶? 一报冤行、二随缘行、三无所求行、四称法行。"对这四行的解释,达摩认为,"报冤行"是修道之人如遇上任何苦难,应往这样想:自己放弃根本,追逐末叶,流浪于各种世界,使他人对自己怀抱冤憎之心,违害其心无限。所以,即使自己此生没有犯过罪业,但自己过去罪业的果报,现在这个果已经成熟,落在自己身上,这既不是天,也不是他人强加给自己的,谁也不知道。所以,自己不要抱任何不平之心,应该甘心忍受,不要怨天尤人。"任何人如果生出这样的心,自然与真理相应。那是由于体得冤憎而能进道。所以叫报冤行"。

对于"随缘行",达摩解释得更明白:"二随缘行者,众生无我,并缘业所转,苦乐齐受,皆从缘生。若得胜报荣誉等事,是我过去宿因所感。今方得之,缘尽还无,何喜之有。得失从缘,心无增减。喜风不动,冥顺于道。是故说言随行。"

对于无所求行,达摩认为"世人长迷,处处贪著,名之为求。智者悟真,理将俗反,安心无为,形随运转。万有斯空,无所愿乐。功德黑暗,常相随逐。三界久居,犹如火宅。有身皆苦,谁得而安。了达此处,故舍诸有,息想无求。《经》云:"有求皆苦,无求乃乐。判知无求,真为道行。故名无所求行。"一句话,放弃一切欲望,才能达到最大快乐。

对于"法行者,性净之理目之为法。信解此理,众相斯空,无染无著,无此无彼。《经》云:法无众生,离众生垢故。法无有我,离我垢故。智者若能信解此理,应当依法而行。"这里所谓性,指一切客观实在事物,它是绝对地存在,是称为"法"。按此理解,一切相都是空虚的,即"离染著"。不要被彼此所缚。《经》

---

① 无碍《达摩大师的"二入四行观"与安心法门》,载同①,第205页。

上说,法无众生相,离众生垢故。法无我(相),离我垢故。智者能理解相信此理,就能符合法理而为之。[1] 有论者认为,达摩的"称法行"是四行中最重要一项,在内容上包括了"理入"和其他三行,体现了大乘佛法的六度,即布施、持戒、忍辱、精进、禅定、般若(智慧)、构成菩萨道或菩萨行的基本要求和规范。"称法行"与大乘佛法相称的行为,是按照大乘佛法的原则生活,修行和教化众生。[2] 故达摩禅学,为印度佛教在中国移植,属大乘佛教一部分,其源地即为河洛。

此外,多为后人所托达摩著作,还有《少室六门》上下卷,包括《心经颂》、《破相论》、《二种入》、《安心法门》、《悟性论》、《血脉论》6 种以及后来敦煌出土的《达摩和尚绝观论》、《释菩提达摩无心论》、《南天竺菩提达摩禅师观门》等。特别是其遗著《安心法门》,似为后人将达摩遗作摘录十四节。达摩宗旨要开示"大乘安心法",指出心最为重要,人若不体会心的根源,把握其真实体,了解其性质,人们的心就无法安定下来,而处于不安状态。心应于其根源镇定,如大石在大地上根深蒂固镇坐一样。达摩所说的"心",一指人们日常所称"意识";二指根本心,或曰心源、真如心等。前者姑且勿论,可按通常意义来理解。而后者之"心",是指法界心,是以法界为体,从生死解脱意义而言。此"心"是涅槃、是佛、是法王。达摩以问答形式,诠释了心不安的各种表现、根源和解脱方法,最后得出安心在于"慧眼开"处求得。"慧眼开"也就是"开悟","开悟"就可得到安心。[3] 达摩所处国家分裂,动乱不安时代。他的安心法门有利于维持社会稳定、安抚人心,与河洛文化所包含儒家和谐、孝悌,道家"无为"等相辅相成,相互促进,于学术上也是有积极作用的。总之达摩在河洛,创立"教外别传,不立文字,直指人心,见性成佛"[4]为宗风的中国禅宗,在中国佛教史是一个创新,具有重大历史意义。而河南陕县熊耳山空相寺,因是达摩圆寂之地而成为佛教名刹,吸引海内外高僧大德前来研讨、修学和纪念达摩;达摩面壁的少林寺更蜚声全世界,

---

[1] 无碍《达摩大师的"二入四行观"与安心法门》,载广州华林寺编:《达摩禅学研究》(上册),中国大百科全书出版社,2003 年,第 206—209 页。

[2] 杨曾文《壁观证"理入",谁知西来意》,转见广州华林寺编:《达摩禅学研究》(上册),中国大百科全书出版社,2003 年,第 13 页。

[3] 无碍《达摩大师的"二入四行观"与安心法门》,载广州华林寺编:《达摩禅学研究》(上册),中国大百科全书出版社,2003 年,第 206—209 页。

[4] 广州华林寺编《达摩禅学研究》(上册),中国大百科全书出版社,2003 年,第 16 页。

为河洛文化一个亮点,更为一个宗教旅游胜地,每年前来游览者难以历数。

（2）开创少林武功

登封少林寺,除为禅宗发祥地,还是少林武功摇篮。少林武功蜚声天下,这也离不开达摩。有论者认为,少林武功为达摩所传,后来不断发展壮大,形成今日规模和声誉。从文化须以人为载体,文化也是人化观点出发,达摩开创少林武功,也是河洛文化一个重要组成部分和文化品牌。

按在禅宗典籍中,虽不见有关达摩与少林武功渊源关系记载,而仅是一种传说,不宜以信史使用,但传说也有现实根源,而不是空穴来风。有人认为,达摩为少林武功之祖,基于以下理由。一是身体强健,克服大海波涛,不远万里来华,在南京一苇渡江,这虽为传闻,有夸张成份,但至少说明他熟水性,或有一点轻功,这为练武奠定身体基础。二是达摩在嵩山面壁9年,附近环境恶劣,野兽横行,为防身,需要练习拳术,以伸筋舒骨,气血畅通。传他根据山中虎豹虫蛇等动作,结合华佗《五禽戏》,创造一套心意拳,后发展为少林武术。三是他在嵩山一带传法,曾遭他人5次投毒陷害。虽未果,但他深感危险随时随地可能发生,为保护自己,炼出一套功夫也是可信的。四是后人说达摩创"罗汉十八手",著有《内功图说》、《易骨经》、《洗髓经》等武籍,由此反推,这些论著应是他练武总结。不过,只有《易骨经》流传下来,其余已佚。五是达摩以后,少林寺僧习武成风,成为少林寺一大特色。唐初,李世民兴兵讨伐五世充割据势力,出师不利,幸得少林寺僧驰援解救,李世民得以反败为胜。登基后,李世民对少林寺赏赐有加,还准许少林寺养兵500人。

自此,少林武功名声大振,世代传承至今。① 既此,可以推想,少林武功应有其来源,达摩被认为是少林武功之祖,并非不可信。当然,此说有不少质疑,甚至否定少林武功与佛教有关。② 但不管怎样,少林武功作为河洛文化一个特殊成份,无可置疑;它与达摩肯定有某种联系。从这个意义上认识达摩为少林武功之祖,也是可以接受的。

（3）在广州—洛阳间开辟海陆丝路佛教文化交流通道

---

① 广州华林寺编《达摩禅学研究》,(下册),中国大百科全书出版社,2003年,第310—313页。

② 同上,第314—322页。

菩提达摩泛海抵广,为海上丝路重要事件,其登陆地点"西来初地"保存至今,为中外仰止。他初建草庵,后扩大建为广州华林寺,为岭南最大一处佛教丛林。这两个佛教胜地,已成为广州作为海上丝路始发港有力证据。

达摩北上嵩山,面壁9年,成为中国禅宗初祖,开一代禅风,经二祖慧可、三祖僧璨、四祖道信、五祖弘忍、到六祖惠能,创造南宗顿教,完成中国佛教一次革命,使禅宗发展到高峰,并形成两派花开五叶法流格局,流布海内外。追本溯源,惠能南宗顿教,与达摩禅学一脉相承,但又有更高发展。如果说惠能顿教是岭南佛教文化最高代表,那么,达摩禅学则是它的基础,故岭南文化与河洛文化关系,离不开达摩、惠能禅学的传承和发展。

达摩到来广州,后上洛阳。这两地一个是海上丝路,一个陆上丝路的起点,借助于彼此间水陆通道,沟通起来。这是印度文化——岭南文化——河洛文化的交流、变异和融合过程,结果都给河洛文化、岭南文化增添了丰富多彩的佛教文化成份,经过禅宗多位大师的努力,都融为河洛文化和岭南文化最为精彩的一部分。达摩作为禅宗初祖,其荜路蓝缕、以启山林之功不可磨灭。

三、小结

居天下之中的洛阳,为中国古代九朝皇都、佛教文化最早一个中心。印度王子菩提达摩不远万里来华,选择洛阳修持学佛,不但终成正果,而且提出以"二入四行"为核心的禅学理念,高度重视心性转变、心性觉悟的价值,以及由开悟达到安心途径,建立以坐禅达到解脱的修持形式,这都体现了大乘佛法的内容和精神,是对小乘佛教一个改造。达摩由此初创中国禅学,被誉为禅宗初祖,对丰富河洛文化内涵,提升它的历史地位,作出积极贡献。达摩开创少林武功,在佛门中独树一帜,为河洛文化增添光彩。达摩禅学,经不断传承,到六祖惠能建立南宗顿教而达到颠峰,不但是佛教中国化、世俗化、务实化一次革命,而且在广州和洛阳之间开辟海上陆上丝路最早佛教文化对接通道,对南北文化交流作出积极贡献。继承达摩禅学文化遗产,弘扬其文化精神,对今天"一带一路"建设仍不失其参考意义。

（司徒尚纪,中山大学地理科学与规划学院教授;许桂香,贵州民族大学民族科学研究院副研究员）

洛阳地名蕴含的河洛文化元素

李亚楠

Abstract：abstract：contains many cultural elements in Luoyang, place names, its scope covers all aspects of the traditional Chinese culture. History, in specific, most of the legend of the holy king, hero, was born in this activity, and on this basis for the formation of the Chinese nation. Shu, known as the Chinese mind thinking also so appears at the highest achievement. Three generations of capital in the company, the developer of "culture" and "the world" and make it become the numerous dynasties were reincarnated, Luoyang Mangham also meeting the lucky become people. Confucianism, Taoism, Buddhism, metaphysics, the theory of the five schools of neo‐Confucianism, to form and determine the ideas, beliefs, and character of the Chinese nation, Chinese, social life, cultural life of the Chinese had a crucial influence, yet they or emanating from this, fusion, or there in the development and spread, in a sense, Hilo‐systems culture is the important source, the melting pot of Chinese culture, and even can say it to a certain extent, affected the direction of Chinese culture, Chinese thought.

　　洛阳作为历史悠久、文化厚重的著名历史古都,存在着许多古老的、有深刻内涵的地名,通过对其研究可以为我们打开了一扇了解、认识洛河文化的窗口。

　　"河洛为王者之里"。河洛地区在长时期的历史发展中多为天下首善之区、人文荟萃之所,因而河洛文化作为一种特殊的区域文化,在中华民族文化中占有特殊的地位。河洛文化博大精深,内容也是非常丰富,"简言之,河洛文化应是产生于河洛地区的,包括原始社会的彩陶文化(仰韶文化)和河南黑陶文化,以及神秘而代表河洛人智慧的《河图》、《洛书》,应包括夏商周三代的史官文化,及集夏商周文化大成的周公制礼作乐的礼乐文化,还应包括综合儒、道、兵、法、农、阴阳五行各家学说而形成的汉代经学、魏晋玄学、宋明理学,以及与儒道思想互相融合的佛教文化等。"可见,河洛文化是一种包涵中国民族众多文化精髓的文化。本章则以洛阳诸多地名为切入点,试从以下几个方面来探析其蕴含的河洛文化元素。

一、政治文化元素

1. 河图洛书

河图洛书,作为河洛文化的一个重要组成部分,是河洛文化的源头和标志,也是中华文明肇始之端。北京的"中华世纪坛"的世纪大厅里面,建有浓缩中华五千年文明史的圆壁浮雕,就以河图洛书为第一组,以太极八卦为第二组。可见,"河图洛书是中华五千年文明的源头"这一观念已为社会大众所公认。河图洛书最早见载于《尚书》、《管子》、《论语》等先秦文献,《尚书》中言:"越玉五重,陈宝,赤刀,大训,弘璧、琬、琰,在西序;大玉,夷玉,天球,河图,在东序"。由此可知,西周时期河图已然存在,并作为一种珍贵的宝器摆放在周王朝的殿堂里面。管仲言曰:"昔人之授命者,龙龟假(至),河出图,洛出书,地出乘黄(神马)。"[1]孔子也曾说:"凤鸟不至,河图不出,吾已矣夫。"[2]《易·系辞上》曰:"河出图,洛出书,圣人则之。"由上则可知,在春秋战国时代,河图洛书作为一种祥瑞,在帝王受命、圣人出世时候才会出现,圣人依河图洛书制法典、定准则。

"河出图,洛出书"。顾名思义,河图出自黄河,洛书出自洛水。具体来说,河图出于黄河孟津县段。朝阳乡的卦沟村东北向,经送庄乡负图村,白合乡的上河图、下河图村,至老城乡雷河村汇入黄河的一条古河流,全长近20km。这段溪流被称为"图河故道"[3]。明嘉靖年间《孟津县志》卷二记述:"负图里,在县西五里,相传龙马负图之地。今有伏羲庙。"其卷三记曰:"负图寺,在县西北五里,相传龙马负图之地,亦名附图。晋天竺僧佛图澄西来住锡于此。怀帝永嘉时曰河

---

① 《管子》卷九《小匡》。

② 《论语》卷九《子罕》。

③ 万晔《河洛地区地理环境的人文意义》,《云南地理环境研究》,1992年6月,第4卷第1期。

图寺,梁武帝改曰龙马寺。唐高宗麟德中改曰兴国寺,寻易今名。"①可见,此寺早在西晋年间即名河图寺,而且在此寺除有"龙马负图处"碑、"图河故道"碑外,还有孔安国、邵雍、朱熹等历代大家的题记或题诗碑刻,说明关于河图出于此的说法不仅共识较高而且影响深远。现今孟津卦沟、负图、上河图、下河图、孟河、马庄等村名,相传就是当年伏羲氏降服龙马、受河图而画八卦的地方,虽说这些都是关于蒙昧不可知历史的传说,但是也可以从这一串串古老的名字当中反映出龙马负图的传说在此地影响之早、之大。至于洛书的出处今仍有争议,现有"洛阳洛油说""洛南玄扈水说""洛宁说"三种不同说法。这些说法也各有不同的史料来佐证,但是"洛宁说"这种观点因其传说地点有较多的文物古迹而在学术界有较高共识。如在洛宁的玄沪(玄扈)河与洛河交汇处有洛书出处"鬼窝"某不远处山坡有"黄帝受图台"。洛河大桥北端有龙头山,山顶有禹王庙,此庙建于北宋,元明两次重修。另在龙头山下附近的西长水村,仍现存着两块前人立的刻着"洛出书处"石碑。这众多地名、古迹使人们相信此处便是神龟驮书之地。

2. 礼乐文化

礼在中国人的生活中、思想中有着重要的地位。礼的发源非常之早,儒学经典《礼记》曾指出"夫礼之初,始诸饮食。"孔子也说"夏礼吾能言之","殷礼吾能言之",可见早在夏商之时,礼制已经在河洛地区形成。之后,周代殷商,周公在洛阳集三代之大成,制礼作乐,为礼乐文化影响其后几千年中国社会打下了基础。

周公辅佐武王革大邑商之命,又辅佐成王巩固国家政权,可谓功勋卓著。周公与洛阳有着紧密的关系,武王克商后曾祭告上天说"余其宅兹中国,自之义民②",并"迁九鼎于雒邑③",虽武王早逝,但成王即位后,就"使召公复营雒邑,如武王之意",之后派"周公朝至于洛,则达观于新邑城",后"成王定鼎于郏鄏",自此雒邑作为周之东都统治周朝东部广大的国土。最重要的是周公在洛阳总结前代经验,制礼作乐,建典立章,这既是我国古代建立人文精神的重要开端,也是

---

① 《孟津县志》。参见于李绍连《河洛文明探源》,河南人民出版社,2007年10月,第87页。
② 《何尊铭文》。
③ 《左传·桓公二年》。

中国文化史上第一次完备地规范人们思想的开创之举。

孔子十分仰慕周公,曾语:"久已,吾不复梦见周公。"他曾不远千里从鲁至周,在洛阳问礼于老聃,访乐于苌弘,"观先王之遗制,考礼乐之所极"。今洛阳老城文庙仍有"孔子入周问礼于此"碑。周公制礼作乐,其实就是对前朝为政得失之归纳总结,对前人思想、文化、理念上的吸纳与创新,故孔子曾语"殷因于夏礼,所损益可知矣;周因于殷礼,所损益可知也。"周公所制礼的范围广及政治、军事、社会及人们的日常生活的各个方面,包括吉礼、凶礼、宾礼、军礼、嘉礼等种种典礼仪式以及社会中的各种行为准则;乐则指在不同的典礼仪式中需配以不同的乐舞来使仪式活动更加庄重、肃穆、规范。"礼所以经国家、定社稷、利人民;乐所以移风易俗,荡人之邪,存人之正性。"这套礼乐制度成为此后的社会规范和道德准则,并影响几千年来的中国文化的形成与发展。"周监于二代,郁郁乎文哉! 吾从周。"在此基础上,孔子倾毕生精力,丰富、发展周公奠基的儒家学说,整理编订《诗》《书》《礼》《易》《乐》等古代典籍,完成集大成之工作。故历代儒家尊孔子为"圣人",尊周公为"元圣"。至今洛阳老城定鼎东路南侧仍保存着这座始建于隋唐,现乃明清形制遗存的周公庙,今周公庙社区也因此而得名,也有因周公而得名的周公路,定鼎路则因庙内的定鼎堂而得名。

周代的礼乐,集中体现了通常人伦观念中的"仁"、"义",即所谓的"亲亲尊尊"。亲其亲为"仁",尊其尊则为"义"①。其后经儒学的延伸、发扬,仁义观念成为我国文化观念的正统观念,也是历朝历代所提倡、弘扬的道德观念,更是为国人所尊崇的文化精神。在古代许多城市中有很多具有仁义思想的地名,如早在北魏洛阳城,这些城市里面就多以儒家文化所倡导的道德准则来命名里坊、街巷,如宽仁、修仁、依仁、孝义、崇义等,在唐东都洛阳城里,也有里仁、睦仁、宁仁、怀仁等,随着古都已成废墟,这些地名如今大多已经烟消云散,但是在也有某些遗留,如在洛阳老城区(明清旧城)仍保留着里仁巷、志仁里等。礼乐制度不仅规范了人的思想、行为,也影响了中国其后三千年的历史文化发展,更为中国形成"礼仪之邦"打下了坚实的基础。

---

① 杨海中《图说河洛文化》,河南人民出版社,2007 年,第 144 页。

3. 二程洛学

国学大师陈寅恪先生对宋代文化情有独钟,他说:"华夏民族之文化,历数千载之演变,造极于赵宋之世。"中国文化的复兴,有赖于"宋代学术之复兴,或新宋学之建立"①。宋学学术昌盛,学派众多,其中更以理学为中枢。理学不但是两宋三百多年的支配思想,也是其后中国封建社会的理论基础,主导着其后几百年的中国文化发展方向,也长期深刻影响中国人的思想观念。理学实是一种以儒学为主体,通过吸收、改造释道而建立的以儒家的纲常伦理为核心,涵盖释道哲学思辨为理论基础的一种新儒学,它在发展过程中逐步成为了中国文化思想的主体。理学的发展可分为开创、奠基、集大成三个阶段:周敦颐为开山人物,张载与二程为奠基者,朱熹则为集大成者。由于程颢、程颐兄弟长期在洛阳著述、讲学、传道,故人们也称其所创理学为"洛学"。

"五星聚奎,伊洛钟秀"。道学的兴起可以说与洛阳有着紧密的渊源,二程、周敦颐、张载、邵雍五人长期在洛阳生活、做官、隐居,同被朱熹列为理学学派的创始人,称为"北宋五子"。今洛阳市周公庙附近有五贤街,即为纪念他们而命名。此外嵩县田湖镇程村的程氏村民乃二程后裔,程村也在明景泰六年被赐名为"二程故里",并于村中建立二程祠堂,二程墓在伊川城西荆山脚下,称为程园②。伊川书院,乃程颐教学之地,今位于九皋山下伊川鸣皋镇的伊川四高院内。

4. 都城文化与陵寝文化

"崤函有帝皇之宅,河洛为王者之里"。河洛地区是中华文明的主要源头,也是历代都城重要所在地。在河洛地区有洛阳、郑州、开封和安阳四座古都,它们作为中国历史文化名城,在我国历史中占有重要的地位,尤以洛阳为"千年帝都"而名闻天下。

选择都城之所在,对任何一个王朝或政权来说都是至关重要的大事,虽然由于每个王朝或政权自身情况的不同,在都城选择的标准和可供选择的条件也不

---

① 陈寅恪《宋史职官志考证序》,《金明馆丛稿二编》,第 145 页。参见于张岱年方克立《中国文化概论》,北京师范大学出版社,2004 年,第 79 页。

② 二程墓有三个墓冢,二前一后,前者为程颐程颢之墓,后者是其父亲之墓,意为父抱子,墓冢保存良好,三块墓碑均为元代嵩县县令所立。

尽一样,但除去复杂的社会因素、文化因素、经济因素外,总的来看,选择一个能够充分发挥统治和控制全国的最佳地点是其建都的重要因素。明人陈健有语:"按古今天下大都会有四,然论时宜地势,尽善尽美,则皆不如洛阳。夫建都之要,一形势险要,二漕运便利,三居中而应四方,必三者备,而后可以建都,惟洛三善咸备。"①如今在沿洛河一线 50 公里内,由东向西分布着夏都斟鄩、商都西亳、汉魏故城、隋唐东都城、东周王城五大都城遗址,世所罕见,这也被成为"五都贯洛"。多达千年的建都历史为洛阳带来了无尽的辉煌与伤痛的同时,也为洛阳的诸多地名打下了岁月的痕迹,如洛阳有因经过唐代宫城区而得名的唐宫路、因唐上阳宫而得名的上阳路、因路经隋唐宫城长乐门而得名的长乐街,还有如九都路、王城大道等。

二、地理文化元素

河洛文化之所以长期居于中华文化主流之地位,一定程度上与洛阳长时期作为中国的政治文化中心有关,而洛阳长期为都则与其"天下之中"的地理位置是密不可分的,河洛文化通过"土中"的优势吸收周邻文化之精髓,进而带动自身和周边文化的发展,推动了中国文化的整体飞跃。

在古人看来,"惟受命之王乃可立国城于地之中"②,荀子也语:"欲近四方,莫如中央。故王者必居天下之中,礼也。"可见,"地中"是如此的重要,故在地中确定。《周礼·大司徒》曰:"土圭之法测土深,正日景,以求地中。""土圭之长尺有五寸,以夏至之日立八尺之表,其景与土圭等,谓之地中"③,周公在古洛阳之登封测地观影,以洛阳为天下之中。"成王即位,周公之属辅相焉,乃营成周雒邑,以此为天下之中也,诸侯四方纳职贡,道里均矣。"④营建洛邑,从人文地理总格局上,强化了华夏文明地理轴心的地位。这条轴心线,西起关中地区,以宗周丰镐为标志,东到豫鲁平原一带,以殷墟、曲阜为标志。自夏商周以至汉唐,在约3000 年的社会发展史中,这里一直是社会空间的枢纽地带,吸引并带动着王朝

---

① 陈建《建都论》。
② 《周礼注疏》卷一贾疏。
③ 《周礼注疏·大司徒》郑注。
④ 《史记》卷九十九《刘敬传》。

各地的发展。洛邑恰位于这条轴心线的中部重心。① 可以说,自三代以至北宋,河洛地区都因其优越的地理位置而赢得了发展的契机,而长期作为统治中心的地位也为河洛文化的发展、传播打下了坚实的基础。

三、宗教文化元素

河洛地区长期作为我国的政治、文化、军事中心,也是我国重要的宗教发源地、传播地,其在我国宗教文化中占据了重要地位。自汉之宗教萌芽期以后,南北朝、隋唐时期或传入、或产生了诸多宗教如佛教、道教、袄教、摩尼教、景教、伊斯兰教等,它们都曾在河洛地区得到了广泛传播与发展,但是在我国历史上,一直占据主导地位的宗教主要是西传而来的佛教和土生土长的道教。

1. 佛教文化

佛教自发源地印度传入中国已经有 2000 余年的历史,经过长期的儒学化、民族化发展,逐渐成为一种符合中国人心理需求的中国式宗教,从而成为了中国传统文化的重要组成部分。

在历代学者研究考证的基础上,中国佛教协会和中国宗教学会共同确认佛教传入中国的时间乃公元前 2 年,即汉哀帝元寿元年,依据资料为裴松之注《三国志·魏书》所引鱼豢《魏略·西戎传》中载:“昔汉哀帝元寿元年,博士弟子景庐受大月氏王使伊存口授《浮屠经》。”② 史学界过去则多以汉明帝时白马驮经之永平十年作为佛教传入中国的确切时间,关于此说可见于《后汉书·西域传》《资治通鉴》等历史典籍。其实关于佛教何时传入中国有多种说法,如“唐虞时代说”、“西周时代说”、“春秋时代说”、“战国时代说”等 11 种说法③,然而则因此说更为具体、时间也更为明确而得到了学术界的广泛认可,认为其为佛教正式传入中国并进入官方推崇时代的开端。永平十一年(68 年),汉明帝敕令在洛阳城西修建了中国历史上的第一座寺院“白马寺”,并在此开始了大规模的译经活动,为日后佛教的广泛传播打下了基础,虽然佛教派系众多、刹庙林立,然而白马寺却仍被佛门共同尊称为“释源”或者“佛教祖庭”。可见,洛阳作为佛教东传之

---

① 唐晓峰《从混沌到秩序—中国上古地理思想史论述》,中华书局,2010 年,第 226 页。
② 参见于杨海中《图说河洛文化》,河南人民出版社,2007 年,第 224 页。
③ 参见于杨筝《初传时期的河洛佛教文化》,《河南科技大学学报》(社会科学版),2009 年,第 4 期。

源头,在我国佛教史中占据着重要的地位。今洛阳也有因白马寺而得名的白马寺镇、白马寺村等诸多地名。

在北魏统治时期,洛阳作为都城,且为佛教首传之地,在孝文帝、孝明帝、胡太后等统治者的大力推崇下,一时之间,"招提栉比,宝塔骈罗,争写天上之姿,竞摹山中之影。金刹与云台比高,广殿共阿房等壮"①。据《洛阳伽蓝记》载,当时洛阳有余座寺院,可谓人间佛都。河洛地区的中岳嵩山成为了佛教圣地,先后修建了嵩阳寺、少林寺、嵩岳寺等诸多名刹,其中更以少林寺作为禅宗祖庭名扬天下。其中尤值一提的是初营建于北魏时期的至今仍然保存的著名世界文化遗产龙门石窟,其既为我国佛教文化留下浓墨重彩的一笔,也为洛阳印上了一张闻名海内外的文化名片,洛阳也因龙门石窟而有了龙门镇、龙门村、龙门大道等地名。

2. 道教文化

"道家之术,杂而多端"②。由于道教发源于河洛地区,故其吸收了东汉以前当地诸多的信仰,包罗了天神、山川、河流、百物、仙鬼等,可以说河洛地区、河洛文化在道教初期的形成、发展环节上有着重要的地位和作用。其实,我们看到道教对中国文化影响时,我们深切感受到"上位层次文化"即士大夫文化,与"下位层次文化"即俗文化之间存在巨大的差异,其甚至可以分为士大夫道教和民间道教(虽然组织、流派并未分开)。但是对道教来说,它根本的东西并不在老庄那种精神的超越,而在于现实世界满足人们的心理欲望,乃至解决现世的种种实际问题。③ 所以说,土生土长的道教由于符合百姓需求,而广被百姓所接受。据清顺治《河南府志》载,隋唐至明的约千年时间里,河洛地区建庙、寺仅 34 处,可见在此时期佛教在河洛地区的衰落。而据清和民国时期修编的部分县志(府志、州志)载,在河洛地区各县域内较大的庙、馆、祠、堂、阁、楼有 616 处,遍布各村的土地庙、龙王庙、火神庙及各岭的山神庙更是数不胜数。④ 所以在河洛地区,有众多因道教的道观、庙及诸多神仙而得名的地名。如邙山今仍存为纪念著

---

① 杨衒之著 周振甫译注《〈洛阳伽蓝记〉译注》,江苏教育出版社,2006 年,原序第 1 页。
② 马端临《文献通考》卷二二五。
③ 参见葛兆光《道教与中国文化》序。
④ 王全营《试论河洛庙会功能》,《根在河洛:第四届河洛文化国际研讨会论文集》下册,大象出版社,2004 年。

名道仙吕洞宾而修建吕祖庙,并有因吕祖庙得名的吕庙村。另有山神庙村、栖霞宫村、海神庙村、火龙庙村、黑龙庙村、五郎庙村、大郎庙村、二郎庙村、牛王庙村、黄王庙村等。

四、民俗文化元素

古语曰:"百里不同风,千里不同俗"。的确,各地民俗因其自然地理、民族构成、社会背景、文化渊源等因素的不同而自有其地方特色,河洛民俗也不外如是。民俗文化不仅是民族精神的重要载体,也是民族文化之母体,同时更是一种远去历史的记忆。苏轼在《司马君实独乐园》中说:"洛阳古多士,风俗犹尔雅。"河洛地区是中华民族古代农业最发达的地区之一,洛阳又曾长期作为天下首善之区、人文荟萃之所,因而河洛民俗颇有古风,其极为重视传统文化习俗,主要反映在农事习俗、传统节庆习俗、庙会习俗等方面。在诸多民俗文化元素中,尤其值得一提的就是洛阳的牡丹文化,其牡丹花会因融合了河洛地区雅俗共存的风俗习惯、文化活动而传承千年。

综上,我们可以看到洛阳地名中蕴含着众多的文化元素,其范围涵盖中国传统文化的各个方面。具体来看,历史传说中诸多的圣王、英雄大多生于此,活动于此,并在此打下了华夏民族形成之基础。河图洛书,被称为"中国人心灵思维的最高成就"也出现于此。三代建都于此,"文化之发达"与"天下之中"也使之成为众多朝代之京畿,洛阳邙山也成为国人阴宅福地。儒家学说、道家学说、佛学、玄学、理学这五大学说学派,对形成和决定中华民族、中国人的思想、信仰和品格,对中国人的社会生活、文化生活产生了关键性的影响,然而它们却或肇始于此、融合于此,或发展于此、传播于此,在某种意义上,河洛文化乃中华文化之重要源泉、熔炉,甚至可以说其在一定程度上影响了中国文化、中国人思想的走向。此外,河洛地区乃人文荟萃之地,这里奇才辈出,群星云集,在史学、文学、医学、科学、哲学等各方面产生了诸多历史、文化名人,他们或生于此、长于此,如伊尹、子产、苏秦、邓析、吕不韦、韩非、贾谊、阮籍、嵇康、玄奘、杜甫、韩愈、李贺、刘禹锡、李商隐、程颐、程颢等;他们或长期生活于此、著述于此,如老子、班固、张衡、张仲景、郑玄、王充、许慎、蔡伦、左思、曹植、吴道子、司马光、欧阳修、邵雍、吕蒙正等,这些人大多在其时代为先进文化的代表人物,他们为洛阳遗留下丰富的文化内涵,使洛阳成为了中华民族数千年的文化中心。

可以说,洛阳地名中蕴含的丰富的河洛文化元素是中国文化的重要组成部分,其为中国传统文化的形成、发展、传播作出了巨大的贡献。

（作者为天津广播电视大学红桥分校讲师）

洛阳与河洛文化的关系

黄　莹

Abstract：Heluo culture is the mainstream culture of the Chinese culture, the national identity and cohesion gives the unique charm to the ancient city of Luoyang. The relationship of Luoyang and Heluo culture, has close relations, and also has different characteristics. Luoyang is the core of Heluo culture, having the root district, legitimascy and inheritance characteristics. Compared with that , Heluo culture is a radiation area, having dynamic, integration and development characteristics. The relationship of Luoyang and Heluo culture helps to understand that the Luoyang's function and character ,as the center city of Heluo cultural. It also help the study of Heluo culture to go further.

　　20 世纪 90 年代以来,随着河洛文化研究的逐渐兴起和发展,学术界对河洛文化的概念、范围、作用、影响等方面的内容逐渐深入,取得了很多的收获。随着国家"一带一路"战略的实施,洛阳作为东方丝绸之路的起点,受到了很大的关注。河洛文化是在河洛地区形成和发展起来的一种传统文化,是以洛阳为核心逐步辐射,并形成了河洛文化圈。河洛文化以洛阳为根源地广泛传播,使各地区的人们有了共同的文化心理,最终形成了"四海之内,亲若一家"的民族意识和国家观念,这也成就了河洛文化作为中华民族文化重要源头的地位。河洛文化与洛阳之间,既有着密切的关系,又有着不同的特征。本文认为对洛阳与河洛文化的关系,有必要进行认真的思考与梳理,以使研究工作更加深入。

一、核心点与辐射面

河洛文化是一个地域文化概念。"河"是指中华民族的母亲河——黄河；"洛"是指黄河中游南面的支流——洛水。"河洛"即是黄河和洛水交汇之流域。在这一地区中，人们根据自然地理等条件，选择出了一个核心点——洛阳。洛阳位于河南省西部，位于洛水之北，山南水北谓之阳，所以名为洛阳。因洛阳境内有伊、洛两水的主河段，故也称伊洛。它是中华文明和中华民族的主要发源地，中国的国名便源自古洛阳。西周时期，周公营造洛邑，成王迁都于此，《何尊铭文》："惟王初，迁宅于成周""宅兹中国，自兹乂民"。因此，洛阳有中国、土中、地中等名称，这些名称都体现出洛阳在地理上的核心位置。洛阳地处中原，境内山川纵横，西依秦岭，过函谷关便是关中平原，东临嵩岳，北靠太行山又有黄河之险，南望伏牛山，有"河山拱戴，形势甲于天下"之说。洛阳自"河图洛书"、"三代之居"时期起，逐渐成为河洛地区最早、最重要、最有影响力的文化发源地，并把这种文化传播给周边地区，形成了河洛文化圈。

从地理位置上看，黄河与洛水交汇，孕育出了河洛之地，它的地缘中心点就是洛阳。河洛文化的地域范围，从一开始就是以洛阳为核心点，向周围地区辐射延伸的。对河洛地区认定，学者们大致有两种意见，狭义的或是广义的，对应的面积区域或大或小，但一个共同点，就是洛阳为河洛文化地域范围的核心点。甚至有的学者直言，如韩忠厚认为："从狭义讲，河洛就是洛阳。"①狭义的河洛地区，大致就是洛阳及周边地区。如张振犁认为："狭义讲乃是指中原腹地伊、洛、河'三川'平原。"②洛阳即在伊水、洛水和黄河的交汇处。李昌韬认为："河洛地区的范围，是指伊河和洛河流域以及两河汇合后直到流入黄河一带。"③这里指出了河洛地区以洛阳为核心点，沿黄河下游地区辐射发展。还有窦志力认为"河洛"这一地域"北临黄河，南至嵩岳，东有虎牢为关，西近函谷据守"④。这一

---

① 韩忠厚《试论河洛文化在中国文化史上的地位》，《河洛文化论丛》第一辑，河南大学出版社，1990年。
② 张振犁《从"河图"、"洛书"乃"祭祀河洛"神话的演变，看"河洛文化"在华夏文明中的地位和作用》，《洛汭与河图洛书》，河南科学技术出版社，1996年。
③ 李昌韬《河洛文化的形成及发展》，《洛汭与河图洛书》，河南科学技术出版社，1996年。
④ 窦志力《河洛文化的内涵与特性述论》，《河洛文化论丛》第二辑，河南大学出版社，1991年。

地区,便是古代洛阳作为国都时期的京畿之地。显然,洛阳是河洛地区名副其实的核心点。

也有学者提倡广义的河洛地区,如韩忠厚认为:"从广义上来讲,就是指黄河中游、洛水流域这一广阔的地域范围,具体地说,就是黄河从河曲(风陵渡)向东经三门砥柱、过孟津直达荥阳、郑州,这一段大河以南,洛水伊水及嵩山周围包括颍水上游登封等地。古时称为河南地,亦称之为河洛地。"①这是以洛阳为核心点,沿着黄河中下游向南面扩展,逐渐形成了河洛文化的辐射区。李先登认为:"河洛地区指的是黄河中游潼关至郑州段的南岸,洛水、伊水及嵩山周围地区,包括颍水上游登封等地。"②许韶立、王庆生更具体地认为,河洛地区"大致包括今天的灵宝、陕县、三门峡、渑池、嵩县、洛阳、宜阳、伊川、登封、巩义、荥阳、密县、新郑、郑州。"③在这些地区中,洛阳无疑也是核心区,把河洛文化逐渐向周围地区扩展。朱绍侯提出了河洛区域与河洛文化圈的概念,他认为河洛区域是"以洛阳为中心,西至潼关、华阴,东至荥阳、郑州,南至汝颍,北跨黄河而至晋南、济源一带地区。……河洛文化圈应该涵盖目前河南省全部地区。"④

学者们的意见虽然有些差异,对河洛地区的大小和范围界定虽有不同,但在大的方面是一致的,形成了共识。那就是,洛阳是河洛地区的核心部位、核心地区。无论是狭义的还是广义的河洛地区,河洛文化是离不开洛阳的。在整个河洛地区的对比中,洛阳无疑占据着政治、经济、文化和制度等方面的制高点,并将这种高度传输给周边地区。所以说,洛阳是河洛文化的核心点,凝聚着河洛文化的精华,并传播到周围的辐射区,最终形成了河洛文化圈。需要说明的是,作为国都、京畿之地,古代洛阳的范围要比今日的洛阳市大得多。尽管在不同时期,古代洛阳的地盘大小不完全一样,但一般说来,至少可以涵盖整个洛阳平原及周边地区。

① 韩忠厚《试论河洛文化在中国文化史上的地位》,《河洛文化论丛》第一辑,河南大学出版社,1990年。
② 李先登《河洛文化与中国古代文明》,《河洛文化论丛》第一辑,河南大学出版社,1990年。
③ 许韶立　王庆生《论地理环境与河洛文明》,《洛汭与河图洛书》,河南科学技术出版社,1996年。
④ 朱绍侯《河洛文化与河洛文化圈》,《寻根》1994年第3期。

二、根源地与动态性

洛阳是中华民族历史文化发祥地之一。早在6000多年前,洛阳就已经发展到母系氏族社会,著名的仰韶文化就是首先发现于洛阳之西的渑池仰韶村。李学勤先生曾说:"以黄河中游区域为中心的仰韶文化,对实现统一中国文化做出了最早的重大贡献。"①洛阳是河洛文化的根源地;河洛文化,根在洛阳。《周易·系辞上》曰:"河出图,洛出书,圣人则之。"洛阳在哲学、宗教、教育、史学、文学、科技、艺术等方面都表现出最早、最源头的文化之根所在地,在北宋以前的几千年间始终处于支配地位,对历史的发展形成了巨大的影响。河洛地区就是以洛阳为核心点,河洛文化是以洛阳为代表的区域性文化,其主要源头、活动场所都集中在洛阳。洛阳"天下之中"的观念深入人心,这种因地理位置、环境因素等条件造成的根源地意识,一旦形成便具有稳定性。在几千年的时间里,洛阳都是河洛文化的根源地,这在学界是得到一致共识的。于是,一提起洛阳,人们印象中便是:"若问古今兴废事,请君只看洛阳城。"这种观念已经根深蒂固。

中国传统文化的发展,是一个动态的过程的。相对于洛阳"根源地"稳定不变的意识,河洛文化具有极强的动态性,具体来说,就是在不同的历史时期有着不同的形态。甚至主要的传播中心也是在不断变化的,安阳、郑州、洛阳、开封等城市在不同的历史时期成为传播河洛文化的重镇。河洛文化的具体体现,在几千年间,是不断变化发展的。"简言之,河洛文化应是产生于河洛地区的,包括原始社会的彩陶文化(仰韶文化)和河南黑陶文化,以及神秘而代表河洛人智慧的《河图》、《洛书》,应包括夏商周三代的史官文化,及集夏商周文化大成的周公制礼作乐的礼乐文化,还应包括综合儒、道、兵、法、农、阴阳五行各家学说而形成的汉代经学、魏晋玄学、宋明理学,以及与儒道思想互相融合的佛教文化等。"②可见,河洛文化是一种包涵中国民族众多文化精髓,随着历史动态发展的文化。上古时期,河洛文化主要表现为仰韶文化、裴李岗文化、龙山文化等。进入文明时代,创立华夏族的炎黄二帝,主要活跃在黄河中游一带。河洛地区就有黄帝居

---

① 李学勤《河洛文化研究的重要意义》。参见于杨海中《图说河洛文化》,河南人民出版社,2007年,第87页。

② 朱绍侯《河洛文化与河洛人、客家人》,《文史知识》,1994年第3期。

有熊(今新郑),大禹都阳城(今登封)的传说,成为炎黄族活动的主要区域。河图洛书是中华文化之根,圣人据此制定法典、确立准则。夏商周三代在此继承发展与相互交流,三代文化逐渐成为了中华文化的主根文化,"从对夏王朝以后的中国古代历史发展而言,河洛地区的河南龙山文化、夏文化是孕育华夏文明、中华民族文化、汉文化的核心文化。"①二里头遗址、偃师商城遗址、殷墟等的发现,证明了夏商周三代,河洛地区皆为统治重心。周公营建雒邑,制礼作乐,集礼法之大成,被后世称为"儒宗"。周代礼乐制度成为此后的社会规范和道德准则,并影响到几千年来的中国文化的形成与发展。道教始于黄帝、老子,故黄老道是道教的前身。洛阳北邙上清宫号称"道教祖庭"。汉代佛教正式传入中国,并进入官方推崇时代的开端。汉明帝在洛阳城西修建了中国历史上的第一座寺院"白马寺",并在此开始了大规模的译经活动,为日后佛教的广泛传播打下了基础。北魏时期,佛教大盛,留下了龙门石窟等文化遗迹。东汉时创立道教,河洛地区也成为了道教成长发展传播的重要区域。隋唐两代以洛阳为东都,河洛地区更是成为政治经济文化之中心,天下首善之区,人文荟萃之所,是当时最为发达的地区。此时的河洛文化表现为帝都文化。宋代理学昌盛,不仅是两宋三百多年的支配思想,也是其后中国封建社会的理论基础。程颢、程颐兄弟长期在洛阳著述、讲学、传道,故人们也称其所创理学为"洛学",因为其政治伦理观点符合统治者的需要,因此备受青睐,经朱熹整理发扬,成为了其后封建社会的统治思想。河洛文化的不断变迁和发展,始终是以洛阳为中心的,因此尽管河洛文化的发展是一个动态的过程,但以洛阳为核心的"根源地"论显然是站得住脚的。

三、正统性与融合性

"河洛为王者之里"。洛阳长期在政治上的强势地位和"天下之中"的区位优势,使它具有一种占据中华民族文化主流地位、正统地位的性质。但围绕它形成的河洛文化,却具有融合性。

洛阳的正统性主要表现在两个方面:一是文化上。从文化系统上看,周礼源自于洛阳,继承周公制礼作乐的儒学是中国学术思想之正宗,中国文化之主流。

---

① 刘庆柱《河洛文化是中华民族文化的核心文化》,《光明日报》,2004 年 8 月 31 日。

儒学是由孔子继承、吸收、发展河洛文化中的礼乐制度而创立的学术思想。东汉许慎、郑玄的经学；魏晋南北朝何晏、王弼的玄学；宋代程颐、程颢的洛学等，都是在洛阳发扬光大并成为占据统治地位的正统思想。经过儒学、汉学、宋学的一脉相承，一直在我国政治、思想、学术史占有重要的地位。儒学强调"亲亲尊尊"，究其内涵，就是"礼"的体现。二是地域上。洛阳作为王者之里，为历代王朝统治中心地区，长期的都城地位使洛阳具有一种帝都文化的性质，具有正统性。司马迁说："昔三代之居，皆在河洛之间。"（《史记·封禅书》）明显表明了洛阳地区是夏商周三代时期的政治、经济、文化的中心，凝聚着三代文化的精华，是当时最先进的文化，居于领先地位。周武王伐纣时认定这一地区："自洛汭延于伊汭，居易毋固，其有夏之居。我南望三涂，北望岳鄙，顾瞻有河，粤瞻洛伊，毋远天室。"[1]武王病逝之后，"成王即位，周公之属辅相焉，乃营成周雒邑，以此为天下之中也，诸侯四方纳职贡，道里均矣"[2]。故营建雒邑为陪都，作为周王朝统治东方广大地区的据点。随后，洛阳相继成为东汉、曹魏、西晋、北魏（孝文帝以后）、隋（炀帝）、唐（武周）及后梁（五代）、后唐（五代）的都城。徐金星认为："在中国七大古都中，以洛阳建都最早，建都时间最长，建都朝代最多，居住帝王最多。"[3]古代都城是一个国家的统治重心，这种重心的地位和其他地区是有区别的，使得洛阳具有正统性和帝都文化的风范，长期占据着主导和统治地位，并成为河洛文化的象征。

河洛文化之所以长期居于中华文化主流之地位，一定程度上与洛阳长时期作为中国的政治文化中心有关，而洛阳长期为都则与其"天下之中"的地理位置是密不可分的，河洛文化通过"土中"的优势吸收周邻文化之精髓，进而带动自身和周边文化的发展，推动了中国文化的整体飞跃。自三代以至北宋，洛阳几乎一直是作为都城，或者是陪都的地位出现的。河洛地区都因其优越的地理位置而赢得了发展的契机，而长期作为统治中心的地位也为河洛文化的发展、传播打下了坚实的基础。究其根源，一方面固然由于其自身文化的先进性，使其具有强

---

① 《史记·周本纪》。
② 《史记》卷九十九《刘敬传》。
③ 徐金星《河洛文化和客家文化》，《客家与中原文化国际学术研讨会论文集》，中州古籍出版社，2003年。

大的生命力、凝聚力;更重要的则是因为河洛地区地处"天下之中"的地理位置和长期作为京畿地区的地位,便于吸纳、融合各地区文化精髓,也利于受政治势力的推崇和推行,从而走向了更高阶段和强势地位,最终成为了中华文化、中华民族的主根。也正是因为这两个方面的原因,使河洛文化具有了融合性的特征。几千年间,不同的民族在这里接触交流,不断的促成民族的文化融合,构成了中原文化。周公在这里营建雒邑,楚国北上"问鼎中原",秦汉时期这里成为"逐鹿中原"的战场,开始了大规模民族交流融合的时期。魏晋南北朝时期是民族大迁徙、大融合的一个重要时期。"五胡"在河洛地区建立了许多政权,出现了胡汉交融的局面。与此同时,大量中原士民"衣冠南渡",迁往南方各地。《晋书·王导传》中所言:"洛京倾覆,中州仕女避乱江左者十六七。"据谭其骧先生早年考证:"从永嘉初至刘宋末中原士民南迁持续一百七八十年,迁徙人口约九十万,占北方总人数的八分之一强。"[1]从河洛地区南下的中原士民,带来了先进的生产技术和文化,使南方的经济发展、文化风貌得到了改观。唐代时,陈元光平定蛮獠啸乱,建立漳州,在福建定居,被尊为"开漳圣王"。安史之乱后,大量的中原人士被迫迁至南方。固始人王绪、王审知入闽,建立闽国,王审知被唐王亲赐"开闽人祖"。这些中原移民及其后裔,有的到了闽南,有的到了台湾,他们自称为"河洛人"或"河洛郎",表明不忘祖根。五代时期,沙陀人在河洛地区建立了后唐、后晋、后汉政权,大量西北、东北的少数民族进入此地与汉人融合。与此同时,中原的战乱则使大量的百姓迁至南方,成为了"客家人"之主体,其中尤以至江西南部、福建西南、广东东北部居多,这里也成为了客家大本营。"靖康之难"后,中原士民"扶携南渡,不知其几千万人"。河洛地区作为中华民族之重要熔炉,吸收容纳了诸多其他民族,为中华民族之融合做出了贡献。大量远涉他乡的河洛儿女,为中华民族文化的传播立下了汗马之功。河洛文化具有融汇四方、辐射四方的文化特征,对周围地区产生了更为强烈的影响与巨大的吸引力,加速了文化融合的脚步。强烈的扩张性和高度的融合性,使得河洛文化的影响扩及大半个中国。

---

① 谭其骧《晋永嘉丧乱后之民族迁徙》上册,人民出版社,1987年,第220页。

四、继承性与发展性

洛阳作为历史悠久、文化厚重的著名古都,渊源有自,一脉相承。几千年来,洛阳沿袭了河洛文化的精髓,在文明发展进程中具继承性。河图洛书,被称为中国人心灵思维的最高成就的也出现于此。三代建都于此,"文化之发达"与"天下之中"也使之成为众多朝代之京畿,洛阳邙山也成为国人阴宅之福地。儒家学说、道家学说、佛学、玄学、理学这五大学说学派,对形成和决定中华民族、中国人的思想、信仰和品格,对中国人的社会生活、文化生活产生了关键性的影响,然而它们却或肇始于洛阳、融合于洛阳,或发展于洛阳、传播于洛阳,在某种意义上,洛阳成为中华文化重要源泉之地、熔炉之地,甚至可以说其在一定程度上继承和影响了中国文化、中国人思想的走向。[①] 河洛地区是中华民族古代农业最发达的地区之一,因而洛阳民俗颇有古风,苏轼在《司马君实独乐园》中说:"洛阳古多士,风俗犹尔雅。"洛阳极为重视传统文化习俗,主要反映在农事习俗、传统节庆习俗、庙会习俗等方面。在诸多民俗文化元素中,尤其值得一提的就是洛阳的牡丹文化,其牡丹花会因融合了河洛地区雅俗共存的风俗习惯、文化活动而传承千年。"洛阳地脉花最宜,牡丹尤为天下奇"。洛阳与牡丹从来就是水乳交融,几可互相指代的关系,洛阳优越的地理位置、合适的气候成就了牡丹花王的地位,牡丹则作为洛阳的市花,成就了洛阳"牡丹花城"之名,更成为了洛阳的一种文化标志。

河洛文化不仅随着历史的发展,呈现出动态性;而且在新时代也有新的发展。甚至到了21世纪的今天,还在继续发挥影响力。河洛文化与其他地域文化交流的非常普遍,而且由于中原地区战乱的原因,河洛先民经常随之大规模、大范围的迁移至南方。在这个长期的、远距离的迁徙过程中,河洛文化与其他地域文化结合后,形成了具有河洛文化特征和自己特色的文化类型,如灿烂的闽台文化和客家文化,它们在血缘上、风俗上、语言上等诸多方面与河洛文化有着血肉般的传承关系。洛阳作为中华民族的主要源头之一,也是我国"汉语姓氏追根溯源"圣地。闽台文化与河洛文化由于移民的因素,有一种血缘关系、宗亲关

① 李煌《河洛文化研究——以洛阳地名为切入点》,辽宁师范大学2011年硕士学位论文,第29页。

系、源流关系,其主要表现在思想、民俗、姓氏、方言等方面相近、相似或者相同。① 客家文化亦是如此,黄遵宪先生曾有诗曰:"中原有旧族,迁徙名客人,过江入八闽,辗转来海滨。"②其又曰:"筚路桃弧辗转迁,南来远过一千年,方言足证中原韵,礼俗犹留三代前。"③"根在河洛"的客家人,颠沛流离长达千年,他们筚路蓝缕,以启山林,传承发扬了河洛文化中的优秀内涵。他们刻苦耐劳、刚毅力行、尊宗敬祖、崇文重教,从文化、语言、生活、习惯乃至婚丧喜庆年节庆典、祖先发祥的堂号,很多都沿袭河洛文化的传统习俗,可以说客家文化与河洛文化血脉相承,密不可分。千百年来,客家人的思乡之情和爱国之心让人们敬重与感动。今天,海外、闽台等诸多客家人也纷纷回中原寻祖恳亲,追根溯源,加深了客家人与故乡的联系。深入研究河洛文化,弘扬中华优秀文化传统,有利于加强海内外华人华侨的文化认同、民族认同,有利于增强中华民族的向心力和凝聚力。

此外,河洛地区与域外的文化交流也十分频繁。西汉张骞"凿空"西域,开通了中原与中亚、西亚乃至欧洲交往的丝绸之路,至东汉班超再通西域后,洛阳就成为了丝绸之路的东方起点,在促进中外经济、文化交流方面,占有重要地位。东汉时期,随着西域商人大规模的进入河洛,为都城洛阳带来了一阵胡风,如"灵帝好胡服、胡帐、胡床、胡座、胡饭、胡箜篌、胡笛、胡舞,京师贵戚竞为之"。④这些新鲜的文化内涵,改变了河洛地区的生活起居、民风民俗等,也影响了中国文化的发展。与此同时,中原文化的蔡伦造纸术、雕版印刷术等也陆续传播到中亚、西亚以至欧洲。此外,佛教的传播则更为典型。河洛文化对传入的印度佛教的进行了吸收、改造,创造出了具有中华特色的禅宗,之后佛教也广泛的传播到朝鲜半岛、日本列岛等地区。河洛文化不仅是中国的,更是世界的,它传输的中国传统文化的精华,成为世界文化的一部分。

总之,洛阳是河洛文化发生、发展的核心地区,洛阳的帝都文化是河洛文化的一个显著特征,洛阳的发展历史就是河洛文化的缩影,它们之间有着千丝万缕的联系。洛阳本身文化的优秀和位居天下之中的地理位置使其具有了"核心

---

①　史善刚　董延寿《论河洛文化与民族复兴》,《中国文化研究》,2007 年春之卷。

②　黄遵宪《送女弟》,《黄遵宪集》,天津人民出版社,2003 年,第 86 页。

③　黄遵宪《乙亥杂诗》,《黄遵宪集》,天津人民出版社,2003 年,第 239 页。

④　《后汉书》志十三《五行志》。

点、根源地、正统性、继承性"的特征。同时,两者之间又有一定的差别,相比之下,河洛文化具有"辐射面、动态性、融合性、发展性"的特点。研究洛阳与河洛文化的关系,有助于认识洛阳作为河洛文化中心城市的功能和个性,也是对河洛文化研究的进一步深入,使人们能够进一步认识到河洛文化的深邃气象和神圣魅力。

（作者湖北省社会科学院楚文化所助理研究员）

河洛凤鸟之一瞥——从卜千秋墓壁画说起

吴艳荣

Abstract：In Luoyang Bu Qianqiu mausoleum there is a three tou Phoenix mural. As a whole, it is undoubtedly a pair of "by Phoenix immortal" picture. Though the main elements of this picture we can explore the "three tou Phoenix" and the ancient "3", "three triangle" and others to find digital sense of origin and the common divinity, Phoenix and becoming immortal morphological evolution, the relationship between Phoenix and the women, and three legged crow and becoming immortal. We can obtain more detailed history information and social background, lead to more thinking.

　　洛阳卜千秋墓是一座西汉昭宣帝时期的夫妇合葬壁画墓。墓中的三头凤壁画[①]颇引学者关注,三头凤绘在墓顶脊东部,侧立,三首均左向,在彩云缭绕中背负着手捧三足金乌的女墓主人。整体来看,这无疑是一副"乘凤升仙"图,将构成此图的主要元素分解分析一下,比如探寻"三头凤"与古代的"三头"、"三角"、"三叉"图案以及数字"三"之间的某种渊源与共通的神性,凤凰与升仙形态的发展演变,凤凰与女性的关系,以及三足乌与升仙等,我们可以获得更为丰富细致的历史文化信息和社会思想背景,引发更多的思考。

---

　　① 洛阳博物馆《洛阳西汉卜千秋壁画墓发掘简报》,《文物》1977 年第 6 期。

一、"三头凤"与"三头"、"三角"、"三叉"的追溯及数字"三"代表的神性

　　　洛阳卜千秋墓中的三头凤壁画　　　江陵楚墓出土丝绣上的"三头凤"纹样

　　"三头凤"的图案不多见,汉代以前,江陵马山一号楚墓①出土的丝绣上有一幅奇特的"三头凤"纹样,N10 一件浅黄色绢面绵袍上,刺绣有三头凤和大花朵组成长条形图案,凤头面向观者,双目圆睁,颈部挺直,头上束很大的花冠,腹部滚圆。两腿略弯作半蹲状,双翅分别为一凤鸟头,面向中间。每幅纹样有两只三头凤作对角配置,长 57 厘米,宽 49 厘米。凤鸟庄严、富丽,颇有气势。"三头意味着神奇而善良的灵性,应是一种流行的观念。"②

　　再往前追溯"三头",在先秦文物中有一件殷人的玉雕③,通高 6 厘米,时代为商代晚期,也有三个头。其形作半身坐人像,中间为粗线条粗轮廓的正面人头像,两臂分别作凤鸟形。

殷代玉雕

　　"三头"有些怪异,在记载多头奇鸟、怪兽、神人最多的巫书《山海经》里,有两首、三首、四首、六首、八首乃至九首不等。这些多头的鸟、兽、神似吉善者居

①　湖北省荆州地区博物馆《江陵马山一号楚墓》,文物出版社,1985 年版。
②　皮筱蒨《三头凤试释》,《江汉考古》1989 年第 4 期。
③　石志康《有关鸟图腾的一件古玉》,《中国文物报》1988 年 1 月 22 日第 4 版。

多,或可御火避灾,或可防凶逐疫,三头又为最吉最善者。如《山海经·西山经》:"翼望之山……有鸟焉,其状如乌,三首六尾而善笑,名曰鹈鸺,服之使人不厌,又可以御凶。"《山海经·南山经》:"基山……有鸟焉,其状如鸡,而三首六目,六足三翼,其名曰鹈鹝,食之无卧。"

《山海经·海内西经》曰:服常树,其上有三头人,伺琅玕树。《艺文类聚》卷90、《太平御览》卷915引《庄子》逸文曰:"老子叹曰:'吾闻南方有鸟,其名为凤,……以璆琳琅玕为食,天又为生离珠,一人三头,递卧递起,以伺琅玕。'""三头人"又名"离珠","守候"或"守卫"着传说中的神树"琅玕"。"琅玕树"、"三珠树"皆神树,其作用据《列子·汤问》记,"华实皆有滋味,食之皆不老不死"。"三头人"(离珠)在上古神话中具有相当重要的地位。长沙子弹库出土的《楚十二月神帛书》中绘有三头神,据饶宗颐先生考证,这三头神即三头的"离珠"[1]。又《大荒西经》:"大荒之中,有山名曰大荒之山,日月所入。有人焉三面,是颛顼之子,三面一臂,三面之人不死,是谓大荒之野。"可见"三头"、"三面"应该具有"不死永生"的意义指向。

考古发现原始时期有"三叉"、"三角"等图案。如良渚文化玉冠是一种专用于固定在头上的玉器冠饰。其中的三叉形款式,基本样式似篆书的"Ш"字形,上部有三叉,叉头相互齐平,亦有中叉偏低者。下部呈圆弧状,中间有从上到下的透孔,便于固定之用。三叉形玉冠的装饰纹样以神徽、神鸟为主要题材,或是全部填充,或是局部装饰。[2]

贺兰山人首三角人面像岩画[3]

马家窑半山期人头形器盖[4]

① 饶宗颐《长沙楚墓时占神物卷考释》,香港中文大学《东方文化》1954年第一卷第一期,第78页。
② 姚士奇《中国玉文化》,凤凰出版社2004年,第80页。
③ 李祥石《发现岩画》,宁夏人民出版社2005年,第21页。
④ 李纪贤编著《马家窑文化的彩陶艺术》,人民美术出版社1982年,图版第19页。

良渚文化三叉形款式玉冠①

　　贺兰山岩画中出现三角人面像。《山海经·海内北经》:"戎,其为人,人首三角。"贺兰山与卫宁北山一带最早有记载的先民是羌族的先民。贺兰山岩画中确实有这种"其为人,人首三角"的人头装饰形象。这种人头顶部三角装饰大致可分为三类,即头部有三个直杆形,三个三角形,三个半圆形。这样的"人首三角"形象同甘肃出土的新石器时代马家窑文化半山型人面形纹饰上的"人首三角"的形状式样如出一辙,说明同处于新石器时代的贺兰山岩画同马家窑文化不仅有着千丝万缕的联系,而且可能是一脉相承的。范三畏解读"三角"为鹿角之交叉,是羌戎的标志。② 马鹿以其柔顺而善于奔驰,和美而具有神力作为羌人图腾。③

　　无论中外,人类"数"的观念当起源于长期生产生活的经验,它首先反映的是事物的自然属性,后世谓之"自然数"。数的观念产生以后,在人类思想的发展中也曾不止于自然科学的意义,而同时还被作为沟通天人、把握世界的一种哲学观念,从而在古希腊出现了著名的毕达哥拉斯学派,在中国则有了先秦的阴阳数术家。④ 神秘数字是一种世界性的文化现象,是指某些数字除了本身的计算意义外,还兼有某种非数字的性质,它在哲学、宗教、神话、巫术、诗歌、习俗等方面作为结构素反复出现,具有神秘或神圣的蕴含。人类学家称其为神秘数字,又称魔法数字或模式数字。⑤ 数字"三"除了代表多或无限大以外,其神秘性还有另一方面的意义和用途,那就是作为万事万物生成发展的基数,宇宙创化的单元。《老子》说"道生一、一生二,二生三,三生万物",从道到万物之间最大的创生飞跃就在于"三"。在希腊罗马神话中,世界由三位神灵统治:主神朱庇特,手持三叉闪电;海神尼普顿,使用三叉戟;冥神普路托,牵着一条三头狗。

　　由此可以发现,"三头"代表着神性、善良、永生等美好的性质,"三角"、"三

①　姚士奇《中国玉文化》,凤凰出版社 2004 年,第 78 页。
②　范三畏《旷古逸史——陇右神话与古史传说》,甘肃教育出版社 1999 年,第 124 页。
③　张淑萍《马家窑文化彩陶纹饰类型分析》,《甘肃高师学报》2015 年第 1 期。
④　参见杜贵晨《古代数字"三"的观念与小说的"三复"情节》,《文学遗产》1997 年第 1 期。
⑤　叶舒宪、田大宪《中国古代神秘数字》,社会科学出版社 1996 年,导言。

叉"也是富有神性的象征。那么在古代的人类思维里,数字"三"是具有特殊性的。"三"是一个非常幸运的数字,它几乎在东西方所有国家都受到尊重,被视为神性、尊贵和吉祥的象征。①

二、凤凰与升仙

先秦凤凰即能引导人升天遨游,在屈原的楚辞中有所体现。《离骚》中诗人幻想飞天漫游,凤凰作为引导的神鸟,被反复吟咏:"鸾皇为余先戒兮,雷师告余以未具。吾令凤鸟飞腾兮,继之以日夜。""凤皇翼其承旂兮,高翱翔之翼翼。"另有《远游》中的神游:"凤凰翼其承旂兮,遇蓐收而西皇。"长沙陈家大山楚墓出土的《人物龙凤帛画》,学者认为是龙凤引导着墓主人的亡魂升入天界。对比楚汉凤凰引魂升天(仙)的图案,我们会发现一些有趣的变化,即凤凰引魂升仙的形式与内容发生了变化。

其一,凤凰与人的空间位置发生了变化,从而体现出升仙思想中凤凰与人的关系的变化,以及升仙思想从先秦发展到汉代的逐渐丰富与完备。在《人物龙凤帛画》里,凤凰与人是上下的位置关系,凤凰居上,昂首展翅,达天的意态很浓;墓主人双手合掌祈祷,充满虔诚。在洛阳卜千秋墓里的三头凤壁画中,墓主人已经骑在了凤凰背上,在神态方面也没有特殊的细节。再看一副汉代的"骑马临门"画像石拓本,凤凰在前面引导,骑马的墓主人在后面跟随,凤凰与人也不是上下的位置关系,而是处于同一水平面。对比凤凰与人的神态,楚凤更有张力,人物更虔诚,升仙的仪式感更强。而汉画中凤凰与人物的神态更从容,升仙的神圣性与仪式感比楚画淡了许多。让人感觉从楚到汉,凤凰与人类的关系狎近了。这从文献中可以得到印证,如《后汉书·逸民列传》记载,乔慎少学黄老,仰慕赤松子、王子乔等仙人,行导引之术。有汝南人吴苍十分看重他,写信给他以观其志,曰:"……足下审能骑龙弄凤,翔嬉云间者,亦非狐兔燕雀所敢谋也。"一个"弄"字,反映出汉代人们对凤凰的一种态度。

其二,凤凰引魂升仙画面组合的内容发生了变化。变化的趋势是从楚到汉画面组合内容丰富了,画面更充实,内容更饱满,升仙的参照系数更多,叙事性或

---

① 成友宝《神秘数字"三"新探》,《中南民族大学学报》(人文社会科学版) 2003 年第 52 期。

故事性更强。《人物龙凤帛画》,只有龙凤与人物,画面组合比较单一,空间留白太多,给人想象的空间更多。而卜千秋墓中的"乘凤升仙"壁画,有凤凰、人物、阳乌、祥云,尤其是祥云的出现,使画面的空间位置有了参照。再看"骑马临门"画像石拓本,除了升仙的人物,还有其他人物,更重要的是出现了天门,既表明了空间位置,也体现出人们对仙界想象的具体化。这幅画像拓本还有一个特别处,那就是墓主人是骑着马升仙的,这在先秦升仙图中是不可见的,但在汉画像仙境中却不是孤例。比如彭山县双河崖墓石棺一侧的仙境画像石拓本,仙境中出现了墓主人、仙友、天禄、马等,墓主人也可能是骑马到仙境的。[①] 汉画凤凰引魂升仙画面组合的丰富,体现了汉代人们求仙思想的发展。

楚墓出土人物龙凤帛画

拓本:骑马临门画像石(四川长宁县七个洞 7 号崖墓崖棺画像棺外侧)[②]

三、凤凰与女性

其一,凤与凰相对时属阳性,但与龙相对时又是阴性。

① 参见罗二虎《汉代画像石棺》,巴蜀书社 2002 年,第 46—47 页,拓本二五。
② 罗二虎《汉代画像石棺》,巴蜀书社 2002 年版,第 112 页,拓本四八。

从汉画像中凤凰引导墓主人升仙的图案可以看出,凤凰引导的墓主人有男性也有女性,应该是没有性别的限制。不过在卜千秋墓壁画中,"墓主人乘凤升仙。女乘三头鸟,手捧三足乌,闭目;男乘舟形蛇,手持弓,闭目,后随奔狗,旁有蟾蜍。"①男性墓主人乘龙,女主人乘凤,体现了针对阴阳属性有意识的安排。

汉代阴阳观念发达,墓葬中多对偶神的画像出现,典型的如东王公与西王母、伏羲与女娲等。"对偶律"是借"对偶"来说明装饰艺术中体现的阴阳、尊卑、雌雄、奇偶相互对照的规律,所以称为"阴阳对偶律"。"阴阳对偶律"是以对偶方式为特征的装饰艺术,为表示阴阳相和、阴阳互济的内涵。②但值得注意的是,部分装饰母题的阴阳属性在不同的时代或不同环境会有所变化,如龙作为水族属阴性,但"飞龙在天"的龙象征天子就是阳性;凤与凰相对时属阳性,但与龙相对时又是阴性。所以在卜千秋墓壁画中,男性墓主人乘龙,女主人乘凤。

其二,凤凰引导女性墓主人升仙,为后来凤凰女性化打下了基础与铺垫。

汉代文献记载中,凤多与男性联系密切,如以凤喻男性,《汉书·扬雄列传下》:"今子乃以鸱枭而笑凤皇,执蝘蜓而嘲龟龙,不亦病乎!子徒笑我玄之尚白,吾亦笑子之病甚,不遭臾跗、扁鹊,悲夫!"这是承袭先秦时期以凤喻贤德之人的思想。更有直接以凤作为男性的名字,如《东观汉记》中有:高凤、郭凤、邓凤;《风俗通义·过誉》中有张凤;《汉书》中有王凤、房凤、宗伯凤;《后汉书》有郭凤、曹凤、高凤、张凤、徐凤、褚凤、吴凤、张凤、边凤、杨凤、桓麟(字元凤)等等。另外还有人号称为凤,宋代叶廷珪《海录碎事》卷九下引《玉箱杂记》云:"蔡邕、崔寔号并凤,又与许受号三龙。"但不见汉代文献中特意以凤喻女性的例子,仅见司马相如琴歌里以"凤求凰"为喻,自比为凤,以凰喻卓文君。汉代墓葬中出现龙凤阴阳相对,分别引导男性、女性墓主人升仙的分化,说明汉代人的阴阳观念赋予凤凰阴性,使凤凰与女性的关系逐渐密切,为后来唐代诗文中广泛以凤凰喻指女性作出了铺垫。③

---

① 洛阳博物馆《洛阳西汉卜千秋壁画墓发掘简报》,《文物》1977年第6期。

② 诸葛铠《中国古代装饰艺术的"阴阳对偶律"》,《民族艺术》2010年第2期。

③ 参见吴艳荣《论凤凰的"性"变》,《江汉论坛》2005年第5期。

四、阳乌与升仙

阳乌又称"三足乌"、"太阳鸟",先秦多见阳乌或载日;或出现在太阳中,与太阳合为一体;汉代神仙观念兴盛以后,多见阳乌出现在仙境。《山海经·大荒东经》云:"汤谷上有扶桑,一日方至,一日方出,皆载于乌。"《淮南子·精神训》载:"日中有踆乌。"高诱注:"踆,犹蹲也,即三足乌。"汉代画像砖上常有三足乌,居于西王母座旁为其取食,此鸟或认为即是青鸟。汉王充《论衡·说日》(卷11)"日中有三足乌,月中有兔、蟾蜍。"《史记·司马相如列传》:"(西王母)戴胜而穴处兮。亦幸有三足乌为之使。"

"太阳鸟"具有祈求升天成仙的涵义。有的太阳鸟图像是天象图的一部分,天象图是天国世界的重要组成部分。有的太阳鸟图像与羽人结合,羽人具有"行气导引、接引升仙"的功能。如此看来,"太阳鸟"便可表达升天成仙之意,引导墓主进入仙界。墓葬中的"太阳鸟"多表达升天成仙的愿望,镇妖辟邪、祈祷子孙繁昌。太阳鸟图像与月亮图像并立,表达阴阳和谐的涵义。① 如对于马王堆一号汉墓 T 形帛画的性质,学术界一直流行"招魂"说和"引魂升天"说两种主要观点,尤以"引魂升天"说占上风。② 学者姜生认为汉墓画像符号系统隐含着以死后生命转化成仙为核心主题的思想逻辑,并将马王堆一号汉墓 T 形帛画内容作了文字的图解与分析,图中阳乌代表日,位于天上(仙境)。

马王堆一号汉墓 T 形帛画(上部)　马王堆一号汉墓 T 形帛画(上部)文字解析③

---

① 刘雯、徐传武《太阳鸟图像并非图腾标志》,《西南大学学报》(社会科学版)2013 年第 5 期。
② 刘晓路《中国帛画研究 50 年》,《中国文化研究》1993 年冬之卷(总第 10 期)。
③ 参见姜生《马王堆帛画与汉初"道者"的信仰》,《中国社会科学》2014 年第 12 期。

西王母仙境画像砖(川西平原)①

西王母仙境画像石(郫县新胜 2、3 号砖室墓 2 号石棺左侧)②

对于洛阳卜千秋墓壁画中的阳乌,有学者认为:"此女子双手捧一三足乌,我以为即是三足乌,它是西王母的使者,被西王母派遣来迎接墓主人成仙。司马相如《大人赋》:'低回阴山,翔以纡曲兮,吾乃今日睹西王母,暠然白首戴胜(华胜,妇人头饰)而穴处兮,亦幸有三足乌为之使。'这里,三足乌的使命就很清楚了。它是一个使者,卜千秋之妻既见其来,乃怀抱之以见西王母。"③

综上所述,卜千秋墓中的三头凤壁画,其构图元素均包含着丰富深广的河洛文化信息,围绕着"墓主人升仙"这一主题组合在一起,无论在历史的纵向还是横向上都体现了各种观念信仰的承袭与关联。

(作者为湖北省社会科学院副研究员)

---

① 罗二虎《西南汉代画像与画像墓研究》,四川大学博士论文,2002 年,第 176 页,图一一四。

② 同上。图一一五。

③ 孙作云《洛阳西汉卜千秋墓壁画考释》,《文物》1977 年第 6 期。

河洛典籍《洛阳伽蓝记》丛考

王建国

Abstract：Yang Xuanzhi's A Record of Monasteries in Luoyang is a very important literature in He-luo Culture. From Tang yan's Anecdotes Collection on A Record of Monasteries in Luo yang in modern times on, scholars such as Zhou zumo, Fan Xiangyong, Yang Yong, etc. have made much progress on edition collation, character exegesis, historical facts examination, notes and annotation of A Record of Monasteries in Luo yang, but there are still some unresolved doubts concerning such a masterpiece. This paper examines and interpretes "Huo-feng Dancing", "Lv – shui Song", "White Horse Temple Scripture Shrine", "Essay on the Meaning of Mahayana", "Ba Tuo", "Shi Guan", "White Horse Temple", etc. which haven't been interpreted completely by scholars.

　　杨衒之《洛阳伽蓝记》(简称《伽蓝记》)是河洛文化珍贵的文献典籍,然旧无注本,文多讹误,无人董理。自近代唐晏撰《洛阳伽蓝记钩沉》(1915 年)以来,张宗祥、周延年、屠敬山、周祖谟、范祥雍、徐高阮(台湾)、田素兰(台湾)、杨勇(香港)、曹虹等学者在《伽蓝记》版本校勘、训解文字、考案史实和注释笺疏等方面用力颇深,成绩斐然。其中当以周祖谟《洛阳伽蓝记校释》(中华书局,1963 年版。简称周《校释》)、范祥雍《洛阳伽蓝记校注》(上海古籍出版社,1978 年版。简称范《校注》)、杨勇《洛阳伽蓝记校笺》(中华书局,2006 年版。简称杨《校笺》)取得成就最高。周书以文义训释为长;范书注重史事的补充和考订;杨书捃摭众长,衡断隐曲,后出转精。但仍有隐而未彰,或意有未尽,或间有错讹者。余闲暇之际,尝取三书校读勘对。偶遇三家疏漏之处,记而考索之,阐明己见。兹录数则,以质博雅君子,有所教益,则幸甚焉。

一、火凤舞、火凤曲,绿水歌(卷三"高阳王寺"条)

原文:徐常语士康曰:"修容亦能为《绿水歌》,艳姿善《火凤舞》,并爱倾后室,宠冠诸姬。"士康闻此,遂常令徐鼓①《绿水》、《火凤》之曲焉。(此据周祖谟《洛阳伽蓝记校释》本,中华书局,1963年版,以下同)

考释:火凤即凤凰。相传凤为火之精,故称。周《校释》、范《校注》无注解,杨《校笺》云:"《乐苑》:《火凤》,羽调曲也。"按,杨注当引自《乐府诗集》。《乐府诗集》卷八十李百药《火凤辞·题解》云:"《乐苑》曰:《火凤》,羽调曲也。又有《真火凤》。"②《火凤曲》为琵琶舞曲,《唐会要·燕乐》曰:"贞观末,有裴神符者,妙解琵琶。作《胜蛮奴》、《火凤》、《倾杯乐》三曲,声度清美,太宗深爱之。"③此曲在隋朝亦有流传④,至唐高宗末年大盛,并有多种变曲,如《唐会要·诸乐》载:"林钟宫。时号道调。……急火凤改为舞鹤盐。""林钟羽。时号平调。火凤。真火凤。急火凤舞。""黄钟羽。时号黄钟调。火凤。急火凤。"《火凤曲》以双扇为道具,既舞且歌,如现今仅存的两首《火凤辞》(初唐李百药所作)中说:"歌声扇里出,妆影扇中轻。""佳人靓晚妆,清唱动兰房。影入含风扇,声飞照日梁。娇啭眉际敛,逸韵口中香。"晚唐李商隐《镜槛》诗亦保留了《火凤舞》的一些线索:"拨弦惊火凤,交扇拂天鹅。""交扇"即是用双扇。《伽蓝记》中说"艳姿善《火凤舞》",又说"常令徐鼓(或作'歌')《绿水》、《火凤》之曲",说明北魏时《火凤曲》就是既可作为舞曲,又可单独演奏(或歌唱)。关于《火凤曲》的来源,学界有不同认识。近人丘琼荪先生《燕乐探微》主张《火凤曲》是法曲⑤,其主要依据元稹《新题乐府·法曲》所叙:"雅弄虽云已变乱,夷音未得相参错。自从胡骑起烟尘,毛毳腥膻满咸洛。女为胡妇学胡妆,伎进胡音务胡乐。《火凤》声沉多咽

①　周《校释》校云:"鼓,《广记》引作歌。"范《校注》"鼓"迳作"歌"。
②　郭茂倩《乐府诗集》卷80,北京:中华书局,1979年版,第1136页。按:此处"作"字似当作演奏解,不能作创作解,《倾杯乐》与《火凤》,盖为北魏及隋时已有之曲,或经裴神符改编。
③　王溥《唐会要》卷33,中华书局,1955年,第711页。
④　陈旸《乐书》卷164"解曲"条:"隋炀帝以清曲雅淡,每曲终多有解曲。如《元享》以《来乐》解,《大凤》(按:《大凤》为《火凤》之误)以《移都师》解之类是也。"
⑤　法曲:东晋南北朝又称法乐,因用于佛教法会而得名。至隋称为法曲,是隋唐宫廷燕乐中的一种重要形式。它接近汉族的清乐系统,故也称清雅大曲。

绝,《春莺啭》罢长萧索。胡音胡骑与胡妆,五十年来竞纷泊。"认为《火凤》、《春莺啭》二曲与元稹这首诗前面所提到的《秦王破阵乐》、《赤白桃李花》、《霓裳羽衣》一样同属于法曲①。任半塘先生不同意丘说,认为元稹在这段诗歌中,是把《火凤》、《春莺啭》二曲作为胡曲之例举出的,《火凤》应是胡曲,"火凤"二字疑是胡歌名之意译②。按,唐代《火凤曲》的作者裴神符是西域疏勒人,《春莺啭》的作者白明达是龟兹人③。北朝至隋唐,随着中原与西域的文化交流,大量的西域音乐进入中原,如唐朝的十部乐大部分都是西域音乐。许多西域音乐家也纷纷来到中原,如有来自曹国的曹保保、曹善才、曹纲祖孙三代人,来自安国的安未弱、安马驹,以及来自疏勒的裴神符、裴兴奴,龟兹的白明达、苏祗婆,还有来自米国的歌唱家米嘉荣、何国的歌唱家何满子等等;北齐时,曹国音乐家曹妙达还曾因善弹琵琶受后主高纬宠爱而被封王。据《唐会要》载,天宝十三载(754 年),唐朝对太乐署中大量保留胡名或听来不雅驯的乐曲改为典雅的汉名,如上述属于林钟宫的《急火凤》即被改为《舞鹤盐》,裴神符所作的《胜蛮奴》改为《塞尘清》。由此看来,《春莺啭》、《火凤》之曲应与西域胡乐有着密切关系。此亦中古时期中原与西域音乐文化交流之一例。

《绿水歌》,周《校释》校云:"绿水歌,《大典》作渌水歌。"无注其来源。范《校注》云:"《乐府诗集》五十九:'《蔡氏五弄》,《琴历》曰:琴曲有《蔡氏五弄》。《琴集》曰:五弄:《游春》、《渌水》、《幽居》、《坐愁》、《秋思》,并宫调,蔡邕所作也。《琴书》曰:邕性沈厚,雅好琴道。嘉平初,入青溪访鬼谷先生。所居山有五曲,一曲制一弄。……南曲有涧,冬夏常渌,故作《渌水》。(下略)'此为琴曲歌辞;又南齐王融应司徒教作《齐明王歌辞》亦有渌水曲,则为舞曲歌辞,见《乐府诗集》五十六。绿与渌通。本文所言,不知属于何种。"杨《校笺》与范《校注》略同。

按,《伽蓝记》云:"修容亦能为《绿水歌》,艳姿善《火凤舞》。"这里"歌"、"舞"并举,意当谓修容善歌,艳姿善舞。则修容所歌《绿水》应是琴曲,而非舞

① 丘琼荪《燕乐探微》,上海古籍出版社,1989 年,第 60—61 页。
② 任半塘《唐声诗·下编》,上海古籍出版社,1982 年,第 204—205 页。
③ 唐崔令钦《教坊记》云:"(唐)高宗晓音律,晨坐闻莺声,命乐工白明达写之,遂有此曲。"见《教坊记·北里志·青楼集》,中国古典文学出版社,1957 年,第 15 页。又见前揭郭茂倩《乐府诗集》卷 80 引,文字稍异。

曲。另,高阳王元雍也应不会在家中经常让歌妓演唱歌颂南齐的《齐明王歌辞》。郭茂倩于《乐府诗集·蔡氏五弄题解》后云:"今按近世作者多因题命辞,无复本意云。"①今《乐府诗集》所录年代较早的《蔡氏五弄·渌水曲》也只有南齐江奂、梁吴均、江洪等人之作,知修容所歌《绿水》已非蔡邕旧曲,而是当世创制的新辞。《乐府诗集》又引《琴议》曰:"隋炀帝以嵇氏四弄、蔡氏五弄,通谓之九弄。"《新唐书·礼乐志十二》云:"琴工犹传楚汉旧声及清调,蔡邕五弄、楚调四弄,谓之九弄。"②李白有《蔡氏五弄·渌水曲》、李贺有《蔡氏五弄·渌水辞》(均见《乐府诗集》),又李白《赠溧阳宋少府陟》云:"常闻《绿水曲》,忽此相逢遇。"可知《蔡氏五弄·渌水曲》隋唐也颇为流行。以上"绿水"与"渌水"通用。

二、原文:(邢卲)邻国钦其楷模,朝野以为美谈也。(卷三"景明寺"条)

考释:周《校释》无注,范《校注》、杨《校笺》均于"邻国钦其楷模"后注引《北史》卷43《邢卲传》云:"于时与梁和,妙简聘使,卲与魏收及从子子明被征入朝。当时文人,皆卲之下,但以不持威仪,名高难副,朝廷不令出境。南人曾问宾司:'卲子才故应是北间第一才士,何为不作聘使?'答云:'子才文辞实无所愧,但官位已高,恐非复行限。'南人曰:'郑伯猷护军犹得将命,国子祭酒何为不可?'"而于"朝野以为美谈也"下无注。

按,《北齐书》卷36《邢卲传》云:"自孝明之后,文雅大盛,卲雕虫之美,独步当时,每一文初出,京师为之纸贵,读诵俄遍远近。"又《卲传》:"又新除尚书令,神儁与陈郡袁翻在席,又令卲作谢表,须臾便成,以示诸宾。神隽曰:'邢卲此表,足使袁公变色。'""每洛中贵人拜职,多凭卲为谢表。""朝野以为美谈"当即指此。

三、白马寺经函(卷四"白马寺"条)

原文:寺上经函,至今犹存。常烧香供养之,经函时放光明,耀於堂宇,是以道俗礼敬之,如仰真容。

---

① 前揭郭茂倩《乐府诗集》卷59,第856页。
② 欧阳修、宋祁《新唐书》,中华书局,1975年,第474页。

考释：周《校释》云："此所称经函，殆即《四十二章经》。"范《校注》引《水经注》云："谷水又南迳白马寺东。昔汉明帝梦见大人，金色，项佩白光，以问群臣。或对曰：西方有神名曰佛，形如陛下所梦，得无是乎？于是发使天竺，写致经像。始以榆欓（朱谋㙔《笺》云：榆欓乃以榆木为经函耳。）盛经，白马负图，表之中夏，故以白马为寺名。此榆欓后移在城内愍怀太子浮图中，近世复迁此寺。然金光流照，法轮东转，创自此矣。"①杨《校笺》与范《校注》同，而未云经函最后下落。

按，《北齐书·韩贤传》："天平初，（韩贤）为洛州刺史。……昔汉明帝时，西域以白马负佛经送洛，因立白马寺，其经函传在此寺，形制淳朴，世以为古物，历代藏宝。贤无故斫破之，未几而死，论者或谓贤因此致祸。"②（此则材料以上三书均未注引）根据上述《水经注》、《北齐书·韩贤传》等材料，我们大致可梳理出汉明帝永平求法带回佛经流传的过程。汉明帝于永平年间③因感梦派使者出使西域求法，使者归来以白马驮经，因立寺命名白马。所取佛经以榆木经函盛之，存之白马寺。至西晋永嘉年间，沙门为避免盛佛经的榆欓在战争中遭到损坏，将经函从洛阳城西的白马寺转移到城内愍怀太子浮图中，此时上距东汉永平已有200余年。约在孝文帝迁都洛阳后，经函重新迁入白马寺。北魏末年，经尔朱荣之乱、高欢迁都邺城，许多佛教文物在战争中复遭破坏（如著名的永宁寺塔即于永熙三年（534）二月被大火烧毁）。东魏天平（534）初，洛州刺史韩贤入白马寺，将经函破坏。这批最早传入我国、保存了460年左右的珍贵佛教典籍就这样被毁掉了。武定五年（547），杨衒之重览洛阳，决定撰写《洛阳伽蓝记》时，此经函已不复存在。（《伽蓝记》云："寺上经函，至今犹存。"或许衒之撰写《伽蓝记》时，还不知经函已被韩贤破坏。）

四、《大乘义章》（卷四"融觉寺"条）

原文：流支读昙谟最《大乘义章》，每弹指赞叹，唱言微妙。即为胡书写之，传之於西域，西域沙门常东向遥礼之，号昙谟最为东方圣人。

---

① 杨守敬　熊会贞《水经注疏》，南京：江苏古籍出版社，1989 年，第 1418—1419 页。

② 《北齐书》，中华书局，1972 年，第 248 页。

③ 汉明帝永平求法具体时间，史料记载各有不同，无法断定哪一说记载准确，因此这里姑取永平年间，不注明具体年月。可参汤用彤先生《汉魏两晋南北朝佛教史》第二章《永平求法传说之考证》，北京大学出版社，1998 年，第 13 页。

考释:周《校释》校云:"汉魏本、真意堂本作'义大乘章',误。案《御览》引及《续高僧传·流支传》均作'大乘义章'。"对《大乘义章》无注。范《校注》与周《校释》略同,杨《校笺》无校注。昙谟最,或作昙无最①,《续高僧传》卷23有传,是北魏末年很有声望的一位义学名僧。《伽蓝记》《续高僧传》均记载他住洛阳融觉寺,讲《涅槃》《华严》,僧徒千人。天竺沙门菩提流支对他极为礼重,誉之为"东土菩萨"。流支曾读昙无最撰写的《大乘义章》,赞叹不绝,并译成"胡书"传至西域,在西域产生广泛的影响。正光年间,孝明帝召昙谟最与道士姜斌对辩佛、道年次之先后,论破姜斌,获得辩论的胜利,许多名儒朝士降阶敬拜,投靠在他的足下皈依佛门。惜其《大乘义章》已佚。

按,今《大正藏》第44册有隋净影慧远《大乘义章》,有四聚(缺第五杂法聚)二百二十二门,分为二十卷(唐道宣《续高僧传》卷8《慧远传》作"十四卷")。慧远是法上的弟子,慧光的再传。据《续高僧传》卷8《法上传》载,法上著有《大乘义章》六卷(已佚);卷21《慧光传》载,慧光有《大乘义律章》一种(已佚)。慧光是北朝义学高僧。十三岁时,佛陀禅师在洛阳度其出家。魏宣武之世,菩提流支与勒那摩提奉敕共译《十地经论》,慧光因其谙习语言列席译场。后来他受教于勒那摩提,开创地论师南道派(菩提流支的弟子道宠开创地论师北道派)。慧光虽在"地论"的认识上与菩提流支有所分歧,但他曾随菩提流支译经而应受其影响。昙谟最是菩提流支的好友,也应属慧光的师辈。昙谟最撰写的《大乘义章》,在当时流传广泛,慧光亦应见过昙书。慧光在佛学渊源上与昙谟最很多相似之处,如慧光曾撰《大乘义律章》;又注解《涅盘》《华严》,这是昙无最在融觉寺常讲的佛经。因此,从昙谟最《大乘义章》、慧光《大乘义律章》、法上《大乘义章》到慧远的《大乘义章》,我们可以大致窥见大乘义学在北方的发展脉络和过程。

陈寅恪《〈大乘义章〉书后》认为:"大藏中此土撰述总诠通论之书,其最著者有三:《大乘法苑义林章》、《宗镜录》及远法师此书是已。""当六朝之季,综贯包罗数百年间南北两朝诸家宗派学说异同之人,实为慧远。……其所著《大乘义

---

① "昙谟最"或为梵语之音译,"谟"与"无"通。如"南无",是梵文 Namas 的音译,读作那谟,亦有译作"南谟"、"那谟"等,即是其例。

章》一书,乃六朝佛教之总汇。"①对慧远《大乘义章》作出了极高的评价。慧远的时代,大乘佛教派别中国在尚未大兴,他这部著作总结了此前中国所接受的全部大乘教义并加以综合性的概括,对大乘佛教的发展作出了重要贡献。而昙谟最《大乘义章》可能即是隋慧远《大乘义章》之权舆。

五、拔陀(卷四"永明寺"条)

原文:南中有歌营国,去京师甚远,风土隔绝,世不与中国交通,虽二汉及魏亦未曾至也。今始有沙门菩提拔陀至焉。

考释:范《校注》无注,周《校释》云:"菩提拔陀,盖佛驮跋陀罗即(Buddhab-hadra),见冯承钧《史地丛考续编》伯希和《扶南考》附录引沙畹说。"杨《校笺》与周《校释》同。意谓拔陀即佛驮跋陀罗。案,佛驮跋陀罗(359—429)《高僧传》卷二有传,东晋至刘宋时期的高僧,佛经翻译家,梵名 Buddhabhadra,意译"觉贤",北天竺迦维罗卫国(今尼泊尔境内)人②。佛驮跋陀罗的时代和经历③显然与《伽蓝记》所记佛教事迹不合,因为杨衒之所记多是孝文迁洛以后之事,且衒之叙述拔陀事迹时说:"今始有沙门菩提拔陀至焉。""今"应指杨衒之所处的时代。《伽蓝记》所记"拔陀"应指跋陀,又称觉者,即佛陀禅师,《续高僧传》卷16有传,《魏书》亦载有其事迹。如《魏书·释老志》载:"又有西域沙门名跋陀,有道业,深为高祖所敬信。诏于少室山阴,立少林寺而居之,公给衣供。"④他游历诸国,后至北魏旧都恒安(平城),深受孝文帝礼敬,为之"别设禅林,凿石为龛"。太和十八年(494),随孝文帝南迁至洛阳,并于当地设静院以居之。太和二十年(一说二十一年),奉敕于嵩岳少室山创寺(即今之少林寺),修习禅业。他虽居少室,但常往来于嵩、洛之间,"时又入洛将度有缘"(《续高僧传》卷16《佛陀传》)。著名高僧慧光即是受拔陀引度出家的⑤。他来洛阳时盖常居永明寺⑥,故衒之叙

---

① 《陈寅恪史学论文选集》,上海古籍出版社,1992年,第1页。
② 释慧皎撰 汤用彤校注《高僧传》,中华书局,1992年,第69—73页。
③ 《高僧传》卷二《晋京师道场寺佛陀跋陀罗传》未见佛陀跋陀罗来洛阳的事迹。
④ 《魏书·释老志》,中华书局,1974年,第3040页。
⑤ 《续高僧传》卷21《慧光传》云:"(慧光)年十三(《佛陀传》云'年立十二')随父入洛。四月八日往佛陀禅师所从受三归。"
⑥ 永明寺是宣武帝专门为国外沙门所立之寺,《伽蓝记·永明寺》云:"异国沙门,咸来辐辏,负锡持经,适兹乐土。世宗故立此寺以憩之。房庑连亘,一千余间。""百国沙门,三千余人。"

其事迹于"永明寺"条下。另,衔之《伽蓝记》所记僧人多为当时著名僧人,尤其对异国高僧,名字前常加"菩提"二字,以示尊仰,如菩提达摩、菩提流支、菩提拔陀等。因此,拨陀必非一般僧人,应是佛陀禅师无疑。如是,《高僧传》记载佛陀禅师来华经历语焉不详,《伽蓝记》记佛陀禅师自叙来华过程则可补《高僧传》之遗阙。

六、石关(卷五"郭外诸寺"条)

原文:京东石关有元领军寺、刘长秋寺。

考释:"石关"一词,周《校释》、范《校注》、杨《校笺》均无注释。《晋书》卷119《姚泓载记》载:东晋义熙十二年、后秦永和元年(公元416年),刘裕率晋军北伐,后秦征南将军姚洸时镇洛阳,遣"广武石无讳东戍巩城,以距王师。……会阳城及成皋、荥阳、武牢诸城悉降,道济等长驱而至。无讳至石关,奔还。"[①]又《册府元龟》卷234《僭伪部·兵败》亦云:"广武石无讳东戍巩城,以拒王师,会阳城及成皋、荥阳、武牢诸城悉降,晋将檀道济等长驱而至,无讳至石关,奔还。"[②]顾祖禹认为"石关"当为"石阙"之误:"石阙在(偃师)县西二十五里。胡氏曰:偃师西山有汉广野君郦食其庙,庙东有二石阙。刘裕伐秦,檀道济等自成皋、虎牢长驱而进,秦姚镇洛,遣石无讳戍巩,无讳至石阙,奔还。或作石关,误也。"[③]顾祖禹所说"石阙",《水经注》有详细的记载:"谷水又东,注鸿池陂。《百官志》曰:鸿池,池名也,在洛阳东二十里。……阳渠水(按,杨守敬《水经注疏》云:阳渠水亦即谷水)又东流,迳汉广野君郦食其庙南。庙在北山上,成公绥所谓偃师西山也,山上旧基尚存,庙宇东面,门有两石人对倚。北石人胸前铭云:门亭长。石人西有二石阙,虽经颓毁,犹高丈馀。阙西即庙故基也,基前有碑,文字剥缺,不复可识。"[④]按,"关"与"阙"的繁体"關"与"闕"字形极为相似,盖因形近而误,"石关"应为"石阙",当以顾氏所说为是。据《伽蓝记》卷二《景兴尼寺》载:"崇义里东有七里桥,以石为之。七里桥东一里,郭门开三道,时人号为三

---

① 《晋书》,中华书局,1974年,第3011—3012页。
② 王钦若等编《册府元龟》,中华书局影印明本,1963年,第2783页。
③ 顾祖禹《读史方舆纪要》卷48,中华书局,2005年,第2244页。
④ 杨守敬　熊会贞《水经注疏》,第1438-1439页。

门。"但从"七里"的名义来看,此桥大约距洛阳城七里①,桥东一里即是外郭,那么洛阳内城东到外郭之间的距离大约八里。鸿池陂在洛阳东二十里,已在洛阳郭外。石阙(石关)的位置在鸿池陂的东面,当在洛阳东的二十余里处,更在郭外。

七、北魏洛阳有二白马寺(卷五"郭外诸寺"条)

原文:京东石关有元领军寺、刘长秋寺。嵩高中有闲居寺、栖禅寺、嵩阳寺、道场寺。上有中顶寺,东有升道寺。京南关口有石窟寺、灵岩寺。京西瀍涧有白马寺、照乐寺。如此之寺,既郭外,不在数限,亦详载之。

考释:周《校释》对京西瀍涧的"白马寺"无注,范《校注》于"白马寺"下注云:"白马寺见本书卷四。"杨《校笺》与范《校注》同。范、杨二氏似认为此白马寺即是卷四的"白马寺"。按,汉唐间以白马命名的佛寺有多处,如西晋长安青门内有白马寺②,东晋时高僧支遁常在余杭白马寺③,《续高僧传》卷5《释僧旻传》载梁僧旻曾住建康白马寺。此处"白马寺"与卷四"白马寺"亦非一寺。卷四"白马寺"为原汉明帝时所立白马寺,在"西阳门外三里御道南",洛阳大市东一里处④,在洛阳城西郭内⑤。而衔之在记述此处"白马寺"等寺时说:"如此之寺,既郭外,不在数限。"则在郭外。又《水经注·谷水注》记载汉白马寺时说:"谷水又南迳白马寺东。"⑥而此处白马寺则在瀍涧。由此可见,北魏洛阳有二白马寺:一是原汉立白马寺,在城西郭内,东临谷水;一在城西郭外,在瀍涧附近。

此外,洛阳同名的佛寺还有一些。如《伽蓝记》卷三"城南"有二秦太上公寺:"东有秦太公二寺,西寺,太后所立;东寺皇姨所建。并为父追福,因以名

---

① 　参见范祥雍《校注》附编三《图说》,上海古籍出版社,1978年,第382页。
② 　见释僧祐《出三藏记集》卷7,中华书局,1995年,第267页。
③ 　余嘉锡《世说新语笺疏》,第260-261页。
④ 　《伽蓝记》卷四:"出西阳门外四里御道南,有洛阳大市。"前揭周祖谟《校释》,第156页。
⑤ 　《伽蓝记》卷四:"出阊阖门城外七里,有长分桥。朝士送迎,多在此出。"前揭周祖谟《校释》,第156页。古人送别,多在郭外,依此推之,城西七里处长分桥即在洛阳西郭外。这一推测也与现今北魏洛阳故城的考古发掘相吻合,中国社会科学院考古研究所洛阳汉魏故城工作队《北魏洛阳外郭城和水道的勘察》一文云:"西郭城墙距离内城西垣,短者3500米,相距最长处4250米。"亦即城西内城墙与外郭城墙的距离在7~8.5里之间。见杨作龙,毛阳光主编《洛阳考古集成·秦汉魏晋南北朝卷(上)》,北京图书馆出版社,2007年,第191页。
⑥ 　杨守敬 熊会贞《水经注疏》,第1418页。

之。"又有二(刘)长秋寺:一是卷一城内的"长秋寺,刘腾所立也";一是卷五京东石关的"刘长秋寺",亦为刘腾所立。《魏书·刘腾传》也证实了《伽蓝记》的记载:"洛北永桥,太上公、太上君及城东三寺,皆主修营。"①可见当时刘腾在洛阳主持营建的佛寺有多处。

(作者为洛阳师范学院新闻与传播学院副教授)

① 《魏书·刘腾传》,第 2027 页。

北宋时期西京洛阳城市市政管理文化

党　宾

一、北宋时期西京洛阳城市市政管理文化发展内涵和成就

"维昔三川之旧邦,自周九鼎之卜宅,图书所出之地,风雨所交之畿,而况列圣陵寝之所在,原庙衣冠之所游,非我旧人,孰分忧顾?"①"惟洛之邑,成周之下代称名都。至宋,而洛为西京。贤士大夫,栖迟养老;或托之吟咏,写爱国忧民之思;其风流文采,至今照耀在人耳目。"②北宋赵家皇权帝国根据政治经济形势的发展,沿承隋唐五代两京都城建制文化传统,以开封为东京,定为国都京师,以洛阳为西京和西都,为国家第一首要陪都。陪都西京洛阳城市由此获得了快速的恢复与发展。"洛师吉壤",由于是开国皇帝太祖赵匡胤的"诞圣之地",国家宗庙社稷祭祀和皇家园寝营建地,加上西京洛阳历史文化厚重、地理形势险要,历代北宋皇帝和一些国家重臣极为重视西京洛阳都城的营建。曾"两建皇储,诚格两宫""两朝顾命,定策元勋""可谓社稷之臣"的魏国公宰执韩琦提出的富国强兵的七条决策之一就是要加强西京洛阳的建设,即"清政本,念边计,擢贤才,备河北,固河东,收民心,营洛邑"。加上其地理位置距离国家中央政治中心东京首都开封也不过区区一百八十公里,不远不近,便于中央朝廷管理控制。统治集团对陪都西京实行"务敦宽大之风,以畅和平之化"的文治风化政策。因此自北宋建国以来,西京洛阳河南府地区逐渐成为众多皇族宗室、学者名流、归明分司大量失势官僚权贵被闲置或暂且为官及其退避、休假、致仕定居或安身的地

---

① 《全宋文》(第一百四十九册)卷三千二百〇六,翟汝文《资政殿大学士中太一宫使兼侍读邓洵武除河南府兼西京留守制》,上海辞书出版社 安徽教育出版社,2006年,第34页。
② 商震《创建天津桥新亭记》,中华民国二十六年八月。

方,成为闻名遐迩的"国家干休所"。"洛实别都,乃士人之区薮,在仕者皆慕化之"①,比较著名的有向拱、赵普、石守信、王彦升、王审琦、窦仪、赵廷美、高怀德、李昉、张齐贤、腾中正、孔维、张士逊、何继筠、向敏中、乐史、刘烨、寇准、李沆、李及、吕端、吕蒙正、张去华、薛映、郭贽、丁度、丁谓、蔡齐、冯拯、王曾、李迪、钱惟演、钱若水、范雍、晏殊、夏竦、丰稷、蔡齐、王曙、陈尧佐、章得象、宋庠、韩宗彦、王拱宸、吴执中、李中师、王嗣宗、安焘、刘温叟、薛居正、张奎、李迪、王钦若、陈执中、种谊、宋绶、王朔、韩绛、丰稷、钱象先、孙长卿、梅尧臣、欧阳修、谢绛、郭积、任布、尹洙、文彦博、富弼、司马光、王安国、郭逵、苏轼、苏辙、范致虚、范纯礼、范纯仁、程颢、程颐、蔡卞、赵湘、张商英、刘正夫、王襄、杨畏、蔡京②等等,如过江之卿,难于尽列。

皇亲宗室、公卿贵族、执政侍从、逸老名臣、文人学士、兵农工商、儒道僧尼、技师医卜麇集一处,山川风气,清明盛丽,"三教一旨"③,居之可乐,人口众多,繁华景象虽不及隋唐,但西京洛阳人才荟萃,文化兴盛,璀璨夺目,别有一番清雅文蔚、重德尚教、宽恕自由、淳厚敦行的城市风趣和人文气象。伊洛山水风物之秀盛,又加上久为帝都王里,凝涵深厚的文化底蕴,士风之厚,卿相间出,故语云,"吾乡有宰相坊侍郎里"。"由汉及唐,名士大夫之居洛者不一,然皆未若北宋中世之盛。"④"许洛两都轩裳之盛,士大夫之渊薮也。"⑤"衣冠将相占籍繁多"。赵匡胤、赵匡义兄弟践九五之位,孝章宋皇后,号开宝皇后,"河南洛阳人,左卫上将军偓之长女也"⑥。久居相位的赵普、吕蒙正、张齐贤以及吕端、吕夷简、吕公著、王曙、富弼和枢密使石熙载,参知政事温仲舒、李若谷,御史中丞赵安仁⑦,任布、石中立、陈与义等都是洛阳人,以著名官员而论,洛阳人有宋偓、钱若水、范

① 程颐 程颢《二程集》附《门人朋友叙述并序》,中华书局,1981年。
② 《全宋文》(第一百九十一册)卷四千二百一十六,宋钦宗《责授蔡京童贯蔡攸诏》云:"太师、鲁国公致仕蔡京责授中奉大夫、守秘书监,分司南京致仕,河南府居住。……太保、领枢密院蔡攸降授太中大夫、提举亳州明道宫,任便居住。"
③ 《续资治通鉴长编》卷八十一,真宗大中祥符六年十一月庚戌。
④ 吴澄《吴文正集》卷四十一,《十贤祠堂记》。
⑤ 张邦基《墨庄漫录》卷四。
⑥ 《宋史》卷二百四十二,《后妃上》。
⑦ 据《宋史》卷二百八十七,《赵安仁传》记载:"(赵安仁)尤嗜读书,所得禄赐,多以购书。……时阅典籍,手自仇校。三馆旧缺虞世南《北堂书钞》,惟安仁家有本,真宗命内侍取之,嘉其好古,手诏褒美。尤知典故,凡近世典章人物之盛,悉能记之。"

仲杰、安德裕、安守亮、尹仲宣、尹洙、尹林、尹材、何承矩、滕宗谅、张尧封、范子奇、楚建中、田瑜、朱敦儒、张景宪、赵孚、郭逵、种放、刘温叟、刘烨、刘唐老、杨景略、杨畏、李溥、陈绎、郑骧、王尚恭、王慎言、康与义、王著、赵尚宽、朱光庭、曾畿、席旦等等。另如文学家王端、种放、尹源、尹洙，史学家李九龄、吴仁杰，画家宋迪、宋道、武宗元①、范坦，书法家李建中、张铸、冯吉、王寿卿，诗人李度，词赋家李莹，文艺家李谟、科技人才王处讷②、王熙元，也是洛阳人。洛阳为兵家必争之地，因而也造就出一大批武将，如宋初大将王审琦、康保裔、张勋、李汉琼、祁廷训、何继筠、史珪、安忠，北宋中后期的刘几、种诂、种世衡、种谔、种师中、种师道，南宋初的董先、翟先、翟兴、翟进等等。道教名士混沌、陈抟、刘希岳、李得柔等云游嵩洛之间。佛教名僧明因、义庄、赞宁、法宝、义琛等阐发佛理于洛中。儒家人物更是群星灿烂。宋初有聂崇义、崔颂、郭忠恕、穆修、邵古，后来有程珦及哲嗣程颢、程颐，二程的学生刘绚、李吁、郭忠孝、郭雍、张绎、畅大隐，邵雍的门人田明之、杨国宝等等。

　　"西都搢绅之渊，贤而有文者，肩随踵接"③，士大夫宴集会社文化兴盛。"洛中旧俗，燕私相聚，尚齿不尚官。自乐天之会已然，是日复行之，斯乃风化之本，可颂也。"④李若谷、范祖禹、王拱宸罢相后退居洛阳，史学家司马光在王安石变法期间寓居洛阳，元丰年间，文彦博以太尉留守西京，富弼以司徒致仕，慕唐白乐天九老会，集洛中公卿大夫、年高德重、政见相同者为"耆英会"、"同甲会"，置酒赋诗相乐，并在洛阳的资政院修建大厦，叫做"耆英堂"，让画家郑奂把他们的相貌画在堂中，成为当时士大夫间的风雅轶事；司马光亦组办"直率会"，还有孔嗣宗等人的"穷九老会"等等。他们利用会社组织，抨击时政，引导社会舆论，形成左右国家政局的势力集团，"多以手疏论天下大利害，皆大臣之所不敢言者"⑤。

---

① 据刘道醇《宋朝名画评》卷一记载："武宗元，字总之，河南白波人。世业儒，乡里所重，父道与丞相文惠公王随为布衣交，将宗元诣之，时方成童，大被称赏。文惠公妻以外孙女，用其荫补太庙斋郎。年十七，文惠请画北邙老子庙壁，颇为精神。景德末，章圣皇帝营玉清昭应宫，募天下画流，逾三千数中其选者才百人，分为二部，宗元为左部之长。"

② 据《宋史》卷四百六十一，《方技传上》记载："建隆二年，以《钦天历》谬误，诏处讷别造新历。经三年而成，为六卷，太祖自制序，命为《应天历》。处讷又以漏刻无准，重定水秤及候中星，分五鼓时刻。（太平兴国）六年，又上新历二十卷，拜司天监。"

③ 司马光《温国文正司马公文集》卷六十六。

④ 司马光撰 李之亮笺注《司马温公集编年笺注》卷六十五，《洛阳耆英会序》。

⑤ 邵伯温《闻见录》卷二十四。

西京洛阳所聚"皆一时文士,游宴吟诵,未尝不同。洛下多水竹奇花,凡园囿之胜,无不到者"①。

"河洛乃图书之府"②,"书田付与子孙锄"③。西京洛阳藏书丰富,大内诸省寺、銮和诸库以及留司御史台存贮有大量唐、五代档案资料,官宦文士私家藏书风气特盛,司马光所居独乐园中专设"读书堂",有"文史万余卷"④,晚年移居西京的张泳"不事产业聚典籍""平生嗜书,藏书万卷"⑤,富弼洛阳家中藏书"无虑万卷"⑥,赵安仁藏书极多,又多善本,受到真宗"手诏褒美"⑦,官府书库因坐落在官署之东而名"东斋","多取古书文字贮斋中"⑧。"西都经术富"⑨,西京不仅藏书丰,而且文化教育和科举事业发达,文学、艺术、理学、史学等学术成就尤为显著。

"洛邑天下之中,可以观四方之士。"⑩"嵩阳敞儒官,远自唐之庐。章圣旌隐德,此地构宏居。崇堂讲遗文,宝楼藏赐书。赏田逾千亩,负笈若云趋。"⑪五代时期,洛阳私人教育较为发达,"艺祖生西京夹马营,营前陈学究,聚生徒为学,宣祖遣艺祖从之"⑫。北宋一代,西京洛阳教育科举之盛,成就斐然非凡,设置有最高学府国子监,"西都建学官聚生员,为郡国倡始"⑬,河南府各赤畿县大都有学校。伊川、嵩阳、龙门、鸣皋、河洛、首阳等书院教育独树一帜。西京宗正司"置学立师,为量试之法"⑭。宋初名臣李建中"侍母居洛阳,聚学以自给。"⑮宋

① 魏泰《东轩笔录》。
② 熊禾《勿轩集》卷四。
③ 赵必像《覆　集》卷一,《挽邓南山》。
④ 费衮《梁溪漫志》卷三。
⑤ 曾枣庄 刘琳编《全宋文》卷八百五十九,巴蜀书社,1993年。
⑥ 黄伯思《东观余论》卷下,《跋元和姓纂后》。
⑦ 《宋史》卷二百八十七,《赵安仁传》。
⑧ 欧阳修《《欧阳修全集·居士外集》卷十三,《东斋记》。
⑨ 黄公度《知稼翁集》卷上,《送汪内相移镇宣城》。
⑩ 《全宋文》(第九十二册)卷二千○○九,张子望《邵雍行状略》,上海辞书出版社 安徽教育出版社,2006年,第345页至第346页。
⑪ 李廌《济南集》卷二,《嵩阳书院诗》。
⑫ 孙升《孙公谈圃》卷上。
⑬ 尹洙《河南先生文集》卷四,《巩县孔子庙记》。
⑭ 潘自牧《记纂渊海》卷三十四,《睦宗院·宗教》。
⑮ 《宋史》卷四百四十一,《李建中传》。

太宗时的宰相沈伦,"少习三礼于嵩洛间,以讲学自给"①。谢绛主讲国子监,亲自为诸生立程序、评点诗文,"业成而登仕者,比旧加众"②。"河南大府,号多士"③,"汝、郑、许、洛之间,士多治辞赋,从科举"④,"莫忘西都日,寒窗夜读书"⑤,"洛诵日洋洋"⑥,见于《宋史》儒林传中的名生大儒十有七八都与洛阳有关,出生于京西路(主要是西京洛阳河南府)《宋史》有传的文臣和武将共116人,仅次于河北路与京东路⑦。神宗熙宁四年(1071年)的诏书言:"(北方)五路举人最多处,惟河南府、青州。"⑧欧阳修曾言云,"冠盖盛西京,当年相府荣。曾陪鹿鸣宴,遍识洛阳生。"⑨"程门立雪"更是千古美谈,杨时、刘绚、谢良佐、张绎、苏昞等众多学子云集程门,"皆班班可书"⑩,张峋等从邵雍求学,足见西京洛阳人才培养之盛。

"嵩洛神秀钟妙祠,关西子弟多习武。"⑪北宋一代文坛领袖"道德博闻,廉方公正"的欧阳修为西京留守推官居洛阳时,与张汝士(尧夫)、尹洙(师鲁)、杨愈(子聪)、梅尧臣(圣俞)、张太素、王复(几道)号"洛中七友"⑫,王顾、张先等"八老"(七友中除张太素)常聚会洛阳山林亭榭,嵩伊之间,赋诗饮酒,游赏交友,"凡洛中山水园庭,塔庙佳处,莫不游览"。欧阳修和尹洙(字师鲁,河南府洛阳人,曾中进士,事仁宗朝,官至起居舍人)、穆修于洛阳共倡诗文革新运动⑬。著名的"奉旨填词柳三变"词作家柳永漫游西京洛阳浪迹于都市市井之间,精于音乐,自创新曲,"凡有井水饮处,即能歌柳词";"能自度曲,制乐府长短句""冠

---

① 《宋史》卷二百六十四,《沈伦传》。
② 蔡襄《莆阳居士蔡公文集》卷二十,《谢公堂记》。
③ 《全宋文》(第一百二十八册)卷二千七百七十,张耒《吴天常墓志铭》,上海辞书出版社 安徽教育出版社,2006年,第141页。
④ 《全宋文》(第一百一十一册)卷二千四百〇五,毕仲游《王彦明墓志铭》,上海辞书出版社 安徽教育出版社,2006年,第162页。
⑤ 司马光撰 李之亮笺注《司马温公集编年笺注》卷六,《赠外兄吴之才》。
⑥ 郭印《云溪集》卷三,《李文山书堂》。
⑦ 程民生《宋代地域文化》,河南大学出版社,1998年,第134页。
⑧ 李焘《续资治通鉴长编》卷二百二十一,熙宁四年三月庚寅。
⑨ 欧阳修撰 李逸安点校《欧阳修全集》卷十,《送楚建中颍州法曹》。
⑩ 《宋史》卷四百二十七,《程颐传》。
⑪ 孔平仲《清江三孔集》卷二十七,《诗戏》。
⑫ 王辟之《渑水燕谈录》。
⑬ 据潘自牧《记纂渊海》卷三十五记载:"尹洙知河南伊阙县,与穆修以古文革昆体之弊,天下翕然宗之。"

绝"一时的词作家周邦彦也都曾游览洛阳,创作一些有关洛阳风物景致的词作。
西京留守推官蔡襄一首《四贤一不肖诗》印成书,两三日间即告售罄。西台官员
吴育与旧相判河南府宋庠,"追裴白故事,酬唱至数百篇"①。洛阳画家武宗元,
"长于道释,笔法备曹(仲达)、吴(道子)之妙"②,"行笔如流水,神彩活动,大抵
如写草书"③,极为精彩。王安石和王安国兄弟与西京洛阳也有缘份,王安石游
览后创作了许多有关洛阳的诗作,王安国则"教授西京,颇溺于声色。安石在相
位,以书戒之曰,'宜放郑声。'安国复书曰,'亦愿兄远佞人。'"④

　　"五代丧乱,前世学术毁弃。至宋虽以洛阳为西京,而二程(颢,明道先生;
颐,伊川先生)之学,起于伊洛间。道学张载、邵雍,儒臣文彦博、司马光皆集洛
阳。由是理学以兴。阐圣道之微妙,革佛老之流弊。理学后分濂、洛、关、闽四
派。然言其渊源,固仍称洛学也。"⑤"自嘉祐以来,西都有邵雍、程颢及其弟颐,
关中有张载,皆以道德名世,著书立言,公卿大夫所钦慕而师尊之。"⑥哲学和理
学家邵雍、张载、程颢、程颐等不一而足,都荟萃洛阳讲学著述,互磋学术,宣教德
化,甚至终老于此。邵雍在西京洛阳隐居治学,四方之学者,"慕其风而造其
庐"⑦,"(程)颐与尧夫(邵雍)同里巷居三十年,世间事无所不问,惟未尝一字及
数"⑧。"(程)颐之经术行谊,天下共知"⑨,程颢在洛阳"日以读书讲学为事,士
大夫从学者盈门。自是身益退,位益卑,而名益高于天下"⑩,一时间,出现了"千
古师资,孰于洛中之比"的盛况,⑪程颢和程颐兄弟二人主张"涵养须用敬,进学
在致知"的修养方法,"讲孔、孟绝学于熙丰之际,河洛之士翕然师之"⑫。程颐于
神宗元丰五年(1082年)回洛阳,创办私立书院——伊皋书院,建立洛学教育传

① 曾巩《隆平集》卷八,《参知政事》。
② 宋徽宗主编《宣和画谱》卷四,《武宗元》。
③ 夏士良《图画宝鉴》卷三,《武宗元》。
④ 《宋史》卷三百二十七,《王安礼传》附《王安国传》。
⑤ 李健人《洛阳古今谈》,史学研究社,1936年。
⑥ 陈邦瞻《宋史纪事本末》卷二十一,《道学崇黜》。
⑦ 朱熹《伊洛渊源录》卷五,《康节先生遗事》。
⑧ 朱熹《伊洛渊源录》卷五,《康节先生遗事》。
⑨ 程颐 程颢撰,王孝鱼点校《二程集·附录》,第601页。
⑩ 朱熹《伊洛渊源录》卷二。
⑪ 罗愿《罗鄂州小集》卷四,《爱莲堂上梁文》。
⑫ 《宋史》卷四百二十八,《杨时传》。

播基地。关学派弟子吕大临,在张载去世后,投奔程颐为师。川人谯定"闻伊川程颐讲道于洛,洁衣往见,弃其学而学焉"①。闽人罗从彦闻程氏之学后,"即鬻田走洛,见颐问之"②。杨时、游酢两人千里迢迢从福建到洛阳拜见程颐为师。享有"程门立雪"之誉的杨时在《与陆思仲》的信中言道:"某自抵京师,与定夫从河南二先生游,朝夕粗闻其绪言,虽未能窥圣学之门墙,然不为异端迁惑矣!③"理学亢宗"程颢、程颐"居洛阳殆十余年,……化行乡党,……士之从学者不绝于馆……其出愈新,真学者之师也,成就人才,于时为多,"④"学者负笈抠衣亲承其教,散之四方"⑤。"通古今治乱之要,有经世济物之才……使在朝廷,必为国器"⑥的二程,"体贴"出"天理"二字,成为统治中国思想界数百年,影响到东亚、东南亚的"程朱理学"的奠基人,遂使洛学成为新儒学的正宗,洛阳成为理学圣地,在中国哲学史上影响深远,使洛阳在中国文化史上具有极高的地位。

洛阳多士大夫,而"故家大族子弟,颇皆好古文"⑦。高志宁的祖父辈"皆以儒术自富,不求闻达。父素,能世其学","(高志宁)幼沈敏,博学强记,未冠已能通六经,尤深于大《易》"⑧。黄伯思徽宗朝初期任官河南府户曹参军,好古文奇字,而"洛下公卿家商、周、秦、汉彝器"很多,于洛"研究字画体制,悉能辩证是非,道其本末,遂以古文名家,凡字书讨论备尽"⑨。尹师鲁与穆修游学,力为古文"而振起之"⑩,二程之理学,邵雍之象数学《皇极经世》、《观物内外篇》、《铁板神数》、《梅花心易》等,欧阳修之《新唐书》、《新五代史》、《集古录》、《洛阳牡丹记》、《洛阳牡丹图》,司马光之《资治通鉴》等义理奥哲、文学佳作和宏篇巨制等等都酝酿和成书于洛阳。据统计西京洛阳学者著述内容丰富,种类繁多,有一百多种著作⑪。北宋西京洛阳都市是学术文化之都,名副其实,毫不溢美,影响深

---

① 《宋史》卷四百五十九,《谯定传》。
② 《宋史》卷四百二十八,《罗从彦传》。
③ 杨时《龟山集》卷十八。
④ 朱熹《伊洛渊源录》卷二,《门人朋友叙述》。
⑤ 《宋会要辑稿·崇儒》四之一三。
⑥ 李幼武《宋名臣言行录外集》卷三,《程颐伊川先生正公》。
⑦ 朱弁《曲洧旧闻》卷三。
⑧ 韩琦《安阳集》卷四十七。
⑨ 《宋史》卷四百四十三,《黄伯思传》。
⑩ 《宋史》卷二百九十五,《尹洙传》。
⑪ 可参阅张祥云《北宋西京河南府研究》,河南大学博士学位论文,2010年,第226页至228页。

远。

　　除了学术文化外,西京洛阳礼教文化也独具特色。①"洛中风俗尚名教,虽公卿家不敢事形势,人随贫富自乐,于货利不急也。"②富弼待人接物,礼贤下士,成为时人效仿的楷模,"公为人温良宽厚,泛与人语,若无所异同者……及公为相,虽微官及布衣谒见,皆与之抗礼,坐语从容,送之及门,视其已上马,乃还。自是群公稍效之,自公始也"③。欧阳修等叹为"纯德"的钱惟演居守西京,勤俭持家"闺门用度,为法甚谨。子弟辈非时不能辄取一钱"④。邵雍"清而不激,和而不流,遇人无贵贱贤不肖,一接以诚,长者事之,少者友之,善者与之,不善者矜之,故洛人久而益尊信之"⑤。和睦亲邻,古道热肠。张齐贤幼年,家境贫寒,其父死后"无以葬","有河南县史某甲为办棺敛,公深德之,遂展兄事,虽贵不替"⑥。名臣张去华的子孙"以孝友笃行推于士大夫,至今河南言家法者,必先张氏"⑦。石亢宗,"乡党邻里疾者济之,急者周之。有数家共负钱五百缗,度无以还,遂焚其历帐,尤人所难能者"⑧。司马光定居安家于洛阳,家法甚严,"士之从学者退与康语,未尝不有得。途之人,见其容止,虽不识,皆知其为司马氏子也"⑨。刘温叟"守道正直""有名节","太宗尹开封,知其贫,以五百千钱遗之,温叟受而不辞,对其使扃记于西厢。至明年,太宗复遣其使饷以酒,使者视其扃记如故。归白其事,太宗叹息曰:'吾之钱尚不肯受,况他人者乎?'仍命辇归,以成其美名。"⑩温叟之子刘烨,登进士第,为龙图阁直学士,权开封府,不媚权贵,不进家谱于明肃太后,正道直行,崇尚气节。诚如北宋名臣文彦博的喟叹"洛城冠盖敦名教"。南宋赵鼎也曾言:"吾历观京洛士大夫之家,聚族既众,必立规

①　本段节可详参阅张祥云《北宋西京河南府研究》,河南大学出版社,2012 年,第 456 页至第 471 页研究成果。
②　邵伯温《闻见录》卷十七。
③　江少虞《宋朝事实类苑》卷八,《富文忠三》。
④　欧阳修《归田录》卷一。
⑤　《全宋文》(第九十二册)卷二千○○九,张子望《邵雍行状略》,上海辞书出版社 安徽教育出版社,2006 年,第 346 页。
⑥　吴处厚《青箱杂记》卷二。
⑦　范祖禹《范太史集》卷三十八,《大理寺丞张君墓志铭》。
⑧　《全宋文》(第一百七十三册)卷三千七百七十七,正叟《宋故河南府寿安县石亢宗墓志铭》,上海辞书出版社 安徽教育出版社,2006 年,第 142 页。
⑨　《宋史》卷三百三十六,《司马康传》。
⑩　邵伯温《闻见录》卷十六。

式,为私门久远之法。"①洛中孝道盛行,风俗淳正。"留守、监司列上公(王慎言)孝行,诰许再任。公以母老,不可一日离去,力求乡任以便甘旨。虽百里之卑,筦库之冗,得之欣然,不知有贵贱之辨。名公大人交荐,所得他郡官,辄复辞避,平生更九任,而七在洛,日与子孙侍左右,从容嬉戏,以顺适亲志。……洛之士无贤不肖,推孝敬有德者,必以公为首,下至闾里,亦无间言。……河南之民,多识公风采,遇之必再拜,或相语曰:'此慈父也!'徘徊道周,瞻仰而不忍去。"②王尚恭"善与人交,同僚尝有不幸者,公周其后,嫁其孤女,恩逾至亲;萌补疏属,而舍其孙;事亲至孝,虽假禄就养,不复有荣进意;……遇岁时节腊,必大会内外亲族,躬率儿女奉斛为寿,歌舞嬉戏,以为亲欢;如此不去归乡里者,几三十年。"③礼遇贤达,开放包容,求同存异。学者、名臣范镇来洛,使得"倾都咸聚观,诸公竞邀迓"④的欢迎场面。司马光曾对邵雍言道:"某陕人,先生卫人,今同居洛,即乡人也。有如先生道学之尊,当以年德为贵,官职不足道也"⑤。恬然自乐,闲适隐逸。"京洛致仕官与人相接,皆以闲居野服为礼,而叹外郡之不能然。"⑥郭逵"杜门不出者十年,读书养气以自乐"⑦。丁度宅洛,过着"十亩名园隔世尘,山薮风义暗相亲"⑧悠然生活。著名学者宋敏求之子宋庆曾,性"恬且安","平居惟家学之为嗜,虽一饮一食未尝忘其学,若不知也"。谢涛分司西京,"及居西京,不关人事,惟理医药,与方术士语,终日不休。岁时,河南官属诣门请见,惨然肃洁,有威仪,不若老且病者。"⑨宋道"晚居洛阳,与名公贤士大夫游,善为歌诗,玩释老书,其燕居泊如也"⑩。

---

① 赵鼎《忠正德文集》卷十,《家训笔录》。
② 范纯仁《范忠宣集》卷十四,《中散大夫王公墓志铭》。
③ 《全宋文》(第七十一册)卷一千五百五十八,范纯仁《朝议大夫王公墓志铭》,上海辞书出版社 安徽教育出版社,2006 年,第 351 页。
④ 司马光撰,李之亮笺注:《司马温公集编年笺注》卷五,《和景仁缑氏别后见寄》。
⑤ 邵伯温《闻见录》卷十八。
⑥ 罗大经撰 王瑞来点校《鹤林玉露》乙编《野服》,中华书局,1983 年,第 146 页。
⑦ 范祖禹《范太史集》卷四十,《检校司空左武卫上将军郭公墓志铭》。
⑧ 宋庠《元宪集》卷十五,《和参政丁侍郎洛下新置小园寄留台张郎中》。
⑨ 《全宋文》(第三十六册)卷七百五十九,欧阳修《太子宾客分司西京谢公墓志铭》,上海辞书出版社 安徽教育出版社,2006 年,第 24 页至第 25 页。
⑩ 《全宋文》(第七十一册)卷一千五百五十七,范纯仁《朝请大夫宋君墓志铭》,上海辞书出版社 安徽教育出版社,2006 年,第 339 页至第 340 页。

二、北宋城市市政管理文化对当代城市社会发展的借鉴价值和意义

"河南居中国中部,嵩高耸峙,大河蜿蜒,燕、赵、秦、晋、齐、楚环其四方,虎牢、河阳、轩辕为之心腹。其遗迹形胜与夫人才籍史乘者,已昭昭在人耳目矣。"①"顾瞻许、洛之间,皆吾世臣之后。侍祠致胙,无废于时。方其平居,流风具在;丧乱以后,乔木莫存。"②"迨至北宋倾覆,中原衣冠人物,悉迁徙江左。由是洛阳衰矣。而黄河流域文化,亦随之而衰,中国文化亦复因之而竭蹶不振矣。李文叔曰:'洛阳之盛衰者,天下治乱之候也。'盖言洛阳为古代文化之中心点。未有洛阳已治而天下乱,洛阳未治而天下不乱者也。是以洛阳盛,则中原文化盛;洛阳衰,则中原文化亦衰矣。"③

城市经济、城市管理和城市文化是相互作用决定城市发展的三个要素。城市是文化的载体,文化是城市之魂,是城市之根,是城市的生命,是一个城市的软实力。一个没有丰厚文化底蕴的城市是没有生命力的,是一个没有阳光和可持续发展前途的城市。城市文化是城市经济发展快慢、城市市政管理优良与否的最后决定因素。但缺乏必要的城市经济支撑和科学的城市市政管理,城市文化无从发展,难以生根发芽,苗壮生长,开花结果。因此,加强城市市政规划、设计、建设、运行、管理、经营、改造和发展,吸引大量优秀人才凝聚其中,促进城市经济发展与进步,不断推进城市文化创新,是提高一个城市总体综合实力的重要因素。为此,研究总结历史上北宋陪都西京洛阳的城市市政规划、设计、建设、运行、管理、经营、改造和发展的利弊得失和经验教训,探求北宋陪都西京洛阳的人们在继承以前洛阳都城历史文化传统基础之上,发展出独具时代特色魅力洛阳文化的城市市政规划、设计、建设、运行、管理、改造和发展的政策、方式与措施方法,有助于中国城市及其当代洛阳城市加强城市市政规划、设计、建设、运行、管理、经营、改造和发展,实现人口、资源、环境、安全、生态和文化和谐统一,促进城市经济和社会持续、稳定、健康、协调地发展与进步,塑造中国和西方、现代和传

---

① 河南省地方史志编纂委员会《河南新志(民国十八年)》(上册),1988年,第4页。

② 《全宋文》(第一百八十七册)卷四千一百〇六,张嵘《试中书舍人……可赠承议郎制》,上海辞书出版社 安徽教育出版社,2006年,第24页。

③ 李健人《洛阳古今谈》,史学研究社,1936年。

统相结合的新一代洛阳文化,创建国家卫生城市、国家园林城市、国家森林城市、世界优秀旅游城市、国家智慧城市①和国家和谐城市,更好地树立起"绿、亮、净、美、畅、安、新"国际化的新洛阳城市形象、特色和进一步提高千年古都历史文化名城的竞争力②、凝聚力、辐射力、影响力、创新力、生命力、中和性、包容性、正统性、变革性、公合性、会通性、美誉度与知名度。

　　除此之外,推而广之,在未来五十年的中国城市化和全球化的发展进程中,还应结合中国当代进行改革开放与经济建设的实践和国内外世界形势互动发展的大环境,建设大、中、小城市协调发展的中国城市体系,构建具有传统中国城市特色、风格和气派的中华城市精神和文化,形成"以人为本","全面、协调和可持续发展","统筹兼顾","和谐、和平、和仁、和睦、和祥、和顺"的中华城市运行发展体制和机制系统。

　　　　　　　　　(作者为中国二月二学术科研智库和人文交流中心负责人)

---

① 马彦琳等主编《现代城市管理学》(第三版),科学出版社,2013 年,第 224 页至第 241 页。
② 马彦琳等主编现代城市管理学》(第三版),科学出版社,2013 年,第 243 页至第 260 页。

河洛文化与洛阳文化产业发展探析

陈绍辉

Abstract：Heluo culture is the source and core of Chinese culture. Luoyang is the birthplace of Heluo culture and agglomeration, Heluo culture resource is very rich. To further promote the depth of the docking of Heluo cultural resources and cultural industry in the advantage of Luoyang, is the heritage and innovation of Heluo culture and the important way to building a new cultural Luoyang, and to create international cultural city.

"永怀河洛间,煌煌祖宗业。"洛阳是河洛文化的发祥地、中心地和集聚地,河洛文化资源积淀丰厚,具有鲜明的地域文化特色和巨大的经济开发价值。深入挖掘研究河洛文化,积极推进河洛文化资源与洛阳优势文化产业的深度对接,将资源优势转化为产业优势,既是对河洛文化的传承和创新,又是建设文化新洛阳,打造国际文化名城,提升洛阳城市品位、知名度和美誉度的重要路径。

一、河洛文化资源的多维构成

就资源禀赋类型和功能而言,河洛文化具有文物文化资源、名人文化资源、文学艺术资源、学术文化资源、民俗文化资源源等五大构成维度。

（一）文物文化资源

概括起来,河洛文化的文物文化资源主要有三大类:

1. 古都城遗址。"若问古今兴废事,请君只看洛阳城。"从中国第一个王朝夏朝开始,先后有十三个王朝在洛阳建都。一千五百多年的都城史,使得洛阳拥有"普天之下无二置,四海之内无并雄"和"千年帝都"之美誉。建国以来,考古工作者在洛阳发掘出十余座古城遗址,其中的二里头夏朝都城、偃师商城、东周王城、汉魏洛阳城、隋唐东都城集历代都城建设之精华,代表营国制度的发展进程,被誉为世所罕见的"五都荟洛"奇观,充分展现了古都文化博大精深的丰富内涵。五大都城遗址既是我国都城发展变化的一个缩影,也从一个侧面反映了中华民族文明发展的灿烂历史,不仅具有重要的史料价值,也有较高的旅游开发价值。

2. 古墓葬。洛阳已发掘的古墓葬数以万计,以洛阳为中心,在周围形成了庞大的古代墓葬群,尤其是邙山古墓群最为壮观,是中国的"金字塔"。此外,周王陵、东汉皇陵、曹魏皇陵、西晋皇陵、北魏皇陵、唐恭陵、狄仁杰墓、杜甫墓、白居易墓、颜真卿墓、范仲淹墓、二程墓等,都具有巨大的开发价值。

3. 古建筑。佛教建筑有白马寺、香山寺、灵山寺、龙马负图寺等;道教建筑有上清宫、吕祖庵、洞真观等;名人故里祠堂有伊尹祠、周公庙、光武庙、关林、府文庙等;会馆主要有山陕会馆、潞泽会馆等。

4. 石窟碑刻。龙门石窟为世界文化遗产,现存窟龛2345个,碑刻题记2800余块,佛塔70余座,造像近11万尊,保留着大量的宗教、美术、书法、音乐、服饰、医药、建筑和中外交通等方面的实物史料。此外,还有千唐志斋墓志铭及散落在民间的大量碑刻等,也都具有一定的开发价值。

截止目前,洛阳现有世界文化遗产3项处,全国重点文物保护单位11处,省级以上文物保护单位70处,馆藏各类文物多达40万余件,精品荟萃,琳琅满目,许多藏品为国家级文物,堪称华夏文明的瑰宝。

(二) 名人文化资源

物华与天宝竞辉,地灵与人杰争艳。洛阳在一个相当长的历史时期内,是我国政治、经济、文化的中心,在史学、文学、科学、哲学等各方面产生了诸多杰出人物,他们或生于此、长于此,或长期生活于此、著述于此,建业于此。他们大多为当时先进文化的代表人物,著名的如伏羲、黄帝、大禹、商汤、伊尹、周公、老子、苏秦、贾谊、许慎、刘秀、班超、班昭、张衡、蔡伦、王充、华佗、马钧、曹操、曹丕、曹植、司马懿、陈寿、裴秀、左思、孝文帝、隋炀帝、唐太宗、武则天、狄仁杰、韩愈、李白、杜甫、白居易、刘禹锡、吴道子、玄奘、神秀、赵匡胤、欧阳修、司马光、邵雍、范仲淹、二程兄弟、竹林七贤等。这些名人既为中华民族的历史和文化的发展做出了卓越的贡献,也为洛阳遗留下丰富的文化内涵,使洛阳成为了中华民族数千年的文化中心,是洛阳不可多得的宝贵资源。

（三）文学艺术资源

中华古典文学、传统音乐、绘画、雕塑、舞蹈、戏曲等艺术门类的起源,很多都与河洛有着密切的关系。

洛阳是历代文人骚客集居之地,他们在这里著书立说,成就了许多撼世之作,成就了洛阳文学在中国文学史上显赫地位,留下了"汉魏文章半洛阳"的佳话。《尚书》开启了中国散文之门,《诗经》在洛阳集中。曹丕《典论·论文》是我国古代文学批评史上划时代的论著。蔡文姬《胡笳十八拍》与民歌《孔雀东南飞》并称为东汉长篇叙事诗的双璧。陆机《文赋》是我国文学史上第一篇完整而系统的文艺理论著作。左思《三都赋》因争相传抄而使"洛阳纸贵",文坛美誉,名冠古今。唐代诗歌,奇伟壮观,《全唐诗》5万余首,与洛阳相关之篇什高达五千余首。

洛阳书画艺术历史悠久,惊彩绝艳。东汉《熹平石经》、曹魏《正始石经》和《龙门二十品》、晋《平复帖》等,均为书法珍品。画圣吴道子在洛阳唐代寺观的壁画,堪称画坛精品。唐颜真卿开一代之风,与柳公权一起,被合称为"颜柳"。明清之际,"神笔"王铎,救明季书法柔媚之弊,振雄拔之书风,影响中国400余年。①

洛阳又是华夏礼乐发祥地。丝竹管弦,百戏杂揉,豫剧、曲剧、河洛大鼓,自古称盛。民间艺术如龙灯、唢呐、高跷、旱船,无不精彩绝伦。传统工艺如彩陶、商周青铜器、汉代砖石画像,唐三彩,明清民间剪纸、泥制玩具,均匠心独运,巧夺天工。尤其是洛阳的"唐三彩"融绘画、雕刻、印花等艺术于一炉,形成工艺独特的艺术制品,迄今已发现三百多个品种。其造型典雅古朴,色彩斑斓夺目,不愧为民间工艺的瑰宝。②

（四）学术文化资源

"河出图,洛出书,圣人则之。"③被誉为"万典之祖"的"河图"、"洛书"的出

---

① 曹自立《河洛文化述略》,《天中学刊》1998年第4期。
② 曹自立《河洛文化述略》,《天中学刊》1998年第4期。
③ 《易·系辞》。

现,是中国文字的肇始,是中国文明的开端。西周时期,周公旦在洛阳制礼作乐,开创了儒家学说的初基。东周时期,老子在洛阳著述《道德经》,孔子入周问礼于老子、学乐于苌弘。东汉时期,洛阳建立了中国内地第一座寺院——白马寺,译出了第一批汉文佛经。中国的原始道教——张角等的太平道也在这里传播。魏晋时期,何晏、王弼、向秀等人云集洛阳,创立玄学,促进了中国古代哲学思想的发展。宋代程颢、程颐在洛阳援佛、道入儒,形成洛学一派,后被朱熹等人继承和发展,成为中国封建社会后期的统治思想。"儒家学说、道家学说、佛学、玄学、理学这五大学说学派,对形成和决定中华民族、中国人的思想、信仰和品格,对中国人的社会生活、文化生活产生了关键性的影响,然而它们却或肇始于此、融合于此,或发展于此、传播于此,在某种意义上,河洛文化乃中华文化之重要源泉、熔炉,甚至可以说其在一定程度上影响了中国文化、中国人思想的走向。①此外,洛阳历史上还产生了许多其他重大的科学文化成就。中国第一部字典《说文解字》、第一部断代史《汉书》、第一部农业科技专著《齐民要术》、第一部编年体通史《资治通鉴》、第一部具有地理学和文学价值的专著《水经注》、古代天文学史最杰出的著作《灵宪》等一部部彪炳千古、光耀史册的典籍文献皆这里著成。张衡在洛阳发明了世界上第一台地震测量仪器——地动仪,比西方足足早了1700多年,被誉为"地震仪的鼻祖"。蔡伦发明的造纸术,早于欧洲1400多年,对人类文化知识的传播功不可没。

(五)民俗文化资源

"洛阳古多士,风俗犹尔雅。"河洛地区是中华民族古代农业最发达的地区之一,洛阳又曾长期作为天下首善之区、人文荟萃之所,因而洛阳民俗颇有古风,其极为重视传统文化习俗,历史传说、民歌民乐、民间舞蹈、杂技等民俗文化资源十分丰富,具有很好的开发潜力。从某种意义上说,洛阳风物民俗就是中华风物民俗的渊源和缩影。在诸多民俗文化元素中,尤其值得一提的就是洛阳的牡丹文化和饮食文化。

"洛阳牡丹甲天下。"洛阳是牡丹之乡,洛阳人爱牡丹、养牡丹,千年如一,始终不渝。"惟有牡丹真国色,花开时节动京城""花开花落二十日,一城之人皆若

---

① 李煌《河洛文化研究——以河洛地名为切入点》,辽宁师范大学硕士学位论文,2011年,第30页。

狂"。古往今来,以洛阳牡丹作为艺术题材的文学艺术作品不胜枚举,给洛阳牡丹增添了丰厚的文化底蕴。目前,在中国能称为"席"的只有"满汉全席"和"洛阳水席"。此外,洛阳燕菜、长寿鱼、鲤鱼跳龙门、清蒸鲂鱼等历史名菜,都有一些十分美好的传说故事。

二、洛阳文化产业发展存在的问题

近年来,洛阳市深入挖掘和提升传统文化资源优势,强力实施创新融合,全市文化产业呈现出总量不断扩大、结构逐步改善、速度显著提升的良好态势。以各牡丹园的四季牡丹观赏为重点,形成牡丹文化游。围绕十三朝古都和龙门、白马寺等历史文化资源,形成历史文化游。深入挖掘帝都文化、源头文化、根亲文化、丝路文化等文化品类,形成一定规模的博物馆产业。但必须看到,仍然存在诸多不足,突出表现在以下三个方面:

第一,开发利用的层次较低。首先,对全市河洛文化资源的整合开发与利用缺乏有组织、有计划、有系统的深入研究,缺少对资源内涵的挖掘和品牌的提炼,以及建立在此基础上的科学规划,科学布局和结构调整。其次,大量资源目前仍然处于原始的待开发状态,有的甚至未得到有效保护,象老城区的文庙、文峰塔等,"养在深闺人未识",造成文化资源的极大浪费。已经开发的也多是初步的、浅层次的,深度开发严重不够,缺少高创意与高技术,资源优势没有充分发挥出来,没有形成文化产业优势。对经济社会发展的贡献率还不够高,与资源禀赋和现实要求还有很大差距。

第二,产业化发展不平衡,产业链不够完整。目前,对河洛文化资源开发利用主要还停留在旅游开发、影视创作等传统、常态层面,没能促进与金融、科技融合,催生新型文化业态,没有形成产业集群发展态势,产业链尚不完整。洛阳河洛文化文物资源丰富,但在文化衍生产品的研发上投入不够,目前仅有唐三彩、青铜器、牡丹瓷系列产品有一定知名度。事实上,一个漫画原创作品不仅可以带来本身的销售收入,更能带动一大批衍生产品行业,如玩具、服装、电影、音乐、出版、网站资源等等,这些相关行业之间相互作用,能成倍放大的收益和知名度,而洛阳文化产业化发展正缺乏这样的围绕文化创意产业的相关产业集群的发展环境和氛围。

第三,文化与旅游、休闲、园林等关联产业融合发展水平不高,厚重的文化底蕴与丰富的自然景观没有形成深度融合,使得洛阳丰富多彩的生态观光等旅游产品,普遍缺乏丰富的文化内涵。比如,隋唐城遗址植物园园林绿化的档次很高,但由于缺少隋唐时期文化元素、文化内涵,使游客只能观其景,而不能知其魂,严重降低了游客的满意度,也影响力景区的知名度和竞争力。

三、河洛文化资源与洛阳文化产业的对接路径

文化资源是文化产业发展的重要根基和依托,河洛文化资源要充分发挥作用,转化为文化软实力和产业优势,就必须高度重视资源转化的路径选择,大力推进河洛文化资源与洛阳优势文化产业的对接。

(一)河洛文化资源与报刊、数字出版业的对接

洛阳具有很强的产业基础和人才优势。无论是在内容创意还是在出版选题上,完全有理由和实力围绕着河洛文化打造一系列精品名牌。河洛文化中丰富多样的名人文化资源、学术文化资源、遗址文化资源、文物文化资源、民俗文化资源等,既影响巨大深远,也为百姓喜闻乐见。因此,洛阳应该积极组织专家学者,选择重点,精心策划,形成河洛名人文化丛书、河洛文学艺术丛书、河洛学术文化丛书、河洛民俗丛书等系列丛书,并以此为基础,围绕着河洛文化打造一系列数字出版精品,力争实现经济效益和社会效益的双丰收。

(二)河洛文化资源与影视演艺业的对接

近年来,以河洛文化为中心的文艺创作业取得了丰硕成果,涌现出了一批既具有较高思想性、艺术性和观赏性,又广受市场好评的精品力作。中国首台丝路主题大秀《天下洛阳》被观众誉为"一流的策划、一流的团队、一流的设施、一流的演员、一流的演出"。戏剧《北魏孝文帝》、《洛阳令》、电视剧《牡丹亭》、舞台修行剧《功夫诗·九卷》等,共同构成了活化洛阳历史文化的演艺方阵,有效填补了洛阳文化演艺的市场空白,大大提高了洛阳的知名度和影响力。

洛阳应进一步加大河洛文化资源的影视演艺创作力度,对河洛文化中的名人文化资源、民俗文化资源等分门别类地进行主题性深度开发,同时注意加强创意性和科技性,努力打造出系列化、专题化的展示历史风貌、贯注时代气韵、体现洛阳地方特色,在全国有重要影响的既叫好又叫座的河洛文化文艺影视精品。

此外,对河洛文化的关注,还应该更多地利用现代化的表现手段,反映河洛文化的精神内涵,比如用专题片、记录片的手法来表现河洛文物资源、历史遗迹和河洛文化的传承状况,让现代化的传播手段与河洛文化更好地结合。

（三）河洛文化资源与文化旅游业的对接

文化是旅游的灵魂。为加快洛阳文化旅游业发展,洛阳应大力优化整合河洛文化资源,重新设计和规划旅游线路和景点,细分旅游市场,加强演艺业、传媒业、娱乐业与河洛文化旅游业的良性互动。

第一,根据河洛文化资源的多维构成,细分旅游市场。要尽快改变大、空、泛的旅游线路和旅游促销。在总的河洛文化旅游干线下,可以适当地推出洛阳名人文化游、文物文化游等支线旅游项目。

第二,充分发掘名人文化资源,做大做强洛阳名人文化旅游节和名人文化主题公园。

第三,加强与演艺业、传媒业、娱乐业的合作,争取使洛阳文化旅游景区成为影视文化大片和戏曲艺术精品的拍摄和创作基地,以提升河洛文化景区的知名度和文化附加值。

第四,充分发掘和利用文物文化资源和民俗文化资源,加强河洛文化旅游商品的开发,大力实施旅游商品品牌战略,全力推出有洛阳特色的河洛文化旅游商品。

第五,加强旅游景区和景点建设,积极有效地推进隐性河洛文化旅游资源向显性河洛文化旅游资源转化,非物质文化遗产资源向物质文化遗产资源转化,尤其是无形旅游文化资源向有形旅游文化资源转化。一是以物为载体,修葺、再建具有文化支撑作用的景点,用亭台楼阁、牌坊碑文和佛庙道观纪念彰显重要历史人物和重大历史事件;二是以人物为载体,搜集民间传说及相应的艺术表现形式,增强景点的河洛文化氛围;三是以现代科技为转换平台,再现规模宏大、风云际会的历史场景;四、兴建河洛文化主题公园。

第六,增强旅游产品的可参与性。设计游客参与互动的环节和内容,达到寓文化精神于游乐之中、置娱乐体验于文化之内的效果。

（四）河洛文化资源与动漫游戏业的对接

历史题材向来是动漫游戏制作人员的最爱题材之一,借用一段玩家耳熟能详的历史文化作为游戏的背景,不但可以让玩家产生认同感,还可以为游戏设定带来诸多便利。洛阳古为"天下之中",是最早的"中国",是华夏文明肇始地、道教文化创始地、儒学文化兴盛地、佛教文化首传地、理学文化渊源地、牡丹文化中心地、世界遗产集成地,历史厚重,文化灿烂,发展动漫游戏产业有着的巨大优势,只要认识到位,引导有力,举措得当,深刻挖掘,合理策划,充分利用中国动漫之都(洛阳)产业园的集群效应,就能打造出一大批展示河洛文化特色的动漫游戏精品。

第一,充分挖掘河洛文化资源,将各种真实、具有厚重历史感的河洛文化资源作为开发元素直接纳入到动漫游戏中,这样不仅可以提升动漫游戏的文化内涵和市场竞争力,而且可以塑造和宣传洛阳在河洛文化方面的突出形象,扩大其知名度和影响力,延伸文化产业链条,对周边相关产业产生巨大的拉动作用。

第二,积极推动动漫图书、报刊、电影、电视、音像制品、电子出版物(含互联网游戏作品)、舞台剧和基于现代信息传播技术手段的动漫新品种的开发与生产。

第三,整合教育、培训、研发、孵化、营销、节会等各种动漫产业资源,构建完整的河洛文化动漫产业开发体系。

文化品牌是一个地区的标志形象,是文化的经济价值与精神价值的双重凝聚,是文化产业的核心竞争力和持续发展的不竭动力。洛阳文化产业化发展必须高度重视河洛文化这一核心品牌建设,一方面要大力实施河洛文化研究和开发的人才聚集战略,重点培养一批河洛文化研究和河洛文化产业化人才,催生洛阳文化产业领域的名企、名品、名家,另一方面要做好品牌的市场推广、保护、更新等工作。

参考文献;

1. 洛阳市委政策研究室:《牢牢抓住"河洛文化"灵魂——关于我市建设国际文化旅游名城的若干思考》,《洛阳日报》,2012 年 1 月 5 日第 4 版。

2. 杜伟《洛阳市文化产业发展存在的问题及对策》,《商场现代化》,2015 年第 17 期。

3. 良月《洛阳历史文化资源开发利用问题研究》,新浪博客 2016 - 6 - 16,http://blog.sina.com.cn/s/blog_467c428e0101335o.html

4.《洛阳文化产业蓬勃发展》,河南文化网 2006 - 5 - 16。

（作者为湖北省社会科学院助理研究员）

洛阳盆地的地形特征与
隋代洛阳城址的迁移

曾　谦

Abstract：Because of geographical，the military defense in periphery of the luoyang is very fragile，and faced serious security challenges at the beginning which became the capital. the terrain of Han Wei luoyang city was low and flat，is very suitable to build towns，but which also make the city itself defense capability weak. In order to strengthen the defensive capabilities，luoyang town westwards to a place more conducive to defense in sui dynasty. Sui and tang dynasties luoyang and the zhou dynasty luoyi city reflect the dual characteristics of the political center and of military fortress. The selection of the site and urban regulation are affected by the zhou dynasty luoyi city deep.

大业元年(605 年)隋炀帝以"成周墟脊,弗堪茸宇"为由把洛阳从汉魏旧址迁到隋唐新址。隋炀帝的这个解释让人觉得牵强。因为在此之前,洛阳几次沦为废墟,都没有迁址重建,为何要唯独这一次却要以"成周墟脊,弗堪茸宇"的原因迁址重建? 正因为如此,所以学界对洛阳城址的这次城址的迁移多有关注。①但由于学者们大多从宏观的角度进行讨论,因而对造成隋代洛阳城址迁移的原因并没有进行更深一步的探究,所以目前对隋代洛阳城址迁移的原因,特别是其根本原因的探讨,仍让人有言犹未尽之感。本文试从洛阳盆地微观地理环境分

---

① 段鹏琦《洛阳古代都城城址迁移现象试析》,《考古与文物》,1999 年第 4 期,第 40—49 页;赵天改《洛阳古都的城址转移及原因探索》,《中国古都研究(第十五辑)—中国古都学会第十五届年会暨新郑古都与中原文明学术研讨会论文集》,1998 年。

析入手,对洛阳由汉魏旧址迁移到隋唐新址的原因进行探讨。

一、隋唐洛阳城址迁移的地理背景

洛阳盆地位于豫西丘陵地区,周围冈峦起伏,丘陵低山环抱,北有海拔200—300米的邙山,南为万安山低山丘陵。洛阳盆地交通便利,长期位于传统中国的中心位置,是历代帝王建都的理想之地。周公指出洛阳"此天下之中,四方入贡道里均"①,复卜申视,最终把象征王权的九鼎移入洛阳。班固在《东都赋》中说刘秀"迁都改邑,有殷宗中兴之则焉。即土之中,有周成隆平之制焉。"北魏时期,任城王澄在回答孝文帝议迁都之事时说:"伊洛中区,均天下所据,陛下制御华夏,辑平九服,苍生闻此,应当大庆"②,认为洛阳处于天下之中,据此可以控御四方,孝文帝在此建都,乃苍生之幸。李韶也说:"洛阳九鼎旧所,七百攸基,地则中土,实均朝贡,惟王建国,莫尚于此。"③认为洛阳是最理想的建都之所。虽然洛阳盆地四周也山岭围抱,但这些山岭大都属于是"平夷洞达,万方辐凑"的丘陵地貌。由于缺乏险峻的地形屏障,所以洛阳的外围防线极其脆弱。楚汉时期,在讨论是否定都洛阳时,娄敬指出洛阳"有德则易以王,无德则易以亡,凡居此者,欲令周务德以致人,不欲恃险阻,令后世骄奢以虐民"④。认为洛阳没有险阻可恃,属于"有德则易以王,无德则易以亡"的文治之地。张良也指出"四面受敌,非用武之国"⑤。东汉之后,虽然汉魏各朝都先后建都于洛阳,但它无险可守的地理劣势仍然存在。于是,外围军事防御的脆弱,就使洛阳防守的压力全部都集中在城池本身。

洛阳盆地地势西高东低,在今洛阳市及其以西地区海拔高度一般为150—190米,以东地区的海拔高度普遍降低,至汉魏洛阳城附近,其海拔大部分在120—140米之间,其中最高的金墉城海拔也只有145米。在盆地中间洛阳自西向东逶迤前行,在邙山与洛河之间,形成了一系列的低缓坡地。这一系列坡地背山面河,向阳而居是理想的建都之所。今天洛阳市东15里北魏洛阳所在的区

① 《史记·周本纪》卷4。
② 《魏书》卷19《任城王澄传》,中华书局,1974年。
③ 《魏书》卷39《李宝传》,中华书局,1974年。
④ 《史记·刘敬叔孙通列传》。
⑤ 《史记·张良传》

域,是这一系列坡地中,土地最平坦,土地最广阔,最适合建都的地区。从东周时期开始汉魏各朝纷纷把都城建立于此,汉魏故城成为洛阳盆地建都时间最长的地方。

汉魏故城所在区域虽然适合建立城市,但其地势低平的特点,却使其易攻难守,非常不适合军事防守。为改变这种防守上的缺憾,曹魏时期曾在洛阳的西北角增筑金墉城,以期改善洛阳的军事防御能力。金墉城的修建虽然在一定程度上改善了汉魏洛阳城的防御功能,但由于它本身规模较小,不能长期据守,所以对于洛阳本身防御能力并没有"质"的提升。在和平时期,洛阳本身的防御压力较小,安全问题尚不突出,可以作为一个理想的政治中心,但一旦局势紧张,军事压力增加,洛阳本身防御方面的缺憾就会被无限放大,从而直接动摇洛阳作为政治中心的基础。北魏末年,北魏分裂为东魏和西魏,洛阳作为东、西魏对峙的前沿之地,安全问题愈发突出,"神武(高欢)以孝武既西,恐逼崤陕,洛阳复在河外,接近梁境,如向晋阳,形势不能相接,乃议迁邺"①。认为洛阳位于四战之地的交战前线,又没有很好的安全保障,不宜于作为都城,所以建议迁都邺城。北周武帝打算复洛阳,大臣赵煚劝诫说:"河南洛阳,四面受敌,纵得之,不可以守"②。从军事的角度出发,甚至认为洛阳是一个不值得去争夺的地方。于是,受制于地理方面的因素,洛阳成为面临着两难选择。一方面洛阳居于"天下之中"是一个理想的建都之地,但军事防卫方面的缺憾,又使洛阳在建都面临着安全方面的巨大挑战,特别是在政局动荡时期,这种军事防御方面的缺憾直接影响、甚至动摇洛阳作为政治中心的基础。

隋炀帝时期,"汉王谅悖逆,毒被山东,遂使州县或沦非所。此由关河悬远,兵不赴急,加以并州移户,复在河南。周迁殷人,意在于此。况复南服遐远,东夏殷大,因机顺动,今也其时"③。国内政局的变化,使在洛阳盆地建立都邑十分必须,但使汉魏洛阳所展现出来的防御能力,却又使隋炀帝顾虑重重。仁寿四年,隋炀帝到达洛阳"发丁男数十万掘堑,自龙门东接长平、汲郡,抵临清关,度河,至浚仪、襄城,达于上洛,以置关防"。通过修建长堑的方式,来加强洛阳的外围

---

① 《北齐书》卷 2,帝纪第二。
② 《隋书·赵煚传》。
③ 《隋书》卷 3,帝纪第二。

防御能力。与此同时,隋炀帝莅临勘察,"登邙山,观伊阙,顾曰'此非龙门耶? 自古何因不建都于此?'"①亲自选定洛阳新址,从内外两方面同时着手加强洛阳的防御能力。

二、隋唐洛阳地理形制的作用与意义

隋炀帝新选定的洛阳城址位于今洛阳市区东部、东周王城遗址东侧。以洛河为界,分洛南、洛北两部分,洛北部分地势高亢、地形复杂。该地区海拔高度为130—170 米,平均海拔高度为 150 米。

洛阳宫城所在位置海拔最高,达 160 多米。从宫城开始向四周延展,地势逐渐降低。宫城的西边是西苑和谷水;宫城的东边是瀍河;宫城的南边是皇城和洛河。宫城的北边向邙山方面,有深沟。《水经注》记载:"韦昭曰:洛水在王城南,谷水在王城北。东入于瀍。至灵王时,谷水盛出于王城西,而南流合子洛;两水相格,有似于斗,而毁王城西南也。"②可见,城北的深沟在周代曾一度为谷水故道。

洛阳宫城城墙南北 1052 米,东西 1030 米,四周城墙高峻宽厚,宫城四周城墙的宽度一般在 15—16 米左右,夯筑 20 米,内外城墙皆包砖③。当时洛阳宫城面积大于长安宫城,相当于唐代一个中等规模的城市面积。所以洛阳宫城单独称"城",名"洛城"。

洛阳宫城之南为皇城。皇城南北宽约 654～730 米。东西长 2017 米,亦内外包砖。宫城东面为东城,北边为圆壁城、曜隔城,之后洛阳宫城周围又增筑含嘉仓城、东城。这样经过精心设计,隋代的洛阳基本形成一个以宫城、皇城为核心,以谷水、洛河、瀍河为支撑的,以洛阳城垣为外围的严密的防御体系。王维坤先生在谈及洛阳的城市思想时,指出洛阳城是控制关东和江南的一个据点,其军事防御十分重要,将宫城和皇城设在西北隅至高处,俯瞰全城,有加强军事防御的目的。对于洛阳宫城外的四重隔城,王维坤先生指出,隋唐洛阳城的军事防御

---

① 《元和郡县图志》卷五河南府条云。

② 《水经注》卷 16,谷水。

③ 中国社科院考古研究所洛阳发掘队(陈久恒)《隋唐东都城址的勘查和发掘》,《考古》1961 年第 3 期,129—130 页。

性的加强还体现在,宫城的封闭性远远超过隋唐长安城,认为隋唐洛阳城的安全防御、戒备坚固严密远在京师之上!①

隋唐洛阳的这种设计极大地提升了城市的防御能力,使洛阳这个政治中心城市,在之后的历次战争中都经受住了考验,成为隋王朝控制、震慑东方的坚固堡垒。隋末时期,杨玄感叛乱,突袭洛阳,"数日,屯兵上春门,众至十余万"②,最后屡攻不下,不得不败北而去。之后,李密攻打洛阳城,只能"烧丰都市而归","烧天津桥,遂纵兵大掠",始终攻不下洛阳的宫城及皇城。李世民攻打洛阳时,率领精锐部队"四面攻之,昼夜不息,旬余不克"③,在围攻洛阳长达一年之后,直到城内粮尽,才最终攻下洛阳。总之,隋末及以后围绕洛阳所发生的历次战争表明,通过精心的设计,巧妙的建构,洛阳已改变汉魏时期政治中心城市的定位,成为兼具军事功能性质的堡垒城市。

洛阳洛河以北部分是洛河和邙山夹峙的狭长高地,地势高亢崎岖,海拔高度在130—170米之间起伏变化。受地形影响,洛阳洛河以北地区里坊的形状,比之于洛南地区更加复杂多样。流经洛阳北部城区的瀍河,河道短而陡峭,极容易发生洪涝灾害,于是这就造成了洛河以北地区平时水源短缺,一旦雨霖则又洪涝的自然现象。就居住环境而言,洛河以北不如洛阳,但由于洛北地区和皇城相邻共居,所以在隋代洛阳以北地区一般是朝廷高官的居住之地。在隋代朝廷高官之所以大多居住在洛北地区,与洛阳宫城是当时实际上的政治中心有关,进入到唐代随着洛河南北交通的改善,洛北地区的达官贵人,逐渐迁移至洛南地区,于是至中晚唐时期,随着宫城空虚洛北地区逐渐变成冷清之地。

洛阳洛南地区位于伊河和洛河之间,地势低平,由南向北微微倾斜。洛南地区由于和宫城、皇城,隔河相望,中间通过浮桥连接,所以交通并不是很方便。再加上浮桥南端可以开合的皇津桥,实际上在隋代洛阳洛南部分相对于皇城、宫城而言,几乎就是两个城市。所以在隋代洛南地区防御松弛,是一般平民的居住之地。但是由于洛南地区土地平坦,河网密布,水源丰富,风景秀丽,进入到唐代之

① 王维坤 张小丽《论隋唐洛阳城的设计思想与影响》,《西北大学学报(哲社版)》,2004年第4期,第129页。
② 《隋书》卷70,列传第35。
③ 《资治通鉴》卷188,唐纪上。

后,洛南的东南角地区逐渐成为闲退官僚的居住之地。

三、周代洛阳对隋唐洛阳营建的启示

无论是隋炀帝本人,还是隋代洛阳城的建立者宇文恺,都对周代营建洛邑的历史掌故有非常深刻的认识。在营建东都诏中,隋炀帝说"是故姬邑两周,如武王之意,殷人五徙,成汤后之业。若不因人顺天,功业见乎变,爱人治国者可不谓钦!① 直接在诏书中提到周代营建洛邑的典故。隋代洛阳的建造者宇文恺在《明堂议表》中说到周代建立洛阳"乃卜瀍西,爰谋洛食,辨方面势,仰禀神谋,敷土浚川,为民立极"②。可见,对周代营建洛阳的故事,宇文恺也有非常清楚的认知。隋代洛阳是在周代王城与成周之间的区域建成的,所以隋代洛阳的建设不可避免地受到周代洛邑的强烈影响。

武王营周的主要目的,主要是为了加强对东方反叛势力的震慑和控制。洛阳地处天下之中的优越地理位置。武王伐纣胜利之后,有感于殷商的残余势力仍然很大,所以感到非常有必要在洛阳盆地建立一座城邑以震慑东方的反叛势力。但洛阳盆地地势低平的地理环境,又使洛邑极容易受到外来军事攻击,所以究竟在何处营建洛邑变成为一个难以抉择的问题。周代营建洛邑,从武王时就已开始谋划。史载,周武王时,"武王至于周,自夜不寐。……'自洛汭延于伊汭,居易毋固,其有夏之居。我南望三涂,北望岳鄙,顾詹有河,粤詹雒、伊,毋远天室'。营周居于雒邑而后去"③。在经过仔细勘测之后,决定营建洛邑。武王去世之后,"成王在丰,使召公复营洛邑,如武王之意"。最终营建起周王朝在东方地区的新都"洛邑"。

对于周公营建的洛邑的具体位置,根据"我乃卜涧水东、瀍水西,惟洛食。我又卜瀍水东,亦惟洛食"④的文献记载以及之后考古工作发掘,学者们推断出西周的成周城位于瀍河两岸。西周成周的布局以瀍河为界,分为东、西两大区,东区为殷顽民所居之地,西区为周人所居之地⑤。西周时期的洛邑政治中心西

---

① 《隋书》卷12,炀帝上。
② 《隋书》卷68《宇文恺传》。
③ 《史记·周本纪》卷4。
④ 《尚书·洛诰》。
⑤ 梁云《成周与王城考辨》,《考古与文物》2002年第5期。

区所处位置西依高埠,南靠洛河,东临瀍河,北有古谷水,地势高亢,地形复杂,是整个洛阳盆地地势最为险要、最容易据守的地方,非常符合周初对洛邑政治中心和军事中心的定位和要求。

周初对城址的选择虽然使洛邑在军事上处于有利地位,但其所处的复杂地形及三面临河的城市格局,却使其无法更好地突破城市范围局限,容纳更多的人口。所以后来随着社会的发展,城市人口的越来越多,周代洛邑便放弃原来的旧址,动迁至平坦宽阔的汉魏新址。因此,周初所选定的洛邑新址是在当时政局不靖情况下,出于震慑、统治东方的结果。这样考量和之后隋炀帝营建洛阳的社会背景非常相似,因此,二者在城市选址上互相重合,两位一体,以至于后来完全在周代洛邑的基础上开基营建。

隋代洛阳的城市建设很明显地受到周代洛邑的影响。隋代的洛阳分为洛南、洛北两部分。洛北地区是城市地势高亢,易守难攻,是全城的政治中心和朝廷高官居住的区域;洛南和洛北隔河相望,属于是平民居住区。虽然没有直接的资料证明,但大致可以推断出,隋代迁移自山西的"并州移户"极有可能安置在洛南地区。这种现象基本上是周代洛邑"顽民"被隔离居住的一种沿袭。隋代在继承周代选取险要之地营建城市的基础上,明显吸收了周代洛邑城市空间过于促狭的缺憾,在立足于洛北建城的同时,将城区扩大到平坦宽阔的洛南,使城市的面积规模更大,从而避免了城市没有足够的发展空间,不得不另迁新址现象的发生。

总之,由于周围丘陵低平的地理特征,洛阳外围的军事防御困难,所以建都于洛阳的统治者便侧重于从城市选址方面来加强和提升城市的防御功能。就洛阳盆地的微观地形而言,周代洛邑所处的位置最为复杂险要,军事价值最高。周初时期的这个选址,彰显、表露了当时洛邑政治中心和军事堡垒双重性质的定位。

周代洛邑的这个选择,虽然在当时很好的发挥了自己应有的作用,但同时也存在着区位局狭,城市拓展困难等问题。洛阳的汉魏旧址很好的承担起作为政治中心的任务,但在之后的历史发展中,逐渐暴露出地势低平,难于防守的问题。进入到隋代,在震慑东方的背景下,洛阳再次被要求强化防御功能,于是隋代洛阳便重回故址,屹立于险要之地,实现了城市发展的再一次升华和轮回。

(作者为洛阳师范学院国际河洛文化研究中心副教授)

关于洛阳与"丝绸之路"的三个问题

程有为

Abstract：This paper expounds on three aspects of the relationship between Luoyang and the silk road. Firstly, the paper studies the relationship between Luoyang and the silk road, illustrating from three perspectives that Luoyang was the Eastern starting point of the silk road. Secondly, it studies the relationship between Luoyang and the application of world heritage of the silk road, demonstrating the acknowledgment and confinement of the fact that both Luoyang and Chang'an were the starting points of the silk road. Thirdly, it studies the opportunity and challenge of Luoyang while it is implementing the policy of "One Belt and One Road", and gives some practical suggestions.

习近平主席提出"一带一路"战略之后，各地都在寻找自己的战略定位，抓住这一战略机遇，以促进当地社会经济、文化的发展。"一带一路"建设，历史与文化是重要基础。洛阳是国务院公布的首批历史文化名城，是我国的八大古都之一，也是悠久而厚重的河洛文化的中心。洛阳又是中国古代"丝绸之路"的起点，它通过隋唐大运河（包括后来的汴河）与海上丝绸之路连通，具有独特的区位优势。本文简要阐述古都洛阳与丝绸之路的关系，并就新形势下洛阳如何具体实施"一带一路"战略略述己见。

一、洛阳是丝绸之路东端起点的主要理据

丝绸之路的概念是由德国地理学家李希霍芬（Richthofen）提出来的。他在十九世纪六十年代曾到中亚和中国西部一带进行持续 3 年多的地理考察，回国后于 1877 年发表研究成果,指出"在公元 2 世纪,存在着一条从洛阳、长安到中亚撒马尔罕(今乌兹别克斯坦的第二大城市)的商道,这条商道上的主要物流是丝绸,这是一条从中国输出丝绸到中亚、西亚,最终到达欧洲的道路"。[①] 因为这条路上主要运送的物流是丝绸,影响最大的也是丝绸,所以李希霍芬将它命名为"丝绸之路"。

洛阳与丝绸之路关系极为密切。丝绸之路的开通一般以为自西汉"张骞凿空"开始,实际上中原与西域的交通线开拓很早。商代后期的妇好墓出土的大量玉器中有"和田玉",表明当时今新疆和田和河南安阳之间已有物品交流。西晋时汲郡(今河南卫辉)的一座战国墓中出土的《穆天子传》,详细记载了周穆王游历西域地区的情景。而周穆王之西游,其起点和终点都是成周(今洛阳;一说宗周,今陕西西安)。考古工作者曾在今阿尔泰地区的古墓中发现了战国初期(前 5 世纪)的丝绸和织锦,其中一件绣着龙凤图案,出土物中还有青铜器,都是中国中原地区的产品。[②] 这些,表明先秦时期中原地区与西域已有交通路线和物品交流存在。

我们认为,洛阳是丝绸之路的起点,至少有以下三点理据。

1. 汉唐时期丝路起点的转移

随着历史的演进,社会政治、经济和交通条件的改变,丝绸之路路线及其起止点也会发生某种变化。都城是全国的政治、经济、文化中心,同时也是交通中心。朝代的更迭,都城的迁移,都可能引起交通线路的改变。如果说丝绸之路的正式开通始于西汉武帝时期的"张骞凿空",并以当时的都城长安为起点,但是王莽时丝绸之路一度断绝。东汉政权建立后,朝廷派遣班超再次出使西域,重开丝绸之路,丝路的起点就转移到当时的都城洛阳。当时计算西域与内地的里程,就以洛阳为起点,见于《后汉书·西域传》。西域的商旅、僧人东来中土,也是以洛阳为目的地,高僧摄摩腾、竺法兰就是力证。由于曹魏、西晋和北魏三朝仍建都洛阳,于是洛阳作为丝路的起点从东汉一直延续到曹魏、西晋以及北魏。到了隋唐,东都洛阳与西京长安同为丝路的起点。上述丝路起点的转移情况是不争

① 见葛剑雄《丝绸之路历史回眸》,《光明日报》2015 年 7 月 9 日第 11 版。
② 鲁金科著 潘孟陶译《论中国与阿尔泰部落的关系》,《考古学报》1957 年第 3 期。

的历史事实。

2. 从丝绸的产地看丝路起点

丝绸之路作为一条商路，必然一端联系着商品产地，一端联系着商品消费地。秦汉以迄隋唐，中国丝绸的主要产地是洛阳所在的关东经济区，也是洛阳是丝路起点的理据之一。

关东地区蚕丝生产很早。早在 20 世纪 20 年代，著名考古学家李济就在山西夏县西阴村仰韶文化遗址发现有人工切割的半个蚕茧。《诗经》中的《郑风》、《卫风》中的诗句中常见"树桑"、"桑叶"、"桑葚"、"桑田"等词语，表明春秋时期中原的黄河南北广泛种桑树，以养蚕抽丝。《诗经》中出现的丝、锦、锦衣等词语，反映了丝织业的发达。例如《诗·鄘风·干旄》云："素丝纰之……素丝组之……素丝祝之……"，讲述制丝情况；《诗·卫风·氓》云："氓之蚩蚩，抱布贸丝"，讲丝作为商品进行交换；《诗·郑风·丰》云："衣锦褧衣，裳锦褧裳"，言人们穿锦和麻布做的衣裳。

秦西汉时期，陈留郡襄邑（今河南睢县）的丝织业最为发达。两汉时全国设有两处服官，陈留郡襄邑即为其一，另一处在齐地（今属山东）。东汉王充曾说："襄邑俗织锦，钝妇无不巧，目见之，日为之，手狎也。"[1]汉明帝时明堂祭祀用的礼服，都来自襄邑。河内郡（治今河南武陟）也是重要的丝织品产地。东汉前期每年在河内郡征调丝织品 8000 余匹，后期增至 15 万匹。魏晋南北朝时期襄邑的锦绣、朝歌（今河南淇县）和许昌的缣总都是当时的名产。隋唐时期河南、河北两道是蚕桑和丝织业最发达的地区。洛阳是隋朝纺织品的储备中心。隋末的动乱中，洛阳"布帛山积，乃以绢为汲绠，然布以爨"。[2] 唐中宗景龙二年（708）年敕令："河南北桑蚕倍多，风土异宜，租庸须别"，允许以丝织品折成粮食缴纳秋税。[3]

总之，秦汉以迄隋唐，关东的黄河南北地区长期是全国丝织业最发达的地区，也是丝织品的主要产地。洛阳长期是全国的经济和交通中心，丝绸的聚集地，西向的丝绸之路以洛阳为起点，自然应无疑义。

---

① 王充《论衡》卷十一《程材》，上海人民出版社，1974 年 9 月。
② 《隋书》卷二十四《食货志》，中华书局，1973 年 8 月。
③ 张廷珪《请河北遭旱涝州准式折免表》，见《文苑英华》卷六百零九。

3. 洛阳与西域的商业贸易盛况

在南宋以前,中原地区长期是全国商业最发达的地区。早在春秋时期,郑、卫等国就有繁荣的商业,洛阳"街居齐、秦、楚、赵之中,贫人学事富家,相矜以久贾,数过邑不入门①"。周(即洛阳)人以爱好商贾著称,出现了白圭这样的著名商人。由于秦汉时期"关中经济区已不足以解决秦汉政权的粮食需要,而地处伊洛平原的洛阳,既无漕运的天险,又处在关东经济区的西缘,东距自战国以来的关东经济的中心地带'陶'不远,""在这样的形势下,洛阳的经济地位自然上升。因此,西汉以后的水陆交通,多以洛阳为中转站,东汉时期则成了真正的交通中心"②。西汉洛阳成为全国商品的重要集散地,行贾足迹遍布全国各地。

东汉时期洛阳成为全国的商业中心,市场规模大,商品数量多,有大市、马市、南市三大市场,商品有粮食、丝绸、牲畜及奢侈品等。自班超出使西域,甘英到达安息(今伊朗)波斯湾,重开丝绸之路,西域胡商东来,主要集中在洛阳。洛阳"处乎土中,平夷洞达,万方辐辏"③,有大量胡货销售,成为进行中外贸易的国际性大都市。

曹魏时期的都城洛阳,"其民异方杂居,多豪门大族,商贾胡貊,天下四会,利之所聚"④,是中国北方的商业中心,西晋时期洛阳重新成为全国的商业中心,有大市、马市、阳市三大市场。北魏迁都洛阳后,洛阳有大市、小市、四通市三大市场,与西域各国的贸易非常频繁,商人往来络绎不绝。"自葱岭以西,至于大秦,百国千城,莫不款附,商贾贩客,日奔塞下,所谓尽天地之区矣"⑤。

隋唐时期洛阳作为东都,商业仍很发达。隋代洛阳有丰都、通远、大同三市,规模大于长安。唐代洛阳人口超过百万,"货赂山积"。在洛阳、陕县等地出土不少波斯、大秦钱币和胡商骑骆驼贩运丝绸的三彩陶,反映了洛阳与西域贸易的兴盛。

① 《史记》卷一百二十九《货殖列传》,中华书局,1959 年 9 月。
② 白寿彝总主编《中国通史》上册卷四,上海人民出版社,1995 年,第 672 页。
③ 班固《东都赋》,见《文选》卷一,中华书局,1977 年 11 月。
④ 《三国志》卷二十一《傅嘏传》引《傅子》,中华书局,1959 年 12 月。
⑤ 范祥雍《洛阳伽蓝记校注》卷三《城南》,上海古籍出版社,1978 年 12 月,第 161 页。

二、洛阳与长安同为丝路起点共识的形成

虽然洛阳是丝绸之路的起点在学术上不成问题。但是由于人们的传统观点以为丝绸之路的开凿在西汉,而当时的丝路起点在长安,对洛阳也是丝路起点这一历史事实往往予以忽视。

1. 洛阳也是丝绸之路起点的提出

在我国改革开放初期,随着亚欧大陆桥的贯通,提出了"沿桥开放战略"。1991 年洛阳市地方史志编纂委员会的同仁为了还原洛阳在丝绸之路的上的重要地位,为实施"沿桥开放战略"提供历史借鉴,在《河洛史志》刊物上推出《洛阳与丝绸之路》研究专号,在大半年时间内收到各地专家学者的论文数十篇,于是选出其中的 30 多篇集为《洛阳——丝绸之路的起点》一书,由中州古籍出版社付梓。于是洛阳也是丝路起点的观点得到了全国学术界的首肯,产生了一定影响。

2. 丝绸之路申遗对洛阳丝路起点的确认

1945 年联合国教科文组织成立,中国是创始国之一。但由于众所周知的原因,我国和该组织发生关系是在改革开放以后的 20 世纪 80 年代。1985 年我国加入联合国教科文组织保护国际遗产公约,1986 年向联合国教科文组织申请丝绸之路项目。1988 年联合国教科文组织启动了"对话之路:丝绸之路整体性研究"项目。1992 年教科文组织派 20 个国家的专家考察了我国的 18 个城市。尽管关于丝绸之路的起点问题学界有争议,但是这次考察是从西安开始的。在世界遗产委员会的协调下,中国与哈萨克斯坦、塔吉克斯坦、吉尔吉斯斯坦、乌兹别克斯坦和土库曼斯坦中亚五国于 2006 年正式开启了丝绸之路跨国联合申报世界文化遗产的工作。是年,国家文物局公布了中国丝绸之路的预备名单,含陕西、河南、甘肃、青海、宁夏、新疆 6 省区的 48 个遗产点。决定由中国建筑设计研究院建筑历史研究所编制《管理规划》。2007 年国家文物局在西安召开丝路工作会,中国建筑设计研究院建筑历史研究所所长陈同滨提出了中国境内申报点的保护管理规划工作设想,以及中国段的《管理规划》框架体系,中国建筑设计研究院建筑历史研究所受理了除陕西之外其他 5 个省区的 36 处申报点,从而完成了《管理规划》编制任务。2008 年 6 月在西安召开中国及中亚 5 国联合申报协调会议,决定申遗工作继续推进。

2011年5月在土库曼斯坦召开协调会议,国际专家发表《主题研究报告》。该"报告引入'廊道'(Corridor)的概念——把整个丝绸之路分解成若干路段(网)来申报,每一个路段(网)属于一个独立的遗产项目,这样就大大提升了丝路这一超大型文化线路申报、管理的可操作性"①。是年底,在国际组织的协调下,中国和中亚5国对联合申报进行了任务重组:由中国和哈萨克斯坦、吉尔吉斯斯坦三国联合申报一条廊道,简称"天山廊道",由乌兹别克斯坦、塔吉克斯坦和土库曼斯坦联合申报另一条廊道,当时简称"阿穆河廊道"。2012年初,在国家文物局主持下,中国的跨国申遗项目"丝绸之路:起始段与天山廊道的路网"正式进入倒计时。国家文物局公布中国首批申遗点名单27处。《主题研究报告》将中国境内的丝路路网切分成了10段,其中最长的一段是从长安至玉门关。"作为整个丝绸之路的起始段,这条廊道必须从长安一直向西穿出国界。鉴此,我们把中国境内的6条廊道连接起来,从而形成一条连贯的路网:廊道的东端界定在长安、洛阳,它们在公元前3世纪至公元10世纪一直是中华的政治、经济和文化的中心,特别是发生在长安的汉武帝派张骞出使西域事件,已基本成为丝绸之路公认的起始标志;廊道的西端位于七河地区的塔拉斯河谷,这也是哈吉两国申报点的最西位置。"在丝路价值研究过程中,又"从生产方式、地理气候、住居方式、以及民族、政权、或地缘政治等方面的内在差异与关联角度,逐渐剥离出中原地区、河西走廊、天山南北和七河地区4个互为链接的地理 - 文化单元,藉此构建起整个交通路网的基本结构。"②2013年1月27日,向巴黎教科文总部提交中、哈、吉联合申遗提名文件《丝绸之路:起始段与天山廊道的路网》,10月份两位国际专家对项目申报点进行现场评估,2014年2月24日又应要求上报了补充材料,6月22日第38届世界遗产大会通过《丝绸之路:长安 - 天上廊道的路网》列入世界遗产名录,三国的7年合作努力取得成功。

丝绸之路的申报过程及其成功对洛阳而言,一是河南洛阳及其以西的汉魏

---

① 陈同滨《丝绸之路跨国申遗:国际语境中的探索、创新与协作》,《光明日报》2015年6月12日第18版。

② 陈同滨《丝绸之路跨国申遗:国际语境中的探索、创新与协作》,《光明日报》2015年6月12日第18版。

洛阳城遗址、隋唐洛阳城定鼎门遗址、新安汉函谷关遗址、崤函古道石壕段遗址四处遗址成为丝绸之路的世界遗产点，表明洛阳是丝绸之路的最东端起始点这一历史事实，得到了全国乃至世界的承认。二是洛阳与长安虽然同为丝绸之路的起点，但是其地位和影响仍然有一定差距。丝绸之路中国段的名称在申报过程中是"丝绸之路：起始段与天山廊道的路网"，批准时成了"长安－天山廊道的路网"，给人以长安是丝绸之路起点的印象。最近几年绘制的丝绸之路地图，不少只以长安为起点，而不涉及洛阳。从而对广大读者进行误导，应该引起我们的关注。

三、"一带一路"战略与洛阳经济文化的发展

"一带一路"是"丝绸之路经济带"和"21 世纪海上丝绸之路"的简称。2013年 9 月 7 日，习近平主席在哈萨克斯坦发表重要演讲，首次提出了加强政策沟通、道路联通、贸易畅通、货币流通、民心相通，共同建设"丝绸之路"经济带的战略倡议；同年 10 月 3 日，习近平主席在印度尼西亚国会发表重要演讲时明确提出中国致力于加强同东盟国家的互联互通建设，愿同东盟国家发展好海洋合作伙伴关系，共同建设"21 世纪海上丝绸之路"。提出了共建丝绸之路经济带和海上丝绸之路的倡议。建设"一带一路"是以习近平为首的党中央统筹国际国内两个大局，着眼实现"两个一百年"的战略目标和中华民族伟大复兴的中国梦，为进一步提高我国对外开放水平而提出的重大战略构想。

洛阳是古代陆上丝绸之路的起始点，已如上述。洛阳又是隋唐大运河的中心，南北大运河将古都洛阳与海上丝绸之路紧密联系起来。近代以来，随着公路、铁路建设的发展，洛阳与沿海城市的交通便利快捷。国家的"一带一路"战略无疑为洛阳的经济文化发展带来了新的机遇，但是各地都在实施"一带一路战略"，以加快自身的发展，也对洛阳构成了一些挑战。

洛阳与西安同为中国古代的著名古都，也同为丝绸之路的起点。但是比较起来，西安是陕西省的省会城市；洛阳是地市级城市，中共河南省委、河南省政府更为重视省会郑州的发展。西安在不少方面比洛阳有一定的优势，但是洛阳可以向西安学习。

"一带一路"战略的核心是扩大对外开放，实现更大范围的经济联通与融

合,以求互利共赢。洛阳市在经济上一是要加强西进东联。洛阳所在的河南省居于中国的中部区位优势,其西面为西部的陕西,东面为东部地区的山东,在经济上可以承东接西。同时,洛阳还要加强与中亚、西亚、南亚、东南亚及非洲的联系与合作。洛阳是以机器制造为主的工业城市,其产品可以利用欧亚大陆桥上的国际班列运往中国西部和中亚、西亚以至欧洲。

洛阳也要努力发展文化产业和旅游业。西安的大唐西市在全国乃至海外已颇有影响,洛阳已成立隋唐城有限公司等产业,但是还要努力创办更多的文化产业,并努力做强做大。要做好洛阳的大遗址保护和展示工作,以增强洛阳历史文化的厚重感,吸引更多的游客前来旅游观光,以扩大洛阳的知名度和影响力。在"一带一路"建设中历史与文化是重要基础,文化遗产在其中发挥着重要作用。洛阳要进一步加强历史文化遗产的保护和利用,加快华夏历史文化传承创新区的建设。

要继续加强河洛文化的研究和宣传。近年来河洛文化的研究和宣传成果丰硕,成绩显著,但仍然要加大力度。在继续深化河洛文化的研究,特别是河洛文化与域外文化互动研究外,还要加强丝绸之路和隋唐运河的研究、中西交通史的研究,扩大河洛文化与洛阳为丝绸之路起点的宣传。西北大学成立了丝绸之路研究院,洛阳高校也应成立丝绸之路或者"一带一路"的专门研究机构,以增加自己的话语权和软实力。

（作者为河南省社会科学院研究员）

浅议洛阳地区的关公文化

王风利

Abstract：Guanyu was a real person in the ancient history of China. Because of his loyal, righteousness, benevolence, courage, Guanyu was venerated as saint by people. Profound cultural heritage, advantageous geographic location and convenient traffic made Luoyang the important birthplace of Guangong. People believed that the mind is the soul. Guanyu's head was buried in Luoyang. Whit the worship of Ancestral soul, the worship to Guangong in the region of Luoyang was more orthodox and more prosperous. With the domination's advocation and constant canonization, Luoyang became the important place to sacrifice and to pilgrimage, where Guanyu's grave, temple, Lin are. The culture of Guangong is a part of the Chinese heritage. The worship to Guangong in the region of Luoyang contained the praise of good characters, such as loyal, righteousness, benevolence, courage. The worship to Guangong in the region of Luoyang conform to the choice of the Chinese heritage.

关羽是家喻户晓的历史名人,人们被他的侠肝义胆所折服,因而塑造关羽雕像,供奉关羽神像。关公庙遍布中国大江南北,甚至传至海外,关公信仰发展成影响重大的关公文化。洛阳因埋葬有关羽的首级而成为关公信仰比较正统的地区;特殊的地理与政治优势使洛阳地区拥有极强的文化集聚与辐射能力,成为关公信仰繁荣的地区之一。洛阳地区是华夏文化的重要发源地之一,关公文化是华夏文化的重要组成部分,洛阳地区的关公信仰包含了人们对忠义仁勇品格的推崇,所以,洛阳地区要进行华夏历史文明传承与创新区建设,就有必要了解关公文化。

一、洛阳与关羽的渊源

史载关羽为"河东解人"①，即关羽的祖籍大概在今山西运城，但为何洛阳地区出现规模宏大的供奉关羽的庙宇——关林？为何洛阳地区的关公祭祀活动如此声势浩大？为何洛阳成为关公文化的核心区域，还举办中国洛阳关林国际朝圣大典？

首先，洛阳雄踞"天下之中"②，"东压江淮，西挟关陇，北通幽燕，南系荆襄"，有"八方辐辏"、"九州腹地"之称。得天独厚的地理位置使洛阳地区成为诸侯群雄逐鹿中原的必争之地，中国历史上最重要的政治、经济、文化中心，拥有极强的文化集聚与辐射能力。关公信仰的重要地区散居在洛阳周边，关羽的老家山西运城与洛阳仅有一河之隔，湖北荆州、当阳与洛阳地区有便利的水陆交通连接。隋唐大运河的修建更使洛阳地区成为往来人群与商贸的重要据点之一，各处的关公文化也随之而来。多处的关公文化在洛阳地区汇聚交融，成就了洛阳地区比较正统、繁荣的关公文化。

其次，洛阳是关羽首级的葬地。人们认为头脑是灵魂所在，故洛阳被视为关羽的灵魂所在地。神灵崇拜思想使洛阳地区的关公信仰繁荣，逐渐形成兴盛的关公文化。史载："(建安)二十五年春，至洛阳，权击斩羽，传其首。"③建安二十五年(220年)曹操到达洛阳，为了嫁祸于曹操，孙权击杀关羽后，将关羽的首级送到了洛阳。精明的曹操一眼就识破了孙权的阴谋，曹操"壮羽为人"④，以诸侯之礼将关羽的首级葬于洛阳，同时又用沉香木给关羽做了一个躯休。据说曹操见到关羽首级时，首级的眼睛突然睁开了。基于对关羽灵魂的敬畏，曹操在在洛阳为关羽建立了祠堂。洛阳关林明代《重建关王冢庙记》载："洛阳县南门外离城十里，有关王大冢，内藏灵首，汉时有庙。"⑤据碑刻，洛阳关林是曹操埋葬关羽灵首的地方，汉时便有祭祀关羽的庙宇，是最早的关帝庙。此外，洛阳市偃师县佃庄乡关庄村的老人称关庄村的土冢是关羽首级的埋葬处，据说该冢前原先有

① 陈寿《三国志》卷三十六《蜀书·关羽传》，中华书局，1982年，第939页。
② 《史记》卷四《周本纪》，中华书局，1959年，第133页。
③ 《三国志》卷一《魏书·武帝纪》，中华书局，2006年，第53页。
④ 《三国志》卷三十六《蜀书·关羽传》，中华书局，1982年，第940页。
⑤ 明《重建关王冢庙记》，镶嵌于大殿后墙门西侧。

一明朝嘉靖年间设立的幢碑,宽约 1 米,高约 3 米,上刻"汉寿亭侯武安王协天护国大将军关帝之墓"。该村位于汉魏故城东南一华里处,这与史书上说的"洛阳城南门外"正好相吻合。然而这块具有很高史料价值的幢碑却在 1955 年秋洛阳抗洪抢险中被坏,历史的真实性也无从考察。令人惊喜的是,1979 年,古冢塌陷,经发掘,出土了大量汉代文物,在墓室里只发现了一个头骨,没有身躯。① 这一发现使地上资料与地下资料相互印证,为洛阳乃关羽首级埋葬之地的说法提供了有力的证据。无论关羽首级埋在关林还是偃师,关羽首级被葬在洛阳确信无疑。

其三,洛阳老城南七公里处有一个关林镇,据当地村民称关林是我国唯一的一处集冢、庙、林三祀合一的祭拜关公的圣域。明朝万历年间,朝廷使者经过洛阳,夜宿邮亭,梦见关羽请求建新宅。这位使者回京后将自己的梦告诉了皇帝,于是皇帝就立即派遣使臣到洛阳扩建关羽的陵墓。在我国古代社会各个阶级的墓都有专门的称谓,如"陵"指皇帝的墓,"坟"指平民的墓,王侯的墓才称为"冢",而只有圣人的墓才能称为"林"。明清时关羽被封为圣人,所以他的墓才称为"林",特别是康熙五年(1666)敕封洛阳关帝陵为"忠义神武关圣大帝林",于是洛阳的"关林"也由此产生。清朝乾隆年间又对洛阳的关林庙进行修建,基本形成了规模宏大的建筑群。如今关林是海内外三大关庙之一,是我国唯一的集冢、庙、林三祀合一地区,所以洛阳地区成为关公祭祀与朝圣最活跃的地区之一。

二、关羽的圣化与神化

历朝皇帝为了借助关羽的忠义思想教化臣民,稳固政权,关羽一次又一次得被追封,其形象也不断地被统治阶级重塑并进行神话改造,关羽逐渐幻化为"战神",拥有保护江山社稷和黎民大众的神力,成为中华民族"忠义仁勇诚信"的道德模范。

关羽死后,刘禅追封其为"壮穆侯"。在经历五代十国的混乱后,为了避免类似混乱的再次出现,宋代统治阶级极力推崇关羽的"忠"、"勇",在关羽的封号

---

①　朱正明《关公圣迹》,陕西科学技术出版社,2004 年,第 59 页。

前加上"义勇"、"武安",并以此来教化人民,增强人民保卫家国的勇气。为了提高关羽的社会地位,宋徽宗赵佶在崇宁元年(1102)追封关羽为"忠惠公",让关羽由侯爵进为公爵;崇宁三年(1104)封关羽为"崇宁真君";大观二年(1108)封关羽为"昭烈武安王";宣和五年(1123)又封关羽为"义勇武安王"。关羽在短短几十年中由侯进公,由公进君,由君进王。南宋第一个皇帝赵构甚至宣称关羽能"肆摧奸宄之锋,大救黎元之溺",建炎二年(1128年加封关羽为"壮缪义勇武安王";赵构之子赵眘更称关羽"生立地以并传,投为神明亘古今而不朽","名著史册,功存生民",淳熙十四年(1187)又加关羽封为"壮缪义勇武安英济王"。元文宗于天历元年(1328)将关羽封号中的"壮缪"改为"显灵",全称谓"显灵义勇武安英济王"。① 至此关羽已完全神圣化,成为朝廷约束子民的偶像与信仰。

　　明代为了证明统治其统治的合法性,进一步神化关羽为帝。建文三年(1399)朱棣自称得到关羽显灵保佑,发动武装政变,以"清君侧"为名攻克南京,名正言顺地夺得皇位。故明朝各级官吏和百姓都将关羽当神来敬奉。明朝中后期,朝廷下令将全国的关庙一律改称"忠武庙"。万历二十二年(1594),因道士张通元的请求,明神宗朱翊钧进封关羽为帝,关庙也由"忠武庙"改为"英烈庙"。万历四十二年(1614),朱翊钧封羽为"三界伏魔大神威远震天尊关圣帝君"。明朝完成的《三国演义》更是描写了"温酒斩华雄"、"千里走单骑"、"单刀赴会"、"水淹七军"等,将关羽塑造成一个英勇神武足智多谋的英雄形象。

　　清朝为了便于控制汉人,企图引进汉人的神灵——关羽来约束汉人。故清入关后,大肆褒扬关羽。顺治元年(1644)封关羽为"忠义神武关圣大帝";康熙四十二年(1703),康熙在西巡时拜谒关帝庙,亲笔为关帝庙题名"义炳乾坤"匾额;清雍正五年(1727),命天下直、省、郡、邑皆得立关庙,并赐春、秋两祭,加五月十三日诞祭,并用太牢;②雍正八年(1730)追封关公为"武圣"。随后,关羽的封号被追加为"忠义神武灵佑仁勇显威护国保民精诚绥靖翊赞宣德关圣大帝",多达26字,几乎用上了所有美好的词,对关羽的褒奖堪称历代之最。清朝后期,社会面临内忧外患的局面,清政府又利用关羽的神勇气节来唤醒民族意识,提高

---

① 历代对关羽的追封参见朱正明《关公圣迹》,陕西科学技术出版社,2004年,第83—84页。
② 参见郭挺彩《洛阳关林与关公信俗的发展》,《海峡两岸关公文化论坛论文集》,中州古籍出版社,2011年,第159页。

人民的战斗力,因此从咸丰到光绪年间统治者在关羽的封号中又加了"护国保民"四字。

　　洛阳地区因葬有关羽首级而被视为是关羽灵魂的所在地。在神灵崇拜思想的驱使下,统治阶级不断地为关羽在洛阳地区修庙、立碑,进行祭祀。明万历二十年(1592),在汉代关庙的原址上,扩建成占地200余亩、院落四进、殿宇廊庑150余间、规模宏远的朝拜关公圣域。明朝神宗万历四十二年(1614),关羽的第五十一世孙关世科和其他六户关姓人家被朝廷派到洛阳为关公守墓。康熙五年(1666)在洛阳关冢前立"奉敕碑"。康熙时对关羽的后裔又加恩,五十八年(1719),授予关羽五十七世孙关霨世袭五经博士,"主洛阳庙祀"①。乾隆三十三年(1768)在洛阳关冢前筑"奉敕碑亭"。康熙五年立碑时,原碑碑阳为"忠义神武关圣大帝林";乾隆三十三年谥封关羽"灵佑"二字,庙碑阳面第一次磨石重刻;嘉靖九年追封关羽"仁勇"二字,庙碑阳面第二次磨石重刻;道光八年谥封关羽"显威"二字,庙碑阳面第三次磨石重刻。这方奉敕碑反映了历代帝王对关羽至高无上的尊奉和对关林崇祀不断的历史,同时它也证明了关林在海内外数万座关庙中的至尊地位。②

　　统治阶级的极力提倡与一次又一次地追封使洛阳地区的关羽不断圣化、神化,洛阳关林也不断繁荣昌盛。

三、洛阳地区关公的多能化

　　关羽不断被神化,成为拥有众多神力的复合神和万能神。随着关羽崇拜的盛行,关羽具有了治病消灾、驱邪避恶、伸张正义、庇护商旅、招财进宝等职能。洛阳地区的关羽逐渐演化为祖先神、财神、守护神,三神合一。

　　洛阳地区的关姓人将关羽视为祖先神。明神宗万历四十二年(1614),迁关羽的第五十一代玄孙关世科和其他六户关姓人家到洛阳为关羽守墓。据洛阳当地人们描述,关世科在来洛阳时随身携带有抄录的古家谱,但由于迁移和家族分支等原因,洛阳龙门镇李屯的《关氏族谱》则将关羽列为第一代人,作为洛阳地

---

① 《清史稿》卷一百一十五《职官志二·国子监条》,中华书局,1977年,第3322页。
② 参见李春敏《关于封建等级制度在关林的影响研究》,《海峡两岸关公文化论坛论文集》,中州古籍出版社,2011年,第168页。

区关姓的开基始祖。故洛阳地区的关姓人把关羽作为祖先神供奉拜祭。

在洛阳地区,关羽被商人视为祈求平安与财运之神。据史书记载,关羽在曹营时,曹操曾多次赏赐其金银财产,但关羽都详细记录这些钱财的出入。当其离开曹营时将这些钱财及笔记一并交还给曹操。关羽的这些账目被看作是最早的账簿,所以后世商人认为关羽善于理财,发明了设有原、收、出、存四项的日清账簿,于是将关羽奉为财神。此外商人最重信义与安全,而关公义勇双全,故被商人所推崇。便利的交通使洛阳地区成为众多商旅的主要集聚地之一,因此晋商们在洛阳老城南关马市街东与东关新街南段建立了山陕会馆和潞泽会馆来供奉关羽。因此,这两个会馆是洛阳地区商人们崇信关公的见证。在洛阳地区的商店中多见被敬奉的关羽的神像,在关羽神像前摆放贡品与香炉,每天焚香上贡品。在关林中常看到一些穿戴不凡的商人前来还愿拜祭。由此可见,今日洛阳地区关公信仰仍在商界盛行。

洛阳地区是农耕文明的重要发源地,频繁的战乱与天灾,使洛阳地区的农业生活受到严重影响,人民承受颠沛流离之苦和内忧外患之辱,于是洛阳地区的人们就将神勇无敌的关公当成了精神依靠,向关公祈雨求药、请求关公消灾辟邪、主持正义、保卫一方安康。人们以在关林庙前园的龙首柏和凤尾柏上挂红绳来向关羽祈福。洛阳人极为尊崇关羽,每年对关羽进行三次祭祀:阴历正月十三"春祭",阴历五月十三的"诞祭",阴历九月十三的"秋祭"。伴随盛大的祭祀典礼,关林地区逐渐形成了规模颇大的庙会。在这三祭之中,以秋祭最为隆重。多年来,随着来自沿海及港、澳、台、东南亚的拜祭者的增多,"秋祭"规模不断发展壮大,如今已演绎成了"关林国际朝圣大典",即每年9月29日在洛阳关林举办关林国际朝圣大典,届时,海外关庙人士和宗亲组织云集于关林,举行隆重的朝拜仪式。由此,关林成为海内外华人拜谒关羽的圣域,洛阳也成为祭拜关公的重要地区之一。

伴随关公信仰的兴盛,儒家、佛教、道教也纷纷将关公请为座上神。关羽因"忠义孝友"被儒家所推崇,儒家将其尊为五文昌之一,尊称其为"文卫圣帝"、"亚圣"、"亚贤",其地位仅次于孔子。关羽又以"托梦显灵"与佛教结缘,其忠义让佛教认为其可以担当佛教的护法,于是尊其为"盖天古佛"、"护法伽蓝",俗称"伽蓝众菩萨",与韦陀、四大金刚一样成为佛教的护法神。关羽还因"降神靖妖"被道教所推崇,被奉为玉皇大帝的近侍,尊称为"翊汉天尊"、"协天大帝"、"武安尊王"。明朝万历以后成书的《三界伏魔关圣帝君忠孝忠义真经》尊关羽为"三界伏魔大帝",并赋予其权力,谓其"掌儒释道教之权,管天地人才之柄。上司三十六天星辰云汉,下辖七十二地土垒幽酆。秉注生功德延寿丹书,执定死罪过夺命里籍,考察诸佛诸神,监制群仙群职。"于是关羽成了统管三界十方、佛仙人鬼的大神。清朝光绪年间,洛阳新安县北冶马行沟的李珍创作《鸿魔传》将关羽神化。该书以清代乾嘉时期为背景,主要讲坏仙申公豹到人间作孽,托塔天王受玉帝之命,投胎人间,在关圣帝的帮助下将申公豹剿灭的故事。[①] 书中关羽附魔降妖,为民除害,虽然位列仙班,但其还是奔走于人间,关注民间疾苦,因此关公在人民心中有至高地位。受地域文化的影响,该书中很多细节,如庙会、社火、杂技等都明显来源于的洛阳地区祭祀关羽时庙会的盛况。

四、洛阳地区关公文化的存在价值

洛阳地区关公文化的形成与发展符合华夏民族文化的文化选择。仁义忠信文化是华夏文明的重要组成部分,洛阳是华夏文明的重要发源地、孕育地,文化自身的选择让一生忠义仁勇、以诚待人的关羽成为洛阳地区人们顶礼膜拜的偶像和道德模范。

《三国志》卷三十六《蜀书·关羽传》记载建安五年(200),曹操东征,刘备逃奔袁绍,关羽被曹操擒获。曹操非常喜欢关羽的为人,于是派张辽作说客,劝其降曹。民间流传关羽当时提出三个要求:第一,只投降汉献帝,不投降曹操;第二,义兄刘备的两位夫人要受到赡养和尊重;第三,愿为曹操立大功,以报答曹操的不杀之恩,得知义兄刘备的下落后其便立刻离开。"降汉不降曹"体现了关羽保持着"汉家节"的气节,对汉朝"忠";"赡养尊重二嫂"体现了他对兄长之道的尊重,对两位嫂的"礼";"为操立大功后寻义兄"体现了他知恩图报和忠义之心。关羽三个简单的要求比较全面的体现了忠义礼智信。为报答曹操的知遇之恩和不杀之情,关羽在曹操受白马之围威胁时,冲锋陷阵斩杀颜良与文丑,解除了曹

---

① 张弦生《旷世奇书〈鸿魔传〉与洛阳的关羽崇拜》,《洛阳师范学院学报》,2002 年第 3 期,第 67 页。

军的外在威胁。关羽身在曹营却心系刘备,得知其所在之处后,他便封金挂印,离开了曹营。关羽逃奔刘备之事,后世多有称赞,如南凉政权的建立者河西鲜卑人秃发傉檀认为关羽逃归刘备是忠孝的表现,故他在为女婿炽磐求情时曰:"臣子逃归君父,振古通义,故魏武善关羽之奔,秦昭恕顷襄之逝。炽磐虽逃叛,孝心可嘉,宜垂全宥以弘海岳之量。"① 后燕慕容宝的中黄门令赵思以关羽的忠义为榜样,在慕容德重用他之时,赵思推却道:"昔关羽见重曹公,犹不忘先主之恩。思虽刑余贱隶,荷国宠灵,犬马有心,而况人乎! 乞还就上,以明微节。"② 终以死守节。北魏孝文帝也曾以"关羽殉节之忠"③来嘲笑曹虎缺乏忠勇之节。可见,关羽的忠、德之情被后世盛赞。赤壁之战时,关羽在华容道放走了曹操,可以说是其"义"的延续,是为了报答曹操的恩情。

忠义仁勇向来都是人们所倡导的华夏民族优良的传统,洛阳地区作为华夏文明的重要发源地之一,具有关公文化的良好根基。关林的存在与繁荣,使洛阳地区的关公文化具有根源性、独特性、多元性的特点。洛阳要作好华夏文明传承与创新区建设,就需要对洛阳地区的关公文化进行认真地研究、保护、宣传和开发。

(作者为河南科技大学人文学院研究生)

---

① 《晋书》卷一百二十六《秃发傉檀载记》,中华书局,1974 年,第 3148 页。
② 《晋书》卷一百二十七《慕容德载记》,中华书局,1974 年,第 3164—165 页。
③ 《南齐书》卷三十《曹虎传》,中华书局,1972 年,第 563 页。

诗意洛城送别情

许智银

Abstract：Luoyang which had more than one-thousand-year ancient history engendered distinctive farewell fashion. The poets who had experienced personally farewell related the emotional stories by farewell poetry in Luoyang Capital. Initially, People went through the city with a long time. Luoyang Avenue and Capital Gate witnessed numerous coming and going. It was the true portraiture of prosperity in Luoyang. Moreover, People continually turned their heads on the bridge. It was a common sight in Luoshui riverside, Luoshui stream side and Tianjin Bridge, and became the scenic horizon around Luoshui River. In addition, There were many farewells on the lanes in Luoyang. This scene described the farewell site in the rural area, such as Lindu Stage, Beimang Slope. There was profound cultural value of farewell customs in this imperial capital , Luoyang.

都城既是国家政治中心,商业繁华之地,也是高雅文化和市井文化的中心。洛阳千年帝都的历史形成了独具特色的都城风俗习尚,风情民俗古雅广博,一条洛水穿城而过,孕育了洛神,哺养了民众,形成了洛都代代相传的风俗文化精神,吸引人们留恋探索,承袭不已。古代洛阳大都市的胜景吸引了众多的士子文人,人们怀着不同的理想来到这里寻求功名,演绎了各种各样的人生故事,洛阳城的阡陌交通和山水风雨,见证了无数的送往迎来和离情别绪,一首首送别诗篇向人们讲述了洛阳都城曾经的情感故事。

一、洛阳城里经时别

南朝梁范云《别诗》云：“洛阳城东西，常作经时别。昔去雪如花，今来花似雪。”形象地展现了洛阳城无处不送别，无时不迎宾的频繁景象，从一个侧面描绘了都市的人情风俗画面。沈德潜赞曰：“自然得之，故佳。后人学步，便觉有意。”①唐代崔日用《钱唐永昌》曰：“洛阳桴鼓今不鸣，朝野咸推重太平。冬至冰霜俱怨别，春来花鸟若为情。”②洛阳的山水花鸟莫不通晓人性，都城浓厚的文化氛围孕育了市井百姓多感的情怀。“洛阳道八达，洛阳城九重”③，帝都道路宽广通畅，来往便利，出行频繁，洛阳大道上随处可见送别的场景，顾况《送使君》云“天中洛阳道，海上使君归”④，陈子昂《春夜别友人》慨叹曰“悠悠洛阳道，此会在何年”⑤，洛阳大道是帝都兴盛的象征，也是离人不堪回首的记忆。武周万岁通天元年（696）五月，契丹叛乱，“七月辛亥，春官尚书武三思为榆关道安抚大使，纳言姚璹为副，以备契丹”⑥，其时跟从武三思从洛阳到蓟北征讨契丹的还有崔融等人，陈子昂、杜审言都有诗作送别壮行。陈子昂《送著作佐郎崔融等从梁王东征》诗前小序云：

岁七月，军出国门，天晶无云，朔风清海。时比部郎中唐奉一、考功员外郎李迥秀、著作佐郎崔融等并参帷幕之宾，掌书记之任。燕南怅别，洛北思欢。顿旌节而少留，倾朝廷而出饯。

序中交代了写作的时间及背景。诗中描写了出征时的具体情景和场面，首写时节为“金天方肃杀，白露始专征”，在霜露肃杀的秋天，崔融等跟随有自行征伐权的梁王出征。接言备战乃不得已之举，“王师非乐战，之子慎佳兵”。次写

① 沈德潜选 何长文点校《古诗源》，吉林人民出版社，1999年，第253页。
② 《全唐诗》卷四十六。
③ 郭茂倩编撰 聂世美 仓阳卿校点《乐府诗集》卷二十三车（枭支）《洛阳道》，上海古籍出版社，1998年，第284页。
④ 《全唐诗》卷二百六十六。
⑤ 陈子昂著 彭庆生注《陈子昂诗注》，四川人民出版社，1981年，第112页。
⑥ 《新唐书》卷四《武后本纪》。

边地风景,"海气侵南部,边风扫北平"。结尾祝捷,"莫卖卢龙塞,归邀麟阁名"①。全诗以叙述为主,时间、地点、人物、目的,一应俱全。杜审言《送崔融》云:

> 君王行出将,书记远从征。祖帐连河阙,军麾动洛城。
> 旌旃朝朔气,笳吹夜边声。坐觉烟尘扫,秋风古北平。②

全诗亦是以叙事言情,间以想象塞下之景色,婉言惜别。"祖帐连河阙,军麾动洛城",极写饯行的场面规模宏大,官军浩浩荡荡,声威传遍洛阳。诗人祝愿崔融凯旋归来,充满了乐观朝气。崔融同时作有《留别杜审言并呈洛中旧游》相别,诗云:

> 斑鬓今为别,红颜昨共游。年年春不待,处处酒相留。
> 驻马西桥上,回车南陌头。故人从此隔,风月坐悠悠。③

诗人回想当年,感激故知友人,缱绻之情动人心弦。

开元十三年(725),孟浩然来到洛阳,结交了一些文人。开元十四年初,扬州的奚三将回故乡,孟浩然作《洛下送奚三还扬州》相赠。首云"水国无边际,舟行共使风",友人乘舟破浪前往扬州,水域辽阔无际。诗人羡慕奚三将与家人团聚,"羡君从此去,朝夕见乡中",联想到自己"余亦离家久",于是有"南归恨不同"之感,希望"音书若有问,江上会相逢"④。孟浩然借送别奚三感叹自己的命运不济,明人李梦阳评曰:"只似说话,却妙。"清人张谦宜评曰:"一气如话,此之谓老。"⑤两人的评价都很有见地,指出了送人远行的情感起伏变化。

唐代洛阳城东面有三座城门,靠北的叫上东门,行人常于此停留话别。开元十四年(726)正月,张嘉贞"复代卢从愿为工部尚书、定州刺史,知北平军事,累

---

① 陈子昂著 彭庆生注《陈子昂诗注》,四川人民出版社,1981年,第178页。
② 杜审言著 徐定祥注《杜审言诗注》,上海古籍出版社,1982年,第21页。
③ 《全唐诗》卷六十八。
④ 孟浩然著 李景白校注《孟浩然诗集校注》卷一,巴蜀书社,1988年,第430页。
⑤ 袁闾琨《全唐诗广选新注集评》卷二,辽宁人民出版社,1994年,第248页。

封河东侯。将行,上自赋诗,诏百僚于上东门外饯之"①。上东门即洛阳城东门,玄宗亲自赋诗显示厚爱,随行臣僚有应制诗若干篇,张说为之作序。② 韦应物曾作《上东门会送李幼举南游徐方》云"离筵既罢弹,樽酒亦已阑。听我歌一曲,南徐在云端","济济都门宴,将去复盘桓",都门宴席酒后离歌唱起,离人和行者徘徊良久,不忍离去。韦应物于代宗广德二年(764)至大历七年(772)任洛阳丞,期间作过多首送人诗,皆以都门代洛阳,如《送宣城路录事》云"都门且尽醉,此别数年期";《送李十四山人东游》云"欻来客河洛,日与静者论。送君都门野,饮我林中樽";《送张侍御秘书江左觐省》云"莫叹都门路,归无驷马车";《送章八元秀才擢第往上都应制》云"立马欲从何处别,都门杨柳正毵毵";大历七年冬离开洛阳返回长安时所作《留别洛京亲友》亦云"握手出都门,驾言适京师。岂不怀旧庐,惆怅与子辞。丽日坐高阁,清觞宴华池"。此外还有《送郑长源》云:"少年一相见,飞辔河洛间。须臾在今夕,樽酌且循环。"《李五席送李主簿归西台》云:"洛邑人全少,嵩高雪尚残。满台谁不故,报我在微官。"③这些送别留别诗作或设宴饯行,或折柳告别,或执手依依,皆显示了韦应物珍重离别的情怀。

王昌龄《东京府县诸公与綦毋潜李顾相送至白马寺宿》云"鞍马上东门,裴回入孤舟。贤豪相追送,即棹千里流"④,出了上东门即由车转船,诸公挥手作别,直至船行渐远。开元十四年(726)春,21岁的储光羲,在长安科考中进士第,随后到洛阳待选,在洛阳的约一年间,作有《洛阳东门送别》、《洛桥送别》、《洛中送人还江东》、《洛潭送人觐省》、《仲夏饯魏四河北觐叔》等多首送人诗。其《洛阳东门送别》云:

东城别故人,腊月迟芳辰。不惜孤舟去,其如两地春。
花明洛阳苑,水绿小平津。是日不相见,莺声徒自新。

诗人于东城东门送别故人,感慨不得相见,只能独自赏花听鸟鸣伤心春色。

---

① 《旧唐书》卷九十九《张嘉贞传》。
② (唐)张说《张燕公集》卷十二《序》,中华书局,1985年,第131—133页。
③ 韦应物著 孙望编著《韦应物诗集系年校笺》卷一,中华书局,2002年,第17、42、43、49、62、63、23、38页。
④ 王昌龄著 胡问涛、罗琴校注《王昌龄集编年校注》卷三,巴蜀书社,2000年,第128—129页。

定鼎门是隋唐洛阳城外郭城的正门,隋初名为建国门,唐代更名为定鼎门,位于隋唐城中轴线上,"郏鄏城高门倚天,九重踪迹尚依然"①,"定鼎门连岳,黄河冻过春"②,这里也是离人经常告别的地方。刘禹锡《送李二十九兄员外赴邠宁使幕》云"鼎门为别霜天晓,胜把离觞三五巡"③,离别的酒宴最难将息,酒过三巡不得不踏上征程。韦应物《赋得鼎门送卢耿赴任》云:

> 名因定鼎地,门对凿龙山。水北楼台近,城南车马还。
> 稍开芳野静,欲掩暮钟闲。去此无嗟屈,前贤尚抱关。④

永泰年间(765—766)卢耿曾为洛阳主簿,后赴任南昌令,参谋江西幕府。定鼎门遥望龙门,来来往往车水马龙,川流不息,芳草楼台,暮钟车马,莫不因送人而情意浓浓,结尾借前贤侯嬴的故事宽慰离人。李颀自称为"嵩洛故人"、"洛阳墨客",一生很多时间在洛阳度过,其《送从弟游江淮兼谒鄱阳刘太守》首联云"都门柳色朝朝新,念尔今为江上人",都门即分手地洛阳,江上泛指所要去的地方。接着写途中景色"穆陵关带清风远,彭蠡湖连芳草春"⑤,穆陵关在今湖北麻城县西北,回应题目中游江淮;彭蠡湖在今江西鄱阳湖,与题目中谒鄱阳刘太守相符。如此构思很容易便解决了从弟所去目的地多的问题,显现出诗人的独具匠心。

洛阳龙门因其独特的地理位置和风景被格外重视,李贺《洛阳城外别皇甫湜》云"洛阳吹别风,龙门起断烟"⑥,顾况《洛阳行送洛阳韦七明府》云"始上龙门望洛川,洛阳桃李艳阳天",龙门是洛阳的延伸,对离人有着独特意义。无数的离人于都门上演了一幕幕的人生悲欢离合,留下了诗人遗响千古的绝唱。储光羲《洛中贻朝校书衡》云:

---

① 《全唐诗》卷六百九十四褚载《定鼎门》。
② 《全唐诗》卷八百三十二贯休《送僧之东都》。
③ 刘禹锡著 卞孝萱校订《刘禹锡集》卷二十八,中华书局,1990年,第386页。
④ 韦应物著 孙望编著《韦应物诗集系年校笺》卷一,中华书局,2002年,第19页。
⑤ 李颀 刘宝和注《李颀诗评注》,山西教育出版社,1990年,第165页。
⑥ 李贺著 王琦等注《李贺诗歌集注》卷四,上海古籍出版社,1978年,第297页。

万国朝天中,东隅道最长。吾生美无度,高驾仕春坊。

出入蓬山里,逍遥伊水傍。伯鸾游太学,中夜一相望。

落日悬高殿,秋风入洞房。屡言相去远,不觉生朝光。①

朝衡即日本人晁衡,曾在洛阳任唐校书郎,"万国朝天中"写出了洛阳都城在异域的巨大影响力,显明了洛阳都城送别习俗的广泛传播。

二、洛阳桥上频回首

洛水是洛阳的风景线,洛水畔、洛河滨、洛阳桥(天津桥)等处的送别图景,是重复不尽的生活写意。古代有出行祖道的俗尚,洛水祖饯宴饮历代流行,西晋何劭《洛水祖王公应诏诗》即云:

穆穆圣王,体此慈仁。友于之至,通于明神。

游宴绸缪,情恋所亲。薄云饯之,于洛之滨。

嵩崖岩岩,洪流汤汤。春风动衿,归雁和鸣。

我后飨客,鼓瑟吹笙。举爵惟别,闻乐伤情。

嘉宴既终,白日西归。群司告旋,鸾舆整绥。

我皇重离,顿辔骖騑。临川永叹,酸涕沾颐。

崇恩感物,左右同悲。

开篇四句是颂美应制,继写宴席盛况,离别风景等,借以抒发不忍别情,所谓"春风动衿,归雁和鸣","举爵惟别,闻乐伤情","临川永叹,酸涕沾颐",莫不凄切动人。王浚《从幸洛水饯王公归国诗》云:

圣主应期运,至德敷彝伦。神道垂大教,玄化被无垠。

钦若崇古制,建侯屏四邻。皇舆回羽盖,高会洛水滨。

临川讲妙艺,纵酒钓潜鳞。八音以迭奏,兰羞备时珍。

① 《全唐诗》卷一百三十八。

古人亦有言,为国不患贫。与蒙庭庭施,幸得厕太钧。

群僚荷恩泽,朱颜感献春。赋诗尽下情,至感畅人神。

长流无舍逝,白日入西津。奉辞慕华辇,侍卫路无因。

驰情系帷幄,乃心恋轨尘。①

王公归国,圣主与群臣高会洛滨予以饯行,赋诗抒怀,依依不舍。

张华《祖道征西应诏诗》云"庶察群后,饯饮洛湄。感离叹凄,慕德迟迟",隆重的祖饯仪式,显示了出行者的高贵身份。

至唐代,洛滨饯别的风俗依然如旧,《全唐诗话》卷一《玄宗》云:"开元十六年,帝自择廷臣为诸州刺史。许景先治虢州,源光裕郑州,寇泚宋州,郑温琦邠州,袁仁恭杭州,崔志廉襄州,李昇期邢州,郑放定州,蒋挺湖州,裴观沧州,崔成遂州,凡十一人。行,诏宰相、诸王、御史以上祖道洛滨,盛供具,奏太常乐,帛舫水嬉。命高力士赐诗,令题座右。帝亲书,且给笔纸,令自赋,赍绢三千遣之。帝诗云:'眷言思共理,鉴梦想惟良。犄与此推择,声绩著周行。贤能既俟进,黎献实仁康。视人当如子,爱人亦如伤。讲学试诵论,阡陌劝耕桑。虚誉不可饰,清知不可忘。求名迹易见,安直德自彰。狱讼必以情,教民贵有常。恤惸且存老,抚弱复绥强。勉哉各祗命,知予眷万方。'"

唐玄宗亲自选派许景先、源光裕等十一人到各地为刺史,希望十一位刺史到地方为官,能够劝农重教,爱护百姓,清廉为政。为了表明朝廷的重视,玄宗诏宰相、诸王、御史以上人员,于洛滨隆重祖道饯行,又亲自赋诗书写,令题为座右铭。诗中"视人当如子,爱人亦如伤。讲学试诵论,阡陌劝耕桑。虚誉不可饰,清知不可忘"等语,切实可取,亦不失为帝王对臣下的教诲。张说《洛桥北亭诏饯诸刺史》即是对此次宴会的描写,形象地再现了当时的饯送场面,诗云:

离亭拂御沟,别曲舞船楼。诏饯朝廷牧,符分海县忧。

股肱还入郡,父母更临州。扇逐仁风转,车随霖雨流。

---

① 《艺文类聚》卷二十九《人部十三·别上》。

恩光水上溢,荣色柳间浮。预待群方最,三公不远求。①

　　诗中云"别曲舞船楼",应是《全唐诗话》中"帛舫水嬉"的真实写照,"恩光水上溢"则点明了饯别送行的重大意义,突出了朝廷举行盛宴的良苦用心。

　　洛水上的渡口、天津桥等,是洛水的标志性建筑,因而成为离别镜头的焦点,被诗人们反复提及。"悠悠天下士,相送洛桥津"②,"祖席洛桥边,亲交共黯然"③,"今日洛桥还醉别,金杯翻污麒麟袍"④,"洛桥歌酒今朝散,绛路风烟几日行"⑤,洛桥渡口成为离人分手的短暂驿站,饯行送别四季不断。刘希夷《洛中晴月送殷四入关》云"清洛浮桥南渡头,天晶万里散华洲","微云一点曙烟起,南陌憧憧遍行子。欲将此意与君论,复道秦关尚千里"⑥,洛桥南渡口,微云晨色中,离人依依惜别。李益《中桥北送穆质兄弟应制戏赠萧二策》的情景是:"洛水桥边雁影疏,陆机兄弟驻行车。"⑦刘禹锡《同乐天送河南冯尹学士》时的天气是:"洛水桥长昼起雷,共羡府中棠棣好。"⑧顾况《送韦秀才赴举》行舟的情景是:"洛桥浮逆水,关树接非烟。"⑨杜牧《洛中监察病假满送韦楚老拾遗归朝》春风里所见是:"洛桥风暖细翻衣,春引仙官去玉墀。"⑩洛水横贯洛城,是洛阳人钟情的记忆,谭用之《别雒下一二知己》即云"金鼎光辉照雪袍,雒阳春梦忆波涛"⑪。洛阳桥横跨洛水,与人们生活息息相关,"何处送客洛桥头,洛水泛泛中行舟。可怜河树叶萋萋,关关河鸟声相思。街鼓喧喧日将夕,去棹归轩两相迫。何人送客故人情,故人今夜何处客"⑫,可谓洛桥多送别的真实写照,洛水、洛树、洛舟、

①　《全唐诗》卷八十八。

②　卢照邻 李云逸校注《卢照邻集校注》卷一《咏史四首》,中华书局,1998 年,第 36 页。

③　《全唐诗》卷三百四十四韩愈《送王涯徙袁州刺史作祖席前字》。

④　白居易著 顾学颉校点《白居易集》卷三十一《醉送李二十常侍赴镇浙东》,中华书局,1979 年,第 701 页。

⑤　白居易著 顾学颉校点《白居易集》卷三十五《皇甫郎中亲家翁赴任绛州宴送出城赠别》,中华书局,1979 年,第 796 页。

⑥　刘希夷著 刘文华注《刘希夷诗注》,上海古籍出版社,1997 年,第 40 页。

⑦　《全唐诗》卷二百八十三。

⑧　刘禹锡著 卞孝萱校订《刘禹锡集》卷三十一,中华书局,1990 年,第 429 页。

⑨　《全唐诗》卷二百六十六。

⑩　(唐)杜牧 陈允吉校点《杜牧全集》卷三,上海古籍出版社,1997 年,第 27 页。

⑪　《全唐诗》卷七百六十四。

⑫　《全唐诗》卷八十六张说《离会曲》。

洛鸟,无不感染上了离人的情思,共同构成了一幅洛水桥畔依依惜别的水墨画。"洛水清奔夏"①,"春和洛水清无浪"②,洛水流不尽,别离情无限,应是无言洛水对离人的真诚祝福。

三、洛阳陌上多别离

武则天圣历元年(698),武后召司马承祯"至都,降手敕以赞美之。及将还,敕麟台监李峤饯之于洛桥之东"③。李峤、宋之问、薛曜等均作七绝相送别。薛曜《送道士入天台》云"洛阳陌上多离别,蓬莱山下足波潮"④,道出了人生自古多离别的真实存在,卢僎《途中口号》亦云"年年洛阳陌,花鸟弄归人"⑤,洛阳城郊的饯送风俗留给人们的是别样的情怀。

萧统《文选》有"祖饯"类诗八首,其中曹植的《送应氏诗二首》为送别应场、应璩兄弟而作。建安十六年(211)七月,曹操从邺城出发西征马超,曹植随行经过洛阳,于北邙送别应氏兄弟北上,第一首云:

> 步登北邙阪,遥望洛阳山。洛阳何寂寞,宫室尽烧焚。
> 垣墙皆顿擗,荆棘上参天。不见旧耆老,但睹新少年。
> 侧足无行径,荒畴不复田。游子久不归,不识陌与阡。
> 中野何萧条,千里无人烟。念我平生居,气结不能言。

诗人登上北邙,俯瞰洛阳城,满目皆是董卓之乱的疮痍,将叙事与抒情相结合,展示了送别场景的凄惨和悲凉,为别离笼罩上了一层阴云。第二首起言"清时难屡得,嘉会不可常。天地无终极,人命若朝霜",慨叹时政恶化,人生无常,引出惜别饯筵。"愿得展嬿婉,我友之朔方。亲昵并集送,置酒此河阳。中馈岂独薄,宾饮不尽觞。爱至望苦深,岂不愧中肠",友人北行,诗人于河阳设宴饯行,同情应氏怀才不遇,而又无能相助,深感歉疚。最后四句"山川阻且远,别促

---

① 《全唐诗》卷八百三十八齐己《送刘秀才往东洛》。
② 《全唐诗》卷八百四十六齐己《送韩蜕秀才赴举》。
③ 《旧唐书》卷一百九十二《司马承祯传》。
④ 《全唐诗》卷八十。
⑤ 《全唐诗》卷九十九。一作郭向诗。

会日长。愿为比翼鸟,施翮起高翔",写别后山川路远,相会实难,设想自己变为飞鸟,与友人一起远行。清人陈祚明《采菽堂古诗选》评论曰:"此诗用意宛转,曲曲入情,以人命之不常,惜别离之难遣,临歧凄楚,行者又非壮游,相爱虽深,愧难援手,留连片晷,但怨不欢,因作强辞自解,妄意会日之长。"①整体说来,由于战乱的创伤和曹植政治地位的尴尬,因此送别时的心态极其复杂,虽有伤时叹乱的笔墨,但结尾仍归结至感离惜别的主题。

西晋潘岳《北芒送别王世胄》是一组亲戚之间的送别诗,共五首,《世说新语·赏誉》曰:"谢胡儿作著作郎,尝作《王堪传》,不谙堪是何似人,咨谢公。谢公答曰:'世胄亦被遇。堪,烈之子。阮千里姨兄弟,潘安仁中外,安仁诗所谓"子亲伊姑,我父惟舅"。是许允婿。'"②

刘孝标注引《晋诸公赞》曰:"堪字世胄,东平寿张人。少以高亮义正称。为尚书左丞,有准绳操。为石勒所害,赠太尉。"又岳集曰:"堪为成都王军司马,岳送至北邙别。"王世胄即王堪,与阮瞻为姨表兄弟,与潘岳为姑表兄弟,是许允的女婿。在第一首诗中,潘岳首先说明了两个人的关系,"子亲伊姑,我父惟舅",将姑表兄弟比喻成"瓜瓞"。中间的三首诗以谈玄为立意,第五首诗才直接写到送别,"朱镳既扬,四辔既整。驾言饯行,告辞芒岭。情有迁延,日无余景。回辕南翔,心焉北骋",王堪驾着马车,潘岳到邙岭饯行。王堪虽然南行,但他的心仍然牵挂着在洛阳的亲友,用彼此的挂念来表达离情。

唐代洛阳人张说《送王光庭》云:"同居洛阳陌,经日懒相求。及尔江湖去,言别怅悠悠。"当友人王光庭要远游离开时,诗人突然感到了平日相聚的可贵,这正是分离带来的情感惊悸,符合别之常情。张说又有《洛桥北亭诏饯诸刺史》云:

　　离亭拂御沟,别曲舞船楼。诏饯朝廷牧,符分海县忧。
　　股肱还入郡,父母更临州。扇逐仁风转,车随霖雨流。
　　恩光水上溢,荣色柳间浮。预待群方最,三公不远求。③

①　陈祚明评 李金松点校《采菽堂古诗选》卷六,上海古籍出版社,2008年,第183页。
②　徐震堮《世说新语校笺》,中华书局,1984年,第267页。
③　《全唐诗》卷八十六。

　　诗人奉皇帝诏命,在洛河桥北紧邻皇城外护城河的离亭,为诸刺史饯行,对诸刺史寄予了极高的希望和勉励,他们是朝廷的得力助手,此行带着朝廷的重托,所到之处一定能给百姓以仁爱和甘霖,将来回朝可担当更大重任。

　　元和四年(809)秋天,李贺从家乡昌谷(今河南宜阳县西南洛河之北三乡镇东)赴长安求仕,经过洛阳时,专程拜访了器重提携自己的皇甫湜,离洛时作《洛阳城外别皇甫湜》云:"洛阳吹别风,龙门起断烟。冬树束生涩,晚紫凝华天。单身野霜上,疲马飞蓬间。凭轩一双泪,奉坠绿衣前。"①诗人以别离之情观看目下风景,使洛阳城外的"风"、"烟"、"树"等,莫不染上了凄凉幽怨的色彩,情真意切中流露出对前途的悲伤迷惘,颇富感染力。

　　贞元年间,李益从军塞上,尔后回到洛阳,随之又被辟招去军中,临别时作《洛阳河亭奉酬留守群公追送》云:"离亭饯落晖,腊酒减征衣。岁晚烟霞重,川寒云树微。戎装千里至,旧路十年归。还似汀洲雁,相逢又背飞。"②此河亭在洛阳城西,原名夕阳亭,《大清一统志·河南府》记曰:"夕阳亭,在洛阳县西,后汉安帝延光三年,杨震至城西夕阳亭饮酖卒。晋泰始七年,贾充出镇关中,百僚饯之于夕阳亭。唐时亦为饯送之所,更名河亭。"诗人感谢至亲好友殷勤饯送,借雁作比,抒发了离开亲人天各一方的不堪之感。

　　洛阳城西郊还有临都驿,为西出洛阳第一驿,亦是送别之人经常停留处所,白居易《临都驿送崔十八》云"勿言临都五六里,扶病出城相送来",《酬别微之(临都驿醉后作)》云:"君归北阙朝天帝,我住东京作地仙。醉收杯杓停灯语,寒展衾裯对枕眠。犹被分司官系绊,送君不得过甘泉。"③微之即洛阳人元稹,大和三年(829),在家乡小住后赴任京城长安,白居易置酒食相送,两人酩酊相谈,不料竟成永诀,大和五年,元稹暴病身亡。

　　唐僖宗乾符初年,年已六十岁的卢渥,因母丧服阕居洛阳,自前中书舍人出任陕虢观察使,"及赴任陕郊,自居守分司朝臣已下,争设祖筵,洛城为之一空,

————————

　① 李贺著　王琦等注《李贺诗歌集注》卷四,上海古籍出版社,1978年版,第297页。
　② 李益著　王亦军　裴豫敏编注《李益集注》,甘肃人民出版社,1989年版,第200页。
　③ 白居易著　谢思炜校注《白居易诗集校注》卷二十七《临都驿送崔十八》、二十八,中华书局,2006年版,第2142、2183页。

都人耸观,亘数十里"。洛阳城的饯送者多至空巷,绵延数十里,卢渥有《题嘉祥驿诗》记述此行,曰:

> 交亲荣饯洛城空,秉钺戎装上将同。星使自天丹诏下,雕鞍照地数程中。
>
> 马嘶静谷声偏响,旆映晴山色更红。别后定知人易老,满街棠树有遗风。[1]

高彦休《唐阙史》卷下《卢左丞赴陕郊诗》记载到此事,极其详尽,云:

> 及赴任陕郊,洛城自保厘尹正巳下,更设祖筵,以鲜华相尚。分秩故相及朝容恶日两邑县官,卑秩麻衣,倾都出郭,洛城为之一空。食器酒具,罗列道路,盛于清明簪洁松槚之日,填咽临都驿,前后十五里,车马不绝。左辖始舍辔居首筵,则为川尹邀去,乃大合乐于旧相之座,而诸朝容巳携酒馔出城者,散于田野,选胜聚饮,歌乐四起,飘飘然若澧州上巳、会稽禊事也。无贵无贱,及暮醉归。有白髯驿吏声指曰:"某自拥彗清邮五十载,未尝睹祖送之盛有如此者。"

"倾都出郭,洛城为之一空。食器酒具,罗列道路,盛于清明簪洁松槚之日,填咽临都驿,前后十五里,车马不绝"的祖送规模,车马不绝的场面,聚饮歌乐的情景,莫不显示了卢渥的尊贵和人们对他的爱戴。

唐文宗开成元年(836)七月,李绅自河南尹改任宣武节度使,离任时,洛阳城的相送者多达数万人,监察御史分司杜牧不满百姓留恋相送,令台吏出面加以阻拦。《全唐诗》卷四八二李绅《拜宣武军节度使》序云:

> 开成元年(836 年)六月二十六日,制授宣武军节度使。七月……五日赴镇,出都门,城内少长士女相送者数万人。至白马寺,涕泣当车者不可止。

---

① 尤袤《全唐诗话》卷五《卢渥》,中华书局,1985 年版,第 94 页。

……留台御史杜牧使台吏遮殴百姓,令其废祖帐。

　　从都门外至于白马寺,数万人的送行阵势,无疑表明了李绅在时人心中的极高声誉,人们借助送别活动的形式,表达了对世情的臧否。洛阳帝都的送别风情是洛阳都城文化的折射,亦是古人博雅情怀的映照,对今人精神的滋养、情感的培植、文化的熏陶,都将起到不言而喻的巨大作用。

（作者河南科技大学人文学院教授、文学博士）

隋唐时期的洛阳与丝绸之路

毛阳光

Abstract：Luoyang was an important capital in period of Emperor Suiyangdi and Wuzetian. And then，there were developed economy and easy communication. There were close connection with Luoyang and The Western Regions. Luoyang also was the same important city as Changanin in Sui and Tang Dynasty.

从 20 世纪九十年代以来,古代洛阳在丝绸之路上的重要地位和作用越来越为学者们所关注。[1]有学者指出:丝绸之路起点可分为历史起点和空间起点。由于各种原因,汉唐间丝绸之路空间起点发生过迁移和变化。西汉时长安为丝绸之路的起点没有争议,但东汉时丝路起点则延伸至洛阳,其时洛阳在中西交通方面的地位首屈一指。魏晋南北朝时期由于长期多个政权对峙状态和中西交通的发展,造成丝路起点的迁移和多元化,在一定时期洛阳、平城、邺城、长安都曾发挥丝路起点城市的功能。隋唐时长安、洛阳成为帝国东、西二都,在中西交通方面各有优势,并随着政治经济形势的变化时有盛衰,共同成为丝路起点的明星城市,共同担负着丝路起点的任务。[2] 当然,学术界也有不同的看法。[3]隋唐时期,洛阳长期居于陪都的地位。因此,这一时期长安是丝绸之路的东端起点,地位更为重要。但在特定的历史时期,如隋朝后期以及武周时期,洛阳的政治地位超过了长安,加之在经济、交通等领域的优势地位,洛阳在这一时期的中外交流中仍旧起着重要的作用。

---

① 　洛阳市地方史志编纂委员会办公室编《洛阳——丝绸之路的起点》,中州古籍出版社,1992 年。
② 　石云涛《汉唐间丝绸之路起点的变迁》,《中州学刊》2008 年 1 期。
③ 　如葛承雍《论汉唐丝绸之路的起点》,载氏著《唐音胡韵与外来文明》,中华书局 2006 年。

一、隋炀帝与武则天时期的洛阳

这一时期,洛阳在中外文化交流中的重要角色首先和两位皇帝有关,那就是隋炀帝和武则天。

隋朝建立后,统治的重心仍旧在长安。直到仁寿四年(607)七月,隋炀帝杨广即位,情况才发生了变化。这一年的十一月三日,隋炀帝临幸洛阳。十一月二十一日,隋炀帝下诏营建东京。诏书强调了洛阳古都的历史和优越地理位置:"然洛邑自古之都,王畿之内,天地之所合,阴阳之所和。控以三河,固以四塞,水陆通,贡赋等。故汉祖曰:'吾行天下多矣,唯见洛阳。'自古皇王,何尝不留意,所不都者盖有由焉。"①同时,炀帝营建洛阳也具有军事和经济意义。在平定五弟汉王杨谅的叛乱中,隋炀帝注意到了关中与山东距离较远,一旦发生变乱而鞭长莫及。而这一时期关中的自然灾害又较为频繁,连年发生水旱灾害。无奈之下,隋文帝也多次率饥民到洛阳就食。如开皇四年(584)九月,"驾幸洛阳,关内饥也";②开皇十四年(594)八月,"关中大旱,人饥。上率户口就食于洛阳。"③这些因素都促使隋炀帝营建东京。

经过近一年的营建,大业二年(606)正月初六,东京建成。此时,隋炀帝正在江南巡游。得到这个消息,他于是年三月十六日从江都出发,四月二十六日到达洛阳。"自伊阙,陈法驾,备千乘万骑,入于东京。"④

新的洛阳建成之后,的确实现了其沟通两京,联接南北,掌控天下的战略作用。从其后隋炀帝的活动来看,他共8次来到洛阳。其北巡边塞,南下江都,征伐高丽,洛阳成为隋朝实际上的都城与政治中心。

此时的洛阳也成为炀帝加强对外交流,展示国家实力和文化的重要的舞台。为了接待各民族和各国使臣,隋炀帝专门在洛阳城南门建国门外置四方馆,以待四方使者。"东方曰东夷使者,南方曰南蛮使者,西方曰西戎使者,北方曰北狄使者,各一人,掌其方国及互市事。"⑤大业三年(607)春,启民可汗来到洛阳,看

---

① 《隋书》卷三《炀帝纪上》,中华书局1974年,第61页。
② 《隋书》卷一《高祖上》,第32页。
③ 《隋书》卷二《高祖上》,第39页。
④ 《隋书》卷三《炀帝纪上》,第66页。
⑤ 《隋书》卷二八《百官志下》,第798页。

到隋的威仪与强大,上书要求穿戴汉族衣冠,使得隋炀帝龙颜大悦。尤其是大业六年(610)正月,由于各国使臣、蕃长云集洛阳。十五日,炀帝在皇城外端门街,盛陈天下奇伎异艺。表演场地周长五千步,演奏乐器的有一万八千人,"声闻数十里,自昏至旦,灯火光烛天地,终月而罢"①。

大业十一年(615)春正月一日,隋炀帝在东都大宴群臣。突厥、新罗、靺鞨、毕大辞、讶咄、传越、乌那曷、波腊、吐火罗、俱虑建、忽论、靺鞨、讶多、沛汗、龟兹、疏勒、于阗、安国、曹国、何国、穆国、毕、衣密、失范延、伽折、契丹等国都遣使到东都朝贡。二十二日,炀帝召见这些使臣,"设鱼龙曼延之乐",并且赏赐他们。②可以说,这一时期的洛阳见证了炀帝时期中外文化交融的辉煌。

隋朝末年,洛阳动荡不安,成为多种势力争夺的战场。唐初平定王世充后,废除洛阳东都的地位,设立洛州总管府。李世民即位后,随着局势的稳定,洛阳的政治和军事地位又显现出来。太宗曾三次到洛阳巡幸,洛州也改称洛阳宫,其长官称为留守。但唐代洛阳地位真正的提升,还是在高宗时期完成的。高宗在位期间,7次巡幸洛阳。显庆二年闰正月一日,他首次巡幸洛阳。十二月十三日,高宗"手诏改洛阳宫为东都,洛州官员阶品并准雍州"③。正式确定了洛阳陪都的地位。

此后,高宗又先后六次巡幸洛阳。这期间,洛阳的政治、经济、战略地位日趋重要。这里成为唐朝皇帝经常巡幸、展示国力的舞台。如显庆五年(660)十一月一日,高宗在宫城则天门楼受苏定方所献平灭百济所获百济王扶余义慈、太子隆等58人。许多西域的国工与部族首领也多次到洛阳朝觐高宗。上元元年(674)十二月,于阗王伏阇雄、波斯王卑路斯先后到东都朝见高宗。如上元二年(675)正月十七日,支汗郡王献碧玻璃。二十五日,龟兹王白素稽献银颇罗。十二月,龟兹王白素稽献名马。上元三年(676)二月七日,坚昆献名马。永淳元年(682)十二月,南天竺、于阗诸国向唐朝进献方物。

高宗去世后,洛阳成为了武后施展抱负的舞台。从永淳元年(682)四月二十二日随高宗到达东都,一直到去世。武则天除了长安元年(701)十月三日离

① 《资治通鉴》卷一八○"炀帝大业六年",第5649页。
② 《隋书》卷四《炀帝纪下》,第88页。
③ 《旧唐书》卷四《高宗纪上》,第77页。

开洛阳,前往长安,至长安三年(703)十月二十七日回到洛阳这段短暂的时间外,其余时间都在洛阳度过。武则天出身关东庶族,因此对于关中并无深厚的情感。因此需要在制度上标新立异,另立系统,选择都城是其中重要的一环。因此,洛阳凌驾于长安之上,便意味着关陇势力的失势和唐祚中止、江山变色。[①]这样,神都洛阳正式取代了长安,成为了帝国的中心。武则天在这里建宗庙、拜洛水、封神岳、造新字,颁布《大云经疏》,建明堂与天堂,最终实现了改唐为周的意愿。

此时的神都也是一座国际化的都市,也聚集着许多归附的部族首领,来自各国的使节,僧人和胡商。武则天执政后,天授二年(691)十月,林邑国就向武则天进献驯象。大食国也曾向武则天进献驯象,后被姚璹阻止。天授三年(692)三月,五天竺国并遣使朝贡。九月,罽宾国也曾遣使朝贡。延载元年(694)七月,骨利干也遣使朝贡。万岁通天二年(697)四月,中亚安国还曾进献两头犬。神功元年(697)二月,葱岭诸国也遣使贡方物。圣历元年(698)四月,疏勒王裴夷健朝贡。[②] 武三思动议建造天枢时,诸胡聚钱百亿万。[③] 波斯人阿罗憾就曾"为则天大圣皇后召诸蕃王,建造天枢"[④]。

神龙政变之后,中宗正式复国号为"唐",神都又成为东都。中宗返回长安后,再未来到洛阳。但和平时期的洛阳是一个物资充盈,衣食丰足,气候适宜,交通便利的都市。玄宗就认为:"帝业初起,崤函乃金汤之地;天下大定,河洛为会同之府。周公测影,是曰土中。总六气之所交,均万方之来贡。引鱼盐于淮海,通粳绤于吴越。瞻彼洛汭,长无阻饥。"[⑤]从开元五年至开元二十五年,或由于关中灾害,或由于封禅,玄宗共五次巡幸洛阳。玄宗在洛阳期间,西域诸国也到洛阳朝贡。如开元十五年(727)五月,康国和史国都进献胡旋女子,同年七月,史国王阿忽必多遣使献胡旋女子。[⑥] 此时的洛阳不再是唐朝政治的中心,加之开

---

① 郭绍林《洛阳与隋唐政治》,《洛阳大学学报》1996年1期;《唐高宗武则天长驻洛阳原因辨析》,《史学月刊》1985年3期。
② 王钦若《册府元龟》卷九七〇《外臣部·朝贡三》,中华书局,1960年,第11403页。
③ 《资治通鉴》卷二〇五"则天后延载元年",第6496页。
④ 周绍良 赵超《唐代墓志汇编》景云001《大唐故波斯国大酋长右屯卫将军上柱国金城郡开国公波斯君丘之铭》,上海古籍出版社,1992年,第1116页。
⑤ 宋敏求《唐大诏令集》卷七九《行幸东都诏》,第451页。
⑥ 王钦若《册府元龟》卷九七一《外臣部·贡献四》,第11406页。

元后期,由于江淮、河南漕运施行改革,唐朝输送关中的粮食大量增加,关中粮食供应得以好转。玄宗再没有巡幸洛阳。洛阳在丝绸之路上的作用遂让位于长安。

二、隋唐洛阳的经济与交通

当然,除了政治地位的提升之外。此时洛阳经济的繁荣和交通的发展也进一步巩固了丝路重镇的地位。

隋以及唐前期,洛阳所处的河南、河北地区是全国最为富庶的地区。炀帝营建东都时,又将汉魏故都居民和诸州富商大贾数万户迁入洛阳。加之大运河的开通。洛阳也成为全国最繁盛的商业都市和经济中心。城外的回洛仓粮食充溢,城内布帛山积。洛阳城内有丰都、大同、通远三个商业市场,比长安还多一个。三市规模宏大,店铺繁多,各种货物充盈。丰都市"邸凡三百一十二区,资货一百行"。隋炀帝还允许胡商进入市场进行贸易,这里既是全国的商业中心,又是国际贸易场所。

武则天时期,洛阳上升为帝国的都城,经济和商业也达到极盛。武则天还将雍、同诸州的工商户迁入洛阳。三市中南市和北市早已存在,西市在武则天时期又重新设置,市场中有许多经营对外贸易的粟特商人。武则天还专门划出河南、洛阳两县的部分地区,设立来庭县,安置和管理"慕义蕃胡"。在武周铸造天枢时,旅居洛阳的蕃客胡商捐钱多达百亿万,可想见当时蕃胡人数之众和财富之殷。

此时的河南、河北诸道,不仅盛产粮食,且"桑蚕倍多",丝织业也非常发达,郑州、汴州、曹州、怀州出产的绢质量均属上乘。中宗、玄宗都曾下诏让河南地区缴纳绢帛以代租米。北市还专门有丝行和彩帛行等从事相关贸易的行业组织和商人。这些也为洛阳的丝路贸易奠定了坚实的物质基础。洛阳唐墓中出土的大量驮着丝束和绢帛的骆驼俑以及定鼎门道路遗址发现的古代骆驼蹄印就很好地证明了这一点。武则天时期的洛阳有织染署、织锦坊等官营手工业机构。当时的少府监有绫锦坊巧儿365人,内作使绫匠83人,掖庭绫匠150人,内作巧儿42人。武周时期,武则天赏赐给蔚州刺史公孙道育的物品中就有异文字绫、袄子、半臂等。①这些应该就是当时洛阳的官营织锦坊的产品。武则天宠臣张易之为其母阿臧制作的七宝帐"金银、珠玉、宝贝之类罔不毕萃,旷古以来,未曾闻见。铺象牙床,织犀角簟,骊貂之褥,蛩蛩之毡,汾晋之龙须、河中之凤翮以为席。"②

在私营手工业方面,洛阳有丝行、彩帛行等行业组织。安史之乱中,唐军和回纥援兵收复东都期间,东都百姓为了避免回纥的抢掠,"请率罗锦万匹以赂回纥"。③此时洛阳的铸造业也非常发达。武周时铸造的天枢,共"征天下铜五十余万斤,铁三百三十余万,钱两万七千贯"④。武则天还铸造了九鼎,神都鼎高1.8丈,容纳1800石。其余的冀州、雍州、兖州、青州、徐州、荆州、扬州和梁州鼎均高1.4丈,容纳1200石。各鼎上图画各州的山川物产,总计用铜56.712万斤。洛阳唐墓中出土的金银平脱镜、螺钿镜、海兽葡萄镜、金背镜等也体现了当时铸造工艺的精湛。

在隋唐时代的交通体系中,主要以长安、洛阳大道为枢轴,汴州(今河南开封市)、岐州(今陕西凤翔县)为两端之延伸,向四方辐射发展。⑤加之隋朝开凿的大运河也以洛阳为中心,洛阳又兼具水路之便利。这样,隋唐时期的洛阳实为沟通国内外水陆交通的汇聚点。⑥这使得洛阳成为沟通内地政治、经济以及中外经济文化交流的枢纽。

早在隋炀帝营建东都之时,隋炀帝就命"废三崤旧道,令开蒿栅道"⑦。改善长安与洛阳之间崤函古道的交通。大业三年(607)八月,他又命在晋东南的太行山中"开直道九十里",来改善太原至洛阳之间的交通。⑧而长安与洛阳、汴州之间的陆路交通,唐政府也非常重视,规定"从上都至汴州为大路驿",即最为重要的大通道。⑨长安与洛阳各设一馆驿使,重点维护两京驿路。其中从长安到

---

① 毛阳光　余扶危《洛阳流散唐代墓志汇编》〇六五《大唐故银青光禄大夫蔚州刺史公孙府君墓志铭》,国家图书馆出版社,2013年,第130—131页。

② 张鷟《朝野佥载》卷三,第69页。

③ 《资治通鉴》卷二二〇"肃宗至德二载",第7041页。

④ 刘肃《大唐新语》卷八,中华书局,1997年,第126页。

⑤ 严耕望《唐代交通图考》序言,上海古籍出版社,2007年,第5页。

⑥ 徐连达《隋唐时期的洛阳与丝绸之路的关系》,洛阳市地方史志编纂委员会编《洛阳——丝绸之路的东起点》,中州古籍出版社,1992年。

⑦ 杜宝撰　辛德勇辑校:《大业杂记辑校》,三秦出版社,2006年,第2页。

⑧ 《隋书》卷五六《张衡传》,第1392页。

⑨ 王溥《唐会要》卷六一《馆驿》,第1061页。

洛阳全长约 800 至 850 里。为了保证这条道路的畅通,官府在沿途设置了大量的驿站。

而洛阳向东至汴州共 420 里。《通典》卷七《食货》就记载了盛唐时期这条通道的繁荣,"东至汴宋,西至岐州,夹路列店肆待客,酒馔丰溢。每店皆有驴赁客乘,倏忽数十里,谓之驿驴。南诣荆襄,北至太原、范阳,西至蜀川、凉府,皆有店肆,以供商旅。"除此之外,还有洛阳至太原驿道,洛阳至卫、相、洺、邢州道,洛阳至襄、荆道,这些通道将洛阳与东北、江南地区紧密的联系起来。

洛阳与西域的沟通方面,早在隋朝,裴矩在《西域图记》序中就指出沟通西域的中南北三道。① 大业年间,大量的西域诸国使臣和商人正是沿着这几条道路不远万里来到长安和洛阳。1964 年,新疆吐鲁番阿斯塔纳古墓群 24 号唐墓出土了有"贞观廿年十二月十日义深□"的文书,文书背后则有"洛州赵义深音(?)达西州付欢相张隆训"的墨书题字。张乃翥认为,这体现了太宗时期洛州籍百姓不远千里到达西州的信息。②

大业元年(605)三月,炀帝诏令开凿通济渠。通济渠全长一千余里。先从洛阳的西苑引谷水、洛水经洛口(今河南巩义市)达于黄河。这条渠道西段东北流经洛阳都城内之通济坊南,故名。由于其功能是转输漕粮,故又名漕渠。此渠东流处有漕渠桥,由此南行可达通远市之北西偏门。桥东即为天下舟船聚集之处,"常万余艘,填满河路,商旅货易,车马填塞……"③同年,隋炀帝还征发淮南民工十多万疏通并拓宽从山阳(今江苏淮安市)到江都的山阳渎。大业四年(608),开永济渠。大业六年(610),开凿江南河。至此,大运河全线贯通。大运河"弘舸巨舰,千轴万艘,交贸往还,昧旦永日"④。大量来自河南、河北以及东南地区的物资运输到洛阳。

唐前期,洛阳依然是南北漕运的中心。武周时期,由于洛阳是都城所在,含嘉仓已然成为太仓,漕运更为繁荣。陈子昂在《上军国要事疏》中就提到"即日

① 《隋书》卷六七《裴矩传》,第 1579—1580 页。
② 新疆博物馆《吐鲁番阿斯塔纳——哈拉和卓古墓群发掘简报》,《文物》1973 年 10 期。张乃翥《论洛阳与中外文化交流史相关的若干考古学资料》,洛阳市地方史志编纂委员会办公室编《洛阳——丝绸之路的起点》,中州古籍出版社,1992 年,第 279 页。
③ 徐松辑 高敏校《河南志》,第 142 页。
④ 《旧唐书》卷九四《崔融传》,第 2998 页。

江南、淮南诸州租船数千艘,已至巩洛,计有百余万斛"①。从含嘉仓出土的仓窖铭砖,就记载了当时仓窖存储河北、江淮地区粟米的情况。当时人就指出:"神都帑藏储粟,积年充实,淮海漕运,日夕流衍,地当六合之中,人悦四方之会。……长安府库及仓,庶事空缺,皆藉洛京转输价直。"②大足元年(701)六月,司农卿宗晋卿又在立德坊南引漕渠开新潭,"安置诸州租船",③"四面植柳,中有租场。积石其下,于上布土"④。《旧唐书·五行志》记载:开元十四年七月十四日,"瀍水暴涨,流入洛漕,漂没诸州租船数百艘,溺死者甚众,漂失杨、寿、光、和、庐、杭、瀛、棣租米一十七万二千八百九十六石,并钱绢杂物等。因开斗门决堰,引水南入洛,漕水燥竭,以搜漉官物,十收四五焉"⑤。可见当时洛阳漕运的繁荣。

三、隋唐洛阳的外来移民

洛阳在隋炀帝以及唐前期重要的政治、经济和军事地位,使得皇帝长期在这里驻跸、施政。因此,周边各民族和各国的贵族和使节也都来到洛阳。如大业六年和十一年,各国蕃长齐聚洛阳朝贺炀帝。其中西域来朝就有30余国。唐高宗和武则天时期,情况也是如此。武则天天授三年(692),由于归化蕃胡甚多,她专门分洛阳、永昌二县,置来庭县廨于从善坊,"以领四方蕃客"。⑥ 因此,这里汇聚了大量外来移民。

这其中许多是外来胡商。隋炀帝时,胡商可以进入丰都市进行贸易。胡商有时经过经营酒食的店铺,店主都会被要求热情地招待他们入座,让他们酒足饭饱,而不用支付任何费用,还说:"中国丰饶,酒食例不取直。"胡商都惊叹不已。胡商主要是来自中亚粟特地区的粟特胡商,他们垄断了这一时期中亚的商业贸易。这一时期洛阳的粟特人中商人的数量相当大。他们许多是北魏以来就迁居到洛阳的。如《康婆墓志》载:"本康国王之裔。高祖罗,以魏孝文世,举国内附,

① 董诰《全唐文》卷二一一,第 2163 页。
② 王溥《唐会要》卷二七,第 518 页。
③ 《旧唐书》卷四九《食货志下》,第 2113 页。
④ 徐松辑 高敏校《河南志》,第 141 页。
⑤ 《旧唐书》卷三七《五行志》,第 1357—1358 页。
⑥ 徐松辑 高敏校《河南志》,第 20 页。

朝于洛阳,因而家焉,故为洛阳人也。"①《安静墓志》载"魏皇统历,胤华胄于周南"。周南指的就是洛阳。② 隋炀帝时期,洛阳成为帝国的东都,许多粟特人又来到洛阳。《安怀墓志》载"祖隋朝因宦洛阳,遂即家焉。"其祖安智,隋任洛川府左果毅都尉。③ 位于龙门古阳洞与药方洞之间的 1410 号"南市香行社像龛"永昌元年题记,记录了南市香行社商人出资营造佛像的情况。其中的安僧达、史玄策、康惠登、何难迪、康静智等人无疑都是洛阳南市经营香料贸易的安、史、康国的粟特商人。④无独有偶,北市也有粟特商人,龙门卢舍那大佛南侧 1504 窟的《北市丝行像龛》题记中有康玄智的题名,康玄智则是在北市经营丝绸贸易的粟特人。⑤

　　除了大量的粟特裔居民外,这一时期的洛阳也居住着其他丝路移民。如《裴沙墓志铭》记载疏勒人裴沙在唐前期稳定安西四镇的军事行动中立下战功。入唐后任授忠武将军行左领军卫郎将,致仕后居住在洛阳私第,开元十三年(725)葬于邙山。⑥

　　清末出土于洛阳的《阿罗憾墓志》记载其"族望波斯国人也",根据墓志记载:阿罗憾于显庆年出使唐朝后被授予将军留长安侍卫宫禁,还曾任拂菻国诸蕃招慰大使。阿罗憾于景云元年 95 岁时卒于洛阳私第,他还有一子名俱罗,他们应该是武则天时期迁居到洛阳的波斯移民。

　　隋唐时代的洛阳还有大量来自西方的僧侣,大业二年(606),炀帝就在洛阳洛河之滨的上林园设译经馆,组织中外僧人译经。其中著名的外籍僧人是南天竺僧人达摩笈多。高宗、武后以及玄宗时期的洛阳也有大量来自中亚、西亚和印度的僧侣。和长安相同,进入洛阳数量最大的也是佛教僧侣。如康国僧人康法藏武后时期居住在洛阳,并在佛授记寺讲解《华严经》。北天竺僧人宝思惟于长寿二年来到洛阳,先后在天宫寺、佛授记寺、福先寺译经,后在龙门创天竺寺并卒

① 周绍良 赵超《唐代墓志汇编》贞观 139,第 96 页。
② 周绍良　赵超《唐代墓志汇编》显庆 059,第 267 页。
③ 周绍良 赵超《唐代墓志汇编》长寿 019,第 845 页。
④ 荣新江 张志清主编《从撒马尔干到长安——粟特人在中国的文化遗迹》,第 129 页。
⑤ 刘景龙 李玉昆《龙门石窟碑刻题记汇录》,第 552 页。
⑥ 周绍良 赵超《唐代墓志汇编》开元 213《裴沙墓志铭》,第 1304 页。

于此。① 南天竺高僧菩提流志永淳二年来华之后在洛阳福先寺译经十一部,后又在长安译经,开元十二住洛阳长寿寺,十五年葬于龙门。② 开元年间来到唐朝的天竺密宗高僧金刚智、善无畏和不空都曾在洛阳译经并传播密宗,创立了中国佛教宗派密宗,号称开元三大士。除了佛教僧侣之外,洛阳还居住着传播景教、祆教、摩尼教的僧侣,他们将这些外来宗教传播到洛阳。

　　正是由于大量外来移民的涌入,使洛阳成为继长安之外另一座多元文化汇聚交流的城市。这里一度流行马球和泼寒胡戏。胡服和胡乐也在洛阳盛行。祆教、景教、摩尼教在洛阳都建立寺院,长杯、胡瓶、高足杯等外来器物也在洛阳士大夫家庭中使用。骆驼俑和胡俑也成为流行的丧葬冥器。③ 这些都体现出当时洛阳国际化的色彩。洛阳与长安交相辉映,成为丝绸之路东端最为绚烂多彩的城市。

(洛阳师范学院河洛文化研究中心主任、副教授)

---

① 赞宁《宋高僧传》卷三《唐洛京天竺寺宝思惟传》,中华书局,1987 年,第 42—43 页。
② 赞宁《宋高僧传》卷三《唐洛京长寿寺菩提流志传》,第 43—44 页。
③ 毛阳光《唐代洛阳的外来风情》,《文史知识》2010 年 6 期。

从汉魏石经看古都洛阳的文化地位

王东洋

Abstract：Han and Wei Stone Classics carved in Luoyang City including Xiping stone classics, Dianlun stone classic and Zhengshi stony classic, had important significance in the history of Chinese culture. Han and Wei Stone Classics inscribed by the royal order standing in the Imperial College, provided the world confucian scholars for view and copy. In the paper writing materials has not been popularized in the Han and Wei Dynasties, Han and Wei Stone Classics played the role of unifying confucian classics, preserving culture and preaching enlightenment.

东汉熹平石经与曹魏正始石经为我国古代著名的两大儒家经籍石经,一般被称为汉魏石经。汉魏石经具有重要的文献价值和历史价值,引起古今学者持续关注和研究,取得了丰硕成果,[1]近年来更是出版了综合性资料集刊,[2]这些均为进一步研究提供了便利。但是,曹魏将《典论》刻石,立于太学,其性质是否属于汉魏石经,学界罕有论述。本文拟对汉魏石经之种类及其相关问题试作杂考,以期深化对古都洛阳及河洛文化在中国文化史上地位之认识。

---

① 洪适《隶释》,中华书局,2003 年;顾炎武《石经考》(影印文渊阁四库全书,683 册);万斯同《石经考》(影印文渊阁四库全书,683 册)、杭世骏《石经考异》(影印文渊阁四库全书,684 册)、孙星衍《魏三体石经残字考》(《丛书集成初编》,131 册)、王国维《魏石经考》(《观堂集林》,收入《王国维全集》,浙江教育出版社、广东教育出版社,2009 年。吴宝炜辑《魏三体石经录》,石印本,1923 年,张国淦《历代石经考》,燕京大学国学研究所,1930 年,孙海波《魏三字石经集录》,北平大业印书局,1937 年,马衡《汉石经集存》,科学出版社,1957 年。
② 《历代石经研究资料辑刊》(全八册),北京图书馆出版社,2005 年。

一、"汉魏石经"之概念

"汉魏石经"概念的提出,始于北魏郑道昭。《魏书》卷56《郑羲附弟道昭传》载国子祭酒郑道昭上表宣武帝曰:

> 崇治之道,必也须才;养才之要,莫先于学。今国子学堂房粗置,弦诵阙尔。城南太学,汉魏《石经》,丘墟残毁,藜藿芜秽……

郑道昭充分认识到汉魏石经对北魏文教发展和政治宣扬的重要价值,正式提出"汉魏石经"之说。同书《孝静帝纪》载东魏静帝武定四年八月,"移洛阳汉魏《石经》于邺",则沿用了郑道昭"汉魏石经"之说,并于前冠以"洛阳"二字。①考古学界有"汉魏洛阳城"之说,其"汉魏"指东汉、曹魏、西晋和北魏四朝,因均定都洛阳之故。由上引史料可知,"洛阳汉魏石经"之"汉魏",则仅指东汉、曹魏,而不含北魏,"汉魏石经"则指东汉、曹魏定都洛阳时开凿的石经。

二、熹平石经

东汉灵帝熹平四年(175),由议郎蔡邕牵头,奏请朝廷将儒经刻石,用统一的隶书书写。汉灵帝采纳其上奏,由此拉开了中国古代史上的重大文化工程的序幕。

《后汉书》卷60下《蔡邕传》:

> 邕以经籍去圣久远,文字多谬,俗儒穿凿,疑误后学,熹平四年,乃与五官中郎将堂溪典、光禄大夫杨赐、谏议大夫马日磾、议郎张驯、韩说、太史令单扬等,奏求正定《六经》文字。灵帝许之,邕乃自书丹于碑,使工镌刻立于太学门外。于是后儒晚学,咸取正焉。及碑始立,其观视及摹写者,车乘日千余两,填塞街陌。

---

① 《魏书》卷12《孝静帝纪》,第308页。

《后汉书》卷79上《儒林传》：

> 自是游学增盛，至三万余生。然章句渐疏，而多以浮华相尚，儒者之风盖衰矣。……熹平四年，灵帝乃诏诸儒正定《五经》，刊于石碑，为古文、篆、隶三体书法以相参检，树之学门，使天下咸取则焉。

以上引两史料为基础，再结合其他史料，我们可以就如下几个问题进行考论。

1. 熹平石经与经学统一

由蔡邕上奏文可知，经籍流传中多有谬误，俗儒更是穿凿附会，误导后学。汉武帝"罢黜百家，表彰六经"，立五经博士，专门从事经学的研究和传授，其弟子通经可以入仕。因立于学官，儒学称为经学，因通经入仕，儒生趋之若鹜。东汉继承汉武帝太学之制，在京城洛阳设置太学，生源逐年增加，最高时达到三万人。即便如此，仍有大批儒生不能进入太学学习。那么，如此众多太学生和天下儒生如何学习呢？在当时条件下，经书写于简牍和帛书，在流传中多靠口授手抄，不免日增谬误，有的经师甚至以家学更改官方所藏文本。经学文本的不统一，导致经学考试时激烈的争论。为统一经学，杜绝篡改弊端，朝廷采纳蔡邕等人之议，下令开刻熹平石经。

熹平石经在刻制过程中，始终伴随着经学文本的校对和校勘，其方法是"古文、篆、隶三体书法以相参检"，最终确定采用隶书书写。《后汉书》卷64《卢植传》载朝廷下诏开刻石经后，"岁余，复征拜议郎，与谏议大夫马日磾、议郎蔡邕、杨彪、韩说等并在东观，校中书《五经》记传，补续《汉记》"。① 另据《水经注》卷16《谷水》载"又东经国子太学《石经》北，……汉魏以来，置太学于国子堂。东汉灵帝光和六年，刻石镂碑载《五经》，立于太学讲堂前"。② 熹平石经自汉灵帝熹平四年（175）开刻，至光和六年（183）才大功告成，历经八年时间。在这期间，考校经学文本的工作一直在进行。

---

① 《后汉书》卷64《卢植传》，第2117页。
② 郦道元著 陈桥驿校证《水经注校证》，中华书局，2007年，第401页。

当然,经学文本的校对,还需要经学的大致统一。众所周知,两汉间有几次重要的学术会议,著名者为西汉石渠阁会议和东汉白虎观会议,目的都是借用朝廷的权威,来统一经学。东汉今古文经学的大致统一,为熹平石经的开刻奠定了学术基础。反之,熹平石经的开刻,对经学文本之统一,对东汉太学之发展,对汉魏学术之传承,也产生了重要而深远的影响。熹平石经立于太学,由"车乘日千余两","使天下咸取则"等用语可知,众多外地儒生驱车赶往太学门外参观临摹,则熹平石经并非仅针对太学生学习之用,而是面向天下儒生的。太学生可以观瞻参照,其他后学也可临摹学习。可以说,熹平石经就是东汉朝廷为天下儒生及学子颁布的统一的标准的官方钦定教材。

2.《五经》、《六经》与《七经》之不同记载

上引《后汉书》之《蔡邕传》载蔡邕上疏奏求"正定《六经》",而《儒林传》载"正定《五经》"。《后汉书》卷64《卢植传》载"始立太学《石经》,以正《五经》文字";《水经注》卷16《谷水》亦云"刻石镂碑载《五经》"。另《隋书·经籍一》载"后汉镌刻七经,著于石碑"。那么,熹平石经所刻内容到底是"五经"、"六经",还是"七经"呢?

众所周知,"六经"乃《诗》、《书》、《礼》、《易》、《乐》和《春秋》之统称,其后《乐》失佚,六经变为五经。汉武帝设太学立《五经》博士,五经成为儒家经学的习惯称呼。需要注意的是,汉武帝所立五经博士,与文、景时期所立不同。文景时期,提倡学术伊始,无论经子,皆使博士讲习,各博士职务相同,没有专责。汉武帝时,积书既多,需要分工治理,于是罢黜百家,专立《五经》,博士各掌其经,不复相乱。[①] 五经不可变动,但后学可为之做注,形成经、传并存的现象。据王国维先生考证,"汉石经经数,当为《易》、《书》、《诗》、《礼》、《春秋》五经并《公羊》、《论语》二《传》,故汉时谓之五经,或谓之六经,《隋志》谓之七经"。[②] 马衡先生认为,"数五经者,不数公羊、论语二传;数六经者,以公羊传合于春秋;数七经者,举其全数。要之,皆是也"。[③] 王国维所推论,已由地下出土石经之残石所

---

① 刘汝霖《汉晋学术编年》,华东师范大学出版社,2010年,第71—72页。
② 《王国维全集》第八卷《观堂集林》之《魏石经考一》,浙江教育出版社、广东教育出版社,2009年,第482页。
③ 马衡《汉石经集存》之"概述",科学出版社,1957年。

验证。详勘出土石经残石,所刻石经有诗、书、易、礼、春秋、公羊传和论语七种。① 总之,"六经"之说是蔡邕向朝廷上奏时用语,乃东汉知识界当时通行的说法,而"五经"之语是汉灵帝下诏批准的,也是熹平石经最终所刻文本。

3. 熹平石经并非全由蔡邕书丹

上引《蔡邕传》云"邕乃自书丹于碑",加之《隋书·经籍一》载"后汉镌刻七经,著于石碑,皆蔡邕所书",《太平御览》载"邕乃自丹于碑"②,易让后学误认为熹平石经全为蔡邕所书丹。南宋洪适《隶释》即提出质疑,谓今存诸经字体各不同,虽蔡邕能分善隶兼备众体,但文字之多,恐非一人可办。清人杭世骏《石经考异》谓"窃意其间必有同时挥毫者。张演石经跋云,今六经字体不一,当是时书丹者亦不独邕"。③ 另据民国学者刘汝霖先生考证,熹平石经成于光和六年,而蔡邕以光和元年得罪离京,其不得始终参与石经之事,故后人统谓石经为蔡邕所书是错误的。④ 从出土熹平石经残石来看,当时书写石经者并非仅蔡邕一个,还有马日磾等人。

4. 熹平石经之存放位置

关于熹平石经存放位置,有两种说法。其一,存放在太学讲堂前。《后汉书》卷60下《蔡邕传》注引《洛阳记》:"太学在洛城南开阳门外,讲堂长十丈,广二丈。堂前石经四部。"其二,按序排放在太学门外。《后汉书·蔡邕传》云"立于太学门外"。《后汉书》卷79上《儒林传》颜师古注引谢承书曰:"碑立太学门外,瓦屋覆之,四面栏障,开门于南,河南郡设吏卒视之。"熹平石经刻石46枚,囿于当时的技术条件,熹平石经不可能刻制两份。笔者赞同第二种说法,即熹平石经应按序排放在太学门外,理由有三:其一,由朝廷下诏刻制熹平石经之用意可知("使天下咸取则"),熹平石经应放置在交通便利之地,便于天下学子前来参观与临摹,以统一经学。其二,由"车乘日千余两","填塞街陌"所载可知,天下学子驱车前来,不可能直入太学门内的讲堂前。其三,由"四面栏障"、"河南郡设吏卒视之"所载可知,熹平石经应置于太学门前。若存放于太学讲堂前,则

① 段鹏琦《汉魏洛阳故城》,文物出版社,2009年,第100页。
② 《太平御览》卷589《文部五》,中华书局,1960年,第2651页。
③ 杭世骏《石经考异》,影印文渊阁四库全书(684册),台北商务印书馆,1985年,第772页。
④ 刘汝霖《汉晋学术编年》,华东师范大学出版社,2010年,第397页。

无需再设置围栏,派人专门保护。

三、正始石经

汉末董卓之乱,宫阙宗庙毁坏,熹平石经也遭部分破坏,造成我国文化史上的重大损失。曹魏建立后,"始扫除太学之灰炭,补旧石碑之缺坏",恢复太学,依照汉例予以课试。① 曹魏为了自身统治和振兴文教之需要,于正始年间又开刻了另一部石经,即正始石经,因用古文、篆、隶三种书体刻成,又称《三体石经》或《三字石经》。

1. 正始石经开刻之时间

正始石经开刻于何时,《三国志》和《晋书》两书均载"正始中"②,但具体在何年何月,史无明载。民国学者刘汝霖先生经过考证,认为齐王曹芳正始六年,刘靖请求整顿太学,朝廷又立王朗《易传》,学术界颇为活跃,从而推测出三字石经应开刻于齐王正始六年(245),所谓"其立石经,当在此时"。③ 不过刘先生之推测,后为地下出土石经残片所否定。汉魏石经在北朝后期成为各政权争夺的对象,屡遭迁转,在隋文帝开皇六年曾从洛阳移至长安,④1957 年在西安出土的魏石经残石上有"始二年三"字样,⑤由此可以断定该石经刊立于正始二年(241),正始二年遂成为学界公认的正始石经刊立时间。同东汉熹平石经一样,正始石经由下诏开刻至最终完成,经历数年时间。

2. 正始石经之数量

有关正始石经之数量,史载不一。《太平御览》卷 589《文部五》引《西征记》:

> 国子堂前有列碑,南北行,三十五枚。刻之表里,书《春秋经》、《尚书》二部,大篆、隶、科斗三种字,碑长八尺。今有十八枚存,余皆崩。

---

① 《三国志》卷 13《王朗附王肃传》注引《魏略》,第 420 页。
② 《三国志》卷 21《刘劭传》,第 621 页。《晋书》卷 36《卫瓘附子卫恒传》,第 1061 页。
③ 刘汝霖《汉晋学术编年》,华东师范大学出版社,2010 年,第 516 页。
④ 《隋书》卷 75《儒林·刘焯传》,第 1718 页。
⑤ 刘安国《西安市出土的"正始三体石经"残石》,《人文杂志》,1957 年第 3 期。

据考,东晋刘宋之际的戴祚、唐初的韦机均曾撰有《西征记》。《初学记》卷6、《封氏闻见记》卷10、《艺文类聚》卷64均曾引用《西征记》,且明载为戴祚所撰,故此处《太平御览》所引《西征记》也应为戴祚所撰。三十五枚石刻,既云用大篆、隶书和科斗三种文体书写,则为正始石经无疑。《水经注》卷16《谷水》:

> 魏正始中,又立古、篆、隶《三字石经》。……魏初,传古文出邯郸淳,《石经》古文,转失淳法,树之于堂西,石长八尺,广四尺,列石于其下,碑石四十八枚,广三十丈。①

北魏郦道元《水经注》明载正始石经为48枚,并详细记载其尺寸大小和存放位置。《洛阳伽蓝记》卷3《城南》"报德寺":

> 里开阳门御道东有汉国子学堂。堂前有《三种字石经》二十五碑,表里刻之。写《春秋》、《尚书》二部,作篆、科斗、隶三种字。②

上引三书所载正始石经数量不一,《太平御览》引《西征记》云35枚,《水经注》云48枚,《洛阳伽蓝记》云25枚。王国维先生认为,"无论二十五碑、三十五碑、四十八碑,均不足以容《尚书》、《春秋》、《左传》三书字数","魏石经石数,当以《西征记》为最确"。③因史载不一,学界意见亦纷纭。近现代学者,如刘傅莹、章炳麟、王国维、孙海波、白坚等均有考证,但各说有异,尚无定论。④其后更有学者提出28碑之说,如马衡和曾宪通两位先生。⑤而今在文献资料大的突破之前,我们更难究其数。

---

① 郦道元著陈桥驿校证《水经注校证》,中华书局,2007年,第401—402页。
② 范祥雍《洛阳伽蓝记校注》,上海古籍出版社,1978年,第145页。
③ 《王国维全集》第八卷《观堂集林》之《魏石经考二》,浙江教育出版社、广东教育出版社,2009年,第483、484页。
④ 参范祥雍《洛阳伽蓝记校注》,第150页。
⑤ 马衡先生考证,正始石经共刻石28块,约十四万七千字。参氏著《汉石经集存》,科学出版社,1957年。曾宪通认为,正始石经刻有《尚书》、《春秋》和部分《左传》共约28碑。参氏著《三体石经古文与〈说文〉古文合证》,《古文字研究》第7辑,中华书局1982年,第278—279页。

3. 正始石经之价值

正始《三体石经》用古文、篆书、隶书三种字体刻成,在中国书法史和汉字发展史上具有重要的意义。《三国志》卷21《刘劭传》注引《文章叙录》载卫恒撰《四体书势》,分序"古文"、"篆书"、"隶书"和"草书",其序"古文"曰:

> 自秦用篆书,焚烧先典,而古文绝矣。汉武帝时,鲁恭王坏孔子宅,得《尚书》、《春秋》、《论语》、《孝经》,时人已不复知有古文,谓之科斗书,汉世秘藏,希得见之。魏初传古文者,出于邯郸淳。敬侯写淳《尚书》,后以示淳,而淳不别。至正始中,立三字石经,转失淳法。因科斗之名,遂效其法。太康元年,汲县民盗发魏襄王冢,得策书十余万言。案敬侯所书,犹有仿佛。

由此可知中国古文字发展之大概,也足见曹魏正始石经之地位:秦始皇焚书,造成文化上的重大损失;鲁壁藏书重见天日,但科斗之文世人多不能识。曹魏正始三字石经,由古文、隶书、篆书三种字体书写,互相对照。更为重要的是,曹魏初年邯郸淳演习古文,但三字石经所用古文,偏离邯郸淳之法,而用上古科斗之法,为古文正法,并沿着这条路径进一步规范古文书法,流传天下,影响后世。

透过三字石经,有利于梳理中国书法和古文字的发展演变轨迹。北魏宣武帝延昌三年(514)三月,江式上表朝廷,全面论述了中国文字发展史,"建《三字石经》于汉碑之西,其文蔚炳,三体复宣。校之《说文》,篆隶大同,而古字少异"。[①] 江式指出曹魏《三字石经》的重要贡献是"三体复宣",即篆书、隶书和古文书一并呈现,若用《三字石经》与《说文》对校,发现篆书、隶书大体相同,而古文少异。经王国维先生考证,唐宋时期之古、籀文字,"溯此体之源,当自三字石经始矣"[②]。

东汉《熹平石经》和曹魏《正始石经》,因二者开始刻制时间分别为175年和241年,相隔60余年,又曾同时立在太学前,史料中多将其统称为汉魏《石经》。

---

① 《魏书》卷91《艺术·江式传》,第1963页。
② 《王国维全集》第八卷《观堂集林》卷16《魏石经考五》,浙江教育出版社、广东教育出版社,2009年,第493页。

有关汉、魏石经之关系,王国维先生认为,"汉、魏石经,皆取立于学官者刊之","汉博士所授者皆今文,故刊今文经。魏学官所立《尚书》为马、郑、王三家,故但刊三家所注之三十四篇。……其刊此三经者,以汉世所未刊"。[①] 由此可见,东汉熹平石经与曹魏正始石经有一定互补关系。

四、《典论》石经

在正始石经之前,早在曹魏明帝太和四年(230)即诏令将魏文帝《典论》刻石。魏文帝曹丕高度重视文学的价值,认为"盖文章,经国之大业,不朽之盛事。年寿有时而尽,荣朱止乎其身,二者必至之常期,未若文章之无穷",这样就把文学提高到与传统经典相等的地位。曹丕《典论》是中国较早的文艺理论批评专著。曹丕本人对《典论》之作非常得意,曾"以素书所著《典论》及诗赋饷孙权,又以纸写一通与张昭"[②]。曹丕《典论》刻石,既与曹丕及后继之君的重视有关,也与熹平石经破坏后造成的文化断层有关。

1.《典论》石刻之性质

在熹平石经遭到破坏后,正始石经开刻之前,《典论》石刻起到石经之作用。《三国志》卷3《明帝纪》:

> (太和)四年春二月壬午,诏曰:"世之质文,随教而变。兵乱以来,经学废绝,后生进趣,不由典谟。……其郎吏学通一经,才任牧民,博士课试,擢其高第者,亟用;其浮华不务道本者,皆罢退之。"戊子,诏太傅三公:以文帝《典论》刻石,立于庙门之外。

上引史料涉及魏明帝太和四年的两份诏书。第一份诏书认为,经过汉末混乱及三国纷争,"经学废绝",士人入仕不由经学,造成浮华相尚等诸多问题,因此魏明帝诏令天下郎吏,如果精通经学,又有才干,考试合格者可以迅速授予官职,而对于那些浮华者则清理出官僚队伍。由此可见魏明帝振兴经学之措施,在

---

① 《王国维全集》第八卷《观堂集林》卷16《魏石经考三》,第486、489页。
② 《三国志》卷2《文帝纪》,第89页。

选举上突出经学考试之内容。第二份诏书是魏明帝颁给太傅三公的,诏令将魏文帝《典论》刻石,立于庙门之外。从时间上看,两份诏书均颁布于太和四年二月,由"壬午"至"戊子",二者相差七天,我们推测两份诏书应有一定的关联。从内容上看,二份诏书有一定的逻辑关系:正因为"经学废绝",造成后人人仕"不由典谟",所以才需要弘扬经学;正因为汉末儒学衰微,经学人才匮乏,才更需要《典论》刻石。可以说,在汉末熹平石经遭到破坏后,正始石经开凿之前,曹丕《典论》成为当时比较完整的石刻,供士人学习。

《三国志》卷4《三少帝纪》注引《搜神记》载魏明帝即位,诏三公曰:"先帝昔著《典论》,不朽之格言,其刊石于庙门之外及太学,与石经并,以永示来世。"所言"石经"应为东汉熹平石经,因曹魏正始石经尚未开刻。魏明帝诏书明确《典论》之价值,与熹平石经并立于太学,传之后世,永垂不朽。

魏文帝《典论》刻石并立于太学,具有重要的象征意义和文化传承意义。众所周知,所谓经学就是汉武帝"罢黜百家,表彰六经"后被官方钦定认可的儒学,一旦成为经学,儒家经典便具有极强的权威性和神圣性,不能随意更改,后世只能对其进行注释。曹丕《典论》产生于曹魏,主要论述文章之意义,不能称之为儒学,也不像先秦诸子如《老子》那样具有广泛的影响。在《典论》刻石之前,所刻石经均为儒家经籍。魏明帝将魏文帝《典论》刻石,与熹平石经并立于太学,供人观瞻和学习,则其地位同于《五经》。曹魏朝廷下诏《典论》刻石,使之披上神圣的光环,具有现实的权威性,将《典论》(个人作品)成为与《五经》具有同等地位的石刻文献,天下儒生需要一并学习。

曹魏朝廷下诏将《典论》石刻立于太学,其就成为汉魏石经的一部分,或曰汉魏石经之一种。实际上,《典论》为汉魏石经之一种,在北朝隋唐时期已成共识。北魏孝明帝神龟元年(518年),崔光上表朝廷曰:"寻石经之作,起自炎刘,继以曹氏《典论》,初乃三百余载,计末向二十纪矣。[①] 在谈及石经源流时,崔光认为石经之作始于东汉熹平石经,曹丕《典论》继其后,这些石经已经有几百年的历史了。崔光将曹丕《典论》刻石视为石经发展的重要阶段和形式,其向朝廷请求校勘修补石经中,应包括《典论》刻石。《隋书》卷32《经籍志一》有"《一字

---

① 《魏书》卷67《崔光传》,第1494页。

石经典论》(一卷)"之载,也将《典论》刻石视为石经之一种。此外,我们还可从唐人笔记《封氏闻见记》中得到启发,"(天宝)十年,有司上言经典不正,取舍无准,诏儒官校定经本,送尚书省并国子司业张参共相验考。参遂撰定《五经字样》,书于太学讲堂之壁,学者咸就取正焉"①。何谓石经?立于太学、国子学等学堂,作为官方钦定的教材,以供学生参考查验,若能起到这个功能,即便书写于墙壁上,非刻于石头上,也可称之石经。曹丕《典论》刻石立于太学,起到东汉熹平石经之功能,当然可称之为石经。

2.《典论》石经之数量

魏明帝时《典论》刻石,但齐王曹芳时因西域献火浣布,《典论》为天下笑,于是"刊灭此论"。② 既云"刊灭",则《典论》石经有可能被损毁。《典论》石经之数量,似乎是一个谜,直至北魏始有记载。《水经注》卷16《谷水》云"魏明帝又刊《典论》六碑,附于其次"。《洛阳伽蓝记》卷三《城南》"报德寺"云"魏文帝作《典论》六碑,至太和十七年,犹有四存"。郦道元和杨衒之均谓《典论》六碑,但这并非原貌。清代学者杭世骏认为,"当时所谓刊灭者,第芟去火浣布一条,至于六碑则仍列于太学,故裴松之、杨衒之等并得见也"。③ 据此可知,魏明帝时《典论》刻石六碑,齐王曹芳时芟去火浣布条,数量仍为六碑。

3.《典论》石经之存放位置

考察《典论》石经之存放位置,涉及《典论》刻石是一份,还是两份的大问题。前引《三国志·明帝纪》谓立于"庙门之外",即刻石一份;而《三少帝纪》谓立于"庙门之外及太学",即刻石两份,分别存放于庙门之外和太学门前。另据《三国志》卷4《三少帝纪》裴注引用《搜神记》,裴松之自云:

> 臣松之昔从征西至洛阳,历观旧物,见《典论》石在太学者尚存,而庙门外无之,问诸长老,云晋初受禅,即用魏庙,移此石于太学,非两处立也。窃谓此言为不然。

---

① 封演撰 赵贞信校注《封氏闻见记校注》卷2《石经》,中华书局 2005 年,第 12 页。
② 《三国志》卷4《三少帝纪》注引《搜神记》,第 118 页。
③ 杭世骏《石经考异》,影印文渊阁四库全书(684 册),台北商务印书馆,1985 年,第 774 页。

　　刘宋裴松之曾亲至洛阳考察,目睹《典论》石刻尚在太学,但不见于庙门外。年长者多认为魏晋禅让,司马氏将《典论》石刻由太庙迁至太学,非两处均有石刻。对此,裴松之并不赞成。换言之,裴松之认为《典论》曾刻石两份,分别立于太庙门前和太学。笔者赞同裴松之之说,即魏文帝《典论》刻石两份,一份立于宗庙门外,另一份与东汉石经并存于太学。《典论》刻石六碑,数量较少,完全可以刻石两份,分别存放。宗庙为天子祭祖之地,魏明帝将其父《典论》石经置于宗庙门外,具有重要的家族政治宣传和文化象征意义。

五、结语

　　综上所述,汉魏石经之说源于北魏郑道昭,其后被广泛接受。有关汉魏石经之种类,学界一般认为包括熹平石经和正始石经,但笔者通过考察,认为曹丕《典论》石刻,也可视为汉魏石经之一种。汉魏石经包括东汉熹平石经、《典论》石经和正始石经,三者均开刻于京城洛阳,在中国文化史上具有不可或缺的重要意义。作为朝廷钦定的统一的标准教材,汉魏石经立于太学,供天下儒生观瞻临摹,有利于经学统一和文教发展。汉魏石经无声地传达着朝廷的声音,从中可以看出文化与政治之关系。在纸质书写材料尚未普及的汉晋时期,洛阳汉魏石经起到统一经学、保存文化、宣扬教化的功能。

　　作为最早由朝廷下诏刊刻之石经,洛阳汉魏石经起到重要的示范和引领作用,对后世影响深远。从汉末到清初,由政府正式在太学里颁定,并且有实物可考的,除了汉、魏石经外,还有唐"开成石经"、蜀"广政石经"、北宋"嘉祐石经"、南宋"绍兴御书石经"和清"乾隆石经"。历代各类石经的持续开刻,不仅预示着当时儒学文化的复兴和繁荣,而且彰显出洛阳汉魏石经在中国文化史上的重要地位。

(作者为河南科技大学人文学院副教授)

河洛饮食文化与"丝绸之路"

——以洛阳面食文化为例

姚伟钧　马欢欢

Abstract: Heluo area is the birthplace of Chinese civilization and the cradle of Chinese diet culture. Especially, after the opening of the Silk Road, Heluo area has become the center of spread of Chinese culture and the center of communication of Chinese culture and foreign cultures. Through the Silk Road, the diet culture of Heluo area has spread to the western regions, affecting the world. At the same time, the introduction of cultures in western regions has made Heluo diet culture be a rich and colorful form, especially in terms of wheaten food culture. In this paper, the origin and development of Heluo diet culture and exchange of wheaten food culture through the Silk Road are discussed. Also, taking Luoyang wheaten food culture as an example, some suggestion for the development of diet culture in Luoyang has been proposed. Luoyang, as the East starting point of Silk Road, should make good use of the diet culture resources, and develop diet culture tourism focusing on wheaten food culture. Moreover, the development of diet culture tourism is advantageous for the promotion of Luoyang ancient capital culture, which will make Luoyang city become a famous international cultural city.

河洛地区是华夏文明的发祥地,也是中国饮食文化的摇篮。特别是丝绸之路开通后,河洛地区不仅成为华夏文化传播中心,而且成为中外文化交汇中心,河洛地区的饮食文化通过丝绸之路,不仅传到了西域,影响了世界,而且河洛饮食文化在传播的同时也不断吸西域地区的饮食文化,使河洛饮食文化呈现出丰富多彩的形态,特别是在面食文化方面。

一、河洛饮食文化的起源与发展

河洛地区有着深厚的原始文化遗存,很早就成为原始人类的生活地。据考古发现,新石器早期的文化遗址有河南新郑的裴李岗文化;新石器中期的文化遗址有以河南渑池仰韶村遗址为代表的仰韶文化。

秦汉至北宋是河洛地区饮食文化的繁荣期。这时的河洛地区的饮食文化是中国饮食文化的领头羊,代表着中国饮食文化的最高成就。这一时期河洛地区饮食文化的繁荣是由多种因素造成的。

首先,政治、文化中心的地位。河洛地区是这一时期中国的政治、文化中心。从这一时期政权的定都情况可见一斑。统一时期的秦定都咸阳,西汉、隋、唐定都长安,东汉、西晋定都洛阳,北宋定都开封。分裂时期的北方政权大多定都在长安、洛阳、开封这三个城市。政治、文化中心的地位使宫廷皇族、官僚士人、富商大贾等社会上层人物集中于此,这些阶层既有钱又悠闲,他们多追求美食佳饮,为这一时期河洛地区饮食文化的繁荣提供了强大的动力。由于是全国的政治、文化中心,河洛地区的饮食文化对全国其他地区往往具有导向性和示范性。

其次,饮食文化交流频繁。西汉张骞通西域后,中国迎来了胡汉饮食文化交流的高潮。从西域引进的葡萄、石榴、核桃、芝麻等农作物扩大了河洛地区人们的食源,丰富了人们的饮食文化生活。魏晋南北朝时期,北方少数民族内侵,北方战乱,胡汉民族广泛融合。北方少数民族的食物、饮食方式、饮食习俗广泛传入内地,双方彼此交流。正是在胡汉饮食文化交流的基础上,才绽开了隋唐饮食文化繁荣的花朵。除了胡汉饮食文化交流外,内地各地区的饮食文化也在河洛地区广泛交流。河洛地区地处东西南北交通要冲,加之政治、文化中心的地位,吸引着全国各地的人们流向河洛地区,他们或做官经商,或读书赶考,或造亲访友,或游览观光。他们把全国各地的饮食风味带到河洛地区,像北宋京师东京城内,已有北食店、南食店、川食店等不同地方菜馆。在吸收各地饮食文化精华的基础上,河洛地区的饮食文化更上一层楼,极其繁荣。这一时期的烹饪技术也获得了巨大发展,主要体现有二:

一是炒菜技术日益成熟。两汉以前中国菜肴的制法主要是煮、蒸、烤、炮,人们所食用的最重要菜肴是各种羹汤,西汉以后最重要的菜肴则逐渐转向于炒菜了。用炒的方法制作菜肴至迟魏晋南北朝时已发明,只是当时尚未用“炒”命名。至宋代,人们开始用“炒”字来命名菜肴,在菜肴比重中,炒菜已同羹菜并驾齐驱了。炒也日益成为中国菜肴加工的最主要的方式,深刻影响着人们的饮食生活。

二是素菜获得了较快的发展,并在北宋时期形成独立的菜系。推动这一时期素菜发展的因素很多,其中佛教的传入并走上鼎盛是其重要原因。佛教在两汉之际经西域首先传入河洛地区,魏晋南北朝时期是中国佛教迅速发展时期,至唐朝时佛教走向鼎盛。汉传佛教在传承过程中形成了忌食肉荤的戒律。佛教在河洛地区的盛行为素食消费提供了广阔的市场。这一时期中国发明了豆腐及其他豆制品制作技术,豆腐及其他豆制品加盟素菜并成为其主要赋形原料,为仿荤素菜的形成提供了必要条件。豆腐及其他豆制品制作技术的发明成为素菜较快发展的另一重要因素。

在饮食文化繁荣时期,河洛地区人们的饮食结构也发生了较大的变化。在主食方面发生了由粒食向面食的转化。由于小麦在中国北方的推广,由面粉制作的各种饼类食品逐渐成为河洛地区居民的主食。在副食方面,受北方游牧民族的影响,羊肉在社会上很受崇尚。在饮食习俗方面,人们由一日两餐制逐渐过渡到一日三餐制。由于桌椅等家俱的出现、菜肴品种的增多等因素,分食制逐渐向合食制过渡,到北宋时合食制已完全形成了。

二、丝绸之路上的面食文化交流

中国食面的习俗是在汉代形成的,这时人们开始把麦磨成面粉,使麦得到普及。由于黄河流域的气候和土壤条件,适宜于种植小麦,加之这一时期对小麦的加工技术有了迅速的提高,所以,小麦就成为人们喜食的主要谷物。

汉代人的面食大约是从宫廷中传开的。古代文献记载,汉代面点的品种已相当多,这时的面点通称为饼,所以《释名》说:“饼,并也,溲面使合并也。”饼大体上可分为三大类,即汤饼、蒸饼、胡饼。《汉书·百官公卿表》中掌管皇帝后勤的长官少府,其官属有“汤官”。汤官即专司皇帝饼食的官,其所供饮食当以饼为主。不过这种饼并非今日北方人食用的烧饼,而是用汤煮的面食,称之为“汤饼"。它类似于水煮的揪面片，是面条的前身；蒸饼不同于汤饼，它是将水注入面粉之中调匀，然后发酵，最后做成饼状蒸熟而成；汉代所食的胡饼，其制作方法是由西域传入河洛的，故名胡饼。

汉代随着丝绸之路开辟，西域胡人不断内迁。一些对东方社会信息不灵通的月氏人、康居人、安息人，陆续不断移居中国境内，出现了前所未有的移民高潮。随着移民的内迁，西域的生活习俗诸如食胡饼之俗就传入中土，深得人们的喜爱，引起汉人的仿制。《续汉书》说："汉灵帝好胡饼，京师皆食胡饼。"胡饼与蒸饼不同之处在于，它采用的是炉烤而不是笼蒸的方法，这样，吃起来就香脆可口，别有滋味。

胡饼一词，广泛见于汉魏以来的文献中，可见当时胡饼已是非常大众化的食品了。据《魏志》记载，汉末赵岐避难，逃之河间，"常于市中贩胡饼。"唐代是胡饼最风行的朝代，有关胡饼的记载很多。日本僧人圆仁《入唐求法巡礼行记》也记载，"立春，命赐胡饼、寺粥。时行胡饼，俗家皆然。"

胡饼传到河洛地区以后，又发展演变为大饼、烤饼、烧饼、锅盔、火烧等等，成为人们日常的主食；同样，胡饼在西域也演变而为窝窝馕、圆饼馕、薄脆馕、油馕、肉馕等，也是兄弟民族的主食，而且万变不离其宗，都是用火直接烧烤的。无论居家或远行，食用都非常方便，这是西域居民对中国饮食文化的贡献。

饆饠，亦写作"毕罗"，此词来自波斯。是一种包有馅心的面制点心。长安有一些胡人开的饆饠店，"饆饠"在唐代十分流行，风靡长安。晚唐段成式在《酉阳杂俎》提到，当时长安城中有许多饆饠店，人们会客喜欢到饆饠店一坐，据记载，当时有蟹黄饆饠、樱桃饆饠、天花饆饠等，甚为著名。

与此同时，河洛地区的面食制作也通过丝绸之路不断传入西域地区，如饺子的制作源于汉代河洛地区，三国魏人张揖著的《广雅》记载："今之馄饨，形如偃月，天下之通食也。"这种偃月形的馄饨即是饺子的形状，后世学者据此认为馄饨即饺子。1959年吐鲁番阿斯塔那唐墓出土的饺子，质地为小麦面，形如偃月，与史书记载的颇为相同。1959年阿斯塔那唐墓中还出土了小麦面皮包好的馄饨，形似耳朵。馄饨是一种煮熟连汤吃的食品，用很薄的面皮包馅制成。饺子和馄饨在吐鲁番唐墓中出土，是中原汉族饮食在西域倍受欢迎的例证。

一般而言，在长时期历史发展进程中所形成的民族面食习俗，具有相对的稳定性。但饮食习俗也有缓慢、渐进的变化。一些新的饮食原料、烹饪方式的出现,并逐渐被人们所接受,成为人们新的饮食文化。在这里,新的饮食原料和烹饪方式就成为一种新变量,而新变量的出现既与社会经济的发展相关,又与对外文化的交流相联,丝绸之路上的面食文化交流就充分说明了这一点。

三、洛阳面食文化与丝绸之路

东汉时期,丝绸之路开通,烹饪方法在引进和交融的基础上得到改进。魏晋时期,民族大融合,带来了洛阳饮食文化的融合,新的名食名菜出现。魏孝文帝迁都洛阳后,大力推进汉化改革,洛阳饮食文化逐渐受到北来"胡食"的影响,当地居民在多食猪肉的同时,开始普遍食用牛肉、羊肉。此一时期,佛寺兴盛,佛寺素食的兴盛,为洛阳饮食文化增添了新的内容,同时,洛阳的面食也由此日益丰富起来。

饮食文化具有地域特色,不同的环境造就类型丰富的饮食文化,洛阳饮食文化便是洛阳人因地制宜而至极致的表现。洛阳属于温带季风性气候,四季分明,气候温和。洛阳地处河洛腹心地带,地理位置优越,其北有邙山、黄河;南有伏牛山;洛河、伊河、涧河、瀍河交织其间;四郊土地肥沃。优越的气候条件和地理环境,使这里五谷杂粮、四季果蔬应有尽有。丰盛的烹饪原料,为洛阳餐饮业和饮食文化的形成与发展提供了得天独厚的自然条件。洛阳小麦产量高,使得洛阳地区面食丰富。洛阳地区盛产玉米、黄豆、绿豆、萝卜、韭菜、芹菜、辣椒、红薯等作物,又为洛阳面食发展提供了丰富的辅料。

洛阳饮食文化的物质层面主要呈现在水席、汤、面条、小吃、肉食等方面,而其面食文化则具体映现在浆面条、糊涂面、甜面片、卤面、锅贴、烫面角、馄饨、炸馍片、烧饼、油饼、油旋、馒头等方面。

洛阳的面条种类丰富,最有特色的是浆面条、糊涂面、甜面片和卤面。浆面条是洛阳传统美食,以绿豆浆、面浆、红薯浆等发酵制作而成,酸味独特,咸香适口。它酸酸香香的味道让人食欲大开,拌在面条里的韭花、大绿豆、芹菜梗和辣椒油让人回味无穷。糊涂面是洛阳大众生活的一道主食,为人们所钟爱,制作时在锅里先放些玉米面、小米之类的粗粮,再加一些干菜、薯干、红萝卜丝等一起煮熬,之后下入少量的面条,这样,杂七杂八、糊里糊涂一大锅,就是糊涂面条。甜面片多为宽面,以清汤煮熟,不加任何调料,配以咸菜丝即可食用,有汤有面,清淡方便,易于消化。"老雒阳面馆"是洛阳人喜爱的面馆,因经营各色面食而出名,其中的卤面为中华名小吃,炸酱面也别有一番风味。另外,洛阳的大碗烩面、刀削面等都非常实惠,既吃得饱,又吃得美。

洛阳的面条多是菜饭合一,也是普通家庭的家常便饭。现在人们的生活水平提高了,但因受传统观念的影响,百姓们依然喜食传统面食,也是接待亲朋的主食。在农村,人们会盛上一大碗面条,走出院门,或坐或蹲或站,边吃边聊,家长里短、谈笑风生。

洛阳小吃中面食也很多,小街锅贴、新安县烫面角、马蹄街馄饨、炸馍片等都非常出色。锅贴和烫面角都属于饺子类,皮薄馅大,外形美观,看起来赏心悦目,吃起来醇香无比;不同之处在于锅贴是煎制而成,而烫面角则为蒸制而成。洛阳人喜欢用胡椒粉提味,馄饨中胡椒量大,如同川菜中喜放花椒一样。食客们惬意的享受着洛阳面食,体会到家的温暖,总能激发人们对美好生活的向往。

洛阳的面食以小麦为主,辅以玉米、高粱等杂面,食物结构、烹调技艺以至饮食风尚都属于典型的"北方型",与河南其他地区以及陕西、山西、河北等邻近省份有相似之处。其独特之处在于面的种类特别,常与小吃搭配食用。洛阳许多面食店都以浆面条、糊涂面、甜面片为主打,人们同时会点上一份涮牛肚或者炸馍片,慢慢享用。许多小店还会兼营锅贴、馄饨、烫面角等。而另一类则为小吃店了,主营锅贴、馄饨、烫面角中的一类或几类,但也少不了涮牛肚、涮豆腐皮等小吃。

习近平总书记在2014年9月和10月分别提出建设"丝绸之路经济带"和"21世纪海上丝绸之路"的战略构想,并提出"一带一路"是2015年区域发展的首要战略。党的十八届三中全会明确要求"加快同周边国家和区域基础设施互联互通建设,推进丝绸之路经济带、海上丝绸之路建设,形成全方位开放新格局"。《河南省全面建成小康社会加快现代化建设战略纲要》提出,要全面融入国家"一带一路"战略,提升郑州、洛阳主要节点城市辐射带动能力。作为丝绸之路的东方起点之一的洛阳,在建设"一带一路"新征程中地位特殊。"一带一路"区域发展战略是洛阳走出去的大好机遇,对洛阳打造中原经济区重要增长极、文化示范区、生态宜居地和开放创新城,建设名副其实的中原经济区副中心城市具有重要意义。洛阳应抓住这一大好机遇,顺势而为,将古都文化推广出去,将洛阳打造为国际文化名城。

民以食为天,旅以食为先。饮食是一种典型的经济文化综合体,饮食文化对旅游经济的作用更是巨大。近年来,丝绸之路沿线举办了多次饮食节事活动,如2012年的中国兰州牛肉拉面节和2014年丝绸之路国际食品展览交易会暨第四届中国清真美食文化节,有效的促进了中国食品企业与西亚、中亚、欧洲等国家食品企业的经贸合作。饮食文化资源的开发将成为丝绸之路旅游带新的经济增长点。洛阳饮食文化调和五味,在饮食习俗方面吸取了南北的特点,荟萃了四方异味,形成了自己重实用、不重花样、素油低盐、调味适中、甘咸可口、理中和气、颐养有益的河洛饮食文化特色。洛阳的面食文化更是集中体现了这些特点,形成了与丝绸之路经济带上其他国家和地区截然不同的饮食风格,洛阳应利用好这一特色资源,发展以面食文化为重点的饮食文化旅游,以助力洛阳国际文化旅游名城的打造和国际影响力的提高。

随着时代的发展,单打独斗已经不能获得竞争优势,多边区域合作成为城市发展的潮流,丝绸之路经济带上更是如此。因此,洛阳应实行区域旅游一体化战略,借助丝绸之路经济带加强与相关城市的合作,实现资源共享、信息互通,使洛阳面食与西安羊肉泡馍、兰州拉面成为丝绸之路经济带独特的风景,形成规模化旅游经济,在促进各个城市共同发展的过程中实现自我价值的提升。

参考文献:

1. 侯仁之主编《黄河文化》,华艺出版社1994年。

2. 王仁湘《饮食与中国文化》,人民出版社1994年。

3. 黎虎主编《汉唐饮食文化史》,北京师范大学出版社1998年。

4. 徐海荣主编《中国饮食史》(1—6卷),华夏出版社,1999年。

5. 薛麦喜《黄河文化丛书·民食卷》,山西人民出版社,2001年。

6. 尚越《论地域饮食文化形成因素——以洛阳汤文化为例》,《四川旅游学院学报》,2015年第4期。

7. 刘福兴:《洛阳水席与河洛饮食文化》,《洛阳师专学报》,1999年第4期。

(姚伟钧,华中师范大学历史文化学院教授;马欢欢,洛阳师范学院历史文化学院讲师)

河洛文化背景下洛阳文化
消费新生态研究

温宪元

Abstract：Research on Heluo culture background Strategic significance of the new ecological consumption in Luoyang，Strategic analysis of problems and causes and their policy strategies，pick up speed the optimization and adjustment of Luoyang cultural consumption structure，Policies to stimulate cultural consumption，Enhance people's cultural consumption will，The construction of "cultural city" in Luoyang has deep strategic significance.

文化消费是社会文明的重要内容，也是文化产业链上的终端环节。2016年6月，文化部公布了第一批国家文化消费试点城市名单，洛阳和全国25个城市上榜。① 对于洛阳的意义，在于在坚持弘扬河洛文化传统的基础上，加快文化消费结构的优化调整，大力发展新兴文化产品，加重文化消费的比重，制定刺激文化消费的政策和文化惠民的政策，由此满足不断增长的新兴文化需求，提升人们的文化消费意愿，这将是一篇大文章。本文从弘扬河洛文化传统，构建文化消费新生态的视角，初步探讨了构建洛阳文化消费新生态的战略意义、战略分析和重大策略，将有利于洛阳全市上下形成共识，从"文化消费"的角度追溯上去，看到建设"文化强市"的深层战略意义。

---

① 《文化部财政部关于开展引导城乡居民扩大文化消费试点工作的通知》（文产发〔2016〕6号），《文化部网站》，2016年7月7日。

一、河洛文化背景下文化消费新生态的战略意义

河洛文化是中华文明起源、形成、繁荣和发展的重要基因。在我国历史上，夏、商、西周、东周、东汉、曹魏、西晋、北魏、隋、唐、后梁、后唐、后晋十三个朝代先后在洛阳地区建都，素有长达1500多年的古都文化积淀。河洛文化光辉灿烂，洛阳大地明珠璀璨。河洛文化既是洛阳建设"文化强市"的不竭源泉，也是构建洛阳文化消费新生态的雄厚根基。2013年5月4日，习近平总书记在北京大学师生座谈会上发表重要讲话，明确指出："中华文明绵延数千年，有其独特的价值体系。中华优秀传统文化已经成为中华民族的基因，植根在中国人内心，潜移默化影响着中国人的思想方式和行为方式。"[1]今天，我们提倡和弘扬河洛文化传统，必须从中汲取丰富营养，构建洛阳文化消费新生态才有生命力和影响力。在河洛文化背景下如何认知、理解和诠释其文化特色，需要联系现实，把握建构文化消费新生态的文化语境，把洛阳特色文化融入"文化强市"战略当中，这是一个迫切需要研究的重大课题。

文化消费是指用文化产品或服务来满足人们精神需求的一种消费，主要包括教育、文化娱乐、体育健身、旅游观光、跨境电商、"互联网＋"文化消费等方面。文化消费活动作为一种典型的非物质追求活动，其发展、成熟、规模的扩大决定于生产力的发展、剩余产品规模的大小以及居民收入水平的提高。因而，文化消费是经济学、社会学、文化学等学科领域研究的重要范畴，对于扩大内需、推进产业结构升级、提高国民素质、构建和谐社会都具有重大的战略意义。

我国文化消费自"十二五"时期以来，充分释放文化消费需求，积极拉动文化消费快速增长，推动文化产业成为国民经济支柱性产业，已然上升为国家战略。全国文化消费潜在规模约为4.7万亿元，占居民消费总支出的30%。而实际文化消费规模约为1.0388万亿元，仅占居民消费总支出的6.6%，存在约3.66万亿元的文化消费缺口。[2] 按照联合国粮农组织的标准，恩格尔系数在40%—50%之间为小康，30%—40%为富裕。文化消费则在进入小康之后将会

---

[1] 《习近平论中国传统文化——十八大以来重要论述选编》，《党建》2014年2月28日。
[2] 《〈中国文化消费指数〉报告：我国文化消费3万亿缺口》，《经济参考报》2013年11月14日。

有一个快速的增长期,跨入富裕阶段则开始"井喷"。据洛阳市的有关资料显示,早在 2007 年,全市人均 GDP 首次超过 3000 美元。[①] 至 2015 年,全市人均 GDP 已达 8435.86 美元。[②] 从经济发展阶段性来看,国际经验表明,当人均 GDP 超过 3000 美元时,城市化、工业化进程会加速发展,居民消费类型将发生大转变,文化消费增长加快;超过 5000 美元时,文化消费则会出现急剧膨胀的"井喷"现象。但是,洛阳的现实情况表明,尽管洛阳市委、市政府高度重视文化消费,出台了一系列文件,实施了一系列工程,然而,全市的文化消费始终没有出现"急剧膨胀"的"井喷"情形,文化消费对经济的拉动作用、对文化的推动作用仍然十分有限,居民文化消费潜力还远未得到充分释放。基于此,本文对文化消费的概念和内涵进行界定和分析,并对文化消费的发展规模、结构、内容等进行初步分析,梳理问题,解读原因,以此为洛阳文化消费未来发展提出若干政策建议。

1. 文化消费是经济增长和经济发展方式转变的助推器,是社会文明进步的推动力,是人的健康与全面发展的成长素。

文化消费是一种特殊意义的消费,旨在对精神文化类产品及精神文化性服务的占有、欣赏、享受和使用等,[③]它能给人以精神营养,是比物质消费的生物性营养更能体现人的本质意义的消费,是人们正常和幸福生活不可或缺的生活要素,它是文化产业链上的最终环节和促进居民消费结构升级的重要力量,对于拉动文化生产、提高国民素质和推动产业结构的优化升级有着十分重要的意义。从特征上讲,文化消费具有娱乐性、享受性、消遣性、发展性和智能性。从经济发展和社会文明进步的角度讲,文化消费又具有积极的、关键的和举足轻重的地位。相比较物质产品消费而言,文化消费享用的文化产品和文化服务无疑是"绿色"和"生态"的,在资源、能源消耗和环境污染上都极低。同时,文化产品和文化服务的经济效益或附加值也普遍比物质产品高。更为重要的是,文化消费还可以培育社会道德价值意识,传承优秀历史文化,开掘创新思维及文化创造力,提升文明素质和塑造人文精神,增强社会的软实力。

---

① 《我市人均生产总值超 3000 美元》,《洛阳日报》2008 年 2 月 4 日。
② 《2015 年河南各市 GDP 和人均 GDP 排名》,《世界经济网(www. shijiejingji. net)》2016 年 3 月 4 日。
③ 徐淳厚《关于文化消费的几个问题》,《北京商学院学报》1997 年第 4 期。

2. 文化消费是经济增长和经济发展方式转变的推进器主燃料,是社会文明进步的推动力主客源,是人的健康与全面发展的成长素主成份。

文化消费具有文化消费人群的消费行为,是对文化产品或服务进行了有效需求的消费行为。因此文化产品相对于普通的物质产品来说具有许多不同特点,而文化消费更不同于一般的商品消费。它是精神性消费,通过商品的符号价值表征来满足消费者心理需求并使品位得到提升。从消费视角出发,根据文化产品是否具有"非排他性"和"非竞争性",可以将文化产品分为私人性文化产品、纯公共性文化品和准公共性文化产品。私人性文化产品是指消费上具有强排他性和强竞争性,即具有弱的非排他性和弱的非竞争性的文化产品,主要由市场供应,因此也可称为市场文化产品或服务。纯公共性文化产品是指在消费上具有很强的非排他性和非竞争性的文化产品,比较典型的如公共广播、公共电视。准公共性文化产品是指在消费上不完全具有非排他性和非竞争性的文化产品,大多数文化产品属于此类。纯公共性文化产品和准公共性文化产品统称公共文化产品。(见图1)根据文化产品和服务的公共物品属性,文化消费可以分为公共文化消费和市场文化消费两大类。

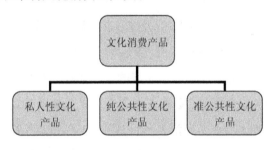

图1　文化消费产品的分类

第一,文化消费是衡量文化质量和民族素质的重要指标

文化的进步反映出社会的文明进步,文化的发展推动人的自由全面发展,扩大和满足人民群众的文化消费需求才能提高全民族整体素质。当今时代,文化越来越表现为教育科学发展水平和民族综合素质的竞争。以往我们的统计更多以人的受教育水平作为评价文化质量和民族素质的主要指标,学历水平被长期的等同于文化素质水平。文化消费作为衡量人民群众文化消费需求和能力的指标,在文化消费新生态时代,应该成为衡量人口质量和民族素质的重要指标。

第二,文化消费是优化产业结构和促进经济大发展的重要途径

随着经济发展,产业中心逐渐由有形财物的生产转向无形的服务生产。尤其在生产力水平达到一定程度后,由于资源与环境的限制,文化消费已逐渐成为重要的经济增长点。我国《十二五规划》纲要指出,"十二五"期间要加快形成消费、投资、出口协调拉动经济增长的局面,增强消费对经济增长的拉动力。《十三五规划》纲进一步强调指出,发挥消费对增长的基础作用,着力扩大居民消费,引导消费朝着智能、绿色、健康、安全方向转变。随着消费者对消费品质的追求提升,可以预见,未来信息类产品、智能可穿戴设备销量继续攀升,绿色消费理念深入人心,一个消费新生态时代将有降临,将会带动相关产品销量大涨。而消费新生态时代扩大"居民消费"的关键是开发新的消费热点,这一点正是文化消费所具备的。文化消费新生态在整个社会消费中具有热点多、弹性大的特点,并能不断刺激消费者的消费欲望。

第三,文化消费是衡量文化产业和文化事业发展的风向标

文化消费在整个社会消费中占有重要地位,既对应服务类的最终消费需求,潜移默化地影响着广大群众的生产和生活,塑造人们日常习惯、生活方式,又引导其他生产和消费,具有热点多、弹性大、持续久、影响深等特点。一个国家和地区的文化消费取决于其经济发展状况,而消费水平则直接影响甚至决定着文化产品生产能力和流通效率。没有活跃旺盛的文化消费能力,就不可能有强大的文化生产力与活跃的文化市场,发展文化产业和文化事业也就成为空谈。文化消费水平和能力主要体现在实施消费行为的人群身上的,人口是文化消费的主体。因此研究文化消费人口,从人口的角度来衡量我们的文化消费水平和能力,即是对过往文化产业和文化事业发展评价的创新,也是进入文化消费新生态时代经济社会发展的重要考量。

第四,文化消费是反映人民群众追求生活质量的新标志

随着我国经济的高速发展,工业化、城市化进程的加快,经济结构和社会结构的调整,人们的需求逐渐从物质层面上升为精神层面,消费观念和行为正步入一个新的周期。不仅讲究实实在在的硬消费,而且追求旅游、娱乐、提高自身素质等软消费;不再是只追求传统实用的近期效益,而且追求现代的舒适、美感等长期效益;不只是从理性上追求质、量和价格的满意,而是更看重感性的样式、色

泽、舒适、明快、时尚等。科技性消费、休闲性消费、保健性消费、文化性消费在人们消费中的比重越来越大。正如党的十七届六中全会指出的,当代中国进入全面建设小康社会的关键时期和深化改革开放、加快转变经济发展方式的攻坚时期,文化越来越成为民族凝聚力和创造力的重要源泉;越来越成为综合国力竞争的重要因素;越来越成为经济社会发展的重要支撑。丰富精神文化生活越来越成为我国人民的热切愿望,扩大和满足人民基本文化消费需求是社会主义文化建设的基本任务。

二、构建洛阳文化消费新生态的战略分析

现阶段,洛阳居民文化消费正从过去的内向、封闭,向开放、交流、互动演变,从过去的求同、求稳,向求新、求变、求时尚演进,在促进人的全面发展、提高社会文明程度中发挥着积极作用。但不可否认,也还存在着不容忽视的三大问题。

一是文化消费推动力主客源不足,文化软实力与硬实力不相匹配。尽管洛阳历史文化资源和文化设施数量均列全省前列,文化活动参与度也较高,规模也逐渐呈现持续上升态势,但文化消费的总量依然不足。文化消费总量不足将直接影响公共文化设施的社会效益,反映出洛阳的文化软实力与文化设施硬实力还不相匹配。

二是"吃饭"、"吃药"不"吃文化",文化消费需求不足。研究认为,社会消费增长一般需要经历三个阶段:第一个是"吃饭"阶段,即解决温饱问题;第二个是"吃药"阶段,即维护和追求健康素质;第三个是"吃文化"阶段,即追求精神享受。而这三个不同消费阶段,都与各个时期的经济发展水平密切相连。研究表明,当人均GDP突破1000美元的水平时,文化消费在居民消费中的比重就会明显上升。早在2007年,洛阳人均GDP就已突破3000美元,但目前洛阳居民文化消费支出在消费总支出中的比重依然不高,且增长并不明显,特别是农村居民文化支出比重下降比较明显。由此可见,虽然我们经济发展到了"吃文化"阶段,但城乡居民的实际消费水平仍在"吃饭"和"吃药"阶段徘徊,文化消费与经济发展严重不相匹配。

三是全面发展成长素主成份参差不齐。不同收入的人口文化消费差异明显,城乡发展不均衡依然存在。收入水平提高是文化消费增加的前提和基础,农村经济欠发达,农民收入相对偏低,抑制了文化消费需求增长。目前,洛阳城乡居民、不同收入群体的文化消费差异显著。文化消费主要集中于经济较发达的城市区域,一些非中心城区,县、镇、乡村间的文化消费水平的差距不断扩大。可见,无论是城乡、区域还是群体间洛阳文化消费的差异均较为明显,文化发展不均衡现象依然存在。

分析认为,制约洛阳文化消费发展的主要五大因素:一是从宏观消费环境来看,居民收入增幅较低,社会保障体系不完善、居民储蓄率高导致了居民文化消费信心不足,文化消费能力提升缓慢。居民的可支配收入水平是影响文化消费能力的关键因素。因为文化消费品是一种奢侈性消费产品,它的消费量变化相对于消费者的可支配收入水平变化表现出较高的弹性,唯有居民可支配收入的增加才能推动文化消费的大发展。二是社会保障体系不健全在一定程度上导致居民对未来收入支出的不确定,从而降低了居民对文化消费的需求,限制了文化消费的进一步发展。三是居民储蓄率长期过高也在一定程度上压抑了文化消费需求。当下,政府公共文化产品投入力度尚显嫌不足,文化产品供给适销不对路,将会阻碍文化消费人口结构升级。政府投入是保障公共文化产品供给数量与供给质量的基础,是提高公共文化产品供给绩效的重要保证。一方面,从近些年来人均文化事业费水平来看,政府公共文化财政投入的力度尚显不足。另一方面,文化产品供给与需求的不协调直接制约着文化消费的实现。主要是文化市场目前还存在重复建设形成的大量无效供给,脱离了文化市场的实际需求。以农村为例,虽然农村普遍对文化消费比较节俭,但并不等于没有文化消费需求。农民群众对文化娱乐的需求还是比较强烈的。但当前农村文化消费误区之一,就是在文化产品创作上适合农民观赏阅读、为农民所喜闻乐见的产品少之又少。一些创作者高高在上,不接地气,创作的精神文化产品脱离实际,结果被农民拒之门外;而很多文化产品昂贵的消费价格与农民消费水平相差甚远,给农民的文化消费设置了高高的经济门槛。如何为农民提供"买得起看得懂用得上"的精神文化消费产品已成为开拓农村文化市场的当务之急。四是居民文化消费意识观念淡薄、消费观念落后抑制了文化消费的快速增长。消费主体文化消费意识淡薄抑制了文化消费需求的实现。传统消费观念使人们习惯于保守性消费,不愿意预期消费,偏重于远期消费,轻视近期消费,导致消费倾向偏低,在新增收入中消费的比重不大。勤俭持家、量入为出是我国居民的传统消费观念,这个观念至今仍对居民消费有着深厚的影响。五是文化消费观念落后阻碍了文化消费结构的转型。不少公众的消费观念还停留在传统物质生活享受与评价阶段,未能在经济富裕之际实现向文化消费转变。即使经济发展和人均收入水平较发达的地区,文化消费观念也相对滞后,人们更热衷于物质享受,而对文化消费则相对淡漠。以文化作为休闲方式的观念还没有形成,如一些城市家庭可能会每一个月全家去吃几次大餐,但没有多少人会举家每月去图书馆看书、去剧院看一场大戏这样的计划。有人可以为了一顿饭一掷千金,却舍不得花几十元去看一场演出。相当部分人文化消费心理不成熟,以拿到赠送票为荣耀,而不愿主动掏钱去买票看演出。这一切都成为文化消费发展的阻碍力量。

三、构建洛阳文化消费新生态的政策策略

借助2016年6月文化部公布第一批国家文化消费试点城市名单,洛阳和全国25个城市上榜的契机和东风,需要深入研究构建洛阳文化消费新生态的重大策略。

1.通过提高居民文化消费水平,促进文化消费结构转型升级,争取使洛阳拥有河南最大的文化消费人口群体

目前,居民物质消费相对饱和,文化消费相对滞后。根据消费结构变化升级的必然趋势,文化消费市场具有极其广阔的前景。一要千方百计增加城乡居民收入,特别是农村居民收入。要在工业化、城镇化深入发展中同步推进农业现代化,完善以工促农、以城带乡长效机制,努力实现农业内部增收;要加大引导和扶持力度,提高农民职业技能和创收能力,千方百计拓宽农民增收渠道,促进农民收入持续较快增长积极拓宽农民外部增收渠道,努力实现农业外部增收;要健全劳动者自主择业、市场调节就业、政府促进就业相结合的机制,创造平等就业机会,提高就业质量,努力实现充分就业。二是要扩大高收入阶层的消费需求,关键也是要增加文化产品的供给。因此要特别重视文化产业的发展,扩大文化产品与服务的需求市场,力争使广东拥有南中国最大的文化消费人口市场。三是要健全社会保障体系,减缓“积蓄需求”。要坚持广覆盖、保基本、多层次、可持续方针,加快推进覆盖城乡居民的社会保障体系建设,稳步提高保障水平。

2. 加大公共文化服务事业的财政投入,提高公共文化设施使用效率

各级财政的文化事业经费要随着经济发展逐年增加,稳步增长,逐步提高常住人口范围下的人均文化事业费,率先实现"三馆一站"免费开放的目标。采取以奖代补方式,对基层文化设施和重点文化工程,包括区、县图书馆、博物院、文化馆三馆达标,以及乡镇综合文化站、村(社区)文化室、农家书屋、文化信息共享工程建设等项目达标区、县给予补助。要按照关政策标准,确保文化基础设施和公共服务体系建设足额投入,社区公共文化设施建设要落实从城市住房开发投资中提取1%的规定,农村行政村公共文化基础设施建设由区、县两级财政按比例分担。加大对贫困地区、少数民族地区文化建设的财政转移支付的力度,支持山区未达标的区、县图书馆、文化馆、博物馆建设和乡镇综合文化站、农村与社区综合文化室建设。政府要设立农村文化建设专项资金,确保农村重点文化建设资金需求。

3. 加大文化发展成果共享的力度, 培育城市和乡村文化市场

党的十七大报告提出要保障人民基本文化权益,要让人民共享文化发展成果。由于洛阳社会经济发展的不平衡性, 因此一些欠发达地区尤其是农村地区的文化生产力水平还相对较低,其文化生产能力无法满足农村居民的文化消费需求。缺乏最基本的文化读物、视听设备,无力承担最基本的文化活动所应支付费用,针对这种情况,政府还应要加大投入,推动欠发达地区农村公共文化设施和阵地的配套建设,构建县以下面向农村基层的公共文化设施支撑体系。坚持以政府为主导,以乡镇为依托,以村为重点,以农户为对象,建设乡、村公共文化设施和文化活动场所,构建农村公共文化基础设施网络。要注重文化活动的特色和个性,因地制宜地广泛开展一些适合农民口味的自娱自乐活动,并体现较强的群众性和参与性。要配齐配强专职的文化站工作人员,为新农村文化建设提供强大的人才支撑。要通过规范的制度,把具有文艺专长的人才吸纳到文化站,把热爱群文、有较强文化创新能力的群众文化工作者推荐到文化站长岗位上。

4. 培育文化消费新生态氛围,提升城乡居民文化消费热情

实施国民艺术教育普及工程,培养全民热爱文学艺术、参与文化活动的高雅志趣和文化氛围。各机关、单位、企业和乡镇、社区要积极开展群众喜闻乐见的业余读书、摄影、书画、合唱、舞蹈及各类民间文化活动,引导、鼓励、安排干部职

工和居民群众观看文艺演出、参观各类馆展。各级文化部门和文艺团体要组织开展高雅艺术进机关进校园进企业、优秀文艺精品基层巡演、"三下乡"、"四进社区"、"送欢乐下基层"等活动,为广大人民群众提供免费的文艺演出、艺术讲座和文艺创作辅导,提高群众的文学艺术欣赏水平。各级各类学校要加强对学生文化艺术素质教育,开设专门课程,开展文艺活动,加强文化艺术熏陶。要发挥各种宣传媒体,特别是主流媒体的作用,使主流媒体成为文化消费的倡导者、文化消费品的广告者、先进思想的传播者,调动居民自觉满足精神享受的欲望,并为居民享受先进、丰富、科学、健康的文化提供必要的途径、产品、方式、领域等信息。

参考文献:

1.《国民经济和社会发展第十二个五年规划纲要》,《中央政府门户网站 www. gov. cn》,2011 年 3 月 16 日。

2.《中华人民共和国国民经济和社会发展第十三个五年规划纲要》,新华社电讯 2016 年 3 月 18 日。

3. 温宪元《客家文化与河洛文化的关系及其意义》,《黄河科技大学学报》2010 年第 6 期。

4. 温宪元《中国文化强国的使命与方略》,《广东社会科学》2012 年第 5 期。

（作者为广东省社会科学院原副院长、研究员）

洛阳文化　源远流长

杨祥麟

　　中华河洛文化发源于黄河流域,史前时期的文明,以出土古物之极丰富的资料中求证,就可证明洛阳盆地为其中心。黄帝是中华民族的创始者,黄帝之前三皇:伏羲的八卦产生,当是汉族文化的最高源头。《易经·系辞》有云:"河出图,洛出书,圣人则之。"这是最有价值的论证。

　　以自然地形言,洛阳盆地西起崤山,东连邙山,南是嵩山至虎牢关与黄河相接,盆地中瀍水、涧水汇洛水入黄河,这个盆地就曾形成泛滥区,故黄帝都有熊(今河南新郑),死葬陕西桥山,迨禹治水有成,人民才安居乐业,文化也跟着发展起来。

　　于是帝王相继建都长安(咸阳)、洛阳(雒邑)、开封(汴梁)、北平(燕京)、南京(建业)等地,这便成为历史上著名的五大古都。其中洛阳自周平王东迁(前770年起,迄东汉光武、魏文帝曹丕、西晋司马炎、北魏孝文帝拓拔宏等),加上隋炀帝、唐昭宣、五代后梁朱全忠、后唐李存勖,故有九朝都会之称。在这有记录的历史中,共九百三十四年,将近十个世纪。上个世纪也曾是国民政府之行都。

　　洛阳地缘关系之所以重要,是因为盆地之内,水利发达,浇灌便利,农业盛产,尤以居中原之腹心地区,水陆空交通便捷为胜。而今电力资源也极为充足,工商业产品日新月异成长,行销世界各国,供不应求。

　　洛阳前有龙门伊阙之险,后有黄河邙岭天堑之固,东据虎牢,西控函谷,在军事防守上价值最高。此外,交通也极为便利,南下江汉,北及燕云塞外,东达东海,西出秦陇边疆,居十省通衢之要,位中原绾谷之纽。另外,洛阳物产丰富,四季分明,气候适中,具有国防巨大潜力,是强国之基本条件。

　　洛阳有有很多令人称道不已之处。

思想渊源——儒教之宗,伏羲以儒治世;道教之祖,老子以道之身;佛教之源,汉末从印度传入东都,以佛教治心。

代出贤能——鬼谷子、苏秦、贾谊、班彪、班昭、班固、班超、桑弘羊、唐玄奘、元稹、白居易、文彦博、司马光、富弼、吕蒙正、陈胜、吕公著、吕希哲、白良辅、尹焞等,数不胜数。

文风之盛——曹植《洛神》之赋千古不朽,左思为文有名而洛阳纸贵,红叶题诗成为美谈,二程创理学,程门立雪成为学界佳话,安乐窝邵康节精于易学,难忘呻吟语吕坤。

龙门之奇——造像类别超众,奉先寺石窟艺术令人震憾,二十品自成书派。

嵩岳之胜——嵩阳书院、少林寺、会善寺、崇福宫、法王寺、卢严寺、龙潭寺、嵩岳寺塔、石阙等古迹,海内罕见。

文物之古——周公定鼎堂、熹平石经、关帝冢、光武帝陵、北邙道观,历史悠久。

中华民族的自觉,是基于儒家的仁道精神,对自己能自律,对他人尚博爱,在生活奋斗史上,有克服天然障碍的能力,有战胜强敌的勇气,有创造发明的智慧,有宽大容人的胸怀。所以胜则不骄,败则不馁。当国家强盛之时,济弱而扶倾,国家处困境时,忍辱而负重。数千年来绵延广大,永不为强者所奴,这种顶天立地的气概,都源自于中原地带山河海岳自然之铸,为河洛文化之精华。物华天宝英灵所归,由民族自觉自发自信而繁衍不息,故自黄帝建国以来,王道之治不论过去或将来,都是以天下为公实现世界大同。

（作者河南运台古物监护委员会副理事长）

河洛文化的传承及创新

——以洛阳与苗栗客家舞龙节庆文化为例

邱英政

Abstract：Dragon dance is more than a Chinese annual festival. The dance is not only a Chinese cultural asset but also a showing off during many other important festivals. It is how Chinese people celebrate the joy of harvest. The dragon stands for good fortune and welcoming a new year. Chinese people believe that the dragon dance will bring good luck and peace year after year.

Luoyang is the origin of the dragon culture. People have been celebrating the Lantern Festival with dragon dance competition for several thousand years. This competition is more than an annual event. This activity enriches spiritual life of local people. It is also the way Luoyang people inherit and protect the important intangible cultural heritage of humanity.

In this paper, we study a case of creative operation and marketing on Hakka dragon festival in Miaoli Taiwan. We search for the way to inherit Chinese culture and innovation on Chinese tradition. We found the dragon festival marketing can drive local social and cultural development, promote economic take – off in situ, and become a landmark of innovating traditional culture in modern life.

一、河洛文化与客家

河洛文化虽然是一种地域文化,但最终以散发到各地,诚华夏文明之源头。"河洛"指黄河与洛河交汇地带,就是今河南省洛阳市一带。河洛文化是中原文化的重要组成部分,是中华文化的源头和核心。《易经·系辞上》说:"河出图,洛出书,圣人则之。"《论语》言:"凤鸟不至,河不出图。"都是指以洛阳盆地为中心,西至潼关、华阴,东至荥阳、开封,南至汝颍,北跨黄河至晋南、济源一带具有鲜明地方特色的区域性文化。可以说,河洛文化是中华文明的摇篮文化,是中华民族共有的赖以生存的精神源泉,是中华民族自强不息的灵魂。

以台湾来说,台湾同胞都是炎黄子孙,其"根"都在河洛。占台湾总人口98%以上的汉族人,大都是从东南沿海的闽、粤两省移民台湾的,即所谓的闽南人(河洛人)和客家人。闽南人和客家人,都是秦汉以后历经唐、宋、元、明、清北方中原河洛地区的士族、黎庶,因为不堪战乱、灾疫肆虐等而大批迁往闽、粤的。中华文化数千年来,祖辈代代传递下来的历史文化活化石——姓氏符号以及家谱、族谱,都传承着寻根尊祖情结[1]。台湾人家家户户还保存郡望、堂号及族谱,在在显示眷念大陆祖籍,根出于此。台湾现有志书和谱牒中,都会出现台闽祖根在河洛的论述,尤其陈、林、黄、刘、邱等十大姓氏的堂号都源于大陆的中原河洛地区。无论是闽南话还是客家话,其根源均出于河洛地区。

二、台湾节庆民俗出于河洛

中华民族最能表现慎终追远、落叶归根的民族感情。在台湾,无论岁时令节,喜庆婚丧,还是传统信仰,祭天敬祖,无不处处表现闽、粤风尚,事事彰显中原色彩。台湾民俗当中的传统节日,作为中原文化的重要组成部分,大体上保留在今日的台湾社会生活中,并对台湾人的个人心理和社会风尚等有着深刻的影响,成为台湾与大陆密不可分的又一佐证。台湾的民间信仰都是中华历史上的先圣先贤、民族英雄、文化创造的智者和造福一方的廉吏、解人病疫的名医等等,如武圣关公、妈祖天后、炎黄二帝、大禹、古越王、伍子胥、屈原、观音菩萨等,都是源自于华夏文化,历历在目。特别是近年来在台湾兴起的"黄帝崇拜",更具有强大的中华民族精神号召力。它不仅把黄帝尊为华夏子孙的始祖,而且还把对黄帝的信仰,视为中华民族的"精神中心"。河洛人作为汉族移民台湾的主要组成部分,成为中华文化全面移入台湾、推动台湾地方文化发展的主体。换言之,中华传统文化祖根的河洛文化,深深地在台湾传承着。

---

[1]　陈运栋《台湾的客家人》,台北市联经出版社,1988 年,第 6 页。

三、节庆文化中的舞龙文化

21世纪是"创意无限,智慧领航"的时代,随着全球化与科技化两股风潮,发展文化创意产业俨然成为本世纪知识经济时代主流①,正如英国名言 Culture can be big business "文化不只是个好主意,更是大生意"②。节庆是地方的人文与社会活动,反映着当地居民的民俗信仰。现代化之后,随着时间的改变,许多传统节庆之内容与型态随之改变。节庆活动属于民俗文化活动,台湾地区之各种节庆,拥有悠久的历史传统,也促进了地方经济发展。以台湾的苗栗市客家"舞龙"节庆活动为例,是现今台湾客庄12大节庆之一,在台湾客家节庆文化上具有代表性的地位;在客家节庆中,无论迎神赛会、庙会庆典,只要有热闹欢腾的民俗游艺表演,客家人一定会以舞龙弄狮,这种蓬勃发展的民俗节庆活动,不但具有客家人的风味,更是传统农业社会以民俗节庆转化为娱乐活动的观光营销活动。

节庆文化随着社会型态的变迁,内容也会因为各地方之民情不同而有所改变,或是发展出新的节庆内容。舞龙起源于中国的传统舞蹈。舞龙和舞狮,是古时一年中的大型节庆内容之一③。古代中原洛阳人很早即开始舞龙,随着中原人之南迁与移垦,舞龙文化也流传到世界各地,现在的舞龙文化,已经遍及中国大陆、台湾、香港、东南亚,以至欧美、澳洲、新西兰各个华人集中的地区,成为中华文化的一个标志。现今洛阳的舞龙文化,已经成为非物质文化遗产。像2016年洛阳师范学院,就有十余位教师表演"东关舞龙",他们合力托举起40米长的"东关舞龙",向师生们展现了洛阳非物质文化遗产"东关舞龙"的魅力。这是在洛阳师范学院非物质文化遗产进校园活动中的一幕。洛阳非物质文化遗产"东关舞龙"引进校园后,通过舞龙能使大学生近距离地感受非物质文化遗产的魅力,增强大学生保护、传承非物质文化遗产的责任感和使命感。

龙是中华民族集体智慧创造出来的一种人性化的"动物",是中国人心目中

---

① 李礼仲《推动影视业开创我国文化创意产业经济》,2005,国家政策基金研究会,2006/01/09。http://www.npf.org.tw/PUBLICATION/FM/094/FM - C - 094 - 162.htm。
② 冯久玲《文化是好生意》,台北《城邦文化》,2002年,第108页。
③ 廖金文《苗栗舞龙文化—燼》,苗栗县造桥乡造桥小学,2004年,第27页。

虚构出来的一个吉祥物,而河南是龙的故里。被称为人文始祖的伏羲,在今周口淮阳一带"龙师而龙名",首创龙图腾。由于有人为了重新建构中国国家形象品牌,认为应该取消"龙"作为中国形象代表的地位,其理由是,"龙"在西方世界被认为是一种充满霸气和攻击性的庞然大物,从而影响中国的国际形象。可是作为龙根龙脉龙的传人,洛阳人在2007年提出了"龙腾中华舞河洛、万龙古都闹花城"的活动方案,把中国龙的智慧、勇敢、吉祥、尊贵的文化内涵淋漓尽致地表现出来。于是,巨龙在洛城舞动,市民欢呼雀跃,游客惊叹不已。巨龙全长为5056米,龙身直径0.47米;每3.5米为一大节,每0.26米为一小节;龙头重85公斤,长4.1米,宽1.8米,高2.05米;舞龙人1486个,其中龙头16人,共同营造了万人舞龙的盛况。活动现场有表演龙10056条,参与舞龙表演的演员12000人。缔造了两项新的吉尼斯世界纪录诞生:世界上最长的龙5056米;世界上最多的龙55条。

四、从古到今的舞龙文化

中国自古相传,龙是吉祥神物,能兴云布雨、降福迎祥、恩泽生灵,是皇者尊且贵之表征[1],又常是道观、寺院、庙宇的吉祥图腾装置艺术,更是"中华民族"的化身。有一首台湾流行民歌《龙的传人》曾传唱流行于华人世界。由于神话的结果,古人将骆驼的头、鹿角、兔眼、牛耳、蛇颈、蛙肚、虎掌、鲤鱼的鳞、鹦鹉的爪以及汇萃自然界的风、雷、火、电而成龙的化身[2]。颜色有黄、青、银彩、红龙之称,龙身常分为九节、十二节、二十四节三种,代表的是九九盛数、十二月巡、二十四节令,另外有闰年舞十三节龙[3]。在丰收喜庆的庙会上,舞龙呈现的是感谢与感恩;在水旱瘴疬时期,表现的是祈福与消灾;舞龙图腾代表着中国人敬畏天地鬼神、感恩自然万物的情怀。

舞龙的渊源与中国图腾的龙文化有密切关系,可谓是从龙文化中孕育繁衍而形成的,先有龙的图腾,再产生龙的习俗(祈雨止涝),以及衍生出龙的文化

①　何星亮《龙族的图腾》,台北中华书局,1993年,第12页。
②　庞进《呼风唤雨八千年—中国龙文化探秘》,四川教育出版社,1998年。
③　蔡宗信《舞龙技艺活动之研究》台南市供学出版社,1997年。

（工艺、音乐、舞蹈、表演），进而再繁衍成龙的表演艺术活动——舞龙①。

1. 古代祭龙祈雨的仪式

"舞雩"是古代的求雨仪式。"舞"源于古人对飞禽走兽的模仿，并将内在欲望藉身躯释放表演出来，它如果和当时盛行的巫术活动重迭，就成为一种祭祀仪式。用舞求雨的记载，甲骨文上多有所见，这种仪式被称为"舞雩"，如《周礼·春官·司巫》所言"若国大旱，则师巫而舞雩"，描述国家遇到旱灾，就由巫师行求雨的仪式。"舞"时不光要"呼雩"，还要弹琴击鼓，欢歌曼唱。除了旱灾时求雨或平时祭祀雨神，"舞雩"仪式中的跳舞、呼叫、奏乐、歌唱，在祭祀其它天地神鬼时也应普遍被采用。②

2. 祭祀求雨

汉代董仲舒所著《春秋繁露·求雨（卷十六）》中，提及春旱求雨舞青龙，夏旱求雨舞赤龙，秋季求雨舞白龙，冬季求雨舞黑龙。归纳如下表：

季 类	春	夏	秋	冬
舞龙颜色	青龙	赤龙	白龙	黑龙
大小数量	大龙一 小龙七	大龙一 小龙六	大龙一 小龙八	大龙一 小龙五
龙身长度	大龙八丈 小龙四丈	大龙七丈 小龙三丈五	大龙九丈 小龙四丈五	大龙六丈 小龙三丈
两龙距离	八尺	七尺	九尺	六尺
表演时间	甲、乙日	丙、丁日	庚、辛日	壬、癸日
表演方向	东方	南方	西方	北方
服装年龄	青衣小僮	赤衣壮者	白衣鳏者	黑衣老者
舞者人数	每条龙八人	每条龙七人	每条龙九人	每条龙七人
斋戒要求	斋三日	斋三日	斋三日	斋三日

在当时四季的祈雨活动中，春天舞青龙、夏天舞赤龙和黄龙、秋天舞白龙、冬天舞黑龙；每条龙都有数丈长，每次有五至九条龙在一起同舞，不仅颇为恢宏壮

---

① 廖金文《苗栗舞龙文化—烆》，苗栗县造桥乡，造桥小学，2004 年，第 17 页。
② 庞烘《龙的习俗》，台北文津出版社，1990 年。

观,并已颇具规模与制度。对于龙的制作,大小长短的选定、颜色的配合、人员年龄、人数规定、斋戒要求、时日选定、龙位置的选择与间隔、祈祭的方向与对象均有明确的规范,可以说发展得很严谨,亦相当有组织。

3. 近代的舞龙概况

目前华人世界中的舞龙活动精采而多元,由于结合当地民俗的发展,衍生出各式各样具有特色的舞龙活动;且这些舞龙艺术的展演,不仅于华人世界盛行,更在世界各地深受欢迎与喜爱,并为华人最具代表性的民俗节庆活动之一[1],这也是国际观光与文化交流互动中,最直接的管道。

以下仅就舞龙活动的意义简略汇整:

(1)龙图腾衍生出舞龙活动

"中国龙"是集合了自然天象和万物之能,并赋予想象空间的神物,在以农立国的中华民族,它被期许能呼风唤雨,祈求风调雨顺、五谷丰登,进而衍生出历代相传的习俗与图腾文化[2]。龙图腾的传递或融合,始于轩辕黄帝,发扬传播于各朝代;及至现今,龙在中国的地位依然是高贵受尊重,故每逢龙年,多少父母忙着生龙子、龙女,在封建时代,皇帝更是以神龙自居,万民臣服其下。至今虽已迈向民主科技社会,但民间对龙的信奉和崇拜依旧,并自诩为"龙的传人"。

殷商时期的"土龙致雨",揭开了舞龙活动的面纱;西汉的"鱼龙蔓延"百戏,拉开舞龙活动的序幕;到了宋朝,《东京梦华录》记汴京元宵百戏,又将舞龙叫做"舞龙灯"[3]。用草扎成一条龙,并在龙身插着许多灯烛,在元宵节舞龙时展出。后来不限元宵节,在春节、地方庆典、庙会仪典或祈福驱疫时就有人舞龙;又因舞龙常在白天,以后就少用龙灯了。华人对于舞龙的基本信念是"祈求阖家平安、社会祥和安乐",龙队更有强健国人体魄,增进彼此情感,促进地方团结的社会功能。

(2)龙的造型

传统习俗当中,龙身没有特定的长度和节数,但必须是单数,最多不会超过

①　廖金文《民俗传统技艺—舞龙》,台湾苗栗县政府文化局,1994年。
②　庞烬《龙的习俗》,台,文津出版社,1990年。
③　蔡宗信《中国图腾标志的动态活动—舞龙》,台北市《国民体育季刊》1997第26(2)卷,第45—55页。

九十九节,代表至尊无双,苗栗客家地区的龙队一般都是以九、十一、十五节等吉祥的数字居多。晚近也有用客家花布龙呈现者①。

龙头手稿(预拟)　　　　龙尾手稿(预拟)

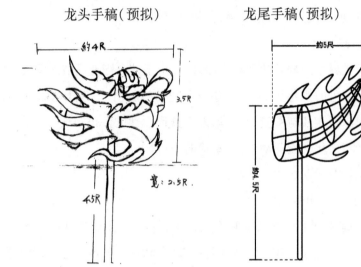

龙身手稿(预拟)

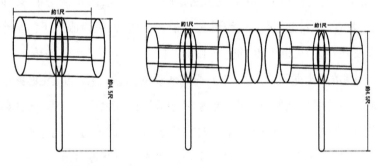

图一:百节龙制作示意:

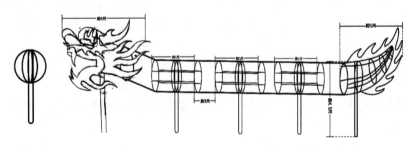

---

① 邱英政《龙腾猫里庆丰年——天龙八部龙众登场规划书》,台湾弘益传播事业有限公司,2013 年,第 26—32 页。

①龙头长约 4 台尺、宽度 2.5 台尺、高约 3.5 台尺

②龙尾长约 5 台尺

③每节龙身宽 1 台尺、间隔 3 台尺

④高度 4.5 台尺

⑤长度计算：

龙头约 4 台尺

每节龙身 97 个 ×1 台尺 = 97 台尺

间隔 98 个 ×3 台尺 = 294 台尺

龙尾约 5 台尺

合计总长约 400 台尺(133 公尺)

图二百节龙制作示意：

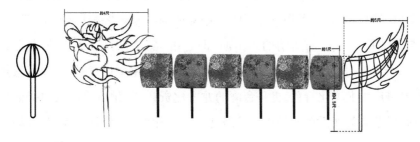

①龙头约 4 台尺

②每节龙身约 1 台尺

(3)龙尾约 5 台尺

④长度计算:97 节(97 台尺) + 龙头 + 龙尾 = 106 台尺(35 公尺)

五、台湾苗栗客家㷉龙运营与发展

在台湾,舞龙被称为"弄龙",或称为"㷉"①。以台湾客家地区舞龙文化为例,舞龙是苗栗客家人于每年元宵节前后最盛大的民俗节庆,此一节庆民俗活动不仅成为客家地区重要的文化资产,亦是官方重视传统节庆习俗的展现,也富有人民欢庆丰收、感谢上苍的意涵,更有代表客家人以节庆民俗来趋吉避凶、迎春

①　钟椿辉《龙在苗栗》,苗栗县苗栗市公所,2004 年,第 3—4 页。

纳福的意涵,进而期盼祥龙献瑞,带来好兆头,年年顺遂平安①。

　　从历史角度而言,两岸各地之舞龙习俗,都受到官方与民间的重视。而且,舞龙文化展现出缤纷多彩的文化魅力。舞龙活动达到了吸引游客、营销节庆文化之目的。当然,21世纪思考如何发展舞龙活动展演模式,增进其市场营销略,创新与整合出新的执行方向,透过商业包装与策略营销,将舞龙之传统民俗节庆活动创造出新的生命力及吸引力,是两岸重要的发展方向之一。

　　笔者在《客家节庆文化营销与地方和谐之促进》一文中指出,客家节庆文化可以促进地方和谐发展。另外,笔者在《从苗栗舞龙仪式看民俗活动的节庆营销模式建立一绝对原创.品味舞龙》一文中也指出,"苗栗舞龙"在"文化产业化,产业文化化"理念中,已经让舞龙之舞龙传统文化得以活化与深化,已见到文化创意产业发展潜能及无限商机。苗栗客家人可以创新艺术及革新突破传统文化,来提升元宵民俗节庆舞龙活动,开创更精致的表演艺术,让舞龙文化成为台湾乃至世界翘首企盼的民俗节庆标帜:"绝对原创品味舞龙——在苗栗"②。

　　苗栗舞龙的文化,有所谓的六步曲,即是指"糊龙、点睛、迎龙、舞龙、跐龙、化龙"六个步骤,舞龙的每个步骤都蕴含各有不同的龙文化意涵,展现客家舞龙精神,亦符应出龙文化特色,更是台湾的龙文化资产③。地方政府大力提倡民俗节庆活动,苗栗舞龙活动已经成为发展地方观光旅游、吸引观光人潮、带动全县经济发展、展现苗栗龙文化内蕴、深耕客家文化以文化造镇营销苗栗特有之客家传统龙文化。

　　客家人的岁时节日,像春节、元宵、端午、中秋等,皆演变成深具意义的民俗节庆。客家文化节庆之举行,不但可凝聚客家人的感情,增加客家族群生活的趣味,而且可以营销客家文化传统,增益客家人生活中的秩序与美感④。"舞龙"是苗栗营销客家元宵节庆的在地独特民俗,藉由舞龙节庆的举办,拓展地方文化观

---

①　黄文博《台湾民间艺阵》,台北市常民文化出版社,2000年。
②　邱英政《街头看热闹~全民运动点灯祈福庆元宵规划书》,弘益传播事业有限公司,1999年,第3—4页。
③　邱英政《客家节庆文化营销与地方和谐之促进》收入《客家文化与社会和谐—世界客属第24届恳亲大会国际客家文化学术研讨会论文集》,广西师范大学出版社,2011年。
④　陈运栋《台湾的客家人》,台北市台原出版社,1991年,第8页。

光价值,用以营销苗栗特有的"龙"文化。若将客家龙文化景观加以改造[1],开发周遭环境成为赏心悦目、游客如织的休闲与观光盛地,复让游客惝徉与醉心于苗栗丰富之文史古迹传说中,带给苗栗县人潮与钱潮,将是 21 世纪苗栗观光发展之方向,充分展现在地客家文化之美,带给地方经济繁荣,促进地方的和谐与发展。

台湾的苗栗市公所于 1999 年开始"客家民俗踩街庆元宵"主题活动,是人民政府机关办理大型舞龙民俗活动之肇造。2000 年后陆续举办"龙迎千禧庆元宵"、"龙阵打醮欢庆元宵"以及"龙来了"、"2003 苗栗舞龙"、"苗栗舞龙 - 2004 苗栗国际观光文化节"、"2005 - 2006 苗栗舞龙"及"2007 九龙至尊庆元宵 - 苗栗舞龙乐逍遥"、"2008 锣鼓喧天闹元宵? 猫狸舞龙乐逍遥"、"2009 牛犇猫里·灯丰兆吉"、"2010 苗栗㸺·十全十美迎太平年"、"2011 舞龙迎百年·接福纳财源"、"2012 舞龙群龙游苗栗—龙腾猫里·活络山城"、"2013 龙腾猫狸庆丰年 - 天龙八部龙众登场"、"2014 龙昭千岁·马耀年丰"、"2015 龙腾猫里·吉羊年丰"、"2016 龙城盛世·㸺旺猫里"等主题的苗栗舞龙节庆活动。

正如英国名言:Culture Can Be Good Business"文化不只是个好主意,更是个大生意!"文化节庆营销是一个真正的大生意,而且是愈来愈大的一项生意,如何有效率的利用营销策略,成为现代节庆活动的重要议题。文化创意产业与在地文化节庆活动相互结合,是目前世界的潮流与趋势。苗栗舞龙冀望融合传统与现代文化,藉由创意之营销策略与节庆活动来展现,藉此让世人对客家文化有着更自然亲近的接触方式,让客家文化能够深植所有人的心中。以 2016 年的舞龙活动来说,除了在保有传统的民俗节庆活动外,舞龙活动还以展现客家文化之美及带动文化观光之文化创意产业为目标。使得舞龙民俗节庆,不但是地方民俗节庆,更是成为呈现及保存台湾客家文化极为重要的文化财[2]。

本研究发现如下:

(一)可以继续营销苗栗客庄之元宵节特有之舞龙民俗节庆文化活动,并提升苗栗舞龙成为台湾"北有平溪天灯、南有盐水蜂炮、中有苗栗舞龙、东有炸邯

---

[1] 刘焕云《苗栗客家舞龙节庆活动与地方龙文化景观再造之研究》收入《2012 年国立联合大学客家研究学院客家研究成果论文集》,苗栗县国立联合大学客家研究学院,2012 年。

[2] 邱英政《客家节庆文化营销与地方和谐之促进》收于《苗栗文献》第 52 期,苗栗国际文化观光局,2014 年,第 115—118 页。

郸"等并列为元宵节最 HOT 最热门的四大活动。

（二）可以以"文化为基石，旅游为载体"，打造苗栗全县之观光旅游亮点，带动文化休闲风潮，藉由舞龙活动让客庄的地方特殊节庆民俗结合休闲旅游观光资源、丰沛的自然生态、文化经济产业吸引国内外游客来作客，扩增与活络地方收益，开创全民经济繁荣景象。

（三）运用新兴媒体之 E 化文创营销，让信息科技扩大与提升民俗节庆文化，让节庆活动足以让在地各族群文化凝聚力量、族群认同、进而深入小区，扎根薪传，衍绵不息，使得舞龙艺术文化——"苗栗舞龙"不仅展现客家舞龙精神外，更呈现了台湾传统"舞龙"的文化，成为世界华人与国际上重要的"龙"文化资产。

本研究运用深度访谈和参与观察苗栗元宵节时特有之舞龙民俗节庆文化活动，通过当地居民与在地的舞龙工作者之深席访谈的观点，设计自己的文化体验导览，再辅以 SWOT 分析具有市场潜力的客家景点和意象商品，藉此规划整备出一套适合当地文化永续发展，同时兼具经济价值的行销模式，达到文化纳于经济，经济根植于文化的发展策略①。产业的文化，就是从文化与历史的角度重新观察新旧产业的运作过程，从中发现其中的文化与历史意义，新的产业再造的经济思维，乃在于从产业的在地特质与其长期发展出来的历史意义中挖掘出经济价值。现今，节庆文化产业活动，在体验行销的世界潮流带领之下，若能加入具有美感与愉悦的心理层面的价值观，将引导着参与的人们优游于节庆文化活动，并看到客家文化也能营销而被打造为产业的现实。

六、结论

舞龙是华人的民俗节庆盛事，是中国人庆祝丰收的欢欣，期盼祥龙献瑞带来好兆头。起源于洛阳的舞龙民俗文化，是中华民族的珍贵非物质文化遗产。可以说，洛阳的舞龙文化深远的影响了苗栗客家舞龙文化，印证了河洛文化与华夏文明的传承关系，成为传统文化在现代生活中创新的生命力。民俗节庆与文创营销的发展轨迹，可适用于文化营销的概念，运用文创三要素（故事、传奇、经典）、三特性（文化、休闲、精致）设定舞龙鲜明的内涵主题及创意元素，开发具美

---

① 蒋锦华《桐花蓝海》，台北市二鱼文化，2011 年，第 89 页。

感与创意舞龙商品,创造营收,招商引资,增进市民收益,拓大参与之动能。

笔者认为,如何让节庆文化深耕生根,以"节庆、文化搭台,经济唱戏"开创出新文化的蓝海,是海峡两岸舞龙文化今后必须思考的课题。文化产业可以是现代的或传统的,舞龙之独特性,不仅为需求而创造,甚至是为感觉而创造,同时,它也是一种可以时尚、流行的"潮"文化[1],可试练出科技现代的民俗技艺,如LED 夜光龙、镭射烟火技术等,必须 HOLD 住时尚风潮与脉动能,藉此吸睛,尤其年轻人,若能以"新舞龙、今古意"来引起高度关注[2],必能为文化带来新生命与新活力,而扛起香火薪传与文化创意的责任。

在营销策略上方面,文创升级、异业结盟,建立产业平台与通路,藉此拓展营销艺术文化、创意产业、农特商品、风味美食等,强化、媒体之营销功能,承续加注国际观点,在体验民俗节庆文化之余,发现舞龙文化之生命力,而建构华人族群文化新风貌。在节庆营销的文化基石上,必具备深、广度的推广模式。

爱此,通过创意的发挥,将舞龙文化所累积的资源价值积极开发,藉由异业结盟打开文创商品之通路,以城市为平台,活动为媒介,将舞龙文化融入于视觉艺术(装置艺术)、数字网络与精致生活产业,成为一种高附加价值的、跨越族群边界的、生机蓬勃的文创产业。这不仅是文化发展的关键,甚至成为创造社会财富、提供就业机会、美化提升生活质量的重要资产,也藉此丰富文化内涵,形塑新的舞龙形像,彰显舞龙艺术新的文化意象,藉以吸引国内外游客,开展文化体验观光,深度认识中华文化之美,也让各地区带来人潮、钱潮与商机。

作者按:"燌龙"释义。"燌龙"就是用鞭炮炸龙,"燌"客语发音为"棒",就是"炸"的意思。"燌龙"是客家话,为苗栗地区客家人之传统元宵节庆活动。台湾各地皆有舞龙之民俗活动,唯独苗栗客家发展出"燌龙"的习俗。苗栗人期望藉"神龙"带来神灵祥瑞之气,让民众迎新春、纳吉财与祈求国泰民安。

(作者为台湾联合大学校务顾问、中华海峡两岸客家文经交流学会副理事长)

---

① 黄蕾《继续打造哈客线条——时间翩然降临客家装》,台北市《客委会特刊》,2008 年,第 35 页。
② 丘昌泰《第一届海峡两岸客家高峰论坛——台湾客文化产业的现况与展望论文专辑》,台北中华海峡两岸客家文经交流协会,2006 年,第 32 页。

汉代洛阳与丝绸之路

王子今

Abstract: Luoyang in the "world", for the establishment of a unified political and consolidation, with an important strategic position. Since the mid western Han Dynasty, due to the rise in the Kanto region economy level, Luoyang Economic and cultural effects are increasingly significant. Wang Mang dictatorship era began operating "Dongdu". Liu Xiuding Luoyang, achievement the unprecedented prosperity of the oriental metropolis. The market in Luoyang to become something commercial transport hub and transfer station. Status of Han Dynasty in Luoyang in the silk road traffic system, can also by "Hu merchants" active, "magic" to the West and the white horse temple so things of social cultural phenomenon reflected.

西汉时期,洛阳"天下之中"的地位得到确认。王莽时代已开始"东都"经营。刘秀建都洛阳后,这一东方都市在中外文化交流中的地位益显突出。"胡商"除随同外交使团从事贸易活动之外,也有相当活跃的个体经济表现。"海西""幻人"在洛阳宫廷也进行了表演。白马寺故事显现的文化动向,也值得重视。诸多现象可以说明,汉代洛阳在丝绸之路交通体系中,据于非常重要的地位。①

一、从"天下之中"到"东都"

《荀子·大略》说:"欲近四方,莫如中央;故王者必居天下之中,礼也。"执政

---

① 若干有关洛阳与丝绸之路之关系的论文,见《洛阳—丝绸之路的起点》,中州古籍出版社 1992 年 10 月。

者应当在所谓"天下之中"的"中央"之地施行统治,被看作天经地义的制度。《吕氏春秋·慎势》:"古之王者,择天下之中而立国。"《盐铁论·地广》:"古者,天子之立于天下之中。"都以为帝王居于"天下之中"是传统定制。刘邦初定天下,娄敬建议定都关中。他强调关中地理形势的优越,但是也肯定了洛阳的地位。娄敬说:"成王即位,周公之属傅相焉,乃营成周洛邑,以此为天下之中也,诸侯四方纳贡职,道里均矣。"①战国时期,河洛地区"为天下之大凑"②,"街居在齐秦楚赵之中"③的特殊的地理形势,使得列国兵战往往于此争夺,由此进取。秦人东进,首先倾力于河洛战事。《史记》卷五《秦本纪》记载,公元前309年,秦武王曾经对秦名将甘茂说:"寡人欲容车通三川,窥周室,死不恨矣!"后来不久就派甘茂拔宜阳。公元前293年,秦昭襄王命白起为将,在伊阙会战中大破韩魏联军。三年之后,"东周君来朝。"同年,秦昭襄王亲临宜阳。公元前256年,秦军攻西周,次年,"周民东亡,其器九鼎入秦,周初亡。"秦人占有西周属地对于攻略东方的意义,可以由第二年"天下来宾"得到体现。秦庄襄王即位初,就命令相国吕不韦诛东周君,"尽入其国",并"初置三川郡",实现了对河洛地区的全面控制。秦王政十三年(前234),嬴政在统一战争中亲自行临河洛地区,表明未来的大一统帝国的最高统治者对于这一地区特殊的文化地位的重视。秦始皇平生8次出巡,其中多次行历洛阳。《史记》卷五五《留侯世家》记述刘邦与张良在洛阳南宫讨论行封功臣事,说到"上在雒阳南宫,从复道望见诸将往往相与坐沙中语"。洛阳南宫有"复道"建筑,显然不可能是仓促营造,应是秦时故宫。由"南宫"之定名,可推知洛阳秦宫应当不止一处。看来,秦王朝曾经把洛阳看作统治东方的政治重心所在。秦始皇特别信用的重臣李斯,其长男李由被任命为三川郡(郡治在今洛阳)行政长官,而为赵高所忌恨,也有助于说明这一历史事实。刘邦后来出关击项羽,在洛阳为义帝发丧,又发使者约诸侯共击楚等史实④,也可以体现洛阳的战略地位。

　　《史记》卷六〇《三王世家》和《史记》卷二六《滑稽列传》褚先生补述,说到

　　① 《史记》卷九九《刘敬叔孙通列传》。
　　② 《逸周书·作雒》。
　　③ 《史记》卷一二九《货殖列传》。
　　④ 《史记》卷八《高祖本纪》。

汉武帝所幸王夫人为其子刘闳请封洛阳,汉武帝以洛阳"天下冲阸"、"天下咽喉"的重要战略位置予以拒绝。可见河洛地区"在于土中"①的政治地理及文化地理的形势,依然受到重视。

《汉书》卷二四下《食货志下》记载,王莽"于长安及五都立五均官"。"五都",即洛阳、邯郸、临菑、宛、成都,而"洛阳居中",也说明随着关东地区经济文化的发展,洛阳的地位愈益重要。

王莽执政之后,在进行"分州定域"的新的政治地理规划时,提出了"以洛阳为新室东都,常安为新室西都"的设想,随后确定了将迁都于洛阳,"即土之中雒阳之都"②的时间表。不过,由于新莽政权的短促败亡,这一计划没有能够实现。③ 东汉建国,定都洛阳。全国的政治重心正式东移,使得历史迈进新的阶段。洛阳地位的重新上升,可以从丝绸之路史的视角进行考察。

二、"豪人"与"列肆"

《汉书》卷二八下《地理志下》在分析各地区域文化特征时指出,"周地"风习,有"巧伪趋利,贵财贱义,高富下贫,憙为商贾,不好仕宦"的特点。班固说,这是"周人之失"。然而,如果承认商业对于增益经济活力的积极作用,则"周人"对于经济流通的贡献,其实是值得肯定的。汉武帝时代的理财名臣桑弘羊,就是洛阳商人之子。《史记》卷一二九《货殖列传》说:"洛阳东贾齐、鲁,南贾梁、楚。"因商路成为经济中心。当地取得特殊成功的富商如白圭、师史等,其行为风格其实也表现出鲜明的区域文化特征。师史"转毂以百数,贾郡国,无所不至","能致七千万。"而按照《盐铁论·力耕》的说法,周地"商遍天下","商贾之富,或累万金"。《盐铁论·通有》又说,"三川之二周,富冠海内","为天下名都"。桑弘羊曾经推行"均输"制度,以改善运输业的管理。而两汉之际河南郡荥阳仍然存留"均输官"的行政影响,刘盆子"以为列肆",得"食其税终身"④,也可以反映河洛地区经济地位的特殊,以及商业税收数额之可观。

---

① 《史记》卷一二九《货殖列传》。
② 《汉书》卷九九中《王莽传中》。
③ 王子今《西汉末年洛阳的地位和王莽的东都规划》,《河洛史志》1995 年 4 期。
④ 《后汉书》卷一一《刘盆子传》:"帝怜盆子,赏赐甚厚,以为赵王郎中。后病失明,赐荥阳均输官地,以为列肆,使食其税终身。"李贤注:"肆,市列也。"

东汉时期,洛阳及其附近地区在全国经济格局中居于领导地位,商业活动尤其繁荣。《后汉书》卷四九《仲长统传》载《昌言·理乱》指出"豪人"们的超强经济实力:

> 豪人之室,连栋数百,膏田满野,奴婢千群,徒附万计。船车贾贩,周于四方;废居积贮,满于都城。琦赂宝货,巨室不能容;马牛羊豕,山谷不能受。妖童美妾,填乎绮室;倡讴伎乐,列乎深堂。

其中"船车贾贩,周于四方",言其商业活动。所谓"废居积贮,满于都城",强调了"都城"。李贤注:《史记》曰:'转毂百数,废居蓄邑。'注云:'有所废,有所蓄,言其乘时射利也。'"

《后汉书》卷四九《王符传》引《潜夫论·浮侈》批评世俗消费生活的奢靡,明确说到"都邑""洛阳":

> 王者以四海为家,兆人为子。一夫不耕,天下受其饥;一妇不织,天下受其寒。今举俗舍本农,趋商贾,牛马车舆,填塞道路,游手为巧,充盈都邑,务本者少,浮食者众。'商邑翼翼,四方是极。'今察洛阳,资末业者什于农夫,虚伪游手什于末业。是则一夫耕,百人食之,一妇桑,百人衣之,以一奉百,孰能供之! 天下百郡千县,市邑万数,类皆如此。本末不足相供,则民安得不饥寒? 饥寒并至,则民安能无奸轨? 奸轨繁多,则吏安能无严酷? 严酷数加,则下安能无愁怨? 愁怨者多,则咎征并臻。下民无聊,而上天降灾,则国危矣。

论者以"浮侈"可能导致"国危"警告最高统治集团,提示他们从日常熟见的洛阳城市风情看到潜在的社会危机。

《三国志》卷二一《魏书·傅嘏传》:"曹爽诛,为河南尹。"裴松之注引《傅子》:"河南尹内掌帝都,外统京畿,兼古六乡六遂之士。其民异方杂居,多豪门大族,商贾胡貊,天下四会,利之所聚,而奸之所生。前尹司马芝,举其纲而太简,次尹刘静,综其目而太密,后尹李胜,毁常法以收一时之声。嘏立司马氏之纲统,裁刘氏之纲目以经纬之,李氏所毁以渐补之。郡有七百吏,半非旧也。河南俗党五官掾功曹典选职,皆授其本国人,无用异邦人者,碬各举其良而对用之,官曹分职,而后以次考核之。其治以德教为本,然持法有恒,简而不可犯,见理识情,狱讼不加榎楚,而得其实。不为小惠,有所荐达及大有益于民事,皆隐其端迹,若不由己出。故当时无赫赫之名,吏民久而后安之。"①通过傅碬的故事可以得知,当时因都市经济所谓"利之所聚,而奸之所生",对于洛阳商业的管理,已经成为行政难题。

三、"贾胡"与"胡商"

前引《傅子》所谓"其民异方杂居,多豪门大族,商贾胡貊,天下四会",指出洛阳集中"异方"之民的情形。而"商贾胡貊,天下四会",说明洛阳成为全国"利之所聚"的最重要的商业大都市,事实上已经成为东方世界的经济中心。

《后汉书》卷八九《南匈奴传》记载:"(建武)二十八年,北匈奴复遣使诣阙,贡马及裘,更乞和亲,并请音乐,又求率西域诸国胡客与俱献见。"北匈奴使团来到洛阳,"诣阙,贡马及裘",其实是特殊形式的贸易行为。而"并请音乐",则体现文化交往的内容。特别是"求率西域诸国胡客与俱献见",尤其值得我们注意。这一情形,说明拓展至于"西域诸国"的丝绸之路文化交流,吸引诸多"胡客"前来洛阳从事以"献见"为形式的活动。

西汉中期,即有西域商人进入中土从事贸易经营的史实记录。如陈连庆所说,"在中西交通开通之后,西域贾胡迅即登场。"②据《后汉书》卷八八《西域传》论曰,"西域风土之载,前古未闻也。汉世张骞怀致远之略,班超奋封侯之志,终能立功西遐,羁服外域。"于是,"立屯田于膏腴之野,列邮置于要害之路。驰命

---

① 《太平御览》卷二五二引《魏志》曰:"傅碬字兰石,为河南尹,内掌帝都,外统宗畿,兼古六乡六遂之士,其民异方杂居,多豪门大族,商贾胡貊,天下四会,利之所聚,而奸之所生。前尹司马芝举其纲而太简,次尹刘静综其目而太密,后尹李胜變常法以收一时之声。碬立司马之纲统,裁刘氏之纲目以经纬之,李氏所毁以渐补之。郡有七百吏,半非旧也。河南俗党五官掾功曹典选职,皆授其本国人,无用异邦人者,碬各举其良而用之,分曹之职,以次考核之。其治以德教为本,然持法有恒,而不可犯,见理知情,狱讼不任夏楚,而得其实。不为小惠,有所荐达,及益于民事皆隐其端迹,若不由己出。故当时无赫赫之名,使民久而后安者也。"

② 陈连庆:《汉唐之际的西域贾胡》,《中国古代史研究:陈连庆教授学术论文集》,吉林文史出版社1991年12月版。

走驿,不绝于时月;商胡贩客,日款于塞下。"所谓"商胡贩客,日款于塞下",体现了丝路商业活动的时代特征。以敦煌汉简为例,所见乌孙人(88,90,1906),车师人(88),"……知何国胡"(698)等等,未可排除来自西域的商人的可能。[①]《太平御览》卷二六四引《东观汉记》曰:"杨正为京兆功曹,光武崩,京兆尹出,西域贾胡共起帷帐设祭。尹车过帐,胡牵车令拜,尹疑,止车。正在前导,曰:'礼:天子不食支庶,况夷狄乎。'勒坏祭遂去。"可见长安地方东汉初年"西域贾胡"数量集中,所谓"西域贾胡共起帷帐设祭",形成事实上的群体性活动。这种活动的规模和性质,竟然使得地方高级行政长官心中生"疑",一时难以决断。

马援南征,进军迟缓,"耿舒与兄好畤侯弇书曰:'前舒上书当先击充,粮虽难运而兵马得用,军人数万争欲先奋。今壶头竟不得进,大众怫郁行死,诚可痛惜。前到临乡,贼无故自致,若夜击之,即可殄灭。伏波类西域贾胡,到一处辄止,以是失利。今果疾疫,皆如舒言。'弇得书,奏之。帝乃使虎贲中郎将梁松乘驿责问援,因代监军。"所谓"类西域贾胡,到一处辄止",李贤解释说:"言似商胡,所至之处辄停留。"[②]《马援传》说"西域贾胡",李贤注称"言似商胡",可知"商胡"和"贾胡"其实并没有严格的区别。他们的活动特征,身居洛阳的朝廷上层执政集团是熟悉的。

"西域贾胡"在洛阳地方的活跃,又见于《后汉书》卷三四《梁冀传》的记载:"……又起菟苑于河南城西,经亘数十里,发属县卒徒,缮修楼观,数年乃成。移檄所在,调发生菟,刻其毛以为识,人有犯者,罪至刑死。尝有西域贾胡,不知禁忌,误杀一兔,转相告言,坐死者十余人。"

河南南阳地方出土的汉画象石和汉画象砖,画面多见胡人面貌。在南阳活动的胡商,或许从长安沿武关道而来,但是也不能排除自洛阳南下的可能。

四、"海西""幻人"的演出

汉武帝时代已经在皇家正式的迎宾盛礼中引入了外来的幻术表演。司马迁在《史记》卷一二三《大宛列传》中写道:"是时上方数巡狩海上,乃悉从外国客,

---

[①]　吴礽骧、李永良、马建华释校:《敦煌汉简释文》,甘肃人民出版社1991年1月版,第9页,第202页,第71页。

[②]　《后汉书》卷二四《马援传》。

大都多人则过之，散财帛以赏赐，厚具以饶给之，以览示汉富厚焉。于是大觳抵，出奇戏诸怪物，多聚观者，行赏赐，酒池肉林，令外国客遍观各仓库府藏之积，见汉之广大，倾骇之。及加其眩者之工，而觳抵奇戏岁增变，甚盛益兴，自此始。"在汉武帝时代，"眩者"表演所陈示的"奇戏诸怪物"，已经成为招待"外国客"的主要节目。《盐铁论·崇礼》中大夫的话，可以看作是对这种表演的说明："饰几杖，脩樽俎，为宾，非为主也。炫燿奇怪，所以陈四夷，非为民也。夫家人有客，尚有倡优奇变之乐，而况县官乎？故列羽旄，陈戎马，所以示威武，奇虫珍怪，所以示怀广远、明盛德，远国莫不至也。"其说解释了"炫燿奇怪"，陈列"奇虫珍怪"的意义，其中所谓"夫家人有客，尚有倡优奇变之乐，而况县官乎？"说明汉武帝、汉昭帝时代，"奇变"之幻术在民间也曾经相当普及。

《续汉书·礼仪志中》刘昭注补引蔡质《汉仪》说到"天子正旦节"德阳殿的庆典仪式："正月旦，天子幸德阳殿，临轩。公、卿、将、大夫、百官各陪位朝贺。蛮、貊、胡、羌朝贡毕，见属郡计吏，皆陛觐，庭燎。"群臣上寿，天子赐酒食之后，又有别开生面的百戏表演。其中不乏"炫燿奇怪"的节目："作九宾散乐。舍利兽从西方来，戏于庭极，乃毕入殿前，激水化为比目鱼，跳跃漱水，作雾鄣日。毕，化成黄龙，长八丈，出水遨戏于庭，炫燿日光。以两大丝绳系两柱间，相去数丈，两倡女对舞，行于绳上，对面道逢，切肩不倾，又踧局出身，藏形于斗中。钟磬并作，倡乐毕，作鱼龙曼延。"这种鱼龙变化，"作雾鄣日"，"出水遨戏"，"炫燿日光"，以及"踧局出身，藏形于斗中"的表演，也可以称为"奇变"之幻术。这是在洛阳"德阳殿"的表演，而所谓"从西方来"语，似乎隐含有某种象征意义。"蛮、貊、胡、羌朝贡"的情节，也值得注意。

《史记》卷一二三《大宛列传》在记述"条枝"风土民俗时，有"国善眩"语："条枝在安息西数千里，临西海。暑湿。耕田，田稻。有大鸟，卵如瓮。人众甚多，往往有小君长，而安息役属之，以为外国。国善眩。"关于"善眩"，裴骃《集解》："应劭曰：'眩，相诈惑。'"张守节《正义》："颜云：'今吞刀、吐火、殖瓜、种树、屠人、截马之术皆是也。'"颜说的解释更为具体。司马迁还写道："初，汉使至安息，安息王令将二万骑迎于东界。东界去王都数千里。行比至，过数十城，人民相属甚多。汉使还，而后发使随汉使来观汉广大，以大鸟卵及黎轩善眩人献于汉。……天子大悦。"司马贞《索隐》："韦昭云：'变化惑人也。'"按：《魏略》云

'犁靬多奇幻,口中吹火,自缚自解'。小颜亦以为植瓜等也。"《汉书》卷六一
《张骞传》中记述同一史实,写道:"大宛诸国发使随汉使来,观汉广大,以大鸟卵
及犁靬眩人献于汉,天子大说。"颜师古注引应劭曰:"眩,相诈惑也。邓太后时,
西夷檀国来朝贺,诏令为之。而谏大夫陈禅以为夷狄伪道不可施行。后数日,尚
书陈忠案汉旧书,乃知世宗时犁靬献见幻人,天子大悦,与俱巡狩,乃知古有此
事。"颜师古对于"眩人"之术又进行了进一步的说明:"'眩'读与'幻'同。即今
吞刀吐火,植瓜种树,屠人截马之术皆是也。本从西域来。"按照颜师古的解释,
唐代仍然盛行的"吞刀吐火,植瓜种树,屠人截马之术",在汉代已经由"眩人"即
"幻人"引进。而传入之路,乃"本从西域来"。《汉书》卷九六上《西域传上·乌
弋山离国》关于"东与罽宾、北与扑挑、西与犁靬、条支接"的乌弋山离国风习,也
有"善眩"的说法。颜师古依然解释道:"'眩'读与'幻'同。"在关于安息国的记
述中,班固也写道:"因发使随汉使者来观汉地,以大鸟卵及犁靬眩人献于汉,天
子大说。"也说"眩人"即"幻人"是由西域通路而来。

《后汉书》卷五一《陈禅传》中,记载了"幻人"经西南夷地区转入中原,在洛
阳"帝王之庭"表演的史实:

> 永宁元年,西南夷掸国王献乐及幻人,能吐火,自支解,易牛马头。明年
> 元会,作之于庭,安帝与群臣共观,大奇之。禅独离席举手大言曰:"昔齐鲁
> 为夹谷之会,齐作侏儒之乐,仲尼诛之。又曰:'放郑声,远佞人。'帝王之
> 庭,不宜设夷狄之技。"尚书陈忠劾奏禅曰:"古者合欢之乐舞于堂,四夷之
> 乐陈于门,故《诗》云'以《雅》以南,《韎》《任》《朱离》'。今掸国越流沙,踰
> 县度,万里贡献,非郑卫之声,佞人之比。而禅廷讪朝政,请劾禅下狱。"有
> 诏勿收,左转为玄菟候城障尉。

陈忠有比较开阔的文化胸襟,以所谓"四夷之乐陈于门"的古礼,驳斥了陈
禅排拒"夷狄之技"的狭隘之见。但是,他所谓"今掸国越流沙,踰县度,万里贡
献"语,却有文化方向的偏误,亦反映"幻人"经西域"流沙""县度"之路而来的
说法有深锢的影响。不过,范晔毕竟明确记载了"西南夷掸国王献乐及幻人"的
事实。对于这一历史事件,《后汉书》卷八六《西南夷列传·哀牢》也有记述:"永

宁元年,掸国王雍由调复遣使者诣阙朝贺,献乐及幻人,能变化吐火,自支解,易牛马头。又善跳丸,数乃至千。自言我海西人。海西即大秦也,掸国西南通大秦。明年元会,安帝作乐于庭,封雍由调为汉大都尉,赐印绶、金银、彩缯各有差也。"①

"海西""幻人"在洛阳的表演,可以看作丝绸之路较高等级艺术传播的典型史例。

五、白马寺故事

从西汉晚期到东汉初期,中国文化开始受到一种外来文化的强大影响。这就是发生于印度,辗转传入中国的佛教。

佛教传入中国内地的年代,有多种说法。一说汉哀帝元寿元年(前2)博士弟子景卢受大月氏王使伊存口授《浮屠经》。②《浮屠经》,即佛经。是为佛教传入内地之始。一说佛教自汉明帝永平年间传入。《后汉书》卷八八《西域传》载录汉明帝时代佛教传入中原的故事:

> 世传明帝梦见金人,长大,顶有光明,以问群臣。或曰:"西方有神,名曰佛,其形长丈六尺而黄金色。"帝于是遣使天竺问佛道法,遂于中国图画形像焉。楚王英始信其术,中国因此颇有奉其道者。后桓帝好神,数祀浮图、老子,百姓稍有奉者,后遂转盛。

汉明帝"遣使天竺问佛道法,遂于中国图画形像焉",其"图画形像"形成祠祀中心之所在,应当就是久负盛名的白马寺。《水经注·谷水》:"谷水又南径白马寺东。昔汉明帝梦见大人金色,项佩白光,以问群臣,或对曰:'西方有神名曰佛,形如陛下所梦,得无是乎?'于是发使天竺写致经像。始以榆欓盛经,白马负图,表之中夏。故以白马为寺名。此榆欓后移在城内愍怀太子浮图中,近世复迁此寺。然金光流照,法轮东转,创自此矣。"《晋书》卷二九《五行志下》:"(义熙)

① 王子今:《海西幻人来路考》,《秦汉史论丛》第8辑,云南大学出版社2001年9月版,《中西初识二编》,大象出版社2002年9月版。

② 鱼豢:《魏略·西戎传》。

九年正月大风,白马寺浮图刹柱折坏。"这可能是有关"白马寺"的最早的史籍记录。

六、草原丝路与海洋丝路的交接

《后汉书》卷一六《寇恂传》有所记录。"高平第一城"写作"高平第一"或"第一":"初,隗嚣将安定高峻,拥兵万人,据高平第一,帝使待诏马援招降峻,由是河西道开。中郎将来歙承制拜峻通路将军,封关内侯,后属大司马吴汉,共围嚣于冀。及汉军退,峻亡归故营,复助嚣拒陇坻。及嚣死,峻据高平,畏诛坚守。建威大将军耿弇率太中大夫窦士、武威太守梁统等围之,一岁不拔。十年,帝入关,将自征之,恂时从驾,谏曰:'长安道里居中,应接近便,安定、陇西必怀震惧,此从容一处可以制四方也。今士马疲倦,方履险阻,非万乘之固,……。'"后寇恂杀高峻使皇甫文而"降其城","遂传峻还洛阳。"这段记述中,所谓"帝使待诏马援招降峻,由是河西道开","拜峻通路将军"等,都说明高平战事对于东方往"河西"方向交通作用,即后世所谓丝绸之路开通的重要性。而寇恂谏言"长安道里居中,应接近便,安定、陇西必怀震惧,此从容一处可以制四方也",所谓"道里居中",李贤注:"从洛阳至高平,长安为中。"也指出了"洛阳"和"长安"在这一交通地理格局中的重要地位。

"洛阳"作为东汉都城对于"制四方"的意义,可以从这一都市多方面表现出的"天下冲阸"、"天下咽喉"的重要作用理解。

就江苏连云港孔望山东汉佛教摩崖造像的发现[1],有的学者结合东汉佛教盛行于东海地区的记载,推想孔望山佛教艺术从海路传入的可能性很大。佛教传入内地,或许并不只是途经中亚一路。如果确实曾经由海上丝绸之路传入,则洛阳在这条中外文化交流通道中的地位亦值得重视。

佛教传入中国内地后,最早的信奉者多为帝王贵族,如楚王刘英为斋戒祭祀,汉桓帝在宫中立祠等。楚王居地临近海滨。而洛阳,可以看作佛教进入中原后最早的立足地。

---

[1] 连云港市博物馆《连云港市孔望山摩崖造像调查报告》,《文物》1981年7期;俞伟超 信立祥《孔望山摩崖造像的年代考察》,《文物》1981年7期。

　　汤因比在《历史研究》中曾经通过世界史视角的考察,分析不同文化体系之间的交通联系。他指出,"海洋和草原是传播语言的工具",海洋和草原都可以提供便利文化交流的条件。汤因比认为,"草原象'未经耕种的海洋'一样,它虽然不能为定居的人类提供居住条件,但是却比开垦了的土地为旅行和运输提供更大的方便。"汤因比说,"海洋和草原的这种相似之处可以从它们作为传播语言的工具的职能来说明。大家都知道航海的人们很容易把他们的语言传播到他们所居住的海洋周围的四岸上去。古代的希腊航海家们曾经一度把希腊语变成地中海全部沿岸地区的流行语言。马来亚的勇敢的航海家们把他们的马来语传播到西至马达加斯加东至菲律宾的广大地方在太平洋上,从斐济群岛到复活节岛、从新西兰到夏威夷,几乎到处都使用一样的波利尼西亚语言,虽然自从波利尼西亚人的独木舟在隔离这些岛屿的广大洋面上定期航行的时候到现在已经过去了许多世代了。此外,由于'英国人统治了海洋',在近年来英语也就变成世界流行的语言了。"汤因比指出,"在草原的周围,也有散布着同样语言的现象。""由于草原上游牧民族的传布,在今天还有四种这样的语言:柏伯尔语、阿拉伯语、土耳其语和印欧语。"这几种语言的分布,都与"草原上游牧民族的传布"有密切关系。① 在东西文化交流史上确实可以看到这一具有某种规律性的特点。丝绸之路发生作用也有这样的条件,即"草原地方"作为"无水的海洋"成为不同文化体系"彼此之间交通的天然媒介"。从汤因比的表述看,他所说的其中有"绿洲"的"草原""到处是野草和碎石",或译作"表面是草地和砂砾的草原"②,应当是包括西北方向联系中亚、西亚的丝绸之路许多路段常见的荒漠戈壁的。

　　回顾中国古史,确实可以看到北边的草原和东方的海域共同为交通提供了便利条件。孕育于黄河、长江两大流域的文明通过这两个方向实现了与外界的

---

① 〔英〕汤因比著〔英〕索麦维尔节录 曹未风等译《历史研究》,上海人民出版社1966年6月版,第234页至第235页,第208页。后一段文字另一种译本如下:"确实,欧亚草原比任何其他干旱地区更接近另一种非常难以相处的自然成分——海洋。草原的表面与海洋的表面有一个共同点,就是人类只能以朝圣者或暂居者的身份才能接近它们。除了海岛和绿洲,它们那广袤的空间未能赋予人类任何可供其歇息、落脚和定居的场所。二者都为旅行和运输明显提供了更多的便利条件,这是地球上那些有利于人类社会永久居住的地区所不及的。"〔英〕阿诺德·汤因比著 刘北成 郭小凌译《历史研究》(修订插图本),上海人民出版社2000年9月版,第113页。

② 〔英〕阿诺德·汤因比著〔英〕D·C·萨默维尔编 郭小凌 王皖强 杜庭广 吕厚量 梁洁译《历史研究》,上海人民出版社2010年1月版,第163页。

交流,形成了大致呈"┐"形的文化交汇带。① 佛教传播的路径,就是历史例证之一。汉代佛教的传入,也正是通过西北草原通路和东南海洋通路这样两条均被称作"丝绸之路"的文化线路实现了文明史的演进。而汉代的洛阳,可以看作这样两条文化通路的重要交接点。班固《东都赋》称颂洛阳文化中心的地位:

> 俯仰乎乾坤,参象乎圣躬,目中夏而布德,瞰四裔而抗棱。西荡河源,东澹海漘,北动幽崖,南趣朱垠。殊方别区,界绝而不邻,自孝武所不能征,孝宣所不能臣,莫不陆詟水栗,奔走而来宾。

李贤注:"中夏,中国也。""四裔,四夷也。棱,威也。《左传》曰'德以柔中国,刑以威四夷'也。"又说:"河源在崑崙山。""《说文》曰:'垠,界也。'"②李善注:"《汉书》曰:汉使张骞穷河源。案《古图书名》:河所出曰昆仑墟。"吕向注:"海漘,海畔也。崖、垠,皆畔岸也。"③所谓"河源"、"海漘"、"幽崖"、"朱垠",可以理解为草原丝绸之路和海洋丝绸之路综合言之。张衡《东京赋》强调"天子有道,守在海外",其中也有"藩国奉聘,要荒来质","尔乃九宾,重胪人列"文句,又写道:

> 惠风广被,泽泪幽荒。④ 北爕丁令,南谐越裳。西包大秦,东过乐浪。重舌之人九译,佥稽首而来王。⑤

---

① 王子今《中国古代交通文化》,三环出版社 1990 年 10 月,第 45 页至第 49 页;王子今《草原民族对丝绸之路交通的贡献》,《山西大学学报》2016 年 1 期。
② 《后汉书》卷四〇下《班固传》。
③ 《六臣注文选》卷一。
④ 薛综注:"惠,恩也。泪,及也。幽荒,九州四夷也。"吕向注:"惠风,仁惠之风化及也。幽荒,九州之外。言惠泽及远。"
⑤ 薛综注:"重舌,谓晓夷狄语者。九译,言始至中国者也。"李善注:"《国语》曰:'夫戎狄坐诸门外,而使舌人体委与之。'韦昭曰:'舌人,能达异方之志象胥之官也。'《韩诗外传》曰:'越裳氏重九译而至。晋灼《汉书注》曰:'远国使来,因九译言语乃通也。'《说文》曰:'译,传四夷之语者。'《尚书》曰:'禹拜稽首,四夷来王。'"李周翰注:"佥,皆也。稽首,拜也。重舌,谓重为叙其词,舌以译其意。若此译语,度九重之国,乃至于此。皆来归于我王,而拜首于前也。"《六臣注文选》卷三。参看王子今:《"重译":汉代民族史与外交史中的一种文化现象》,《河北学刊》2010 年 4 期;王子今、乔松林:《"译人"与汉代西域民族关系》,《西域研究》2013 年 1 期。

所谓"北爕丁令,南谐越裳",薛综注:"越裳,南蛮,今九真是也。丁令,国名。"李善注:"《汉书》曰'匈奴北服丁令'也。《韩诗外传》曰:'成王之时,越裳氏重九译而至,献白雉于周公。'"张铣注:"言能以德和谐。"所谓"西包大秦,东过乐浪",李善注:"司马彪《续汉书》曰:'大秦国名犂鞬鞬,在西海之西。'《汉书》有乐浪郡。"李周翰注:"乐浪、大秦,东西远国名。言盛德包过于此。"对于"西包大秦,东过乐浪"与"北爕丁令,南谐越裳",也可以理解为前说东西方向的草原丝绸之路,后说南北方向的海洋丝绸之路。而洛阳以"盛德"之文化优势,使得"九州四夷""皆来归于我王",即以中心的地位,实现了"以德和谐"。

（作者为中国人民大学国学院出土文献与中国古代文明研究协同创新中心教授、中国河洛文化研究会副会长）

河洛文化与现代科学关于
"宇宙形成、生命起源"之奥秘

张喜堂

Abstract：Someone may ask "Is it scientific to put together the ancient Heluo Culture and the modern scientific research on the mysteries of the birth of the universe and the origin of life?"

No doubt, there are thousands of years between the ancient Heluo Culture and the modern science. It seems that the two things are totally unrelated. However, their revelation, exploration and study about the birth of the universe and the origin of life are essentially continuous and completely consistent. Moreover, Heluo Culture provides hints, references and guidance to modern scientific exploration and study in revealing the secrets of the universe. It is meaningful to study and discuss them together. The author has done some research on the subject and thus puts forward the proposition for experts, scholars, and scientists to work on.

一、河洛文化体系中的"河图和洛书"究竟"写"了什么

河洛文化体系的形成,源自于"河图"和"洛书"。

"河图"和"洛书"为地球人类指点了迷津,最早揭开了"宇宙形成、生命起源"的奥秘。

（一）"河图"揭秘了包括人类在内的宇宙万物是由五种基本物质生成的

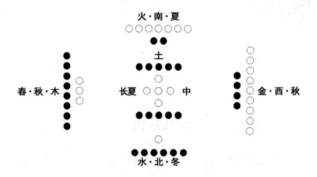

认识河图要把握住以下几个主要问题：

其一，河图提示了宇宙空间内有木、火、土、金、水五种基本物质是万物人类的生命之源，这五种物质在大自然界中广为存在。每一种物质都有"两种不同的成分"。"圆圈"表示物质看得见的成分，"有形"，为阳物；"圆点"表示物质看不见的另一种成分，为其"气场"。就是说这五种基本物质都是以"形、气合一"的状态存在着。"形"表现为"实"、为"有"；"气"表现为"虚"、为"无"；"气"以"形"而"存"，"形"以"气"而"生"，表征了"形和气"互为依存、互相为用的关系。这便是后来"阴阳五行学说"产生的基础。

其二，河图提示了这五种物质有具体的"量"的表征。五种物质的数量各不相同，而且每种物质的两种成分也各不相同。"水"为一、六；"火"为二、七；"木"为三、八；"金"为四、九；"土"为五、十。

其三，河图提示了阴阳两种成分在形成五种基本物质时，都是从内部向外部进行的，即"内生外成"、"先生后成"。

生数之和：水 1 ＋ 火 2 ＋ 木 3 ＋ 金 4 ＋ 土 5 ＝ 15，叫五行的"全态之数"，即"五行齐全"的"完整状态"。所以，"15"这个数很有意义，它是个规律常数。其中：

阳数之和：水 1 ＋ 木 3 ＋ 土 5 ＝ 9，为阳极之数；

阴数之和：火 2 ＋ 金 4 ＝ 6，为阴极之数；

"极则变"是事物发展变化中的必然规律，是事物发展变化过程中一个必然的转折点。所以，见"9"为"阳极"状态，"阳极则变阴"。见"6"为"阴极"状态，"阴极则变阳"。二者都是向着自己的对立面转变。所以，"9"和"6"代表的是极变状态。

其中：阳数之和为：$1+3+5+7+9=25$，阴数之和为：$2+4+6+8+10=30$。

阳、阴数之比为 $25：30=5：6=10：12$ 即是说，五种物质总量中的阴性成分比阳性成分多了 20%，它也表征宇宙间阴性物质的总量比阳性物质多 20%。

从河图中的"数序"可以看出，这五种基本物质中"水"是第一位的，是"基本中的基本"！没有"水"，万物人类将无法生存。现实生活给予人类的启示不也正是这样吗？

其四，河图提示了这五种基本物质有特定的"时间"和"空间"特性。

一、六"水"为北方、冬季；二、七"火"为南方、夏季；三、八"木"为东方、春季；四、九"金"为西方、秋季；五、十"土"为中部、长夏。

其五，河图提示了这五种物质间有相互作用关系，即相生和相克。

木生火、火生土、土生金、金生水、水生木，循环相生。木克土、土克水、水克火、火克金、金克木，循环相克。同时，生和克又融为一体"生中有克、克中有生"。

（二）洛书揭秘了宇宙基本的"形体"和时空变化规律。

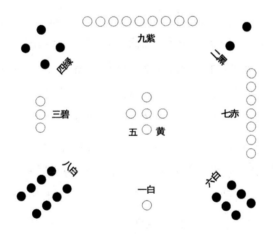

认识洛书要把握住以下几个主要问题：

其一，洛书提示了尽管宇宙无边无际，但它有一个"中心"和"四面八方"构成的"形体"。九宫就是九大部分或者叫九大区域。按照现代的说法，宇宙就是由一个中心和东、南、西、北、东北、东南、西南、西北八方构成的。整个宇宙依中心而分列出四面八方，反过来四面八方又守护中心，形成了中心和四面八方为一体的"宇宙体征"。宇宙的中心为"时空奇点"，也叫"太极点"。洛书中的圆圈和圆点既表示相应的"宫数"，也表示宫位的"正"和"偏"。

其二,洛书提示了"宇宙空间内任意一个或大或小的局部,都有宇宙整体的九宫结构特征"。这是铁定的自然规律,任何时间、任何情况下都不会改变。即是说,地球上任意选定一个地方都有洛书的九宫结构。譬如地球、万物、人类自身的体征都有洛书所揭示的九宫结构。宇宙的中心为"大太极点",宇宙空间内的任意一点也都有可能成为"小太极点"。洛书揭示宇宙空间的九宫结构,为人类研究使用空间方位及方位变化提供了极大的方便。这也正是洛书"极具科学价值"之处!

其三,洛书提示了宇宙的时空变换很有规律。

东　南　　4宫	南　9宫	西　南　　2宫
东　　3宫	5宫	7宫　　　西
8宫　东　北	1宫　北	6宫　西北

洛书的"九宫数"排布很有特点,任何一边的三个数相加之和都是"15",和河图中"五行生数之和15"相一致,我把它叫做宇宙的"时空变换节律常数"。

它也表示地球绕太阳公转一周天360度时,可有24个节律点(360/15 = 24)。这24个节律点对应的时间是我们中国人常用的"二十四节气",对应的空间是"二十四个方位"即二十四个坐向。(这二十四个节律点是用八个天干、十二个地支、四个卦(乾坤艮巽)来表示的)。地球自转一周相对于太阳来说也是一周天360度,二十四个节律点对应一天中有24个小时,全世界有24个时区。

其四,洛书提示了"东、南、西、北四面八方守护中心"的形式和功能。

"东、南、西、北四面八方守护中心"的形式和功能,称之为"四象"。按方位分别叫:东方青龙(木),南方朱雀(火),西方白虎(金),北方玄武(水)。

"四象"在天空中是由二十八星宿分四组组成的,分列在东、南、西、北四方,是地球的守护者。推演到一般,地球上任何一个以某物为中心的九宫结构,都会有左青龙、右白虎、前朱雀、后玄武的四象格局存在形式。它实际上就是以某物为中心前、后、左、右四面八方环境的组合。实际上,在人类的日常生活中,人人都离不开"四象"的守护。

其五,洛书提示了"九星及其运动"对人类产生的影响。

"九星"指北斗七星(贪狼、巨门、绿存、文曲、廉贞、武曲、破军)和左辅星、右弼星。北斗七星距地球很近,对地球的影响(作用力)很大,自然也会影响到地球人类。

这九颗星各有五行所属,对地球人类的影响有吉有凶。洛书中标示的位置是九星各自的原始位置。九星由于运动,相对于九宫的位置在不断改变,对地球各方(各宫)的万物人类产生的影响和作用也在改变。这种运动通常称之为"九星飞宫"。

"四象"和"九星"是形气合一的结构体。"四象"说的是"形","九星及其飞宫"说的是"气及运行",它揭示的是"人与环境"的关系。再好的"四象结构",也会因"气的运行"而呈现出不同的吉凶状态。这个"环境"的概念很宽泛,不但指自然环境,也包括社会环境、人际环境、个人心理环境等。

二、中华民族伟大祖先的巨大历史贡献

中华民族的伟大祖先早在几千年以前就涉足"宇宙形成、生命起源"奥秘的探索,开人类研究历史之先河,而且思想方法独特、成果斐然。最值得大书特书的是,伟大祖先创立了"阴阳五行学说"和"宇宙时空模型系统"。这两大研究成果着实让现代的人们难以想象和理解。伟大祖先对"抽象思维"和"反证方法"的运用达到了炉火纯青的地步,这种便捷手段和效果也值得现代科学效仿。

(一)万象包罗的大自然界有相同规律

早在几千年以前,伏羲通过"仰观天文,俯察地理,远取诸物,近取诸身"等一番观察、分析之后,就发现了宇宙时空包容下的大自然界,在万象包罗的外表下存在着相同的规律性。

我们现代人也可以观察到这种规律。例如人类、动物类和人类生存、生活相关的各"有形"类事物和各"无形"类事物、宇宙的时空结构等等,这种规律的表现就在我们的眼前,无时不见、无处不见。

这个规律就是:宇宙间的所有事物,不管是生命体还是非生命体,不管是有形的还是无形的,不管是大到天体还是小到眼前的一桌一凳,都具有"两面对称型结构"特征。这两面对称型结构存在着"对应对立、互为依存、相互为用、不可

分离"的内在规律性。而且,所有事物的个性差异又有"五种类别之归属",这五种类别之分符合统计学规律,体现着所有事物在另一层面上的相同规律性。

（二）"阴阳五行学说"的历史地位和科学价值

伏羲根据"河图"的提示,利用"反证"的方法,对自然现象中表现出的规律进行归纳和高度地抽象,从而建立起一套完整的学说来揭示这个规律。这就是"阴阳五行学说"。

"阴阳五行学说"是一个整体,不可分离。"五行"中有"阴阳","阴阳"中有"五行",这个学说的"最绝妙之处"就在这里,既清晰又模糊。只有这样一种理论构架才能够把包括人类在内的宇宙万物,所具有的两面对称型结构之共性特征,普遍存在的个性差异以及个性差异中又有五种类别之归属的另一共性特征,即"个性中有共性、共性中有个性、个性与共性融为一体"的客观现实之规律性解释清楚。截止目前,还没有其它任何一种理论能够取代它。

我把"阴阳五行学说"称之为"宇宙第一定律"。其科学价值至高无上。

"阴阳"具有"完全抽象性","五行"是物质性和抽象性的结合体,具有"半抽象性"。

其一,说"阴阳"是"完全抽象物",是因为可以用"阴阳"这只"大筐",把外在形象并不完全相同甚至大相径庭的宇宙万物人类,所具有的两面对称型结构特征一下子全部装了进去,一言以蔽之。两面对称型结构的一面为"阳",它对应对立的另一面为"阴"。并且利用"阴阳"所具有的"既对应对立,又互为依存、互相为用、不可分离"的特性来揭示两面对称型结构所具有的内在规律性。这种"抽象"的力度之大、之全面、之简捷、之科学让现代人类都会感到吃惊和感叹。

其二,说"五行"是"半抽象物",是因为"五行"所表征的木、火、土、金、水五种基本物质具有物质性、气场性、象征性（个体象征和整体象征）。

譬如,"水物质"。阳1生水、阴6成之,表示阴阳相合才能生成水。所以,数字"1、6"代表水。真实的"物质的水",如大洋、大海、江河、湖泊、溪流、井泉之水,比比皆是。虚无的"气场的水"不但存在于实物水中,还存在于宇宙时空中的冬季和北方,这是由宇宙的时空特性决定的。实物的水和气场的水相结合,才是水物质的完整形态。

物质的水、气场的水、抽象的水三位一体,构成了水物质的世界,无所不包。

木、火、土、金、水五种物质，在自然界中比比皆是。仔细想想，除此之外，自然界中还有什么呢？

五种物质的抽象性是以五种物质的基本特性为依据的。这种抽象方法是对物质由感性认识到理性认识的升华，是把事物从物质层面引伸到精神层面的升华，是符合认识论的。这样，木、火、土、金、水五大类别的物质，从各个方面形成了对宇宙空间内所有事物的无所不包。

其三，五行表征的五类物质，其时间和空间特性如同一对孪生兄弟，总是形影相随，永远也分不开。就同一种物质来说，不同的"时令"力量的强弱不同；同一时令中不同的"方位和地域"力量的强弱也不同。

当天道运行春、夏、秋、冬四季做周期性变化时，会"引动"五种物质的强弱做周期性变化；

当东、南、西、北空间方位变化时，也会"引动"五种物质的强弱发生变化。所以，时令和空间方位的变化，是"引动"木、火、土、金、水五种基本物质强弱发生变化的两大"根本性原因"。

地球人类生存在宇宙时空中，宇宙时空中的阴阳五行，随天道运行产生的强弱变化，必然要影响到人类，想不受影响是不可能的，这就是"天人合一"的根源所在。

其四，"五行"所表征的木、火、土、金、水五种物质之间存在着"相互作用"，这是阴阳五行学说的重要内容之一。

五种物质之间最基本的作用形式是"相生"和"相克"。

其主要内容有：五行相生、五行相克、五行生克一体、五行间"正常的"生与克、五行间"不正常的"生与克、五行生克平衡的重要意义。

五行间"生与克的相对平衡"，是维护整个系统处于相对平衡状态的关键。没有正常的"生与克"，就没有事物正常、稳定的变化和发展，以追求相对平衡为目的的"生与克"都是有益的，都能产生新的活力和生机！"生与克"都不能走向极端，"生与克"中"太过"或者"不及"都会因连续反应而引起失衡，从而产生病变。所以，人类的疾病和灾患就来自于人体内五行之气的严重失衡和生克运行不畅、甚至严重冲战，其他事物也是如此。

这才是科学的世界观，科学的认识论和方法论。这些道理大到安邦治国，小到一般的人事,都有重要的指导意义。

(三)宇宙"八卦、六十四卦"模型系统的产生

伏羲是大科学家,他以阴阳五行学说为指导,推演了宇宙的生成过程,干了一件"天大的事",从而建立起了世界上第一套宇宙时空模型系统,丰富了河洛文化,留下了千古不朽的杰作,也开创了利用模型研究事物规律的先河,非常了不得。

其主要内容有:阴阳的模型"—"阳爻(yao),"——"阴爻,阴阳的"数字模型"1和2,五行的象征,伏羲推演宇宙形成,推演宇宙形成过程的"数学模型 $2n(n=0、1、2、3、4、5、6)$",初态模型八卦和终态模型六十四卦。

(四)宇宙"四柱时空模型"系统的构建

其主要内容有:天体和人类,历法(公历、农历),"年、月、日、时"完整时象,天干和地支,六十甲子和干支历,天干和地支是阴阳五行学说最直观的表征,宇宙的"四柱时空模型"。

任意一个年、月、日、时"完整时象"都有对应的天干和地支组成的"四柱时空全象"存在。所以,利用干支历"四柱结构"中天干和地支对"阴阳五行"的具体表征,就构建了宇宙的另一种时间和空间模型,我把它叫做宇宙的"四柱时空模型",它演绎的是宇宙时空变化的外在规律。

两种模型系统各有侧重,一个侧重于宇宙生成中的内在规律和基本状态,一个侧重于宇宙时空变化的外在规律和时空特性的具体运用,那个大规律常数"60"把二者的内在关系统一起来了。

三、现代科学关于"宇宙形成、生命起源"奥秘的最新研究成果

现代科学正在积极的探索"宇宙形成、生命起源"的奥秘,其最新研究成果主要有以下内容:一是137亿年前的大爆炸形成了宇宙,大爆炸中形成了等量的物质和暗物质;二是62种粒子是生成宇宙万物的基本元素。

(一)现代科学证明:宇宙是在137亿年前的"大爆炸"中形成的

大爆炸中形成了等量的物质与暗物质。但暗物质哪里去了? 这个问题困扰着现代的科学家们,并被一直不停地找寻着。

2012年元月7号《环球时报》刊登了一篇文章"在瑞士地下探索宇宙起

源”,这载报道披露了最新的研究成果。它说的是,欧洲核子研究中心(CERN),利用大型强子对撞机(LHC)来模拟宇宙爆炸后初态,并探索宇宙起源之奥秘。

2010年11月8号,该中心用大型强子对撞机(LHC)制造了一次宇宙小型大爆炸,来模拟137亿年前宇宙形成的瞬间过程。科学家们认为,宇宙大爆炸时物质和反物质等量存在。

2011年6月欧洲核子研究中心的科学家们成功地俘获了反氢原子长达16分钟。

著名物理学家丁肇中教授带领他的科研团队利用美国的航天飞机把实验仪器(好像叫阿尔法磁谱仪)送入太空空间站,用来测定“暗物质”的存在。2013年4月4号,中央电视台晚间新闻中播出了丁肇中教授的科研团队得到的可喜收获。

一载报道说,我国也在利用隐于地下很深的实验室来测定“暗物质”。2015年11月16日中央电视台首次报道了中国将发射探测暗物质的卫星,表明了我国对暗物质世界的高度重视。

2013年3月23日的《参考消息》曾载文,标题是:《“普朗克”拍摄最精确宇宙“婴儿照”》。说的是欧洲航天局在2009年5月发射了“普朗克”太空望远镜,用于探测宇宙微波背景辐射温度的细微变化,绘制出了相关变化最精确的图片。并推定,宇宙年龄比137亿年还长,为138亿年。还说宇宙在大爆炸中形成时经过了两个膨胀阶段,第一个是宇宙膨胀速度超过光速的短期“宇宙膨胀”,第二个则是较长的缓慢膨胀时期。

(二)现代科学是以粒子物理理论为基础来研究宇宙生成的

2011年12月13号欧洲核子研究中心(CERN),公布了来自大型强子对撞机LHC的重要数据,并说有两个研究小组发现了被称为“上帝粒子”的“希格斯玻色子”。

“希格斯玻色子”被称是物质获得质量的根源,是建造宇宙的基本模块。由于“希格斯波色子”能量巨大,到处存在却难以追寻,因此被称为“上帝粒子”。

早在1964年,英国科学家希格斯认为:在137亿年前的大爆炸中“希格斯玻色子”使物质获得质量,万有引力使质量变成重量,从而使恒星和行星都得以诞生,最终孕育了生命。人类生活的地球是太阳系的一颗行星,也是在那时诞生的。希格斯的理论可以解释粒子为何拥有质量,从而演化为万事万物,使人类距离了解宇宙诞生之谜或将迈出一大步。

几十年后的今天,"希格斯玻色子"终于被科学家们发现了,2011年12月15号《大河报》报道了此消息,2012年7月4号中央电视台"晚间新闻"再次公开报道了发现"希格斯玻色子"的消息。

现代粒子物理学模型理论曾预言了62种基本粒子的存在,这些粒子基本都被实验所证实,并认为"希格斯玻色子"是最后一种未被发现的粒子,它先有质量,而且是所有物质的能量之源。

(三)凡是物质都具有"粒子性和波动性(物质波)"的观点是1924年法国著名物理学家德布罗意先生提出来的"假说"

法国物理学家德布罗意先生在光的"波粒二象"性启发下,提出了凡是物质都具有波、粒二象性的假说,并给出了数量关系。从物理学的角度讲,"能量"和"动量"是表征粒子特性的两个物理量,"频率"和"波长"是表示波动特性的两个物理量。德布罗意先生发现了微观粒子的"能量 e"和"动量 p"与波的"频率 f"和"波长 λ"之间的关系。这种关系用数学公式描述,则为:e(能量)= h. f(频率),p(动量)= h/λ(波长),公式中的 h 叫普朗克恒量。这种关系如同光的粒子性与波动性关系。德布罗意先生的假说,不久就为电子衍射实验所证实,"假说"变成了"真说"。

更为可喜的是,2016年年初科学界公开报道了科学家们已经发现了引力波的存在。引力波不是物质波吗?!

四、河洛文化体系和现代科学的相关性

在研究过程中,我越来越清晰的认识到,古老的河洛文化体系和现代科学是一脉相承的,我相信在不远的将来,会有新的科研成果来证实这一切。

(一)如果和现代科学相衔接,我认为"阴阳"最基本的取象就是"物质和暗物质",或者说是物质的"粒子性和波动性"即"物质和物质波"的对立统一结构

根据我的研究,认为现代科学正在寻找的暗物质实质上就应该是物质波。"物质与物质波"就是德布罗意先生提出的物质"粒子性和波动性"的对立统一结构。我是这样想的,还有待现代科学家们去验证。

简言之,木、火、土、金、水五种基本物质的气场,即五行气场就是物质波,就

是暗物质。物质性表现为"实"，为阳；物质波表现为"虚"，为阴。

五行气场或者说五种暗物质、五种物质波应该具有波的一般特征：波长、频率和能量。木、火、土、金、水五种物质不同，其物质波的频率、波长和能量肯定也会各不相同。至于这五种物质波是不是电磁波我还不敢断定，为什么呢？因为，如果是电磁波，按照现代的科技水平是不难测定的，可实事上仍无定论，科学家们仍在努力地寻找着。所以，要么它们不是电磁波，而是特殊的物质波，可以穿越任意空间。要么它们是波长、频率特异的电磁波，现代科技手段暂时还测定不到。这一切有待于现代科学家们通过现代科技手段去证实。

（二）如果和现代科学相衔接，我认为"阴阳大裂变"就是"宇宙大爆炸"

"阴阳五行学说"的核心是"阴阳"，我们的老祖先伏羲利用阴阳模型"— —"和"——"，形象的推演了宇宙的生成过程。它让我们看到了宇宙的生成过程，就是阴阳不断一分为二的"裂变"过程。现代的"大爆炸理论"就是伏羲的"阴阳大裂变推论"。为了对"阴阳大裂变"和"大爆炸"有一个形象的比较，我把"平面展开图"变换成"圆图"。

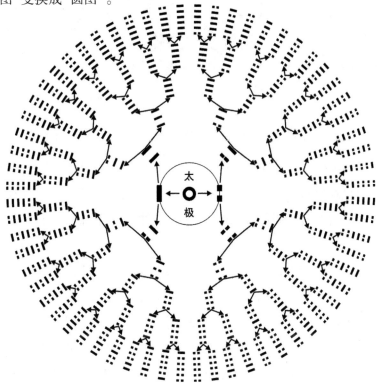

　　从推演宇宙形成过程的"阴阳大裂变"的图示中,我们可以看到现代尖端科学技术"原子能"产生的道理了。这巨大的能量来自于核子的"链式反应",一分二,二分四,四分八……产生这种链式反应的"根"在哪里呢? 不言而喻。

　　(三)如果和现代科学相衔接,我认为生成宇宙万物人类的基本粒子数量应该是 64 种。还有 2 种粒子有待发现! 这 64 种粒子中有"一对粒子"是重要的,这一对粒子对其他 62 种粒子都有影响。所以,"希格斯玻色子"还不能算是最后的"上帝粒子",或许还有一个和其对应的粒子存在,共同成为"上帝粒子"

　　在推演宇宙形成的过程中,伏羲遵从天道运行揭示的"万物生发至直壮盛需要六个时段、逢七则变"的自然规律 ,详细、具体、形象的描述了"阴阳大裂变"让宇宙从无到有、从生到成,孕育出万物人类所进行的六个时段。

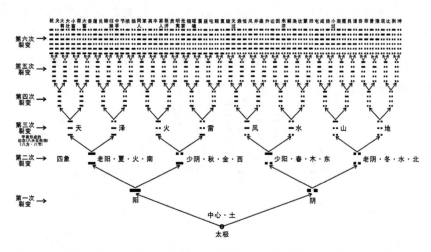

　　前三个时段结束时宇宙初见形态、有了基本的框架:八节、八方的"时空结构"和八大自然物种天、泽、火、雷、风、水、山、地。并因此而得到了由阴阳符号所表征的"宇宙初态时空模型系统",这就是"闻名遐迩"的"八卦"乾、兑、离、震、巽、坎、艮、坤。

　　后三个时段结束时宇宙完全形成,有了万象包罗的大千世界,得到了宇宙生成后的 64 个基本状态,由此而建立了宇宙终态的"六十四卦时空模型系统"。

　　它表明宇宙完全形成时有 64 个"基本物种"存在,地球人类只是其中的一个物种。就地球人类这一个物种来说,不管繁衍过程中属于非共同的基因成分如何变异,其生物遗传基因密码组合也只有 64 种。人类的生物遗传基因密码虽然有 64 种基本组合方式之别,但有一种最基本的成分是 64 种组合方式共同具有的,即是全人类共有的。它决定了人类不管如何繁衍,都只有男女之别。这是人类"整体结构"的最大特征,永远也改变不了。

按照现代粒子物理理论,我认为生成宇宙万物人类的基本粒子总数量不只是 62 种,而应该是 64 个基本状态对应的"64 种",还有 2 种粒子有待发现。我无意、也不想、也不敢挑战现代科学,我知道我现在无法去证实,也只能留给科学家们去证实了。这 64 种粒子中有"一对粒子"是重要的,这一对粒子对其他 62 种粒子都有影响,这一对粒子取象于"乾坤两个模型"。所以,"希格斯玻色子"还不能算是最后的"上帝粒子",或许还有一个和其对应的粒子存在,共同成为"上帝粒子"。

(四)如果和现代科学相衔接,我认为宇宙形成于"137 亿"年前的推论可以从宇宙生成的数学模型中得到论证

我找到了表征宇宙生成规律的"数学模型"2^n(n = 0、1、2、3、4、5、6),底数"2"表示"阴阳"二体,指数"n"表示裂变的次数。其取值范围为 n = 0、1、2、3、4、5、6,它是由"万物生、旺为六个时段,逢七则变"的自然规律决定的。

从推演过程可以看出,宇宙的生成共有 6 次裂变过程。这个过程可以分为两个阶段,第一个阶段是前期的三次裂变,从数学模型可以计算出($y = 2^0 + 2^1 + 2^2 + 2^{3=15}$),这个阶段阴阳裂变进行的比较快,让宇宙有了初生的状态。第二个阶段是后期的三次裂变,从数学模型可以计算出($y = 24 + 25 + 26 = 112$),这个阶段阴阳裂变进行得比较缓慢,让宇宙有了万象包罗的终态。这和欧洲航大局利用"著朗克"太空望远镜,拍摄最精确宇宙"婴儿照",并推定出:宇宙年龄比 137 亿年还长,为 138 亿年;宇宙在大爆炸中形成时经过了两个膨胀阶段,第一个是宇宙膨胀速度超过光速的短期"宇宙膨胀",第二个则是较长的缓慢膨胀时期"的结论是一致的。

如果,把整个裂变过程对应的时间数设定为 y,则:

$y = 2^0 + 2^1 + 2^2 + 2^3 + 2^4 + 2^5 + 2^6$

$= 1 + 2 + 4 + 8 + 16 + 32 + 64$

$= 127$

若加上河图"10"数,则 $y = 127 + 10 = 137$

河图"10"数表征的"数值的最高辈分"为"亿"。所以,从此数学模型可以看出,宇宙的形成当在 127～137 亿年之间之前。这和现代科学所证明的,宇宙是在 137 亿年前的大爆炸中生成的"最新宇宙观"是何等相似。

宇宙形成过程的"数学模型 2^n(n = 0、1、2、3、4、5、6)",揭示的是宇宙生成的大规律。由此推及至诸如二进制数学、数字电路、大规模集成电路等现代文化科学技术的"根源"时,也是多么的有意义。

(五)如果和现代科学相衔接,我认为洛书揭示宇宙空间的九宫结构,与现代高科技密切相关,因而意义重大

洛书告诉人类"宇宙空间内任意一个或大或小的局部,都有宇宙整体的九宫结构特征",这个自然规律任何时候、任何情况下都不会改变。所以,任何一个小的地域、空间甚至任意一张纸在选定太极点后,其九宫结构都和宇宙相一致。例如,我们常见的地球仪、地图就有很强的模拟地球的功能,只有方寸之地的"雷达平面"也有洛书九宫结构,可以模拟宇宙空间。利用宇宙坐标体系,随时可以准确测定和调控轮船、飞机、卫星、飞船的航向及轨道。如此这样,极其复杂、极其困难甚至根本无从下手解决的难题,都在洛书所揭示的真理指导下迎刃而解了。

所以,我认为没有河图洛书就没有现代高科技。

把偌大的宇宙空间、偌大的地球模拟到一张图、一个平面或者一个模型上,这可不是现代人的"首创"。最早使用模拟方法推演宇宙形成,从而建立起宇宙时空模型系统的是伏羲,他的"首创"比现代人早了几千年。

总之,现代科学在探索"宇宙形成、生命起源"的奥秘时,研究成果来得为时太晚,而且耗费了大量的人力、物力和财力。同时,这最新的科研成果还不完备、不系统、不全面。而河洛文化体系中"河图和洛书"的揭秘以及"阴阳五行学说"和"宇宙时空模型系统"的形成却比现代科学更早、更精辟、更完备、更系统。所以,河洛文化体系的形成是我们中华民族伟大祖先智慧的结晶,是华夏文明的结晶,它的成果应该属于世界人类。

(作者为河南商业高等专科学校原校长)

河图洛书研究综述及展望

张发祥　孙妍哲　吕煜

Abstract：Hetu and Luoshu, or the Yellow River Diagram and the Luo River Diagram, are the first Chinese mystical diagrams symbolic of the universe and the fountainheads of the Chinese nation. Hetu and Luoshu are the cultural heritages that reflect ancient Chinese wisdom and witness China's long history; therefore they feature prominently in the histories of Chinese culture and Chinese thoughts. Although Hetu and Luoshu are the origins of Heluo culture and Chinese Yin Yang and five elements, all related studies center on their post texts, owing to the disappearance of the original texts. These studies interpret and further the original texts and are of great significance. The paper will focus on the present study of Hetu and Luoshu and predict the study trend by combing and analyzing related texts and documentaries.

河图洛书是中国字形文化的第一幅神秘图案,被称为"河洛文化的源头和标志",在中国文化史和思想史上具有极其重要的地位,因而入选第四批国家非物质文化遗产名录。河图洛书及其传说,是中华民族的根源文化,印证了中华文明的悠久历史。

一、国内河图洛书研究综述

河图洛书是河洛文化的滥觞,中华文明阴阳五行数的源头,是先民智慧的结晶,被誉为"宇宙魔方",《尚书》《易经》《礼记》《论语》等典籍对此均有记载。然而,作为研究对象而言,由于河图洛书的文本不复存在,因此针对它的评述及研究均产生于原文本之后,这些研究是对原文本的衍生和发展,是对原文本的阐释和解读,意义重大。

1. 对河图洛书本源的研究

河图洛书的记载可追溯到《易经·系辞上》"河出图,洛出书,圣人则之"。后世研究多参照宋代陈抟绘制的两幅图,自朱熹起,学者们普遍认可河图洛书的真实性。

现代学者对河图洛书的发源地进行了探讨。

早在 1997 年,孙顺通在《〈河图之源〉——龙马负图寺志》一书中提出"河图诞生于洛阳孟津黄河之滨的龙马负图寺附近,孟津龙马负图寺为我中华民族人文之祖,人文之根"。2006 年,王永宽在《河图洛书探秘》一书中对洛书发源于洛南、洛宁及洛阳一带等说法进行了综述。2009 年,李学勤、赵金昭、史善刚在《河洛文化与中国易学》一书中提出河图源于孟津、洛书源于洛宁。

作为图腾崇拜标志的河图洛书,其产生的地域应在中原河洛文化的中心区域之内。世界闻名的易学家、中国《周易》研究会副会长刘大钧曾在不同场合多次说:"洛阳孟津才是最正宗的周易八卦的故乡,是中华文化的发源地。"孟津县会盟镇雷河村是黄河的交汇点,被视为钟灵毓秀之地,人们在那里建龙马负图寺,造庙礼圣,寺中多刻碑文。从地理方位来看,此地南临夏、商、周三代之都和洛阳汉魏故城,东距轩辕黄帝故里和裴李岗文化遗址仅有 150 余公里,西距渑池县仰韶文化遗址也只有 50 公里,为中华文化的发祥地之一。如按"河图"的原始含义,此地是名符其实的"河图之源"。

学界对洛出书之处看法不一,有学者认为是在陕西省境内的洛河岸边,也有学者认为在巩义境内伊河洛河交汇处,还有学者提出"洛出书处洛宁说"。2004 年,《洛阳晚报》刊登的《洛出书神话传说背后的历史足迹》一文提到:(洛宁)西长水现存的两通古碑中,东边一碑为沙质岩石,上圆下方,额刻圭首,由于年代久远,仅剩一苍劲有力的魏体"洛",据专家考证,当为汉魏遗碑。西边一碑石灰岩质,为清雍正二年(1724 年)腊月永宁县令沈育所立。碑上 4 个大字"洛出书处"为河南尹张汉所书,两通古碑是"洛出书处在洛宁"的有力证据。此外,此地与"河出图处"的孟津相距仅有 80 公里,同属于河洛文化的中心地带。将文献记载地形地貌和历史文物遗存三者相对照,"洛出书处"确应在洛水中游的洛宁西长水村,而此地亦被称为"洛书易禹之处"。

2. 对河图洛书图形的解码研究

河图洛书图形的解码研究经历了先秦的"祥瑞说",两汉的演绎与附会,至宋元以迄明清,研究日益图式化和玄理化。河图洛书在先秦时代被认为是一种祥瑞之物,代表帝王受命于天,对它的研究多从祥瑞角度展开。两汉时河图洛书不仅被认作祥瑞之物,更象征了政权正统,研究逐渐向演绎和附会转变。这种研究思潮一直延续至唐代。宋元时期,道家陈抟传出河图洛书图形之后,河图洛书出现了图说和图式。陈抟、邵雍等人侧重河图洛书中的象数及意蕴,宋代杨辉《续古摘奇算法》中对洛书的三阶幻方进行研究与推演,周敦颐、程颐、程颢等人侧重河图洛书的义理层面,朱熹等人则兼顾二者。明代河图洛书的研究主要体现在造图领域,同时质疑河图洛书的学者,继续对其相关内容进行批驳。清代河图洛书的研究基本上继承程朱理学对河图洛书的内容探讨,没有出现新的图形式样,但是始终存在着反思、质疑和批判。近现代河图洛书研究中,有学者挖掘出河图洛书存在的新证据,如王子国在彝族书籍《土鲁窦吉》中找到关于河图洛书的详尽解释,马王堆汉墓出土的帛书《易》中也有关于河图洛书的文字记载。1988 年韩永贤发表《对河图洛书的探究》一文,对河图洛书的缘起和内容提出新的见解,认为河图是气象图,洛书是方位图。2014 年徐金星、郭绍林、扈耕田出版《河洛文化论衡》,对河图洛书的图形作出释义。2015 年阿城出版《洛书河图:文明的造型探源》,首次从造型的独特角度梳理上古文明的发展脉络,还原出两千多年来传说中的河图、洛书图形并阐释其意义。

3. 对河图洛书价值的研究

在数学领域,洛书的最大成就是幻方,宋代杨辉的《杨辉算法——续古摘奇算法》和清代李光地的《周易折中》对此均有记述。清代江永在《河洛精蕴》一书中将河图洛书与十进制、勾股定理结合起来进行研究。在物理学领域,薛学潜《易与物质波量子力学》一书阐释"易方阵"及其引出的各种现代自然科学理论,影响颇大。

在医学领域,早在中医经典著作《黄帝内经·素问》中,先人就将人体与河图相对应,中医圣典《灵枢——九针》专门阐述了洛书九宫与人体肢体、身形相应的人天全息之数理。1997 年,蔡旭发表《河图洛书与中医脏象》一文,认为河图洛书是概自然法则的时空象数模型,这一模型对中医脏象学说有很大影响;

2013年,王永福、吴秀惠合著的《中医处方门径与技巧》论证了中医理论体系的形成与河图洛书模型的关系。

二、国外河图洛书研究综述

国外的河图洛书科学研究主要集中在数学解码,16世纪韩国学者李滉在《启蒙传疑》中将河图之数与阴阳五行相结合,并认为八卦也源于洛书;17世纪德国数学家莱布尼茨发现,中国古代的八卦暗含二进制,这启发了他对后者的研究,并推动了后者在科学技术领域的广泛应用;当代美籍学者焦蔚芳在《周易宇宙代数学》一书认为"河图"、"洛书"和"易卦"是中国传统文化的三大基石,并以此创立了"河、洛、易"数学体系。

在人文研究领域,日本学者藤原惺窝基于朱子学对河图洛书说展开研究,并且重复了朱熹和李滉的研究观点,认为河图洛书的研究对朱子学影响不大。西方对河图洛书的研究也是基于朱子学,但成果极少,且缺乏新意。有学者认为,仅仅就河图洛书的两幅抽象图像过分阐释,这和西方早期科学研究的主流方法不合;此外,河图洛书和中国传统文化密切相关,若没有中国文化的底蕴很难真正理解河图洛书;还有学者认为,河图洛书的研究只是朱子学研究的一部分,这一部分的研究效果并不能影响朱子学研究。

三、当前研究的局限性

不难看出,河图洛书体现了中华文化高度的抽象思维能力。它用抽象的内容去分析并说明具体事物,其数字及其搭配、组合,高度概括了各种自然现象。作为早期的文化成果,河图洛书开启了中华文化"天人合一"性质的导向,其形式虽然简单,内容却涵盖天文历法、地理、物理变化、人伦关系、政治原理等层面。

随着中外交流的日益频繁,河图洛书研究的局限性也日益凸显,主要表现在:研究者见解比较分散,缺乏从"文化核心"角度全面、系统梳理河图洛书;河图洛书的外宣策略及外宣文本十分匮乏,不利于其海外认同;翻译评价体系不完善,不利于客观评估翻译效应,影响跨文化传播。针对这种现象,笔者认为河图洛书今后的研究应突破以下几点:

1. 研究理论与方法

河图洛书具有巨大的文化潜价值,它用图象的视觉效果以及图象所表示的次序与数字关系来表达含义,所传递出的信息浓缩了中国古代文化的精华,反映着对于客观世界规律性的认识。

图象的形态是一种符号,而符号的排列又表现出一定的结构,整齐有序的直观特征和含蓄意蕴,具有神秘性和不确定性。符号显示的信息需要进行破译和重新解读,这就给后世的人们提供了丰富的想象余地和广阔的思维空间。结构主义和符号学理论可以为今天重新认识河图洛书问题提供有益的思路。20世纪70年代,英国学者特伦斯·霍克斯的专著《结构主义和符号学》评述了结构主义和符号学理论的本质与发展,讨论了结构主义和符号学的基本问题和原则。根据书中阐述的结构主义和符号学的概念及主要观点,联系河图洛书的表现形式与内容,可以说河图洛书比较典型地体现了结构主义和符号学意义。

20世纪20—30年代苏联形式主义学派的代表学者罗曼·雅各布森说:每一个信息都是由符号构成的;因此,称之为符号学的符号科学,研究那些作为一切符号结构的基础的一般原则,研究它们在信息中的应用,研究各种各样符号系统的特殊性,以及使用那些不同种类符号的各种信息的特殊性。

由此可见,河图洛书正是一种具有特殊性的符号系统,并具特殊的符号结构,研究其符号意义和结构原则,并进而研究其信息的应用,正是结构主义和符号学所关注的问题。河图洛书本来的代码所显示的信息可能是用于占卜的图象或者地理图之类,但是后来的圣贤哲人对它予以发挥并用来解释其他问题时,实际上已经是将原来的代码转化为其他代码的信息了。随着河图洛书研究的不断深入,河图洛书原来的代码还将有可能转化为新的系统、新的领域代码信息。

2. 研究内容

传统的河图洛书研究主要集中在本源、解码、价值的研究,缺乏文化内涵研究,缺乏从“文化核心”角度全面、系统梳理河图洛书。中华文明绵延数千年,有其独特的价值体系。中华优秀传统文化已经成为中华民族的基因,植根在中国人内心,潜移默化影响着中国人的思想方式和行为方式。

河图洛书首先具有丰富的政治学思想。它是第一个有关国家、社会治理的文献,《汉书·五行志》曰:禹治洪水,赐《洛书》,法而陈之,《洪范》史也。它首次提出国家治理在宏观上应把握的问题及原则,更是首次概括治国既要以德又要有法。在哲学思想上,河图洛书体现了先人在思维科学及哲学原理方面的成就。河图洛书的象数思维方法突出反映了古代东方重视形象思维的特点,并用这一方式精密地审视自然,包括天文、气象等,古人曾以此指导制造出复杂的器械(如天文学上的浑天仪)。据《史记》记载,在河图洛书的影响下不少术数家通晓天文、历算、五行等,成为哲学家、政治家或军事家。而民间方术、方技与河图洛书、《周易》之关系,也与河图洛书中的"天人合一"这一中国哲学思想有关。

3. 研究意义

文化是民族的血脉,是人民的精神家园,中国要成为真正的强国,文化软实力的强大是必要条件,而文化软实力靠的是文化自觉和文化自信。作为文化战略的重要成分,中华文化外宣既是构筑文化信心的基础,是文化传播和异质文化交流的主要手段,也是文化竞争中的桥头堡,体现了一个民族的文化活力。

河图洛书博大精深,成就了厚重深远的中华文化。河图洛书外宣是中华文化的国外旅行,在经历了文化的固守、冲击和认证后,它可以实现增殖:译者可以增强对本民族优秀文化的自信,及对其它民族主体的独立文化个性的尊重;译本可以阐释中国传统文化内涵的博大、思维的缜密、精神的厚重;翻译行为可以实现弘扬优秀传统文化和发展现实文化的有机统一,并将中国传统文化放到世界文化的融合进程中,实现了中国传统文化的海外认同。

在外宣过程中,外译者通过提高自己的外语水平,加强自身的文化修养,阅读、钻研中国文化,忠实地传递中国文化的意、韵、味,使异语读者不仅了解中华文化的"名",而且能够体味中华文化的"道",实现对中国经典文化的客观阐释。

四、河图洛书研究展望

从世界文化史来看,文明初创时期所成就的伟大思想成果,总是人类历史文化发展所不断反溯回顾的创造源泉和精神动力。研究河图洛书,就要突破前人研究视域,认真汲取中华优秀传统文化的思想精华和道德精髓,深入挖掘和阐发中华优秀传统文化讲仁爱、重民本、守诚信、崇正义、尚和合、求大同的时代价值,做好创造性转化和创新性发展。今后的河图洛书研究可以从如下角度展开:

1. 确定起源

中华文明源远流长,河图洛书作为华夏文明源头的源头,其史料记载可谓汗牛充栋。现代学者在研读这些资料时,应客观辨析解读,并批判性地传承。河图洛书的研究应该由浅入深,由里及表,综合各个学科的新发现,多方位梳理、系统研究河图洛书的起源、嬗变。

2. 充实文化

文化关键词与文化核心价值具有一体性特点,要揭示不同词对于某一特定文化的特殊含义,必须探究其在现实话语中的实际功能。就河图洛书而言,其"阴阳之道"表达了中国哲学对生命的认识,体现了其与自然时空、阴阳之间的密切关系。其"天人文化"体现在图形奇、偶数排列错落有致,反映了中国传统的天人感应理论。其"和谐法则"则体现了中国精神,是中华民族在修齐治平、知常达变、开物成务过程中逐渐形成的有别于其他民族的独特标识。

3. 跨文化传播

文化传播首先意味着经典文本的国外旅行,而文本旅行中的文化固守、文化冲击和文化认证体现了文本主体"往他乡"途中对他者文化的"凝视",究其实质乃一种彰显着权力之争的话语实践。河图洛书具有普世性的价值。学者们可以利用文化互补优势,推动河洛文化在西方世界的传播;通过评价翻译效应,探寻其文化翻译背后的文化心态;通过中西互释,将中国传统文化放到世界文化的融合进程中,打破传统思维之局囿,达致超融与创新。

结语

以洛阳为中心的河洛地区,是中华民族文化的产生地和辐射中心。作为华夏文化渊源的河洛文化,孕育了厚重的河图洛书;而河图洛书作为河洛文化之根,是先人智慧的结晶。广泛发扬华夏文化,就必须研究、汲取、传承河洛根文化。深入研究河图洛书,有助于人们了解中华民族的形成、民族性格的养成、信仰空间的定位、社会生活的导向,有助于理清其传播的深层历史根源、文化心理以及精神指向。通过梳理河图洛书的相关史料,有利于正确认识、解读河图洛书文化符号以及正确审视自身,增强文化自信。我们要通过跨文化传播的视角对河图洛书文本进行外宣研究,使河图洛书成为中外认同的文化符号,以弘扬民族优秀文化,促进中国文化软实力建设。

参考文献:

1. 阿城《洛书河图:文明的造型探源》(修订本),中华书局,2015 年。

2. 陈抟《河洛理数》海南出版社,2015 年。

3. 江永　冯雷益《河洛精蕴》,九州出版社,2011 年。

4. 焦蔚芳《周易宇宙代数学》,上海科学技术文献出版社,1995 年。

5. 李根柱《华夏文化之源流—根在河洛》,白山出版社,2012 年。

6. 李光地著 李一忻点校《周易折中》,九州出版社,2002 年。

7. 孙顺通《河图之源—龙马负图寺志》,中州古籍出版社,1997 年。

8. 王永福　吴秀惠《〈中医处方门径与技巧〉附:河图洛书与中医学》(第二版)中国中医药出版社,2013 年。

9. 王永宽《河图洛书探秘》,河南人民出版社,2006 年。

10. 薛学潜《易与物质波量子力学》,中国科学公司,1937 年。

11. 徐金星 郭绍林等《河洛文化论衡》(上)中国文史出版社,2014 年。

(张发祥,河南科技大学外语学院院长、教授;孙妍哲、吕煜,河南科技大学外语学院讲师)

闽南方言的多元性及其原因探析

黄英湖

Abstract：Minnan dialect is the language commonly used in Quanzhou, Zhangzhou and Xiamen. It is an ancient Central Plain Chinese – based language mingled with ancient Yue, Wu and Chu Chinese, as well as some foreign languages in Southeast Asia. The diversity of Minnan dialect stems from the diversified origin of Minnan people. The local Minyue people had their own language, and migrants from Henan, Wu and Yue areas in ancient times brought with them different languages; what's more, foreign merchants living in Quanzhou, returned overseas Chinese and their families also brought various foreign languages. Languages from different origins merged together in Minnan and finally formed the diversified Minnan dialect.

闽南是指福建南部的一个地理区域,范围涵盖现在的泉州、漳州和厦门3个设区市。闽南3市不仅地理相连,而且语言相通,习俗相同,共同形成一种有别于闽东、闽北、闽西等地的区域文化。闽南地区通用的语言,是一种被称为"闽南话"的方言。闽南方言是以古代中原汉语为主体,融合了国内外多种语言成分而形成的古老语言。

闽南方言的多元性,缘由于闽南民系来源的多样性。古代先后从河南等地迁入,最终成为闽南民系主体的大批移民,给闽南地区带入不同时期的中原汉语;闽南最早的居民闽越族,在闽南方言中留下了古越语遗音;古代来自吴、楚地区的移民,带来他们各自不同的语言;定居泉州的众多外国商人,以及归国华侨和他们带回的"番婆"、"番仔"等眷属,也带入各种的外国语言。多种来源的语言在闽南交汇融合,终于形成多元性的闽南方言。

一、闽南方言的多元性成分构成

闽南方言的词汇和语法中,混合、掺杂了国内外多种不同的语言成分。

1. 闽南方言中的古代汉语遗存

语言学家把我国汉语的发展分为上古、中古和近、现代几个时期。而在闽南方言中,这些不同时期的古代汉语,都或多或少地被保留了下来。

(1)闽南方言中的上古汉语遗存

汉代之前是我国汉语发展的上古时期。闽南方言中保留了比较多的、在现代汉语中已不再使用的上古时期汉语。如"鼎"是秦汉之前北方人对做饭炊具的称呼,《说文·片部》:"鼎,三足两耳,和五味之宝器也。"秦汉之后被改称为"镬",最后又改称为现在的"锅"。而中原汉人南迁后,也把"鼎"这个称呼带入闽南,并且一直沿用至今。另外,在闽南方言中,称口为"喙",《说文·口部》:"喙,口也。"说跌倒为"跋",《说文·足部》:"蹎,跋也。"还有,东汉蔡伦发明造纸技术前,我国的"书"都是由一片片竹简相串成"册"的,"书"即是"册"。而现在的闽南方言中,仍然是称书为"册",说"读书"为"读册"。像这样在闽南方言中被保留下来成为基本词的古汉语根词和单音词,还有"目"(眼睛)、"箸"(筷子)、"日"(太阳)、"秫"(糯米)、"糜"(稀饭)、"昼"(中午)、"冥"(晚上)、"曝"(晒)、"食"(吃)、"行"(走)、"走"(跑)、"惊"(害怕)、"乌"(黑)、"芳"(香),等等。

现代汉语语法的构词方式是"修饰词 + 中心语",如"客人"、"纸币"、"铁门"等等。而在上古汉语的语法上,大量使用的构词方式却是"中心语 + 修饰语",如"桑柔"(柔弱的桑)、"帝尧"(尧帝)等等。《国风·将仲子》中有"无折我树杞"、"无折我树桑"、"无折我树檀",这些句子中的"树杞"、"树桑"、"树檀",在现代汉语应该是"杞树"、"桑树"、"檀树"。而在闽南方言中,这种"中心语 + 修饰语"的构词方式,可以说是比比皆是,如:风台(台风)、历日(日历)、人客(客人)、药膏(膏药)、鸡母(母鸡)、鞋拖(拖鞋)、头额(额头)、菜花(花菜)、钱银(银钱)、猪哥(公猪)、鱼干(干鱼)、面线(线面)等等。

一些现代汉语中已经不存在的上古时代语气词,也在闽南方言中被保留了下来,如"不"字作为语气词放在句尾成为疑问助词,早在殷商的甲骨文里就已出现。董作宾所著的《殷墟文字》中就有"丙子卜,今日雨不?","庚申卜,余伐不?"。在《史记·张仪列传》中,有"子去寡人之楚,亦思寡人不?"这个"不"字用在这些句子里,是对前举之事的否定,使句子出现"今日下雨? 不下雨?"的两种选择。实际上,它在句子中主要是起疑问语气的作用,含义相当于"吗?"。而在闽南方言中,这样的语句仍然经常被使用:"汝要去不?"(你要不要去?),"汝来一下好不?"(你来一下好不好?)

上古汉语中还有一个"未"的语气词,如《史记·田蚡传》中的"君除吏已尽未?",《汉书·外戚传》中"太后独有帝,今哭而不悲,君知其解未?"。"未"字在这里相当于"没有","君除吏已尽未?"其意思是问"尽"或是"没有尽"。这样的用法和句型,在今天的闽南方言中也是经常出现的,如"汝食未?"(你吃了没有?),"伊去未?"(他去了没有?),"通知收着未?"(通知收到了没有?),等等。

像这样在闽南方言中被保留下来的上古汉语语气词,还有"乎"、"尔"、"耶"等。这些特殊的古代汉语语气词及其所形成的句式,在现代汉语中并没有继续被使用,而它们却在闽南方言里被保留了下来,并在日常生活中被频频使用。因此,闽南方言是一种古老的语言,被人们称为我国语言的"活化石"。

(2)闽南方言中的中古汉语遗存

宋代之前是我国汉语发展的中古时期,闽南方言中也保留了这个时期的一些词汇。如闽南方言中的"教示"这两个字,一般是指长辈对晚辈的教导和训示。而在唐代元稹的《估客行》中,就有"父兄相教示,求利不求名"。《敦煌变文集·不知名变文》中有"初定之时无衫袴,大归娘子没沿房"。其中"衫袴"两字是衣服的意思,闽南方言也是至今仍在使用中。闽南方言称床为"眠床",而在唐代李延寿的《南史·鱼弘传》中,就有"有眠床一张,皆是蹙柏"。闽南方言称儿媳妇为"新妇",儿女亲家等亲戚为"亲情",《唐语林》卷四中载,唐文宗要为庄恪太子选妃,对宰相说:"朕欲为太子求汝郑间衣冠子女为新妇","朝臣皆不愿与朕做亲情,何也?"

中古汉语中的一些虚词,同样也在闽南方言中得到保存。如"无"是唐代才出现的语气词,朱庆馀的《闺意献张水部》中,有"画眉深浅入时无?"。白居易的《问刘十九》中,也有"能饮一杯无?"。今天的闽南方言里,仍然有许多这种用法,如"汝有去无?"意为"你有没有去?","伊有食无?"意为"他有没有吃?"

"底"在中古汉语中是疑问指代词,相当于"哪"、"何"的意思。白居易的《早出晚归》中有:"若抛风景常闲坐,自问东京作底来。"韩愈的《泷吏》中有:"湖州底处所,有罪乃窜流,侬幸无负犯,何由到而知。"而闽南方言也把何处说为"底处",哪里人说为"底侬",如"汝在底处?"(你在哪里?),"伊是底侬?"(他是哪里人?)

"底"在闽南方言中还有"里面"的意思,具体说法有"里底","厝底""本底",如"里底的代志很复杂!"意为"里面的情况很复杂!"。"厝底有人无?"意为"屋里有没有人?"。而在唐诗里,杜甫的《哀王孙》里就有"长安城头头白鸟,夜飞延秋门上呼,又向人家啄大屋,屋底达官走避胡。"他的《昼梦》中也有"故乡门巷荆棘底,中原君臣豺虎边。"

另外,在闽南方言中,"着"有"在","应该"、"需要"的意思,如"着厝里"(在屋里),"着去做代志"(要去做事情)。在闽南方言里,"斗"有"拼合"、"竞相"的意思,如"咱俩个斗阵去"(咱俩一起去),"大家斗相精去做"(大家争着去做)。这些都能在唐诗里找到用意相同的句子,所以,用闽南方言来读唐诗,有时会更押韵,更琅琅上口,也更能理解其中的含意,由此可见中古汉语对闽南方言的影响。

(3)闽南方言中的近代汉语遗存

元代以后是我国汉语发展的近代和现代时期。闽南方言中,也保留了这些时期的一些词汇,如"精肉"(不含肥肉的纯瘦肉)、"旧年"(去年)、"路头"(路上)、"面桶"(脸盆)、"趁钱"(赚钱)、"趁食"(赚一口饭吃,谋生)、"头先"(起初,事情刚开始)、"敢是"(应该是)等等。这些词汇也都在明、清时期被使用过,如"精肉"这个词就出现在《水浒传》这本小说里。在该书第三回"鲁提辖拳打镇关西"中,鲁智深就对镇关西说:"要十斤精肉,切做臊子,不要见半点肥的在上头。"

2. 闽南方言中的古越语遗存

在闽南方言中,也保留一些古代闽越族的语言。如"墟"在唐、宋之前的古代汉语中,是"大丘"、"故城"、"废址"的意思,词义与"虚"相通。而据专家研究,"墟"在古越语中是"集市"的意思。其先民和闽越族一样,同属古代百越族的壮、侗族,至今仍把"集市"称为墟。① 而在闽南方言中,也保留了"呼市为墟"的习惯,"墟"仍然是"集市"的意思。

另外,闽南方言中的一些语词和其他方言的差异很大,在汉语字书里也是查不到本字的,可在壮、侗语言里,却可以找到音近义同的语词。李如龙先生在《福建方言》的"闽方言口语词中的古越语底层"章节中,列举了"戆"、"喝"、"页手(招手)"等许多例证。他认为,"这些语词也可能是古百越语留在闽方言中的底层。"②

3. 闽南方言中的吴、楚语遗存

古代吴、楚这些地方的语言,也有一些被闽南方言所吸收,并且保留了下来。吴语方面,闽南方言把人说为"侬",《六书故·人一》"侬,吴人谓人侬。"敦,《尔雅·释丘》:"丘一成为敦丘。"郭璞注:"今江东呼地高堆者为敦。"后写为"墩",现在闽南方言也是说地上鼓起的小山包为"涂墩"(土堆)。"清 + 见"这个字,在泉州方言里是"冷"、"凉"的意思,《集韵》中解释:"冷也,吴人谓之。"

闽南方言中也掺杂了一些古代的楚语,如"夥"字,在秦汉时的楚地为"多"的意思。《史记·陈涉世家》中记载,陈涉当王后,老乡来看望他,"入宫,见殿屋帷帐,客曰:'夥颐,涉之为王沈沈者',楚人谓多为夥,故天下传之:'夥涉为王'由陈涉始"。在闽南方言里,现在仍把多说为"夥",如为数不多说"无夥",很多就说"野夥"。

还有,厦门话把基数"一"说为"蜀"。《方言》卷十二:"一,蜀也。南楚谓之独。"闽南方言泛指一切的叶为"箬",《说文·竹部》:"箬,楚谓竹皮曰箬。"还有"潭"字,《一切经音义》第36卷说:"南楚之人谓深水曰潭。"而闽南方言也把溪流的深水处称为"潭"。

4. 闽南方言中的外国语成分

闽南方言中的外国语言主要运用在对一些事物的称谓上,如"甘仔得"是泉州话对西红柿的称呼。这是一种外来语借词,这种称呼源于菲律宾他加禄语中的"kamati",因为泉州的西红柿是从菲律宾引进的。

---

① 周振鹤 游汝杰《方言与中国文化》,上海人民出版社 1986 年,第 213 页。
② 李如龙《福建方言》,福建人民出版社 1997 年,第 117 页。

在闽南地区,还有许多仍在使用中的外来语词汇:加步棉(木棉),雪文(肥皂),洞葛(手杖),镭(铜板、钱),羔悲(咖啡),招瓢(有沿的礼帽),拾八(扳手),等等。这些外来词汇,有些是从马来语引进来的,有些是从菲律宾语引进来的。而"拾八"这个词汇则是来自英语,因为东南亚的马来西亚等国家近代以后曾沦为英国殖民地,在那里生活的闽南人,就把英文对这个工具的称呼音译过来,使它成为闽南方言的一个词汇。

二、闽南方言多元性的原因分析

闽南话是一种由国内外多种语言融合而成的方言。闽南方言的多元性成分构成,是由于闽南民系来源的多样性造成的。

1. 闽越遗民与闽南方言中的古越语成分

闽南和福建其它地方一样,最早的居民是南方百越中的闽越族。他们所使用的语言,就是古代越语中的闽越语。汉武帝元封元年(前110),越王余善起兵反汉失败后,汉武帝以"东越狭多阻,闽越悍,数反覆,诏军吏皆将其民徙处江淮间,东越地遂虚。"①

但是,闽越境内多山,地形复杂,人民散居各地的山林之中,汉朝官兵是不可能把他们尽数迁走的。所以,那些被"徙处江淮间"的,应该只是闽越国的贵族、官吏和军队,以及居住在王城和附近的居民,而那些散处各地山野之间的闽越人则留了下来。三国时期,闽北的"山越"就多次反叛作乱,孙吴政权屡屡派兵入闽,才把他们镇压下去。唐朝前期,居住在今漳州、潮州一带的"蛮獠"也发生过"啸乱",光州固始人陈政率府兵入闽,历经两代,至陈元光时才基本平定。这些"啸乱"的"山越"和"蛮獠",都是那些未被迁走的闽越族后裔。

以后,这些留在闽南地区的闽越族后裔,就逐渐与北方南下的汉人融合起来,形成现在的闽南人。他们所说的闽越语言,有的也被南下汉人带来的汉语所吸收,成为其中的一个组成部分。因此,闽南话中包含了一些闽越语成分,也就不足为奇了。

---

① 《史记·东越列传》。

2. 北方汉人的南迁与闽南方言中的古汉语遗存

河南等北方汉人的迁入闽南,至少应该开始于东汉和三国时期。据惠安锦田《黄氏族谱》记载:始祖隍公为东汉会稽令。东汉末乱甚,于建安弃职避世入闽。《惠安县志》中也记载:黄兴,"吴孙权将也,与妻曹氏弃官入闽,居邑南之凤山。"①这些都是东汉、三国时期北方汉人进入闽南的明确记载。

1984 年 1 月 3 日,在南安丰州的庙下村发现一座古墓,墓砖上印有"大康五年"的字。据研究,"大康"应为晋武帝的"太康"(280 – 289),而"太康五年"就是公元 284 年。在此前后时间里,泉州也发现一些晋代和南北朝时期的古墓。据《太平御览》记载:"泉州清源郡,秦汉土地,与长乐同。东晋南渡,衣冠士族,多萃其地,以求安堵,因立晋安郡。"②由此可见,在两晋至南北朝时期,晋江流域已定居了不少北方南下的汉人。

进入唐代,除零星、分散的移民外,还有一些北方汉人是成批地、大规模地进入闽南地区的。唐代前期陈政夫妇为了平定"蛮獠"的"啸乱",两次从河南带到闽南的军队及其眷属有 58 姓之多,人数达 8000 人左右,他们平叛后就定居在闽南地区。唐末河南人王潮兄弟率军进入福建后,是先攻打下泉州,然后以此为据点,把势力扩展到全省的。以后,其二弟王审邽父子相继镇守泉州。因此,必然也会有一批随其入闽的河南人定居在泉州。

这些以河南为主的北方移民来到闽南后,就把他们所讲的中原汉语带入当地,并与原有的闽越土著语言融合起来,形成闽南方言。因为进入闽南的北方汉人有先有后,分为不同的时期,所以,闽南方言中也就保留了上古、中古和近代等不同时期的中原汉语。一些现在已经不再使用的古代汉语语法和词汇,也因此在闽南这个远离政治中心,因而显得相对安宁平稳的社会里得以保存了下来。

3. 邻省居民的入闽与闽南方言中的吴、楚语成分

福建的北面是讲吴语的浙江,西边是原属楚国的江西。地理上的近邻关系,使这两省居民的移民福建具有一种地利优势。所以,从古代到近代乃至现代,都不断有浙江和江西人翻山越岭,源源不断地移民到福建。在南平的蒲城和武夷

---

① 嘉庆《惠安县志》卷三十。
② 《太平御览》卷一七〇。

山等地,还因此形成一个讲吴语的吴方言区。而在与江西交界的光泽和邵武等地,也形成一个讲江西话的赣方言区。

三国时期,从汉献帝建安元年(196)到孙吴嘉禾四年(235),孙吴政权曾五次对福建大举用兵。这些进入福建的军队,就是从浙江会稽和江西余干派出的,他们都是一些就地招募、汉化了的吴越人和南楚人。为了维持对福建的统治,一些军队就留守下来。建安八年(203),孙吴政权还把原在浙江的南部都尉移到建安,并驻兵5000人。① 到三国时,过长江南下的中原汉人还不多。孙吴平定福建后入闽开发的移民,基本都是来自相邻的吴、楚两地。他们祖籍地的吴语和楚语,也必然会随之被带入闽地,并融入福建各地的方言之中。所以,包括闽南在内的福建各种方言中,都保留了一些古吴语和古楚语的成分。

4. 频繁对外交往给闽南方言带来的外国语成分

至少从南北朝开始,泉州就与海外产生各种交往关系。南朝的陈武帝天嘉六年(565),印度僧人拘那罗陀就从建康(南京)入闽,到泉州搭乘商船前往马来半岛的棱伽修国。② 由此可见,那时泉州已有通往东南亚的海上航线。到了唐朝,泉州的海外贸易繁荣了起来,成为我国对外贸易的四大港口之一。不仅有许多阿拉伯、波斯等外国商人前来经商,使泉州出现"市井十洲人"③的外商云集景象,而且也有一些福建人开始前往海外进行贸易。据蔡永兼的《西山杂志》记载,早在唐初,晋江人林知惠就已"航海群蛮,熟知海路"。唐开元八年(720),其曾孙林銮也"试舟至渤泥(注:文莱),往来有利"。于是,"沿海畲族家人俱从之去……晋海商人竞相率航海"④,使从事海外贸易蔚然成为当时的社会风气。

进入南宋和元代,泉州的对外贸易更加兴盛。随着我国对外贸易第一大港地位的形成,更多的外国商人纷纷来到泉州,使那里出现"涨海声中万国商"⑤的繁荣景象。与此同时,也有更多的泉州人前往东南亚从事海外贸易。据《岛夷志略》记载:"昔泉州之吴宅,发舶梢众百有余人,到彼贸易。"⑥仅吴宅一个村子

---

① 《三国志·吴书》。

② 《续高僧传》第二集,卷一。

③ 包何《送李使君赴泉州诗》,《全唐诗》卷二〇八。

④ 蔡永兼《西山杂志》,"林銮宫条"。

⑤ 《舆地纪胜》卷一三〇"风俗形胜"。

⑥ 汪大渊《岛夷志略》,"古里地闷(帝汶)条"。

就有 100 多人到帝汶进行贸易,可见当时泉州的海外贸易是非常兴盛的。

随着"市井十洲人"和"涨海声中万国商"的出现,泉州城内也形成外国商人定居的"蕃坊",并且繁衍出众多的阿拉伯等外国人后裔。其中最大的"白崎郭"和"陈埭丁",人口多达上万乃至数万人。此外,闽南还有许多侨居海外多年的归国华侨,以及他们带回家乡的眷属"番婆"和"番仔"。这些归侨侨眷和定居泉州的外国人,都必然会把他们各自的语言带到闽南,其中一些就逐渐被吸收,成为闽南方言的一个组成部分。

参考文献:

1. 李如龙《福建方言》,福建人民出版社 1997 年出版。

2. 林华东《泉州方言文化》,福建人民出版社 1998 年出版。

3. 简博士主编《漳州话概说》,(福州)海风出版社 2005 年出版。

4. 陈碧加主编《闽南方言·漳州话研究》,中国文联出版社 2001 年出版。

5. 陈支平《福建六大民系》,福建人民出版社 2000 年出版。

6. 朱维干《福建史稿》,福建教育出版社 1985 年出版。

(作者为福建省社会科学院研究员)

华人与美国佛教

史先澍

Abstract: Buddhism was introduced into the USA one and a half century ago. The early Chinese immigrants played an important role by creating footholds of the new religion in their new country. The first Buddhist temple was built in San Francisco's Chinatown in 1853, 1785 years after the While Horse Temple in LuoYang, China was completed. By the end of the 19th century, there were more than 400 temples and shrines in the west coast. The1882 Chinese exclusion act limited Chinese immigrants to the USA and hence ended the flourishment of Buddhism. Up until the1965 immigration and nationality act was in effect, Buddhism in the United States was mainly promoted by Japanese immigrants. The new immigration act brings millions of Chinese immigrants and thus the Buddhists into the country. They built the largest Buddhist temple in the western hemisphere, i. e. Hsi Lai temple, in Hacienda Heights, California. They also established the first US Buddhist middle school in Talmage, California. Hundreds of meditation centers and schools around the US not only provide social and emotional services to the new immigrants, they also give alternatives for meditation and belief to the general public.

一、美国佛教沿革

美国人对佛教的探索,始见于1844年亨利梭罗(Henry Thoreau)和拉尔夫爱默生(Ralph Emerson)等人为新格兰超验学派(transcendentalism)的期刊表面(Dial)撰定的文章,梭罗并节译了《法华经》的部分章节。三十余年后,更多人对东方方哲学有了兴趣,1879年艾德文阿诺(Edwin Arnold)所著讲述佛陀生平的

《亚洲之光》(Light of Asia)一书,趁势成了有 50 万册销售量的畅销书。

华裔移民美国,则带来了佛教的仪轨制度,并立庙建寺,有正规的信仰生活。美国最早的佛教建筑,是 1853 年设在旧金山华埠四邑会馆内的佛堂,佛教信众随着华裔移民人数的增加而成长,19 世纪末年,美国西岸已有 400 余所宫庙佛堂。

佛教在美国的成长的势头被 1882 年通过的排华法案打断。此时日本移民信奉的净土真宗开始进入美国主流社会。1893 年美国有了第一个在本土受戒出家的僧人查理士史特劳斯(Charles Stauss),戒师是来芝加哥参加世界宗教大会的斯里兰卡僧人 Anagarika Dharmapala。1900 年旧金山出现了第一个非亚裔的佛教团体,属净土真宗。随后日本的真言宗、曹洞宗和仁济宗相继在各地成立佛堂。1944 年 60 个日本净土真宗的寺庙联合成立了美国佛教教会(Buddhist American Churches of America),至今已是个有 19000 个个人会员的组织。

1930 年戴特嘎达(Dwight Goddard)创办了佛教杂志(Buddhist Magazine),并于 1932 和铃木大拙翻译楞伽经,借此鼓动美国主流社会的佛学风潮,但是没有成功。铃木大拙 1927 的著作《禅学论丛》(Essays in Zen Buddhism),则对美国的知识界有一定的影响。三十年之后,艾伦瓦茨(Alan Watts)的《奥修谈禅》(Way of Zen)和杰克克鲁阿克(Jack Kerouac)的达摩浪人(Dharma Bums)成了 1957 年度的畅销书,连同诗人爱伦金斯伯格(Allen Ginsber)的诗作,引领了美国禅学的黄金时期。也为日后佛教的再度兴盛,有一定的帮助。

1960 年日本创价学会会长池田人作访问美国,增强对少数族裔的黑人和西语裔的吸引力,这个组织 1992 年信徒成长到 15 万,目前的信徒则有 33 万人,在 90 个聚会所活动。1966 年美国佛教教会所属的加州柏克莱佛学研究中心成为美国第一所研习佛教的神学院,为美国的本土的僧团做了准备工作。1967 年洛杉矶的禅中心训练出包括伯纳格拉斯曼(Bernard Tetsugen Glassman)、杨贝斯(Jan Chozen Bays)及约翰罗瑞(John Daido Loori)等美国的第一批禅师。1969 年五位西雅图的大学生到台湾基隆的海会寺受戒,也是美国早期的僧伽组织之一。

1965 年美国放宽了亚洲移民的限制后,港台移民大量来了美国,有了信众护法,1976 年宣化在加州成立了万佛圣城,1981 年沈家桢主导的庄严寺(包括 2011 年开光的大雄宝殿),1988 年佛光山在哈仙达冈建成的西来寺,都展现了规模宏大的中式建筑风格。

1990年代中期中南半岛移民开始有了能力建寺,越南及泰国、老挝、柬埔寨、缅甸等南传佛教寺庙纷纷落成,同时韩国的观音禅院,西藏的密教也有了落脚之处。

2007年广野庆子进入美国众议院,是为信仰佛教的美国国会议员的第一人。

二、美国佛教徒现况统计

依据PEW(皮龙研究中心)2007年的统计数字,美国佛教徒当时约有230万人,占总人口3亿余人的百分之0.7,其中三分之一是亚裔,有70余万人。但是2012年美国人口普查的结果显示,单单亚裔的佛教徒就有219.5万人,是皮龙研究结果的3倍,比较接近1990年Robert AF Thuman估计的美国当时有五、六百万不同族裔的佛教徒的说法。广义的佛教徒,应该包括把打坐、茹素当作日常生活一部分,及相信轮回业报的人群。

下表为依据2012年美国人口普查的结果列出的亚裔信仰分类,华裔有402万,在亚裔中人数最多,当中佛教徒占百分之15,为基督教及天主教徒加起来的一半。

表一:2012年美国人口普查亚裔信仰分类

族裔	部人数（万）	佛教徒		基督徒		天主教徒	
		比例（%）	人数（万）	比例（%）	人数（万）	比例（%）	人数（万）
中国	402	15	26.8	22	88.44	8	32.16
菲律宾	341	1	3.41	21	71.61	65	221.65
印度	318	—	—	11	34.98	5	15.9
越南	173	43	74.39	6	10.38	30	51.9
韩国	170	6	10.2	61	103.7	10	17
日本	130	25	32.5	33	42.9	4	5.2
巴基斯坦	40.9	—	—				
柬埔寨	27.6	95	26.2				

续表

族裔	部人数（万）	佛教徒		基督徒		天主教徒	
		比例（%）	人数（万）	比例（%）	人数（万）	比例（%）	人数（万）
老挝苗族	26	—	—				
泰国	23.7	95	22.5				
老挝	2.32	67	15.5				
孟加拉	14.7	—	—				
印尼	10.1	—	—				
缅甸	10	80	8				
其他	21.9	—	—				
合计	1732.1		219.5				

三、美国华人社区的信众

1965 年美国的亚洲移民政策放宽之后,港台等地移民数量大增,并且能够复制支撑在原居地信仰生活的经验,台湾的慈济功德会、佛光山、中台山、法鼓山四大道场,几乎在美国每一个州都能够找到联络点,表二所列为美国各州华人佛教徒依华裔人口比例粗估所得数量及道场名称。其中慈济功德会会众聚会之处,并没有长住僧尼,而佛光山、中台山、法鼓山在主要城市均有分支,并有法师住持。华裔佛教徒聚会活动以讲经坐禅为主,法会为辅。有的道场并附设学校,如宣化于 1974 年在三藩市国际译经学院内设育良小学,教授华裔子弟传统文化,另于 1981 年在加州拓梅奇(Talmage)的万佛山城开设了培德中学,是全美第一所佛教中学。西来寺在加州的柔似蜜(Rosemead)则设有西来大学,但招生对象不限为佛教徒,系所与一般大学无异。

慈济功德会设立的慈济人文学校(见表三)为周末上上课的中文学校,采用一般中文学校的课纲教材,并以该宗派创始人证严的著作《静思语》为辅助教材。

表二：美国华裔佛教道场分布

州别	华人人数	佛教人口	主要道场				
			其他宗派	佛光山	慈济功德会	法鼓山	中台山
加利福尼亞	1253100	65787	万佛城、真佛宗观照雷藏寺、宝法寺	西來寺、西方寺、三宝寺、佛立门文教中心、奥克兰佛光山、南湾佛光山、菩提寺	美国总会、北加州分会、旧金山支會、喜瑞都、北岭、橙县、托伦斯、西洛杉矶、圣谷爱满地、佛瑞斯诺、莫德斯度、奥克兰、沙加顷度、联络处、社圣塔萝莎、尤开雅、士德顿联络点、静思书轩	洛杉矶道场	太谷精舍、佛门寺、中洲禅寺
纽约	577000	30293	庄严寺、大觉寺、大乘寺	纽约道场、鹿野苑	纽约分会、长岛支会、曼哈顿联络处分会	东初禅寺、象冈道场	
德州	157000	8243	玉佛寺、美洲菩提中心	奥斯汀香云寺、达拉斯讲堂、休士顿中美寺	德州分会、达拉斯分会、奥斯汀、阿灵顿联络处、康福、圣安东尼联络点		普德精舍、宝塔禅寺
纽约泽西	134500	7061		禅淨中心	新泽西分会、新泽西州中部联络处		
麻塞諸賽	123000	6458	千佛寺、般若寺	波士顿三佛中心	波士顿联络处	普贤讲堂	
伊利诺	104200	5471		芝加哥佛光山	芝加哥分会		
华盛顿	94200	4946	法兴寺		西雅图支会		佛宝寺
宾夕法尼亚	85000	4463			匹兹堡联络处、费城联络处		
马里兰	69400	3644			马里兰州州蒙郡联络处		
维吉尼亚	59800	3140			瑞其蒙联络处		
俄亥俄	51033	2679			克里夫兰、哥伦布市、辛辛那提联络处		
夏威夷	55000	2888		禅净中心	夏威夷分会、夏威夷慈济义诊中心		
佛罗里达				光明寺、迈阿密佛光山	迈阿密、奥兰多联络处		
乔治亞			普贤寺、净宗学会		亚特兰大支会		宝塔寺
乔堪萨斯				禅净中心	堪薩斯联络点		
科罗拉多				丹佛讲堂			

续表

州别	华人人数	佛教人口	主要道场				
			其他宗派	佛光山	慈济功德会	法鼓山	中台山
亚利桑那				凤凰城禅净中心	凤凰城联络处		
内华达				拉斯维加斯莲华寺	拉斯维加斯联络处、雷诺联络点		
关岛				关岛佛光山			
密苏里				圣路易佛光山	圣路易联络处		
新墨西哥					Albuquerque 联络处		
奥勒冈			普轮寺		波特兰联络处		
印第安纳					印城联络处		
密西根					底特律联络处		
明尼苏达					明尼苏达联络处		
威斯康辛					麦迪逊联络点		
华盛顿特区					华府分会		
北卡罗来纳					洛丽夏洛特联络点		
路易西安纳					纽奥良联络点		
奥克拉荷马					奥克拉荷马联络点		佛心寺

表三：慈济功德会附设学校分布

州别	幼儿园、小学、人文班	人文学校（小学至中学）
加利福尼亚	核桃慈济幼儿园、蒙洛维亚大爱小学	尔湾、圣地牙哥、旧金山、圣荷西、圣马刁、库菩提诺、三谷、圣迪马斯、蒙洛维亚、洛杉矶
纽约		纽约、长岛
德州	奥斯汀人文班	休士顿、达拉斯
纽泽西		新泽西北部、新泽西中部
麻塞诸赛		波士顿
伊利诺		芝加哥
华盛顿		西雅图
宾夕法尼亚		匹兹堡

州别	幼儿园、小学、人文班	人文学校（小学至中学）
马里兰		华府
俄亥俄	哥伦布市人文班	哥伦布市
夏威夷		夏威夷
佛罗里达		迈阿密
乔治亞		亚特兰大
亞利桑那	凤凰城人文班	
内华达		拉斯维加斯
奥勒冈	波特兰人文班	

四、前景

　　皮龙报告显示在佛教的家庭背景下成长的亚裔,其中将近半数(46%),会选择离开原来的信仰,这里面的 17% 改信基督教或天主教,其他人不再信教。如果没有新移民的挹注,美国亚裔的佛教徒减少的速度是很快的。而佛道信徒较多的港台华裔移民数量,在 1990 年代到达平均每年 25000 人的高峰期之后,如下表四所示,已经降低到 2014 年的不足 7000 人。来自大陆地区移民人数最多的年份是超过 8 万人的 2011 年,以后也呈下降的趋势,2014 年比 2011 年少了5000 人。就第一代华裔而言,随着移民人数的递减,其中的佛教信众也是会越来越少的。近年来正念减压(MBSR,Mindfulness Based Stress Reduction)已被纳为心里疾病的正规疗法,用禅定的方法,可以减轻心理疾病带来的痛苦,或是戒除对毒品的依赖。佛教团体在各地设立禅修中心,目标为美国的主流民众,便是借教授禅坐的的方便法门,接引大众亲近佛教。对于华裔的新移民的布道,如前所述,除了日期长短不一的禅修班外,各道场并以经典颂习,由有道高僧讲经说法的各种方式,让新移民有机会重新认识固有的宗教信仰,也许佛教的慧命,经过各方努力,能够在华裔的群体之中继续维系下去。

表四：历年美国华裔移民主要原居地区及人数

年度	华裔移民人数			
	大陆	台湾	香港	合计
1950－1959	8836	721	13781	23338
1960－1969	14060	15657	67047	96764
1970－1979	17627	83155	117350	218132
1980－1989	170897	119051	112132	402080
1990－1999	342058	132647	116984	591689
2000－2009	591711	92657	57583	741951
2000	45585	9040	5419	60044
2001	56256	12171	8321	76748
2002	61082	9836	6090	77008
2003	40568	6917	3574	51059
2004	55494	8961	3951	68406
2005	69933	9196	3705	82834
2006	87307	8086	3256	98649
2007	76655	8990	3527	89172
2008	80271	9073	3373	92717
2009	64238	8038	2651	74927
2010	70863	6732	2432	80027
2011	87016	6154	2306	95476
2012	81,784	5331	2104	89219
2013	71798	5385	2226	79409
2014	76089	4697	2278	83064
1950－2014	1522748	472227	496223	2491198

参考文献：

一、论文

Asian Americans: A Mosaic of Faiths (Pew Research Center's Forum on Religion & Public Life JULY 19, 2012)

二、网站

1. http://www. pewforum. org/religious – landscape – study（皮龙宗教信仰与公共生活论坛）

2. http://www. pewforum. org/Asian – Americans – A – Mosaic – of – Faiths. aspx（皮龙宗教信仰与公共生活论坛）

3. www. google. com（谷歌）

4. baidu. com（百度）

5. wikipedia. org（维基）

6. 美国国土安全部网站

（作者为美国麻塞诸塞州注册专业工程师）

河图洛书与现代科学创新

孙方凯

Abstract：Stephen Hawking said："The ultimate aim of science is provide a simple theory to describe the universe."This paper proves that ancient Chinese scroll，Hetu，Luo book，eight diagrams，Taiji diagram is the standard model of the universe，unified model，and the ultimate purpose that our ancestors established is to provide a simple schema description of the whole universe for us.

前言

史蒂芬·霍金说："科学的终极目的在于提供一种简单的理论去描述整个宇宙。"本文将证明中国古代的河图、洛书、八卦图、太极图、是宇宙的标准模式，统一模式，而我们老祖宗设立它的终极目的正是在于为我们提供一种简单的图式来描述整个宇宙。

东西方文化整合研究是本文的根本理念，所以，

1. 本文成果与现代科学完全吻合；

2. 现代科学的难题：如反物质、暗物质、宇宙黑洞的问题本文都有诠释；

3. 创新了河洛宇宙模式，提出了科学、合理的宇宙结构模式和宇宙演化模式，把河洛文化发展成了完整的宇宙科学体系。

一、探索宇宙从认识"银河之图"开始

本节要点：中国人五千年前就知道银河系的形状；怎样找到"反物质""暗物质"。

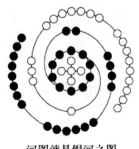

河图就是银河之图

河图配银河星系图

银河星系图

　　首先我们看看《银河星系图》和《河图配银河星系图》，一看就知道中国古代的河图就是银河之图了。

　　"河"字在古汉语中是"河汉"、"星河"、"银河"的通称，《易传》说："易者象也，象也者像也。"《河图》顾名思义，现在，我们应该明白为什么《河图》就是银河之图了。

　　《河图》以"五""十"为核心像颗珠子，两条旋臂像两条龙，整个河图呈"二龙戏珠"之象，所以叫《龙图》。

河图演化横图

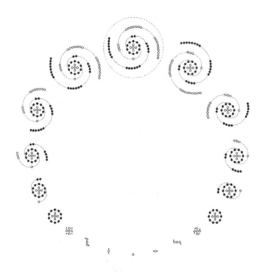

河图演化环图

《河图》阳数 1 – 3 – 7 – 9;阴数 2 – 4 – 6 – 8,围绕核心的"5、10"呈漩涡状的逐渐增大,表示宇宙漩涡状的膨胀运动。其中阳数 1 – 3 – 7 – 9 和阴数 2 – 4 – 6 – 8 分别表示银河系的两条呈"宇宙对称"的旋臂,如果我们假设阳数 1 – 3 – 7 – 9 形成的旋臂是"物质"的,那么,阴数 2 – 4 – 6 – 8 形成的旋臂就是"反物质"的。

二、宇宙就是永动机

《宇宙银河太极图》的宇宙模式

本节要点:"统一场论"的最佳模式是什么? 宇宙演化的模式是什么样子? 宇宙的起源是什么? 宇宙运动、演化的原动力是什么? 宇宙运动演化的过程是什么? 宇宙终极理论是什么?

宇宙银河太极图

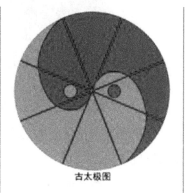

古太极图

《宇宙银河太极图》是古老的河洛文化探索宇宙的必然结果,它继承和发展了图书派易学《河图》《洛书》《八卦》《太极》的成果,概括了现代科学的新材料,是将古老的河洛文化和现代科学相融合的产物。

物质、反物质动态河图演化图

正如史蒂芬·霍金说的:"科学的终极目的在于提供一种简单的理论去描述整个宇宙。"《卍银河太极图》是宇宙的标准模型,标准模式,而我们设立它的终极目的在于提供一种简单的图式去描述整个宇宙"。《卍银河太极图》正是史蒂芬·霍金提出的那种全新描述宇宙的方式,与"涵盖一切"的物理学终极理论。

下面看一看现代宇宙科学的成果和图书派易学的吻合之处。

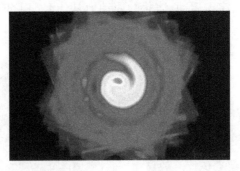

①死亡恒星螺旋:WR 104 沃尔夫 – 拉叶星首次被天文学家关注是由于它具有壮观的螺旋结构,这是该恒星风与它的伴星恒星风发生碰撞形成的,但后来天文学家意识到一些新发现,沃尔夫 – 拉叶星是垂死暴力恒星,其暴力死亡意味

着超大质量恒星 WR 104 将崩溃,并产生宇宙中最强大的爆炸——伽马射线暴。
您看他像不像

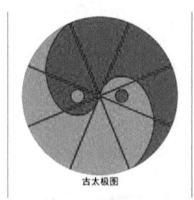

古太极图

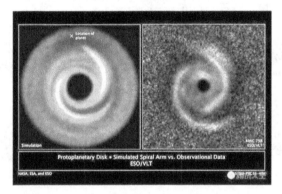

②孕育行星的太空螺旋:下图是年轻恒星 MWC 758,是由欧洲航天局甚大望
远镜探测到的,每个灰尘旋臂远离中心恒星,有 168 亿公里长,相当于海王星轨道
直径 3 倍以上。这种螺旋结构是如何形成的呢? 天文学家使用计算机模型表明,
这很可能是一颗巨大系外行星的引力作用剥离年轻恒星原行星盘所致,一些行
星可能隐藏在螺旋结构之中。您看他像不像③火星神秘螺旋:美国宇航局火星

宇宙银河太极图

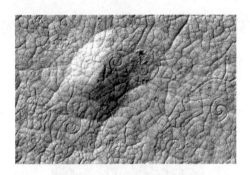

勘测轨道器拍摄阿萨巴斯卡谷时发现一些神秘螺旋结构,其直径约 30 米,一些人猜测这或许是火星智慧生命创建,但是地质学家认为是当火星火山活跃时期远古熔岩流形成的,类似结构也存在于美国夏威夷岛。

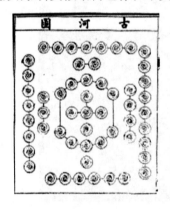
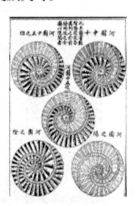

三、《古河图》与宇宙结构模式

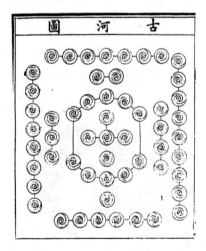

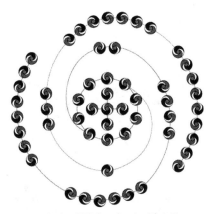

古河图与宇宙构造

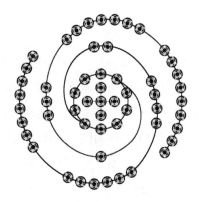

重重无尽的河图

明代易学大师来知德《古河图》，为我们提供了宇宙结构的模式。

由于《古河图》宇宙模式是将宏观天体系统与微观物质世界看成是统一的整体，它们的结构模式是相同的。它的哲学理念是在无限小方面，《古河图》中的每一个点的内部结构与《古河图》的结构一致，依此规律可逐层深入，以至无穷小。在无限大方面，《古河图》之外的宇宙结构符合由若干个《古河图》组成的更大的《古河图》，依此规律可逐步扩展，以至无穷大。

宇宙中无论大尺度的其大无外宏观天体系统，还是小尺度的其小无内微观物理世界都有一个完全相同的结构模式。

所以，《来知德古河图》在400多年前就已经明白清楚地告诉我们他的有中华河洛文化特色的"统一场论"了。

五、洛书的奥秘

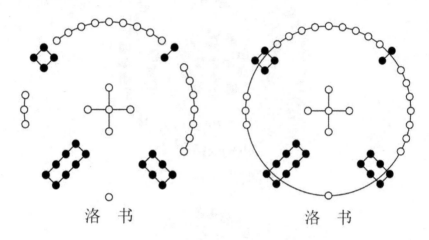

洛 书　　　　　　　　　洛 书

《洛书》的数 1→8→3→4→9→2→7→6→1 阴阳相间的、阻塞不通的,实际上却是是阴阳循环消长的,阴阳能够相互联络的,络绎不绝的。

那么,我们看看《洛书》是怎样表达宇宙阴阳循环消长的规律的。

《洛书阴阳玄机图》中心是"5",外围数分三圈,内圈,中圈和外圈,其中"中圈"就是《洛书》。内圈从下面阴数开始,按顺时针 8→1→3→7→9→2→4→6→8 成环状排列;外圈从下面阳数开始,也按顺时针 9→7→3→1→8→6→4→2→9 也成环状排列。

依据最大的阳等于最小的阴,最小的阳等于最大的阴的原理,《洛书阴阳玄机图》的内圈和外圈,都符合宇宙阴阳消长与阴阳循环的规律。

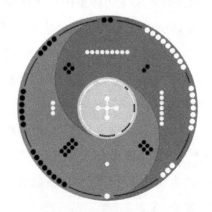

太极·洛书阴阳玄机图

　　《洛书阴阳玄机图》有四正和四隅总共八个角度,内圈、中圈、外圈在每个角度都各有一个数,《洛书阴阳玄机图》在每个角度都有三个数,这三个数的阴阳数是完全相等的。

　　"中圈·洛书"的数从下面阳数 1 开始,按顺时针 1→8→3→4→9→2→7→6→1 围成环状。

　　我们仔细看一看,《洛书阴阳玄机图》"中圈·洛书"的数,不是这个角度内圈的数,就是这个角度外圈的数,就是说"中圈·洛书"的数,也符合宇宙阴阳消长与阴阳循环的规律。

　　总之,《洛书阴阳玄机图》"中圈·洛书"的数,符合宇宙阴阳消长与阴阳循环的规律。本人继承了图书派易学的传统,以河图、洛书、太极图等数字图示化讲解宇宙构造,推衍宇宙演化、运动的规律,试图探索东西方科学文化相融合的研道路,并且以此建立起新的宇宙学体系。

（作者为辽宁省沈阳市和平区砂平街办事处干部）

董仲舒的政治思想与中华文化

孙兴彻

Abstract：In this article I studied about the Dong, Zhong – shu（B. C. 179 – 104）'s Yin-Yang and the Five Elements theory（阴阳五行说）, his historical theory, and political theory. For first, I explained that Dong, Zhong-shu's Yin-Yang and the Five Elements theory is defending the class system of Han Dynasty by the theory of Yang（阳）is high and Yin（阴）is low, and his theory was justifying Han Dynasty's ruling power. For second, Dong Zhong-shu's Grand unification by the guiding principle of Confucius is just sanctify the emperor's power, in other words, the theory of the divine right of kings. And his theory is intensifying Han Dynasty's ruling power, and the origin of Sinocentrism. And Dong, Zhong – shu's political theory was built by re – analysing the importance Confucianism.

一、前言

前汉时代最高的公羊学者董仲舒（公元前178—104）应汉武帝的策文,建议"罢黜百家,独尊儒术"。由于建议被采纳,他推动了以儒学为中心的政治制度的变革。该变革的目的是,打下汉王朝的稳固基础,确立为强化统治权的王权神授说。这种王权神授说的理论根据是使人事和政治的原则与天道运行,即自然法则保持一致的一贯逻辑。

本文将考察基于作为董仲舒哲学理论基础的"阴阳五行说"的历史观和"春秋大一统"的政治观及其意义。为此,首先将董仲舒的阴阳五行说理解为"阳尊阴卑"的价值概念,使社会身份的阶级秩序得以正当化,并阐明它是将汉王朝的统治逻辑加以正当化的理论。同时将阐明董仲舒主张的"春秋大一统"的政治观就是把王权加以神圣化的"王权神授说",既是强化汉王朝永久统治的逻辑,同时也是"中华思想"的开始。

董仲舒以公羊学为基础,将六经理解为孔子的政治理论,偏重于微言大义,重视公利主义。① 他以《春秋》为理论指南著述了《春秋繁露》,确立了自己的哲学。这种理论是把春秋战国时代诸子百家的理论根据自己的政治目的进行再解释而形成的。

二、阴阳五行说的历史观

董仲舒的哲学基础和政治理念可以概括为以阴阳五行说为中心的"五德终始说"和"春秋大一统"。五德终始说的历史观是春秋战国时代以来形成的对自然与人的思维的综合。这种春秋大一统思想是"中华思想"的思想原型。

对于阴阳五行说,与其说董仲舒将之理解为是对事物的本质及其变化的理解,倒不如说是将之说明为人类社会的关系和历史的脉络,其试图用春秋大一统的政治观来同时说明汉朝政治的正当性和永续性,以及王权的神圣和牵制王权系统。

阴阳在东洋古代可以说是表现事物和事物现象的一种记号。即试图以所谓阴阳两种记号为中心来说明所有事物和事物属性及现象的思维形式的阴阳说。这种阴阳说的特征可以说是将事物的本质以阴阳两种相对的观点来理解的二元论思维形态。

然而,由于这种二元论思维在说明事物的形成和变化方面是非常有限的,所以超越两个范畴,以所谓五行,即木、火、土、金、水五种范畴为中心区分事物的范畴,再将五行的相互关系区分为相生相克的关系,来说明事物的相互关系和事物的生成变化,这就是"五行论"。

"阴阳五行说"是将人与自然世界的形成和变化过程等用阴阳的消长运动法则来说明的"阴阳说",以及将人间事和自然世界的生成消亡用基于五行相生相克原理的五行变化来说明的"五行说"进行合并而指称的理论。

这种阴阳五行说形成于西周时代,体现在《周易》《左传》《尚书》等基础文

---

① 皮锡瑞著 李鸿镇译《中国经学史》,首尔同和出版社,1984,参照第5页。

献中。当时有很多对阴阳五行说的解释,这意味着古代哲学和自然科学的进步。即通过阴阳五行的方法论,综合概括了当时的天文、地理、历数、气象、医学和农事、冶金等各种自然科学。

董仲舒为确立汉朝的政治理念,提出了两个重要的基础理论,第一个是对阴阳五行说的再解释。

董仲舒将阴阳视作体现天意的手段,通过阴阳对人和事物进行分类。

> 阳为德,阴为刑,刑主杀而德主生。是故阳常居大夏,而以生育养长为事,阴常居大冬,而积于空虚不用之处。①

从上述引文来看,天把自身意志中好的方面通过"阳",坏的方面通过"阴"来体现。这就形成了"阳尊阴卑"思想。

然而,本来"阴阳"概念中没有"尊卑"或价值的概念。这在老子《道德经》的"道生一,一生二,二生三,三生万物,万物负阴而抱阳,冲气以为和"②等先秦诸子的思想中得到很好体现。问题在于,董仲舒给这种阴阳概念赋予价值,通过规定事物和人,或者人们之间的关系,产生了阳尊贵、阴卑贱的所谓"阳尊阴卑"的思想。还有,这里将男女分为阳和阴,产生了男尊女卑的思想,将社会的阶级秩序也区分为阴阳。由此,在女性社会地位降低的同时,为防止类似汉高祖刘邦的皇后吕太后一样的政治垄断不再发生,从制度上切断了女性的社会进出。

综合起来,董仲舒的这种阴阳理解通过把当时为止纯粹存在论领域中理解的阴阳概念与价值相联系进行理解,这成为以后阴阳论没能与自然科学发展相联系的决定性原因。

三、春秋大一统的政治观

董仲舒用"天人感应说"确立了"王权神授说",并基于此提出了对王权绝对化的理论根据。更进一步,主张以王权为中心的天下统一。这就是所谓"春秋

---

① 《汉书·董仲舒传》,首尔景仁出版社,1975,第627页。
② 《道德经》42章。

大一统"的政治观。董仲舒将这种春秋大一统的政治观以五行的相互作用为中心来说明。

他首先将社会制度和伦理价值用五行的相互作用来说明。

（天有五行……）木生火，火生土，土生金，金生水，水生木，此其父子也。木居左，金居右，火居前，水居后，土居中央，此其父子秩序，相受而布。是故木受水而火受木，土受火，金受土，水受金也。诸授之者，皆其父也。受之者，皆其子也。常因其父以使其子，天之道也。是故木已生而火养之，金已死而水藏之，火乐木而养以阳，水克金而丧以阴。土之事天竭其忠。故五行者，乃孝子忠臣之行也。①

五行不是各自独立存在，而是具有相互密切的关系。这种相互密切的关系是"相生"和"相克"。这种关系也同样运用于事物和事物的关系，以及人世间的各种关系中。即人的社会关系也根据这种五行的相关关系被决定，各自的社会作用也不同。董仲舒认为，人的这种社会作用根据作为天之变化原则的天道而被规定。更进一步，将社会和自然的变动用"相胜或相克"和"相生"的关系加以说明。即天道决定的五行的关系如果顺利循环，则个人和社会就能顺利发展；这种关系如果以相胜，即相克的关系进行，则社会就会混乱。

行者，行也，其行不同，故谓之五行。五行者，五官也，比相生而间相胜②也，故为治，逆之则乱，顺之则治。③

董仲舒将五行的相生相胜法则运用于说明王朝的变化，即历史的变化。即王朝的交替是由五行相互间的力学关系所决定，这只是意味着王一个人的交替，并不意味着国家体制或封建秩序的根本变化。这是由于"天不变，道亦不变"的

①　《春秋繁露·五行之义》。
②　比相生：木→火→土→金→水→木。间相胜：水→火→金→木→土→水。上述"间相胜"是从相生的关系隔一个一跳的顺序。
③　《春秋繁露·五行相生》。

缘故。董仲舒认为,王朝的交替不是人事,而是天判断的问题,即天道,这种天道的变化是"经变"。在人间事上,统治体制或社会秩序也是基于天道。因此,人的意志无法改变王道。由此,董仲舒对有关政治的变化也只认可"经变",即就像"天道不变"一样,不承认王权的变化,只承认临时变化,即"权变",说明如下。

　　夫权虽反经,亦必在可以然之域。不在可以然之域,故虽死亡,终弗为也,公子目夷是也。①

　　即"权变"虽然可以违背"经变",但必须在"经变"的领域内才有可能,如果脱离了"经变"的范围,则是绝对不行的。因此,董仲舒认为,在"经变"允许的范围内,"权变"也是有可能的。

　　董仲舒在这种理论基础上确立了自己的历史观,其逻辑根源在于战国时代邹衍②的"五德终始说"③,董仲舒将之体系化为"五行相胜说"。

　　在董仲舒看来,秦朝为止的王朝交替是由五行的相克关系发展而来的。即唐虞时代开始到汉代为止的历史是相胜、相克的历史,是以五行的相克关系得以进行。他认为,王朝交替的最重要原因是"天意"。董仲舒认为,如果最高统治者反复"失政",则为了替换最高统治者,天会改变五行的排列顺序。即把反复施行"失政"的最高统治者具有的五行之德替换为相克的其他德。换句话说,无论哪个王朝,如果按照天意施行善政,则不会发展为相克的历史,而是遵循相生的原理永远持续。董仲舒的目的在于,为使汉王朝遵循相生的原理而实行正确国家政策。

　　唐虞(土德)→夏(木德)→殷(金德)→周(火德)→秦(水)

　　　　　　　　　　　　　　　　　　　　　　　　↘汉(水)

---

① 《春秋繁露·玉英》。

② 也称驺衍,提倡阴阳五行说。把世上一切事物及其变化用土、木、金、火、水的五行作用的相胜和相生来说明。根据五行的变化,预言历史变化的推移或未来。

③ 司马迁提出:"自天地剖判以来,五德转移,治各有宜",认为根据五行的相生和相克作用,历史变化的脉络会随之改变。这是对邹衍历史观的肯定评价。冯友兰《中国哲学史》,首尔莹雪出版社,1977,第191页。

　　这里,董仲舒的春秋大一统的历史观得以确立。董仲舒所主张的春秋大一统,其根本精神在《春秋公羊传》①,意味着把国家的文化、制度、政治等全部内容统一为一种精神。《公羊传》是战国时代由公羊高和他的儿子完成的书,汉初6代景帝时被记录为今文,其传承过程在三传中最鲜明。所谓董仲舒的"春秋笔法"基于该书,其重要内容是"大统一"、"三世异辞"、"攘夷"、"大九世之仇"。董仲舒根据《公羊传》,将儒教的建国理念和社会制度确立的时务策向汉武帝提出建议。董仲舒所谓的春秋大一统的意义可以更详细整理如下。

　　第一,"大一统"始于天命。天继承自己的意志,在世上选择可以实践的人物,赋予天命。董仲舒认为,文王是受天命的标志,由此确立了"大一统"。

　　　　有非力之所能致而自致者,西狩获麟,受命之符是也。然后托乎《春秋》正不正之间,而明改制之义。一统乎天子,而加忧于天下之忧也,务除天下之患。②

　　春秋时期,鲁国是周武王的弟弟周公受到分封的地方,处于现在山东省地域。由于该地域出现麒麟的事实是非常稀有的事,因此被认为这是向文王下达天命的吉兆之意。

　　无论古今,政治权力的正统性无论在封建社会还是现代都是非常重要的要素。虽然通过遵循自由民主主义时代的政治正统性的民主秩序的选举得以确立,但是在古代王朝国家,王权的正统性即便在民意,但其民意的根据是以抽象的天命得以体现的。董仲舒认为,对受到民意推崇的指导者赋予天命是有标志的。即上述所说的麒麟是当时鲁国不能自生的动物,一般情况下,类似非常珍贵的白虎或有四只脚的蛇,即龙一样的动物的出现象征政权的正统性或善政。

　　周朝是孔子所认为的理想国家。确立周朝文明和制度的文王也是孔子最尊

---

①　孔子所著《春秋》是孔子祖述公元前722—公元前481年历史记录的书。对此进行解释的书有《穀梁传》《公羊传》《左氏传》,通常称之为"春秋三传"。《公羊传》对董仲舒的思想形成产生了直接的影响。

②　《春秋繁露·符瑞》。

敬的人物。因此,孔子认为,文王能够确立周朝文明制度的原因在于接受了天命才有可能。

鲁国出现麒麟一事,即象征天向文王委托民意。董仲舒认为,只有有了这种天命,王权的正统性才得以确立,需要整顿基于此的国家社会的所有文明和制度,其理论基础是《春秋》。《春秋》的精神就是"大义"。

第二,春秋大一统是"大义"的统一。

> 《春秋》大一统者,天地之常经,古今之通谊也。今师异道,人异论,百家殊方,指意不同,是以上亡以持一统:法制数变,下不知所守。臣愚以为诸不在六艺之科孔子之术者,皆绝其道,勿使并进。邪辟之说灭息,然后统纪可一而法度可明,民知所从矣。①

一个国家需要有支撑国家所有制度的精神。这种精神即意味着永远不变的普遍的"义"。这种"义"应该使多样的社会议论得到统一,不能随意改变。这种义的精神在于以六艺为中心的孔子的学术上。董仲舒认为孔子的这种学术就是春秋的精神。

第三,大一统意味着历法的统一。历法在古代国家具有非常重要的意义。尽管现在历法主要意味着基于类似日月的太阳界为中心的天体的周期运动,划分时间、日期、季节、周期等的领域,但在古代国家,它也是确保国家整体性的重要要素。这是由于接受天命,王权才得以成立,因此其受命的时间出发点是非常重要的。董仲舒把王接受天命的元年称为"王正月"。

> 隐元年,春,王正月。元年者何? 君之始年也。春者何? 岁之始也。王者孰谓? 谓文王也。曷为先言王而后言正月? 王正月也。何言乎王正月? 大一统也。②

---

① 《汉书》卷五十六,《董仲舒传》,《第三对策》,中华书局,1962 年。
② 《春秋公羊传·隐公》。

所谓"统"是指万物的主干,一切万物归结的地方。一切万物开始之时就是"王正月"。这是由于王正月是文王首次接受王的天命的缘故。从文王接受天命开始,确立了作为王的正统性,从此,天下的节气得以统一。新年开始的第一个月称为"正月",意味着"正"是"一","一"既是开始,也是唯一。

第四,大一统是指礼乐等制度的统一变革。接受天命成王的人以此为基础,变革制度,谋划国家的统一。

> 《春秋》曰"王正月",传曰:"王者孰谓? 谓文王也。曷为先言王而后言正月? 王正月也。"何以谓之王正月? 曰:王者必受命而后王。王者必改正朔,易服色,制礼乐,一统于天下,所以明易姓,非继人,通以己受之于天也。王者受命而王,制此月以应变,故作科以奉天地,故谓之王正月也。①

董仲舒认为,在《春秋公羊传》中,文王接受天命建国后,改变作为夏朝统治规范的历法,将其开端称"正月",故称"王正月"。接着,把按国家地位区别的服色和礼乐制度进行整理,使所有百姓都加以遵守,这是由于文王接受了天命的缘故。如此,以获得天命的王为中心,所有百姓遵循一种历法、服色、礼乐等制度,这种统一,称之为"大一统"。

四、王化论和中华思想

董仲舒所主张的"大一统"是保障王权正统性的民意的收集,通常称之为"天命"。由于将政治指导者接受天命之时作为开端,为了收集民意应该有某种时间上的统一性。这就是"王正月"。它具有一种历法上的政治意义。"大一统"是具备政治正统性的指导者应该具备的"大义"精神。通常称之为"春秋大义"。政治指导者要做的是,基于这种春秋大义,将政治、经济、社会、文化等国家的总体制度大统一为一。大一统不是单纯的统一,而是意味着以接受天命的指导者,即以天子为中心,统一国家的总体制度,在国家的所有春秋大义旗帜下一致团结。

---

① 《春秋繁露·三代改制质文》。

　　董仲舒确立的大一统思想变化为作为其后中国人的民族情绪的"中华思想"。这种中华思想与"客家文化"一起,是代表中国文化整体性的概念。春秋战国时代以来,汉族用自己民族的中心思想强调"中华"。同时,将类似的两个概念合起来也称"华夷思想"。作为现在中国代表性遗址之一的万里长城事实上也是由于这种华夷思想而产生的。

　　孔子以来中国政治的中心思想随着儒学成为中心,儒学的王道政治是政治的基本秩序。这种王道政治的理想在于,接受天命的王通过圣人修养,用圣德教化百姓,建设大同社会。然而,重视中华思想的思想家主张,中国应该首先实践这种王道政治,然后再向异民族和他国扩散。即"中华"的"中"是指"中国"或"中央","华"是指儒家的王道政治。作为圣人应该积极向异民族扩大王道教化的理论就是"王化论"。

　　这种"王化"思想如果从不是汉族的其他民族立场来看,是否定了自己民族的国家文化和价值,但民族融合也是大势所趋,无法回避的。当然,王化思想虽然可以代表汉族的文化整体性,但无法代表全人类普遍文化的整体性。

　　因此,中国自战国时代(公元前453—公元前221)以来与周边其他民族或国家发生过无数的战争,由此不仅给其他民族带来巨大痛苦,而且本身也经历了无数王朝的浮沉,百姓的痛苦也象宿命一样总是伴随。

　　五、结论

　　对于董仲舒的学问和活动,一方面由于采纳以儒学为政治的中心理论,所以对儒学立足于社会做出贡献方面有肯定的评价,另一方面,也存在将作为纯粹哲学的儒学降低为政治辅佐地位的批评。

　　作为最高统治者的王代表天意,应该施行管理和教化百姓的政治,这虽然是董仲舒所谓"春秋大一统"的意义,但这是将《春秋》的本来精神过分加以政治解释,由于遵循了这种政治观点的解释,也可以说成了以后儒学从属于政治理论的契机。

　　同时,儒学的普遍人生观或价值观虽然是人类历史优秀思想的思维业绩,是代表过去数千年间东亚细亚政治文化整体性的思想,但却被认为是汉族专有物,强调与异民族的差别性,其原因可以说在于,伴随着董仲舒将之变型为强化王权的政治理论,开始远离儒学本来的精神。

参考文献:

1. 董仲舒《春秋繁露》。

2. 司马迁《史记》。

3. 侯外庐等《中国思想通史》,香港三联书店,1950 年。

4. 徐复观《两汉思想史》(三册),台北学生书局,1985 年。

5. 冯友兰《中国哲学史》,香港太平洋图书馆,1961 年。

6. 唐君毅《中国哲学原论》(上册),香港人生出版社,1966 年。

7. 方克立《中国哲学史上的知行观》,北京人民出版社,1982 年。

8. 张立文《中国哲学范畴发展史》,人民出版社,1987 年。

9. 皮锡瑞著 李鸿镇译,《中国经学史》,首尔同和出版社,1975 年。

10.《汉书·董仲舒传》,首尔景仁出版社,1975 年。

11. 劳思光《中国哲学史》(古代篇),首尔探究堂,1986 年。

（作者为韩国安养大学教授）

河洛文化与西南彝族的
祭祀文化之比较

陈文汉

Abstract: "Heluo culture" is one of core source of Chinese civilization; it can be called the area of "culture mainstream soul" of the Chinese nation. "Chinese civilization with the history of 5000 years", or "Central Plain Culture" even much longer, being compared with cosmology of "the earth century", is just a very little bit short period; but being compared with the time of thousands of years or tens of thousands of years, in which human stood out from all things on earth and become "the intelligent part of the universe", it is long enough history of human being. Observing from the viewpoint of irrefutable relic recorded in characters, from two thousand four or five hundred years up to now, "the doctrines of Confucius and Mencius" and "Cheng Zhu Neo – Confucianism" not only became cultural indicator of moral principles and heritage education during the one to two hundred generation, but also became their important learning materials in our neighbor countries in Asia, even were praised by some cultural scholars and became their learning materials of study on human culture in some west countries. So "Heluo culture" is Chinese ancient culture, at the same time, it is also one part precious heritage of the whole civilization of human being in the world. There exist some of archetypal traditional model and language in the sacrificial culture of Yi people, who are one of ethnic minorities in southwest China. In this article, the author wants to conduct some analogy and discussion.

　　人类从记不住、难理清的漫长生存生活到今天,河洛文化是确实的中华文明的源地。孔孟之道系二千四五百年来的中华人伦理道德文化的指导度坐标,程朱理学是近千年前,在特定的中国历史社会中传承研发,格物致知的哲学观念并集成孔老夫子历游各地,晚年返故地聚徒讲学之样板,并创建出正确合理的教育、教学方式方法,树立了受几十代后人奉为与两千多年前的孔孟之道相连齐名的中国教育理念与教育家。这些先辈名人的做法,对今天人类社会创造了各种高科技文化的时候,仍然是我们后代人应需值得研究和学习的作人楷模。

一、河洛文化的悠久性

　　在人类世界的这个地球上,凡人们说不准、讲不明很多知识,只能以每个人自己所获的一点见闻说话。就今天世界 200 多个国家与地区而言,以国家的单位来说,既有古老文明的国家,也有新兴文明的国家,我国当然毫无疑问地算是一个古老文明、历史悠久的国家,具体说来,谁都难以说清、算清。以通俗说法 5000 年文明史上,曾有过"多国"、"少国"的准确记载呢!

　　本人所说"河洛文化的悠久性",也仅是据鄙人之所闻而已。远在旧石器时代,无论是南来北往还是东传西播,当时古人类的遗迹都要经过中原腹地。在嵩山地区的荥阳织机洞发现距今十多万年前的旧石器时代遗址,出土一批打制石器和动物化石,还有多处用火的痕迹。许昌灵井遗址距今 10 万—8 万年,发掘出较完整的古人类头盖骨化石和一批动物化石,还有大量制作半精美的细石器、骨器及一些牙器。最近,在郑州西南郊老奶奶庙发现距今 5 万—3 万年的旧石器时代晚期遗址,仅在 50 平米的发掘范围内,就出土了 3000 多件石制品、12000 多件动物骨骼及碎片,20 余处用火遗迹,还有多屋叠压、连续分布的古人类居住面,展示了人类早期的聚落萌芽。[1]

　　本人一向联想,现在我们通用的"中华文明 5000 年"之词的时间概念,虽然不能说是谦虚话,但可系谦让语,其本人看法是,中国现认定的 56 个民族中,除了极少数的几个民族,均属"藏缅语系"或叫"蒙古人种",可统称为"黄皮肤"的"黄肤色人"。

---

[1]　《黄河科技大学学报》,2013 年第一期第 24 页

而对"人类文明"一词,表达与表示人兽类的猿到现今的人,还是从远古的愚昧先人到现在的文明人? 它的科学地划线也应该有从科学的正确的准确的划线。

人,在自然界的生物学上,可称是地球生物中相当短暂的一段"万物之灵"动物的一小片段,但从动物和植物的生命历程中,几千万数10万年,也是漫长的时间。当然,所说这些话题,对当下的世界人生观来说,均是毫无价值的"梦话之语",但因本人家世与身世,经历与工作的关系,大多从事教育和传统人类学文化研究事宜,故对抽象的"人从哪里来? 又到哪里去"议法相对有兴趣。对河洛文化的研讨,本人只算只知一棵树的几片叶,一张皮的几根毛,因而只能谈一点粗浅的认识。

二、河洛文化的传播

河洛地区指的是黄河中游潼关至郑州段的南岸、洛水、伊水及嵩山周围地区,包括颍水上游登封等地,大致包括北纬34°—35°、东经110°－114°之间的地域,即今天河南省的西部地区,河洛地区的山水景色不用赘言,地理区域即是中国的"天下之中"。

除天下之中的地理条件之外,河洛文化遗存、传播四面八方的更重要因素应说是人文文化因素:即从知皮毛、难见皮张与肌骨的神话和传说,从三皇五帝及其往前的"女娲补天"、"开天辟地"始算,中国人及至世界各民族的史前史,今天我们难于理清。但就从人类文明的最关键要素——有文字记载的特征看来,中国文史的源头在中原,中原的腹地当在河洛,这是毋庸置疑的。

可靠的考古文化、古籍文化说明:五帝邦国时代,黄帝都有熊、颛顼都帝皇、尧都平阳、舜都蒲坂;黄河文明发展期的夏商周时代,夏都阳城、阳翟、斟鄩、老丘,商都亳、隞、相、殷,周都丰镐、洛邑;黄河文明兴盛期的帝国时代,西汉至北宋一直建都在西安、洛阳和开封。这些都城均在河洛文化圈内,几千年的建都历史,形成了具有极大影响的国都文化。在很多中华儿女的心目中,河洛文化和中原文化是同一概念的古文明发源地之词。

中华民族一向很尊崇祖先及其先祖来源,网络资料"河洛文化历史依据"说道:华夏文明的主体是黄河文明,黄河文明的中心在中原地区,黄河文明的核心在河洛文化圈内。据姓氏专家研究,中国一百大姓中有七十多姓的祖根或一支源于中原。中华民族最早出现的国家在这里。由于历史上的各种原因,中原人口大量向四方播迁,甚至播迁到海外;善于吸收、包融、开放、凝聚的民族个性,在河洛文化中都有充分的体现。最突出的还是大一统的民族基因:从邦国、王国到帝国的几千年中,中国人为维护国家统一强大,反对浅(潜)意识的分裂思潮与行为,一直进行着不懈的斗争,并且取得了辉煌的成就。这些优秀的传统基因观念,今天仍是整个中华民族坚如磐石的凝聚力和向心力的灵魂。

从自然生物学的视角来对比和比较:我们自己,凡有生命时间的动物和植物,均以雌性因素为重要性。本人所说"重要性",是以视角的感观,并非真正的现代尖端科技学原理,但从通常的所见所闻,对新生繁衍历程中,雌性占据的条件因素比雄性更重要,这应该可以说是人类早期母系制社会产生和形成的缘由。故此,说明中国古代文明的源头的母体文化应属河洛文化。

据网络"中华姓氏的重要源头"初步统计,在《中华姓氏大辞典》所列到11969个姓氏中,有4925个未注明来源,有2224个系少数民族姓氏,二者合计7149个,占11969的59.7%,下余4820个为汉族姓氏。从信仰文化看,河洛文化也是古老的发祥地或形成之地区。夏代是我国第一奴隶制国家,奴隶制经济的繁荣为国家的强盛发展提供了坚实的基础。在伊洛盆地已发现二里头等文化遗址50余处。形成了以都城为中心,村落星罗棋布的聚落群:在二里头都城遗址内,中部是宫城,宫城北面和西北一带是祭祀区,……

根据大量的古代文献资料,对这4820个姓氏逐一进行研究,得出的结果为:起源于河南的姓氏共有1834个,占4820的38%。但是,仅有姓氏数量,尚不足以说明问题,因为每个姓氏拥有人口数量多少不均相同。为了进一步弄清河南在中华姓氏中所占的重要地位,笔者又根据该书提供的姓氏拥有的人口资料,对我国的汉族姓氏逐一进行了考证。当今按人口多少排列的前120大姓共占汉族人口的90.11%,也就是说13亿人中有11.7亿人的姓是这120个姓。在这120个大姓中,全源于河南的姓氏有52个,即李、张、陈、黄、周、林等,部分源头在河南的姓氏有45个,即王、刘、赵、吴、徐、孙等,两项合计起源于河南的姓氏共有97个,占120大姓的80.8%,占全国汉族人口的79.49%。如果减去一些多源的姓氏中源于河南以外的成分,人口百分率会有所下降,但起源于河南的姓氏总数是 1934 个,减去 97 个,还有 1737 个,起源于河南的姓氏,占全国汉族人口的百分率仍在 80% 以上。

依据网络资料的这些数据,虽无法证实其准确性,但可肯定的是:几千年来的中华人口移民,大多数是从中原分播、迁移到各地,从而又把中原文化传播到四面八方。

三、程朱理学对中国人的伦理道德教育

以同胞弟兄程颢、程颐为代表的二程理学,据《周易》的原理认为,人的先天智商当然有些差异,但在后天的成长过程中,采用什么态度学习十分重要。二程理学重视义理,重视礼教,不仅在汉民族中有很大影响,即使对彝族文化也有影响。本文试将二程的命理说与河洛文化五行、生肖、方位等与本人故乡本族的一些祭祀言语,作一些浅显的比较,虽然距真正的学术研究水准还很远,乃是不及格,但仍愿作一些蜻蜓点水般的尝试,以图说明汉文化与彝文化的相互影响与交融。

四、彝族祭祀文化的简要介绍

现对彝族毕摩教卜卦中的命理说作一简要介绍。

中华彝族主要聚居或散居在祖国西南的川滇黔桂四省区,自古信奉万物有灵的泛灵论,以祖先崇拜为核心,各地彝族人都盛行各式各样的祭祀活动。下面仅以四川凉山彝族祭祀文化中预测学规律之对人的命运卜卦方法中的"命理说"做一下介绍。命理说的关键要素是依据每个人的"性宫"、"命宫"和"岁宫"配套阴阳五行、十二生肖、日月星辰等诸多要素综合推论测算。可称今天的"肌理学"、"生命密码学"。

(一)命理规律

1. 性宫

性宫是以雌雄性别而定的恒定宫,在彝族毕摩教的祭祀文化说教中,把所有男性成员定为北方宫,把所有女性成员定为南方官。

2. 命宫

"命宫"是指每个人的命运根基。以父母生育自己时的年龄所决定。无论

男女,都固式化地规律所定性,且终生不变。规则是以十二生肖与四面四方挂钩,相互轮换测算,变化出每个人的不同命宫。

测算方法是,本人出生年——十二生肖中的某个属相年,以当年父母的年龄确定每个人的命宫。

推算公式:

(1)一个人的命宫:$1 \times 8 \times 2 = 16$

公式中的 1,指一个人,8 指八方位,2 指父母二人。含义是说,无论,男女,父母赋予自己的命宫都在 16 之内的一种或两种。

(2)所有人的命宫:$2 \times 8 \times 2 \times 12 = 384$

这里的第一个 2,是指两性男女,8 指八方位,后面的 2 指父母双亲,12 指十二属相。也就是说,世人男女的命宫仅 384 种(指的是第一前提的命宫根基,往后的第二、第三……前提是“乘方式”的无穷多)。

其中,一个人的岁宫和命宫有“同位”与“不同位”的两类,原理是:

1. 性宫——在彝族毕摩教中,把男女的本宫划分为南方、北方两个恒定的宫位。

彝族毕摩教命理学说中,岁宫、命宫是最重视也最常用的一种推论依据。同位者指的是,一个人出生的当年,轮到他们的父母岁龄,恰好在约定俗成的男女各自的本宫位上,他(她)的命宫和岁宫都是同一个,父母岁龄不在约定俗成的宫位上,一个人就有本宫和命宫两个宫位。还可能是三个、四个宫位。这种推算是很清晰,也较简便的。即一般原理(除预算生育的外),大多自然生育的部分,出现同位、不同位的公式,不外乎就是八分之一乘以二或再乘以二的各种命宫。即一个人,可能出现的各种岁宫和命宫的概率是八分之一、十六分之一、三十二分之一之一种。难以推算清楚的是,往前代追溯,若干代以及其他各类各性的相生相克说教相联系,就会出现万花筒图像式的无穷多现象。

2. 岁宫

“岁宫”是在“本宫”的基准上延伸运转变化的。本宫、岁宫的推算方法(公式)如下:

(1)本宫

“本宫”是毕摩教仪中约定俗成的固定宫,可称为“性宫”,即以出生年为基准,男女有别,男性为南方宫,女性为北方宫。

公式:$1 \times 2 = 2$

即男女两性每人一个固定的本宫。

(2)岁宫

岁宫是在本宫和命宫的基础上延伸展开的"综合宫"。每个人的本宫、命宫和岁宫都逐次向八方运转,一年一方,八年一轮。

公式:$8 \times 2 \times 1 = 16$

即每个人八年有 8 个或 16 个宫位。从前代人的岁宫产生与后代人的相生相克规律和规则运转。

"8 个或 16 个宫位"的可能性是:岁宫本宫同位者只有 8 个宫,一年一个;岁宫本宫布不同位者,则一个人有 2 个宫位,八年一轮,就变成 16 个宫位。

3. 强宫弱宫的划分

在彝族文化的命理命运说教中,对于源头追溯十分苛刻,衍生出了无穷多的因缘(今天可称为与现代科学的遗传学相似的一种学说。)

"强宫"和"弱宫"是以父母生育自己时的年龄来划段的,划段方法有多种,以下举出在民间通常运用且较简单的一种:它以父母岁龄划段,年轻时为强宫,年中时为平宫,年迈时为弱宫。

以五年划段的强弱宫:

父母 20 - 30 岁出生者为强宫段;

父母 30 - 40 岁出生者为平宫段;

父母 40 岁以上出生者为弱宫段。

在具体的命理中,有几种分段法,一种是以五年为一段,各段又有五花八门、各种差异的诸种释译。

强弱宫以五岁为一段的划分公式:$1 \times 2 \times 5 \times 12 = 120$

这公式中的数字,1 指当事人,2 指父母俩,5 指五段,12 指十二属相,即是说,男女强弱宫的推算和功能是相同的原理,长期以来,在祭祀仪式的诸多过程中,凉山彝族以母系项为第一前提,父系项为第二前提。其原因难于在现有篇幅内讲清,待以后专题探究。

"强宫弱宫说"与"母系要素为主,父系要素为辅"的剖析:强宫弱宫的说教,事实道理很明白,即是父母身强力壮时养育的孩子,其肌体素质比父母年迈体弱时才养育的孩子更好一些。但在毕摩文化的说教中,并不如此直白地释义。总以各种方位、五行、生肖等诸种说教相联系予以解释,剖析其因,除了根深蒂固的神鬼信仰外,传统观念和情感心理也有一些原因。一方面,在传统意识中,多子多女为富有的象征;另一方面,在不少传说典故中,年迈得子后,子孙成名成器者很多,再加上,在漫长的父系制社会历史上,彝族人的习俗礼仪规则中,长子和幺子在弟兄中居于重要位置的理念有关。

至于在岁宫命宫的推算和运用中,以"母系项为第一要素,父系项为第二要素"的规则,按其今天的生物学、遗传学解释,当然是很清楚很明白的原理。但是在古代,先民们对生物遗传现象虽有观察,而毕摩教文化的理论基础是建立在自然崇拜的神鬼学说上,并不是建立在生物科技基础上的说教。

人类各民族的大多数,均以父系为主线,而彝族的父系制奴隶社会的保持又是最长与最严格的。笔者认为,在命理学中,以母系要素为第一前提的习俗,当源于很早以前的母系制社会时期。

(二)相生相克的推算原理

相生相克的推算是网状式的一门多项繁复知识,测算依据涉及多种要素,与生物繁衍后代的系数相似,不过它是向前代祖先罗列推算的。用高等数学公式计算也是无穷的难以计算准确的一门学说,因为世人谁也理不清自己的始祖父、始祖母是哪时期哪个人。然而从唯物史观看,毕摩文化的神鬼学说,也不能一言而定为"荒诞说",它恰好说明今人所知晓的"世上没有两个一模一样的自然物"的基本原理。按彝族毕摩教的说法,双胞胎、多胞胎的姊妹和弟兄是相同的命理。再按现代科技的误差要求,分秒不差及零点几几秒的精准度去测定,双胞胎的呱呱坠地也总有几分几秒的时间差。

本文所介绍相生相克说,也只能粗线条地勾勒一点基础型的说法。①

所谓相生相克说,在社会制度相对后进的彝族人中,所注重的事务是"无孔不入"的,繁杂的相生相克学说对婚配择偶、迁徙移居、征战制敌、播种收割、"出牧收畜"等大事小事,事事都需要预测一番。下面介绍一下相生相克的基础原

---

① 《黄河科技大学学报》,2013年第一期,第24页

理说教。

1. 十二属相的相生相克规则

十二属相相生相克学说内容很多,是最基本常用的命理要素,依据 十二个属相与四面四方相联系而产生的,为便于理解和探究它的原理,画 一简图以示其意。

(1)相生的十二属相图表:

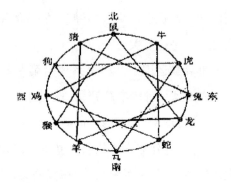

毕摩教的十二生肖属相相生组合口诀:

　　猴龙鼠相生

　　牛蛇鸡靖神

　　狗马虎融洽

　　兔猪羊吻和

(2)相克的十二属相图表

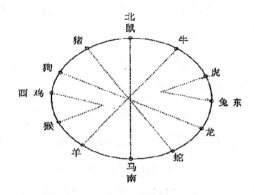

(作者为西南民族大学图书馆退休副研究员,彝族名字为:吉克·则伙·史伙)

拉丁字母分析河洛古汉语声韵

谢魁源

Abstract：Minnan dialect has a lot of ancient Chinese words and pronunciation，namely，the Central Plains of the ancient Chinese. Now there are a lot of people do not know is not to read，in the Latin alphabet of Chinese phonology，accurate analysis of Chinese characters in sound and rhyme，can avoid not pure Chinese pronunciation and error.

前言

河洛古汉语者,闽南话是也,台语是也。乃汉字创造伊始之原音,故知汉字乃汉语之载体,汉语乃表汉字之字音者。二千年来,汉语因战乱、因族群融合、因异族借用,以致散播各地;久之,则纯度不一,其严重者,沦为各种方言。近百年来,闽、粤、客各称其语言为正统,究系何者为最纯汉语? 争辩何用! 且依有韵之汉诗词为据,自叮得其正解也。汉字,乃举世唯一【一字一音】之独特单音语言,由字形、字义、字音、字调等【四大元素】所所构成;古人云:【声韵相合】而成音,何谓也?【声者】,字音之【前声】也,学院所称之【子音】是也。

【调者】,古人云【平上去入】分阴阳:

有阴平、阴上、阴去、阴入之【汉语阴声调】:1、2、3、4 声调;

据上可知,汉语有平、上、去、入【四声】,有 1、2、3、4、5、6、7、8【八调】;而今汉语之【四声八调】及汉语【连读变声转调】之基因,犹依序、清楚保存于闽南话亦即台语之中。

现今之所谓普通话、普通话也者,章太炎所谓金元虏语是也,实乃雷鸣之瓦釜;而闽南话也者,乃即将毁弃之黄钟也。异哉! 普通话、普通话欠缺:阴入、阳上、阳去、阳入四个声调,作诗填词之平仄韵声,一皆以闽南话为准;此盖普通话平仄紊乱,汉语之阴阳两入声,分散于普通话之四声中,且普通话人无能发入声,故也。

兹举常被误用的入声字如下:

ㄅ:八捌拔跋钹薄雹瘪鳖憋蹩别孛勃渤脖舶伯铂柏泊箔博搏拨剥

ㄆ:拍劈撇泼仆璞扑

ㄈ:发罚乏伐筏阀佛服伏袱弗拂福幅蝠

ㄉ:答搭达鞑妲靼得德滴迪的嫡狄逖荻涤敌笛跌蝶牒喋迭叠督毒独读犊渎夺

ㄊ:塌遢踢贴突凸秃托脱

ㄌ:拉邋

ㄍ:割格咯骼阁搁鸽革隔刮聒郭国

ㄎ:嗑瞌壳咳哭窟

ㄏ:哈蛤喝合盒涸核劾黑嘿忽惚滑猾活

ㄐ:疾迹积激击缉绩及汲极级急辑集籍脊棘夹颊截杰竭揭捷睫洁结桔接节劫鞠菊局绝掘崛倔厥决诀抉觉爵

ㄑ:七柒漆戚掐曲缺

ㄒ:膝昔惜吸息熄媳析淅晰悉习席袭侠挟狭峡狎辖瞎胁协歇薛学

ㄓ:着蛰螫折哲折辄只织汁直值植殖侄执职踯粥轴逐烛竹筑竺卓桌捉拙琢啄灼酌茁浊

ㄔ:擦插察拆吃出戳

ㄕ:杀舌失湿十拾石食蚀实什叔孰熟赎淑刷说缩俗

ㄗ:杂匝凿则责泽择贼铡闸扎摘宅

ㄙ:塞

ㄧ:鸭押一壹

ㄨ:挖屋

ㄩ:约曰

ㄜ:额

一、汉语声、韵、调及连读变声转调实例

汉语一字一音,两字为一字音结构,三字以上者为姓名、地名、数字等专有名词;汉语两字连读,前一字变调,三字连读,前二字变调,四字连读,前三字变调;

四字以上汉字结构甚少,其读法依前例。

汉字创造时,即有声、有调;其声调,即现今之闽南话声调;闽南话即河洛古汉语;兹以【河洛古汉语】五字,说明汉字结构及声调、连读变声转调。【河洛古汉语】五字,乃【河洛】两字及【古汉语】三字,所构成之两辞语结构;其汉语读法为,【河洛】两字一读,【古汉语】三字一读;故前一字【河】须变调,前二字【古汉】须变调;【辞语结构】最后一字,保持原本声调。请看下列加注于教会罗马字音之数字,以对照变声转调实例:

$$ho^{5-3}lok^8\ koo^{2-1}han^{3-2}gu^2$$

河洛古汉语

【河】为阳平第5声调,连读变为阴去第3声调;【洛】为阳入第8声调,属后缀故原音不变声调。

备注:【河洛】之【洛】字,白话语音脱音成【loh2】【河】之【前声】为【h】、【河】之【后韵】为【o】、【河】之声调为阳平【5】、【河】之【连读变声转调】为【5－3】。

【洛】之【前声】为【l】、【洛】之【后韵】为【ok】、【洛】之声调为阳入【8】、【洛】属后缀,故不变声调。

【古】为阴上第2声调,连读变为阴平第1声调;【汉】为阴去第3声调,连读变为阴上第2声调;【语】为阴上第2声调,属后缀,故不变声调。

【古】之【前声】为【k】、【古】之【后韵】为【oo】、【古】之声调为阴上【2】、【古】之【连读变声转调】为【2－1】。

【汉】之【前声】为【h】、【汉】之【后韵】为【an】、【汉】之声调为阴去【3】、【汉】之【连读变声转调】为【3－2】。

【语】之【前声】为【g】、【语】之【后韵】为【u】、【语】之声调为阴上【2】、【语】属后缀,故不变声调。

二、汉语结构及句读

1. 专有名词:若人名、地名、姓名、国名、职称,不管几字,皆为一完整结构;

台湾、电视台、广播电台、台北市长…除尾字不变音,外其前之一字、二字、三字,皆须变声转调。

2. 复合名词:河洛古汉语之结构为名词加名词＝河洛＋古汉语,其句读为河洛、古汉语,除后缀不变音外,其前之一字、二字,皆须变声转调。

3. 名词+动词或形容词者,其名词不须、不可变音转调,若:月落乌啼,故其结构与句读皆为:月、落、乌、啼,读诵时,每字一音。

三、变声转调法则

1. 阴平变阳去 1→7

2. 阴上变阴平 2→1

3. 阴去变阴上 3→2

4. 阴入变阳入 4→8

5. 阳平变阴去 5→3

6. 阳上不变(阳上一字两声,若:选 soa3an1 若:举 ku3u1)

7、阳去变阴去 7→3

8、阳入变阴入 8→4

四、变声转调之例外者

1. 阴上变阳上(泉州腔),若:选举 soan2 – 1ku2 变 soa3an1ku2

2. 阳平变阳去(漳州腔),若:台大 tai5 – 3tai7 变 tai5 – 7tai7

3. 名词+动词或形容词者,其名词不可变音转调,其若:天、长、地、久,更若:国、泰、民、安,每字需读本音调。

汉语子音＝前声(14 声)

汉语只有 14 声,绝非古人所谓 33 声。

汉语子音如下:

b　l　g

p　t　k

ph　th　kh　h

z　c　s　j

汉语元音 = 后韵(45 韵)

汉语只有 45 韵,绝非陆法言切韵所谓 206 韵,或刘渊平水韵所谓 106 韵;由世界通用元音 a、i、u、e、oo 及汉语特有 o、ew、er 组合成汉语 45 韵如下:

1. un　2. ian　3. im　4. ui　5. e　6. an　7. ong　8. oai　9. eng　10. oan 11. oo　12. iau　13. iN　14. iong　15. o　16. ai　17. in　18. iang　19. am 20. oa　21. ang　22. iam　23. au　24. ia　25. oe　26. aN　27. u　28. a29. i 30. iu　31. eN　32. ng　33. io　34. iuN　35. oaN　36. oN　37. oang38. m 39. oaiN　40. aiN　41. iauN　42. om　43. auN　44. iaN　45. uiN

汉语尾音

汉语有 m　n　ng　N 四尾音,偶现于元音之后,其 N 表鼻音。

1. m 为闭口音,普通话(普通话)无 m,故咒语 om 误读成 ong,谬矣千载!

例如:金(kim1)心(sim1)深(cim1)

2. n 例如:因(in1)亲(cin1)新(sin1)

3. ng 例如:应(eng1)经(keng1)清(ceng1)

4. N 表鼻音例如:青(ciN1)更(kiN1)婴(iN1)

五、结论

以拉丁字母分析汉语声韵,可精准分析汉语汉字之声与韵;唯 14 声 45 韵尔;以拉丁字母注汉字及汉语,可免将汉字画蛇添足加添至 33 声 206 韵;若以反切拼音注音,限于明清以还之学者,因不识纯正汉音而多所讹误;更甚者,多见不知反切拼音原理而胡乱切音致疑误后学者。

附录:诗词印证闽南话即河洛古汉语

龟虽寿(曹操)

sin5 - 3　kui1　sui1 - 7siu7　iu5 - 3　iu2　keng3 - 2　si5

神龟虽寿犹有竟时

teng5 – 3   sia5   seng5 – 3   bu7   ziong1   ui5 – 3thoo2 – 1hai1

腾蛇乘雾终为土灰

no2 – 1   ki3   hok8 – 4   lek8   zi3   zai7 – 3cian1 – 7   li2

老骥伏枥志在千里

eng5 – 3   siok4   zi1 – 7   ki5   put4 – 8   tan7 – 3zai7 – 3thiN1

盈缩之期不但在天

iong2 – 1   i5   zi1 – 7   hok4   kho2 – 1   tek4 – 8eng2 – 1   ni5

养怡之福可得永年

heng7   sim7   zi3   zaih4   ko1   i2   eng7 – 3   zi3

幸甚至哉歌以咏志

备注：

一、先押平韵〈i〉，此韵之时、灰，唯闽南古语能谐其韵，他省方音，绝无可能。

二、次押仄韵〈i〉，此韵之里、已，他省或可谐其韵。

三、再押平声遥韵〈i〉，此韵之期、天、年，唯闽南话能竟其韵，他省方音，万无可能。

四、再押仄声遥韵〈i〉，此韵之至、志，他省或能谐其韵。

（作者为台湾中华文化艺术交流协会理事长、汉学临风堂创办人）

河洛易学的古代教育与海外传播

王志轩 郭胜强

Abstract：Confucianism is the mainstream of Chinese traditional culture. Confucian classic is the core of Confucianism. The education of Yijing in ancient China has a profound influence on the Chinese culture. We shall advice Chinese to restore Confucianism education at school, and to study on the method of the course of general education, and edit the new Confucianism book of Yijing. Chinese must to Learn more from the experience of ancient Chinese education In the process of inheriting and developing Chinese excellent traditional culture.

易学产生于河洛地区,是河洛文化的重要组成部分,也是国学的重要组成部分。中国易学又称河洛易学,在传统的学术体系中,属于"经学"范畴,也有部分内容归于子部的术数类。《易》的成书由来尚矣,"文王拘而演周易",《周易》成书于殷周之际,《易传》部分形成于春秋战国间。西汉独尊儒术,有五经博士,士大夫之家累世经学、累世公卿,易学遂大兴于世。所以,说到易学,必称:人更三圣——伏羲、文王、孔子;事历三古——夏商周。民国之前两千多年,易学是中国学校教育的重要内容,精通易学与否也是官府选拔人才的标准。两千多年时间里,汉、宋之学迭兴,两派六宗竞起,各领风骚,蔚为大观,并传播到全世界。研究中国古代的易学教育与海外传播,不仅可以看到河洛文化影响的深远,而且对复兴中国文化有着重要的借鉴意义。

一、中国古代的易学教育与相关研究

在世界教育史上,中国的教育发展源远流长,形成了许多鲜明特色和优良传统,积累了丰富的教育经验,在相当长的历史时期,中国教育居于世界领先和重要的地位。自中国有信史以来,从殷商时期一直到清朝末年颁布壬寅学制和癸卯学制为止,《易》学一直是中国学校教育的主要内容。《易》在夏、商、周三代由官学沿袭,甲骨文的"学"字就是以手习《易》"爻"的象形;《史记》记载文王作《周易》卦辞、周公作《周易》爻辞,乃至孔子作《易传》并开办私学、把《易》作为儒家教材使用;两汉确立《易》学的经典地位,之后,唐朝《周易正义》、宋代《伊川易传》和《周易本义》、明永乐钦定《周易大全》、清康熙钦定《周易折中》等,历代均由中央政府确定《易》学教材。

《易》学是中国古代教育不可抹煞的重要内容,许多有真知灼见的教育史学者,都客观地对《易》学教育加以研究并给予恰如其分的评价。例举说明:1. 毛礼锐、沈灌群主编的《中国教育通史》认为,《易》被孔子作为儒家的教科书,《易》是当时一门非常重要的学问,《史记·仲尼弟子列传》和《史记·儒林列传》都有孔子传易的记载,传承有序。《易》从荀子的《劝学》篇开始被尊为"经",在之后的两千多年里,一直是学校中最基本的教材①。2. 李国钧、王炳照主编的《中国教育制度通史》认为:孔门私学"六经"之教的兴起,是中国古代教育史上一项重大的变革,后逐渐演变,成为封建社会主要的教学内容体系,即经学教育,《易经》也成了中国封建社会学校长期使用的教材。3. 熊承涤著的《中国古代学校教材研究》认为:汉武帝以后,无论官学、私学,都以儒家经典为教学内容。东汉蔡邕校订了"熹平石经",统一了教材文字;郑玄为经书作了比较权威的注释,经学作为课程、经书作为教材,在汉代打下基础②。

由于《易》为群经之首的历史地位,所以当代学者对中国古代《易》学教育的研究,一般是包含在古代经学教育史中的。1. 关于孔门《易》学的兴起。吴霓在《中国古代私学的产生及先秦时期私学的特点》中认为:中国古代私学的产生与对私学概念的界定是密切相关的。无论孔子是否是私学的首创者,其主持的活动是春秋时期最大的私学活动,因此,私学的发展历史,一般以孔子私学为首要标志。江林昌的《"六经"的内容、流传与古代文明研究》认为:孔子所整理的"六

① 毛礼锐 沈灌群《中国教育通史》(1—4卷),山东教育出版社,1985年。
② 熊承涤《中国古代学校教材研究》,人民教育出版社,1992年。

经"，实际上在孔子之前早已在社会上流传。作为古传文献，"六经"比较全面地反映了自五帝文明起源到夏、商、西周早期文明发展的大致框架与基本内涵，是我们研究中国古代文明的最重要的书面资料。2. 关于《易》学权威地位的奠定。张涛的《经学与汉代教育》认为：两汉时期，儒家经学中的《易》学成为统治思想和正统学术，并对社会政治、思想、文化、教育等各个方面产生了重要影响。3. 关于《易》学与经学在不同时期教育中的发展特点，和学新、任庆月的《试论中国古代课程思想及其特点》认为：中国古代课程思想经历了一个发展演变的过程。西周时期表现为以"六艺"为主的文武兼备思想，春秋战国时期表现为以伦理道德为主的多元化思想，汉唐时期表现为以经学为主导的思想，宋明时期表现为修内与践行并行的思想，明末清初到鸦片战争前期表现为经世致用的思想。中国古代课程思想具有政治色彩浓厚、德上艺下、重和谐、重世俗轻鬼神、重知识传授轻能力培养等特点。4. 关于《易》在儒家经典体系中的地位。舒大刚《儒家经典体系嬗变及其当代意义》认为：作为中华元典的儒家经书，在历史上以《易》为首，有一个逐渐结集的过程，孔子整理后的"六经"，再到后期儒家研习的"十三经"，呈现出不断扩充和最后定型的状态。儒家经典的每次扩展，都有其特定的历史文化背景；每次经典体系的扩大，也预示着儒学研究重心的转移。5. 关于古代《易》学教育的特色。李弘祺的《中国传统教育的特色与反省》认为：传统中国教育的特色有"养士教育与科举的影响"、"为己之学与书院的理想与实践"、"儒家经典的教育"、"庶民教化"、"祭祀与儒家正统"、"个别施教"、"不分年龄班次的教育"等。朱汉民《古代教学过程论及其理论特色》认为：中国古代教学过程论虽然不具有系统性，但是古代教育家们总是以哲学认识论为指导去论述学生的学习过程，反映了他们的哲学认识论特点。仲玉英的《论中国古代人文课程体系的发展轨迹》认为：孔子"六经"主体课程确立于西汉，结构体系形成于唐代，经宋元明清的发展，逐渐丰满和完善。在两千年的古代教育史中它始终发挥着服务政治、关怀人生的现实价值，但终因知识体系和思想的局限而成为近代教育改革的焦点。6. 关于《易》学在历代书院的传承。陈谷嘉、黄沅玲的《论中国古代书院的教育理论及人文精神》认为：在《易》学教育方面，因为宋代书院教育理念上的更新，给教育带来了生机和活力，它提出和强调了教育必须以人为本，同时突出了以德育人和对人性关怀的人文精神，产生了深远的历史影响，对我们今日的教育改革也有借鉴意义。7. 关于《易》学的式微。左玉河《现代学科体系观照下之经学定位》认为：在晚清西学东渐之后，经学地位有所下降。尽管张之洞在拟定新学制时予经学以崇高地位，但因其无法适应新式学堂讲授及学科整合的需要，难以在现代学科体系中找到对应的位置。在现代学科体系观照下，经学及其所属之庞大的经部典籍如何纳入现代知识体系中，遂成为必须面对的问题。四部分类法之经部被拆散归并于文学、史学、哲学、伦理学等现代学科体系中，经学难以在现代学科体系中找到生存空间，逐渐趋于消亡。8. 关于《易》学的学科归属问题。许雪涛的《经学研究的立场与方法——兼及"学科"问题》认为：经学是传统生活方式全体的结晶，经学消亡的结果隐含着民族身份缺失的问题。世运变迁，当下民族身份问题突显出来，传统与现代关系成为中国走向现代化的基本问题，遂有返本开新、重塑国人生活方式的倡导以及设立经学学科的呼声。9. 关于《易》学的现代转型，黄玉顺《中国学术从"经学"到"国学"的时代转型》认为：国学既非西方的汉学也非原教旨的"经学"，而是一种现代性的中国学术，是经典诠释，国学并非"文史哲"那样的多元的分科研究而是统合学术，是一种具有"柔性"国家意识形态性质的理论或学说。张立文《国学之原的求索——由六经开出中华国学》认为：《易经》及"六经"是中华民族国学的源头活水，亦是其文本载体。先秦百家之学的诸子都是从"六经"中继承、阐释古代道术，从而开出百家学说的。

自清末教育改革以来，《易》作为中国历史最悠久的文献，因为披着"卜筮"的外衣，其命运最"悲惨"，被社会大众误解最严重，乃至于逐步脱离社会主流文化，从至高的经学"天堂"跌到了迷信的"地狱"。

二、中国古代的易学传承

按照《四库全书总目提要》的说法，中国古代的易学传承是"两派六宗"。两汉是易学发展的一个重要阶段，期间的易学名家层出不穷，此阶段的易学被后人称为"汉易"，其主要特征是用卦气说解释《周易》、宣讲阴阳灾变的象数之学。孟喜、京房、郑玄、荀爽、虞翻等是汉易的代表人物。魏晋南北朝隋唐是中国易学史上的转型时期。王弼扫落象数，直指"汉易"流弊，由此开辟了以玄学解《易》的道路。之后数百年间，虽不乏反对之声，但玄学派易学还是占据了主流的地位。其主要特征是充分借鉴道家的某些学说,追求《周易》经传中的抽象原则,从而使传统易学的理论思辨水平大为提高。这种包含着浓厚理性主义色彩的义理派易学在隋唐时期得到了进一步延续,孔颖达《周易正义》以王弼为宗就是证明。然而,象数易学并没有退出舞台,李鼎祚的《周易集解》即为汉易学说的汇集。两宋是易学发展的黄金阶段,易学流派纷呈,不仅有胡瑗、二程、朱熹、杨简的理学派易学、心学派易学,还有启自陈抟,大成于周敦颐、邵雍的图书象数派易学,更有成熟于李光、杨万里的"参证史事"派易学。宋易的发展,还影响元明时期的易学发展。降至清代,易学领域著作丰富,学术倾向也较为复杂,但总体特点表现为汉易的复兴。具体而言,以黄宗羲、黄宗炎、毛奇龄、胡渭为代表的不少学者对宋易中的图书之学进行了有力批判,其后以惠栋、钱大昕、张惠言为代表的一些学者则对汉儒易学进行了较为系统、全面的辑佚、整理和考证工作。清儒的易学研究以考据为本,即使有焦循这种颇具创新精神的易学家出现,仍不能从整体上改变清代易学在思想理论方面的不足。

三、河洛易学在海外的传播

《周易》产生于河洛地区,由于其对中华文化影响深远,因而它更是中国的,同时也是世界的,是人类文明共同发展的成果。海外易学发展的历史,在一定意义上也可以说是一部中华文化对外传播、本土与域外文明交流融合的历史。当前,《周易》已先后被译为拉丁文、德文、法文、英文、日文、朝鲜文、俄文、荷兰文等十多种文字。各国纷纷建立从事《周易》和易学研究的学术组织,手段和方法不断创新,成果和著述层出不穷,其中更是不乏拥有国际视野、富于启发性的佳作。[①]

作为群经之首的《周易》及易学,对日本、朝鲜、越南等东方国家有着深刻的影响。朝鲜半岛是较早接受易学的地区之一。在其青铜和铁器时代,作为卜筮之术的上古易学便已产生了影响。汉唐以来,经学对朝鲜半岛影响不断扩大,《周易》更是士人研习的重点,而易学文化也深入到朝鲜社会的方方面面。李朝

---

① 借鉴了作者王志轩《〈易藏〉古籍数字化基地项目申报书》、《易藏》项目组成员龚鹏程《〈易藏〉编纂工程计划书》、张涛《易学典籍整理与研究项目申报书》等有关内容。

建立,朱子之学被确立为正统思想,朝鲜易学开始有较严格的学术规范,逐步创造出具有民族特色的易学思想体系。以李滉、李珥、李颜迪为代表的退溪学派,李瀷、慎后聃、丁若镛为代表的实学派,尹隽为代表的古学派,都将易学作为各自学术体系的重要支撑,从而在朝鲜易学史上留下了浓墨重彩的一笔,朝鲜易学也成了易学研究传统中不容忽视的重要组成部分。20 世纪 70 年代以后,随着韩国等东亚国家在经济上的成功,传统文化的支撑作用日益显现,《周易》和易学典籍再度受到重视,出现了金敬琢《周易中庸哲学》、柳正基《易经新讲》等著作。李正浩则于 1975 年推出《训民正音的构造原理:以易学的视角研究为中心》一书,主要论述了韩文的制字起源及其所含有的易学意义(该书中文本由洪军译,以《韩文的创制与易学》为名于 2006 年由河北人民出版社出版)。这些都极大地促进了韩国易学研究的繁荣。

日本易学是国际易学研究中的重镇。秦汉时期中日即有交往,《周易》、阴阳五行学说及汉代的谶纬曾在日本有所传播。隋唐之际,日本已有相当多的士人研习《周易》。大化改新之后,易学在日本迅速流传。随着经学教育的地位在日本确立,郑玄与王弼的注本《周易》被指定为正式教材,得到广泛推广并产生了深远影响。镰仓时代中期,宋易的传入为日本传统易学的形成创造了条件,特别是易学成为当时僧人研习宋学和禅学的重要内容。17 世纪以后,伴随着朱子学、阳明学的相继兴起,各家各派无不从《周易》中汲取养分,开展研究,建立学说,日本传统易学进入发展阶段。明治维新以后,日本学术开始由传统向现代学术转变,日本易学进入近代研究的新时期。伴随着新的学术体系的建立,易学成为中国思想史、日本思想史的重要内容。据《近年来日本出版部分易学书目》(《周易研究》1988 年第 1 期)的粗略统计,从 20 世纪初年至 80 年代日本易学的相关著述已达 200 多种。铃木由此郎《汉易研究》《易经译注》,高田真治《易经译注》《易的形上学》《易和东洋思想》,户田丰三郎《易经注释史纲》,武义内雄《〈易〉与〈中庸〉之研究》,山下静雄《周易十翼的成立与展开》,都是水平很高的著作,其视野遍及《周易》起源、《周易》经传、易学史、《周易》的思想意义及现代阐释等诸多领域。目前,日本的易学研究依然方兴未艾,易学论著不断推出,以池田知久的帛书《周易》研究、今井勇的《周易总说》、尾崎文博的《易经悬解》、金谷治的《易话:〈易经〉和中国人的思想》、本田济的《易经讲座》、冰见野良三的《易经入门：孔子的希腊式悲剧解读》、竹村亚希子的《易经要义：时的变化之理》《易经人生之道》等成果为代表，显示出日本当代易学较高的研究水平。

越南很早便受到易学文化的影响。《周易》大约在公元 2 世纪开始传入越南，从此逐渐融入越南社会文化的各个方面。公元 11 世纪，越南开始使用汉字，推行儒学，建立太学，实行科举，《周易》作为群经之首开始受到人们的特别关注和推崇。从 16 世纪到 19 世纪，随着科举考试推行，士人学子对易学研习的不断深入，易学逐渐完成了本土化的过程。近代以来越南易学研究，黎文敔（《周易究原》）、潘佩珠（《国文周易讲解》）、黎文冠（《周易思想考论》）以及《易肤丛说》的作者等人都在其中做出了重要贡献。通过越南，《周易》和易学典籍还传播到了东南亚，并随着近代以来东南亚各地华人华侨的增多而产生了广泛而深刻的影响。

16 世纪以后，来华的传教的耶稣会士成为最早的一批《周易》的研究和传播者，《周易》成为"中学西传"的重要内容。其中法国传教士白晋的贡献尤为巨大。他不仅在来华期间与另一教士傅圣泽撰写了《易学总旨》，试图以天主教教旨会通《易经》之意，同时还用拉丁文撰写了《易经大意》一书。他把自己在易学象数方面的研究心得与莱布尼茨进行了交流，从而使莱布尼茨受《周易》启示，发明了二进制原理。法国传教士雷孝思翻译的拉丁文《易经》，作为西方出现的第一部完整的《周易》译本，不容忽视。总之，16 世纪至 19 世纪中期，在华传教士留下的易学著述里，既有用拉丁文翻译和研究的著作，还有直接用汉语写的《易》著，这些基本都完好地保存在梵蒂冈图书馆和巴黎图书馆等处。

杨宏声先生在《本土与域外：超越的周易文化》（上海社会科学院出版社1995 年版）中对东亚和欧美易学的发展历程和 20 世纪以来的研究现状进行了系统论述。布罗夫《俄罗斯的中国哲学研究》（《汉学研究通讯》总第 56 期，1995年）、阎国栋《俄罗斯汉学三百年》（学苑出版社 2007 年版）、许光华《法国汉学史》（学苑出版社 2009 年版）等，都在其中的某个部分或章节涉及到了某个国家易学研究的情况。也有一些学者对单独的国家和区域的易学研究进行了专门的考察、研究。随着对中国文化西传史和中西学术思想交流史关注的加强，学者们对《周易》和易学在西方的传播及其对西方文化的影响产生了浓厚的兴趣。林金水先生在《＜易经＞传入西方考略》（《文史》第 29 辑，中华书局 1988 年版）一文中对《周易》传入西方的过程有详细的考察,并对 20 世纪以来西方易学的发展情况进行了论述。王东亮先生从一个留学生的视角,观察了易学在法国的最新进展(王东亮《易学在法国》,《周易研究》1993 年 1 期)。张西平、韩琦先生则将关注重心放在了西方来华传教士在"中学西传"过程中易学与西方思想的碰撞(张西平《传教士汉学研究》,大象出版社 2005 年版;韩琦《再论白晋的 < 易经 > 研究——从梵蒂冈教廷图书馆所藏手稿分析其研究背景、目的及反响》,见荣新江主编《中外关系史:新史料与新问题》,科学出版社 2004 年版)。

关于世界易学文献的研究整理工作,我国正在实施《易藏》编纂工程。《易藏》是《易》类文献的总集,是与《儒藏》《道藏》《藏经》类似的重大学术文化项目。《易藏》包括了中国传统文化中的儒、释、道、诸子百家《易》学著作、《易》类出土文献、海外《易》学文献、当代《易》学论著等内容。在龚鹏程、刘国辉等先生的推动下,这项工程从 2012 年开始在安阳市正式启动。2013 年笔者申请并获批主持中央财政支持的《易藏》古籍数字化基地项目。学术界有关专家学者和政府有识之士为此付出了巨大的努力,多次召开筹备与协调会议,多方申请经费、搜集文献,并逐步制定了编纂计划。

四、小结

自《易》学作为一个学科从中国学校教育体制中淡出以来,内忧外患、沧海桑田一百余年,传统文化产生了深刻的断层,中华文化的传承面临严重的危机。改革开放以来,随着中国经济飞速发展,中华民族伟大复兴的进程加快,加之十八大以来中央高度重视中国优秀传统文化的传承与发展,在这样的历史背景下,认真研究数千年来的中国古代《易》学教育与海外传播是非常有必要的,是传承、发展、创新中国优秀传统文化的重要抓手。

建议把《易》学恢复到学校教育体系,研究把《易》学列入大学生和研究生的通识课的途径与方法;适时地编订适合时代需要的《易》学权威读本,兼顾学术权威性和普及性。在传承和发展中国优秀传统文化过程中,借鉴中国古代《易》学教育的经验,吸收精华,剔除糟粕。

(王志轩,安阳师范学院讲师;郭胜强,安阳师范殷商文化研究中心教授)

追寻嵩云草堂风雨历程
弘扬河洛文化精神

李　力

Abstract：Heluo culture is the root and source of the Chinese nation traditional culture, with its tenacious of life into the system of the Chinese culture and long influence on the range of the Chinese culture. Heluo culture in the process of development, with a broad mind, to maximize the absorption of foreign culture, fusion, to compensate for the lack of his own; and have strong momentum and full of energy to Outland volatile and radiation to the surrounding culture received a positive impact. Grace by Heluo central plains, the central plains and spread in China. In modern Chinese history, Heluo culture with its unique charm more based on the capital, witnessed the magnificent history, stirred the historical situation. City Heluo the carrier of culture is the henan province songyun thatched cottage, as solidification in architectural Heluo culture, songyun thatched cottage fill the Heluo and profound culture and the connotation of advancing with The Times, open up a new realm of the Heluo culture, has the indelible historical value and the era have charm.

一、满载神奇历史信息之草堂

提起草堂，给人们印象最为深刻的可能是纪晓岚的阅微草堂。但在北京的历史上，还有一座历史比阅微草堂悠久、名人比阅微草堂众多的会馆——河南嵩云草堂。

河南嵩云草堂始建于明朝万历年间，历经明、清、民国、新中国四个时期，长达近500年，它曾是晚清时期河南在京的最大会馆，它曾是公车上书时各省举子的聚会地,它曾是康有为保国会的重要活动场所,它是河洛文化在京城的代表与象征。

据《中国文物地图册》记载,河南嵩云草堂位于北京市原宣武区达智桥胡同55号。据传,清初时此地曾经驻扎着满蒙的骑兵,原来的名字可能是"鞑子桥胡同",后来才被雅化为"达智桥"。

嵩云草堂的历史可以追溯到明朝的万历年间。大学士高拱(河南新郑人)罢职后,在宣武门外上斜街与后河沿胡同之间购得荒地两亩余,修建中州乡祠,初建三间平房,专供在京豫人集会之用。乡祠全部建筑直至清初康熙十年前后完成。计建主祠一所,配房六所,大门前檐,悬有"中州乡祠"匾额一方,白底黑字,为工部尚书汤斌(河南睢县人)手题。据记载,中州乡祠位于上斜街27号,"坐北朝南,占地面积约300平方米。金柱大门一间,合瓦清水脊。倒坐房西二间东三间,合瓦硬山顶清水脊,现东倒座已拆。正房五间,灰筒瓦硬山卷棚顶箍头脊,装修后改。东西厢房各三间,东厢房合瓦硬山顶清水脊,装修后改,西厢房后改"。

与此同时,汤斌又与豫京官张伯行(河南仪封人,今属兰考)、耿介(河南登封人)等呈请朝廷倡导读书人研究"二程"的洛派理学,便在中州乡祠对过路南,将荒废已久之招提寺地基(寺前门在达智桥,后门临上斜街)修建大厅一座,名曰"洛社"。同时建配房两所,旧称此院为"海棠院"。大厅中堂高悬"洛社"一匾,紫地绿字,是清初理学大师孙奇逢手题。汤斌、张伯行与耿介等人毕生潜心理学,于康熙二十年(1681)前后,曾两次敦请孙奇逢莅社主讲理学道统,不少学子纷纷慕名而来,甚至有远自豫、陕、苏、浙而来者,一时蔚然,大有当年嵩阳书院(位于河南登封)之风。

至清末光绪年间,豫籍名流雅士宋庚荫、陈铭鉴等曾在海棠院东配房结一"海棠诗社"。每年暮春海棠盛开季节,相偕前来饮酒赋诗。每年大家出钱刊印诗集一卷。"海棠院"原存宋庚荫书舍十数册,与袁世凯日记、函电、稿件数册长期置一书橱,可惜在"文化大革命"中全部被抄没,杳无下落。在日伪统治时期,社友更是凋零殆尽,而今海棠院旧址已成陈迹,"海棠诗社"亦鲜为人知矣。

咸丰末年,户部侍郎毛树棠(河南武陟人)、漕运总督袁甲三(河南项城人,袁世凯之叔祖)又于"洛社"东邻购得地基一方,和其南侧相连的朝庆寺(一说为显庆寺)废址(南至达智桥胡同路北),合计约二亩。当时拟将从北至后河沿,南至达智桥,包括中州乡祠与"洛社"在内综合一起,扩建为河南在京一大会馆,总其名曰"嵩云草堂"。自此毛、袁二人"鸠工庀材",首先在"洛社"四合院之南修建大厅一座,名为"听涛山馆",门前有毛树棠手题白底黑字匾额一方。又在南修建大厅一座,华丽宏伟,为嵩云草堂诸厅之冠,门前悬有袁甲三手题的紫底绿字"池北精舍"大匾一方。精舍之南,建一"月牙池",池内怪石矗立,游鱼可数。濒岸垂柳摇曳,画廊回转,雅具苑囿幽趣。池南又分建"嵩高亭"及"听雨楼"二小型水榭,门首匾额均为白底黑字,相传为系袁世凯手题,也有说是袁世凯命其次子袁克文题写的。

同治末年,兵部尚书毛昶熙(毛树棠之子)及刑部侍郎袁保恒(袁甲三之子,袁世凯之从叔)二人倡议并邀集留京豫人筹资,将"洛社"以东,南向直至达智桥路北的地基,纳入草堂范围,兴建"精忠祠"、"报国堂"各一座。祠内供岳飞之太子少保文像,雍容肃穆,望之俨然。祠堂门首,悬有豫籍文坛耆宿靳志所题白底黑字"精忠祠"匾额一方。"报国堂"及堂内"尽忠报国"二匾均为赭底绿字,均出自袁保恒之手。精忠祠与报国堂之间空地,名为"祭池",东西两厢建有重檐画廊,廊壁穹顶,绘有《岳飞传》故事情节,画笔精致,粉饰绚丽,堪称京画庙宇一绝。报国堂以东约10间宽度的地段,分别建有两处精致的小四合院,直到达智桥胡同路北,连同正中大门建有临街平房七间。大门前檐悬有"嵩云草堂"大型匾额一方,白底黑字,为大学士、两代帝师翁同和所题。

"嵩云草堂"的全部建筑,直至光绪十年(1884)前后才告完成,共有大小厅堂斋舍约150余间。自此豫省各府州县学子举人来京应试,多寄寓于此,在京豫籍显宦巨贾亦常以此为宴集之所。

二、搅动近代风云之草堂

在"百日维新"的前数年中,嵩云草堂是维新人士经常往来的重要场所。康有为等在京创立的"强学会"与"保国会"两大政治团体,就常在嵩云草堂的"报国堂"及池北精舍为会员宣讲维新变法的主张及要领,以求推行新政。1895年5月1日,康有为、梁启超等维新志士,为请清政府拒绝承认李鸿章签定的《中日马关条约》的卖国条约,联络18省入京考贡的举子齐集嵩云草堂。康有为所撰的《上皇帝书》得到 1300 余名举子的拥护,并联名在《上皇帝书》上签名,拉开了"公车上书"的悲壮序幕。直至 1898 年 9 月"六君子"罹难后,其亲朋故旧为求袁世凯庇护,亦多来此躲避。

民国初年南北和议时,南方代表汪精卫曾两次下榻嵩云草堂西院的池北精舍。汪精卫、杨度和袁克定也曾在此筹商组织"国事共济会"事宜。

嵩云草堂不仅承载着变法的大义与激昂,也见证了 20 世纪初保皇与革命、集权与民主的诸般纷争。这也从侧面反映了河洛文化在历史激流中循环往复、不断的修正自我、螺旋式地上升的过程。

1917 年(民国六年)夏,长江巡阅使张勋以调停"府院之争"为名,率领所部辫子军由徐州北上入京。他邀请康有为、瞿鸿机、王士珍、张镇芳与雷震春等人秘密会谈,策划清室复辟。会谈的地点正是在嵩云草堂的池北精舍。

这里面有个很有意思的地方,我们来看:

张勋,江西人;

康有为,广东人;

瞿鸿机,湖南人;

王士珍,河北人;

雷震春,安徽人;

这会谈的诸人中仅有张镇芳是河南人,也就是说几乎是一群外省人在河南的会馆嵩云草堂中开了个会,决定了清廷的复活,尽管这时间仅有 12 天。

笔者认为,他们选择在河南嵩云草堂开会,大概有以下几个原因:一、袁世凯老家在河南,这几个人都与袁世凯有剪不断、理还乱的联系,而袁世凯要做的就是恢复帝制;二、公车上书的重要出发地点就是嵩云草堂,在这里议事有无可比拟的兴奋感;三、嵩云草堂比较大,出入人物较多,容易掩人耳目。但无论是哪一个原因,嵩云草堂也因此再一次载入史册。

复辟失败后,张镇芳因"附逆罪"被段祺瑞拘捕。张镇芳之子张伯驹也曾经数次在嵩云草堂的池北精舍宴请有关人士,多方奔走求情,后被迫以巨款换取张镇芳的宽释。而段祺瑞乃令该款部分用于资助河南中学,即"豫学堂"。余下皆存嵩云草堂,成立"河南赈济会"以为家乡赈灾之用。

三、消失的草堂,不灭的精神

嵩云草堂充实着河洛文化博大精深,与时俱进的内涵,开拓着河洛文化的新境界,它所经历的诸多事件体现的是河洛文化的时代追求,它在"公车上书"中所体现的爱国情怀与自强不息的进取精神,早已铸进其宏伟的身躯之中。

可惜的是,这座代表河洛文化,曾见证了中国近代历史风云的地方,如今已经难寻其迹。在"文化大革命"时期,嵩云草堂存于馆中的文物,如中州乡祠的河南先贤遗像、灵牌,精忠祠之祭器、书画,以及各厅堂之匾额、碑揭均被损毁,荡然无存。今天我们只有在诗词中感受嵩云草堂那非同凡响的存在。晚清官员、被称为"旧文学的殿军"的著名文史学家李慈铭有诗《润秋饮集嵩云草堂池北精舍》云:"胜地招邀萃习觞,丽楼栏槛带虚堂。清池水影先浮磴,高柳秋声欲满廊。云物略存嵩少意,钟鱼犹按梵龛香。双藤宰相风流歌,尚有寒松翠过墙。"

以嵩云草堂观照河洛文化,一方面是对于河洛文化的深情回顾,一方面是激励河洛文化的更新与发展。嵩云草堂消失了,但这不代表河洛文化的消逝。相反,河洛文化以其以强劲的态势和饱满的能量融入时代的洪流,从实现"两个一百年"目标到实现中华民族伟大复兴的中国梦,我们正在征程中。如何提升全社会精神追求,提升道德文化等"软实力"?如何更好的建设"一带一路"?相信河洛文化将日益彰显出更富生命力和感召力的时代强音,为我们寻找答案提供宝贵的警醒和借鉴。

南宋爱国诗人陆游所说:"永怀河洛间,煌煌祖宗业。"几千年来,当初和中国并称的古国,早就消磨在历史的风烟当中,连一些曾经站在当时文明巅峰的民族,也早就不见了踪影。而正是经过拓展后的河洛文化所形成的中华民族精神焕发出来了强大的凝聚力和向心力,使中华民族屡经挫折而不屈,屡遭坎坷而不衰,久经磨难而不败,一直在延续着炎黄子孙的血脉。这种精神挺起了我们民族的脊梁,铸就了我们国家的尊严,滋润着千年中华生生不息。

不朽的河洛文化,不朽的嵩云草堂,不朽的河洛精神!

（作者内蒙古大学民族学与社会学学院博士研究生）

河洛汉画像石与楚美术的渊源探讨

李　祎

Abstract：Heluo area is one of the center area where the north stone paintings of Han dynasty were unearthed. The stone paintings have lots of comparability on the side of painting carve skill, theme content, art style and exhibition technique. By comparison and analysis, we can feel that paintings of the penetrative mark between the Han dynasty in Heluo and Chu culture and immanence relationship between them.

前言

艺术都有其自己的发展变化规律,汉代画像石艺术是我们民族艺术宝库中的明珠,又是艺术在其漫长发展过程中的一个重要环节。

自古以来,我们民族的艺术,无论是书、画、刻、雕、塑,都以其鲜明流畅的线条著称于世。新石器时代彩陶上的动物形象以及由它变异而来的几何纹图案,均以线条构图;商代的甲骨文字,由多变的阴刻线条组成;呈浅浮雕状的商周青铜器上的种种纹饰,其线条更是庄重醒目。这一切都在艺术技法和艺术风格上为画像石艺术的出现奠定了基础。

中原是我国古代文明交汇的中心地区之一,多种文化相互碰撞,相互影响,相互交融,使河洛汉画像石显示了其特有的个性,既具有明显的区域性,又兼有超地域性的双重品格,其文化特征五彩缤纷,融汇了匈奴文化、三秦文化,兼具荆楚和巴蜀文化渗透,本文拟从历史角度,对河洛汉画像石与楚美术的渊源作一些粗浅探索。

河洛地区主要指黄河与“洛水”(黄河南边的一条支流)之间的广大地区,简称"河洛"。经专家从考古发掘、史籍记载的研究,把河洛地区的范围划定为:以嵩山为中心,以豫西为腹地,南至淮河以北,北至邯郸以南,东至豫东一带,西至陕西关东华阴地区。因此,从狭义上讲,"河洛"指今天的河南省,广义上说,河洛地区包括今天的陕西、山西、山东、河北接壤的广大地区。河洛地区地处中原,具有"天下之中"独特的地理位置,在文化上吸收了周边地区的文化精华,形成了既具有明显区域性又兼有超地域性的双重风格。

本文所涉及的"河洛",主要指狭义上的地域,即河南省。河南是我国出土汉画像石比较集中的地区之一,主要是洛阳、南阳、郑州、许昌、商丘、新乡、周口。所谓汉画像石是"我国两汉时期,装饰于墓室、墓祠、墓阙及其他建筑物上以石为地、以刀代笔,或勾以墨线、涂以彩色的特殊的绘画艺术品。"[1] P3 它是汉代人们崇孝廉、尚厚葬之风的产物。

古代楚国的版图主要包括遍及长江流域各地的湖北、湖南、四川和云贵等地。考察楚汉文化的源流,从地貌看,河洛与古代楚国的湖北交界,特别是河洛地区的南阳旧属楚地,地理位置正处于南北交界线上,受楚文化的影响尤为突出。从西晋末年的八王之乱,到东晋的"永嘉南迁",在长达一个多世纪中,中原始终是战火连绵,使得大量人口南迁,其中很大一部分人口迁往较近的湖北,无形当中扩大了区域间文化的相互交流和影响。从大的历史背景看,春秋战国时期,群雄争霸,楚国实力位居齐、魏、韩、赵、燕之首。这时的楚国与各诸侯国频繁交往,《国语·楚语》当中就有关于楚庄王令大夫向太子讲授"春秋"、"尚书"、"诗经"和礼乐的记载。[2] P3 楚国浪漫主义诗人屈原也曾在出使齐国时接受到了中原诸子百家清新的学术思想,王国维在《静庵文集续编》当中说:"屈子,南人而学北方之学者也。南方学派之思想,本与当时封建贵族之制度不能相容。故虽南方之贵族,亦常奉北方之思想焉。观屈子之文,可以证之。"而汉初黄老思想也是在楚地道家思想基础上发展而来,"文学上由楚辞演变而来的汉赋,也成为两汉主要的文体,汉画的大气磅礴,其铺陈物象的形式和追求流动的视觉效果正是来源于辞赋的影响。"[3] P68

"楚文化艺术学本身自成体系,研究对象从神话、传说到信史,从石器时代、铜器时代到铁器时代,从天文、立法到地理,从科学到巫术,从老庄的"玄览"到屈原、宋玉的"流观"……涉及上古文化的一切。[4] P142 在春秋战国五百多年的历程中,楚地逐渐形成了自己独具特色、具有浪漫主义情怀的楚文化,正如刘勰形容《离骚》所说:"精彩绝伦,难与并能矣。"在这一气候下的楚美术,不论在楚漆器、楚青铜还是楚帛画、楚壁画,也都无不体现出其"精彩绝艳、奇特诡异"的特点。整个历史背景使得楚汉文化互相渗透,因此,艺术上的相互影响便成必然。由此,正如楚汉文化的发展脉络一样,汉代艺术也明显受到楚文化影响,其中受其影响较深的则是汉画像砖石艺术。虽然汉画像自成体系,与楚艺术思想活跃,较重视内涵相比,较有一定的规格和程式,河洛地区所出土北方汉画像砖石,从雕刻技法、题材内容、艺术风格来看,明显受到楚美术的浸润。这些汉画体现了楚汉人外在和内在的精神,也体现着他们在政治、艺术、信仰等多方面的感情。

一、河洛汉画雕刻技法与楚美术

在中国古代美术中,线的造型奠定了艺术的基本语言和程式。河洛汉画像善于线刻,楚美术中,线的运用也起到主导作用。如线刻纹饰是楚青铜器艺术的主体部分,也是最能鲜明反映青铜器艺术的精华所在。1972 年出土的长沙马王堆楚帛画,采用匀细刚劲的墨线条,发展为后来的"高古游丝描"。洪再新认为:"从绘画史的角度看,汉画风格也因为楚汉帛画的内在联系而清楚地呈现出来。"画像石的雕刻技法很多,如浅浮雕、单线阴刻、阳刻、单线阴刻加浮雕、平面减底刻等,其雕刻往往是装饰在某一建筑体的表面。而在楚美术中,青铜器在纹饰上也主要采用浅浮雕、浮雕、平雕、线刻、透雕等几种技法,并且也都装饰在整个器物表面,因此这就决定了不论是汉画像还是楚青铜纹饰在其制作中都要服从整体。楚青铜器的纹饰繁缛精美,大多是以多层次的组合来达到立体雕刻的效果。而汉画像砖石也多具有一石多层的特点,并且每层雕刻有内容连续的图案,正如武梁碑文所说:"雕文刻画,罗列成行。摅骋技巧,委蛇有章。"郑州类型的画像砖就是用一小模或几小模重复在砖坯上印上模印,体现了一石多层的特点,如新郑的《轺车出行》,分层刻出墓主人出行、游乐、宴饮等场面,达到分层安排各种内容和每层形象"罗列成行"的布局。但无论何种技法,都不是在汉代突然出现的,"至少在公元前一二千年商周时代的那些精美绝伦的青铜器上,从其雕刻的多层面和阴阳纹,都能看到汉石刻各类技法的反映。"[5]P29 而浮雕是南阳画像砖石最普遍的装饰法。因此可以说,汉文化的发展脉络体现在实物上,即由先秦的青铜纹饰发展到秦汉的砖石画像。

二、河洛汉画题材内容与楚美术

"就汉画承接的主要传统而言,汉画风格与楚文化之间的联系最为直接。首先是楚汉绘画在内容方面的联系,汉初崇尚黄老思想,整个社会风气与楚国相通,道家的"齐物论"把生死大事等量奇观,其中包含了远古时代万物有灵的巫术信仰。后葬的习俗把现实生活和多种神话传说编织在一起,构成了汉画表现的基本主题。"[6] P68河洛汉画像中有很多与巫术信仰、神话传说、天象祥瑞相关的内容,多数都受到楚美术的浸润。

汉人认为求仙是一种超凡之举,从先秦到西汉,从秦始皇到汉武帝,一生都屡被方士所骗,但仍至死不悔。因此汉墓中出现大量描绘神仙世界的场面,如河南郑州出土的东汉早期画像上就刻有凤鸟衔丹药的情景,河南镇平的出土画像上刻有《升仙图》。而楚人也有分身成仙之说,在楚美术中也大量出现求仙升天的场景。如马王堆楚帛画中的《人物龙凤图》和《人物御龙图》中出现天国、蟾蜍、太阳、月亮的图象,这些神话多出自《山海经》。而河洛画像中很多神话传说的题材也多与《山海经》相吻合。如汉画中的"伏羲女娲"就与《山海经》中所描绘的"人首蛇身"的形象相吻合,显示出楚美术的神秘性。

为说明河洛画像石与楚美术在内容方面的联系,现列表1如下:

表1:

河洛画像与楚美术所涉及内容	河洛画像出土地区、时间、规格及技法	楚地区、时间、规格及内容来源	相关说明
《飞廉图》	河南永城,1974年,44×144cm,高浮雕	湖北荆州,2000年,通高145cm,虎座飞鸟漆器	飞廉图像,《辞源》:"飞廉,神禽……身似鹿、头如爵、有角而蛇尾,文如豹文。"河洛汉画像中的飞廉,鹿身、有角、蛇尾而成形,似龙非龙。楚美术中的飞廉形象多是鸟鹿合体。是引导死者灵魂升天,步入天国的祥鸟。[7]P3

河洛画像与楚美术所涉及内容	河洛画像出土地区、时间、规格及技法	楚地区、时间、规格及内容来源	相关说明
《星宿图》	河南南阳，1933年，135×95cm，高浮雕	湖北随县曾侯乙墓，1978年出土，长71、宽47、通高40.5cm，漆衣箱	都有苍龙、白虎图像，避灾保平安之意。
《扶桑》	河南洛阳，1987年，98×247cm，浮雕	湖北随县曾侯乙墓，1978年出土，长71、宽47、通高40.5cm，漆衣箱	曾侯乙墓漆木箱中神树，树枝端皆有圆状发光物。《淮南子》："若木端有十日，状如莲华。华犹光照。"[7]P6
《鹿》	河南唐河电厂，1973年，42×142cm，浮雕	湖北随县曾侯乙墓，1978年出土，鹿角立鹤青铜器。	楚汉文化中，鹿都视为一种吉祥物。《汉乐府》："仙人骑白鹿，导我上太华。"《楚辞·哀时命》："浮云雾而入冥合，骑白鹿而容与。"特别在战国时期，楚人把鹿神话到极致。[7]P72
《阙》	河南南阳杨官寺，出土画像上刻有《升仙图》，阴线刻	湖南长沙马王堆《人物御龙图》《人物龙凤图》	阙在古代是置于门外的建筑，地界界限的象征，楚汉图像中出现的阙是"天门"的象征，是通往仙界的入口。[5]P83 这更进一步说明了河洛汉画与楚美术在画面内容及表现上的联系。

三、河洛汉画艺术风格与楚美术

《淮南子·兵略篇》有："楚地南卷沅湘，北饶颍泗，西包巴蜀，东裹淮汝。"楚文化融合了邻近多种少数民族文化，形成了楚艺术大胆奇特的造型和繁缛诡异的色彩，洋溢出楚人浪漫、自由的感情。如曾侯乙墓出土的鸳鸯漆盒，盒身绘有《撞钟击磬图》和《击鼓舞蹈图》，击磬者和击鼓舞蹈者都为兽首人身的形象；湖北江陵凤凰山八号墓出土一件漆龟盾，正反两面绘有神异。正面上部画一羽人，人首人身禽足，侧身面左，似奔走状。下部画一三足一尾的怪兽。反面画两人，左侧一人头带羽状装饰,右侧一人身佩长剑。这些自然界当中并不存在的形象是楚人有意识地充分发挥想象力的产物,也是他们追求浪漫自由精神的体现。而河洛汉画像给人震撼的视觉效果很大程度上也是得力于其大胆奇特的风格,和所蕴涵的浪漫与幻想。汉画的特点与汉赋是一致的,都强调大气铺陈的表现。而在这种气度下出现的画像石表现出特有的活力与气度。如河南密县的《射虎图》,画面中老虎、射手和马都用了极尽大胆的夸张变形,给人一种民间艺术趣味稚拙的感觉。河南南阳的《蹴鞠图》,人物细部全部省略,舞者的腰部和舞袖用一根线条来表现,这种手法在描绘神仙动物的画面中也多有出现。

李泽厚先生认为:"汉文化就是楚文化,楚汉不可分。"的确,楚汉文化如兄似弟,你中有我,我中有你。从以上对楚汉美术三方面的比较,我们能够感受到,河洛汉画像与楚美术相互渗透的诸多痕迹,"楚汉文化(至少在文艺方面)一脉相承,在内容和形式上都有其明显的继承性和连续性,而不同于先秦北国。楚汉浪漫主义是继先秦理性精神之后,并与它相辅相成的中国古代又一伟大传统,它是主宰两汉艺术的美学思潮。"[8]69

参考文献:

1. 王建中《汉代画像石通论》,紫禁城出版社2001年3月。

2. 张俐《陕北汉画像石与楚文化》,《文博》2005年第3期,第3页。

3. 洪再新《中国美术史》,中国美术学院出版社2000年第68页。

4. 张正明《楚史》,湖北教育出版社1995年,第142页。

5. 王朝闻《中国美术全集·秦汉卷》,齐鲁书社2000年,第29、83页。

6. 洪再新《中国美术史》,中国美术学院出版社2000年第68页。

7. 赵承楷《走进汉画》,上海书店出版社2006年第6页。

8. 李泽厚《美的历程》,广西大学出版社2001年第69页。

(作者为武汉科技大学档案馆研究人员)

略论河洛文化对西汉政治的影响

杨令仪

Abstract：The regime since the warring states period, and even mores, ideology and culture has a very strong vitality. At the beginning of the Western Han Dynasty, The situation, that kingdoms stood in great numbers and established their own regimes, still can't avoid. Furthermore, the north Hsiung – nu is a colossal menace to the Central Plains. At this point, the country is threatened by growing crisis. A large number of ministers thinks that all is well, but one from Luoyang called Jia Yi can see what others cannot. He can see there are numerous hidden troubles in Finance, FanGuo, the huns, and mores in the country. And some countermeasures are proposed by him. His proposal played a positive role to renew the fiscal revenue of the Western Han Dynasty and consolidate the foundation of the country. So far as to promote social development and has a far – reaching influence on later generations.

河洛文化是中华文化的核心与根源，自古就有"河出图洛出书"的说法。而洛阳则是东周文化的代表，洛阳人贾谊为李斯三传、荀子四传（据《汉书·儒林传》及《经典释文》所引《别录》记《左传》之传授"况传武威张苍，苍传洛阳贾谊"。可知荀子、张苍、贾谊有直接授受之系统）。[1] 其学富五车，"年十八，以能诵诗书属文，称于郡中"[2]，其所著《新书》是西汉初年河洛文化中最为璀璨的一颗明珠，在西汉乃至整个历史长河中大放异彩。

---

① 详见汪中《新编汪中集·贾谊年表》，广陵出版社 2005 年，第 426 页。
② 班固《汉书》卷四十八。

一、经济建议

西汉初"民近战国,皆背本趋末"①。贾谊指出:"美者黼绣,是古者天子之服也,今富人大贾者,丧资若兄弟嘉会,召客得以被墙②。"当时富商大贾奢靡成风,可见一斑。舍本逐末愈加造成百姓困苦不堪,当时"困然而献计者类曰:'无动为大耳'"③,显然极为荒谬。当时"漕转关东粟以给中都官,岁不过数十万石"④,显然无法运用交通调配弥补物资转需的不足。当时的困境:

> 今背本而趋末,食者甚众,是天下之大残也;淫侈之俗,日日以长,是天下之大贼也。残贼公行,莫之或止;大命将泛,莫之振救。生之者甚少而靡之者甚多,天下财产何得不蹶!⑤

> 王者之法,民三年耕而余一年之食,九年而余三年之食,三十岁而民有十年之蓄。今汉兴三十年,而天下愈屈,食至寡也,陛下不省邪?⑥

贾谊的冒死直谏让文帝不快。这是因为汉文帝标榜节俭,其实也未必然。所谓"文帝虽节俭,未央前殿至奢,雕文五采,画华榱壁珰,轩槛皆饰以黄金"。钱穆先生曾指出:"我中国历来皆以农为本,其商业常是对内之重要性超过了对外,并不像西方国家依存商业,长求变动富强。中国有复杂的大水系,到处有堪作农耕凭借的灌溉区域,四围又有天然屏障满足安全要求。因此中国文化是一个大局面,以农耕文明为主要特色,寻求安、足、静、定,与西方始终限制在小面积里的情形大大不同。"⑦先秦时候工商业十分重要,汉初"民失作业,而大饥馑"。贾谊是西汉提出重农政策的第一人。重农政策也是汉初的创举,才能使社会经济渐渐恢复。可惜文帝并没有完全采纳其建议,仍有很多问题悬而未决。

---

① 《汉书》卷二十四上。
② 《新书》卷第三。
③ 同上。
④ 《汉书》卷二十四上。
⑤ 同上。
⑥ 《新书》卷第三。
⑦ 《秦汉史》,见 576 页。

除了农业经济发展有困境,汉初货币经济也接近崩溃。"秦钱重难用",所以汉初铸造荚钱,但荚钱太过轻便,容易仿造。更兼文帝"除盗铸钱令,使民放铸"①,所以弃农铸钱者日多。加之禁铸钱不得其法,造成了严重的后果:

　　　民铸钱者,大抵必雜石鈆鐵焉。黥罪日繁,此一祸也。铜布于下,伪钱无止,钱用不信,民愈相疑,此二祸也。采铜者弃其田畴,家铸者损其农事,谷不为则邻于饥,此三祸也。②

　　　令禁铸钱,则钱必重;重则其利深,盗铸如云而起,弃市之罪又不足以禁矣。奸数不胜而法禁数溃,铜使之然也。故铜布于天下,其为祸博矣③。

因此,贾谊提出"上收铜勿令布"④的建议,并说明其种种好处:

　　　民不铸钱,黥罪不积,一矣。伪钱不蕃,民不相疑,二矣。采铜铸作者反于耕田,三矣。铜毕归于上,上挟铜积以御轻重,钱轻则以术敛之,重则以术散之,货物必平,四矣。以作兵器,以假贵臣,多少有制,用别贵贱,五矣。以临万货,以调盈虚,以收奇羡,则官富实而末民困,六矣。制吾弃财,以与匈奴逐争其民,其敌必怀,七矣。⑤

第一,民铸钱则黥罪积。如果不禁止私铸钱币,则私铸的犯罪寖多。第二,一旦市面上流通大量假钱,民间必遭信用危机,长此以往民风不淳。第三,百姓采铜铸钱,就会荒废田耕。影响正常的农业生产,从而动摇国家根本。第四,国家可以通过掌握铜资源来制定币制。即钱币面值过小,市场上资金供过于求则要收敛浮值的货币;钱币面值过大,市场上资金供不应求则要发散紧缩的货币。这样一来,货币周转流通就能够趋于平稳,有利于社会经济的和谐发展。这其实是一种货币政策。第五,国家可将收来的铜铸造兵器,亦可将铸造的铜钱赏赐大

---

① 《汉书》卷二十四上。
② 《新书》卷第三。
③ 《汉书》卷二十四上。
④ 《新书》卷第三。
⑤ 《新书》卷第三。

臣。可别贵贱,明阶级,达到"定礼制"的效果。第六,"以临万货,以调盈虚",即实行宏观调控。市场调节不是万能的,它存在自发性、盲目性、滞后性等弊端,即使在现代社会化大生产时代,也需要加强宏观调控。打击奢侈品消费。最后使百姓专心务农,游手好闲的流氓地痞再不能盗铸铜钱。这样一来,"末民"日渐贫困,而勤劳务实之人愈发殷富,有利于社会公平,改善民风。第七,收铜可使"国家乘其岁而富强",以便实施对匈奴的"怀柔政策",以财富吸引匈奴来投奔。尽管后来武帝时多次更铸,仍然未能完全做到贾谊以上建议。甚至"孝景时,复修卖爵令",即使能暂时充盈国库资金,但是也扰乱了社会秩序。

　　钱穆先生在《秦汉史》中说:"山泽,听民资生牟利,政府仅征其定额之税,此为当时农业经济分解,而工商业突起之一要因。故曰:农不出则乏其食,工不出则乏其事,商不出则三宝绝,虞不出则财匮少。财匮少而山泽不辟矣。此辟山泽之虞,实当时社会经济变动之主要成分也。山泽本为禁地,至战国而逐渐公开,已不为封建贵族封君特设御用之职,而变为社会自由。"①《盐铁论·禁耕篇》言:"夫权利之处,必在深山穷泽之中,非豪民不能通其利。"可见铸钱不是普通百姓随意能做的,故为吴王、邓通这些贵族所操纵。普通百姓只能沦为铸钱的劳动者,为吴王盗铸。所以允许私人铸钱的后果正如王夫之所言:"夫能铸者之非贫民,贫民之不能铸"②,财富只能集中到豪强手里,更加不利于朝廷。《史记·平准书》言:"高祖乃令贾人不得衣丝乘车,重租税以困辱之。孝惠、高后时,为天下初定,复弛商贾之律。"③此时舍本逐末危及国本,不知是否应该继续贯彻高祖时政策? 若将盐铁收归官用是否可行? 这无疑是断诸侯王与富商财路,很有可能引起激烈反抗。《汉书·食货志》载:"是时,吴以诸侯即山铸钱,富埒天子,后卒叛逆。邓通,大夫也,以铸钱财过王者。故吴、邓钱布天下"。④ 吴王刘濞"有豫章郡铜山,濞招致天下亡命者盗铸钱,煮海水为盐,以故无赋,国用富饶"⑤。亡命游侠之徒,吴王招致养匿,相结为奸,足以表明吴王已有反心。当时只有贾谊进言,"汉兴,大封诸侯王,连城数十。文帝即位,贾谊等以为违古制度,必将

① 钱穆《秦汉史》。
② 王夫之《读通鉴论》卷二,清船山遗书本。
③ 《汉书》卷二十四下。
④ 《汉书》卷二十四上。
⑤ 《史记》卷一零六。

叛逆"①,但文帝仍然轻视其严重后果。

二、众建诸侯少其力

汉初高祖认为"亡秦孤立"②,故推行郡国并行制。虽分封异姓王,但高祖不放心,又将之清除殆尽。大肆分封同姓诸侯,与群臣定白马之盟。当时诸侯王年纪甚幼,尚无威胁。但到文帝时,各诸侯王已成长起来。贾谊在《亲疏危乱》一章中云:"诸侯王虽名为人臣,实皆有布衣昆弟之心,虑无不宰制而天子自为者"。③

诸侯不光骄恣擅权,诸侯国的存在本身就给中央带来了诸多麻烦。例如《属远》有言:"古者天子地方千里,中之而为都,输将徭使,其远者不在五百里而至。公侯地百里,中之而为都,输将徭使,远者不在五十里而至"。④

如征发徭役,输送贡赋,须经过一个甚至多个诸侯国的领地才能抵达国都,对于百姓来说实为不便。文帝知晓此事后特意下诏:"朕闻古者诸侯建国千余岁,各守其地,以时入贡,民不劳苦,上下驩欣,靡有遗德。今列侯多居长安,邑远,吏卒给输费苦,而列侯亦无由教驯其民。其令列侯之国,为吏及诏所止者,遣太子"。⑤

文帝让诸侯回国使得问题得到初步解决。但诸侯问题的麻烦处不仅仅在于此。所谓"疏必危,亲必乱",贾谊在《淮南》一章中说道:

> 淮南王之悖逆亡道,陛下为顿颡谢罪皇太后之前,淮南王曾不诮让,敷留之罪无加身者。舍人横制等室之门,追而赦之,吏曾不得捕。主人于天子国横行,不辜而无谴,乃赐美人,多载黄金而归。侯邑之在其国者,毕徙之佗所。⑥

---

① 《汉书》卷二十七上。
② 《汉书》卷十四。
③ 《新书》卷第三。
④ 同上。
⑤ 《史记》卷十。
⑥ 《新书》卷第四。

文帝仁孝，淮南王谋逆，只是改封蜀地，死后又加封其四子为王，"陛下于淮南王，不可谓薄矣"①。"离道如淮南王者，令之弗听，召之不致。擅爵人，赦死罪，甚者或戴黄屋。汉法非立，汉令非行。动一亲戚，天下环视而起，天下安可得制也？"②文帝经历过吕后杀刘氏诸皇子的惨烈，内心是极希望宗族团结的，欲推行孝道以缓和与诸侯国的关系，可是各诸侯狼子野心，不满足现有的富贵。当时邓公就指出："吴王为反数十年矣"。③ 这说明诸侯王的反，是不可能避免的，是战国遗风。他们都招致罪犯、豪杰，在行地之道，损不足以奉有余，诸侯贪得无厌想要更多，为了权力早晚要反。

贾谊在《益壤》《属远》诸篇中指出：

夫淮南窳民贫乡也，繇使长安者，自悉以补，行中道而衣行胜已羸弊矣，强提荷弊衣而至，虑非假贷自诣，非有以所闻也。履蹻不数易，不足以至，钱用之费称此，苦甚。……甚苦属汉而欲王"，"若使淮南久县属汉，特以资奸人耳。④

淮南一处贫苦，朝廷常年拨钱相助，损耗甚大。不如把此地分封给文帝的儿子，一方面能减轻朝廷的压力，另一方面此地为其他诸侯国之邻，封自己的亲信于此亦能监视众诸侯。后来文帝采纳了此计，分封自己儿子于此。分封淮南之地只是下策，想要更彻底地解决此事则要"众建诸侯少其力"。正如贾谊在《藩伤》《藩强》二长所言："制令：其有子以国其子，未有子者建分以须之，子生而立"，"欲天下之治安，天子之无忧，莫如众建诸侯而少其力。力少则易使以义，国小则无邪心"⑤。

此计和汉武帝时推行"推恩令"大致相同，一方面贯彻儒家的"仁政"；另一方面也削弱了诸侯国势力，一石二鸟。若文帝听从贾谊的建议，则七国之乱的悲剧可能就不会发生。

① 同上。
② 《新书》卷第三。
③ 《史记》卷一〇一。
④ 《新书》卷第一。
⑤ 同上。

"礼者,所以固国家,定社稷,使君无失其民者也"①。贾谊还提出了"定礼制"的建议以打击诸侯王的僭越之行。

> 人主之尊,辟无异堂陛。陛九级者,堂高大几六尺矣。若堂无陛级者,堂高殆不过尺矣。天子如堂,群臣如陛,众庶如地,此其辟也。故堂之上,廉远地则堂高,近地则堂卑。高者难攀,卑者易陵,理势然也。故古者圣王制为列等,内有公卿大夫士,外有公侯伯子男,然后有官师小吏,施及庶人,等级分明,而天子加焉,故其尊不可及也。②

儒家是讲差等的,贾谊作为西汉儒生代表,认为须严明阶级秩序,使得上下有差,不同等级的人有不同的"礼",以确保皇帝权威。贾谊亦有复兴礼乐的设想,但汉初时天下大屈,如果骤然"起礼乐",只使民劳顿,不得休息。《曲礼》云:"礼不下庶人。"在社会生产极大破坏的时期,庶民并无足够的物质承担,准备昂贵礼器,也没有足够时间和精力参与复杂礼乐活动。要复兴礼乐文明,绝不是一朝一夕的事。

三、解决匈奴危机

匈奴扰汉已久。此事可上溯到白登之围。高祖被冒顿单于围困七天之久,不可谓不狼狈。自此,高祖吸取教训,采纳娄敬的建议送宗室之女与匈奴和亲。即便如此,匈奴竟不收敛,犯边依旧。正如沈惟贤所言:"自刘敬倡为和亲,捐子女玉帛以畀单于,而单于反以滋倨侮。至于文景,岁罹其患。盖匈奴方强,而汉示弱以骄之,则贾生所谓倒悬之势也"。③

到汉文帝时,匈奴气焰愈炽。无论是和亲还是军事打击,都无法一劳永逸:

> 其后匈奴数犯塞,侵扰边境。单于深入寇掠,贼害北地都尉,杀略吏民,系虏老弱,驱畜产,烧积聚,候骑至甘泉,烽火通长安,京师震动,无不忧懑。

---

① 《新书》卷第六。
② 《新书》卷第二。
③ 沈惟贤《前汉匈奴表》卷一。

是时,大发兴材官骑士十余万军长安,帝遣丞相灌婴击匈奴,文帝自劳兵至太原、代郡。由是北边置屯待战,设备备胡,兵连不解,转输骆驿,费损虚耗。因以年岁谷不登,百姓饥乏,谷籴常至石五百,时不升一钱。①

贾谊对此情形十分担忧:

> 天下之势方倒县。凡天子者,天下之首也。何也? 上也。蛮夷者,天下之足也,何也? 下也。蛮夷征令,是主上之操也。足反居上,首顾居下,是倒县之势也。②

匈奴不过相当于汉的一千石大县,以西汉之大,而困于一县之小,果真如《威不信》所言,文帝"称号甚美,而实不出长城"③。为解朝廷颓势,贾谊特进《匈奴》一章,明确提出"建三表,明五饵,盛资翁主"的制敌策略。④ 什么是三表呢? 即"使匈奴大众之信陛下也"、"以为见爱于天子也,犹弱子之遭慈母也"、"令胡人之自视也,苟其技之所长与其所工,一可以当天子之意"。贾谊是想德化匈奴,使之明礼,从而被儒家所同化,如此,便再无蛮夷中国之分。所谓五饵,就是要厚待匈奴来者以倾其心,从而"牵其耳,牵其目,牵其口,牵其腹,四者已牵,又引其心",在物质方面引诱匈奴人归顺。此法需要雄厚的财力基础,显然在"天下大屈"的汉初难以实现。攘外必先安内,为今之计,须先解决诸侯问题,不妨"众建诸侯少其力",从根源上防止诸侯坐大。同时也可将子嗣封至淮南以确保稳妥。"乘其岁而富强",逐步解决财政问题,将盐铁收归官办,国家掌握铸钱。

以匈奴问题为例,汉宣帝元康年间,匈奴不断派兵扰乱边关,由于魏相的建议,汉宣帝未动用武力而使匈奴归服,其建议应该源自贾谊。据《魏相丙吉传》记载:

---

① 应劭《风俗通义·正失第二》。
② 《新书》卷第三。
③ 同上。
④ 《新书》卷第四。

相明易经,有师法,好观汉故事及便宜章奏……数条汉兴已来国家便宜行事,及贤臣贾谊、晁错、董仲舒等所言,奏请施行之……臣相幸得备位,不能奉明法,广教化,理四方,以宣圣德。民多背本趋末,或有饥寒之色,为陛下之忧,臣相罪当万死。臣相知能浅薄,不明国家大体,时用之宜,惟民终始,未得所由。

……元康中,匈奴遣兵击汉屯田车师者,不能下。上与后将军赵充国等议,欲因匈奴衰弱,出兵击其右地,使不敢复扰西域。相上书谏曰:"臣闻之,救乱诛暴,谓之义兵,兵义者王;敌加于己,不得已而起者,谓之应兵,兵应者胜;争恨小故,不忍愤怒者,谓之忿兵,兵忿者败;利人土地货宝者,谓之贪兵,兵贪者破;恃国家之大,矜民人之众,欲见威于敌者,谓之骄兵,兵骄者灭:此五者,非但人事,乃天道也。闲者匈奴尝有善意,所得汉民辄奉归之,未有犯于边境,虽争屯田车师,不足致意中。今闻诸将军欲兴兵入其地,臣愚不知此兵何名者也。今边郡困乏,父子共犬羊之裘,食草莱之实,常恐不能自存,难以动兵。军旅之后,必有凶年,言民以其愁苦之气,伤阴阳之和也。出兵虽胜,犹有后忧,恐灾害之变因此以生。今郡国守相多不实选,风俗尤薄,水旱不时。案今年计,子弟杀父兄、妻杀夫者,凡二百二十二人,臣愚以为此非小变也。今左右不忧此,乃欲发兵报纤介之忿于远夷,殆孔子所谓吾恐季孙之忧不在颛臾而在萧墙之内也。故相引之。愿陛下与平昌侯、乐昌侯、平恩侯及有识者详议乃可。"上从相言而止。①

在东汉时,天子更是借鉴了贾谊的政策,恩威并施。《后汉书·南匈奴列传》载:"二十九年,赐南单于羊数万头。三十一年,北匈奴复遣使如前,乃玺书报答,赐以彩缯,不遣使者②"。

东汉亦曾多次大败匈奴,如永和二年(137)两路合围夜袭北单于,得其玉玺,凯旋而归。此后班超并未把匈奴赶尽杀绝,而是把匈奴残余部落驱赶到中亚地区,无形中扫除了连接中亚道路的障碍。这一举措,使得丝绸之路得以畅通发

---

① 《汉书》卷七十四。
② 《后汉书》卷八十九。

展。今天的丝绸之路经济带得以顺利开发,也有贾谊的一部分功劳。

四、余论

在文帝之世,贾谊的建议多不能够举用,这也与文帝的性格有关。《风俗通义》曾记他不用魏尚、季布等事:

> 唐顿首陈言:……今臣窃闻云中太守魏尚,边之良将也,匈奴常犯塞为寇,尚追之,吏士争居前,乐尽死力,斩首上功,误差数级,下之吏,尚竟抵罪。……及河东太守季布,治郡有声,召欲以为御史大夫,左右或毁言使酒,后不用,布见辞去……①

只是因为数错了斩首的人头数,文帝竟抹去魏尚抵御匈奴的功劳,不可谓公允。左右诋毁季布,文帝不经调查就反悔不再用此人,不可谓严谨。后来三国时骆统一针见血地指出:"……昔贾谊,至忠之臣也,汉文,大明之君也,然而绛、灌一言,贾谊远退。何者?疾之者深,谮之者巧也"。②灌婴、周勃都是社会底层出身,文化较少。贾谊则不同,《史记·屈原贾生列传》有言:"贾生名谊,雒阳人也。年十八,以能诵诗属书闻于郡中。吴廷尉为河南守,闻其秀才,召置门下,甚幸爱③"。如此差距怎能让二人不嫉妒呢?周勃和灌婴都是靠武功获得爵位,然而天下承平,他们不愿让位于贾谊,因此时时向文帝进谗言,短贾谊曰:"雒阳之人,年少初学,专欲擅权,纷乱诸事。"更兼邓通这个小人随侍在侧,久而久之,文帝自然疏远贾谊。

尽管如此,贾谊的《新书》深切时弊,其思想在汉初占有重要地位。他提出的"上收铜勿令布"、"众建诸侯少其力"、"建三表,明五饵,盛资翁主"等主张,均非书斋向壁之谈,更具有十分重要的实践意义。故班固在《叙传》中称赞道:"贾生矫矫,弱冠登朝。遭文叡圣,屡抗其疏,暴秦之戒,三代是据。建设藩屏,

---

① 应劭《风俗通义·正失第二》。
② 《三国志》卷五十七。
③ 《史记》卷八十四。

以强守圉,吴楚合从,赖谊之虑。"①洵公允之论也。

（作者为洛阳师范学院历史文化学院教师）

---

① 《汉书》卷一百下。

略论河洛文化与汉代"新(亲)民"治道

曾　浪

Abstract：The geographical situation of Luoyang decides itself as a livable place for the person who is virtuous. Since Zhou Gong and Zhao Gong built Luoyang, it has been the cradle of culture of the Confucianist. Between Zhou and Han dynasties, the business climate of Luoyang is full - bodied, and spring up some politicians as JiaYi, JiaJia, ZhouWangSun and SangHongYang. They offer the support of brains for the progress of politics and economy of the Western Han Dynasty. The Xinmin(Qinmin) governance of Han Dynasty Confucian has a wealth of practical experience in the He-luo area. The efficient official cherish the populace and teach them. They help the populace to produce at first, then bring up them , let them be rich, and teach them, let them know the laws and abide by them. Additionally, the Eastern Han Dynasty founding a capital in Luoyang, a large number of honest officials have emerged in Luoyang. They are not afraid of a strong power and justice in enforcement of the law. The Cultural officials has been an important part of Heluo Culture.

有关儒家之治民思想和现代意义的讨论可谓备矣,因应而起的历史实践评议和实际应用颇为今人所注意。于当代治理之理念和格局,可谓别开生面。然而如何在中西棣通、新旧嬗变之今日,重新继武先人之至德要道,使之"民用和睦,上下无怨"①。从而播扬爱敬,含章德教,使中国特色社会主义施政治民成效

---

① 《孝经》。

优渥,人民免遭于忧患刑戮,仍有许多学理的阐释和社会现实层面的践履需要转化。此事关系中国政治文明之主体传承,以及更为迫切之当代中国治道之构建。而自两汉以来,儒家治民之实践在河洛地区有许多成功的经验,以"见之于行事之深切着明"来观摩检讨,实有裨益于当代转化,故有讨论之必要。

一、河洛文化与汉初政治

西汉初年,刘邦曾询问大臣是否建都洛阳。当时娄敬指出:

> 成王即位,周公之属傅相焉,乃营成周洛邑,以此为天下之中也,诸侯四方纳贡职,道里均矣,有德则易以王,无德则易以亡。凡居此者,欲令周务以德致人,不欲依阻险,令后世骄奢以虐民也。及周之盛时,天下和洽,四夷乡风,慕义怀德,附离而并事天子,不屯一卒,不战一士,八夷大国之民莫不宾服,效其贡职。及周之衰也,分而为两,天下莫朝,周不能制也。非其德薄也,而形势弱也。①

所谓"凡居此者,欲令周务以德致人,不欲依阻险,令后世骄奢以虐民也",是指洛阳西高东低,三面环山,地形利于积聚,不利于防守,利于有德者居之。正是这样的地理山水环境,诞生了德治政治的先驱。自"召公既相宅,周公往营成周"②,周代的礼乐制度成为河洛文化中重要部分,同时也成为祖述尧舜、宪章文武的儒家文化摇篮。周公就曾引殷商时太戊"治民祗惧,不敢荒宁",武丁"不敢荒宁,嘉靖殷邦,至于小大,无时或怨",祖甲"爰知小人之依,能保惠于庶民,不敢侮鳏寡",及太王、王季、文王等故事谆谆告诫成王:

> 呜呼! 我闻曰:古之人犹胥训告,胥保惠,胥教诲;民无或胥譸张为幻。此厥不听,人乃训之;乃变乱先王之正刑,至于小大。民否则厥心违怨,否则厥口诅祝。③

---

① 《史记》卷九十九《刘敬传》。
② 《尚书正义》卷第十五。
③ 《尚书正义》卷第十六。

　　此段大意:周公感叹古代贤明之君臣,相训告人民以善道,使民安顺,又于社会生活各方面具体引导、教诲民众。故当时民众顺从治理,无有相互诳欺与煽动危害社会之人。尔后,此种治民方式改变,社会问题层出不穷,民众亦有忧苦,从事非法行为之人愈增,固有政治、经济、社会秩序则遭受巨大冲击。此时,不满社会之人群离心丧德。上下级间政令违逆,道路之民充满怨恨,祷告神明令加殃咎于在上位者。三千余年前总结的政治经验,如此强烈而深刻地触动我们。孔子曰:"道之以政,齐之以刑,民免而无耻;道之以德,齐之以礼,有耻且格①"。然而如何真正能跳出"人乃或诪张为幻"的藩篱,持续良善而和谐的治理,则有赖于对治道更明晰的认识与进行丰富的实践。

　　洛阳自战国以来,因交通四达,成为商业名都。太史公曾说:"洛阳东贾齐、鲁,南贾梁、楚",又说:"周人既纤,而师史尤甚,转毂以百数,贾郡国,无所不至。洛阳街居在齐秦楚赵之中,贫人学事富家,相矜以久贾,数过邑不入门,设任此等,故师史能致七千万②"。因地薄,交通便利而发展出来的商业文化并没有养成褊小的性格,反而促使河洛地区许多人才在西汉初年的涌现。其中最著名者,如从田何学易的洛阳周王孙③。《汉书·艺文志》中著录《易传周氏》二篇。又有弱冠而言政事,惊动朝廷的贾谊。贾谊尝招置吴廷尉门下,又学《左传》于张苍④。加上廷尉吴公学于李斯。则贾谊实际上为荀子之三传弟子⑤。其对文帝陈述复兴礼乐的设想,奏议曰:"汉承秦之败俗,废礼义,捐廉耻,今其甚者杀父兄,盗者取庙器,而大臣特以簿书不报期会为故,至于风俗流溢,恬而不怪,以为是适然耳……汉兴至今二十余年,宜定制度,兴礼乐,然后诸侯轨道,百姓素朴,狱讼衰息"。⑥ 除此之外,又对当时经济本末倒置,货币经济、匈奴、南越、以及汉初封国诸多问题详加评议,多有预测,而有裨益於治道者孔多。但他受到武夫周

① 《论语注疏》卷第二。
② 《史记》一二九。
③ 《汉书》卷八十七。
④ 《经典释文》引《别录》轶文记《左传》之传授"况传武威张苍,苍传洛阳贾谊"。详见汪中《新编汪中集·贾谊年表》,广陵出版社 2005 年,第 426 页。
⑤ 详见李长之《司马迁之人格与风格》中《司马迁与荀学》一节,三联书店 1984 年,第 194 页。
⑥ 《汉书》卷二十一。

勃、灌婴等人的阻碍。文帝终不能用,最终死于长沙。其孙洛阳贾嘉"颇能言尚书事"①,太史公说"嘉最好学,世其家。与余通书"②。在昭帝年间位列九卿,则知贾谊家族与西汉初年治道实有其紧密联系。

而另一位著名的政治人物,当属"雒阳贾人子"的桑弘羊,他"以心计,年十三侍中"。时人说他"计算用事……言利事析秋豪矣"③。元封元年,桑弘羊开始经营大农,实行平准:

> 桑弘羊为治粟都尉,领大农,尽代仅管天下盐铁。弘羊以诸官各自市,相与争,物故腾跃,而天下赋输或不偿其僦费,乃请置大农部丞数十人,分部主郡国,各往往县置均输盐铁官,令远方各以其物贵时商贾所转贩者为赋,而相灌输。置平准于京师,都受天下委输。召工官治车诸器,皆仰给大农。大农之诸官尽笼天下之货物,贵即卖之,贱则买之。如此,富商大贾无所牟大利,则反本,而万物不得腾踊。故抑天下物,名曰"平准"。

故班固赞叹汉武帝一朝,"运筹则桑弘羊"④。其后又有名臣魏相,本传记载他研习贾谊之书册奏章⑤。魏相"后迁河南太守,禁止奸邪,豪彊畏服"⑥。当时丞相车千秋之子为雒阳武库令,车千秋死后,其子见魏相"治郡严,恐久获罪,乃自免去"⑦。开启河洛文化中循吏之先河。

二、儒家之"新(亲)民"理念及在河洛地区的实践

《大学》曰:"大学之道,在明明德,在亲民,在止于至善。"其引汤之《盘铭》曰:"苟日新,日日新,又日新。"又《康诰》曰:"作新民"。⑧ 宋时程子以为《大学》之"亲民"实为"新民"。铭刻于盥手之承盘曰"日新",实为一巧妙比喻。古时

---

① 《史记》卷一二一。
② 《史记》卷八十四。
③ 《汉书》卷二十四下。
④ 《汉书》卷五十八。
⑤ 《汉书》卷七十四。
⑥ 同上。
⑦ 同上。
⑧ 《礼记正义》卷第六十。

人早晨必用盛水之盘洗手,日日皆然。每日均洁净双手,比喻"自天子以至于庶人"皆澡雪性情,以裨修齐治平。天下兴亡匹夫有责,而不可以躐等,所谓"未有学养子而后嫁者也"。此固须自个人、家庭、国家、天下之现实与终极践履等次扩衍,充实而光辉。故荀子论治道曰:

> 君子治治,非治乱也……国乱而治之者,非案乱而治之之谓也。去乱而被之以治。人污而修之者,非案污而修之之谓也,去污而易之以修。故去乱而非治乱也,去污而非修污也。治之为名,犹曰君子为治而不为乱,为修而不为污也。①

盖得儒家治道之精义矣。治道即为"治治",而个人自修则是拨乱反于正之起始。春秋时有人谓孔子曰:"子奚不为政?"孔子对答曰:"书云:'孝乎惟孝,友于兄弟,施于有政。'是亦为政,奚其为为政?"又曰:"教民亲爱,莫善于孝;教民礼顺,莫善于悌;移风易俗,莫善于乐;安上治民,莫善于礼。"又曰:"君子之教以孝也,非家至而日见之也。教以孝,所以敬天下之为人父者也;教以悌,所以敬天下之为人兄者也;教以臣,所以敬天下之为人君者也。"②儒家新民之思想精髓即在人人涵养而扩充,在家庭建构良好秩序,进而社会始能建构良好秩序。故"一家仁,一国兴仁;一家让,一国兴让;一人贪戾,一国作乱。其机如此。此谓一言偾事,一人定国"③。于不同层次,人人作出各自应有之努力,而非仅为"肉食者谋之",此固与当代社会主义治理理念甚为契恰,而尤深中现代西方政党民主及资本主义治理理念之要害。如若用之,亦可见"民用和睦,上下无怨"之真实不虚。

"新民"固为人人皆能行之,而"亲民"则必自上而下行之。古人之亲爱于民,则周公所云"胥训告,胥保惠,胥教诲"。及春秋时,管仲恒称"茝民如父母,则民亲爱之",其总括亲民之道为民相亲、民殖、民富、民正:

---

① 《荀子》卷二《不苟》。
② 《孝经》。
③ 《礼记正义》卷六十。

公曰:"爱民之道奈何?"管子对曰:"公修公族,家修家族,使相连以事,相及以禄,则民相亲矣。放旧罪,修旧宗,立无后,则民殖矣。省刑罚,薄赋敛,则民富矣。乡建贤士,使教于国,则民有礼矣。出令不改,则民正矣。此爱民之道也。"公曰:"民富而以亲,则可以使之乎?"管于对曰:"举财长工,以止民用;陈力尚贤,以劝民知;加刑无苛,以济百姓。行之无私,则足以容众矣;出言必信,则令不穷矣。此使民之道也。"①

西汉时人深知惟有亲民,方能减少案狱,抟凝人心。故《京房易传》曰:"归狱不解,兹谓追非,厥咎天雨血;兹谓不亲,兹谓不亲民有怨心。"②至汉宣帝,数次"令内郡国举贤良可亲民者"③。此时"亲民"则指为一类具有特色之治民良吏,初时或有部分人蒙素餐之名,桓宽云:"今有司以不仁,又蒙素飧,无以更责雪耻矣。县官所招举贤良文学而及亲民伟仕,亦未见其能用箴石而医百姓之疾也。"④"亲民"本当"能用箴石而医百姓之疾",所谓良吏也。试检司马彪之《百官志》,见郡国长官亲民之责:"凡郡国皆掌治民,进贤劝功,决讼检奸。常以春行所主县,劝民农桑,振救乏绝。秋冬遣无害吏案讯诸囚,平其罪法,论课殿最。岁尽遣吏上计。并举孝廉,郡口二十万举一人。"⑤其属官:"皆掌治民,显善劝义,禁奸罚恶,理讼平贼,恤民时务"。⑥ 其司法吏之亲民:"丞署文书,典知仓狱。尉主盗贼。凡有贼发,主名不立,则推索行寻,案察奸宄,以起端绪。"⑦其基层吏之亲民:"乡置有秩、三老、游徼。……皆主知民善恶,为役先后,知民贫富,为赋多少,平其差品。三老掌教化。凡有孝子顺孙,贞女义妇,让财救患,及学士为民法式者,皆扁表其门,以兴善行。游徼掌徼循,禁司奸盗"。⑧

故综言之,儒家所谓"新民",民,人也。人人得以自新。若人人自新得以发扬,何啻省刑罚、厚风俗,天下之治,可运诸掌。而自新之人,由个人扩充到家庭,

① 《管子》卷八《小匡》。
② 《汉书》卷二十七。
③ 《汉书》卷八。
④ 《盐铁论》卷六。
⑤ 《后汉书》卷一一八。
⑥ 同上。
⑦ 同上。
⑧ 同上。

家庭扩充到整个社会。亲民之要,概见上引《百官志》,事无巨细,皆能顾及。是养其民,民亦亲爱之,故社会治理之成本亦极低。今日所谓之公务员均能以自新之实在,融洽于亲民之实践中。反之亦然,能亲爱其社会上之民众,亦能新于家庭,新于自己。此即人人同其心理,始于自新,不期而自至于亲民。

两汉时,经学甚尊,风俗也最厚。当时儒家之面目,实令后世学者惭恧。混言之:经学背景下之儒家,通经致用,尤措意于施政治民。所学所用,不尚浮华。后汉"亲民"之政治实践尤其丰厚,河洛地区亦有较多"亲民"之吏,今试言之。

汉和帝年间,河南洛阳人种暠(字景伯)就最为榜样。其为仲山甫之后,父亲为定陶令,家中财产多达三千万。当种暠父亲死后,他将家财"悉以赈卹宗族及邑里之贫者。其有进趣名利,皆不与交通",自己在县中做门下史。当时河南尹田歆的外甥王谌善于察人、知人。王谌曾"送客于大阳郭,遥见暠,异之"。其与田歆有一番对话:

> 还白歆曰:"为尹得孝廉矣,近洛阳门下史也"。歆笑曰:"当得山泽隐滞,近洛阳吏邪?"谌曰:"山泽不必有异士,异士不必在山泽"。歆即召暠于庭,辩诘职事。暠辞对有序,歆甚知之,召署主簿,遂举孝廉,辟太尉府,举高第。①

种暠对"职事"甚为娴熟,又富有才干。为田歆所赏识,最终成为一代名臣。顺帝时又任侍御史,"自以职主刺举,志案奸违,乃复劾诸为八使所举蜀郡太守刘宣等罪恶章露,宜伏欧刀。又奏请敕四府条举近臣父兄及知亲为刺史、二千石尤残秽不胜任者,免遣案罪"②。足见其不畏强暴,守法明志,而当时中常侍高梵曾"从中单驾出迎太子",不符定制,只有种暠"乃手剑当车,曰:'太子国之储副,人命所系。今常侍来无诏信,何以知非奸邪? 今日有死而已'。梵辞屈,不敢对,驰命奏之。诏报,太子乃得去"③。后又"出为益州刺史……时永昌太守冶铸

———

① 《后汉书》卷五十六。
② 同上。
③ 同上。

黄金为文蛇,以献梁冀,暠纠发逮捕"①,不惜得罪梁翼。班固赞叹种暠是"牧民之良干",名副其实。

良吏亲民,首重助民殖产,教民、养民、富民而礼敦,礼乐兴则风俗醇厚,故使百姓免于刑戮,刑罚不生。亲民之事实,即"官师合一",在上之官守能教化其下,在下之民众则得安乐。彼此关系和谐,而如春风化雨。此为良善持续治理的典范。

自春秋以降,史家多有感叹:"夫礼禁未然之前,法施已然之后;法之所为用者易见,而礼之所为禁者难知。"②风俗浇薄,每多刑辟,故太史公曰:

> 古者……有不由命者,然后俟之以刑,则民知罪矣。故刑一人而天下服。罪人不尤其上,知罪之在己也。是故刑罚省而威行如流,无他故焉,由其道故也。故由其道则行,不由其道则废。古者帝尧之治天下也,盖杀一人刑二人而天下治。传曰:"威厉而不试,刑措而不用。"③

若能"由其道",则"刑罚省而威行如流",此道由何耶?急当厚风俗,重人伦,兴礼乐也!后汉较之前汉礼乐渐兴,治道之礼,首重月令。月令明,则便于施政治民,故司马彪作后汉《礼仪志》多言月令。试举例如下:

> 立春之日,下宽大书曰:制诏三公:方春东作,敬始慎微,动作从之。罪非殊死,且勿案验,皆须麦秋。退贪残,进柔良,下当用者,如故事。是月令曰:郡国守相皆劝民始耕,如仪。诸行出入皆鸣钟,皆作乐。其有灾眚,有他故,若请雨、止雨,皆不鸣钟,不作乐。④

春得生意,"罪非殊死,且勿案验",又当顺节令"退贪残,进柔良"。并指导民众殖产兴业。于"有灾眚,有他故"皆不鸣钟,不作乐,均为厚风俗之教。人情

---

① 同上。
② 《史记》卷一三〇。
③ 《史记》卷二十三。
④ 《后汉书》卷九十四。

冷暖,往往在日常生活中养成,培植同情与理解,实有助于化解矛盾。与此同时,亲民之举,还在于"三老、五更"之制度,养老教民,使风俗回转:"明帝永平二年三月,上始帅群臣躬养三老、五更于辟雍。……仲秋之月,县道皆案户比民。年始七十者,授之以玉杖,铺之糜粥。"①

这些措施都有利于国家治道的展开,正如孔子所说:"夫政也者,蒲卢也。故为政在人,取人以身,修身以道,修道以仁。仁者人也,亲亲为大;义者宜也,尊贤为大。亲亲之杀,尊贤之等,礼所生也。在下位不获乎上,民不可得而治矣。"②东汉,建都于洛阳。洛阳皇亲国戚,重勋旧臣如云。于是涌现出许多恪守职责,以雷厉风行的手段保护正义的循吏官员。

而洛阳同时又为天子之居,鞫问刑人尤因谨慎。东汉安帝"二年夏,京师旱",当时邓太后"亲幸洛阳寺录冤狱。有囚实不杀人而被考自诬,羸困舆见,畏吏不敢言,将去,举头若欲自诉。太后察视觉之。即呼还问状,具得枉实,即时收洛阳令下狱抵罪。"③

正如《后汉书·循吏传》赞所云:"一夫得情,千室鸣弦。"注云:"一夫谓守长也。千室谓黎庶。言上得化下之情,则其下鸣弦而安乐也。"许多使百姓"鸣弦而安乐"的洛阳令,留下许多可歌可泣的故事。

东汉时,河洛地区最著名的循吏当属洛阳令董宣。董宣"特征为洛阳令",足见光武帝之英明。当时湖阳公主家"苍头白日杀人,因匿主家,吏不能得"。董宣并没有因为湖阳公主的势力而退缩,反而强行捕贼:

> 及主出行,而以奴骖乘,宣于夏门亭候之,乃驻车叩马,以刀画地,大言数主之失,叱奴下车,因格杀之。主即还宫诉帝,帝大怒,召宣,欲箠杀之。宣叩头曰:"愿乞一言而死。"帝曰:"欲何言?"宣曰:"陛下圣德中兴,而纵奴杀良人,将何以理天下乎? 臣不须箠,请得自杀。"即以头击楹,流血被面。帝令小黄门持之,使宣叩头谢主,宣不从,彊使顿之,宣两手据地,终不肯俯。主曰:"文叔为白衣时,臧亡匿死,吏不敢至门。今为天子,威不能行一令

① 同上。
② 《礼记·中庸》
③ 《后汉书》卷十上。

乎?"帝笑曰:"天子不与白衣同。"因敕彊项令出。赐钱三十万,宣悉以班诸吏。由是搏击豪彊,莫不震栗。京师号为"卧虎"。歌之曰:"枹鼓不鸣董少平。"①

董宣两手据地,宁死不从"叩头谢主",一定要抓捕杀良人之奴。无视湖阳公主的威胁,据理力争,赢得了"卧虎"之号。而"枹鼓不鸣董少平"的故事流传千古。

光武帝一朝还有两位值得一提的洛阳令。如索卢放(字君阳),其在建武六年(30)被征为洛阳令。王莽之时,索卢放"以尚书教授千余人"。又在更始时愿代当时太守就死,其说:"今天下所以苦毒王氏,归心皇汉者,实以圣政宽仁故也。而传车所过,未闻恩泽。太守受诛,诚不敢言,但恐天下惶惧,各生疑变。"②足见其志虑忠纯,而秉义类。又有虞延为洛阳令,他不畏强暴,对马成进行收押:

> 明年,迁洛阳令。是时阴氏有客马成者,常为奸盗,延收考之。阴氏屡请,获一书辄加笞二百。信阳侯阴就乃诉帝,谮延多所冤枉。帝乃临御道之馆,亲录囚徒。延陈其狱状可论者在东,无理者居西。成乃回欲趋东,延前执之,谓曰:"尔人之巨蠹,久依城社,不畏熏烧。今考实未竟,宜当尽法!"成大呼称枉,陛戟郎以戟刺延,叱使置之。帝知延不私,谓成曰:"汝犯王法,身自取之!"呵使速去。后数日伏诛。于是外戚敛手,莫敢干法。在县三年,迁南阳太守。③

汉章帝时,周纡(字文通)刚被"征拜洛阳令",就"下车,先问大姓主名,吏数闾里豪强以对":

> 纡厉声怒曰:"本问贵戚若马、窦等辈,岂能知此卖菜佣乎?"于是部吏望风旨,争以激切为事。贵戚跼蹐,京师肃清。皇后弟黄门郎窦笃从宫中

---

① 《后汉书》卷七十七董宣传。
② 《后汉书》卷八十一。
③ 《后汉书》卷三十三。

归,夜至止奸亭,亭长霍延遮止笃,笃苍头与争,延遂拔剑拟笃,而肆詈恣口。笃以表闻。诏召司隶校尉、河南尹诣尚书谴问,遣剑戟士收锚送廷尉诏狱。数日贳出。

周锚的铁腕作风使得"部吏望风旨,争以激切为事",还引领一时吏治风气。可谓是"奉法疾奸,不事贵戚"。又汉和帝永元十五年(103),王涣"从驾南巡,还为洛阳令",史书记载:

> 以平正居身,得宽猛之宜。其冤嫌久讼,历政所不断,法理所难平者,莫不曲尽情诈,压塞群疑。又能以谲数发擿奸伏。京师称叹,以为涣有神算。元兴元年,病卒。百姓市道莫不咨嗟。男女老壮皆相与赋敛,致莫酹以千数。①

永初二年(108),邓太后下诏:"夫忠良之吏,国家所以为理也。求之甚勤,得之至寡。故孔子曰:'才难不其然乎!'……故洛阳令王涣,秉清脩之节,蹈羔羊之义,尽心奉公,务在惠民,功业未遂,不幸早世,百姓追思,为之立祠。自非忠爱之至,孰能若斯者乎! 今以涣子石为郎中,以劝劳勤。"

顺帝时,还有一位洛阳令祝良同样成为循吏和良吏的楷模:

> 祝良,字召卿,为洛阳令。岁时亢旱,天子祈雨不得。良乃曝身阶庭,告诚引罪,自晨至中,紫云水起,甘雨登降。人为歌曰:"天久不雨,烝人失所。天王自出,祝令特苦。精符感应,滂沱下雨。"②

在大旱之时,为百姓请天命,不顾自身安危,自早晨至中午"曝身阶庭,告诚引罪",最终迎来甘霖。又当时庞参为太尉,其"夫人疾前妻子,投于井而杀之"。祝良"闻之,率吏卒入太尉府案实其事,乃上参罪"。后来有司以祝良不先奏明

---

① 《后汉书》卷七十六。
② 见《长沙耆旧传》,引自《水经注》卷十五。

朝廷,私自抓捕宰相被治罪。而当时"洛阳吏人守阙请代其罪者,日有数千万人"①,可见祝良能得百姓之心。

（作者为湖北省社会科学院楚文化研究所研究人员）

---

① 《后汉书》卷五十一。

新媒体时代河洛文化传播策略研究

黄晓珍

Abstract：With the development of science and technology, human society has entered the era of new media. The new media makes cultural communication from one‐way to interactive, from single to multiple, from single to multiple. The new media era, has brought new challenges and opportunities to Heluo Culture communication. At present, Heluo Culture communication face these problems：Communication center is still in the traditional media, lacking of publicity highlighting t, the use of new media channels is too narrow. To solve these problems , we must be combined with new media era characteristics. The government should pay attention to the new media platform, highlighting the characteristics of elements with new media, to broaden the channels of transmission of the new media platforms. By these means, can be the real application of new media in the dissemination of Heluo Culture, better protection and promotion of Heluo culture.

河洛文化作为我国地域文化中最重要的一条文化脉络,它是以洛阳为中心的古代黄河与洛水交汇地区的物质与精神文化的总和,形成于夏商,成熟于周,鼎盛于汉魏唐宋。其内涵博大精深、包罗万象,不仅是中华民族辉煌灿烂的历史遗产,而且也是世界历史文化的珍宝,在中国史前文化和进入文明社会后的文化发展过程中,河洛文化始终发挥着轴心和导向作用,因而成为华夏文明的滥觞和深远而丰厚的民族文化之基石。① 因此,大力宣传河洛文化,探寻河洛文化的传播策略,对探讨华夏文明之源,弘扬传统文化,增进民族文化认同感以及加强民族凝聚力,都具有深远而又重大的历史意义。

20 世纪下半叶兴起的新科技革命浪潮,正在将人类社会推向一个全新的信息时代——新媒体时代。② 新媒体时代,给河洛文化的传播带来了新的挑战和机遇。认真研究新媒体时代的特征和影响,分析当前河洛文化传播过程中存在的困难,探索河洛文化在新时代的传播策略,将使受众更能理解河洛文化的精髓,从而促进河洛文化大众化,有益于推进我国构建和谐社会。

一、新媒体概述

(一)新媒体的内涵

新媒体是相对于传统媒体而言,是报刊、广播、电视等传统媒体以后发展起来的新的媒体形态,是利用数字技术,网络技术,移动技术,通过互联网,无线通信网,有线网络等渠道以及电脑、手机、数字电视机等终端,向用户提供信息和娱乐的传播形态和媒体形态。③ 新媒体主要包括移动电视、数字电视、IPTV、手机媒体等。

(二)新媒体对文化传播的影响

1. 从单向传播到互动传播

传统的大众传播过程往往是单向直通的,虽说也有报纸杂志的读者和听众来信等反馈机制,但反馈有延迟性。互联网的出现,使得传统媒体与受众的反馈大部分渠道转移到了网络上。以网络为代表的新媒体,是以用户为中心,改变了以往一对多的传播模式,人们获得了更多的权利,可以自由选择自己感兴趣的内容,充分发表自己的看法和见解,了解途径无限增多,直接参与到文化传播过程中,是一种新的多对多或一对一的新型传播形式。

---

① 张铁成 杨佩《传承河洛文化 弘扬华夏文明——河洛文化研究记述》,(河南)《协商论坛》2010 年第 5 期。

② 宋文杰《新媒体时代网络思想政治教育方法研究》,《青年与社会》2014 年第 15 期。

③ 韩莹《解读新媒体》,《文艺生活·文艺理论》2011 年第 3 期。

2. 从单一传播到多元传播

旧媒体环境下,传统文化的传播主要是通过人际传播和组织传播,主体及媒介比较固化,信息源较单一,受众处于被动地位。新媒体的出现,文化传播者开始变得多元,上至政府权利机构,下至平民草根百姓,都是文化传播中的"发声者"。

另一方面,新媒体是一种多媒体互动平台,融合进了形态各异的传播内容和传播形式。传统媒介的功能比较单一,如我们所知的,报纸用来阅读,广播用来收听,电视虽有影视同期声,但人们无法运用它们能动的进行信息处理和二次传播。新媒介则能通过技术嫁接,将多种传播功能融于一体。多媒体加网络,将使文化传播走上信息技术的高速公路。新媒体为人们信息的搜集、再处理及再传播提供了及便利的条件,大大提升了文化传播活动的效率。

3. 从大众传播到分众传播

我们所熟知的传统媒体大都倾向于大众传播。而新媒体最大的不同就是它强调细分受众。相关研究表明,信息的可信程度决定了受众改变态度的可能性,但另一方面受众本身的诸多因素会直接影响媒介传播信息的效果,因此,要建构有序的传播环境,需要树立"受众意识",加强对受众预存立场、性格、宗教立场、受教育文化水平等的综合分析,明确所属媒介传播内容的特征和其在传播市场中所处的位置。

由于人们生活水平日趋提高,人们对信息的需求也日益细化,哪怕是处于同一教育水品、同一年龄层次、同一生活环境的人们的需求也存在差异。新媒体在进行文化传播时,可以提供信息定制服务,对目标人群进行分析,定位自身媒介,满足不同群体对信息不同层面的需求,精准地用不同方式使细分过的人群有效接收自已需要的相关文化信息。

二、新媒体时代河洛文化传播中存在的问题

河洛文化虽然是中华民族传统文化的源头和核心,但作为一种地域文化,河洛文化与齐鲁文化、秦晋文化、楚文化、燕赵文化相比,共性多于特性,而且内涵丰富,体系庞大,这就导致河洛文化在传播时,定位不明,缺乏特色,很多人对河洛文化仅闻其名却知之甚浅。虽然近年来,由政府牵头,采取了多项措施来宣传

河洛文化,扩大河洛文化的知名度,如成立洛阳社会科学院、设立中国河洛文化研究会、举办"河洛文化"高层论坛等,在一定程度上为保护和传承河洛文化做出了巨大的贡献。但在新旧媒体融合的时代,媒体的发展与繁荣导致传统文化传播的多元化,传统媒体已经不能够适应时代发展需要,要充分利用新媒体的特点和优势,来宣传和推广河洛文化。就新媒体平台的利用角度而言,河洛文化的传播工作还存在着很多的不足。主要体现在以下几点:

1. 传播重心仍以传统媒体为主

传统传播渠道不能偏废,但新媒体平台逐渐成为人们获取信息的主要渠道,应予以更大的重视。就目前河南省政府开展的河洛文化传播工作来看,河洛文化仍执行着以传统传播渠道为主,新媒体为辅的传播策略。河南政府作为河洛文化的主要传播者,并没有意识到在"互联网＋"时代,新媒体正逐渐成为人们获取信息的主要渠道。河洛文化在新媒体渠道的传播活动受到重视不足,在此平台传递的信息内容也难以令人满意。笔者通过百度搜索河洛文化,总共只有三个名字都叫"河洛文化网"的网站是专门宣传河洛文化的,网站界面都比较简单,似乎都还处在刚创建不久亟待完善的阶段,还有相当部分的链接是无效链接。网站栏目虽然丰富,但内容上一般也是贴几张照片,附一小段文字说明,有的甚至连图片都没有。相关参考类文章更新滞后,无法提供有效地参考。相比于在传统媒体渠道不断提高宣传的力度,网站并未利用新媒体平台优势的有针对性的传播河洛文化,基本是转载传统媒体发布过的信息。从这里可以看出,河洛文化的新媒体宣传工作有在进行,但重视程度不高。

2. 新媒体平台的传播缺乏突出宣传点

新媒体的受众广泛、信息传播迅速等特点对于文化的宣传和推广具有很大的帮助,但由于新媒体平台的信息流动迅速且数量繁杂,往往需要富有特色的宣传点来加深受众的记忆。河洛文化博大精深,包罗万象,它包括原始社会的裴李岗文化、仰韶文化、河南龙山文化,以及代表河洛人智慧的《河图》《洛书》;包括夏商周三代的史官文化,集夏商周文化大成的周公制礼作乐的礼乐文化、青铜文化、冶炼文化;包括综合儒、道、法、农、阴阳五行各家学说而形成的汉代经学、魏晋玄学、宋明理学,以及与儒、道思想互相融合的佛教文化;包括各种科学发明创造;还包括河洛地区居民在生产和生活中形成的各种风俗习惯,如饮食习俗、婚丧习俗、节庆习俗、居住习俗等等。如此丰富的内容,在宣传时需要有所取舍,突出特色。在笔者对数十个"八零后"进行访谈调研后发现,绝大多数受访者听过"河洛文化"这个词,也知道河图洛书,明白河洛文化是中国传统文化的主体,但是河洛文化的核心和特色是什么,河图洛书具体内涵等问题,没有一个人能准确说出来。河洛文化的定位模糊、未突出宣传点应该是造成这一问题的主要原因。所以,尽管河洛文化已在新媒体平台进行过一定程度的宣传,但却给人们还是一种印象不够清晰、认识不够深入的感觉。

3. 新媒体运用渠道过窄

河洛文化尽管已经在新媒体平台展开宣传攻势,但时至今日,其运用的宣传媒体仍基本停留在网站宣传阶段。在新媒体时代,传播媒介多样化,总体来说可以分为三类:网络媒体、手机媒体、户外移动媒体。网络媒体的传播载体主要有:网站、微博、电子邮件、宣传片、微电影等;手机媒体传播载体主要有:手机短信、手机 APP、微信公众平台、手机电视及博客等;户外移动媒体传播载体主要有:户外电子屏、出租车电子屏,以及地铁、城际火车、飞机等移动媒体。

除网站外,微博、微信以及手机 APP 是当前传统文化传播运用最为广泛的新媒体传播渠道。但从河洛文化的新媒体平台宣传来看,在新浪微博上,以"河洛文化"为关键词搜索出来的记录只有 900 多条,没有官方微博,也没有一个加 V 的微博号是用来宣传河洛文化的,而这 900 多条记录中,大都只是游客所发,略微提及河洛文化,没有生动的宣传,更少有互动。而微信公众号的建设就更薄弱了,以"河洛文化"为关键词搜索出来的微信公众号几乎都是营利性质的公众号,唯有一家注明是经国家民政局审批成立的非营利性公众号,内容却少得可怜,既没有及时推送最新信息,资源也不丰富。而与河洛文化相关的手机 APP,虽有开发,但是收效甚微。介绍性的 APP 有以唐三彩为主题的"唐三彩博物馆"、基于河图洛书但主要功能是算命的"河洛理数";互动交流性的 APP 有"新河洛",但这个软件主要开发目标并不是宣传河洛文化,而是洛阳人的交流平台,而且其下载量不过数百,用户也少。从以上的统计数据可以看出,河洛文化的新媒体运用渠道过窄,还有大量的发展空间。

三、新媒体时代河洛文化传播改进策略

(一)政府应重视新媒体传播平台

政府作为当前河洛文化的主要传播者之一,应该充分认识到新媒体平台已逐步成为文化传播的重要渠道。河洛文化传播应执行以新媒体和传统媒体并重的传播策略。同时,政府还需要意识到,除了要加强在新媒体渠道的传播力度外,一些传播活动在于新媒体配合后能取得更好的传播效果。采取的具体策略可以有:

1. 建立河洛文化官网、官方微博与官方微信公众号,除了内容一定要丰富,信息更新要及时外,还要注重推广工作。如官网的推广可以与政府门户网站,知名旅游网站展开合作宣传,通过在政府门户网站、知名旅游网站的高点击率提升河洛文化官网的知名度;微博、微信账号的推广,可以通过关注有奖、与相关知名账号合作宣传以及在大型活动设置二维码供参加者扫描等形式,使得河洛文化传播的潜在受众量增加。

2. 通过新媒体平台征求民众意见,引导民众加入到河洛文化的传播工作中来。由于河洛文化历史悠久,河洛地区有众多的历史遗迹,呈点状分布较为分散,这些都是宣传河洛文化的重要资源。河南政府通过新媒体平台与民众进行交流。不仅可以发掘更多的河洛文化资源,还可以提高河洛文化宣传的参与度,并让民众对于河洛文化的了解程度加深。

(二)突出特色元素配合新媒体宣传

新媒体平台的信息众多且繁杂,唯有富有特色的信息才能吸引人们注意。河洛文化内涵博大精深,宣传的时候,若是想面面俱到,必然造成没有重点。所以一定要突出特色元素配合新媒体宣传。以洛阳地区的河洛文化宣传为例,洛阳是河洛地区的核心城市,也是"河图洛书"的发源地,可挖掘的特色元素非常多。归纳起来,主要可进行重点宣传的有五大元素:(1)佛教元素:佛教文化的石刻艺术——龙门石窟、中国佛教发源地——白马寺;(2)牡丹元素;(3)青铜元素;(4)三彩元素;(5)历史元素:包括"河图洛书"、"二程洛学"以及一些有名的历史遗迹等。在利用新媒体平台宣传时,一定要突出以上五大元素,并针对每个元素向市民征集精炼好记的宣传语和设计图标,这样,洛阳市的河洛文化才能让

人印象深刻,并独具特色。

同时,为了更好地传播河洛文化,洛阳地区还可根据挖掘出来的河洛文化特色元素,打造相应的文化体验之旅。富有特色的文化体验之旅,再配合新媒体平台的宣传效果,一定能取得不俗的效果。如2014年,江西婺源针对五一黄金周,推出了"过五一,晒乡俗"的民俗旅游体验活动。游客可以免费穿着各色古装穿梭在古村街巷中,观赏并亲身参与婺源传统美食制作过程及类似皮影戏等传统民俗表演的过程。在活动开展前夕,婺源旅游就通过官方网站、微博、微信平台配合蚂蚁窝、携程旅游等著名旅游网站展开宣传攻势。活动期间,婺源旅游的工作人员在各景点拍摄活动图片上传到新媒体平台,同时也通过有奖活动鼓励游客将旅游经历在微博、微信平台进行发布。通过新媒体的宣传,取得的成效显著:在此黄金周期间,婺源共接待游客34.6万人次,旅游收入近1.5亿,分别同比增长23.33%和26.18%,无论是实际收入与涨幅均为历史之最。这样的特色之旅,不仅可以增加当地的旅游收入,还能扩大区域文化的知名度,让区域文化的特色深入到每个游客心中。

(三)拓宽新媒体平台的传播渠道

新媒体时代,传播渠道多元化,博客、播客、微视频、微电影等都可以成为有力的传播载体。根据当前河洛文化传播现状,要拓宽河洛文化的新媒体平台传播渠道,主要可从以下两方面努力:

1.重视在手机平台的传播

根据2016年1月22日公布的中国互联网络信息中心(CNNIC)发布第37次《中国互联网络发展状况统计报告》显示,截至2015年12月,中国网民规模达6.88亿,互联网普及率达到50.3%;手机网民规模达6.2亿,占比提升至90.1%。① 过手机媒体获取信息的受众越来越多,针对手机媒体制定传播策略刻不容缓。除了要建设官网等宣传网站的手机页面,并将其优化得更为精简稳定外,针对手机平台的传播还应采取以下策略:

(1)重视对微信平台的传播。微信相比于微博,其最大的特色在于传播信

---

① CNNIC发布第37次《中国互联网络发展状况统计报告》[EB/OL](2016-1-22)http://www.cac.gov.cn/2016-01/22/c_1117860830.htm

息几乎百分百的到达率。当你未登录微博时,无法获取微博上发布的信息。但微信不同,无论你何时登陆微信,信息都会留在那等待你的点击。微信的另一大特色在于朋友圈,你发布的内容甚至评论的内容只有好友才可见。亲密人群间的交流变得无所顾忌。当然,要增加用户的关注数,河洛文化的微信公众号要提升自身的实用性。为此,在设计微信公众平台时应实现如下功能:第一,每日推送体现河洛文化的小故事。河洛文化传播者可以对每天在传统媒体上出现的能体现河洛文化的事例和历史故事进行总结和编撰,并在微信平台上对用户进行推送。第二,建立河洛文化交流板块。微信最基本的功能之一就是即时通讯,我们应合理利用这一功能,建立起完善的用户交流模块,发挥出新媒体优异的交互性,为用户提供一个使用方便、反馈迅速的交流环境。我们还可以让用户根据自己对于河洛文化的兴趣方向,帮助他们寻找志趣相投的朋友,扩大河洛文化爱好者的社交圈,提升用户主动传播河洛文化的积极性。

(2)尽早推出河洛文化宣传的手机 APP,保证资源定期更新,要有丰富的视频音频资源区、专家学者答疑解惑区,还要有用户互动交流区,最重要的是还要有娱乐性,如设置竞猜单元,通过发布图片或文字河洛文化旅游的某个景点或特产等进行描述,用户可以回复自己猜到的答案。猜中的用户可以获取相应的奖品或积分。或者设置河洛文化的游戏单元,可以仿照诸如一站到底等问答游戏,通过累积积分或闯关等竞赛机制,增加其娱乐性和竞技性。手机 APP 的宣传,线上可通过在河洛文化官网、微博、微信等平台及相关热门的手机应用采取信息推送等方式,线下则可以充分利用户外移动媒体宣传,并在洛阳等城市的城市公交站牌、路牌等设施设置二维码供游客扫描。

2. 通过网络直播平台传播河洛文化

网络直播平台是近两年新出现的产物,它允许用户建立直播间,通过平台对互联网进行视频直播。同时,它还支持一种新奇的"弹幕"功能。所谓"弹幕"是指在视频直播进行时,网友可以对直播内容进行实时评论和交流,并与主播进行互动。而且,这些内容会在网友发出的同时出现在视频直播中,让所有观看直播的观众都可以看到。

网络直播平台既拥有广播电视的特点,又提供了传统广播电视所不具有的出色的交互性。我们应对网络直播平台加以利用,建立网络电视台,定期直播与河洛文化相关又容易被网友接受的节目,并与网友进行实时互动。这种形式的节目将会令网友消除对河洛文化相关节目的刻板印象,提高他们的观赏兴趣,从而达到我们传播优秀中华传统文化的目的。

四、结语

河洛文化是中华民族文化的至上瑰宝,是国家软实力的重要组成部分。河洛文化的保护传承是弘扬中华民族传统文化的重要使命。在新媒体时代,河洛文化的传播应当充分顺应新媒体发展的时代潮流,将新媒体应用于河洛文化传播之中。通过多方面共同努力来挖掘、保护、继承和弘扬河洛文化,为建设和构建社会主义和谐社会与和谐世界做出应有的贡献。

(作者为三明学院传媒学院副教授)

河南堂：凝聚华夏子孙的徽记

李 乔

Abstract：Surnames and clan titles were the common symbol of the same family. They played an important role in creating harmonious clan relationships and stabilizing the family, clan and the whole society. Clans in Henan got the clan names from their prefecture names, and they were the most widely used ones in Chinese surnames and clan names. The fact that many surnames got their clan names from Henan clan was greatly due to Emperor Xiaowen's Hanization policies after moving the capital to Luoyang; moreover, it was also closely related to the fact that this place had given birth to notable families such as the Chus, and Fangs.

　　姓氏文化是河洛文化的重要内容。在当今人口最多的一百个大姓中，近八十个源于或部分源于河洛地区。研究姓氏文化，对进一步认识河洛文化的"根"性特点十分有益。郡望、堂号不仅是姓氏文化中最具"文化"意义符号，也是研究姓氏文化的一个重要切入点。

　　堂号，顾名思义就是祠堂、厅堂的名号。中国宗法社会里，同一宗族的人往往居住在一起，少则十数、数十家，多则上百家。每个聚族而居的家族，必有一个或几个祠堂，作为家族的象征和中心。为达到彰显本族的辉煌历史以及敦宗睦族的目的，每个家族都会为自己的祠堂取一个有意义的名号，作为凝聚族人的徽记，这就是堂号。

　　堂号多以郡名或以先祖嘉言懿行命名。一般来说，每个家族最具影响力的堂号都是以郡望为名的堂号，如李姓的陇西堂、王姓的太原堂、张姓的清河堂、刘姓的彭城堂、陈姓的江夏堂、赵姓的天水堂、黄姓的江夏堂等等。

郡望，又称姓望或地望，是"郡"与"望"的合称。在某一地域范围内的同姓家族，族人仕宦显赫，为当地名门望族，其姓就是当地的著姓，此地就是该姓的郡望。

秦汉以后，姓、氏合二为一，姓氏不再具有明贵贱的作用。魏晋实行九品中正制后，由于门阀制度盛行，各地州郡都形成了一批公认的高门大姓。这些"士族"、"右姓"无论是选官还是婚嫁无不看重门第郡望，故高官厚禄者也多出自名门望族，"唯能知其阀阅，非复辨其贤愚"、"上品无寒门，下品无士族"、"世胄蹑高位，英俊沈下僚"、"高门华阀有世及之荣，庶姓寒人无寸进之路"等等，就是当时门阀社会的真实反映。

在门阀制度下，不仅士庶界限十分严格，而且不同姓氏也有高低贵贱之分，甚至在同一姓氏的士族集团中，不同郡望的宗族也有贵贱、尊卑之分，如陇西李氏就比赵郡李氏显贵，而所有王氏的郡望中，以太原、琅琊最为尊荣。为标榜自己是某地的望族，他们特意在姓的前面标出自己家族所在的地域，显示贵族身份，以示与其他同姓者的区别。正如清钱大昕《十驾斋养新录·郡望》所说："自魏晋以门第取士，单寒之家，屏弃不齿，而士大夫始以郡望自矜。"①

隋唐时期尽管开始实行开科取仕制度，但士族仍然矜夸门第，崔、卢、李、郑、王等旧时大族彼此联姻，自矜高贵。唐太宗为打破纯以郡姓作为门第等差的传统，诏吏部尚书高士廉、御史大夫韦挺、中书侍郎岑文本、礼部侍郎令狐德棻，以及各地谙练谱学的文人，在全国普遍搜求谱牒，参照史传辨别真伪，评定各姓等第。书成以进，唐太宗不满意将山东士族崔幹等列入第一等，认为应当重唐朝冠冕，根据当朝官职的高下确定等第，命高士廉等重新刊定。高士廉等依照皇帝的旨意重修谱牒，编成《贞观氏族志》，书中将崔幹降为第三等。② 但由于崇尚旧族望的习惯势力根深蒂固，房玄龄、魏征及李勣等功臣新贵依然力求与山东氏族联姻，藉以提高自身的社会地位。唐代诗人郑颢出身荥阳郑氏，考中状元后，恰逢宣宗皇帝为公主选婿，时任宰相的白敏中就向皇帝推荐了他，但他"不乐为国婚"，因此与白敏中结怨。由此可见，当时名门望族在社会上享有常人难以企及

---

① 钱大昕著 陈文和主编《嘉定钱大昕全集·十驾斋养新录附余录》，江苏古籍出版社1997年，第313页。

② 《旧唐书·高士廉传》（卷六十五），中华书局，1975年第2443—2444页。

的特殊荣耀。

不管是南北朝时期的旧门阀体系,还是唐代以功臣新贵为核心的新门阀体系,强调的都是门第观念。因此,人们习惯于以姓氏、郡望标明出身门第贵贱和社会地位的影响。清王士禛《池北偶谈》云:"唐人好称族望,如王则太原,郑则荥阳,李则陇西、赞皇,杜则京兆,梁则安定,张则河东、清河,崔则博陵之类,虽传志之文亦然,迄今考之,竟不知为何郡县人。"[①]

宋代取消了郡级行政区划,但由于长期形成的以姓氏、郡望标明出身门第贵贱和社会地位的影响,以及追宗认祖、不忘根本的传统,以郡望标注姓氏的习俗仍然盛行。宋代《百家姓》于每一姓氏之后均标注魏晋至隋唐时期所形成的姓氏郡望。及至明清,以郡望标注姓氏的习俗仍较普遍,编修族谱时,往往都冠以郡望,如清道光二十四年(1844)浙江浦江、光绪二年(1876)江西上饶、光绪四年湖南平江、光绪十八年浙江汤溪等地郑氏族人,虽已不居荥阳,但其家谱仍以"荥阳郑氏"名之。文人雅士也往往将郡望标于作品名称之前,如明代浙江鄞县人郑真的别集就题作《荥阳外史集》。直到民国时期,好称郡望的习惯依然流行。鲁迅《阿Q正传》有这样一段话:"第四,是阿Q的籍贯了。倘他姓赵,则据现在好称郡望的老例,可以照《郡名百家姓》上的注解,说是'陇西天水人也'。"

当今社会,传统宗法社会基础已经不复存在,但作为姓氏发祥地徽记的郡望,和以郡望为名的堂号,在敦宗睦族,弘扬孝道,启迪后人,催人向上,维护家庭、宗族和整个社会的稳定,以及方便海外寻根问祖等方面仍具有一定的影响,尤其在海外华人群体中影响更甚。

魏晋隋唐时期,尽管每个郡中都会有显贵家族,但因人口聚集程度不同,距离京畿地区远近不同,在朝廷中的影响不同,各郡产生望族的数量与影响也有很大差异。魏晋隋唐时期河南郡所在的地区,是人类最早生活的地方,是中华姓氏的重要发源地和发祥地,多个朝代曾在此建都,尤其是北魏迁都洛阳后采取的汉化措施,使得河南郡成了众多姓氏的郡望地,河南堂也成为所有姓氏堂号中最为重要的一个。

河南郡是西汉高帝二年(前205)改三川郡设立的,治所在雒阳(今河南洛

---

① 王士禛著 文益人校点《池北偶谈》,齐鲁书社,2007年第442页。

阳),其时属地在今河南黄河南部洛水、伊水下游,双洎河、贾鲁河上游地区及黄河北部原阳县一带,辖雒阳、荥阳、偃师、京县、平阴、中牟、平县、阳武、河南、缑氏、原武、巩县、谷城、故市、密县、新城、开封、成皋、苑陵、梁县、新郑等 22 县,大致相当于今河南省孟津、偃师、巩义、荥阳、原阳、中牟、郑州、新郑、新密、汝州、汝阳、伊川、洛阳等县市。东汉定都洛阳,为提高河南郡的地位,建武十五年(39)将其改为河南尹。西晋泰始二年(266),分荥阳、京县、密县、卷县、阳武、苑陵、中牟、开封 8 县置荥阳郡,河南郡辖县减为洛阳、巩县、河阴、成皋、缑氏、新城、偃师、梁县、新郑、谷城、陆浑、阳城、阳翟 13 县。太和十八年(494),北魏孝文帝迁都洛阳。隋朝初年被废,后又复为豫州河南郡,辖河南、洛阳、阌乡、桃林、陕县、熊耳、渑池、新安、偃师、巩县、宜阳、寿安、陆浑、伊阙、兴泰、缑氏、嵩阳、阳城等 18 县。唐代以洛阳为东都,武德四年(621),置洛州总管府,辖洛州、郑州、熊州、穀州、嵩州、管州、伊州、汝州、管州等九州,洛州辖河南、洛阳、偃师、缑氏、巩县、阳城、嵩阳、陆浑、伊阙等 9 县。

历史上不同时期,河南郡产生了众多望族,敦煌遗书斯(S)2052 号《新集天下姓望氏族谱》载:"洛州河南郡,出二十三姓:褚、穆、独孤、丘、祝、元、闻人、贺兰、慕容、商、南宫、古、山、方、蔺、庆、闾丘、利、芮、侯莫陈、房、庸、宇文。"①敦煌遗书北 8418 号《姓氏录》则云:"河南郡七姓:潞(洛)州。贺兰、丘、士、穆、祝。"②敦煌遗书伯 3191 号《郡望姓望》曰"洛州,河南郡,贺、褚、穆、祝、蔺、丘、窦、南宫、独孤。"③《太平寰宇记·河南道九·郑州·姓氏》亦谓:"河南郡九姓,贺、邢、褚、祝、兰、窦、南宫、穆、独孤。"④《元和姓纂》中以河南为郡望的有茂、封、奇、伊等 83 个姓氏;《广韵》以河南为郡望的姓氏有封、于、朱、嵇、甄等 31 个。《通志·氏族略》以河南为郡望的姓氏有胡、陈、朱、越等 44 个;《古今姓氏书辩证》以河南为郡望的姓氏有奇、兒、奚、怀等 58 个;《姓觿》以河南为郡望的姓氏

① 郑炳林《敦煌地理文书汇辑校注》,甘肃教育出版社 1989 年,第 326 页。蔺应为"蘭(兰)"之讹。"庸"有作"膚",联系其他文献,应为"蘆(芦)"。
② 郑炳林《敦煌地理文书汇辑校注》,甘肃教育出版社 1989 年,第 344 页。潞州系洛州之误。七姓仅存五姓,疑有脱误。S.2052 号河南郡二十三姓中无士姓。《太平寰宇记》卷三:"河南郡九姓,贺、邢、褚、祝、兰、窦、南宫、穆、独孤。"
③ 郑炳林《敦煌地理文书汇辑校注》,甘肃教育出版社 1989 年,第 353 页。蔺应为"蘭(兰)"之讹。
④ 乐史《太平寰宇记》卷三《河南道三·河南府》,中华书局 2007 年,第 44 页。

更是有于、凡、门、王、等 124 个之多。综合上述史籍,以河南郡为郡望的姓氏有 232 个之多。宋代《百家姓》中以河南郡为郡望的有卜、于、万、山、王、元、云、车、长孙、公孙、乌、方、艾、古、石、田、史、兰、司马、司空、邢、毕、朱、伊、刘、宇文、安、扶、芮、苏、杜、李、连、利、邱、谷、狄、怀、宋、陆、陈、林、步、明、和、周、单、房、屈、封、胡、茹、柯、侯、闻人、娄、祝、费、贺、骆、聂、莫、桓、贾、高、堵、曹、阎、盖、梁、寇、宿、扈、尉迟、越、葛、嵇、温、禄、赖、甄、路、鲍、解、窦、褚、慕容、黎、潘、穆等 90 个姓氏,这在所有姓氏郡望中都是绝无仅有的。

河南郡成为众多姓氏的郡望地与鲜卑族的加入有密切关系。北魏太和十八年(494),孝文帝迁都洛阳,并推行易汉服、说汉话、改汉姓、定籍贯、与汉族通婚等一系列汉化政策,加强鲜卑族与汉族的融合,其中定籍贯、改汉姓对河南郡成为众多姓氏的郡望产生了重要影响。

鲜卑人来自代北,自称代人。为了加速鲜卑人的汉化,孝文帝规定,鲜卑人死后,要葬在洛阳,不得归葬代北,而且迁到洛阳的鲜卑人,一律以洛阳为籍贯。太和十九年五月,诏令:"迁洛之人,自兹厥后,悉可归骸邙岭,皆不得就茔恒、代。"①诏令规定迁到洛阳的代北人死后就地葬在洛阳北郊外的邙岭,不得迁归代北,实际上就是鲜卑贵族断绝回归旧土的念头,视洛阳为故乡。同年六月丙辰,孝文帝再次"诏迁洛之民,死葬河南,不得还北。于是代人南迁者,悉为河南洛阳人"②。这些南迁的鲜卑族人经过数代繁衍之后,逐渐融入汉人,并将自己当作洛阳人,《汉魏南北朝墓志汇编》中就有许多鲜卑人传主自称"洛阳人",其中北魏时期有 84 位,东魏时期有 13 位。

鲜卑族原为复姓,孝文帝下令将鲜卑姓氏改为汉姓姓氏。太和二十年(496),孝文帝率先将自己的姓氏改为元氏,其他 9 个皇族宗室姓氏也全部改为汉姓。《魏书·高祖纪》载:"春正月丁卯,诏改姓为元氏。"《资治通鉴》对此事有较为详细的记载:建武三年(太和二十年)春正月丁卯,"魏主下诏,以为:'北人谓土为拓,后为跋。魏之先出于黄帝,以土德王,故为拓跋氏。夫土者,黄口之色,万物之元也;宜改姓元氏。诸功臣旧族自代来者,姓或重复,皆改之。'于是

---

① 《魏书》卷二十,《文成五王传》。
② 《魏书》卷七下,《高祖纪》。

始改拔拔氏为长孙氏,达奚氏为奚氏,乙旃氏为叔孙氏,丘穆陵氏为穆氏,步六孤氏为陆氏,贺赖氏为贺氏,独孤氏为刘氏,贺楼氏为楼氏,勿忸于氏为于氏,尉迟氏为尉氏,其馀所改,不可胜纪。"①在皇族的带动下,其他鲜卑贵族也都改为汉姓,据《魏书·官氏志》记载,有118个北人姓氏改成了汉族姓氏,其中宗室10姓,勋臣8姓,内入诸姓68姓,四方诸姓32姓。

南迁的鲜卑族人经过数代繁衍之后,逐渐融入汉人,他们使用汉姓,自称为洛阳人,也按照汉族人的习惯,喜欢用郡望标榜自己的辉煌,而养育他们的河南郡就成了他们的郡望。《百家姓》以河南为郡望的姓氏中,北魏鲜卑族汉化使用的姓氏就有卜、于、万、山、王、元、云、长孙、乌、艾、古、石、史、毕、朱、伊、刘、宇文、安、扶、苏、杜、李、步、利、邱、谷、狄、陆、陈、林、周、单、屈、封、胡、茹、柯、侯、娄、祝、费、贺、骆、莫、桓、奚、高、阎、盖、寇、宿、扈、尉迟、越、葛、嵇、温、甄、路、鲍、解、窦、慕容、稽、黎、潘、穆等68个之多。

除鲜卑族改姓入籍洛阳外,河南郡还孕育出土生土长的本地望族,如方、田、怀、宋、明、贾、堵、曹、梁、赖、褚、司马、司空、闻人、南宫、公孙、间丘等姓氏都曾在这一地区形成望族。如,褚氏,《元和姓纂》曰:"褚,子姓。殷后。宋恭公子石,为褚师,因氏焉。……河南阳翟:后汉褚重,始居河南。"《广韵》云:"褚,姓,出河南。殷后。宋恭公子石,食采于褚,其德可师,号曰褚师,因而命氏。"《姓解》载:"褚,河南褚氏,微子之后也。恭公之子曰石食菜于褚,其得可师,遂号褚师,因而氏焉。"《姓觿》记:"《姓源》云,宋公子段为褚师,因氏。《千家姓》云,河南族。"河南阳翟(今汝州)褚氏自两汉开始崭露头角,至魏晋之际迅速崛起,在此后数百年间,人才辈出,成为郡内一流高门,比较知名的人物有西汉经学家褚少孙,东晋大将军褚裒,南朝尚书令、骠骑将军褚渊,唐代谏议大夫、大书法家褚遂良等。

方氏,《姓解》曰:"周大夫方叔之后。"《通志·氏族略》云:"方,周大夫方叔之后,以字为氏。……望出河南。"《姓觿》载:"《姓纂》云,周大夫方叔之后。《风俗通》云,方雷氏之后。方雷山西陵即黄帝正妃之宗国也。或云,榆冈之子曰雷,封于方山,后因氏。《路史》云,尧时有方明。《千家姓》云,河南族。"

---

① 《资治通鉴》卷一四〇,《齐纪六》。

堵氏，《古今姓氏书辩证》曰："堵，出自郑大夫食邑于堵，因以为氏。"《姓觽》载："堵，《姓苑》云，郑大夫泄伯采邑，后因氏。《千家姓》云，河南族。"

闻人氏，《元和姓纂》云："《风俗通》云，少正卯，鲁之闻人，其后遂以闻人为氏。"《姓觽》载："《氏族大全》云，少正卯，鲁之闻人，后以为氏。《千家姓》云，河南族。"

南宫氏：《元和姓纂》曰："文王四友南宫适之后……鲁孟献子生阅，号南宫敬叔。叔生路，路生会，会生虔，为南宫氏。见《世本》。"《通志》云："姬姓，孟僖子之后也。或言，文王四友南宫子之后。"《古今姓氏书辩证》载："其先有食邑南宫者，以邑为氏。"

司空氏，《姓解》云："《世本》云，士丐弟佗为晋司空，因官为氏。"《姓觽》载："《姓苑》云，禹为司空，支庶以官为氏。《路史》云，晋大夫缺为司空，因氏。《千家姓》云，河南族。"

综上所述，河南堂作为中华姓氏堂号中使用最为广泛的堂号，其形成与北魏孝文帝迁都洛阳后，推行的鲜卑人改称洛阳人，鲜卑族姓氏为汉姓的汉化政策有极大关系，也与本地孕育出包括褚氏、方氏等名门望族有密切关系。

（作者为河南省社会科学院河洛文化研究中心研究员）

从河洛文化谈易动平衡的美学

王志豪

Abstract：Hetu and Luoshu Jiugongge，the law contains the wonderful aesthetic principle，used to guide creation of calligraphy，the art of calligraphy has been sublimated.

一、什么是易动平衡的美学

美、是个难以言喻、无法有所谓的标准，它是见仁见智的。俗语说：青菜萝卜各有所爱。老子曰："天下皆知美之为美斯恶矣。"意思说：我们对于所认定的美是因为相对的有了一个丑的存在。告诉了我们美是相对的。也有人说数大就是美。毕达哥拉斯说 0.618 这是美的黄金律，这是最能引起人的美感比例，这是个高深的美学概念。一直以来人们对美都没有一个比较科学的定义。

说到易动平衡的美学，那就一定要把什么是易动平衡的概念说清楚，在过去老祖宗所流传下来的河图洛书，其中的九宫格里隐藏着许多不为人知的秘密。在几年前有幸让我再一次的接触到九宫格，让我发现了九宫格里全方位的科学面。

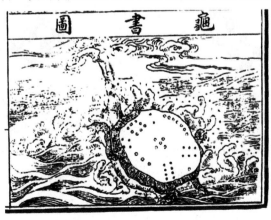

　　上图是几千年前中国老祖宗说流传下来的"河图",传说中在黄河流域有一只神龟的背上刻了这样的图形,后来的人们把它刻画在石壁上流传迄今,并为历代君王重视及百家作为学术研究。后世的人们以黑点与白点来表示"河图"与"洛书"。

　　古代人们以黑点与白点来表示九宫格,并且经科学研究分析他是一个近万年前就被人们刻画在石头上,依稀记得,第一次看到是在我国中时期,学校的老师教授时用几近赞叹的言语来形容,难道在1万多年前的人们就会加减乘除吗?当年老师最后也没有说出他是怎么来的。

　　在一个因缘际会的情况下,让我再一次的接触到了九宫格。当时的我刚刚看完孔子的著作《系辞传》,便想到了运用天一地十篇来重新的检视九宫格,最后让我惊奇的发现九宫格的深奥之处。

　　接下来我将为大家演绎九宫格内涵的秘密。处于现代的我们使用现代的科学符号以及九宫格重新来表示。

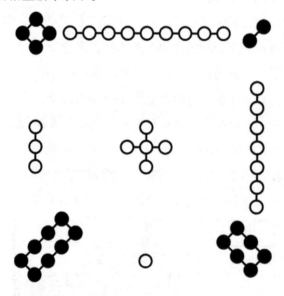

　　孔子晚年重新拿起易经研读,有感而言"加我数年,五十以学易,可以无大过矣"(《论语·述而》),并在他有生之年写下了"十翼"补述易经,其中更以《系辞传》写下了易经的原始码传世于后人。

　　《周易·系辞上》曰:"天一地二、天三地四、天五地六、天七地八、天九地十。天数五、地数五。五位相得而各有合。天数二十有五、地数三十。凡天地之数五十有五。此所以成变化而行鬼神也。大衍之数五十、其用四十有九。分而为二以象两、挂一以象三、揲之以四、以象四时、归奇于扐以象闰。五岁再闰、故再扐而后挂。乾之策二百一十有六、坤之策百四十有四、凡三百有六十、当期之日。二篇之策、万有一千五百二十、当万物之数也。是故、四营而成易、十有八变而成卦、八卦而小成。引而伸之、触类而长之、天下之能事毕矣。"当我看到它时，让我深深的感动，难道在二千五百余年前孔子就知道了电脑是什么吗？古之圣人竟然能够用简短的文字写下现今电脑的原始码！

后来我在书籍上看到了，有人说这是一篇卜卦的方法，但其实这篇文章蕴含了很多层面的意义。为什么要在 1 到 10 之前特别的加上了天、地呢？天一、地十代表什么特殊的意义吗？

在看到孔子系辞传写了天一、地十这篇时，就联想到，约 300 年前德国来布尼兹所写下的二进位表，而孔子在系辞传里所写下的这段天一地十，用现代的科学解读，恰恰是这个二进制表格。这一段虽然仅仅只有二十个字，但它却同时也是一篇超数学的数理。

当我们将 1 圈起来的时候，我们会发现由上而下是 1010101010，若以科学符号代表的话，1 是正、0 是负，是相对的，故可以黑、白代表，可以阴、阳代表，孔子修词以天代表正、以地代表负，由右边 1 这一列再对应到左边的数字时，即是孔子所说的"天一地二、天三地四、天五地六、天七地八、天九地十。"

由此可知，易动平衡的美学定义：数字由一到九，虽是各个不同，但是通过某种巧妙地安排之后，可以取得的一种平衡即是儿宫格，在各个方向上加起来相等，同时所隐含的属性，也兼备了某种意义上的平衡。这就是易动平衡的美学基本概念。

二、易动平衡的美学说汉字

我们知道中国的文字造字是以象形、指事、会意、形声、转注、假借六法应用于造字的方法，惟因最后两种并没有造出新字来，所以汉字造字法，主要是以象形、指事、会意、形声四种。但是他为什么是这样书写的？下面以"河"字为例作一分析。

为什么河字的"氵"字旁只写在三分之一的位置，而不是写在一半的位置呢？"河"字是左右结构，初学汉字的人通常很容易把字写左右各占一半。

河字左"氵"三划，右"可"五划。笔画数少为阳、笔画数多以阴，以处阳之笔

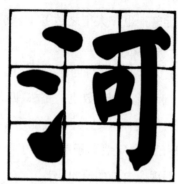

划,书写在处阳的位置,阳阳相叠,其阳过重,故而退缩三分之一,只写九宫格的三分之一,将其所占之区域(位置)退缩,使其处阴。故河字三点只写三分之一区域(位置),而"可"字占三分之二(区域大者处阳),得以取得易动平衡。

中国文字的是以易动平衡的方式设计出来的,是讲究平衡美学的文字,在古代人们透过了九宫格,以易经演化文字,形成了我们现在所使用的文字,因此他是可塑性高且兼具美学的文字。

再如"封"字,左边"圭"字六划为阴、右边"寸"字三划为阳,故为属阴之笔划落于处阳之区域,阴阳合德,故书写时各写一半即可取得易动平衡。

我们以这样的方式来检视我们所使用的汉字,"计"、"讲"、"繁"、"骂"等等,有八成以上的汉字都符合这样的规则。

三、易动平衡的美学说草书

汉字的书写方法与一直与河洛文化及易经有关。先秦使用的篆字,盖以横二纵三的比例来书写,易经乃阴阳易之数所形成,六者爻之和、九者阳之极,故易以六、九示以阴阳,而六、九之数约分后即为2:3。

我们现在所使用的楷书为四方型,乃源于河洛文化的九宫图,易以为九宫格,将文字分上、下、左、右再以阴阳调合之,以易动平衡之法展现文字平衡之美。这不只是文字之美,更展现出中庸之道在文字上的体现。

老祖宗留给我们的中文字是世界上最好的文字之一,但是中文字最麻烦的问题就是笔画繁复书写上会比较慢些。在汉朝时期,人们就发现了这个问题,便以河洛文化的法则演化文字之书写方式,而有易进版的汉字。正体字虽然在书写上比起篆字方便、快速,但是在笔画繁多的情况下,提笔、落笔也会使得书写的速度减缓下来。所以同样以河图洛书的法则再次易进演化文字,而有了草书。

说到草书,让我想到了几年前曾经在国画大师欧豪年家中。当时他刚写了几幅字搁在桌上,欧大师看到我就说:年轻人,你对中华文化有兴趣,这桌上写的字你能看得懂吗? 如果你能一字不差的把它念出来,我就在上面落款签名用印送给你。那大概有七、八张之多,当时我努力的看了每一张,总是有些字会看不懂……。欧佬随即说:年轻人,这也是中华文化的一部分,你对中华文化有兴趣的话应该也要学习这个部分! 我问了欧佬,草书有什么方法可以学的比较快吗? 欧佬则回答说:没什么捷径,就是记,要多看、多写、熟了就会。

这件事让我思考了几年,直到几年后父亲在金门举办了两岸翰墨丹青书法联展,当时让我邀请欧佬及张佬两人参展,开展时两人因为有事情而无法到场,当时我和一位金门的书家一起看展,看到了二佬写的字时,我问了那位朋友:写什么内容你知道吗? 能否教我? 我的朋友竟也有些字看不懂,并且告诉我,古人说:草书若出格,神仙也认不得。这意味着草书应该是有规则的,只是这个规则到底是什么? 当时我在想:是谁创立的草书? 他是怎么样完成的呢?

这里的两幅草书是台湾书家张月华老师以及岭南画派欧豪年大师所书写的,一般的人如果不看译文总会有几个字是看不明白。看起来似懂非懂的这些文字,到底是怎么创造出来的呢? 草书真的是随便草写就可以吗? 有没有什么方法可以快速的理解草书?

译文:
一张琴曲声到处
半亩修竹绿生风

译文：

古来圣贤皆寂寞

惟有饮者留其名

　　网络上的百科对草书是这样的定义的：草书是汉字的一种字体，特点是结构简省、笔画连绵。形成于汉代，是为了书写简便在隶书基础上演变出来的。有章草、今草、狂草之分，在狂乱中觉得优美。

　　《周易·系辞》曰："易之为书也不可远，为道也屡迁。变动不居，周流六虚，上下无常，刚柔相易，不可为典要，唯变所适。"

　　古代先人体会到了文字的发展越来越繁杂，且书写缓慢。而将《易经》应用于文字书写上，故逆之易以草书以为用。

　　有了前述易动平衡的概念后，我们再仔细推敲一下，对于草书就有了新的认识与定义，草书者："易简，以人为本，一笔代之。像不像，有个样。"。什么是易简呢？易简的定义：透过易的方式来做简化。简化了后不失其原来的功能。

　　易动平衡的美学的应用是无边无境的。没有语言的限制、没有国界别、没有人种之别，等等。只要用心体会他在我们日常生活中如何的运用，可以让生活更简约，社会更和谐，世界更美好。

　　河洛文化不断的在增加中华文化特殊性，从古到今。而在我看来西方的科技应用也符合河洛文化与易经的精神，希望以这篇文章能够引起大家的兴趣共同来研究河洛文化对于我们生活上的点点滴滴，能够有更多的改变，一起向实现中华民族伟大复兴的"中国梦"奔进。

（作者为金门华龙酒厂股份有限公司经理）

闽南语是中原古语的活化石

——从姬姓蔡氏的源流谈起

蔡世明

Abstract：Geo Taiwan and the mainland, very early on, people migrating to Taiwan, Taiwan from the early Qing Dynasty is officially classified as the Chinese version of the soil. Taiwanese people is historically migrated to the south of the Central Plains people, due to speak Minnan dialect, it is known as the "Hoklo people". Taiwanese still retains many of the Central Plains phonology, by experts known as the living fossil of the ancient Central Plains.

一、由家族的渊源理解到汉族各姓的起源

我家先祖蔡胜公,约于清代中叶从福建省泉州府徙居台湾府城(今台南市),定居于城西的佛头港,经营两岸间商品的批发贩售,于今已传衍至第八代,佔计有两百五十年的历史。这期间由丁时局的动荡,且为谋生之不暇,从无家谱传世;有关历代祖先传承的事迹,仅见于厅堂中神位记载的忌辰、祖茔的碑刻,及长辈的口传,此外别无可供征引的文献。

我家厅堂供奉的祖先神位,上面书写的祖籍地是:福建省泉州府晋江县南门外石狮镇大仑乡;我曾经请教福建地区的专家学者,他们都说这个行政区划的隶属关系没有疑义。

记得小时候,清明节去祭扫祖坟时,长辈常指着碑额上的"大仑"二字,告诉我们说:"大仑"是我们家的祖籍地,祖先是从那里移居到台湾府城的。2005 年 5 月 16 日,我回到石狮大仑寻根谒祖,但闽、台两地的世系至今却未能衔接,犹在持续查寻中。

　　大仑蔡氏衍生于青阳蔡氏,青阳蔡氏与莆阳蔡氏为同根的分支。唐宣宗大中十四年(860)正月至七月间,裘甫于浙东作乱,蔡长(字用元)与其弟蔡辉(字用明)为了避乱,从浙江钱塘移居福建泉州的同安。唐僖宗光启元年(885),兄弟二人跟随入闽的王潮军队,由同安徙居莆田。蔡长的裔孙从此定居莆田,衍生莆阳蔡氏,其六世孙为北宋名臣蔡襄。蔡辉后来迁移晋江青阳肇居开族,衍生青阳蔡氏;其九世孙蔡仲全于南宋孝宗时徙居石狮镇大仑乡,衍生大仑蔡氏。

　　莆阳和青阳蔡氏,乃出于东汉左中郎将蔡邕的家族。蔡邕无子,惟一女名琰。蔡邕从弟蔡谷之子蔡克,曾任从事中郎。西晋末年,中原战乱,民众大量南迁,蔡姓开始大规模进入江苏、浙江地区。东晋名臣蔡谟,济阳考城人(今河南民权),赐爵"济阳男","济阳蔡氏"由此加载史册;自东晋以后,居于我国南方的蔡姓人士,都认为自己的祖根在河南济阳考城,并把"济阳"作为家族专用的堂号,沿用至今。

　　蔡氏的构成,主要有三大支:姞姓、姬姓和外族的改姓。姞姓蔡氏是黄帝的直系后裔,在尧、舜、夏时期,分布于渭河流域及河南省的东部和北部一带,于部落中担任祭祀的职责,具有崇高的地位;周朝以后,与姬姓蔡氏逐渐融合为一体。姬姓蔡氏也是黄帝的直系后裔;根据《夏商周断代工程》的研究,周武王于公元前1046年1月20日克商,当年封其五弟叔度于蔡(今河南上蔡),史称蔡叔度,从此其子孙以国为氏,至今已有三千多年的历史,为后世蔡姓的主流。第三支蔡氏,主要来自东北及西南地区的少数民族与汉族长期混居后,逐渐同化为汉族的蔡姓。

　　从以上历史的回顾可知,蔡姓与中华民族各个姓氏大多是渊源于公元前二十一世纪黄河中游的河洛流域(即所谓的中原地区)。后来由于历史的演变,在天灾、战祸等因素的影响下,中原地区各姓的族人逐渐向南方迁徙,历经魏晋南北朝、唐末五代十国、宋元之际的大移民,先后落脚在南方的江西、福建、广东等地区。明、清之际,又陆续渡过海峡,到台湾岛上垦殖、经商而定居下来。所以后世居住在闽、粤、台地区的汉族,大多数是古代河洛流域的中原移民,在血缘关系上全属于炎黄子孙。

二、台湾与大陆的地缘

　　台湾岛是亚洲东部岛弧的中坚,位于中国大陆架东缘之上,西隔台湾海峡与福建省遥遥相望,两地同属欧亚板块东缘的一个单位。台湾本岛发生大地震时,大陆东南地区往往都能立即感受到,足见彼此是地脉相连的。从海洋地质的探勘以及地貌学的分析,台湾与大陆实为一体;台湾动、植物的种属,与大陆有着较大的一致性,互有渊源关系。

近年经中、美两国科学家考察,认定在台湾海峡有一条浅滩,从福建东山岛向东偏南延伸,经台湾海峡到澎湖列岛,最后连接台南,这条曾经连接两岸的"桥梁",被称为"东山陆桥"。1971 年,台湾考古学家宋文薰、地质学家林朝棨等人,及 1974 年日本古生物学家鹿间时夫,在台南县左镇乡菜寮溪,分别采集到人类的残片化石,经过测定,其年代距今大约 2 - 3 万年,这一史前人类被命名为"左镇人";左镇人可能在低海平面时期,从闽南、粤东经"东山陆桥"迁徙到台湾。

三、台湾的历史源流

台湾古称夷洲、流求。距今一千七百多年以前,三国时吴人沈莹撰写《临海水土志》,是世界上记述台湾的最早文字。公元 3 世纪和 7 世纪,三国孙吴政权和隋朝政府都先后派万余人来台湾。南明永历十五年(清顺治十八年,公元 1661 年),郑成功率军入台;在此之前,台湾已有大约数万的汉族移民,属于庶民阶层的汉文化必然随着汉移民进入台湾;但是汉文化中较为精致而且制度化的部分,则要在明郑时期才正式移植到台湾,所以此时才出现大量以汉文保存下来的与台湾相关的史料。

清康熙二十三年(1684),台湾纳入清朝的版图,设立台湾府,归福建省管辖;17 世纪末,从大陆赴台开拓的汉人超过 10 万人。在高度汉化的满清政府统治下,台湾成为一个以汉文化为主的社会;由于官方的提倡和士人的努力,儒学逐渐普及到社会各个阶层,成为人民精神生活的主要部分。在习俗上,移民来台的闽南人、客家人,过年团圆、吃年夜饭,清明祭祖、扫墓,端午包粽、竞龙舟,中秋赏月、吃月饼,与内地也都完全相同。台湾人所普遍崇拜信仰的至圣先师、武圣关公、天后妈祖、福德正神等神祇,都是渊源于祖国大陆。如今有些不明事理的人说要去中国化,请问这些习俗、信仰,有谁能去得了呢? 我小时候住在台南市的永福路(此路的命名是为纪念抗日名将刘永福),今日永福路与民族路交叉的地方,为清朝时所设的祀典武庙,日据时期的 1909 年,日本殖民政府借口要拓宽庙前的道路,计划拆除武庙,但四邻六街的商民激烈抗争,最后日人妥协,计划拓宽的新路因此绕道而行,今天的永福路到武庙前转了一个弯,才与庙后的民族路相接,这正是先民英勇维护历史文化的一个见证。

光绪十一年(1885),清廷宣布台湾建省;到光绪十九年(1893)时,汉人移民总数达到 254 万余人。光绪二十年(1894),中、日甲午战争,清廷败绩,根据《马关条约》,台湾于光绪二十一年(1895)被割让给日本。1945 年 8 月 15 日,日本昭和天皇发布终止战争的诏书,台湾于 10 月 25 日光复,结束日本半个世纪的殖民统治,重回祖国怀抱。抗日战争后,大陆旋又陷于内战;1949 年前后,约有 100 多万的军民跟随国民党当局大量涌进台湾。

从以上地理的关系与历史的演变,足见台湾和大陆其他各省区一样,同为中国各族人民所开拓、定居。

四、闽南语是中原古语的活化石

在日常生活的沟通、公私文书的处理与读书学习上,台湾地区所使用的文字与语言,也跟祖国大陆有着密切的关系。我国在秦始皇统一天下后,实行"书同文"的政策,已经把全国文字的书写实现标准化,所以明、清以来台湾所使用的汉字与祖国基本上是一致的。

在语言方面,由于台湾是一个移民社会,自古以来,先后有许多不同族群的人移居此地,充满着各种南腔北调,但整体而言是以闽南语、客家话为主流。1949 年国民政府迁台时,大陆各省区的人民也纷纷随军而来,所以台湾可说是保存我国方言最丰富的地方。

普遍流传于台湾的闽南语,其来有自,而且源远流长,诚如连横于《台湾语典?自序》中所说:

> 夫台湾之语,传自漳、泉;而漳、泉之语传自中国,其源既远,其流又长,张皇幽渺,坠绪微茫,岂真南蛮鴃舌之音而不可以调宫商也哉!

漳、泉就是在福建省南部的漳州、泉州,所以闽南语又称"福佬话"。闽南人大抵来自黄河、洛水一带,当五胡乱华时,他们大量南移,亦将其语言带至闽南,因此闽南语又称"河洛话",保存有甚多魏、晋以前的汉语古音。譬如"读书",闽南语叫"读册","册"正是古代对书本的称说;闽南人把烹煮食物的器皿称"鼎","鼎"正是古代的炊器,常见于古文献中。又如《孟子·梁惠王》:"弃甲曳兵而走。"《说文解字》:"走,趋也。"今闽南语谓"走"仍保留"快跑"的古义。闽南的河洛人,在六朝间,未尝与中原士大夫交往,也因南方在中国历上变迁较少,语言上的变化不多,遂与北方的"官话"逐渐脱节。此外,唐朝时很多人随开漳圣王陈元光南迁漳州,所以闽南语也保留不少唐代的读音,譬如现在用普通话吟诵唐诗,往往不合韵,不顺口,如果改用闽南语吟诵,则同韵而顺口。如韩愈的《张中丞传后叙》:"巡起旋"。关于这一句的解释,过去或说是"张巡要起来小便",也有说是"张巡起来转转",都令人感到不合"情"、"理",也不合"法",韩廷一先生从闽南语中找到证据,发现"旋"字在闽南语中仍保存着"骂人"的古义,于是把此句解释为"张巡就开始破口大骂叛贼",则令人觉得怡然而理顺了。

五、结语

以上从血缘、地缘、历史源流、习俗信仰、语言文字等方面,探讨了两岸由古及今的种种关系,让我们理解到两岸本是一家人。过去在政治上的一些争端已经随着时代潮流在化解,今后我们应该秉持"和"、"合"的原则,早日完成祖国和平统一的大业,才不致愧对祖先,而遗祸子孙。

（作者为台北华侨高中退休教师）